日本怪異妖怪事典

中国

朝里樹 監修

寺西政洋 著

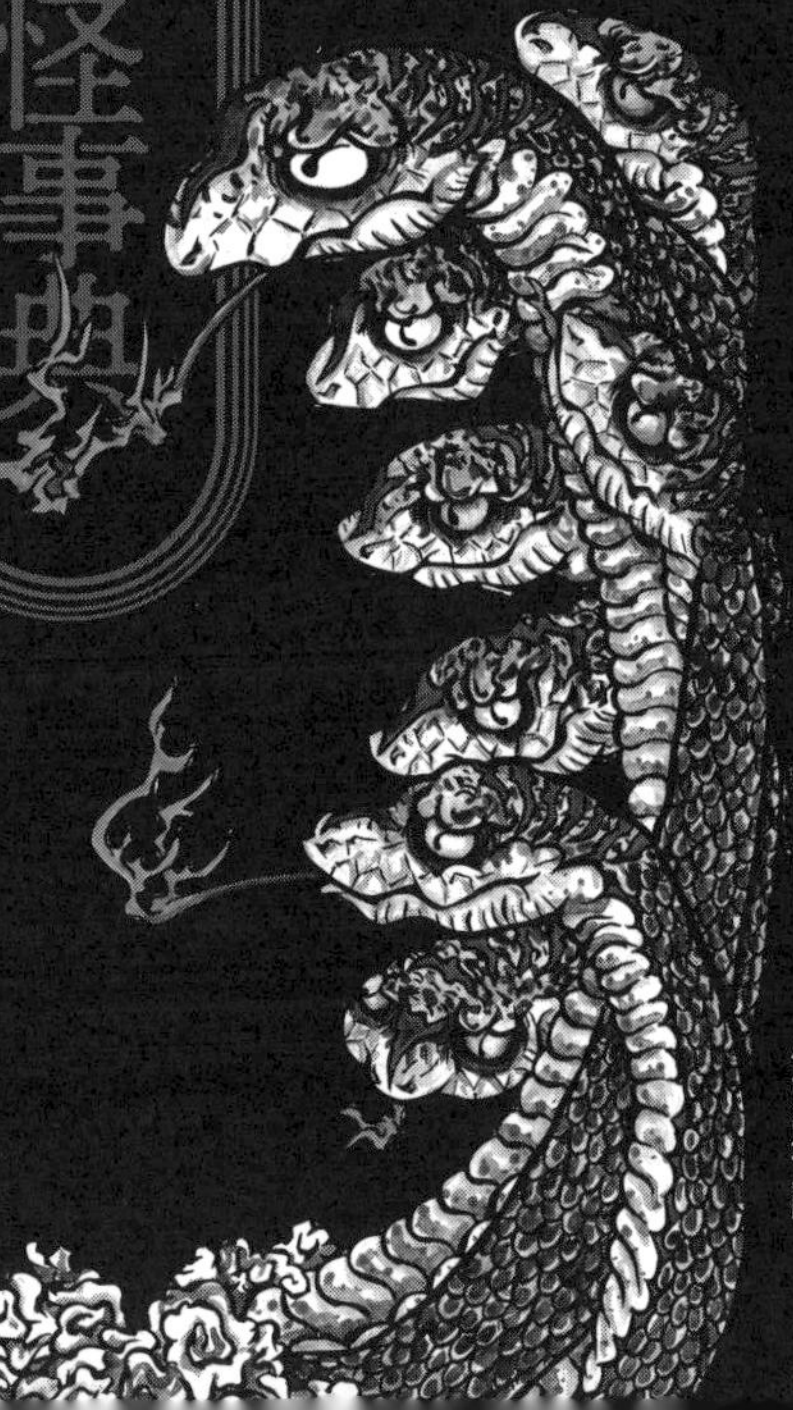

笠間書院

はじめに

本作は『日本怪異妖怪事典』シリーズの中国地方編となります。

第一弾『日本怪異妖怪事典　北海道』、第二弾『日本怪異妖怪事典　関東』、第三弾『日本怪異妖怪事典　東北』、第四弾『日本怪異妖怪事典　近畿』、第五弾『日本怪異妖怪事典　中部』に続く、第六弾に当たります。

日本全土の怪異・妖怪を対象としたこの事典は全八巻を予定しているため、シリーズも終盤に差し掛かってきたといえるでしょう。

ここではまず、シリーズ全体に係る監修者として、本シリーズがどのようなものかを説明させて頂ければと思います。

既にほかの巻で読んだという場合もあるかと思いますが、初めて手に取ったのが本書、という方もおられるかと思いますので、ご容赦頂ければ幸いです。

『日本怪異妖怪事典』シリーズは、日本の各地の伝承や伝説、神話、昔話、都市伝説などに伝わるものから、物語や絵画、現代の児童書などで創作されたものまで、怪異・妖怪を幅広く集め、地方ごとに紹介する事典です。

そして本作では中国地方、具体的には鳥取県、島根県、岡山県、広島県、山口県に伝えられた、もしくは現れたとされる怪異・妖怪たちが様々に紹介されています。

執筆者はＷＥＢサイト「【妖怪図鑑】新版ＴＹＺ」(http://tyz-yokai.blog.jp/)で妖怪をイ

ラストに描き、解説を記している寺西政洋さんです。

寺西さんは本シリーズの東北編にも携わって頂いています。怪異・妖怪に精通しているため、他ではお目にかかることができないような怪異・妖怪が本書には数多《あまた》に載せられています。

中国地方はあの水木しげる先生ゆかりの地である鳥取県、日本神話に関連が深い島根県、『稲生物怪録《いのうもののけろく》』という多くの妖怪たちが登場する物語の舞台となった広島県（なんと本書では『稲生物怪録』のみを扱った章があります）といった、怪異・妖怪や神々にとって欠かすことができない地域です。

中国地方にお住まいの方はもちろん、そうでない方も、怪異・妖怪に興味があるならばぜひページをめくってみて下さい。

そこにはあなたが知らない、もうひとつの中国地方が広がっているはずです。

朝里樹

はじめに

本巻では日本の中国地方（鳥取県、島根県、岡山県、広島県、山口県）を対象範囲とし、既刊の『日本怪異妖怪事典』各巻同様、次のような怪異妖怪を収録しています。

▼一、地誌や伝説・昔話、寺社縁起にみられるもの
▼二、民間伝承や俗信などにみられるもの
▼三、随筆や説話集にみられるもの
▼四、世間話・噂・風聞集・怪談集・都市伝説にみられるもの
▼五、物語や演劇（芸能作品）にみられるもの
▼六、絵画などにみられるもの
▼七、児童書ほか創作性の高い媒体上にみられるもの

一〜四は地域で受容された民間伝承《フォークロア》や伝説主体のものが多く、五〜七には特定の作品世界の構成要素として中国地方の地名が登場する創作《フィクション》主体のものなどを含みます。しかし、全てがその基準で峻別《しゅんべつ》できるかというとそうではなく、現在までに両者は互いに影響を与え合い、様々な領域で混ざり合っているものです。『日本怪異妖怪事典』既刊を通読された方は、そのような「伝承妖怪／画像妖怪」の概念と、両者の違いや立ち位置の勘所《かんどころ》までを

ある程度押さえておられることかと思います。初めて手に取ったのが本巻だという方は各項目の出典資料の性質や、「その他」の章の項目が、なぜそこに分類されているのかを意識しながら読むと、楽しみが増すのではないでしょうか。

また、各巻著者が繰り返し述べているように、地域の怪異妖怪の全部を網羅することは困難なうえ、現在の都道府県に則った区分も、あくまで便宜的な整理に過ぎないものです。ゆえに本書だけを読んで「この地域や県の妖怪にはこんな特徴があるんだナァ」と分析しても、それは的外れで鵺《ぬえ》も射落とせないかもしれませんから要注意です。

この事典は「入門書」でもあると心得ています。興味をひかれた項目があれば、ぜひ参考資料や関連しそうな文献にも目を通してみてください。これまでに記録されてきた妖怪がいかに多種多様か実感できると思います。そして新刊・復刊問わず、怪異妖怪につながる書籍は続々と刊行されていますし、二〇二二年には国立国会図書館の個人向けデジタル化資料送信サービスや全文検索が開始されるなど、資料をとりまく状況は刻々と変化しています。ぜひ関心の枝葉を自由に伸ばしてみてください。筆者はこの事典が読者の皆様の心を娯《たの》しませ、次なる探求や創造の端緒となることを願ってやみません。

寺西政洋

目次

日本怪異妖怪事典 中国

COLUMN

索引

凡例

一、この事典では、各種文献（自治体史、民俗報告書、民話集、伝説集、説話集、怪談集、記録、随筆、絵画、児童書等）にある怪異妖怪のうち、①日本の中国地方の民間伝承（民話・伝説・俗信・祭祀・行事）にみられるもの、②中国地方を舞台とする説話・物語に登場するもの、③中国地方で上演または制作もしくは保存・継承された芸能・絵画・工芸品において表現されたもの、およびこれらに関連し、④地域別という視点から検討し得るものを五十音順に並べた。

一、章分類は県別を原則として「鳥取県」「島根県」「岡山県」「広島県」「山口県」のほか、複数の県で伝承が確認できるものを「広域」、芸能・絵画・文芸・工芸作品上だけの画像妖怪、現代の児童書等での創作が疑われるものを「その他」とする。備後国三次（現・広島県三次市）の稲生家にまつわる妖怪談に登場するものは、前記七章とは別に「稲生物怪録」の章にまとめた。

一、項目名について

①民俗語彙として採集された名称は、原典ではカタカナ表記の場合が多いが、怪異妖怪の名称として通用性を高めるため、「サマ」→「様」のように、当てるべき漢字が明白な場合は漢字に変換した。ただし、原表記に文芸的意図が含まれる可能性のあるものについてはこの限りではない。

②項目内での事例の記述における怪異・妖怪名は原則として出典となる資料での表記に準ずる。そのため項目名と文中の表記では、固有名詞の用字や送り仮名の有無が相違する場合もある。

③本事典で新たに名称を整えて項目名とした場合は、文中に「筆者命名」の旨を記載した。

④本文中に挙げられている怪異妖怪の名称で、本巻に別項目として存在するものは太字で示した。

一、各項目中の地名は、原則として参考資料中の記載に拠《よ》る。市町村合併等で行政区画変更がなされている場合は、（現・○○）の形式で示した。

一、参考文献は各項目および巻末の参考文献一覧で示す。紙幅の都合上、項目中では編者や副題を省いた略記の場合があるが、巻末では全て正式名称で記載した。なお書籍・雑誌・ウェブサイト名は『　』、論文・記事名は「　」で括《くく》るものとする。

一、本文中には現代の人権意識に照らして不適切な語句・表現が含まれる場合があるが、伝承の実態や歴史的背景を誤解なく示すため、また資料的価値を鑑みて、敢《あ》えて元資料のままとしている。

鳥取県

【あ】

青木の局［あおきのつぼね］

鳥取県鳥取市に伝わる。

鳥取城二の丸の三階の櫓《やぐら》が火災で焼け落ち、再建工事が行われたときのこと。棟上げの直前、わずかな狂いが元で櫓が崩れ落ちた。再度大修繕に取りかかったが、強風と地震でまた崩壊。櫓の完成には人柱が必要だとの噂が広まり、城中の者からくじで人柱を決めることになった。不運にもくじを引き当てた青木の局《つぼね》という女性は、同日中に櫓の土台下に生き埋めにされた。その後、城内を古狐が徘徊《はいかい》するようになり、これを見た者は病気に罹《かか》って錯乱した。やがて狐は城主の部屋にも現れ、自分は青木の局の使いで、城中の者をみな殺すと宣言した。久松山中腹に祠《ほこら》を建てて青木の局を手厚く弔ったところ、狐の怪もやんだという。（野津龍『鳥取県伝説集　因幡《いなば》編』）

赤頭［あかあたま］

鳥取県西伯《さいはく》郡名和村（現・大山町名和地域）に伝わる。

名和村にいた剛力の男で、一二もの米俵を梯子《はしご》の上に載せて運んだという。あるとき赤頭が観音堂で休んでいると、どこからともなく一四、五歳の男子がやってきて、指一本で堂柱に五寸釘を刺したり抜いたりして遊びだした。負けじと赤頭もやってみたが、指で釘を押しこむことはできても抜くことができない。子供はこれを見ると笑いながら去っていったという。

後年、力を授かりたい若者は赤頭の墓に参籠《さんろう》するようになった。だが真夜中になると誰かが背中に重石《おもし》を載せて精一杯押してくるような重みを感じ、とても辛抱できないという。（荻原直正『因伯伝説集』）

この伝説は現代の「妖怪図鑑」文脈に取り入れられた結果、変容を遂げることになる。その他の**赤頭**を参照。

赤猪石［あかいいし］

『古事記』に記されているもの。

因幡《いなば》の八上比売《やがみひめ》を娶《めと》った大国主《おおくにぬし》（大穴牟《おおなむ》遅《ち》）は、大勢の兄たち（八十神《やそがみ》）から激しい嫉妬を向けられた。伯耆国《ほうきのくに》手間山本に呼び出された大国主は、八十神から「この山に棲む赤い猪《いのしし》を追い落とすから、お前は下で捕まえろ。もし取り逃がしたらお前を殺してしまうぞ」と言いつけられた。やがて山の上から真赤に焼けた大石が転がり落ちてきた。大国主はこれを赤猪と信じて飛びかかったため、全身の皮膚が石に焼きつき、押し潰されて絶命した。母神である刺国若《さしくにわか》比売《ひめ》は嘆き悲しみ、高天原《たかまがはら》の神産巣日之命《かみむすびのみこと》

に助けを求めた。そこで𧏛貝比売《きさがいひめ》、蛤貝比売《うむぎひめ》が遣わされ、大国主を岩からはがし、薬を塗ってもとの麗しい姿にして蘇生させた。（次田真幸『古事記　全注釈』）

鳥取県西伯《さいはく》郡南部町にある赤猪岩《あかいいわ》神社には、大国主が抱いたとされる岩が祀られている。赤猪石は久しく山麓に転がっていたが、子供が上ったりするとただちに祟《たた》りがあったので祀られるようになったともいう。（佐々木一雄編『湖山長者』）

赤大八［あかだいはち］

鳥取県鳥取市鹿野町に伝わる。

子供が夜遅くまで風呂に入らないでいると「赤大八が出てくるぞ」と言って早く入るよう促した。赤大八は赤い顔で手にいっぱい毛が生えた大男で、やってくると「手ぇーみー手ぇーみー」と言うものだという。（小林光一郎『鳥取県の妖怪』）

赤松池の大蛇［あかまついけのだいじゃ］

鳥取県西伯《さいはく》郡大山町大山の赤松池に棲むとされる大蛇。

昔、松江城家老・松浦頼母は霊験あらたかな赤松池大明神に参詣し、一人の女の子を授かった。その子はお初と名づけられ、美しい娘に成長し、藩主松平候に見初められて妻になることを求められた。望まぬ結婚を前にお初は赤松池に参詣し、池の水で髪を梳《と》かすうち水中に沈んでしまった。乳母が呼びかけると池に大渦が巻き起こり、水中より腰から下が蛇体に変じたお初が現れた。お初の正体は赤松池の大蛇（龍神）で、頼母の強い願いに応じて娘に姿を変えていたが、もとの姿に戻るときが来たのだという。大蛇はこれまで育ててもらった礼を言うと、水中深く沈んで二度と姿を現さなかった。以後、お初が蛇になった旧暦六月一八日、松浦家では大広間に八枚の屏風《びょうぶ》を立て、盥《たらい》に水を入れておくようになった。そうするとお初が訪れた印として、盥の中に赤土や砂が、ときには銀の鱗《うろこ》まで沈んでいたという。池の祠《ほこら》には御神体としてお初の像が祀られ、龍神として人々の信仰を集め、雨乞いなどの祈りが捧げられるようになった。また、赤松池で女の髪を洗えばどんな癖毛でも直るといわれた。（鳥取県ウェブサイト、野津龍『因幡伯耆《いなばほうき》の伝説』、鷲見貞雄・片柳庸史『鳥取の伝説』）

西伯郡中山町束積《つかづみ》（現・大山町）には次のような話もある。昔、大山の寺に綺麗な僧がいて、夜になると赤松の池で身を水に浸していたので不思議がられていた。あるとき松江の長者の姫が「赤松の池に参りたい」と言い出し、駕籠《かご》に乗って池まで来た。すると池にいた僧が蛇体の本性を現し、姫の身は池にとけこんでしまった。僧と姫は共に蛇体と化し、夫婦《めおと》になったという。（福田晃・宮岡薫・宮岡洋子編『伯耆の昔話』）

赤松池の大蛇の話は周辺地域にも広く知られていた。岡山県上房《じょうぼう》郡有漢町《うかんちょう》（現・高《たか》梁《はし》市）では夏の雨乞いの際に大山へ「水も

らい」をすることがあり、「伯耆の大山赤松池にゃ　年ふる大蛇が住むそうな　大きな蛇じゃげな嘘《うそ》じゃげな」という民謡も伝わっていたという。（『有漢町の民俗』）島根県安来市では、一五歳の娘が大山の赤松池で大蛇になった（大蛇や鰐《わに》に取られたとも）ため、一五で大山へ行くものではないとされた。（『島根県安来市民話集』）

赤松殿の幽霊［あかまつどののゆうれい］

鳥取県鳥取市湯所町《ゆところちょう》に伝わる。

但馬《たじま》竹田城主の赤松佐兵衛督広英は、関ヶ原合戦で家康の勘気を被って鳥取にて切腹に至ったが、その原因は鹿野城主・亀井武蔵守の讒言《ざんげん》だったともいわれる。赤松殿は真教寺で切腹し、遺骨は雁金山《かりがねやま》の麓に埋められたが、その霊は雨の夕方や風の夜に出没し「我こそは赤松の怨霊なり」と名乗りを上げ、往来の人々を悩ませた。作右衛門という町人は幽霊に投げ飛ばされてから体調を崩して死に、針医者の徳庵は幽霊に腿《もも》のあたりを斬られて死んだ。ただし、徳庵の体に傷はなかった。湯所に赤松八幡宮が建てられると、やっと霊は鎮まったという。（野津龍『鳥取県伝説集　因幡《いなば》編』）

小豆とぎとぎ［あずきとぎとぎ］

鳥取県東伯郡灘手《なだて》村（現・倉吉市灘手地域）に伝わる。**小豆洗い**の類。

灘手の昼でも暗い林には毎晩のように小豆とぎとぎが出て、通行人に悪さをしたという。林の奥に青い火をともし、ごりごりと音を立て、人の鼻先に擂粉木《すりこぎ》を突きつけて驚かせ、逃げようとする人の後ろから「われが尻はぐったあ」と言って着物の裾をめくる。馬さんという人は擂粉木を摑《つか》んで引っぱり合いに持ちこんだが、急に小豆とぎとぎが手を放したため、その姿を見ることは叶わなかった。なお、擂粉木の先には小豆と味噌を擂ったものが付着していた。馬さんは帰宅時に尻をはぐられ、擂粉木も奪い返されてしまったという。（稲田和子編『鳥取の民話』、麻野嘉史「アズキトギトギ調査メモ」『怪魅型』第弐号）

汗入の化物［あせりのばけもの］

『拾遺御伽婢子《おとぎぼうこ》』巻之五にあるもの。

元亀（一五七〇～七三）の頃、伯耆国《ほうきのくに》汗入（鳥取県汗入郡）の山中に氏神の祠《ほこら》と伝わるものがあり、毎年神無月には一五、六歳の美しい娘を生贄《いけにえ》にしていた。これを怠れば必ず嵐が起こり、人々は凶作と疫癘《えきれい》によって困窮するという。もと武田家の軍師・引田安左衛門は当地を訪れた際に人身《ひとみ》御供《ごくう》の習わしを知り、神の正邪を見届けようと山に入って身を潜めた。深夜、猿や熊のような顔をしたものなど、様々な化物が現れ、大きな俎板《まないた》に生贄の娘を載せようとした。引田は化物どもを追い散らし、頭目らしき一体を刺し殺した。その正体は年経た狸だった。以後、祟りはなくなり、引田は助けた娘を妻とし、後には秀吉に仕え武功を挙げたという。（『徳川文芸類聚《るいじゅう》』第四）

雨蛙女房［あまがえるにょうぼう］

鳥取県東伯郡関金町野添（現・倉吉市関金町野添）に伝わる。

帰宅前に夜を迎えてしまった魚売りが宿を探して、明かりのともる一軒家に行き着いた。宿泊を乞うと、糸車を回していた女は「泊まってごしなはれえ」と快諾。魚売りは床に就いたが、翌朝目覚めると草むらの中で、家もなければ女の姿もない。ただ近くの池に雨蛙がちょこんと一匹いるだけだった。雨蛙がお化けになって彼を泊めたのだった。（稲田和子『大山をめぐる昔』）

各地に伝わる、一軒家で糸車を回す化物の話と異類婚姻譚《たん》の一種の筋が混合したものと思われる。

あまんじゃく

因幡国《いなばのくに》八上郡（鳥取県鳥取市、八頭《やず》郡八頭町）に伝わる。

昔、北村の奥に高山という大きな山があり、アマンジャクという巨人が棲んでいた。ある日、巨人は山の頂から北方の海を眺めて「あんな広いところを水にしておくのはもったいない」と考え、もっこで山の土を運び始めた。しかし途中でもっこの縄が切れ、土を落としてしまった。縄を結ぶのにぐずぐずしていると鶏が鳴き、空が白んできたので、アマンジャクは高山に帰ってしまった。こうして鳥取平野に置き去りにされた土盛りは高山と大《おお》路《ろ》山《やま》になったという。（荻原直正『因伯伝説集』）

この伝説のように、天邪鬼《あまのじゃく》は巨人を指す名前として使われることもある。

妖の声［あやかしのこえ］

実話怪談集『出雲怪談』「みんなで歌おう」（西浦和也）にて語られるもの。項目名は同書裏表紙の内容紹介による。

鳥取県米子市のある青年と友人が、自動車で県道四七号線を走っていた。この道路は『ゲゲゲの鬼太郎』の主題歌が鳴るメロディーロード（自動車が走ると音楽が聞こえるように溝が刻まれた道）で、青年は再び曲を楽しもうと一旦引き返した。二人が大声で歌っていると、一回目より長い間メロディーが流れたうえ「ふふふふふ……」と謎の声が響いた。水木しげるの故郷・境港も近いため「妖怪かなんか」の声がしたのではないかと思ったという。

荒磯［あらいそ］

伯耆国《ほうきのくに》米子地方（鳥取県）の怪談集『米《べい》府《ふ》鬼《き》話《わ》』に記されているもの。

沢家の二代目当主は弓矢を好み、鳥取の八幡社に日々参詣して奥義の修得を願っていた。ある夜、夢に現れた人物が「打てばなる打たねばならぬ荒磯の君が齢《よわい》のあらむ限りは」と歌を詠んだ。その後、沢氏は骨董商から二本の弓を買ったが、そのうち一本の銘が「荒磯」だった。

沢氏の祖先は弓の名手で、悪狐を退治し

た伝説が残る。二代目当主・沢伝右衛門皆永が得たという荒磯の弓は現存している。（米子市立山陰歴史館編『米府鬼話』）

一軒家の怪［いっけんやのかい］

鳥取県東伯郡関金町野添（現・倉吉市関金町野添）に伝わる。

ある男が村外れの一軒家に泊まらせてもらうことにした。その家では女房が死んだところで、亭主は男に留守番を頼んで下の村へ出かけていった。男が茶釜を火にかけると、茶釜の中からポコポコポコポコと白足袋《たび》が浮き上がってきた。そして部屋の奥からは「とう、とう」という声と、チポチポチポ、チポチポチポチポという音がした。恐ろしくなり逃げようとすると、縁の下から毛のいっぱい生えたものが出て男の足首を摑《つか》んできた。帰宅した亭主に留守番中の怪事を話したところ、白足袋は亭主が茶袋代わりに入れたもので、「とう、とう」は老親が呼びかける声、チポチポは赤子が亡き母の乳を吸う音、毛深い手は飼っている猿だと判明した。怖いものはいなかったのである。（稲田和子『大山をめぐる昔』）

いっちゃもんの嫁［いっちゃもんのよめ］

鳥取県西伯《さいはく》郡中山町（現・大山町中山地域）に伝わる。**食わず女房**の類。

昔、いっちゃもんという正直な魚売りが、雨降りの晩に綺麗な女に出会った。女は「わしは御飯は食べずでも、仕事はようする」と言って、いっちゃもんの嫁になった。だが近所の人々は彼女の目つきを「牛の目だ」と気味悪がり、只者とは思えないと噂した。いっちゃもんも恐ろしくなり、ついに嫁の首や手を切り落としてしまった。首は天竺《てんじく》の方へ飛んでいったが、夜ごと戻ってきて「いっちゃもんはどこだあ」と夫を探し回った。困り果てて祈禱《きとう》をしてもらうと、嫁の正体はいっちゃもんの正直さを見こんだ神様であることがわかった。過ちを悔い、お告げに従って嫁の胴体を抱いて眠りにつくと、嫁の首が胴にズトウンと合体し、両手も繋《つな》がって元通りの姿になった。いっちゃもんは嫁に深く詫《わ》び、以後も変わらず正直者であったため、再び良い具合に繁盛したという。（福田晃・宮岡薫・宮岡洋子編『伯耆《ほうき》の昔話』）

嫁の首（怨霊）が毎夜夫を訪ね、夫は害を避けるために骸《むくろ》を抱いて夜を過ごすという後半部分の展開は、古くからある怨霊譚《たん》の痕跡をとどめたものである。

因幡の白兎［いなばのしろうさぎ］

神話に登場する兎。『古事記』に「稲羽の素菟」の名で記されるもので、稲羽は一般的に因幡（鳥取県）と解される。

大穴牟遅《おおなむち》（大国主）の兄である八十神《やそがみ》たちが気多《けた》の前《さき》まで来たとき、赤裸の兎が横たわっていた。八十神は兎に海の塩水を浴びて風に当たっていればよいと教えた。兎がそれに従ったところ、塩が乾いて肌がひび割れ、ひどく痛むようになった。兄たち

の荷を負ってきた大穴牟遅は、泣き伏せる兎を見て事情を尋ねた。兎は和邇《わに》（鰐）をそそのかして海を渡ろうとして失敗し、衣服（毛皮）を剝《は》ぎ取られた挙句、八十神に騙《だま》されて苦しむ羽目になったのだった。大穴牟遅は兎に、水門《みなと》の水で体を洗い、蒲《がま》の穂を敷き散らして寝転べば肌は癒えると教えた。兎は教えの通りにして元の姿に戻ったといい、これこそ稲葉の素兎で、今いう兎神である。兎は大穴牟遅に「あの大勢の神々は、きっと八上比売《やがみひめ》を娶《めと》ることはできないでしょう。今は袋を背負っているが、あなた様が娶られるでしょう」と告げた。（次田真幸『古事記　全訳注』）

鳥取市白兎《はくと》にある白兎神社の主祭神である白兎神は、この因幡の白兎だとされている。病気傷痍《しょうい》に霊験あらたかな守り神で、かつては特に疱瘡《ほうそう》に効験があるとされていた。大国主と八上比売との仲を取り持った存在であることから、縁結びの神としても信仰を集める。（白兎神社ウェブサイト、荻原直正『因伯伝説集』）

犬山神社の狸 [いぬやまじんじゃのたぬき]

鳥取県八頭《やず》郡智頭《ちづ》町波多《はた》に伝わる化け狸。**猿神**《さるがみ》退治型の話に登場するもの。

用瀬《もちがせ》と智頭の間の山には犬山神社（用瀬町宮原）があり、狸が棲みついてたくさんの子供を育てていた。これは人を騙《だま》す悪狸で、これまでどんな猟師も退治できなかった。狸は毎晩「佐治の谷のギャア太郎にこのこたあ知らして下さんな。よういとこよういやさ」と唄い踊っていたが、あるとき「ギャア太郎」とは佐治谷の猟師が飼う犬の名だとわかった。猟師は犬と共に狸退治に出かけ、むすびを巣穴に入れて狸をおびき出した。とうとう七五匹のうち七四匹を退治したが、犬は最後の一匹の狸に食い殺されてしまった。それで犬山神社には狸が一匹だけ生き残っているという。猟師の犬を祀ったのが犬山神社の始まりだともいう。（福田晃・三原幸久編『因幡智頭《いなばちづ》の昔話』）

狸が棲んでいたのは用瀬、智頭の境にある八代の足尾山と語る例もある。（『千代《せんだい》川流域の民俗』）『因幡怪談集』にも酷似した話があり、狸五〇匹を退治して倒れた用瀬の藤太郎という犬を明神に祀ったと記されている。（『近世民間異聞怪談集成』）

岩井の神女 [いわいのしんにょ]

鳥取県岩美郡岩美町の岩井温泉の由来譚《たん》に登場するもの。『因幡《いなば》志』などに載る。

清和天皇の時代、藤原冬久は肌の病を癒すための良薬を求め旅をしていた。岩井の里をさまよっているとき、美しい女人が現れ、冬久の顔に唾を吐きかけた。だが顔を拭うと爛《ただ》れていた肌に瘡《かさ》ができている。再び現れた女人は杖で傍らの岩を突き、湯を噴出させた。この湯で瘡を洗うと、冬久の皮膚病はみな癒えた。これが岩井温泉の始まりで、女は薬師如来の化身だった。薬師を祀った如来寺が後の医王山東源寺だとされる。（鷲見貞雄・片柳庸史『鳥取の伝説』）

羽衣石山の天女 「うえしやまのてんにょ」

鳥取県東伯郡東郷町（現・湯梨浜町《ゆりはまちょう》東郷地域）に伝わる。

ある農民の男が大きな岩のある山の近くを通りかかると、傍らの水辺で若い美女が沐浴《もくよく》をしていた。これこそ天女だと思った男は、岩にかけられていた羽衣《はごろも》を隠してしまった。天に帰れなくなった女は、やむなく男の妻となって二人の子を生《な》したが、それでも羽衣の在《あ》り処《か》は教えてもらえなかった。だがあるとき、子供が羽衣を見つけ出して母に渡した。天女はその場で羽衣を着て昇天してしまい、残された子らは泣き叫んだという。天女が羽衣をかけた岩山は羽衣石山と呼ばれ、子供が笛太鼓を鳴らして母を呼び戻そうとしたため打吹山《うつぶきやま》の異名もある。（野津龍『因幡伯耆《いなばほうき》の伝説』）

天に帰れなくなった天女が人間の嫁となるも、後に羽衣を取り戻して帰還する「天《てん》人《にん》女房」の話が地名由来譚となったもの。

兎の太夫さん 「うさぎのたゆうさん」

鳥取県日野郡日野町舟場《ふなば》に伝わる。

犬を連れた猟師が猿の家を見つけ、隠れて様子を窺っていると、親猿が帰ってきて「人臭い、人臭い」と騒いだ。猿たちの太夫さん（拝み屋）である兎が呼び出されたが「天気が降ればひひ死ぬる。搗《つ》き臼覆れば子猿も死ぬる、長居りすれば吾も死ぬる。まあず帰りましょ」とだけ告げて帰っていった。親猿はお告げの意味がわからず困っているうちに二階にいた猟師に撃たれて死に、子猿も臼に隠れていた犬にみな噛《か》み殺されたという。（『鳥取・日野地方昔話集』）

人間が猿（狒々《ひひ》）や狸の化物などを退治する話では、このように兎の占い師が現れて助言する展開になるものがある。

牛ヶ峰の毒蛇 「うしがみねのどくじゃ」

鳥取県岩美郡岩美町に伝わる。

但馬《たじま》国（兵庫県）と岩美の境にある牛ヶ峰の池には、貪欲な山中長者夫婦が仏の怒りに触れて変化させられた大きな毒蛇が潜み、僧を食い殺していた。嘉祥元年（八四八）、当地を訪れた慈覚大師円仁は、蓬《よもぎ》人形を作って蛇を退治したという。（鷲見貞雄・片柳庸史『鳥取の伝説』）

旅の僧が火種を仕掛けた艾《もぐさ》人形を蛇に食べさせ退治したとも伝わる。腹中を焼かれた大蛇は悶々転々、水を求めてのたうち回るうちに崖から落ちて死んだという。（『岩美町誌』）

牛の火の玉 「うしのひのたま」

鳥取県東伯郡羽合町《はわいちょう》（現・湯梨浜町《ゆりはまちょう》羽合地域）に伝わる。

東郷湖畔の南谷にいた山田長者は広大な田地を所有し、何十頭もの牛を農作業に使っていた。あるとき一頭の牛が疲れて倒れると、怒った長者は農民に命じて牛の耳に水を注がせた。驚いた牛は東郷湖に飛びこ

み、他の牛たちも後を追うように次々入水した。その晩、牛たちが水から上がり、行列をなして長者の家へゆらりと飛んでいくと、真赤な火を吐いて悲しげに鳴いて消えた。また、この年から梅雨の頃には田から牛に似た虫が大量に這《は》い出し、稲を根本から齧《かじ》るようになった。ある年には長者の家の中に一抱えもある火の玉が出現した。それは耳に水を注がれたあの牛に形を変え、家を出て東郷湖の水面を赤く染めて沈んだ。長者は謎の病に罹《かか》って死亡し、家も滅んだという。(『東伯耆《ほうき》内伝説民話集』)

牛もーもー [うしもーもー]

鳥取県因幡《いなば》地方で妖怪を示す幼児語。

『民間伝承』第六巻第八号の会員通信にある入江貫一の報告文の中で挙げられているもので、名称以外の詳細は不明。怖いものやお化けをもうこ、**もうもう**などと呼んで子供を脅す例は各地にみられ、これも同系統の語彙《ごい》であると推察される。

歌好きの狐 [うたずきのきつね]

鳥取県八頭《やず》郡西郷村《にしごうむら》(現・鳥取市河原町西郷地域)に伝わる。

上村の山の上段という所には歌好きの狐が棲んでいた。毎夜良い声で歌い、人の歌声を聞くのも無上の楽しみにしていた。ある家で酒宴の最中、障子に人影が映りこんだので「入《はい》りんさい」と戸を開けた。すると障子にもたれ歌に聞き入っていた狐が転がりこんできたという。(近藤喜博「因幡《いなば》南部の伝説」『旅と伝説』通巻第七〇号)

鵜の池のお藤 [うのいけのおふじ]

鳥取県日野郡日野町に伝わる。

日野の下榎《しもえのき》西方は見事な檜《ひのき》の森だったが、あるとき山火事で焼け、その後に降った豪雨で山腹に池ができた。榎集落に住む卯野左内の一人娘・お藤は焼け跡の山へ蕨《わらび》採りに行き、忽然《こつぜん》と姿を消した。友人たちが呼びかけると、池に小波《さざなみ》が立ち、水面にお藤の白い顔が現れたが、にっこり笑うとまた沈んでいった。その晩、母親の夢にお藤が現れ、自分は下界に生まれてきたが本来は天上の神だったと告げた。両親は悲しみながらも池のほとりの森に祠《ほこら》を建て、お藤を神として祀った。森は藤が森、池は卯の池が転じて鵜の池と呼ばれた。(『日野町誌』、荻原直正『因伯伝説集』、野津龍『因幡《いなば》伯耆《ほうき》の伝説』)

馬の抜け首 [うまのぬけくび]

鳥取県八頭《やず》郡智頭町《ちずちょう》波多《はた》に伝わる。

坂浦の前の段にある三軒家の前の杉の木立には化物が出て人を騙《だま》すという。皆で化物の話をしていたとき、長太という青年が「俺《うら》はだまされりゃあせん」と言い張り、肝試しで例の杉の木に登った。しばらくすると村の者が来て「ばあさんが死んだけえもどれや」と言ったが、賭けに負けたくない長太は木から降りない。やがて棺桶《かんおけ》が運ば

れてきたかと思うと、その中から「馬の抜け首」が飛び出してきた。馬の抜け首は「さぶろうか（負ぶさろうか）」と言いながら杉の木を上って長太に近付いてきた。逃げ場がなくなった長太は「さぶらば、さぶれ」と声を上げ、金玉あたりにまで迫っていた化物に鉈《なた》を振り下ろした。化物は絶叫と共に落下して姿を消したが、駆けつけた村人たちが血痕を辿《たど》ると、奥山の洞穴で頭を切られた古狸が死んでいたという。（『千代《せんだい》川流域の民俗』）

梅干地蔵［うめぼしじぞう］

鳥取県西伯《さいはく》郡大和村（現・米子市淀江町大和地域）に伝わる。

中間《なかま》集落の亀の甲という場所に祀られている五輪塔を梅干地蔵と呼ぶ。昔、名和長年の家臣に心がけの良い武士がいた。この家臣は後に夫婦共に戦死し、悲しんだ土地の者は二つの五輪塔を建てて供養した。ある年、村に風邪が流行ると武士夫婦が夢枕に立ち、人々に大切にされている喜びを語り、毎日梅干しを食べるように勧めた。言われた通り梅干しを食べると風邪が治ったので、お礼参りの際にも梅干しを供えた。梅干し療法のおかげで風邪になる者は減り、もし罹《かか》っても梅干し地蔵さんにお願いすればすぐ治ったという。（九鬼龍児「梅ぼし地蔵」『因伯民俗』第二九号）

浦留の妖怪［うらどめのようかい］

『因幡怪談集』にあるもの。

享保（一七一六〜三六）のある秋の頃、浦留《うらどめ》（浦富。鳥取県岩美郡岩美町）での出来事。ある者が夜の狩りに出かけて行方不明になり、後に山中で気絶しているところを発見された。介抱され、息を吹き返した彼が語るには、その夜は獲物にも巡り会わなかったので帰ろうとしたが、連れていた犬が急に動かなくなったのだという。無理に連れて帰ろうとしたが、犬は暗闇の中で何者かに引き裂かれ、男も首筋を摑《つか》まれ投げ飛ばされたのだという。このことは天狗か山の神のなせる業と考えられた。（『近世民間異聞怪談集成』）

荒神林《こうじんばやし》の巨眼も参照。

えへへほのほ

鳥取県米子市目久美町《めぐみちょう》に伝わる。

ある法印さんが法螺貝《ほらがい》を吹き鳴らし、昼寝中の大きな狐をびっくりさせて池に落とした。その晩、法印さんがある家を訪ねると、女房が亡くなったので寺の僧を呼びに行くからと留守番を頼まれてしまう。やがて座敷の奥から「エヘヘホノホ」と声がしたので、死人が起きたかと恐れて懸命に拝むと「エヘホノホー、エヘホノホー」と言い、座敷から出てきそうな気配さえある。次に「オヘヘノホッー」と声がしたとき、法印さんは縁側から転落した。これらはすべて狐が仕返しのために見せた幻だったという。（酒井董美『米子の妖怪』）

縁切り石 ［えんきりいし］

鳥取県鳥取市桜谷に伝わる。

桜谷に住む美しい娘は、恋人と忍び逢いを重ねるうちに妊娠した。だが、お産のとき母子共に死亡し、その墓からは幽霊火が出た。両親の供養で火は消えたが、今度は桜谷から東今在家《ひがしいまざいけ》に通じる柳橋の袂《たもと》にかけ、娘の泣き声が聞こえるようになった。花嫁行列が通れば「早く戻ってこいよぅ」という声も聞こえ、これを聞いた花嫁は必ず離縁されると噂された。亡霊の噂を聞いた旅の侍は、夜更けの柳橋で声の主の到来を待った。やがて不気味な女の声が聞こえてきたので、狙いを定めて斬りつけ、確かな手応えを覚えた。翌朝、周辺を調べてみると、桜谷の六地蔵の一体が、肩を袈裟懸《けさが》けに斬り落とされていたという。以来、この地蔵は縁切り石とも呼ばれた。

八頭《やず》郡河原町の柏越にも「離縁石」の伝説がある。これも花嫁行列などが通ると「早う戻ってこいよぅ」と声をかけて不縁を呼ぶ石で、文政一一年（一八二八）に弘法大師の石像を置いて害を防いだという。〈野津龍『鳥取県伝説集　因幡《いなば》編』〉

えんこそう

鳥取県日野郡日南町多里《たり》に伝わる。河童、**猿猴**《えんこう》、または**川獺**《かわうそ》の類。

江戸時代末頃、多里の家に嫁いだ「いもこ」という女が、日野川へ洗濯へ出て消息を絶った。村人たちが捜し回ったが手がかりはなく、数日後に腹を抉《えぐ》られたいもこの遺体が川床で見つかった。人々はこれを淵に棲むエンコソウの仕業だと考え、敵討ちをしようと淵に向かった。しかしエンコソウを生け捕りにはできず、いもこを盛大に供養した。淵は「嫁ヶ淵」と呼ばれるようになった。その後は、いもこのように他所から嫁いできた娘がいれば、村人みなで大切にしたという。（『日野川の伝説』）

扇ノ山の山鬼 ［おうぎのせんのやまおに］

鳥取県岩美郡国府町（現・鳥取市）に伝わる。扇ノ山は鳥取・兵庫県境に聳《そび》える山。

昔、扇ノ山の洞穴には山鬼たちが棲んでいて、村々では祟《たた》りを恐れ米や酒を毎秋献上していた。だが鬼は年々横暴になって何かと注文をつけ、赤子や娘を攫《さら》うようにもなった。新作という貧しい男とその弟は鬼退治を決意して洞穴へ出向き、鬼たちに酒をふるまった。鬼は時ならぬ献上品に喜び、酔って大騒ぎしたすえに高鼾《たかいびき》で眠ってしまった。兄弟はこの隙に次から次へ鬼を刺し殺し、村は平和になったという。（渡辺光正『因幡《いなば》伝説民話　第六集』）

大鮑 ［おおあわび］

鳥取県気多《けた》郡地方に伝わる。

夏泊沖合の海底には昔から広げた傘ほどの大きさの鮑の夫婦がいて、石ひとつ投げ

ても腹を立て大荒れを起こすほど夫婦仲がよかったという。あるとき海女《あま》が大鮑を怒らせてしまい、付近の漁師たちも漁を休みにした。みなで集まり過ごすうち、海女はある若い男を好きになった。そして彼にまた会いたい一心で何度も大鮑に石を投げ、たびたび休漁にして逢瀬《おうせ》の時間を作った。そのうち男自身も浜へ戻る前に荒波に飲まれてしまい、過ちに気づいて助けに行った海女も海の底へ沈んだという。（渡辺光正『因幡《いなば》伝説民話　第二集』）これと同様の話は千葉県などにも伝わっていることが知られている。（『日本怪異妖怪事典　関東』）

　また、気高《けだか》郡気高町と青谷町《あおやちょう》の境にある長尾《ながお》の鼻の岩壁には、大鮑の夫婦が這《は》い上がってきた跡が残されているという。大鮑は雲龍寺の僧侶の徳を慕い、その読経の声を聞きに集まった海の生き物の一種だと伝わる。（野津龍『鳥取県伝説集　因幡編』）

長尾の毒龍も参照。

大牛蟹・乙牛蟹［おおうしがに・おとうしがに］

　鳥取県日野郡溝口町（現・西伯《さいはく》郡伯耆町《ほうきちょう》）に伝わる。鬼住山《きずみやま》を根城とし、孝霊天皇に征伐された鬼として楽楽福《ささふく》神社（口日野大社）の縁起に登場する。

　第七代・孝霊天皇が伯耆国に行幸した頃、大牛蟹・乙牛蟹という兄弟を頭目とする悪鬼が鬼住山に棲み、人民を大いに悩ませていた。天皇は鬼を退治すべく笹苞《ささづと》の山に軍兵の陣を敷き、集落の人々は兵に笹巻きの団子をふるまって士気を上げた。団子は鬼をおびき出すためにも使われ、やがて弟の乙牛蟹が山麓の赤坂に現れた。乙牛蟹は大《おお》矢口命《やぐちのみこと》の射かけた矢が口に命中して死んだが、兄の大牛蟹は容易に降伏せず、手下と共に抗戦を続けた。やがて天津神《あまつかみ》が天皇の夢枕に立ち、笹の葉を刈り取って山と積めばよいと教えた。お告げに従うと、強い南風が吹きつけて笹の葉が飛び、鬼たちにまといついて身動きを取れなくした。その葉が燃やされると鬼たちは散り散りになり、天皇の軍はこれらを討ち取った。生き残った鬼は降参して北方の守護を約束し、人民は笹で社殿の屋根を葺《ふ》き、天皇を祀る社とした。これが楽楽福神社の始まりだという。

　日野川流域には楽楽福を冠する神社が複数あり、孝霊天皇の鬼退治の伝説も複数の形がある。『紀氏譜記』では鬼退治を指揮したのは孝霊天皇の若宮である鶯王《うぐいすおう》で、戦で身罷《みまか》ったため楽楽福大明神として祀られたとされる。なお、この文書では孝霊天皇は身長七尺、顔や体は青白く、額には三寸の角があり、飛行自在の神通力を持っていたとされている。また鶯王は鼻柱がなく、口は鳥の嘴《くちばし》のように尖《とが》っていたとある。他にも歯黒皇子、楽楽森彦命などが登場する場合もある。孝霊天皇は隠岐《おき》の黄魃鬼《こうばつき》を倒してから伯耆に入った、または備中の石蟹魁荒仁《いしがにたけるこうじん》（蟹魁師《かにたける》とも）、出雲の出雲振根《いずもふるね》らも平定したなどとも語られる。あるいは大倉山（日南町）に日野という鬼が棲み、彦太郎・彦次郎・彦三郎の三兄弟が勅命を

受けて退治したともいう。**牛鬼**《ぎゅうき》も参照。

溝口町では大牛蟹・乙牛蟹の伝説を「日本最古の鬼伝説」と称し、地域アピールに役立てていた。（『鬼住山ものがたり』、『日野郡史　中篇2』、坂田友宏『神・鬼・墓』）

大蟹［おおがに］

鳥取県東伯郡赤碕町（現・琴浦町赤碕地域）に伝わる。

あるとき、大熊《おおぐま》の西の山にある「がんばされの滝」のあたりから得体の知れない唸《うな》り声が三日三晩聞こえた。村の若衆が大勢で様子を見に行くと、今まで見たこともないほど大きな蟹が滝の岩の間に挟まって泡を吹いていた。蟹は「なんと村の若衆、助けてごっされ」と頼んだが、今まで村の田畑を荒らし回っていたのがこの蟹だと悟った若衆たちは、これを生け捕りにして持ち帰った。そして村中で蟹料理を食い、甲羅は庄屋の家の天井に、足殻は小便受けにしてしまったという。（『あかさきむかし話』）

狼石［おおかみいし］

鳥取県日野郡溝口町大倉（現・西伯郡伯《ほう》耆町《きちょう》大倉）に伝わる。

昔、大山南方の深い谷に棲《す》む獰猛《どうもう》な狼が夜ごと村々に現れ、人に害をなしていた。男たちは猛狼退治のため、足跡を追って雑木をなぎ倒しながら山を進んだ。だが狼はどこにも見当たらず、狼に似た大きな石だけが見つかった。その後、この石は幾度となく怪しい光を放ったといい、人々は狼石と呼んで恐れた。しかし害はなかったので付近は開拓されて人が暮らすようになり、大倉村ができた。数年後、狼石の祟《たた》りがあったため大山祇神《おおやまつみのかみ》を祀ると、村は繁栄していったという。（『溝口町誌』）

狼婿［おおかみむこ］

鳥取県日野郡日野町榎市《えのきいち》に伝わる。

爺と婆が「**虎狼**《とらおおかみ》より恐《きょう》とい」家の雨漏りに困って「直してくれる者がいたら娘の一人でもやるのに」などと話しているのを聞いた狼が、一晩で屋根を修理してしまった。爺婆は仕方なく末の娘に狼の嫁になってもらい、娘の望みを聞いて藁《わら》を入れた箱と火打石を用意した。末娘は狼の背に箱を載せ、自身も狼の尻に乗って出発した。道中で火打石を叩き始め、狼に何の音か訊《き》かれると「あれはカチカチ鳥だ」と答え、藁が燃え始めると「ボーボー鳥だ」とごまかし、ついには狼を焼き殺して家に帰った。（『鳥取・日野地方昔話集』）

猿婿入とかちかち山の話が合体した**猪**《いのしし》**婿**系の話に、さらに**ふるやのもり**の要素が混ざっているもの。

狼ようのお種狐［おおかみようのおたねぎつね］

鳥取県米子市大篠津町《おおしのづちょう》に伝わる。

米川の橋を渡った先にある狼ようという松林には、お種という狐が棲んでいた。それが女に化けて子供におしっこをさせる真

似をしていたり、屋台のような明かりをいくつもともしていたりしたという。明かりを見た人々は「お種さんがお店出してる」などと言った。ある豆腐屋は行商に行く途中でお種狐に騙《だま》され、油揚げや豆腐をみな取られてしまったという。（酒井董美『ふるさとの民話　第十二集』）

大亀［おおがめ］

鳥取県倉吉市に伝わる。

見日《みなか》の武将・山名善光の息女・亀姫が天神川河口で舟遊びをかねて川魚を捕っていると、大きな亀が網にかかった。善光は亀を殺そうとしたが、姫が泣いて助命を乞うので逃がしてやった。数日後また大亀が現れたので、姫は酒を飲ませたりして楽しく戯れたが、帰宅すると身籠っていることが判った。やがて姫は三匹の亀の子を出産した。怒った善光は姫を島流しに処し、亀の子も壺に入れ海に流した。その壺が漂着したのが壺瓶山《つぼかめやま》で、山の西側には亀甲という地名もある。（鷲見貞雄・片柳庸史『鳥取の伝説』西尾繁・川上廸彦編『とんとん昔があったげな』）

大鯛［おおだい］

鳥取県岩美郡岩美町浦富《うらどめ》に伝わる。

大同元年（八〇六）八月、大水で鈴見山の荒砂大明神の社が流され、御神体が行方不明となった。半年後、浦富の海が荒れ、腹から異様な光を発する大鯛が向島の浜に打ち上げられた。漁師の平八が鯛の腹を裂くと、中から荒砂の御神体が出てきた。人々は大神ヶ崎に神社を移し、鯛を神の使いとして崇《あが》め、決して食べなかったという。

別伝では漁師の永見久三郎が大鯛の群れを発見、釣り上げた一匹の腹から大黒天の像が出たので祀ったともされる。（野津龍『鳥取県伝説集　因幡《いなば》編』）

魚の体内から宝物が出てくるという展開の説話には、**魚腹《ぎょふく》の鏡**などの例もある。

大原住吉剣坊［おおはらすみよしつるぎぼう］

鳥取県の大山剣ヶ峯《だいせんつるぎがみね》に棲むとされる天狗。「天狗経」にて列挙される全国代表の四八天狗に名を連ねている。知切光歳は「大原」を大山西麓の里の名と推定する。

天狗経は全国の天狗たちの名を呼び上げてその来臨を願い、悪魔退散、怨敵降伏ほか一切の所願成就を願うもの。成立時期は不明だが、江戸時代の中頃には既に版本として出回っていた。中国地方からは剣坊のほか、**長門《ながと》普明《ふみょう》鬼宿坊**（山口県）、**都度沖《つどおき》普賢坊**（島根県）、**伯耆《ほうき》大仙清光坊**（鳥取県）、**厳《いつく》島《しま》三鬼坊**（広島県）が選出されている。（知切光歳『天狗考　上巻』、『天狗の研究』）

大はんざけ［おおはんざけ］

鳥取県日野郡神奈川村（現・江府町《こうふちょう》）に伝わる。はんざけは山椒魚《さんしょうお》のこと。

相ヶ淵には大きなはんざけがいて人畜を

害していた。当時の代官・半口藤右衛門は自ら箱に入って川上から流され、それを呑もうとしたはんざけを刺し殺した。人々は代官の徳を讃《たた》えて堂を建立し、はんざけ退治に用いた刀を谷頭の若宮に奉納したという。（『日野郡史　中篇2』）

　島根県の**鯑魚**《はんざけ》も参照。

大坊主［おおぼうず］

　鳥取県因幡《いなば》地方に伝わる。

　鳥取藩士・羽田半弥太は、城下外れの徳《とく》尾《のお》の森に大坊主の化物が出るという噂を聞き、その正体を暴きに行った。着いた頃にはもう日も暮れており、半弥太は森の脇にある茶屋に入った。亭主から夜更けに森を三周するとお化けが出ると教えられた半弥太がそれを実行すると、一陣の風が吹き、大木の陰から背の高い大坊主が現れた。大坊主は爛々《らんらん》と輝く眼で睨《にら》んできたが、半弥太が動じないため張り合いがないのか消えてしまった。茶屋に戻ってこの話をすると、亭主は「こんな大坊主でしたか」と、先ほどよりひときわ大きく恐ろしげな大坊主に化けた。これにはさすがの半弥太も驚かされたという。（『因伯昔ばなし一〇〇選』）

　徳尾の大坊主の話は巌谷小波による説話事典『大語園』にも収録され、民話集や妖怪図鑑でも繰り返し紹介されている。水木しげる描く「大坊主」もこの話を主題としたもので、真黒な大坊主が歯をむき出して半弥太を威嚇するさまが表現されている。

大百足［おおむかで］

　鳥取県西伯《さいはく》郡大山町に伝わる。

　昔、岸本町大原の大原千町と呼ばれる所に大蛇が棲んでいた。この大蛇は孝霊山を七巻き半もする大百足と敵対し、苦しめられていた。これを知った大躰神《おおたいじん》が百足を退治してやると、喜んだ大蛇は礼として別所川の井出を一夜にして造りあげたという。（坂田友宏『神・鬼・墓』）

　また、三朝町《みささちょう》中津の俵原《たわら》集落は俵藤太が終焉《しゅうえん》を迎えた地と伝わる。この集落では、大百足退治の逸話が知られる藤太の威光を恐れて百足がいないといい、まれに出てきても人を噛《か》むことはないとされた。（野津龍『因幡伯耆《いなばほうき》の伝説』）

岡野彦左衛門［おかのひこざえもん］

　『米府鬼話《べいふきわ》』にあるもの。

　米子（鳥取県）の岡野家は代々剣術の達人を輩出しているが、それは同家が驪龍剣《りりゅうけん》という剣技の秘法を伝えているからだという。だが岡野彦左衛門は息子の六郎左衛門に秘法を授ける前に亡くなってしまった。その後、成長した息子の夢に彦左衛門が現れ、驪龍剣を伝授した。秘法を知る伊藤甚兵衛に確認を取ったところ、六郎左衛門の動きはまさしく驪龍剣だったという。

　驪龍剣は鳥取藩剣術の主流をなす雖井蛙《せいあ》流《りゅう》に関連するものとされる。（米子市立山陰歴史館編『米府鬼話』）

お灸の仏さん

［おきゅうのほとけさん］

鳥取県気高《けたか》郡気高町（現・鳥取市気高町地域）に伝わる。

昔、「加藤さん」が夜石橋のあたりを通りかかると、行き倒れの侍の幽霊が現れた。幽霊の話を聞いてみると「成仏したいが頭剃《そ》らな」とのことで、葬送の儀礼としての剃髪《ていはつ》がなされていないため成仏できずにいる様子だった。次の晩、加藤さんが持参した剃刀《かみそり》で頭を剃ってやると、幽霊は「お灸教えてやるけん跡を継げ」と灸の妙技を伝授して成仏した。以後、加藤家は代々灸を生業《なりわい》にしたという。（『常民』第三〇号）

鳥取市には、与一兵衛という男が女の幽霊を剃髪してやり、その礼として難病の療治法を記した書き物を与えられて人助けをするようになったという話も伝わっている。古くから知られた話らしく『因幡《いなば》怪談集』にも記されている。（『とんとん昔があったげな』、『鳥取の伝説』）

お蔵稲荷の狐

［おくらいなりのきつね］

鳥取県東伯郡赤碕町（現・琴浦町赤碕地域）に伝わる。

赤崎の丘に鎮座するお蔵稲荷の小さな祠《ほこら》は、大漁祈願、航海安全、商売繁盛の神として信仰されてきた。供え物は神使の狐が食べ、丸々太った子狐がじゃれあう様子も見られた。赤碕に大火が起こる直前には、お蔵稲荷の狐が悲しそうな叫び声を上げながら崖の上を走り回り、人々に異変を告げたという。祠の近くに赤崎小学校が建てられてからは「学校稲荷」とも呼ばれ、進学祈願もされた。子狐たちは小学生の楽しげな様子を見ていて、夜は学校ごっこをして遊んだという。（『あかさきむかし話』）

おこん狐

［おこんぎつね］

鳥取県八頭《やず》郡西郷村《にしごうむら》（現・鳥取市河原町西郷地域）に伝わる化け狐。

小河内《おごうち》村の下の凡良凡良に棲み、人をよく化かしていた。あるとき美女に化けて谷口與惣平という男を化かそうとしたが、術を見破っていた與惣平は騙《だま》されたふりで女を家に連れ帰り、火あぶりにした。おこん狐はたまらず正体を現し、今後は人を化かさず、凡良凡良から去ることを条件に解放された。数年後、小河内の村人が伊勢参りに行くと、伊賀の山奥で娘が出てきて「與惣平はまだ生きているか」と訊《き》いてきた。生きていると言うと「やれ、恐ろしや」と逃げていったという。（近藤喜博「因幡《いなば》南部の伝説」『旅と伝説』通巻第七〇号）

『因伯伝説集』にも同じ小河内村の話が載るが、狐の名はおさん、出没地はガラガラという場所とされている。

おさわ

鳥取県東伯郡泊村（現・湯梨浜町《ゆりはまちょう》泊地域）に伝わる。

昔、泊村のおさわという一六歳の娘が原

村の弥助という若者と結婚した。おさわは独り残した母親を案じてたびたび実家に帰っていたが、弥助はその行動に不義の疑いを抱き始め、あるときひそかに後をつけた。疑われていたことを知ったおさわは大層悲しみ、池に飛びこんで大蛇に化身した。以後、原の村人が池を泳ぐ小蛇を見て気絶したり、池尻が蛇盛（急に土が盛り上がること）に堰《せ》き止められて増水したりといった変事が続いた。僧の供養でおさわの祟《たた》りは鎮まったが、その後も「原と泊は縁組はならぬ。おさわ蛇になる、真蛇になる」という唄と共に、二村間の婚姻は忌まれたという。（『東伯耆《ほうき》内伝説民話集』）

お種［おたね］

鳥取県岩美郡国府町（現・鳥取市国府町地域）に伝わる。

昔、宮下の稲常という家にはお種という一人娘がいて、父母から寵愛《ちょうあい》を受けていた。お種は一五歳の春に糸谷の寺に参詣し、ある僧に恋心を抱いた。物思いに耽《ふけ》るうち食事も喉を通らなくなり、お種は床に臥《ふ》せるようになった。事情を知らない父親が摩尼《まに》寺の別当に祈禱《きとう》してもらうと、お種は前世の因縁から畜生の身を受けた娘であると判明、直後にお種は恐ろしい大蛇に変じると、雷雨を呼んで近くの池に飛びこんだ。池には主の大亀がいたが、大蛇に棲《す》み処《か》を追われると、別当の助言で近くの浜の窪《くぼ》みに移り棲んだ。池は新たな主の名から種が池と呼ばれ、鯰《なまず》が多いことにちなんで多鯰《たね》ヶ池と書くようになった。（荻原直正『因伯伝説集』野津龍『因幡伯耆《いなばほうき》の伝説』）

多鯰ヶ池近くの森の中にある弁天宮は、「お種弁天」とも呼ばれている。

お種さん［おたねさん］

鳥取県境港市に伝わる化け狐。

境の浦にはかつて白砂の松林があり、老松の大木におたねさんという狐が棲んでいた。これは義狐ともいうべき存在で、善人は決して騙《だま》さず、悪人のみを苛《いじ》めていたという。夜中に地元の嫌われ者や悪党が酔って歩いていると、女に化けたおたねさんにあちこち引っぱり回された挙句、風呂だといって池に入れられたり、土産に馬糞《ばふん》を竹の皮に包んで持たされたりした。また、野良盗人があればおたねさんが毎晩その者の家の前でコンコン鳴き喚《わめ》くので、盗みを働く者も絶えたという。おたねさんのために松林には握り飯が供えられたが、悪人が供えたものは絶対に食べなかったという。

境浦の塩谷さんという商人は、京三条大橋の上でおたねさんが化けた中年の美人に出会ったという。女は塩谷の旦那と共に毎年京都を訪れては伏見稲荷に参詣していると言う。女は「一足お先に帰ります」と言って姿を消し、塩谷の旦那が境に帰ってくると、松林の外れに再び姿を現した。女は犬が大の苦手で、旦那にも「泥棒なんかわたしが追っ払ってさし上げますから」と犬を飼うのをやめるよう頼んだ。その後、塩谷家は繁栄し、境浦で起きた火災や災厄一

切の害を免れたという。

おたねさんは神通力を持ち、境浦に異変が起こる前には鳴き声を発して警告した。その後には決まって何かが起こるとされた。（佐藤徳尭『山陰の民話』）また、法正原あたりに出没したためコショバ（ホショバ）のお種とも呼ばれた。境と外江《とのえ》の境界周辺には、どうどの三太郎、やけの次郎作、くわざきの小女郎といった狐もいたという。（『境港市史　下』）

境港駅付近の踏切の前には、お種さんを祀った祠《ほこら》が現存している。

音羽が滝のおとんじょろ ［おとわがたきのおとんじょろ］

おとん女郎などと呼ばれる化け狐の伝承の一種。鳥取県八頭《やず》郡智頭町《ちづちょう》波多《はた》では「音羽が滝」に出るものとしても語られた。

音羽が滝のオトンジョロは人を騙《だま》す術に長《た》けた狐で、誰でも化かして髪を剃《そ》り坊主頭にしてしまう。長兵衛という者はオトンジョロの正体を見届けようと滝へ出かけ、そこで狐の姿を見つけた。狐は子を産んで人間の母子に化け、その姿で長兵衛の叔父の家を訪ねた。叔父は狐を娘と孫だと信じこんでいたので、長兵衛は正体を暴こうと赤子に熱湯を浴びせて殺した。ところが死体は人の子のままで、今度は長兵衛が激怒した叔父に殺されそうになってしまった。そこへ通りかかった僧に諭されて長兵衛は出家を決意し、剃髪《ていはつ》してもらったところで我に返った。これまでの出来事は全てオトンジョロが見せた幻で、長兵衛もまんまと髪を剃り落とされてしまったのである。

別の話では威勢のよい子連れ女が、音羽が滝で水を汲《く》んだ後、何者かが「おかしいぞ」と繰り返す声を聞く。女は「おかしけりゃ笑え」と応じてそのまま帰ってきたが、いつの間にか背負っていた子供の首が斬り落とされていたという。狐そのものは出てこないが、これもオトンジョロの仕業として語られていた。（『千代《せんだい》川流域の民俗』）これは**幽霊滝**の話と類似した内容である。

おとん女郎 ［おとんじょろう］

鳥取県東部でよく知られた化け狐。鳥取市本高《もとだか》と宮谷の境にある立見峠に棲むといわれることが多く「立見峠（辰巳峠）のおとん女郎」として親しまれ、数々の狐話がおとん女郎の名をもって語られている。「おとんじょろ」と発音・表記される場合もある。また「おとん」は「おとみ」という名が訛《なま》ったものともされる。飛脚狐として名高い**桂蔵坊**《けいぞうぼう》と夫婦だともいわれる。

美女や子連れの女などに化けるのが得意で、人を化かして肥溜《こえだめ》で顔を洗わせたり、食べ物を奪うなどの悪戯《いたずら》をした。鳥取の油屋惣兵衛は立見峠を通るたび睡魔に襲われ眠っていたが、それは子持ちの雌狐の術によるものだった。乳が出なくなってしまった狐は、油を貰って子を養っていたのである。子育てを終えた狐は惣兵衛に恩を返すため、娘に化けて女郎屋に身売りしたといい、これがおとん女郎の名の由来だとも伝

わる。（『鳥取県伝説集　因幡《いなば》編』）

智頭町中原《ちづちょうなかばら》には次のような話が伝わる。ある男が夕暮れ時に立見峠で泣いている若い娘に出会い、帰り道を共にした。やがて娘は小便をしたいと言い、男に荷物を持ってくれと頼んできた。男が我に返ったときには既に朝で、地蔵を荷物だと思って抱えていたという。娘はおとん女郎が化けたものだった。別の人は小便をしているあいだ手を持っていてほしいと娘に頼まれ、いつまでも小便が終わらないと思っていたが、実は朝まで懸樋《かけひ》（竹や木で作った樋《とい》）をじっと持っていただけだったという。智頭町《ちづちょう》口波多に伝わる話でも、油屋が樋から落ちる水を娘の小便だと思いこまされる。村のある若者は、自分は八化けを知っている者だとうそぶき、七化けしか知らないおとん女郎に化け方を教えてやると言って、袋の中に入るよう言葉巧みに誘導した。こうして捕らわれたおとん女郎は袋ごと熱湯に入れられてしまったという。（福田晃・三原幸久編『因幡智頭の昔話』）八頭《やず》郡佐治村《さじそん》尾際《おいわ》（現・鳥取市）でも、辰巳峠のオトンジョロは女に化けて人を騙《だま》すのが専門の狐といわれ、綺麗な娘から奥方、中年の女など様々に化けたという。峠を通りかかる人が魚を持っていれば必ずオトンジョロに取られ、何か珍しい物を持っていても引っかき回されたという。（『千代川《せんだい》流域の民俗』）

おとん女郎が狐の親分の二右衛門を化かす話もある。二右衛門に命じられたおとん女郎は、美女に化け立派な町家に嫁入りすることになった。だが縁談は真赤な嘘《うそ》で、おとん女郎は森の一軒家で犬の群れに吠《ほ》えられて峠へ逃げ帰った。一杯食わされたおとん女郎は、二右衛門狐が何より恐れている大判小判を彼の家に投げこんだ。だが金が弱点というのもまた嘘で、二右衛門は内心大喜び。ところがおとん女郎も既に仁右衛門の企みを見透かしており、金はすべて木の葉だったという。（渡辺光正『因幡伝説民話　第四集』）他にも人を騙して髪を剃《そ》り落とす、魚商人に花嫁行列の幻を見せた隙に魚を盗る、敷き詰めた木の葉を錦の布団に見せて男どもを丸裸にするなど、活躍は多岐にわたる。おとめという心優しい娘に育てられた子狐の成長した姿がおとん女郎狐だという話もある。（『因幡伝説民話　第七集』）巧みに人の思惑の裏をかいて騙し、最後には髪を剃り落としてクリクリ坊主にしてしまう髪剃り狐としての活躍はよく語られる。（『因伯昔ばなし一〇〇選』）

その名は広く知られていたため、現在の岡山県または兵庫県域でも伝承が確認されている。岡山県英田《あいだ》郡西粟倉村《あわくらそん》影石では、因幡国のかわばら村のたじみ峠におとんじょろがいるといい、決して人を騙さぬ性質の良い狐とされていた。旅人が暗い夜道で難儀していると、狐火をともして導いてくれたことがあったという。（岡山民話の会編『なんと昔があったげな　下巻』）

尾無し狐 ［おなしぎつね］

鳥取県の柳屋による張り子玩具「因幡《いなば》五狐」の一体に選ばれている化け狐。

青谷の長尾の山に棲む悪賢い古狐で、年増の女に化けて人を化かすのが得意。（田中勤二「因幡五狐（民芸品付属解説書）」）青谷には**長尾の善太郎**などの化け狐の話が伝えられており、玩具のモデルになる何らかの伝承もあったのではないかと思われるが、詳細は不明。

柳屋では、もともと**桂蔵坊**《けいぞうぼう》と**おとん女郎**の張り子を制作していたが、後に尾無し狐、**しょろしょろ狐**、**恩志**《おんじ》**の狐**を加えて因幡の五狐と称するようになった。尾無し狐は藪《やぶ》の中から頭だけを覗《のぞ》かせる姿で造形されている。（『立体妖怪図鑑　モノノケハイ』）

鬼子［おにご］

鳥取県東伯郡赤碕町金屋（現・琴浦町金屋）に伝わる。

山に住む夫婦は子がいないのを悲しんでいたが、あるときついに女房が身籠った。ところが十月《とつき》経っても生まれず、三年三月後の**亥**《い》**の子**の晩にようやく生まれた。子は生まれるとすぐ「長いことお世話になりました」とお辞儀をして家を出た。子は一歩進むごとにずんずん大きくなり、積もった雪に足跡を残し去っていった。父が足跡を辿《たど》ると、山奥から鬼になった子が出てきて「嚙《か》んだるぞう」と言った。父は驚き逃げ帰ったという。（『大山北麓の昔話』）

亥の子の祝いをしない者は、他の者から「鬼産め蛇産め」と囃《はや》される。

お花さん［おはなさん］

鳥取県東伯郡赤碕町（現・琴浦町赤碕地域）に伝わる。

狐塚に棲む狐で、人をよく化かす。あるとき文一という爺さんが買い物帰りの山道で、ドンド石に腰をかけ川藻を頭にかぶり、蕗《ふき》の葉を簪《かんざし》にして美女に化けるお花狐を見かけた。あまりの美しさに見とれているうちに、買ってきた魚や饅頭《まんじゅう》などは子狐たちにみな食われてしまったという。（『あかさきむかし話』）

お春狐［おはるぎつね］

鳥取県東伯郡赤碕町（現・琴浦町赤崎地域）に伝わる。

明治頃、赤碕の港町の中央あたり、池田公の御米蔵の後ろにある森に棲んでいた化け狐。大松の根元の巣穴で子供と共に暮らし、よく女中に化けて忙しそうな家に手伝いに入り、食物をもらっていた。人に化けるときは耳を隠すために手拭をかぶり、着物は尻尾を隠すため尻端折《しりっぱしょ》りをして赤い裾《すそ》を出していたという。火鉢の灰をつまんで茶碗に入れるといった他愛ない悪戯《いたずら》を繰り返したが、人々はお春をかわいがり、正体を承知のうえで迎え入れていた。無邪気なふるまいに思わず「見た見たお春さん」などと声をかけると、お春は決まって「フフン」と気楽に鼻の先で笑ったという。また、お春狐は巣穴で灯火をともすため、大椛屋という店で油を買っていた。支払った金は朝になると椿《つばき》の葉に変わったが、大椛

屋も愛嬌《あいきょう》者のお春をいつも見逃してやった。森への人の往来が増えると、お春たちはどこかへ姿を消してしまったという。(佐藤徳尭『山陰の民話　下巻』)

おふじ猫［おふじねこ］

鳥取県東伯郡東伯町別宮(現・琴浦町別宮)に伝わる。

転法輪寺には一匹の大猫が棲みつき、おふじと呼ばれ皆にかわいがられていた。あるとき、住職はおふじが人語を操り、他の猫と踊りに行く相談をしているのを聞いてしまう。おふじは一向が原に向かい、僧衣に姉さんかぶりの出で立ちで大小様々な化け猫たちと踊りを楽しんでいた。翌日、住職がこのことを叱ると、おふじはすごすごと寺を出ていった。十数年後、八頭《やず》郡の長者の家から寺へ使いの者が来た。聞けば、難産で死去した奥様の葬儀の際、にわかに大嵐が起きて出棺さえままならない状態となり、易者が転法輪寺の和尚に弔ってもらえば障りを除けると告げたのだという。住職は八頭の長者を訪ね、弔いの妨げをなす魔性のものを調伏したが、その正体はおふじのなれの果てだったという。檀家《だんか》の人々はこのことを末永く伝えようと寺の山門の欄間におふじ猫の姿を彫りつけたが、雨漏りでこの彫刻の背が濡れると、檀家頭の家で病人や死人が相次いだ。山門の藁《わら》屋根を瓦に替えると、その祟《たた》りも止んだという。(『東伯耆《ほうき》内伝説民話集』)

このように人の死体を奪う化け猫の話は**火車**や猫檀家《ねこだんか》として広く語られている。

親子の霊［おやこのれい］

鳥取県米子市の日野川にかかる旧日野橋に出るという、白い服を着た親子の霊。橋が自動車で通行できた頃は、後部座席に霊が乗りこんでくることもあったという。佐藤有文『日本妖怪図鑑』では子づれ幽霊と呼ばれ、雨の晩に出ると記されている。

ある人がカセットデッキを持って深夜に橋を何度も往復したところ、霊の姿は見えなかったが、女の呻《うめ》き声がはっきり録音されていたという。(山岸和彦『最新　日本の心霊恐怖スポット100』)

おりの

鳥取県岩美郡岩美町に伝わる。新潟県岩船郡関川村を中心に各地で語られた「大里《おおり》峠《とうげ》」系統の大蛇譚の一種。

恩志《おんじ》村の狩人・嘉右ヱ門は葭谷で大蛇を退治し、その肉を味噌漬けにした。味噌漬けは三年経つと美味《うま》くなるため、女房おりのにも「間違えて食べるとえらいことになる」と言い聞かせていた。だがおりのはつい蛇の肉を食べてしまった。すると喉の渇きが止まらなくなり、大川で水を飲むうちに大雨が降りだし、おりのは黒雲に取り巻かれて空高く消えた。やがておりのは大蛇となって牛峯山に棲みつき、毒気を吹いて人を連れ去るようになった。ある若い僧が蒲生《がもう》峠を通ったとき、蛇が女の姿で現れて

「体が大きくなって山が狭いので、近く蒲生川を堰《せ》き止め村を泥の湖にして棲もうと思っています」と語り、退去を促した。僧は蛇の報復を顧みず、村人に危機を伝え、蛇が嫌う鉄で大量の杭を作らせた。鉄杭を身体に打たれた大蛇は七日七晩苦しみ悶えて死んだ。死骸を焼き尽くすにはさらに三日三晩かかったという。僧の正体は弘法大師か浦富《うらどめ》の通幻禅師だろうといわれた。（渡辺光正『因幡《いなば》伝説民話　第六集』）

　葭谷には他にも大蛇の話や、蛇の骨が見つかるといった伝説がある。

大蛇の嫁さん ［おろちのよめさん］

　鳥取県東伯郡東伯町（現・琴浦町東伯地域）に伝わる。

　素戔嗚尊《すさのおのみこと》に**八岐大蛇**《やまたのおろち》が退治され、残された大蛇の嫁さんは悔しくてたまらず、泥光坊という連れの大蛇に加勢を頼み、敵討ちの機会を狙っていた。あるとき素戔嗚は出雲から方見《かたみ》の里へ赴き、そこで高柳の神に出会った。ふたりの神が川上へ上っていくと、琴の浦の空に黒雲が立ちこめ、大蛇の嫁さんと泥光坊が嵐を起こして襲いかかってきた。だが、武勇優れた二人の**荒神**《こうじん》が相手では力及ばず、二匹の大蛇は力尽きて倒れた。事情を知った素戔嗚は嫁の夫を想う心、泥光坊の友に加勢する心を尊く感じ、二匹を許して里へ帰してやった。よって、この川は加勢蛇《かせち》川と呼ばれるようになったという。（『とんとん昔があったげな』）

恩志の狐 ［おんじのきつね］

　鳥取県鳥取市の柳屋が制作した張子玩具で、因幡《いなば》五狐と称されている狐の一匹。

　岩井温泉に行く途中の恩志地方に出る古い狐で、悪賢く、灯をともして人を化かし、悪さをしていたという。張り子では提灯を持った赤毛の狐として表現されている。

（田中勤二「因幡五狐（民芸品付属解説書）」）

おんちょろりんの狐 ［おんちょろりんのきつね］

　鳥取県東伯郡関金町（現・倉吉市関金地域）に伝わる。

　加藤さんという人が山から帰る途中、化物が「加藤さんはオンチョロリン」と声をかけた。加藤さんは「言うもんこそオンチョロリン」と言い返し、家に帰るまで同じ言い合いを続けた。やがて家や近所の人も加勢して「言うもんこそオンチョロリン」の声を強めると、化物の声はだんだん細くなり、ついには聞こえなくなった。外へ出てみると大きな狐が死んでいた。このように獣は言い負けると往生するものだという。（稲田和子『大山をめぐる昔』）

　山口県の**ちんちろり**とよく似た話で、主人公の名前が加藤である点も同じである。

【か】

骸骨の幽霊［がいこつのゆうれい］

リチャード・ゴードン・スミス『日本の昔話と伝説』「因幡《いなば》の幽霊寺」に登場する。

因幡国の私市《きさいち》村（私都。鳥取県八頭《やず》郡八頭町）の山中に古い無住寺があり、人魂《ひとだま》や骸骨の幽霊が出ると恐れられていた。甲斐国の乗玄という僧は幽霊を調べるのが好きで、幽霊寺の話を聞くと泊まりこんで怪異を待つことにした。すると真夜中、人魂が舞い上がり、骨と皮ばかりの骸骨のような幽霊が現れた。乗玄は恐怖のために体が麻痺して死に至った。寺は後に落雷で焼失したが、乗玄の手記をもとに跡地を調べると、地中から僧の骸骨が発見された。これを懇《ねんご》ろに供養してからは幽霊も出なくなったという。（吉澤貞訳『日本の昔話と伝説』）

がいだが婆［がいだがばあ］

鳥取県岩美郡岩美町蒲生《がもう》に伝わる。蒲生峠に出たという妖怪で、境界を接する兵庫県美方郡新温泉町でも語られている。

昔、但馬《たじま》の鐘尾にがいだが婆が棲んでいて、夜になると蒲生峠で旅人を食い殺していた。但馬へ向かうある旅人は、峠を越える前に日暮れを迎えてしまい、狼の群れに襲われた。旅人が木に登ると、狼たちは肩車をして旅人に迫ったが、一番上の狼がバイサ（太い木の枝）で殴られると散り散りになった。木から下りた旅人は一軒の人家を見つけ宿を乞うた。家の婆さんが石で眉間を割って臥《ふ》せっていると聞いた旅人が納戸を覗《のぞ》くと、そこでは頭を負傷した狼が唸《うな》っていた。旅人は驚いて下の村まで走って逃げたという。この一軒家の婆こそがいだが婆で、人を食うためがいだ虫（カメムシ）のような嫌な臭いがするのだといわれた。（山田てる子『むかしがたり』）

蛙の婿［かえるのむこ］

鳥取県岩美郡岩美町蒲生《がもう》に伝わる。

昔ある所にとてもこすっぽ（けち）なお婆さんがいて、娘の婿としてご飯をあまり食べずによく働く者を探していた。だが、当然どんな男も数日のうちに空腹で働けなくなってしまう。そこへある男が「婿にしてほしい」と訪ねてきた。彼は何日経っても少しもご飯を食べないままよく働いたが、どこかに食べ物を隠しているのではと疑った婆が様子を見ていると、夜中に大きな蛙となって裏の田に飛びこんだという。（山田てる子『むかしがたり』）

各地に伝わる**食わず女房**の性別逆転版。時折このような「婿」の例も見られる。

火炎塚 ［かえんづか］

鳥取県鳥取市松原に伝わる。

松原の丘に立つ古松の下には「竹の宮」という小さな祠《ほこら》があった。雨風の激しい夜には決まってこのあたりから火の玉が燃え出たため、祠は火炎塚とも呼ばれていた。

（野津龍『鳥取県伝説集　因幡《いなば》編』）

鏡餅の毛 ［かがみもちのけ］

『因幡《いなば》怪談集』に記されている怪異。

寛延三年（一七五〇）正月、湯所《ゆところ》（現・鳥取市）の山田庄蔵の屋敷での出来事。具《ぐ》足櫃《そくびつ》の上に飾っていた鏡餅を取り下ろしてみると、長さ四、五寸もある人の髪のような堅い毛が一握りほど生えていた。前日までそのようなものは生えておらず、一夜のうちに伸びたらしかった。この奇事は山田家の凶事の前触れではと噂されたが、何の凶禍もなく、むしろ吉事らしきことがあったという。（『近世民間異聞怪談集成』）

化者 ［かしゃ］

鳥取県東伯郡東伯町別宮《べつみや》（現・琴浦町別宮）に伝わる。死体を奪う**火車**《かしゃ》の類。

狐や猫、狸などが化けることを「化者になる」という。転法輪寺の年老いた飼猫（**おふじ猫**）はカシャになり、僧衣をまとって狐と踊り、寺を追い出されてからも僧の姿で予言をして寺に恩を返したという。

（『鳥取県の民俗』）

河童が淵の河童 ［かっぱがふちのかっぱ］

鳥取県日野郡日野町に伝わる。

昔、日野の黒坂にある「河童が淵」にいた河童は、棲《す》み処《か》を抜け出しては遊んでいる子供などを連れ去って村人を震え上がらせていた。だが、あるとき河童は荒馬を捕まえ損ね、逆に光明寺の和尚に生け捕りにされた。河童が泣いて助けを乞うと、和尚は道脇の岩に河童の像を刻み「岩からお前の姿が消えるまでは、水から抜け出すことはあいならんぞ」と言いつけた。だが、水中でおとなしくしていては退屈でたまらない。河童は毎晩岩に刻まれた自分の姿を消そうとしたが、すぐに摩滅するわけもなく、やがて断念してどこかへ逃げたという。

（『とんとん昔があったげな』）

かっぽん鳥 ［かっぽんどり］

鳥取県西伯《さいはく》郡名和村（現・大山町名和地域）に伝わる。

昔、カッポンという子供が山に遊びに行って帰らなくなった。帰宅した父は母から事情を聞くと、脚絆《きゃはん》を片方脱いだまま再び出かけていった。そして山で「カッポン！カッポン！」と呼びかけながら捜し回ったが、我が子はどこにもいなかった。それでも「カッポン！カッポン！」と根限り叫び続け、ついに父はカッポン鳥になってしまった。カッポン鳥が片脚脚絆なのはこのた

めだという。（荻原直正『因伯伝説集』）

カッコウの由来を語る昔話。このような小鳥の前世に関する伝承は各地に残る。

金霊［かねだま］

鳥取県境港市で育った水木しげる（武良《むら》茂）の幼少期の体験として、各種の作品で言及されているもの。

これは茂少年が五、六歳のころ偶然目撃したものだという。屋根の上で寝ていると地震が起き、ハッとして空を見上げると、十円玉のようなものが空を飛んでいた。茂はそれ以来、地震のときには十円玉が空を飛ぶのだと信じて疑わなかったという。（『水木しげるの日本妖怪めぐり』）

元来「金霊」とは金運を招く光物《ひかりもの》の類の呼び名。（『日本怪異妖怪事典　関東』）

水木は金霊と自身の体験を結びつけ、巨大な十円銅貨らしきものが輝きながら飛行する様子を描き、妖怪図鑑などで「金霊」の図版として用いている。妖怪画と解説文の混淆《こんこう》の結果、漫画『鬼太郎国盗り物語』では、十円玉型の金霊が人々に幸福を与える妖怪という設定で登場した。

亀女房［かめにょうぼう］

鳥取県邑美《おうみ》郡浜坂村（現・鳥取市浜坂地域）に伝わる。

浜坂村の甚助という男が浜湯山の海岸で海亀の子を見つけ、海へ逃がしてやった。これに感じ入った親亀は甚助を海の龍神さんのもとへ招いた。龍神に何が欲しいか問われた甚助は「あなたの娘を下さい」と答えた。そして連れ帰った龍神の娘と夫婦になって不自由なく暮らし、三人の子にも恵まれた。妻は座敷を閉めきり、そこで独り水浴びをするのが習慣だった。ある日、甚助が水浴びの様子を覗《のぞ》くと、妻が亀の姿になって盥《たらい》に入っていた。見られたことに気づいた妻は、龍神から託されていた小箱を渡し、末の子を連れて海に帰ってしまった。箱を開けると白い煙が出て、甚助はもとの貧しい暮らしに戻った。龍神は孫二人のため海に宝を隠していたが、それも甚助が取ろうとしたため海底に沈んだ。さらに再婚した女が悪妻で、二人の息子も海へ行ってしまったという。（渡辺光正『因幡《いなば》伝説民話第五集』）

乾鮭大明神［からさけだいみょうじん］

『因府夜話』にあるもの。

ある冬、鳥取の町人が乾鮭を売りに岩井郡に行く途中、百谷越で村人が仕掛けた罠《わな》に雉《きじ》がかかっているのを見つけた。商人は雉を我が物として、代わりに乾鮭の頭を罠にかけて去った。村人たちがこの鮭の頭を料理して食したところ、みな気持ちが悪くなり、大熱が出て倒れた。神主にお祓《はら》いをしてもらうと、神霊が降りて「末世《まっせ》の衆生《しゅじょう》を助けようと思っていたのに、食ってしまうとは言語道断の咎《とが》だ」と激怒した。人々がとにかく詫《わ》び、社を建てて末代まで祀ると誓ったところ、神は得心した。村では残

った鮭の骨を神と崇《あが》めたという。（荻原直正『因伯伝説集』）

歓迎の拍手［かんげいのはくしゅ］

鳥取県鳥取市にある鳥取砂丘へ向かうトンネルで起こったという怪異。

ある女性が恋人を砂丘へ連れていこうと自動車を走らせていた。砂丘へ着く直前のトンネルに入ると、パチパチと車に砂利でも当たるような音がして、やけに明るい光が差した。さらに車体が宙に浮いたようにタイヤ周りの感触がなくなったため、たまらず「ちょっと待って！」と叫んだ。そのとたん車は急停止、明るさも元に戻った。車を点検してみると、側面に人の手形がびっしりついていたという。（『中国・四国怨念地図　平成17年度』）

この話につけられた「歓迎の拍手」という題は、手が車体に打ち当たる音を、県外出身のため初めて砂丘を訪ねた恋人を歓迎する拍手になぞらえたものである。

狐の奴［きつねのやっこ］

岡村良通『寓意草』にあるもの。因幡国《いなばのくに》鳥取（鳥取県）の坂上彦左衛門という侍が雉《きじ》狩りに出かけると、松原の中から奴《やっこ》（使用人）が出てきて「御狩りでございますか。お供いたしましょう」などと話しかけてきた。が、その顔は狐だった。彦座衛門は騙《だま》されたふりで狐を連れていき、ある家に立ち寄って飲み物を所望した。狐は椀の水に映る己の顔を見て、ようやく化け損なっていたことに気づくと慌てて逃げ出した。人々は笑い合い、彦左衛門は次の日も雉撃ちに出かけたが、叢《くさむら》から昨日の狐が「彦左衛門」と呼びかけてきたので、おかしくなってまた笑ったという。（『続日本随筆大成8』）

牛鬼［ぎゅうき］

鳥取県日野郡日南町宮内の楽楽福《ささふく》神社の縁起などに登場する悪鬼または凶賊。

仁和二年（八八六）、孝霊天皇は当地巡幸の折、鬼林山《きりんざん》に蟠踞《ばんきょ》する牛鬼という凶賊の一団が里人を悩ませていると耳にして、皇子神や随従の神々を率いて賊を退治した。神社付近にある鬼塚は、牛鬼の首魁《しゅかい》を埋めた場所と伝えられている。（樂樂福神社ウエブサイト）

鬼林山の牛鬼とは頭は馬、胴は牛、足は猿のような姿の化生だったともいう。牛鬼は天皇に追い詰められ殺されたが、その尾を切った場所が尾切山、胴を切った場所が胴原だとされる。（坂田友宏『神・鬼・墓』）

大牛蟹・乙牛蟹も参照。

九牛士［きゅうぎゅうし］

鳥取県日野郡日南町福塚に伝わる。

毛利勢に攻められた尼子方の残党とされる九人組で、牛尾・牛田・牛岡・牛川・牛井・尿牛・畑牛・引牛・牛飼と、みな名前に牛の字を持つ。彼らは**黒眚**《しい》という怪獣に

姿を変えて夜ごと牛馬を襲い、奥日野の人々に恐れられた。ある夜、九牛士は食料を狙って小早川隆景の陣を襲ったが、大乱闘のすえ隆景によって生け捕りにされた。同夜、釈迦寺の住職・阿明坊《あみょうぼう》の夢に九牛士が現れて悪行を詫《わ》び、助命を乞うた。阿明坊は隆景の陣を訪ね、黒眚となり果てた九牛士に対面すると、世の無常と善悪を説いて改心させた。村の周辺には霊を供養するための塚が築かれ、九牛士は牛守護神となって牛馬の世話や開墾の手伝いをして村人に報いたという。（『日野川の伝説』）

九牛士は為永春水と松亭金水合作の読本《よみほん》『尼子九牛七国士伝』に登場する、尼子氏に仕えた勇士たち。日南町の九牛士はこの作品に影響を受けた伝説と思われるが、読本では九牛士が黒眚に変身するという設定はみられないようだ。

京女郎の祟り［きょうじょろうのたたり］

鳥取県八頭《やず》郡智頭町《ちづちょう》に伝わる。

昔、岡田の博労《ばくろう》が京都の女郎と馴染みを重ね、夫婦になる約束を交わした。数年後に身請けして故郷へ連れ帰ったが、実は博労には既に女房がいた。騙《だま》されていたと知った女郎は泣きながら草履を脱ぎ捨て、山の中へ走り去っていった。その後、博労には女郎の祟りがあり、神仏に祈ってもそれが鎮まることはなかった。そこで女郎の死霊を**荒神**として祀り、手厚く供養してやったという。女郎が姿を消した場所は隠れ谷、荒神の小祠《しょうし》は京女郎の墓とも呼ばれた。（野津龍『鳥取県伝説集　因幡《いなば》編』）

魚腹の鏡［ぎょふくのかがみ］

『拾遺御伽婢子《おとぎぼうこ》』巻之四にあるもの。

伯耆国《はうきのくに》川村（鳥取県河村郡か）の亀木庄右衛門が、ある夏の日に二尺ほどの鯉を釣り上げた。鯉の腹を裂くと、大きさ一寸四方、裏面に巧緻な龍の細工が施された鏡が出てきた。月のない深夜にも拘わらず、鏡の冷々たる光によって周囲は昼のように明るくなった。庄右衛門は後に浅倉義景に召し抱えられて掛川の陣を戦い、討死してしまった。それ以来、この秘蔵の鏡も行方不明だという。（『徳川文芸類聚《るいじゅう》　第四』）

清美［きよみ］

鳥取県八頭《やず》郡智頭町《ちづちょう》に伝わる。

戦国時代、惣地村の西尾という富農の家に清美という一八歳の娘がいた。清美は隣村の若者と恋仲で、豊乗寺《ぶじょうじ》の山を越えて毎夜逢瀬《おうせ》を重ねていた。ところが、ある夜に清美が若者の家を訪ねてみれば、そこでは彼の祝言の最中だった。裏切られた清美は泣く泣く帰路に就き、恐ろしげな蛇と化してしまった。清美は父母に許しを乞い、若者への呪いの言葉を吐きながら豊乗寺の池に消えていった。その後、新妻は失踪し、若者は出家して清美の霊を慰めた。霊は寺の西北にある籠山《かごやま》に上り、蛇の輪（茅《ちがや》が輪のように生えた場所）になったという。（鷲見貞雄・片柳庸史『鳥取の伝説』）

麒麟獅子〔きりんじし〕

因幡国《いなばのくに》（鳥取県東部）一帯で見られる民俗芸能の一種。呼び名の通り神獣の麒麟を思わせる形状の獅子舞である。獅子頭は朱塗り・金箔《きんぱく》押しで一本角、面長な麒麟の造形で、先導役として真赤な装束と仮面で扮する「猩々《しょうじょう》」が現れるのも特徴。鳥取市国府町宮下の宇部神社獅子舞や上砂見・中砂見の大和佐美命《おおわさみのみこと》神社獅子舞がよく知られている。鳥取県東部から兵庫県北部にかけ、百数十か所での伝承が確認されており、現在では鳥取地域の代表的な文化財のひとつと位置づけられている。

発祥は慶安三年（一六五〇）に鳥取藩初代藩主池田光仲が勧請《かんじょう》した因幡東照宮（後の樗谿《おうちだに》神社、鳥取東照宮）の祭礼で、江戸時代後期から明治にかけて各村に普及したとみられている。江戸時代の文献には麒麟の名は見えず、専《もっぱ》ら獅子、唐獅子などと呼ばれている。この霊獣が明確に麒麟と認識され、麒麟獅子舞の呼称が用いられるのは明治末頃から。元鳥取藩士森本信義による『池田家時代東照宮祭礼行列』には、祭礼行列には俗に「しし」と呼ばれる獣が登場するが、これは実は麒麟のことだと記されている。江戸中期の鳥取藩士・上野忠親による『勝見《かちみ》名跡誌』には因幡東照宮の祭礼に登場する獅子は、実は大陸伝来の聖獣・獬《かい》豸《ち》が転じた狛犬《こまいぬ》であるとの記述がある。（『鳥取県の民俗芸能』、『「因幡の麒麟獅子舞」調査報告書』）

現在は北海道の利尻島でも麒麟獅子舞が演じられている。明治の開拓期、因幡衆と呼ばれる鳥取からの入植者が麒麟獅子舞を伝えたことに因み、平成になってから年中行事として定着させたものである。（箭内博行『ニッポン離島の祭り』）

二〇〇五年公開の映画『妖怪大戦争』では境港市が物語の主要な舞台のひとつに選ばれ、麒麟獅子舞が世界を救う勇者を選ぶという場面がある。これはもちろん同作品において創作された設定である。

金龍〔きんりゅう〕

鳥取県東伯郡上中山村（現・西伯《さいはく》郡大山町中山地域）に伝わる。

岩井垣城主・**篦《の》津《づ》敦忠の亡妻**の幽霊が墓場に出没したので、当地を訪れた玄翁《げんのう》和尚がこれを手厚く供養して迷いから救った。城主はいたく喜び、夜ごと北の海から出て南の山林に飛ぶ火の玉があると話し、その正体を尋ねた。玄翁はそれは龍灯だと推測し、火の玉の行き先である山中の池に赴いた。池からは大蛇が現れたが、玄翁の読経を聞くと美女に姿を変え、御垂教により仏果を得たと感謝を述べた。そして一尺あまりの観音像を授けると、金龍と化して昇天した。龍が授けた像は退休寺の本尊になったという。（荻原直正『因伯伝説集』）

九尾の狐退治で知られる玄翁和尚が創建した金龍山退休寺は山陰地方最古の曹洞宗寺院で、中山町に現存している。かつては伯耆国有数の大寺院として栄えていた。

空也銀杏［くうやいちょう］

鳥取県東伯郡東伯町別宮（現・琴浦町別宮）に伝わる。

別宮村は空也上人の入寂《にゅうじゃく》の地といわれており、転法輪寺本堂の境内には空也銀杏と呼ばれる大木が生えている。これは空也が最期の瞬間に地面に突き立てた杖が根を下ろし成長したものだという。また、空也は自身の死の直前に殺されかけていた牛を救っていたため、牛の守り神としても信仰された。（『東伯耆《ほうき》内伝説民話集』）

くさめの化物［くさめのばけもの］

野間宗蔵『怪談記』にあるもの。

小河理兵衛という仏者が体験したもの。鳥取藩の侍屋敷のあたりから大きなくさめ（くしゃみ）が聞こえたとき、理兵衛の頭上で「くさめくさめ」と声がした。この声は理兵衛が帰宅するまで続いたという。（福代宏「野間宗蔵の「怪談記」について」『鳥取県立博物館研究報告』第四〇号）

首のない鎧武者［くびのないよろいむしゃ］

鳥取県東伯郡赤碕町箆津《のつ》（現・琴浦町箆津）に伝わる。

中山町の六塚の古戦場では、五月五日に首のない鎧武者が夜通し走り回るため、とても恐れられていた。箆津の領主・真木氏と対抗勢力が七年間にわたる紛争を繰り広げ、最大の戦場となったのが六塚だった。合戦では岡部という大将が首を斬られて死んだが、その無念から五月五日の暁になると首のない騎馬武者が駆け巡るようになったという。（『大山北麓の民俗』）首無しの武者が走り回るのは自分の首を捜しているからで、後に源翁和尚の指導により六つの塚が築かれ弔われたという。（『あかさきむかし話』）鳥取県では他にも**金龍**や**七色毛の狐**の伝説で玄翁の活躍が語られている。

熊荒れ［くまあれ］

熊を殺したり捕まえたりすると悪天候に見舞われるという俗信。日本各地の狩猟を行う地域に伝わっている。

鳥取県八頭《やず》郡若桜町では、熊を捕ると雪が降ったり強風が吹いたりするといい、このことを「クマ荒れ」と呼んだ。（『因幡《いなば》若桜の民俗』）

蜘蛛の化けもん［くものばけもん］

鳥取県八頭《やず》郡若桜町に伝わる。

諸国修行中の宮本武蔵がある村で宿を借りようとしたが、どの家を訪ねても宿泊を断られてしまい、無人の古寺に泊まった。やがて武蔵の前に一人の盲人がやって来て話し相手になろうと言った。そのうち彼は目が痛むと言って薬を取り出したが、容器の蓋《ふた》を開けられずに困っていたため、見かねた武蔵が開けてやろうとした。だが、容

器に触れたとたん手が離れなくなり、もがくうちに両手両足とも貼りついて動けなくなってしまった。盲人は化物だったのである。武蔵が一心に神様に祈ると、突如鶏の鳴き声が聞こえ、化物は力を失って逃げ出した。鳴いたのは武蔵の刀に彫られていた鶏の装飾だった。化物の正体は蜘蛛で、薬の容器は蜘蛛の巣が変化したものだったという。（『因幡《いなば》若桜の民俗』）

倉坂神社の龍 ［くらさかじんじゃのりゅう］

鳥取県東伯郡琴浦町倉坂に伝わる。

宮谷の倉坂（倉阪）神社にある数々の彫刻のうち、拝殿正面にある龍は夜間に動き回ったという。ある夏の夜、夜遊び帰りの若者が田を荒らしながら水を飲む大蛇らしきものを目撃した。人々が退治に向かった時には既に姿はなかったが、足跡らしきものが神社の拝殿まで続いていた。村人たちが彫刻を三つに切り離してからは、田は荒らされず、米も育つようになったという。（『東伯耆《ほうき》内伝説民話集』）

桂蔵坊 ［けいぞうぼう］

鳥取城（鳥取県鳥取市）に棲んで城主に仕え、飛脚として活躍したという化け狐。

とても足が速く、鳥取から江戸まで三日三晩で往復した。そのため城主に重用され、急を要する秘密の用件があれば必ず桂蔵坊を使った。あるとき桂蔵坊は江戸への使者を命ぜられ、帰り道の播州三日月（兵庫県佐用町）の畑で焼き鼠を見た。彼はそれが畑を荒らす狐用の罠と知りつつも誘惑に抗《あらが》えず、近寄って罠《わな》にかかり死んでしまった。桂蔵坊の死を知った城主は、城内に中坂《なかさか》神社を建ててその霊を祀ったという。（野津龍『因幡伯耆《いなばほうき》の伝説』）

鳥取藩士・上野忠親の『雪窓夜話』には「慶蔵坊」あるいは「桂蔵坊」の名で記されており、この狐の伝承が古くからあったことがうかがえる。狐の名を「中坂の桂蔵坊」とする写本もあるが、ある老人は「桂蔵坊というのはかつて中坂に葬られた山伏だ」と語っていたといい、それが狐の伝承に転化したことを匂わせている。（『近世民間異聞怪談集成』）なお、このような飛脚狐の伝承は各地に存在する。たとえば東北地方では秋田藩主に仕えた与次郎狐が有名。（『日本怪異妖怪事典　東北』）

桂蔵坊は立見峠の**おとん女郎**という狐と夫婦だったともいわれている。智頭町《ちづちょう》波多《はた》では殿様の飛脚を務めた慶蔵坊が焼き鼠の罠で死んでしまった話や、村の若者がオトンジョロ狐を退治する際に慶蔵坊狐の名を騙《かた》る話などが伝わる。後者では慶蔵坊は七化けのオトンジョロより一枚上手で八化けを知る存在とされ、オトンジョロは口車に乗せられた挙句に袋詰めにされて殺されてしまう。（『千代川《せんだい》流域の民俗』）

化粧川の蛇 ［けしょうがわのへび］

鳥取県東伯郡赤碕町（現・琴浦町赤碕地域）に伝わる。

昔、弘法大師が赤碕の西寄りにある小川を通りかかると、美女が川岸で濡れた体を乾かしていた。大師が何かを察して「珍しや」と叫ぶと、女は「恐ろしや」と叫んで水中に姿を消した。大師は、次に古井戸を覗《のぞ》きこむ一〇〇歳にもなろうかという老婆と出会った。これも化生《けしょう》だと見抜いた大師は杖で老婆の背を打ったが、まるで石のように動かない。そこで「珍しや百歳なりし老《おい》の身の井戸に影みる水に浮草」と歌を詠んだところ、老婆は「老の身の寄せくる年を知らずして影はずかしき化粧川かな」と返して姿を消した。しばらくすると川上から小蛇が来て大師の口に飛びこもうとしたが、打ち払われて死んだ。このことにちなみ、川を化粧川、井戸を鏡の井戸と呼ぶようになった。（『あかさきむかし話』）

老婆は井戸の水面を鏡にして化粧をしていたとも、僧は一休禅師であったとも語られる。（『とんとん昔があったげな』、『因伯昔ばなし一〇〇選』）

小出の姫松〔こいでのひめまつ〕

鳥取県東伯郡三朝町《みささちょう》などに伝わる。

通りかかった人に芝居を見せて楽しませる女狐で、手土産に持たせてくれる料理も馬糞《ばふん》などではなく本物のご馳走だった。丸山の孫太郎狐や出合の亀太郎狐といった仲間がおり、三匹が集まれば竹田川の水を逆に流すぐらいは楽々とやってみせると豪語していたという。また、**小山《こやま》の小狐**とも交流があったという。倉吉の方では出合の亀太郎、上井河原の俊徳丸、一里藪《やぶ》のおさん、小山ヶ鼻の長太郎の四狐が集まると、いかなる千両役者にも劣らぬ歌舞伎をみせるといわれた。（『東伯耆《ほうき》内伝説民話集』）

鳥取県と接する岡山県鏡野町にも、**仲間のお姫**など類似した化け狐の伝承がある。

豪円〔ごうえん〕

鳥取県西伯《さいはく》郡大山町に伝わる。

関ヶ原合戦の後、大山寺と米子城主・中村一忠との間に境界争いが起きた。大山寺の豪円僧正は中村氏のやり口に深い怨みを抱いて死に、米子城を見下ろすことのできる山（豪円山）に葬られた。以来、米子城には豪円の怨霊が現れて人々を悩ませ、ついには一忠も二一歳の若さで頓死したという。（鷲見貞雄・片柳庸史『鳥取の伝説』、日本伝説拾遺会監修『日本の伝説　中国』）

荒神林の巨眼〔こうじんばやしのきょがん〕

『米府鬼話《べいふきわ》』にあるもの。

米子（鳥取県）の荒木茂兵衛は庚申《こうしん》の夜、家人の反対する声も聞かず奥谷村の**荒神**林へ猟に出かけた。まず犬を放ったが、恐れて林へ入ろうとしない。無理に犬を林へ投げこんだところ、繁みの中にいた何者かが犬を引き裂き投げ返してきた。見れば、林中より炫燿《げんよう》（ひかりかがやく）する巨眼がこちらを睨《にら》みつけていたという。（米子市立山陰歴史館編『米府鬼話』）

国隆寺の地蔵［こくりゅうじのじぞう］

『今昔物語集』巻十七「養造地蔵仏師得活人語」にあるもの。

昔、因幡国《いなばのくに》高草郡野坂郷（鳥取県鳥取市）の国隆寺にて、別当が仏師に地蔵菩薩像を造らせようとした。しかし完成の前に別当の妻が他の男に取られ、心乱れて仏像どころではなくなってしまった。専当の僧は指示も食事もなく困窮する仏師たちを見て、善心から彼らに食事を与えて養った。だが、仏像の彩色が終わる前に専当の法師も病死してしまった。彼は死後の世界で二人の恐ろしい大鬼に捕らえられたが、一人の小僧が現れて「鬼どもよ、この法師をゆるせ。私は地蔵菩薩だ」と言うと解放され、現世で息を吹き返した。小僧の正体は未彩色のままの国隆寺の地蔵だった。生き返った専当は地蔵菩薩像を完成に導いて供養し、寺に安置したという。（小峯和明校注『今昔物語集　四』）

こけ歩く薪［こけあるくたきぎ］

『新説百物語』巻之五にあるもの。

因州（鳥取県）のある人の伯父の家では、代々奇妙なことが起きた。それは薪を一〇束以上買って積んでおくと、一〇束目の薪だけがひとりでに転んで裏口から出ていってしまうというものだった。九束ずつ買えば何事もないかと思われたが、あるとき九束全てが消え失せてしまったので、一束失せるのを承知で一〇束ずつ買うことにしたという。（『続百物語怪談集成』）

小桜狐［こざくらぎつね］

鳥取県東伯郡三朝町《みささちょう》に伝わる。

上西谷の小桜屋敷と呼ばれる場所に棲む狐で、もとは法師が連れてきたものだったという。村に災難や疫病が続いたとき祈禱《きとう》師に占ってもらうと、決まって「俺は小桜狐だが、眷族《けんぞく》が増えて食べ物に困っているのに、少しも援助してくれない」と、小桜狐が憑《つ》いて祟《たた》りの理由を述べたという。村では月に一度ずつ家ごとに小豆飯と油揚げを作り、小桜狐の祠《ほこら》に供えて村を守ってもらった。この風習は昭和一〇年（一九三五）頃まで続いたが、下西谷の人が「そんな霊験あらたかな狐なら自分が飼ったり祀ったりしたい」と言い出したので、早々に譲り渡してしまったという。（『東伯耆《ほうき》内伝説民話集』）

小算盤［こそろばん］

鳥取県倉吉市に伝わる。円谷《えんだに》に棲んでいた人を化かす意地悪な狐。

ある晩、大原《おはら》の若衆が円谷村と大原村の境の川を歩いて渡ろうとしたとき、川が怖くて渡れないと泣く娘に出会った。若者が娘を背負い川を進んでいくと、娘は不意に大きな舌を出して若者の左右の頬をペロリ、ペロリと舐《な》めた。川を渡り切った若者は娘を放り捨てて逃げ、焚火《たきび》をしていた五、

六人の男たちに娘の舌の話をした。すると「これくらいもあっただらあが」と言って、全員が団扇《うちわ》のような舌を出したので、若者はまた逃げ出した。これは小算盤の仕業だという。（『とんとん昔があったげな』）

　化物が赤い舌で二度にわたって脅かす話は、岡山県新見市などでも採集されている。（岡山民話の会編『岡山の民話』）

　属性別索引【再度の怪】も参照。

小山の小狐［こやまのこぎつね］

　鳥取県倉吉市の余戸《よど》地域に伝わる。

　余戸の小山には古くから小狐という狐の大親分が棲んでいたという。生まれつき歌や踊りがとても上手で、出合の亀太郎、上《あげ》井《い》河原の俊徳丸狐、上井藪《やぶ》のおさんなど、東郷上井界隈《かいわい》の名だたる狐たちを集め、**小出の姫松**が叩く太鼓に合わせて夜もすがら踊り騒いだ。踊りに飽きると上井の河原で「わしは東郷小山の狐、はやしなけらにゃ小山に帰る」と歌うこともあった。狐憑《つ》きを落とす呪法も心得ていて、あるときそれを油揚げと引き換えに村の法師に教えた。後に小狐自身が海田村の者に憑いた際、その狐落としの法にかかって落命したという。人々は哀れに思い、小狐を古巣に葬り祠《ほこら》を建てた。（『東伯耆《ほうき》内伝説民話集』）

　西尾繁・川上廸彦『とんとん昔があったげな』では、小山ギツネのもとに参集する家来狐として西郷川原の竜太郎、小出の姫松、上井河原の新徳丸、上井藪のさんの名が挙げられている。

五輪の片［ごりんのへん］

　鳥取県東伯郡赤碕町（現・琴浦町赤崎地域）に伝わる。

　ある田の畔に五輪の片（五輪塔の破片）があった。これは昔の人のお墓なので踏むと足が痛み、近くの木を伐っても祟りがあるという。五輪の石片を持ち帰り、地主神にした人もいるという。（『赤碕の民俗』）

金剛鳥［こんごうう］

『大山寺縁起』に記されているもの。

　孝元天皇五七年、大山（鳥取県西伯《さいはく》郡大山町）の大智明権現（大神山神社）の奥宮を造営時のこと。八大龍王権現の霊威により岩盤が片時の間に切り拓かれると、金剛鳥が飛び来て「大仙多宝仏、関鑰御金門応化身垂跡、釈迦両足尊」と偈《げ》を説いた。また、金門の修築工事の際には夫婦の烏《からす》が木材の上に飛来し、運び上げる人夫の鬨《とき》の声に合わせて翼で扇ぎ、力を添えたという。（稲葉文庫編集部『大山寺縁起』、鷲見貞雄・片柳庸史『鳥取の伝説』）

金色の狼［こんじきのおおかみ］

『大山寺縁起』にあるもの。

　出雲国玉作《たまつくり》の猟師・依道《よりみち》は、三保の浦（島根県美保関）で見つけた金色の狼を追いかけて大山（鳥取県西伯《さいはく》郡大山町）に入

った。洞窟に狼を追いこみ、矢を射かけようとしたところ、矢の先に地蔵菩薩が現じて見えた。これにより道心を起こした依道は、弓矢を捨てて出家を決意した。狼は人の姿に変じ、光欖（登欖）の尼と名乗った。依道は善知識を積んで大山寺開祖となり、後に金蓮《こんれん》上人と呼ばれた。（稲葉文庫編集部『大山寺縁起』）

ごんずの山の白狐［ごんずのやましろぎつね］

子供の夜泣き止めの呪文の一種に名前が出てくる狐。

鳥取県八頭《やず》郡若桜町では、赤ちゃんの夜泣きを止めるためには「ゴンズの山の白ギツネ、昼は泣いても夜泣くな、アビラオンケンソアカ」と言いながら、刃物を持って家の周りを三周すればよいといわれた。（『因幡《いなば》若桜の民俗』）

広島県の**篠田の森**の**古狐様**など、同様の俗信は広い範囲で確認されている。

【さ】

桜婆さん［さくらばあさん］

鳥取県八東《はっとう》郡皆原《かいはら》村（現・八頭《やず》町皆原）に伝わる。

皆原村から東五丁ほどの場所は大桜と呼ばれ、「桜婆さん」の墓がある。婆さんは生前連れ合いも子供もなく、独りぼっちで産婆をしていた。妊婦はこの婆さんの墓に安産を祈る。子供が供え物の菓子を欲しがったりすると、墓の中から「ほしけりゃ、持って帰れ！」と声がするという。（荻原直正『因伯伝説集』）

刺し鯖［さしさば］

鳥取県西伯《さいはく》郡中山町（現・大山町中山地域）に伝わる。

ある馬子が馬に塩鯖を背負わせ峠を進んでいると、尼のれんげくさんが「鯖を分けてくれんかい」と頼んできた。馬子は貧しげな尼を侮り「この鯖は食べられません」と答えて通り過ぎた。すると馬が急に腹痛を起こしたため、急ぎ引き返して非礼を詫《わ》び、鯖を一本差し出した。尼は鯖の背から串を引き抜き、海へ投げこんだ。鯖は沖へと泳ぎ去り、以後この海では年一回ほど、背に串の刺し跡がある鯖が獲れたという。（富岡洋子「円岡邦枝媼の語る昔話」『伝承文学研究』第二二号）

鯖を咥えた幽霊［さばをくわえたゆうれい］

鳥取県東伯郡赤碕町（現・琴浦町赤碕地域）に伝わる。

昔、以西《いさい》のある集落にケチで有名な爺さんと婆さんがいた。行灯の油を使わないよう日が暮れると床に就き、飯のおかずはいつも梅干しと醬油だけといった有様だったので、魚屋が「なんぼケチでもタダなら食うだろう」と、試しに鯖を一匹置いていった。だが爺さんは、美味《うま》いおかずで飯を余分に食うことになるため「飯泥棒め」と罵《ののし》り、鯖を肥溜《こえだめ》に捨てた。しばらくして婆さんは死んだが、髪を振り乱し、鯖を咥えた幽霊となって夜ごと現れ「サバがうまいけ、食ってみなはれ」と言って爺さんを悩ませた。婆さんは鯖が食べたかったのである。爺さんの死後、この家に肝試しに訪れた若者の前にも鯖を咥えた幽霊が出たという。(『あかさきむかし話』)

笊下ろし ［ざるおろし］

鳥取県気高《けたか》郡青谷町《あおやちょう》浜町(現・鳥取市青谷町青谷)に伝わる。

笊下ろしは水害か何かで崩れたような場所に出るといわれていた。これは竹製の四角い笊がざあっと下りてきて人を釣り上げるものだという。(『青谷町の伝承』)

畚《ふご》下ろしなどと同じく、子供のしつけのために用いられた妖怪と思われる。

七人神 ［しちにんがみ］

鳥取県日野郡二部《にぶ》村(現・伯耆町《ほうきちょう》二部地域)に伝わる。**七人みさき**の類。

山崎という場所に七人神の塚がある。これは日野・西伯《さいはく》の境に位置する鎌倉山の城が攻め落とされた際に死んだ一人の老武士と六人の婦女を祀ったものという。老武士は女たちを連れ雪山を越えて逃げたが、協力者の樵《きこり》が追手に買収され隠れ場所を明かしてしまった。武士は柴田家の屋敷内で抗戦したが、折しも正月、門松に引っかかって転倒し、あえなく殺された。樵も金をもらうどころか斬り殺され、柴田家では正月に門松を立てなくなった。老武士は道の上、女たちは道の前に葬られ、七人神として祀られた。(『日野郡史 中篇2』)

忍び女子 ［しのびおなご］

鳥取県気高《けたか》郡青谷町《あおやちょう》夏泊(現・鳥取市青谷町夏泊)に伝わる。

夜、行商人が鳥取へ行く途中の道を歩いていると、頭にたくさんの蠟燭《ろうそく》を立て、白装束で、刃を口に咥《くわ》えた「忍び女子」という女が歩いているのに出くわすことがあった。この女に発見されるとその場で刺されるともいう。(『青谷町の伝承』)

死人憑 ［しびとつき］

水木しげるの著書で紹介される妖怪。

『因府夜話』にある怪談が荻原直正『因伯伝説集』に「死人に憑者」という題で引用され、それに水木が「死人憑」という妖怪名を与えたものとみられる。

昔、因幡国《いなばのくに》岩井郡(鳥取県)某村の百姓が長患いのすえに息絶えた。ひとまず屏風《びょうぶ》

を立てて花などを供えておいたところ、死人は夜間に突然立ち上がって座敷へ躍り出た。その力は強く、二、三人の男が摑《つか》みかかっても、彼らを引きずって動き回るほどだった。目を怒らせ、意味の分からないことを口走り、飯を食ったり酒を飲んだりして、死人は昼夜一睡もせず動き続けた。二日ほど経つと腐敗が進んで悪臭を放つようになり、目や口からは汁が流れ出す凄惨な有様となった。何かが死体に憑いて悩ますのだと考えた妻子は、神主や山伏に祈禱《きとう》を頼んだが、いずれも効果はなく死人は暴れ続けた。万策尽きた家族は、とうとう死人を残したまま厳重に戸締りをして家を離れたが、ある日を境に倒れて動かなくなり、ようやく葬ることができたという。

樹蔭に叫ぶもの［じゅいんにさけぶもの］

『米府鬼話《べいふきわ》』にあるもの。

伯耆国《ほうきのくに》（鳥取県）の某氏が山林へ狩りに出たときのこと。路上で蛙《かえる》が蚯蚓《みみず》を呑み、その蛙をまた蛇が呑んだ。さらにその蛇を鳶《とび》が摑《つか》み去っていったので、某氏は鉄砲でそれを撃とうとした。が、鳶を捕れば次は自分が何者かの餌食になるのではと考え、狩りをとりやめた。すると樹蔭から「慮《おもんぱか》るところ最も善し」と叫ぶ声が聞こえたという。（米子市立山陰歴史館編『米府鬼話』）

山口県の**好思案谷《よいしあんだに》**などと同工の怪談。

出世観音［しゅっせかんのん］

鳥取県鳥取市に伝わる。

鳥取城および城下の整備が大規模に行われたとき、城山の岩窟から霊光が放たれ、瑞光赫々《ずいこうかくかく》とした観音像が発見された。作者は行基だといわれ、領民は挙《こぞ》って拝み、像は城の櫓《やぐら》に安置された。しかし霊光は一向に止まず、藩主池田光仲の命で観音寺（慈眼寺観音院）に移され「城中お守り観音」となった。後に寺は上町に移転して藩の祈願所となり、像は「御城下お守り観音」となった。このように安置場所が移るたびに出世することから出世観音とも呼ばれて敬われ、多くの人々の信仰を集めた。（『中国三十三所観音巡礼』）

酒天童子［しゅてんどうじ］

鳥取県八頭《やず》郡智頭町《ちづちょう》波多《はた》に伝わる。

昔、岩屋に酒天童子という鬼が棲みつき、夜な夜な娘を攫《さら》ったり野荒しをしたりと悪事を働いたため、西行（雷光とも）、法昭（平井保昌）、綱（渡辺綱）の三人が退治に出かけた。道中、地蔵が「お前たちが鬼退治に行っても帰ってこられない」と涙を流していたが、それでも皆のため退治すると応じると、地蔵は百人力が出る涙を右目から出し、左目からは百人弱りの力がある涙を出して授けた。三人は攫われていた綱の娘と合流し、鬼の酒宴に乗じて酒天童子に百人弱りの涙を飲ませた。力を失った童子は百人力を得た綱たちに退治され、はねられた首は焼き尽くされて灰になった。鳥取

全土に振り撒《ま》かれた灰は、みな庄司ブト（蚋《ぶよ》）や山根ブトといった虫に変化した。ブトが人に食いつく（刺す）のは、鬼の亡魂の化身であるためだという。灰を入れていた袋が空になった場所は「袋河原」と呼ばれる。（『千代川《せんだい》流域の民俗』）

有名な丹波大江山の酒呑童子退治の物語も、このように土地の語り手によって内容が変化している場合がある。

しょろしょろ狐 ［しょろしょろぎつね］

鳥取県鳥取市の柳屋が制作した張子玩具にて、因幡《いなば》五狐と称される狐の一匹。

シチ山（駟馳山）の麓、水がショロショロ落ちる山さがりの水場で美しい娘に化け、人を騙《だま》していたという。（田中勤二「因幡五狐（民芸品付属解説書）」）

『因伯昔ばなし一〇〇選』などには、ハゲの源四郎という馬子がしょろしょろ狐を懲らしめる話が載る。あるとき源四郎が浦富《うらどめ》から鳥取へ帰る途中、多鯰《たね》ヶ池のほとりで若い娘が出てきて「馬に乗せてください」と言った。しょろしょろ狐の化けた姿だと勘づいた源四郎は、娘を馬に乗せると細引で縛りつけた。だが村に戻った頃には娘の姿がない。付近をよく捜すと、路傍の六地蔵が七体になっている。地蔵に順番にお灸《きゅう》をすえていくと、ついに狐が正体を現した。狐は「もう悪いことはしませんから、命ばかりは助けてください」と哀願し、ようやく解放されたという。ほぼ同じ話は荻原直正『因伯伝説集』にもあるが、こちらでは「しょろしょろ狐の**おとん女郎**」と呼ばれ、両者が同一の存在ともみなされていたことがうかがえる。

関金のえぐ芋 ［せきがねのえぐいも］

食わず芋、石芋などと呼ばれる弘法大師の伝説の一類型で、同じ内容の話は日本各地で語られている。鳥取県では温泉地の関金宿（現・倉吉市）の逸話として有名。

昔、ある老婆が関金温泉の湯川で芋を洗っていると、みすぼらしい僧侶が通りかかり「お婆さん、甘そうな芋じゃな、私に一つくれんか」と声をかけてきた。欲深い老婆は「この芋はな、えぐくて食われませんだが……」と嘘《うそ》をついて頼みを断った。その晩、婆さんは芋を煮て食べようとしたが、えぐくてとても食べられず、仕方なく湯川に捨てた。それ以来、この地で育つ芋はえぐくて食べられないものばかりになったという。僧の正体は弘法大師だった。（荻原直正『因伯伝説集』）関金宿に自生しているヤマイモは昭和五二、五三年に大きな白い花を咲かせ、珍しがられたという。（鷲見貞雄・片柳庸史『鳥取の伝説』）

雪隠の美女 ［せっちんのびじょ］

鳥取県鳥取市に伝わる。

鳥取城下の湯所《ゆところ》に佐藤庄助という藩士がいた。ある夏、庄助は上司宅で尿意を催し、奥の雪隠を借りた。ところが戸を開けると中には見知らぬ女が座っていた。驚いて戸

を閉めたが、何やら不審に思われたので再び中を見ると、やはり先の女がいて、屈《かが》んで白い尻を出していた。気味が悪くなり戻ってきた庄助に対し、家の若党が雪隠に出る幽霊について語った。曰く、雪隠の女はこの屋敷に以前住んでいた者の娘で、出入りの魚屋との道ならぬ恋に反対され、心中したと噂されているという。娘の霊魂は夜になると昔の家恋しさに帰ってきて、誰にも気兼ねなく安心していられる雪隠で尻を出しているのだという。（『因伯昔ばなし一〇〇選』、『因幡《いなば》伝説民話　第九集』）
『因幡怪談集』にある話の再話で、原典以上に女の尻の描写が強調されている。

洗足山の三面鬼［せんぞくさんのさんめんき］

鳥取県八頭《やず》郡用瀬町《もちがせちょう》（現・鳥取市用瀬地域）に伝わる。

『因幡《いなば》志』によれば、智頭《ちづ》郡金屋村の奥に仙賊《せんぞく》の窟《いわや》という洞窟があり、そこに棲む三面鬼という鬼神が国中を横行して人民を悩ませていたという。そこで八上姫《やがみひめ》の神が美女の姿で現じて鬼の妻となり、やがてこれを滅ぼした。それでも鬼の霊魂が祟《たた》りをなしたので、宮原の犬山神社の神として祀ったという。（荻原直正『因伯伝説集』、鷲見貞雄・片柳庸史『鳥取の伝説』）

洗濯狐［せんたくぎつね］

鳥取県八頭《やず》郡佐治村（現・鳥取市佐治地域）に伝わる。
あるお婆さんが夜遅く家に帰ろうとしていると、川で女が洗濯をしていた。その女は緑色の服を着ていて、口がちょっととんがっていたため、狐だろうと思われた。この狐は皿を洗ったりスプーンを洗ったりしていたという。（『佐治の民話と唄・遊び』）
狐が川で洗濯するという伝承は各地にあるが、静岡県のものがよく知られている。（『日本怪異妖怪事典　中部』）岡山県の**洗濯狐**も参照。

総泉寺裏山の狸［そうせんじうらやまのたぬき］

鳥取県米子市に伝わる。
愛宕町《あたごちょう》の総泉寺一帯の裏山には狸の一党がいて、大将は己の化け上手を自慢していた。この狸たちに対抗していたのが戸上山の**藤内狐《とうないぎつね》**で、あるとき両者は化け比べをすることになった。藤内狐は荒尾の殿様が狩りに出かけることを知って「明日の朝、荒尾の殿さんに化けて出る」とうそぶいた。翌日、本物の殿様を藤内狐だと思って近寄った狸の大将は、絶好の獲物とばかりに一発ぶっ放されて死んだという。（『米子のふるさと散歩』）
本物の殿様や大名行列を化け比べの相手と思いこんで殺されるのは定番の展開。

そんつる

鳥取県伯耆《ほうき》地方でいう憑物筋《つきものすじ》の一種。
そんつる（つるは系統のこと）は狐づる、

とうびょう、かたなどに分類され、大半は**人狐**が憑いている狐づるで、とうびょうの系統は稀《まれ》だという。とうびょうの家には床下に小さな壺が置かれていて、中に無数のとうびょうがいるという。この憑物は蛇や蚯蚓《みみず》に似ているとされる。これには月末にお粥《かゆ》を煮て与える。他人に憑くときは皮膚と肉との間に入って害をなすともいう。かたは一種の皮膚病のこと。（喜田貞吉編『憑物』）「かた」のように、特定の病気を憑物筋と同様のものと捉え、不当に忌避する迷信も存在していた。

水木しげるによる妖怪画「そんつる」には、暗い屋内に這《は》う長大な蚯蚓と、その使役者らしき人影が描かれている。これは『北斎漫画』にある蚯蚓の絵（蚯蚓の天上）を元にしたものとみられる。

【た】

体育館の幽霊「たいいくかんのゆうれい」

鳥取県気高《けたか》郡青谷町《あおやちょう》本町（現・鳥取市）に伝わる。

ある学校の体育館には幽霊が出ると噂されていた。それは看護婦さんと車椅子に乗った男の二人組で、これを目撃した人は「見たな」「殺してやる」と言われて追いかけられたという。便所に隠れていたが、幽霊はその人が朝になって逃げだすときまで便所の上にいたという。（『青谷町の伝承』）

大山の鹿「だいせんのしか」

鳥取県西伯《さいはく》郡大山町の大山寺の縁起に登場するもの。『撰集抄』第七「大智明神の御事」には次のようにある。

ある日、俊方《としかた》という狩人は普段より多くの鹿を仕留めたが、実はそれらは持仏堂に祀っていた千体地蔵の化身だった。己の行いをあさましく感じた俊方は自ら髪を落として出家した。称徳天皇の時代に持仏堂は社《やしろ》に改められ、本地仏《ほんじぶつ》が地蔵菩薩である大智明神が祀られたという。（西尾光一校注『撰集抄』）この俊方こそ後の大山開山の祖である金蓮《こんれん》上人だという。（『中国三十三所観音巡礼』）『大山寺縁起』では、同質の存在として**金色《こんじき》の狼**が登場する。

大宝魚「たいほうぎょ」

安政六年（一八五九）に田後《たじり》（鳥取県岩美郡岩美町）の沖で漁網にかかった珍魚。

赤く長い体で、口先もまた竹筒のように細長い。この口吻《こうふん》の干し汁は膈《かく》の病（胃癌などで食べ物が喉を通らない症状）の薬とみなされて藩主に献上されたといい、鳥取藩の勝田家に絵図が残されている。（鳥取県立博物館『資料調査報告書　第十八集』『鳥取県立博物館ニュース　No.7』）

大宝魚は現在も高級魚として知られるアカヤガラ（赤矢柄）の異名。簳魚《やがら》の干物、特に口吻部分は良薬になるとの俗信があり、口吻を通して食事を摂ると効能があることは『本朝食鑑』などにも記されている。荒俣宏はアカヤガラについて「きわめて長い頭には異様な神秘性がある」と評している。（『世界大博物図鑑　魚類』）

太陽の蓮［たいようのはす］

鳥取県の泊村から橋津村（共に現・湯梨《ゆり》浜町《はまちょう》）あたりなど、東伯郡地方で彼岸の中日に関する俗信として語られるもの。

彼岸の中日には、みな弁当を作って近くの山に登り、先祖の供養をする。この日、沈みゆく太陽を拝むときには、まともには見られぬといって前掛けで顔を覆う。前掛け越しに見ると、太陽がくるくる回ると共に、そこから蓮の花びらが散っているのが拝めるという。（田中新次郎「彼岸の中日の伝承」『因伯民俗』第一九号）

宝坊主［たからぼうず］

鳥取県日野郡日野町金持《かもち》などに伝わる。

昔、使う者のいないお金が困って坊主に変化した。白い金は白い恰好の坊主、赤い金は赤い恰好の坊主、黒い金は黒い恰好の坊主になり歩き回っていたという。ある正直者の爺さんのもとに一人の坊主が訪ねてきて、明日は白・赤・黒の宝坊主が一〇〇人ずつ歩いてくるから、そのうち一人を斬ればよいと教えた。翌日、予告通りの時間に宝坊主の群れが来た。爺さんは初め躊躇《ちゅうちょ》したが、最後に通った黒い坊主を斬ると、黒いお金が叺《かます》一杯分出てきたという。

江府町《こうふちょう》小江尾《こえび》の話では宝の精は金と銀の馬に変化し、日野町下黒坂では黒馬に乗った黒坊主・白馬に乗った白坊主として現れる。（『鳥取・日野地方昔話集』）

竹娘［たけむすめ］

鳥取県東伯郡関金町明高（現・倉吉市関金町明高）に伝わる。

昔ある所にお爺さんとお婆さんが暮らしていた。お爺さんが山で竹を伐っていると、竹の節の中からかわいらしい女の子が産まれてきた。二人が女の子を自分たちの娘として育てると、その子はじきに大きくなり、機織り道具を欲しがるようになった。娘は買ってもらった道具で機を織り、反物を売った金で二人の生活を楽にしてやった。だが、ふとお爺さんが戸の節穴から仕事の様子を覗《のぞ》き見ると、娘は鳥になり、羽根を材料に機織りをしていた。鳥は羽が抜けて裸になっており、正体を見られたと気づくや悲しげに鳴いて去っていったという。（稲

田和子編『鳥取の民話』）

蹈鞴入道［たたらにゅうどう］

伯耆国《ほうきのくに》宮市村（鳥取県日野郡江府町《こうふちょう》）の鉄山師・下原重仲による『鉄山必用記事』に記されているもの。

一〇〇〇夜にわたって蹈鞴場を操業していると、蹈鞴入道という化物が現れて鉄山の人を殺害すると伝わり、鉄山の子供を怖がらせるときには必ずこの話をしたものだという。蹈鞴入道は高殿の上に跨《またが》ると、火《ほ》宇《う》内《ち》（通気口）から大きな手を入れて蹈鞴場を探り、人がいれば摑《つか》み上げて裂き喰らうという。（『日本科学古典全書5』）

このような妖怪談は鳥取以外の製鉄地域でも語られたものとみえる。たとえば岡山県西粟倉村《あわくらそん》の永昌山鉄山では、鉄を何段（一段は二六貫）か吹くと化物が出るといわれていた。（『にしあわくらの民話』）

広島県の**猫山の化け猫**の伝説にも類似した内容のものがある。

七夕さん［たなばたさん］

七夕に関する俗信の一つとして、七月七日の晩に雨が降らなければ牽牛《けんぎゅう》と織女《しょくじょ》が天の川を渡って結婚し、疫病神《やくびょうがみ》が生まれ広がるというものがある。このような事例は関東地方でも確認されている。（『日本怪異妖怪事典　関東』）

鳥取県でも七夕に雨が降らないことを忌む伝承があり、八頭《やず》郡地方では七日の夜は一粒でも降ればよいが、降らぬと七夕さん（牽牛・織女）が逢い、病気の子供が生まれるから困るといわれた。（『歳時習俗語彙《ごい》』）

智頭町《ちづちょう》波多《はた》では七夕さんが会われると病気になるから、雨が降って会われなくなる方がよいという。（『中国の歳時習俗』、『民俗学辞典』）

狸の大入道［たぬきのおおにゅうどう］

鳥取県岩美郡岩美町蒲生《がもう》に伝わる。

竹さんという人が隣村から酔って帰ってきた夜、墓地のそばの大曲がりに見たこともない大入道が立ちふさがった。竹さんは組みついたがヒョイと投げ飛ばされてしまい、泥だらけで帰宅した。この話は村中の噂となり、ある力自慢の若者が大入道を退治してやろうと酒を飲んで夜の大曲がりへ向かった。なかなか戻ってこないので他の者が見に行くと、彼は道端の大きなダラの木に抱きついて血まみれになっていた。その傍らでホウの木の葉を持った狸が相撲の行司のようなことをしていたので、若者が化かされているのだとわかった。彼は木を大入道だと思って組みついていたのである。（山田てる子『むかしがたり』）

狸の金玉［たぬきのきんたま］

鳥取県八頭《やず》郡佐治村中（現・鳥取市）に伝わる。狸が睾丸で化かす話の一種。

昔、ある猟師が雪道で迷い、偶然見つけた掘立小屋に泊まった。小屋にはお爺さん

が一人いて囲炉裏の火にあたっており、猟師は泊めてもらう礼に三番叟《さんばそう》を披露した。「オーサイヤア、オーサイヤア」と調子よく踊っていたが、爺さんが寝てしまったので途中でやめて寝た。目覚めるとそこに小屋などはなく、近くに大きな古狸が死んでいた。小屋は狸が金玉を伸ばして形作っていたもので、そこで猟師が三番叟を踏んだために、玉が潰れて狸は死んでしまったのだった。（『佐治の民話と唄・遊び』）

種の藤助の嬶 ［たねのとうすけのかかあ］

鳥取県東伯郡地方などに広く伝わる。種（大栄町）の藤助という男が主人公の話で、鍛冶屋の婆の類にして異類婚姻譚《たん》の要素も持つ。「藤助さん家《ち》のねえさん」などとも呼ぶ。内容はおおむね次のようなもの。

昔、種に藤助という男がいた。あるとき独身の彼のもとに押しかけ女房がやってきた。女房は美しいうえに働き者で、藤助には楽しい日々が続いた。同じ頃、旅人が夜道で狼に襲われた。狼は仲間を呼び、次々と背に乗って樹上の旅人を捕らえようとしたが、あと一匹というところで数が足りない。そこで狼たちは「種の藤助のかかあ呼んでこい」と言って、さらに大きな狼を呼んできた。種の藤助の嬶は旅人に食いつこうとしたが反撃を受けて負傷し、他の狼共々逃げた。翌日、旅人は血の跡を辿《たど》って種の藤助の家に行き着き、その女房の正体が狼であると悟る。藤助の嬶は姿を消し、一人になった藤助は田植えもできず途方に暮れた。しかしある晩、大勢の狼が田に集まって「種の藤助の稲は　穂にはならずにずいばらみ」などと歌いながら田植えをした。歌の通り、藤助の田に植えられた稲には穂が出なかったが、収穫すると中身の詰まった種籾《たねもみ》が出てきた。この稲のおかげで藤助は分限者になったという。

藤助が嬶と結ばれた理由は、傷ついた狼を藤助が助けたから、藤助の母が種の大上神社に良縁を願ったから、村外れの扇の宮の神様が実直な藤助に嫁を授けたから、大国主がよく仕えた狼によい婿を世話してやろうと藤助を選んだから、などと語られる。狼に襲われるのは杉下（東伯町）の大学院という法印、原のやずみという神官などの場合もある。また、藤助との間に子供ができる展開や、獣は狼ではなく狐とされている場合もある。（『大山北麓の民話』、酒井董美『ふるさとの民話　鳥取県中部編』、野津龍『因幡伯耆《いなばほうき》の伝説』）

赤碕町山川（現・琴浦町）で語られた例では、兎の骨が喉に詰まって難儀していたところを藤助に助けられた狼が、彼を千匹狼の害から守り、嫁となって田植えの手伝いもする。藤助の嫁が「種の藤助の田は稲の穂に出ずに　ズンベラボウ」と唄って植えた稲は秋になっても米ができなかった。そのため年貢を軽減してもらったが、刈ったとたんに稲の穂からザワザワと米が出てきたので、藤助は多くの米を得て豊かに暮らすことができたという。智頭町《ちづちょう》波多《はた》の話では、正体を知られた嫁は藤助のもとを去る前の十五夜に一族を引き連れて田植

えを行う。この際の歌は「種の藤助の　この田の稲は　穂にはならず　水《ずい》ばらみ」というもので、稲は育っても穂が出なかったが、臼に入れて挽《ひ》いたとたん普段の何倍も米が出たという。（『千代《せんだい》川流域の民俗』）

ある家の女房や婆さんに化けていた狼や猫が旅人に退治される「鍛冶屋の婆」の話は広く伝承されているものだが（属性別索引【鍛冶屋の婆】参照）、種の藤助の嬶の話では、この展開が物語の一部分として組みこまれている点が特徴的である。

撞かずの鐘［つかずのかね］

鳥取県八頭《やず》郡八東《はっとう》村（現・八頭町八東地域）に伝わる。

小畑郷佐崎の金剛山清徳寺の鐘は、法会の際に鳴らそうとすると、四方から黒雲が降りてきて雨が降るため、撞《つ》くことができなかった。そのため撞かずの鐘と呼ばれ、後には地中に埋められて、その上に堂が建立された。すると地中にあるはずの鐘が時折鳴り響くようになり、この音を聞いた者は必ず年内に死ぬと恐れられたという。（荻原直正『因伯伝説集』）

塚の主の祟り［つかのぬしのたたり］

『因果物語（片仮名本）』中巻にあるもの。

伯州泊村（鳥取県東伯郡湯梨浜町《ゆりはまちょう》泊）に江口殿という家の一五代目当主を葬った塚があった。元和（一六一五〜二四）の頃、泊代官の次郎兵衛は屋敷内に塚があるのを嫌い、これを掘り崩して土を捨てた。すると彼は患いついて言葉を発することもできなくなった。人々は塚の主の祟りを恐れ、古老に塚のいわれを尋ねた。古老は代官の顔を見るや「この面色と眼差しは江口の殿様に疑いない」と言った。やがて江口殿の霊は塚を崩され地を穢《けが》されたことを怨み「一門残らず取り殺すべし」と告げた。終日様々に詫《わ》びた結果、一門の者は許されたが、代官だけはすぐさま祟り殺されたという。（高田衛編『江戸怪談集　中』）

槌転び［つちころび］

鳥取県東伯郡地方などに伝わる。

小鹿村中津（現・三朝町《みささちょう》中津）では、槌のような形をした蛇《くちなわ》が足元に転がってきて噛《か》みつくものという。（柳田國男「妖怪名《めい》彙《い》」『妖怪談義』）現在ツチノコの名でよく知られている怪蛇の一種といえる。南谷村大鳥居（現・倉吉市関金町）の熊蔵さんという人は、暗い坂道でコロコロ転んできたツチコロビを踏んだことがあるという。（『現代民話考9』）

倉吉市の関金温泉の土産物として売られていた槌転びの置物は、二匹の蛇が尾を上げ向かい合うような形をしている。（『立体妖怪図鑑　モノノケハイ』）

その他の**土転び**も参照。

手島四郎三郎［てしましろうさぶろう］

鳥取県会見《あいみ》郡境村（現・境港市境地域）

に伝わる。

『伯耆《ほうき》志』によれば、手島四郎三郎は鈴垂《すだれ》城主・亀井安綱の重臣で、主君が竹内村の高岡城で毛利の家臣・杉原盛重に騙《だま》し討ちに遭った際に戦死したという。その霊が竹内村民に祟《たた》りをなしたため、新八幡宮が建立された。なお、安綱は高岡城主の武良《むら》氏から宴の誘いを受けたとき、警戒した四郎三郎らから欠席を勧められたが、結局罠《わな》にはまって自害に及んだ。（景山粛『伯耆志　巻三』）新八幡宮は亀井安綱の祟りを鎮めるため建立されたともいい、亀井神社と呼ばれた。現在は栄町の大港神社に合祀《ごうし》され、安綱他家臣の手島四郎三郎、小磯又四郎らも祭神として祀られている。（『境港市史　下』）

天神石［てんじんいし］

鳥取県日野郡米沢村（現・江府町《こうふちょう》米沢地域）に伝わる。

昔、寺谷から夜な夜な唸《うな》り声が聞こえ、怪しんだ村人が声の主を探しに行くと、奇妙な石が見つかった。神主が拝むと「我こそ武塔天神《むとうてんじん》（**武塔神**）なり」との託宣があり、天神石と呼んで大切に祀るようになったという。（荻原直正『因伯伝説集』）

峠のホットドッグ屋［とうげのほっとどっぐや］

木原浩勝・中山市朗『新耳袋　第一夜』にあるもの。

ある人たちがドライブ中、鳥取県の県境近くにある峠で「ホットドッグ」と書かれた赤提灯を提げた手引き屋台を見かけた。屋台の中にはおっさんがいて、カップル客が屋台の暖簾《のれん》をめくっているところだったが、目撃者が自動車で通り過ぎると、すぐに屋台は見えなくなった。怪訝《けげん》に思い引き返すと、そこにはもう誰もいなかった。考えてみれば、そもそも人里離れた峠道に手引き屋台が来ていて、徒歩と思しき客がいたのも奇妙だったという。

藤内狐［とうないぎつね］

鳥取県米子市に伝わる化け狐。十内狐とも。戸上山に棲む狐で、山中の保食神社付近を根城とし、近郷の狐たちを従えて様々な悪戯《いたずら》をしたという。年を経て体毛は白銀に輝いていたため「十内の白狐《しろぎつね》」、化け術が多彩なことから「七化けの藤内狐」とも呼ばれる。（『因伯昔ばなし一〇〇選』、佐々木一雄編『湖山長者』）

仇敵たる**総泉寺裏山の狸**を騙《だま》して撃ち殺されるように仕向けた話はよく語られる。その後の藤内狐は増長のあまり、美女に化けるも正体を見破られる失態を演じてしまう。馬子によって焼き鍬《くわ》を尻に押し当てられた藤内狐は慌てて法勝寺川で尻を冷やしたといい、このあたりの川は尻焼川とも呼ばれるようになった。（鷲見貞雄・片柳庸史『鳥取の伝説』）

他にも人に声をかけてご馳走を盗む話、木の葉の銭で人を騙す話、自分を退治しに

来た若者を肥溜《こえだめ》の風呂に入れる話、「たのきゅう」こと田之久兵衛を狸と勘違いして打ち解け、煙草の脂《やに》が弱点だと明かしてしまう話などがある。これらは他の地域では狐の民話として単独で語られている内容だが、戸上山周辺では藤内狐の仕業とされることが多く、その人気がうかがえる。（酒井董美『山陰の口承文芸論』）

唐王御前［とうのごぜん］

鳥取県の大山麓周辺地域に伝わるもの。西伯《さいはく》郡大山町唐王の唐王神社は、蝮《まむし》や毒虫除けに霊験あらたかだという。唐王御前とは祭神の須勢理毘売命《すせりびめのみこと》のこと。

唐王神社境内の砂を頂いて帰り、屋敷周辺や田畑などに撒《ま》いておけば、蝮の難を避けられるという。既に難に遭った人やマムシが多い地域の人々は、唐王御前を勧請《かんじょう》して石碑や神木を祀った。マムシ除けに砂を持ち歩くこともあった。米子市尾高の石田集落には唐王御前さんの榊《さかき》の神木が祀られており、この木に幟《のぼり》を結びつけた者がマムシに噛《か》まれたという。また、山に入るときは「唐王御前のお通りだ、そこ除《の》け、そこ除け」と言えば噛まれないともいう。日野町根雨《ねう》ではマムシのいそうな山に入るとき「唐王御前」と一言発し、蕨《わらび》を折って供えた。（川上廸彦「唐王御前信仰メモ」『山陰民俗』第40号）

『伯耆《ほうき》めぐ季』には、唐船に乗って漂着した落人らしき人物の姫を祀ったものが唐王御前の起源と記されている。落人は所持していた宝物の奪い合いのため殺され、美しい姫一人が老尼に介抱されて助かった。姫はくちばみ（蝮）に足を噛まれて煩いつき「このもの我の辺りには寄せじ」と言ったため、村に蝮は現れなくなった。この不思議に感じ入り、人々は村の名を唐王と改めたという。（「唐王御前信仰メモ補足」『山陰民俗』第41号）

島根県の**蝮除けの名刀**も参照。

とうびょう狐［とうびょうぎつね］

鳥取県地方でいう憑物《つきもの》で、中国地方に広く伝わる**とうびょう**と類似した概念。

八頭《やず》郡若桜町では人が病気になると、その人に「キツネ（トウビョウギツネ）がついた」と言った。狐を追い出して病を治すため、病人を煙でいぶすなどの処置がとられた。「キツネ持ち」の家筋は憑き物を使役すると考えられ、その家と婚姻関係を結ぶことは嫌がられた。トウビョウギツネを持っているとお金が貯まるとされ、岡山県の最上《さいじょう》稲荷に行ってキツネを借りてくる人もいたという。しかしキツネは繁殖力が強く、増えすぎると家から金を持ち出し、食い扶持《ぶち》がなくなれば人に憑いて病気にさせるといわれていた。（『因幡《いなば》若桜の民俗』）

『雪窓夜話』には、伯耆国《ほうきのくに》の村々にはとうびょうを持つ者がいて、倉吉あたりには特に多いという伝聞が記されている。とうびょう狐は通常の狐より小さく、憑いた家か

らは子々孫々離れない。四国の犬神と同じく家人の心中を察して行動するといい、備前では同様のものが煙管《きせる》の羅宇《らう》ほどの小蛇だと語られているという。（石田萩穂『山陰の俗信』）

取ってくりょ ［とってくりょ］

『因幡《いなば》怪談集』にあるもの。筆者命名。

高草郡畠崎村《はたけざきむら》（現・鳥取県鳥取市）の五郎兵衛という男が畑に出ていると、狐が来て牛の手綱《たづな》を咥《くわ》えようとした。五郎兵衛は「牛を飼いたいのか。それなら帰るまではお前に貸してやろう」と狐に手綱を投げてやり「礼に鵯《ひよどり》の一羽でも持ってくるだろう」とうそぶきつつ、日暮れまで狐に思うまま遊ばせてやった。その夜、五郎兵衛宅の戸口に何者かが来て「五郎兵衛殿、取ってくりょ」と呼びかけた。五郎兵衛が「おのれこそ取ってくりょ」と言い返すと、相手はまた「取ってくりょ」と言う。同じやりとりを朝まで繰り返し、やっと声が止んだので外を見ると、戸口のあたりに鵯の羽根が散乱していた。五郎兵衛はようやく、狐が昼間のお礼に来ていたことを悟ったという。（『近世民間異聞怪談集成』）

人と狐狸や天狗が同じ言葉を言い合う話では、それが両者の命をかけた争いになる場合が多い。そんな中、「取ってくりょ」の狐のほほえましい動機は特異なものといえる。

鳥取砂丘の幽霊 ［とっとりさきゅうのゆうれい］

鳥取県鳥取市の広大な鳥取砂丘には人骨が埋まっている場所があり、時折その霊が現れると噂されている。

夜中に砂丘を歩いていると、何かが足に引っかかり転びそうになる。見れば砂から人間の手が出ていて、驚いて一旦逃げた後に再び見に行くと手は消えている。このような「手」の目撃談は数多いという。

平成二三年（二〇一一）には砂丘で男女計四人分の古い人骨が発見された。これは鳥取大学の調査により江戸時代末期から明治頃のものと判明し、事件性はないとの結論が出された。並木伸一郎によれば、人骨が見つかった場所は「手」が現れた場所と一致していたという。人骨騒動の後も「手」の目撃談は後を絶たず、砂丘にはまだ死体が埋まっているのではないかと語られている。（並木伸一郎『47都道府県　あなたの県の怖い話』、鳥取県ウェブサイト「鳥取砂丘レンジャー日記」二〇一一年八月四日）

鳥取城二ノ丸トイレの霊 ［とっとりじょうにのまるといれのれい］

鳥取県鳥取市にある鳥取城址に出るとされた霊。

二〇一七年四月に放送されたフジテレビ系列の番組『映っちゃった映像ＧＰ』にて、鳥取城跡の二の丸広場は餓死した農民を埋めた場所で、トイレの鏡は霊が映るため外してあるなどと紹介された。六月、この件について日本海新聞が「鳥取城跡は心霊スポット？　フジ系番組、何を根拠に」と報

道。これを受けて平井伸治知事がフジテレビに事実誤認を指摘した。番組内容には数々の誤りがあり、トイレの鏡も壊れたので外していただけだという。ウェブメディア『ねとらぼ』の取材に対し鳥取県の担当者は「鳥取には地縛霊も砂漠霊《さばくれい》もいません。しかし、幽霊族の唯一の末裔《まつえい》の鬼太郎は境港にいます」とコメントしたとのこと。（二〇一七年六月二三日記事）

鳥取プレイランドの観覧車 ［とっとりぷれいらんどのかんらんしゃ］

鳥取県岩美郡国府町（現・鳥取市）に存在した遊園地にまつわる噂。心霊を扱う各種ウェブサイトなどでも紹介されている。

鳥取プレイランドはバブル期に開園したが、経営が行き詰まり、一九九五年に閉園した。肝試しスポットとなった廃墟に残された高さ約四〇メートルのカラフルな観覧車は、既に送電が止まっているのに回り続けている、赤いゴンドラだけが異様に揺れていたなどと囁かれた。（「鳥取プレイランド」『怖い話投稿サイト　怖話』）

観覧車は二〇〇八年に解体され、園の跡地はサーキットとして再利用されている。

とんちろりん

鳥取県岩美郡岩美町蒲生《がもう》に伝わる。

よさどんという独り者が住む山奥の家には、毎晩のように裏山から大狸が来てよさどんをからかっていた。ある寒い夜、狸がはしり（流し）の穴から家を覗《のぞ》き「よォさどんのォトンチロリン」と言うので、よさどんは「オーノレこォそトンチロリン」と言い返した。このような言い合いを朝まで続けていたため、狸は凍え死んだという。（山田てる子『むかしがたり』）

山口県の**ちんちろり**なども参照。

【な】

長尾の善太郎 ［ながおのぜんたろう］

鳥取県気高《けたか》郡青谷町《あおやちょう》（現・鳥取市青谷地域）に伝わる化け狐。

青谷では**おとん女郎**や藤べい狐などと共に、長尾の善太郎や水無瀬《みなせ》のみとか、堤谷の長右衛門が名を知られていた。みとかは水無瀬で釣り人から魚を盗み、善太郎は長尾岬あたりでよく人を化かした。善太郎は旅人の道案内をするなど善良な性格だったが、年を経るにつれ意地悪くなり、三狐の中で一番の性悪になってしまったという。

善太郎は源太郎とも呼ばれている。ある

とき源太郎はお爺さんを騙《だま》し、木の葉の金でイカを買って食べた。怒ったお爺さんはその後イカをくれなくなった。そこで源太郎は大きな一つ目ん玉の姿に化けて脅したが、お爺さんは「おらの目見い」とタモ（掬《すく》い網）を見せてやり返したという。

この他にも鹿野のげんしらあ狐、みずしんのおさんといった名のある狐がいたという。（『青谷町の伝承』）

長尾の毒龍 ［ながおのどくりゅう］

鳥取県気高《けたか》郡青谷町《あおやちょう》（現・鳥取市青谷地域）に伝わる。

長尾には悪い毒龍が棲んでおり、夏泊のあたりから岩を這《は》い、民家に悪さをしていた。だが、龍は寺の和尚に諭されて悪いことをやめた。毒龍が這っていた岩壁は色が変わってしまい、少し赤みがかっているという。（『青谷町の伝承』）

上野忠親『勝見《かちみ》名跡誌』には、かつて出崎の山上に庵《いおり》を結んでいた僧が海底に棲む悪龍に仏法のありがたさを説き、畜生の身から得脱させたとある。岩壁に残る雌龍の通った跡は黒く、雄龍の通った跡は赤いという。（荻原直正『因伯伝説集』）

七色樫 ［なないろがし］

鳥取県日野郡江府町《こうふちょう》に伝わる。

大山南麓の代官・半ノ江藤右衛門の子・亀之丞は文武才智に長《た》けた若者で、豊臣秀吉の側臣・大野修理《しゅり》の一人娘・鶴姫との縁談がまとまっていた。亀之丞と相思相愛の侍女おみさは、半ノ江家と亀之丞のために身を引いて、日野川の乙女が渕に身を投げた。そして大蛇に化身して渕の主となり、長い年月が過ぎて渕が草原になると再び化身し七色の樫の木になった。千変万化の樫は赤・黄・青・緑・紫と妖しくも鮮やかに色を変え、蛇樫とも呼ばれた。この木を伐ると赤い血が流れ出るうえ、周囲には数多くの蛇《くちなわ》が棲んでいたため、村人は注連縄《しめなわ》を張って木を大事にした。樫の七色はかつて亀之丞が贈った簪《かんざし》の宝石の色だという。（『とんとん昔があったげな』）

七色毛の狐 ［なないろけのきつね］

鳥取県西伯《さいはく》郡庄内村（現・大山町庄内地域）に伝わる。殺生石にまつわる伝説の一種。九尾の狐を七色狐などと呼ぶ伝承例は関東や東北など、各地でみられる。

源頼朝が富士山にて巻狩をした際、七色毛の狐が現れて空中を飛び、野州那須野（栃木県）に落ちて石になった。この石のそばを通る者は石の毒気にあてられて死んでしまうため、伯耆《ほうき》の退休寺にいた玄翁《げんのう》和尚が退治に向かった。和尚が那須の石に腰かけ異変を待つと、石はぽたぽた汗をかいた。そこで和尚は経を読誦《どくじゅ》し、金槌《かなづち》で石を叩き割った。大石の七つの破片は各地に飛散し、それらが落ちた場所は「高田」と呼ばれた。庄内村の高田がそのうちの一つだという。（荻原直正『因伯伝説集』）

岡山県の**玉雲大権現《たまもりだいごんげん》**も参照。

七つ娘〔ななつむすめ〕

鳥取県米子市中島に伝わる。

米川橋のあたりから中島へ行く近道を夜遅く通ると、土手の縁《へり》にある大きな松の所で七つ娘が「へへへへーっ」と笑って出てくるという。

鳥取県や島根県で語られる**七尋女房**《ななひろにょうぼう》の類と思われる。米子市西福原では、七尋女房《ななふろにょば》が松の枝に足をかけて逆さ吊りになり「えへへーん、えへへーん」と笑いかけるといわれていた。（酒井董美『米子の妖怪』）

鍋太郎〔なべたろう〕

鳥取県八頭《やず》郡八東町《はっとうちょう》（現・八頭町八東地域）に伝わる。

八東の世古家が隣家との境界を巡って揉《も》めていたとき、鍋太郎と名乗るおかしな男が来て、世古家の弁護を申し出た。彼は話が上手いうえ御法度にも詳しく、隣の主人を見事に論破し事を収めた。鍋太郎はその後も世古家に留まり、人並み以上に働き、物事をよく悟ったので大変重宝がられた。

しかし、浜小屋に干されている鰯《いわし》が毎晩盗まれるようになり、その下手人が鍋太郎だと発覚した。鍋太郎の正体は、那岐山《なぎさん》の竹藪《やぶ》、扇の山の淵に一〇〇〇年ずつ棲んだ河童だった。世古家の人々は泣いて許しを乞うたが、漁師たちの怒りは収まらず、河童は袋叩きにされて死んだという。（渡辺光正『因幡《いなば》伝説民話　第四集』）

酷似した話は石川県にも伝わっている。（『日本怪異妖怪事典　中部』）

涙嘗め〔なみだなめ〕

鳥取県気高《けたか》郡青谷町澄水《あおやちょうすんず》（現・鳥取市青谷町澄水）に伝わる。

ある家では、あまだ（農家の中二階の物置）には涙嘗めという、泣く子の涙を嘗めるお化け婆さんが棲んでいる、あるいは破《は》風《ふ》から家を覗《のぞ》いて入ってくるといって子供を怖がらせた。この話を聞いた子は泣くのをやめたという。（『青谷町の伝承』）

二階の化物〔にかいのばけもの〕

『因幡《いなば》怪談集』「小池元類と言医師、家の二階に妖物《ばけもの》居る事」にある怪異。

鳥取城下の小池元類という医師の家の二階で、下人が正体不明の化物に食いつかれて負傷した。化物は大きな猫ほどの大きさで、暗がりの中で二つの目が光っていたという。元類は屈強な若者たちを集めて二階の探索を敢行、見事に化物を発見して捕まえた。その正体は大きさ一尺二、三寸ほどの山椒魚《さんしょううお》だった。元類は数年前に六、七寸の山椒魚を飼っていたが、いつしか池からいなくなっていた。実はその山椒魚は二階に隠れて大きく育っていたのだった。山椒魚は打ち殺され、集まった人々は化物騒ぎの真相に興醒めして帰っていったという。

（『近世民間異聞怪談集成』）

日光池の田螺 ［にっこういけのたにし］

鳥取県気高《けたか》郡気高町（現・鳥取市気高地域）に伝わる。

浜村の善太郎という男が日光池のほとりで、子供たちに捕まり味噌焼きにされそうな大田螺を助けてやった。その後、善太郎は東郷池の里の生まれだという美しい娘と知り合い、やがて夫婦になった。妻は妊娠したが、医者に診せると子宮外妊娠の胞状《ほうじょう》奇胎《きたい》で、子宮外に田螺の子の房のようなものが生じていたので直ちに除去手術をしてもらった。退院後、妻は自分が日光池に棲む龍神の使いで、善太郎に救われた田螺の精だと告白した。そして、会いたいときは日光大明神の拝石まで来てほしいと言い残して姿を消した。善太郎が拝石の所へ行くと直径二寸ほどの田螺がいたので、それを池に投げこんで家に帰ったという。（渡辺光正『因幡《いなば》伝説民話　第二集』）

日光池の主 ［にっこういけのぬし］

鳥取県気高《けたか》郡気高町（現・鳥取市）の日光池の主は大蛇だといわれている。

天正一六年（一五八八）、因幡《いなば》鹿野の城主・亀井茲矩《かめいこれのり》が日光池を干拓《かんたく》して田を作ったとき、池の主が流されて浜に打ち上げられたといわれている。主の正体は大蛇で、後に神社に祀られることになったという。

日光池にまだ水があった頃、村の神主が京都の歌会へ行くため池を渡ろうとした。そのとき池から蛇が現れ「娘を一人くれたら渡す」と言ったので、神主は三人の娘のうち一人を捧げて池を渡ったという。娘に付き添っていた下女は日光池のそばの池に落ちたといい、以後この池の水は涸《か》れず「下女が池」と呼ばれた。池を渡ろうとしたのは出雲の国司で、下女は娘が龍神に取られたのを悲しんで身を投げたとも伝わる。（『常民』第三〇号）

阿陪惟親《あべこれちか》『因幡誌』には、亀井茲矩による干拓の七日後に「蛇鯨」なる長さ一丈ほどの魚の死骸が海から上がったとある。茲矩は自らこの魚を捌《さば》いて村民らにもふるまったが、食した者たちの多くが病んでしまった。陰陽博士の占いによれば、この魚は池の主で、棲みなれた池から海に追われたため祟《たた》っているのだろうとのことだった。さらに茲矩の枕元には美貌の女が夢うつつとなく現れては恨めしげな様子を見せるので、日光池の主を「蛇王権現」として祀り崇敬するようになったのだという。

人形峠の霊 ［にんぎょうとうげのれい］

鳥取県東伯郡三朝町《みささちょう》木地山と岡山県苫田《とまた》郡鏡野町上齋原《かみさいばら》の境をなす人形峠に出没する霊の数々。

同地はいわゆる心霊スポットとして名高く、体の関節が奇妙な方向に曲がった男の霊が出る、夜に子供の靴だけが歩いていた、濡れた女が立っていた、赤ん坊が泣いていたので近づくと姿を消したなどの様々な怪

異談が語られている。（並木伸一郎著『47都道府県　あなたの県の怖い話』）

抜け首女子［ぬけくびおなご］

鳥取県気高《けたか》郡青谷町《あおやちょう》西町（現・鳥取市青谷地域）に伝わる。

灘町《なだまち》に綺麗な娘さんがいて、長尾にいた「蛇だかなんだかのええ男」に逢いに行くため、夜中に戸口から首だけをつぅつぅつぅと伸ばしていた。そして頭だけの逢引が済むと首を引っこめ、何事もなかったように寝ていたという。あるとき若衆が面白半分で、娘が首を伸ばしている隙に入口の戸を閉めた。すると娘は首が絞まって死んでしまったという。（『青谷町の伝承』）

娘の恋人が蛇という設定は、蛇婿入りの話の要素が混合したものと思われる。

ぬるぬる坊主［ぬるぬるぼうず］

水木しげるの著書で紹介されている鳥取県の妖怪。

昔、米子あたりに住む男が沖の方から光るものが近づいてくるのを見た。それは胴回り二尺ほどの杭のような形のもので、二つの目がついていた。怪物は上陸すると男にもたれかかってきた。力自慢の男は、ぬるぬるした体表に苦戦しながら怪物を捕まえ、門口の木にくくりつけた。翌朝、多くの見物人が集まり、ある古老が「これは海坊主の一種でぬるぬる坊主というものであろう」と言った。人を見ればもたれかかって油のようなものをなすりつけてくるのは、きっと体が痒《かゆ》いためだろうとのことであった。（『日本妖怪大全』）

この解説のもとになったのは江戸時代の『因幡《いなば》怪談集』にある「伯州米子の辺にて海坊主と言者を取る事」という話である。おおまかな展開は同じだが、原話では妖怪の名は単に**海坊主**とされ、ぬるぬる坊主とは呼ばれない。（『近世民間異聞怪談集成』、『因伯伝説集』）一般的な海坊主と差別化するために水木が脚色したものと思われる。

猫げだ［ねこげだ］

鳥取県西伯《さいはく》郡地方に伝わる。

猫を殺すと祟《たた》りで病気になるとされ、このことを「ネコゲダがつく」という。これは「一種の精神病」と考えられた。（堀井度「疾病と治療の伝承」『伝承』第七号）

名称は「猫**外道**《げどう》」の意か。憑物が引き起こす精神状態の異常とは実際には精神障害のことだと推定する見方は、近代的な医学知識の普及と共に定着していったようだ。

箆津敦忠の亡妻［のづあつただのぼうさい］

鳥取県西伯郡大山町に伝わる。『伯耆民《ほうきみん》談記《だんき》』にある退休寺の縁起に登場する。

延文二年（一三五七）、岩井垣城主の箆津敦忠は、亡妻の墓参に赴いた際、墓地で妻の幽霊が炎と数多の鬼に責められる光景を見ていたく悲しみ、玄翁《げんのう》和尚を招いて塔婆《とうば》を立てた。すると幽霊は「錯りを知りて罪

は亡びけり　などか仏にならざらめや」と歌を詠んで成仏した。この後、玄翁は**金龍**《きんりゅう》をも教化して、退休寺を開いたという。（松岡布政『伯耆民談記』）

蚤のお化け ［のみのおばけ］

鳥取県岩美郡岩美町蒲生《がもう》に伝わる。

ある無住の山寺では、夜中になると真赤なツルツル坊主の大頭の化物が出て、人がいると噛《か》みついてくるという。これを聞いた旅の僧は「わしゃそんなん大好きだけえ」と言って、化物の正体を見届けるべく寺に泊まった。夜中、やはり例の大坊主が現れ、僧に飛びかかろうとしてきた。僧が向かっていくと化物はピョンと跳んで逃げ、やっと捕まえてもツルリと抜け出してしまう。そこで手に唾をつけて押さえつけると化物は逃げられず、ついに捕らえられた。よく見ると、それは見たこともない大きなノミのお化けだったという。（山田てる子『むかしがたり』）

【は】

婆さんいるかいや ［ばあさんいるかいや］

鳥取県気高《けたか》郡気高町重高《しげたか》（現・鳥取市気高町重高）に伝わる。広島県の**爺さんおるかい**などと同じく、老人の死体が伴侶に語りかける話の一種。

気高に爺さんと婆さんがいて、爺さんは「俺が死んでもお寺へなど持っていかず、家の座敷に置いておけ」と遺言していた。爺さんが死ぬと、婆さんは骸《むくろ》を桶《おけ》に収めて座敷に置いたが、それ以降「婆さん、いるかいや」と死んだ爺さんが日に何度も呼びかけてくるようになった。婆さんは返事をするのにすっかり疲れてしまい、通りかかった菜売りの婆さんに留守を任せて家出した。菜売りの婆さんも一〇〇回ほど繰り返し呼びかけられて嫌気が差し、留守番をやめて逃げ出した。爺さんの骸は棺桶から這《は》い出し、菜売りの婆さんを泥棒と誤解して風のように走って追いかけた。菜売りの婆さんは近所の堂に祀られる普賢菩薩が乗る白象に助けられて窮地を脱し、爺さんの骸も菩薩の慈悲で雲に乗せられ、西方浄土へ行くことができたという。（渡辺光正『因幡《いなば》伝説民話　第一集』）

歯形栗 ［はがたぐり］

鳥取県西伯《さいはく》郡地方に伝わる。

元弘二年（一三三二）、後醍醐天皇が隠岐《おき》へ流される前に五千石村（現・米子市）に立ち寄り、村人が奉じた皮つきの栗の実を齧《かじ》った。そして実を埋めて「再び天位に上ることができたなら、この実も再び芽を生じて実を結べ」と願をかけた。やがて実は

芽を出し大木となったが、新たに生った実にも歯形がついていたという。原木が枯れた後も、歯形栗の子孫は安養寺《あんにょうじ》の境内で繁茂した。（荻原直正『因伯伝説集』）

栗に歯形をつけたのは船出まで天皇に同行し、安養寺で尼となった娘の瓊子《たまこ》内親王だとも伝わる。（小笠原真琴『瓊子内親王の御事蹟』）

柱大明神［はしらだいみょうじん］

鳥取県鳥取市御熊《みくま》に伝わる。

昔、柱大明神は一夜のうちに隠岐国《おきのくに》へ石橋を架けて渡ろうと考え、日本海へ向けて数多くの石柱を並べ始めた。ところが天邪鬼《あまのじゃく》が妨害しようと鶏の鳴き真似をしたので、驚いた神は作業を途中で投げ出した。御熊神社の社殿周辺に転がる柱状の岩や、背後の崖から突き出た玄武岩は、このときの石柱の名残とされる。（鷲見貞雄・片柳庸史『鳥取の伝説』）

長谷寺の絵馬［はせでらのえま］

鳥取県倉吉市に伝わる。

仲ノ町の打吹山《うつぶきさん》長谷寺は大絵馬の奉納が盛んで、古いものでは一六世紀の作が現存する。天文一八年（一五四九）の大絵馬に描かれた黒白一対の馬は、夜に額《がく》から抜け出して田畑を荒らしたため、住職が手綱《たづな》を描き加えて封じたという。（『中国三十三所観音巡礼』）この絵馬は諸国巡歴中の巨勢《こせ》金岡《かなおか》が奉納したものとも伝わる。（『東伯耆《ほうき》内伝説民話集』）

腹熊［はらぶくま］

『米府鬼話《べいふきわ》』にあるもの。

ある夜、米子（鳥取県米子市）の山内氏の孫が友人らと帰宅する途中、何者かが後ろから「火を消せ」と繰り返し叫んだ。振り返ると大きな腹で白髪をかぶった人のようなものがいて、二人は驚き逃げ帰った。怪物は二人を追いかけ、門扉を引っかいて去ったらしく、現場には爪痕が残されていた。世間では、これこそ腹熊、漢土でいう**狒々**《ひひ》ではないかと噂したという。（米子市立山陰歴史館編『米府鬼話』）

佐藤徳尭『山陰の民話　上』では「米子城山の妖怪」という題で紹介されている。

はんざき女房［はんざきにょうぼう］

鳥取県伯耆《ほうき》地方に伝わる昔話に登場するもの。西伯《さいはく》郡中山町栄田（現・大山町）では次のように伝わる。

大山の麓、奥山の村の寺に池があり、はんざき（山椒魚《さんしょううお》）の母子が暮らしていた。あるとき山崩れで池の水が濁ってしまったが、近所の若者が泥を取り除いてくれた。はんざきの娘は恩返しのため、仏の力で人の姿となって若者に嫁入りし、かいがいしく働いた。ある時、はんざき女房は庄屋の妻が婦人病に苦しみ、唯一の治療薬として母はんざきの生血を欲していることを知

る。池に帰って事情を話すと、母は人助けのためなら喜んで身を捧げる、ただし身の半分は残してほしいと言った。その願いが伝えられると、庄屋ははんざきの半身を貰って妻に与えた。妻の病は癒え、母はんざきも元通り回復したという。（福田晃・宮岡薫・宮岡洋子編『伯耆の昔話』）

　はんざきは生命力が強く、身を半分に裂いても生きていると考えられていた。部類別索引【鯢】も参照。

樋口神社の御神体 ［ひぐちじんじゃのごしんたい］

鳥取県鳥取市河原町河原に伝わる。

昔、千代川《せんだい》が溢《あふ》れて大洪水になった時のこと。どこからか一匹の白蛇が現れ、川を西から東へ泳いでいった。すると水がすーっと引き、河原地区は流されずに済んだという。河原の樋口神社の御神体がこの白蛇だという。（『千代川《せんだい》流域の民俗』）

ひだる神 ［ひだるがみ］

鳥取県境港市で育った水木しげる（武良《むら》茂）が少年時代に出会ったとされる妖怪の一種。その体験談は数々の書籍や記事で言及されている。水木が半生を回顧して描いた『水木しげる人生絵巻』でも少年期の妖怪にまつわる思い出として**べとべとさん**とひだる神の姿が描かれており、水木の妖怪体験の代表例といえるだろう。

　小学六年生のある休日に、茂少年はあてもなく道を歩いていて（油絵の展覧会を見に行くためとも）、急激な空腹感に襲われ動けなくなった。しばらく寝転んでいたがどうしようもなく、這《は》うように車道へ出てバスに乗った。降車する頃には身動きがとれるようになっていたという。近くにあった稲籾《いなもみ》を何粒か食べると治ったと記された文章もある。ともかく、当時は妖怪の仕業という認識はなかったが、後に柳田國男の『妖怪談義』を読み、それが奈良県に伝わる「ひだる神」同様、人を飢えさせる妖怪だったと理解したという。鳥取連隊での行軍中にも急に動けなくなり失神したことがあったといい、水木はこれを「ダルがついた」と表現している。（『水木しげる漫画大全集１０３』）

　水木の妖怪画では「ひだる神」は頬かむりで顔を隠した亡霊の集団のように描写されている。自伝的漫画『ボクの一生はゲゲゲの楽園だ』でも、同じデザインのひだる神が茂少年の前に現れる場面がある。『妖怪画談』では、この体験は「餓鬼憑《がきつき》」として紹介されている。

人攫い地蔵 ［ひとさらいじぞう］

鳥取県日野郡日南町に伝わる。

昔、日本一の鉄砲撃ちが山で迷い、ある村の一軒家を訪ねた。家では娘が泣いており、わけを訊《き》けば、真夜中に化物が出ては村人を順番にさらい、今度は自分の番なのだと言う。丑《うし》三つ時、鉄砲撃ちは戸口に来

た化物に発砲した。翌朝、外で血みどろの地蔵さんが見つかった。地蔵は村人が屋根を作ってくれず、雨曝《ざら》しにされていることに腹を立てて人をさらっていただけで、一人も殺していないと語った。そこで地蔵の身を清め、両手を持ち上げると、左右それぞれから村の男衆、女衆がぞろぞろ出てきた。村人は地蔵に詫《わ》び、立派なお堂を建てて祀ったため、その後は豊作続きで村も栄えたという。（『日南町の昔ばなし』）

福田晃・宮岡薫・宮岡洋子編『伯耆《ほうき》の昔話』に載る日野郡日野町板井原の「三人兄弟の化け物退治」も本話と類似した内容。三兄弟の学童が遊びほうけていたために実家を追い出され、ある家に泊まった。この家には夜ごとに怪しい光物《ひかりもの》が来て宿泊者を連れ去っており、長男と次男もさらわれた。三男が光物に矢を放って撃退し、血痕を辿《たど》ると、荒れ果てた堂の中で仏さんが血を流して唸《うな》っていた。仏像は粗末に扱われていることを恨み、線香でも立ててもらおうと思い人を取っていたと語った。決して誰も殺していないと言うので袂《たもと》を開くと、さらわれた人たちが出てきたという。

一つ目・けんけ・かぽかぽ・ねこ・わんわ ［ひとつめ・けんけ・かぽかぽ・ねこ・わんわ］

鳥取県東伯郡赤碕町分乗寺（現・琴浦町西宮分乗寺）に伝わる。

東京教育大学民俗学研究会編『赤碕の民俗』「俗信」の項には「（略）子供が泣くと、一ツ目が来る。山からケンケが来る。カポカポ・ネコ・ワンワが来るといつておどかす」とある。いずれも子供の躾《しつけ》のために使われた化物や獣の名のようで、日本各地でいうガゴやワンなどの類と思われる。

百里小僧 ［ひゃくりこぞう］

鳥取県気高《けたか》郡気高町殿《との》（現・鳥取市気高町殿）に伝わる。

百里小僧と呼ばれる足軽は気高の殿に住んでおり、鹿野城主・亀井茲矩《これのり》に仕えて密書を届ける飛脚の役目を担っていた。一日一〇〇里を走っても疲れを見せなかったので百里小僧と呼ばれていた。あるとき茲矩はその健脚に疑念を抱き、泣き叫ぶ彼の体を切り開いて調べ、とうとう死なせてしまった。解剖の結果、速さの秘密は脇の下に生えていた羽だとわかった。部下を死なせて後悔した茲矩は、殿に墓（飛脚塚）を建てて百里小僧を弔ったという。人々は塚に足の痛みや腰の病の治癒を祈った。（野津龍『鳥取県伝説集　因幡《いなば》編』）

白狼 ［びゃくろう］

鳥取県東伯郡三朝町《みささちょう》に伝わる。

長寛二年（一一六四）のこと。源義朝の家臣・大久保左馬之祐は主家の再興を祈願するため三徳山三仏寺《みとくさんさんぶつじ》を訪れ、白い狼に遭遇した。一度は射殺そうと思い弓を構えるも、神仏の使いかもしれないと思い見逃した。すると夢の中に仏が現れ、狼と出会ったあたりに霊湯が湧いているので、それで諸人の病苦を救えと告げた。白狼のいた場

所では確かに湯がこんこんと湧いていた。

これが三朝《みささ》温泉の起源だという。（鷲見貞雄・片柳庸史『鳥取の伝説』）

島根県松江市の玉造温泉の由来譚《たん》の一種にも類似した話がある。（『島根県八束《やつか》郡玉湯町民話集』）

畚下ろし［ふごおろし］

鳥取県鳥取市に伝わる。

大工町の森村の薬屋には大きな松の木があった。親の言うことを聞かない子が通ると、鬼が畚（藁《わら》で編んだ平たい籠）を下ろし、子供を乗せて吊るし上げ、鷲峰山《じゅうぼうさん》まで連れていくといわれていた。上町では三光院の榎《えのき》、河内《こうち》上条の大欅《けやき》、小別所《こべっしょ》の大椎《しい》、末用《すえもち》のタブの木などに畚下ろしが出たという。（小林光一郎『鳥取県の妖怪』）

気高《けたか》郡青谷町《あおやちょう》（現・鳥取市）でも、遅くまで遊んでいる子供を「ふごおろしが出るで、はよ帰れよ」などと窘めた。これは子取りが子供をふごに入れて木の上に上げて帰れなくするものとされる。霞谷から吉川へ向かう狭い道のあたりにもふごおろしが出たという。（『青谷町の伝承』）

笊《ざる》下ろしや広域の**子取りぞ**も参照。

ふすま

鳥取県東伯郡三朝町《みささちょう》木地山に伝わる。

闇夜にフスマという打綿のような白いものが出るという。（牛尾三千夫「山陰紀行」『伝承』創刊号）

船の山登り［ふねのやまのぼり］

鳥取県境港市で育った水木しげる（武良《むら》茂）が幼少期に目撃したという怪異。

自伝『ねぼけ人生』によれば、五歳か六歳頃の体験だという。船が煙を出しながら山の上へ登っていくのを見て、茂は「誰も見ていないところで、船は山に登っているに違いない」と考えるようになった。それからしばらくの間、家の前の高尾山に船が登っていないか観察していたという。ただし、そもそも船の山登りを見たのは夢の中らしく、それがいつしか現実の記憶と混同されていたものらしい。

不々岐［ふぶき］

鳥取県八頭《やず》郡八頭町に伝わる。上古、諸鹿村の山中にいたという鬼神。

『因幡《いなば》志』には、不々岐はかつて諸鹿村《もろがそん》の山中に棲んで人民を悩ませていた凶徒または鬼神とある。日理村の布留多知《ふるたち》神がこれを討伐したので、その神功を崇《あが》めて二振の古刀を神体とする古太刀神社（太刀太刀大明神）が建立された。不々岐の魂は若桜里に祟《たた》りをなしたため、権現として祀られた。若桜の馬石には二つの傷があるが、これは神が鬼神を斬った痕だという。諸鹿では不々岐は**大人《おおひと》**とも呼ばれ、コビ谷の滝の岩に足跡が残っているという。（『式内社調査報告書　第十九巻』）

弁慶蟹［べんけいがに］

淡水生のカニの一種。

鳥取県東伯郡大栄町（現・北栄町）では、由良川の岸辺に棲息《せいそく》している赤い爪の蟹（弁慶蟹）は金毘羅《こんぴら》さんのお使いだといわれていた。子供たちは瓦を逆さに伏せ、それを小屋に見立てて蟹を入れたが、翌朝それがもぬけの殻になっていると、やっぱり弁慶蟹は金毘羅さんのお使いだなと感心したものだという。（『大栄町誌』）

蟹が金毘羅神の使いだとする俗信は各地に広くみられるもの。

便所の幽霊［べんじょのゆうれい］

鳥取県境港市における水木しげる（武良茂）の幼少期の体験として、自伝作品やエッセイで言及されるもの。

茂が小学三年生の頃、彼らが「おばあさん」と呼んでいた従祖母《おおおば》が亡くなった。数日後、茂は便所で白い人影のようなものを見た気がして、幽霊がいるという感覚にとらわれる。さらに数日後、便所にまぎれもない幽霊が出て、驚いた茂は手にしていた本を便槽に落としてしまった。実は幽霊は弟が壁に施した落書きだったが、便所の底に落ちた本は「霊が本を引っぱったんだ。しげるさぁでなくてよかった」というのんのんばあの助言を受けそのままにされた。

その後もしばらく寝床の蚊帳の外や風呂場では霊の雰囲気が感じられ、四十九日が過ぎるまでは恐怖の日々であったという。（『ねぼけ人生』）

伯耆大仙清光坊［ほうきだいせんせいこうぼう］

鳥取県の大山に棲むとされる天狗。『天狗経』における全国代表の天狗の一体。

知切光歳は、清光坊を大天狗の**伯耆坊**が相模（神奈川県）へ移った後に定着した天狗とみなし、大山寺の咒験行力《じゅげんぎょうりき》兼備の大行者が生きながら天狗と化したものではないかと想像している。（『天狗の研究』）

伯耆坊［ほうきぼう］

鳥取県の大山《だいせん》に棲むといわれる天狗。

『伯耆民談記《ほうきみんだんき》』巻六には「当山（伯耆大山）に住せし天狗を伯耆坊と称すること古るきに述べたり」とあり、古くから伯耆坊という名が知られていたことがわかる。

知切光歳《ちぎりこうさい》の著書では、相模《さがみ》（神奈川県）の大天狗である大山伯耆坊は、相模坊という天狗が四国へ移住した際、入れ替わりに伯耆大山から移住してきた存在と推測されているが、文献上の根拠は乏しいようである。（『日本怪異妖怪事典　四国』）

宝積坊天狗［ほうしゃくぼうてんぐ］

鳥取県八頭《やず》郡用瀬町《もちがせちょう》（現・鳥取市用瀬地域）に伝わる。宝積坊権現とも。

三角山《みすみさん》に棲む天狗で、矢のような速さで飛んだ。人に危害を加えることはなかった

という。享保一一年（一七二六）、三角山神社の神主・田中主税が七日間の断食祈願をしていると、この天狗が現れて睨《にら》みつけてきた。その背には大きな翼があり、木の葉をつづり合わせたような衣服を着ていたという。（鷲見貞雄・片柳庸史『鳥取の伝説』、野津龍『鳥取県伝説集　因幡《いなば》編』）

坊主［ぼうず］

鳥取県気高《けたか》郡大和《やまと》村（現・鳥取市大和地域）に伝わる。

丸裸で便所へ行くと坊主が現れる、または空の臼を搗《つ》くと坊主が出るなどといった。（近藤喜博「鳥取県の俗信一束」『旅と伝説』通巻第六三号）

行儀の悪いことをすると化物の類が出るという俗信や躾《しつけ》は各地にみられ、坊主《ボーズ》という名が使われる例は岩手県でも確認されている。（『日本怪異妖怪事典　東北』）

法田の狐［ほうだのきつね］

鳥取県境港市で育った水木しげる（武良《むら》茂）の幼少期の体験として各種作品で言及されるもの。『日本妖怪大全』など妖怪事典・図鑑形式の書籍では「山中の幽霊屋敷」の解説文中の挿話として披露される。

小学校三年生の頃、茂少年は弟と同級生と共に山の中の法田という所へ行った。山道を登っていると禿頭《はげあたま》の老人が現れ、三人に話しかけてきた。出発前に婆さん（のんのんばあ）から「法田には昔からキツネがおるから、化かされるな」と注意されていた茂は、この老人こそ狐に違いないと思い、家に来て茶でも飲むよう勧められると「おいでなすった」と判断、三人で一目散に逃げ出した。老人はその様子を寂しそうに見送ったという。（「法田のキツネ」『カスタムコミック』一九八一年五月号）

実際は老人が狐でなかったと水木自身も承知しているが、子供時代の思い出として頻繁に語っている。後に水木はＮＨＫの仕事で法田を訪れ、老人の旧家らしき廃墟を見たという。（『ねぼけ人生』）

干猫［ほしねこ］

鳥取県鳥取市に伝わる。猫薬師とも。

湖山池《こやまいけ》に浮かぶ猫島には弁財天を祀る祠《ほこら》があり、弁天島とも呼ばれていた。湖山長者（広域の**日招《ひまね》き**参照）の娘が行方不明になったとき、飼猫が島で干からびた死体となっていたともいう。長者の没落後、荒れ果てた賀露《かろ》の薬師堂から湖山の「そら山」へ本尊が飛来し、光を発した。そこで堂を建てて再び祀ると、赤毛の猫が堂に来て、人間のように薬師如来を礼拝するようになった。五、六年して猫の礼拝が絶えた後、庵主《あんじゅ》の浄西坊という僧は干猫（ミイラ）を発見した。庵主の夢枕には赤毛の猫が現れて、自分は湖山長者の飼猫で、如来を信仰したおかげで成仏得脱したと語った。如来に仕える身となった猫が人々に御利益を与

えられるように、庵主は干猫を厨子《ずし》に入れ祀った。それ以来、庵《いおり》は湖山の猫薬師と呼ばれた。（荻原直正『因伯伝説集』、野津龍『因幡伯耆《いなばほうき》の伝説』）

仏の火灯し［ほとけのひともし］

鳥取県日野郡日野町舟場《ふなば》に伝わる。

仏さん（死人）は墓に火を灯してもらうことで娑婆《しゃば》のことが思い出され、気持ちが落ち着いてくる。そのため灯明をあげない無信心者には夢告げがあり、墓参りを促されるという。このような者が晩に墓場へ出かけると、鳥が灯籠のそばで火打石のようにコツコツ音を立てて、火を灯すよう導く。この鳥は盆にはおらず、寒い時期にやってくるという。（『鳥取・日野地方昔話集』）

ぼらた牛［ぼらたうし］

鳥取県東伯郡関金町（現・倉吉市関金地域）に伝わる。

昔、関金の山奥の小泉村に老夫婦が暮らしていた。いくら働けど貧しいままで、爺は世の中が嫌になり、食われて死のうと狼の巣穴へ行った。だがそこで狼から「お前は本当は福の神さんだけえ」と諭され、人の本性を見破る眼鏡を授けられた。眼鏡を通して見ると爺は福の神に、婆は年経たボラタ牛に見えるという。牛が稼ぎをみな食い倒してしまうので二人は貧乏なのだと狼は語った。爺も眼鏡をかけて婆の正体を見届けたが、長年連れ添った相手を捨てて去ることもできず、夫婦どちらも福の神である長者の家を探して訪ねた。事情を聞いた長者は感心して「一緒に苦労してきたんだけえ二人で家へ来て働いてごせえや」と老夫婦を雇い入れた。こうして福の神三人とボラタ牛一頭は楽しく世を送ったという。（『東伯耆《ほうき》内伝説民話集』）

ほんかそう

坂田友宏編『大山北麓の民俗』にある怪異談で、東伯郡赤碕町東三軒屋（現・琴浦町）の話者から聞き取られたもの。

美保関（島根県）方面の人の体験だという。その人の足には原因不明の腫れ物が生じ、医者から切除を勧められた。だが当時手術を受けるのは大変なことで、生活の不便も考えられるので、まずは拝む者（霊媒師）からご神裁を伺うことにした。結果、聞こえてきた神の声は「ホンカソウ」というもので、伝えた当人も聞いた依頼人も意味が分からず、途方に暮れてしまった。しかしホンカソウのことを医者に伝えると、実は切ってはならないものと判明し、その後は腫れ物も自然に治ったという。

「翻花瘡《ほんかそう》」は漢方の用語においては、癌《がん》が進行して花が開いたように口を開けた状態を指す。（『漢方診療医典』）江戸時代の『病名彙解《いかい》』には、翻花瘡は楊梅瘡《ようばいそう》（梅毒）の異称とある。神託のホンカソウもこのような医学知識の断片から出た言葉ではないかと思われる。

【ま】

松姫命・千代姫命
［まつひめのみこと・ちよひめのみこと］

鳥取県西伯《さいはく》郡大山町宮内に伝わる。

雄略天皇の時代、宮内では不吉なことが続き、神託を伺うと、景行天皇の皇后・細《くわし》姫命《ひめのみこと》に官女の松姫命・千代姫命が祟《たた》っているのが原因という。二人はこの地に天皇が行幸した際に寵愛《ちょうあい》を受けた美女で、都から身重の細姫が来て天皇の愛情が移ると、細姫を怨んで死んでいった。村では霊を鎮めるため社殿を建て、本殿に細姫、中殿に松姫、末殿に千代姫を祀って、嫐《うわなり》打ちの神事を行うようになったという。この社が後の高杉神社だという。（鷲見貞雄・片柳庸史『鳥取の伝説』）高杉神社の嫐《うわなり》打ち神事は県の無形民俗文化財に指定されている。（大山町ウェブサイト）

魔物
［まもの］

鳥取県米子市今在家《いまざいけ》に伝わる百物語の民話に登場する魔物。

ある寺に一〇〇人が集まり、一人ずつ化物などの怖い話をしては蠟燭《ろうそく》の火を消していった。四〇人、五〇人と語り終えて夜明け前になった頃、ある青年はすっかり恐ろしくなり震えていた。そこへ上からヒューッと魔物が来て、青年のキンタマを摑《つか》んで寺の門まで引っぱり上げた。魔物は青年に、寺の門に貼ってあるお札を剥《は》がさせると、スーッと中へ入っていった。このようなことがあるため、門には必ず神さんやお大師さんのお札を貼っておくものだという。（酒井董美『米子の妖怪』）

百物語を終えると怪異が現れるという俗信や、幽霊などが邸内に侵入するため生者に護符を剝がしてもらう話が混合して語られたものと思われる。

三笠狐
［みかさぎつね］

鳥取県米子市尾高に伝わる。

戸上の**藤内狐**、上万《じょうまん》の橋姫と並ぶ三狐の一匹で、森（森たんぼ）に棲んでいた。藤内狐のように悪戯《いたずら》で人を困らせたりせず、橋姫のように戦勝祈願で参拝者を集めるような狐でもなかったが、上方《かみがた》で旅館の留め女（客引き）に化けていたという話が伝わる。伊勢参りから帰ってきた同郷の人などに出会うと、親切に宿に泊めてやり、宿賃を立て替えたうえ、ご馳走をして優待してくれたという。その後、帰郷した三笠狐は某家の縁の下で息絶えた。その死を悼んだ家人は狐塚を築いて弔ったが、塚は戦後に撤去されたという。（酒井董美『米子の妖怪』）

水尻池の神さん ［みずしりいけのかみさん］

鳥取県気高《けたか》郡気高町（現・鳥取市気高地域）に伝わる。

昔、ちよこさんという人が水尻池で神さんを見た。白い着物姿で頭には烏帽子《えぼし》をかぶった神さんが、池の中央に浮かんだ船に四、五人乗っていたという。神さんは「ちよこ来い来い」と呼びかけ、彼女はふらふらと池に引き寄せられていった。そのとき母親に「そっち行ったらいけん。はよこっち来い」と呼び戻され、迷っているうちに気絶した。近所の人たちから梅干しの汁を顔にかけられると、ちよこさんは意識を取り戻したという。（『常民』第三〇号）

目玉石 ［めだまいし］

鳥取県境港市の水木しげるロード内にある妖怪神社に安置されている石。水木しげるにまつわる伝説がある。

妖怪神社は平成一二年（二〇〇〇）創建。この施設で「ご神体」と称されるのは、高さ約一〇尺の黒御影石と樹齢三〇〇年の欅《けやき》で構成されるオブジェで、水木は入魂する際に一部分を指さして「ここに目玉をつけると面白い」と発言した。後にその部分がポロッと剝《は》がれ落ちたものが「目玉石」と呼ばれ「御神体同様、今なお強い妖力を放つ」として、御神体の裏手に安置されている。（妖怪神社ウェブサイト）

茂吉の猫 ［もきちのねこ］

鳥取県岩美郡福部村（現・鳥取市福部地域）に伝わる。

福部の久志羅《くじら》村に茂吉という男がいた。彼は酒癖が悪いため独身で、猫と一緒に暮らしていた。ある年の暮れ、茂吉は見知らぬ若者が「後で茂吉が払うわい」と言って酒を飲み歩いていたことを知る。若者が着ていた法被《はっぴ》は茂吉の持ち物であったため、それが猫の変化だということも分かった。

茂吉に追いやられた猫は火の玉になって野原に逃れ、仲間の猫たちと浮かれ騒いだすえ、茂吉を殺す相談を始めた。翌日、猫が茂吉の朝飯の膳をポンと飛び越えた。昨晩の話を隠れて聞いていた茂吉は、これを食えば死ぬと気付き、膳をそのままにしておいた。このようなことがあるため、猫が跨いだ飯を食べてはならないという。（渡辺光正『因幡《いなば》伝説民話　第六集』）

餅搗きの怪 ［もちつきのかい］

鳥取県米子市に伝わる。

東町の木村家では正月三が日に竹竿《たけざお》に鰤《ぶり》の頭を突き刺したものを立てた。当主が元日に兜首《かぶとくび》を挙げて凱旋《がいせん》したことを嘉例としたためとも、餅搗きの晩に蒸籠《せいろ》に充満していた妖気を槍で突いて退散させたためともいう。（野坂寛治『米子界隈《かいわい》』）

『米府鬼話《べいふきわ》』には、木村家では年末ではなく正月三日に餅搗きをするのが慣例だったとある。ある年、餅搗きを一二月中にする

と、翌年は不幸が重なったという。（米子市立山陰歴史館編『米府鬼話』）

もの言う布団［ものいうふとん］

小泉八雲『知られぬ日本の面影』「日本海のほとりにて（By the Japanese Sea）」にあるもの。八雲の妻・節子が聞かせた鳥取付近の昔話が原形とみられている。

昔、鳥取の町にできた新しい宿屋に旅商人が泊まった。夜、眠ろうとしていると、子供二人が「あにさん、寒かろう」「おまえ、寒かろう」と声をかけ合っているのが聞こえた。いくら室内を調べても子供はいないが、声はしきりに聞こえてくる。どうやら声は布団から発せられているようだった。その後も何人もの客が同じ体験をしたため、宿の主人は古道具屋で買った布団の出所を探った。そして、これが元はある借家に住んでいた貧しい家族の所有物であったことを突き止めた。父母が相次いで病死し、身寄りのない幼い兄弟は、日々の食のため家財を次々売り払った。最後まで残していた布団は非情な大家に剝《は》ぎ取られ、家を追い出された兄弟は寒空の下で身を寄せ合いながら亡くなったという。宿の主は布団を寺に納め、兄弟の魂を懇《ねんご》ろに弔った。それからは声が聞こえることもなくなったという。（『小泉八雲全集　第三巻』）

この話は後年の翻訳や再話においては「鳥取の布団」と呼ばれることが多い。そのほか、話の内容から「もの言う布団」（神戸淳吉『日本のおばけ話』ほか）、「言《こと》いう布団」（荻原直正『因伯伝説集』）、結末の情景から「神様の布団」（下村千秋）などの題が付されている。

鳥取の布団の話は、小泉節子が夫へ最初に語って聞かせた民話だった。妻の語りに聴き入った八雲は「あなたは私の手伝いできる仁です」と非常に喜んだという。この後も節子は**幽霊滝**や耳なし芳一（広域の**平家の亡霊**参照）など様々な物語を八雲に聞かせ、彼の執筆活動に大きなヒントを与えた。（小泉一雄『父小泉八雲』）

もろが淵の山椒魚［もろがふちのさんしょううお］

鳥取県日野郡日南町神福に伝わる。

新見の殿様が難病に罹《かか》り、占いの結果「もろが淵」にいる山椒魚の生肝が効くと分かった。すぐに家来が淵で山椒魚を獲って帰ろうとしたが、丸木橋にさしかかると「おとんぼう、おとんぼう、どけえ行きゃあ」と呼ぶ声がした。橋の下では、幅が二里もあろうかという大きな山椒魚が口を開け目を剝《む》いていた。家来は恐ろしくなり、捕らえた山椒魚を放って逃げ出した。もろが淵の主は山椒魚だという。（三上茂文『日南町の昔ばなし』）

鯰《なまず》をはじめとする水生の生き物が「おとぼう」などと呼びかける話は、様々な地域に伝わっている。（『日本怪異妖怪事典　関東』、『日本怪異妖怪事典　中部』）岡山県の**夫婦《めおと》はんざき**も参照。

【や】

山優婆 ［やまうば］

『大山寺縁起』第七十五段にあるもの。

大山寺（鳥取県西伯《さいはく》郡大山町）南光院の種智金剛房という有験の大行者が山中で修行していると、馬頭岩屋のあたりで山優婆（山姥）が現れ、胸の薬を欲しがった。行者が焼けた石を薬だと偽って飲ませると、山優婆は口から火炎を吹いて焼け死んだ。その後、峰は安全に通れるようになったという。（稲葉文庫編集部『大山寺縁起』）

人を食う山姥が騙《だま》されて焼け石を食わされ死ぬという昔話は各地に伝わっている。

山女 ［やまおんな］

山中に現れる女の妖怪。『因府夜話』には次のような話がある。

昔、気高《けたか》郡鹿野（現・鳥取市鹿野地域）のあたりに安威久太夫という者が住んでいた。ある夜、犬を連れて深山へ狩りに出かけると、長い髪と鋭い爪を持つ猿のようなものに遭遇した。とても力が強かったが、若党と共に苦心して捕らえ、村里へ連れ帰ってよく見れば、顔は恐ろしい夜叉《やしゃ》のようだが女だとわかった。何を問いかけても返事はせずにこにこ笑っているだけだが、食べ物や水を与えれば口に運んだ。ある古老は、一〇〇年ほど前に村の女がお産の後に狂気に陥り山中に隠れ、とうとう見つからなかったことがあったと語った。この山女こそ、その時の女かもしれないとのことだった。（荻原直正『因伯伝説集』）

山てて ［やまてて］

『因府夜話』にあるもの。「山父」の意か。

鷹匠の西村某は智頭《ちづ》郡の山奥に行き、人里離れた場所に小屋をかけ暮らしていた。ある夜、庭で火を焚いていると身の丈六尺あまりの老人が現れ、火で鼻先をあたため始めた。その髪は赤く縮れ、顔つきは人とも猿ともつかず、毛が生えた体には衣服を着けていなかった。話しかけても返事はせず、しばらくすると立ち去った。村の老人は、それは「山てて」というもので、行き逢うと山が荒れるものだと語ったという。（荻原直正『因伯伝説集』）

山の主 ［やまのぬし］

二〇二二年一一月に奥大山（鳥取県日野郡江府町）で罠にかかった巨大イノシシ。

全長一八二センチ、体重二〇〇キログラム超、ぼたん鍋換算では約三〇〇人前。ク

マと見紛う巨体で、新聞やテレビでは「山の主」と呼ばれた。捕らえた団体（奥大山地美恵《じびえ》）の副会長は「とてつもないばけもの」と印象を語り「そんな主とって大丈夫か」という意見も寄せられたことを明かした。（「山の主　巨大イノシシ捕獲」『日テレＮＥＷＳ』二〇二二年一一月一一日）

インターネット上では、アニメ映画『もののけ姫』に登場する猪神「乙事主」のようだといったコメントもよくみられた。

山童 [やまわら]

山中に現れる妖怪。やまわろ。

鳥取県日野郡江府町《こうふちょう》尾上原《おのえはら》では、炭焼きの者が山奥で窯に木を運んでいると、山童が手伝いに来ることがあるという。それは子供のような頭をした小さなもので、力は極めて強い。人が気づかない間に木を運ぶと、炭焼きの弁当を半分だけ仕切ったように食べてしまうという。また、山から帰ってこない炭焼きの様子を見に行くと、山童に窯に引きこまれて死んでいることもあったという。（『鳥取・日野地方昔話集』）

山姥の黒焼き [やまんばのくろやき]

山姥退治（牛方《うしかた》山姥）の昔話に登場することがある秘薬。鳥取県日野郡溝口町（現・伯耆町）では次のように語られる。

ある商人が峠道で山姥に出会い、荷運び用の馬と売り物の鯖を食べられてしまったばかりか、自分自身も襲われて食われそうになった。商人は無我夢中で山中の一軒家に逃げこんだが、実はそれこそ山姥の家だった。やがて山姥とその子供が帰宅し、それぞれ風呂場と大釜の中で眠りに就いた。家の二階に隠れていた商人は風呂桶と釜に蓋をして、火を焚き、山姥たちを黒焼きにしてしまった。馬と鯖は失ったが、商人は町で山姥の黒焼きを売り歩き、よい金儲けができたという。（『伯耆溝口町昔話集　補遺』）

弥六蛙 [やろくがえる]

鳥取県東伯郡三朝町《みささちょう》に伝わる。

昔、小鹿《おしか》集落に弥六という木地師の若者がいた。あるとき山で同行者が魔性のものに取られてしまい、弥六は魔性を退治するため山奥へ分け入った。淵で休息中、蜘蛛《くも》の糸が幾筋も流れてきて弥六を包みこみ、人間ほどもある大蜘蛛が迫ってきた。弥六は鉈《なた》で糸を断ち切って逃げ帰り、氏神様に七日七夜の魔性退治の願掛けをした。満願の夜、神の示現を受け、弥六の体は一丈ほどの大蛙に化身した。弥六蛙は淵に行き、投げかけられる糸を食いちぎりながら蜘蛛に立ち向かった。苦闘の果てに、不意に強風が吹きつけた隙をついて蜘蛛を丸呑みにした後、弥六蛙は石になった。厳峰山の頂上近くにある蛙石がその石だという。風を起こしたのは弥六の許嫁《いいなずけ》・おたつが化した金龍だという。彼女は恋人を救うため天に祈った結果、龍になったのだった。蛙石付

近の草が生えない場所（**月の輪**）は、おたつが変身した場所だという。氏神は二人のために雄淵・雌淵を作り、蜘蛛が巣食っていた淵は弥六淵と呼ばれるようになった。（『東伯耆《ほうき》内伝説民話集』）

幽霊傘〔ゆうれいがさ〕

水木しげるの著書で紹介される妖怪。鳥取県の溝口（西伯郡伯耆町溝口地域）に幽霊傘があって、大風の吹く日に人を大空に舞い上げる。この傘は一本足で一つ目だという。（『日本妖怪大全』）

水木は幽霊傘の絵は描いておらず、もっぱら「傘化け」の解説文中で言及される。

幽霊滝〔ゆうれいだき〕

小泉八雲『骨董』「幽霊滝の伝説」にて語られるもの。

伯耆国《ほうきのくに》（鳥取県）の黒坂村に幽霊滝という滝壺があり、そばに龍王の社《やしろ》があった。ある冬の晩、麻取り場で働く女たちが怪談に興じているうち、お勝という大工の女房が滝へ肝試しに行くと名乗りを上げた。証拠に賽銭《さいせん》箱を持って帰れば他の女から麻を貰えることになり、お勝は二歳の息子を背負って滝へ行った。やがて咎《とが》めるようにお勝を呼ぶ声が聞こえてきたが、豪胆な彼女は無視して賽銭箱を運び出した。お勝が麻取り場へ戻った時、その背中は血にまみれ、背中の我が子は頭をもぎ取られていたという。（『小泉八雲全集　第八巻』）

この怪談のモデルになったのは日野郡日野町中菅の龍王滝とされる。ここにある滝山神社には二歳の子を連れて参拝するものではないという。ある女が二歳の子を背負って参拝したところ、子の首がなくなっていたという。（『日野郡史　中篇2』）龍王滝には天狗がいて、一歳未満の子を連れ去り首を掻き取るともいわれている。（鷲見貞雄・片柳庸史『鳥取の伝説』）

幽霊女房〔ゆうれいにょうぼう〕

鳥取県八頭《やず》郡智頭町《ちづちょう》波多《はた》に伝わる。

昔、ある娘が寺参りをした際に出会った青年と親しくなった。娘は青年が寝ている間に衣服の衿《えり》に「恋しくば尋ね来てみよ　十八の国　五百の波の打ち合わせ　夏鳴く虫のうちにいる」という歌を書きつけて去った。その後、青年は物知りに歌の真意を読み解いてもらい、恋しい娘が若狭国の千波長者の屋敷の先にある蟬《せみ》屋という店のお嬢様だと知った。青年は娘を嫁に迎え、子供にも恵まれた。しかし五年後に娘の母親が巡礼姿で来訪し、娘は青年に恋い焦がれて患いついた末に死んでいると語った。そんなはずはない、現に娘は嫁に来て、二人の間には子供もいる、と、青年は母娘を引き合わせるべく家に入った。だが、そこにいた妻と子は真黒焦げの死骸だった。母は娘を不憫《ふびん》に思い、その後も諸国を巡礼したという。（『千代川《せんだい》流域の民俗』）

幽霊の小豆磨ぎ［ゆうれいのあずきとぎ］

鳥取県八頭《やず》郡佐治村春谷（現・鳥取市佐治町春谷）に伝わる。

夜、いで川にそおけ（笊《ざる》）を持った女が来て「一升、二升ごーしょごしょ、三升、四升とーきどき」と言いながら小豆を磨《と》いでいたという。また、日が暮れてからお宮のあたりを通ると、大木から駕籠《かご》が下がってきて「駕籠に乗れ」と上から声が聞こえたという。これらは幽霊が遊んでいるのだとされ、天保一二年（一八四一）頃に灯籠が建てられると怪異は絶えたという。（『佐治の民話と唄・遊び』）

妖怪オブジェ［ようかいおぶじぇ］

ネット上で語られた怪異。鳥取県境港市の水木しげるロードを舞台とする。2ちゃんねる（現・5ちゃんねる）オカルト板のスレッド「死ぬ程洒落にならない怖い話を集めてみない？45」二〇〇三年七月二一日の投稿が各種の怪談・オカルト系まとめサイトに転載されて流布している。

あるとき島根から境港に「死神《しにがみ》」の張り子が送られてきた。それを飾った店で家族が急死し、死神は不謹慎ということになり別の店に移されたが、そこでも家族が急死した。次に死神を引き取った店でも死者が出て、張り子は神社に納められたという。

水木ロード内の妖怪神社には、実際に死神のオブジェが飾られている。これは水木漫画に登場する死神を元にした立体造形物で、かつて開催されていた「妖怪オブジェコンクール」に寄せられた作品の一つ。

ブログ『山陰百貨店—日常を観光する—』「【都市伝説凸撃します】死を呼ぶ⁉死神オブジェ【境港市大正町】」（二〇一四年七月一四日）によれば、死神がアーケードから撤去されたのは安全上の理由からで、関係者の不審な急死などの事実はないとのことである。

境港の死神には別の逸話もある。二〇〇〇年に鳥取県西部地震が発生した際、水木ロードは震度六の揺れに襲われながらも目立った被害は少なく、妖怪神社脇の「手作り工芸館　むじゃら」にあった死神の人形が壊れた程度だったという。このことから「死神が災いを一身に引き受けてくれた」と感謝され、死神は守り神として親しまれているという。（「皆生温泉　松月」公式ブログ・二〇一三年三月四日記事など）

横山狐［よこやまぎつね］

『諸国里人談』にあるもの。

伯耆国《ほうきのくに》（鳥取県）大山の横山狐は大智明神の使者で、この狐に祈願すれば必ず諸願成就するという。盗難に遭った人が祈れば狐が現れ、盗人の家まで導いてくれるという。（大橋乙羽校訂『紀行文集』）

米子城山の主［よなごじょうざんのぬし］

鳥取県米子市久米町にある米子城の城山

の主《ぬし》とされる大蛇。
主は城山の一端をなす飯山《いいのやま》の森を根城にしていた。ある頃、米子城に妖怪変化が現れるという噂が広まり、城主の重臣・村河與一右衛門が調査を命ぜられた。探索中山で焚火《たきび》をする謎の女に出会って見咎《とが》めたところ、女は「わたしは、この城の主じゃ。心配せんでもよい」と言った。不審に思って斬りかかると、女も秘術を尽くして応戦したが、最後には負けを認め、証拠の品として大きな鱗《うろこ》を二枚与えて消えたという。（佐藤徳尭『山陰の民話　上巻』）
米子城の大蛇が退治されると、夫婦関係にあった十神山《とかみやま》（島根県安来市）の大蛇も姿を消したという。（『中海の怪談』）

米子城の幽霊［よなごじょうのゆうれい］

米子城（鳥取県米子市）に出る幽霊。

何代目の城主の時代かはわからないが、大切な物を壊してしまった女中頭が殺されて、その幽霊が出るようになった。それを祀ったのが荒尾**荒神**だという。（酒井董美『ふるさとの民話　第十二集』）

米子の河童［よなごのかっぱ］

鳥取県米子市に伝わる。
昔、米子の城下町では、夜ごとに河童が人家の便所に潜りこみ、ひげむじゃらの手で人の尻を撫でていた。ある侍は河童退治に闘志を燃やし、便所から出てきた手を刀で切断した。翌日、河童が訪ねてきて、午の刻までに繋がなくては元通りにならないため、手を返してほしいと哀願してきた。河童は侍から返してもらった手をその場で繋ぎ合わせ、お礼として傷薬を置いて去ったという。（『因伯昔ばなし一〇〇選』）
河童懲罰《ちょうばつ》譚としては典型的な内容。

米原太鼓［よねはらだいこ］

鳥取県日野郡日野町米原《よねはら》（現・米子市米原）に伝わる。

昔、米原に働き者の美しい娘がいて、若者たちの憧れの的となっていた。しかし継母には邪険に扱われ、父親は働けない体だったため、娘の日々は辛いものだった。夏の盆踊りは数少ない楽しみだったが、ある年、踊り疲れて帰宅した娘は、怒った継母に焼け火箸を突き刺されて絶命した。その翌年から、盆前の米原集落では地の底から轟《とどろ》くような盆太鼓の音が聞こえるようになった。殺された娘の打つ太鼓と噂され、米原太鼓と呼ばれたという。（野津龍『因幡《いなば》伯《ほう》耆《き》の伝説』）

呼ぶ子［よぶこ］

鳥取県に伝わる。鳥取地方では山で声が反響することを山彦といわず「呼ぶ子鳥」または略して「呼ぶ子」と称したという。

鈴木卓郎が『因伯民談』第一巻第四号に書いた文章を参考にして、柳田國男が「妖怪名彙《めいい》」（『妖怪談義』）で取り上げたことにより広く知られている。水木しげるは呼子《よぶこ》

を大きな目で出っ歯の案山子《かかし》のような姿で描いているが、これは山梨県の郷土玩具の山彦（二代目道方令制作）をモデルとしたデザインである。（『水木しげるの妖怪　百鬼夜行展図録』）漫画やアニメの『ゲゲゲの鬼太郎』シリーズなどにも類似したデザインのキャラクターが何度も登場し、呼子や山びこと呼ばれている。このように、絵姿の存在しない伝承妖怪に形を与える際に、本来の伝承とは別個無関係に存在していた絵画、彫刻、写真などに多大な霊感《インスピレーション》を得て完成した水木の妖怪画は非常に多い。基本的に水木自身が各種妖怪画の成り立ちや妖怪デザインの元ネタについて詳細に語ることはなかったため、ファン有志による調査活動が、水木妖怪画の「元絵」特定作業の大半を担っている。

【ら】

力士の精［りきしのせい］

『太平百物語』巻之五「力士の精盗人を追ひ退《のけ》し事」に登場するもの。

因幡国《いなばのくに》（鳥取県）の作野屋に五人組の盗人が押し入り、亭主を脅して蔵に案内させた。盗人が銀の入った箱を運び出していると、にわかに蔵が鳴動し、頭は赫熊《しゃぐま》で眼は黄金のごとく光る力士が立ちはだかった。盗人どもは一目散に逃げ、財産と家人はみな事なきを得た。先祖伝来の力士像の精魂が現れたのだと亭主の老母が言うので調べてみると、倉の二階に置いてある木像が汗を流していた。作野屋は厨子《ずし》を新造し、力士像を永く大切にしたという。この像は鳥仏師（鞍作止利《くらつくりのとり》）の作だともいわれている。（『百物語怪談集成』）

龍宮の釣鐘［りゅうぐうのつりがね］

鳥取県鳥取市に伝わる。

天正（一五七三～九二）の頃、和田五郎右衛門範元という浪人が伏野の海岸を歩いていると、海中から小さな釣鐘を携えた女が現れた。女は鐘を鳥取の本願寺に届けてほしいと言い、範元は連れていた馬にそれを負わせて運ぶことにした。女は龍宮に暮らす龍女の一人で、本願寺の阿弥陀如来が魚や貝に至るまで海のものたちをことごとく済度したため、龍宮から釣鐘を奉納することになったのだと語った。鐘は範元が本願寺へ届けたときには、重さ一三〇貫の大梵鐘《ぼんしょう》になっていた。実はこの前日に住職の幻身和尚も龍宮から釣鐘が寄進されることを予告する霊夢を見ていたという。（野津

龍『因幡伯耆《いなばほうき》の伝説』）

龍ぐん界の猫［りゅうぐんかいのねこ］

鳥取県東伯郡東伯町一ツ屋（現・琴浦町）に伝わる。

昔、ある分限者の弟が分家して暮らし始めたが、貧乏なため本家に行くといつも肩身の狭い思いをした。正月には注連縄《しめなわ》を持っていったが、本家の性辛《しょうから》な嫁さんに受け取ってもらえなかった。そのため弟は「龍ぐん界（龍宮）の神様へあげます」と言って注連縄を海に投げた。龍ぐん界の神さまはこの贈り物を喜び、弟を海中へ招いてもてなし、土産に猫のようなものを与えた。それは一日に米一合を食べさせると小判一枚を生んだ。このことを知った本家の嫁さんは猫を借り受け、米を二合食べさせた。そのせいで猫は死んでしまったという。（『大山北麓の昔話』）

島根県の**金の犬こ**や広島県の**虎の子**も参照。

龍宮の乙姫［りゅうぐんのおとひめ］

鳥取県八頭《やず》郡智頭町市瀬《ちづちょういちのせ》に伝わる。

昔、貧乏な爺さんが大歳《おおとし》の日（大晦日）に枝木を売り歩いたが、誰も買ってくれる人がいない。仕方なく智頭川にかかる備前橋から「龍宮《りゅうぐん》の乙姫様い、歳暮にあげましょう」と言って枝木を川に流して帰った。その晩、器量のよい娘が訪ねてきて「昨日はお爺さんが歳暮をごされたけえ」と、盆にいっぱい積んだ白金をくれた。乙姫様が枝木の礼に授けてくれたのだった。

同町波多《はた》に伝わる話でも、爺さんが売れ残りの薪を「龍宮の乙姫さんに進ぜましょう」と川に投げていたところ、乙姫が現れて金の鉈《なた》を授けてくれる。隣の爺さんも同じように川へ薪を投げ入れたが、欲深い性格を見抜いた乙姫は鉈を与えなかったという。こちらはイソップ童話の「金の斧《おの》」の影響がうかがえる。（福田晃・三原幸久編『因幡《いなば》智頭の昔話』）

ろくろっ首［ろくろっくび］

鳥取県東伯郡赤碕町篦津《のつ》（現・琴浦町篦津）に伝わる。

ある人が三日月の晩に家路につくと、女がケラケラッと笑う声が聞こえてきた。見れば松の木に女の首が乗っている。驚いて逃げ帰ったが、その後も同じことがたびたびあった。やがて首だけの女が近所の娘によく似ていることに気づき、その娘を問い質したところ「そんなことはない」と否定された。そこで女の首が現れた時に再び娘を訪ねると、寝床にいた娘には首がなく、体だけが眠っていた。外にいる首に衣類をかぶせて動けなくしておいたところ、夜が明けても娘は「頭が痛くてかなわん」と言って布団をかぶったままだった。しかし次の日以降は元通りの姿になっており、樹上の首の件についても知らぬ顔をしていたという。（『大山北麓の民俗』）

COLUMN

大翁への道《ロード》01

水木しげる（一九二二〜二〇一五）の出身地である鳥取県境港市の商店街に整備された「水木しげるロード」には、水木作品に登場する妖怪などのブロンズ像が多数立ち並んでいる。水木ファンや妖怪好きがこぞって訪れる名所であることは言うまでもない。そして、水木しげるの事績もまた、妖怪を愛する人もそうでない人も、まず避けては通れない広く長い道なのである。私は小学生二年生の頃、学校の図書室にあった『絵巻えほん　妖怪の森』を見たのをきっかけに妖怪と水木作品に興味を持った。これもまた、描かれているのは妖怪たちが跳梁跋扈《ちょうりょうばっこ》する道なのである。

水木しげると妖怪の歴史は、もはや一体にして不可分である。水木の妖怪画などの分析を行っている御田鍬《みたすき》が指摘するとおり、水木は世間に妖怪を広め、その後も生涯にわたって妖怪界隈の前線で活躍し続けた巨人である。しかし、彼は第一に創作者であって、学問的な意味での研究者ではなかったともいえる。水木自身の興味関心を軸に据えたブリコラージュ的創作手法によって完成した妖怪像が、受け手たちの妖怪認識の基礎となった例はあまりに多い。たとえば我々が「ぬりかべ」と聞いて、はんぺんに目がついたようなあの姿を思い浮かべるようになるまでの過程にも、それなりの歴史がある。個別の妖怪のイメージ変遷を辿《たど》ろうと思うと、長い水木妖怪道を行きつ戻りつ足跡を探す必要がある。属性別索引【水木しげる】に含まれる項目を読んでいただければ、その道程のややこしさと面白さが垣間見えることかと思う。

本書の執筆年である二〇二二年は、奇しくも、水木しげる生誕一〇〇周年の節目でもある。次の一〇〇年の妖怪探求に向けて、我々は水木の道をまた邁進することにもなるのだろう。

［参考文献］
・伊藤慎吾・氷厘亭氷泉（編）『列伝体　妖怪学前史』
・水木しげる（著）『絵巻えほん　妖怪の森』

島根県

【あ】

青亀 ［あおがめ］

島根県出雲市乙立町《おったちちょう》に伝わる。

天長二年（八二五）正月、立久恵峡《たちくえきょう》の崖下の淵から夜ごと光を発しながら人を呼ぶ者がいた。人々は気味悪がって近寄らず、高野山から来た浮窓《ふそう》律師だけが声の主を訪ねた。それは大きな甲羅に仏像を背負った青亀（神亀《しんき》）で「東方から薬師如来を運んできて、二日間も人を呼んだが、誰も相手にしてくれなかった」と語り、仏像を祀ってくれるよう頼んで水中に沈み去った。この仏像を本尊として亀淵山飛光寺《きえんざんひこうじ》が創建され、後の立久恵薬師になったという。（酒井董美・萩坂昇『出雲・石見の伝説』、『島根県名勝誌』）

赤い紙やろか青い紙やろか ［あかいかみやろかあおいかみやろか］

島根県大田《おおだ》市静間町に伝わる。

ある人が喧嘩の末に土中に埋められて、その上に女学校の便所が建設された。夜中にこの便所へ行くと「赤い紙やろうか、青い紙やろうか」と声が聞こえる。ある人が「青い紙ごせ」と返事をしてみたところ、青い紙がすうっと上がってきた。その人は青い紙を受け取り、青くなって死んでしまったという。（『石見大田昔話集』）

学校の便所における「赤い紙、青い紙」の怪談は全国的に知られる噂話のひとつ。島根県内では松江市でも同種の怪談が採集されている。（降井直人「現代人と世間話」『山陰民俗研究』第六号）朝里樹『日本現代怪異事典』では、この種の怪異を「色問いの怪」と総称している。

赤い鶏 ［あかいにわとり］

島根県美濃郡美都町《みとちょう》（現・益田市美都町）に伝わる。

大神楽集落の「渡せど」という家の息子が眼病に罹《かか》り、医者に診てもらうと赤い鶏の生き肝が効くとわかった。その夜、赤い鶏が息子の夢枕に立って「明日死ぬから私の肝を飲んで治してくれ」と告げた。翌朝、鶏は時を告げる声を上げ、間もなく死んだ。息子はその鶏の肝で眼病を治したという。鶏を埋葬した場所は「鶏の墓」と呼ばれた。（『美都町史』）

顎無地蔵 ［あごなしじぞう］

島根県隠岐《おき》郡西郷町上西《かみにし》（現・隠岐の島町）に伝わる。腮無地蔵とも書く。

都万目《つばめ》の里に祀られる地蔵尊で、かつて隠岐に流された小野篁《おののたかむら》の作と伝わる。諸病平癒、特に歯痛を鎮めるのに霊験あらたか

だといわれ、篤《あつ》く信仰されてきた。

篁は都万目の向田という家（都万の茶山の上《かみ》とも）にしばしば宿を借り、その家の阿古那《あこな》という美しい娘と心を通わせた。罪を許され帰国する際、篁が阿古那のために彫ったのが顎無地蔵で、立像は篁、坐像は阿古那を象《かたど》ったもの、もしくは立像が阿古那で坐像が早逝した娘だといわれる。あるいは総歯患という病で歯痛に苦しむ阿古那の母を救うために篁が仏像を作り、母の死後にその霊と仏像を合祀《ごうし》したのが顎無地蔵だともいう。地蔵は歯痛と脳の病に霊験を発揮し、顎がなくなるほどの歯痛でも治すことから、阿古那地蔵が転じて顎無地蔵になったという。歯痛に苦しんでいたのは茶屋娘の阿古那自身で、哀れんだ篁が地蔵を作って祈らせると、痛みが嘘《うそ》のように治まったとも伝わる。子のない人がこの尊像に祈れば、福徳と知恵を兼ね備えた子に恵まれるともいう。また、地蔵堂前の大椿《つばき》の樹皮にも霊験がある、境内の楠《くすのき》の葉を煎《せん》じて飲むと歯痛が治まるともいわれた。（野津龍『隠岐島の伝説』、佐藤徳尭『山陰の民話　上巻』）隠岐のみならず日本中から信仰を集めており、来島できない人から「島根県隠岐島あこなし地蔵さま」「沖国アゴナシおじどう様」などの宛名で歯痛平癒を願う手紙が届くこともあった。痛みが治まった遠方の人は、お礼にどじょうや梨を川に流したという。（『隠岐島の民俗』）

隠岐のものを起源として各地に歯痛止めの顎無地蔵が祀られ、信仰を集めている。

小豆磨ぎ橋の幽霊 ［あずきとぎばしのゆうれい］

小泉八雲『知られぬ日本の面影』にあるもの。

島根県松江の普門院近くに小豆磨ぎ橋という橋があった。その昔、女の幽霊が夜な夜な橋のたもとで小豆を磨いでいたことが橋の呼び名の由来だという。この橋の近くで謡曲「杜若《かきつばた》」を謡うと、幽霊がたいそう立腹し、恐ろしい災難が降りかかるので、決して謡ってはならないとされていた。だが、ある怖いもの知らずの侍は橋で高らかに杜若を謡い、その場で何事も起きないのを笑い飛ばして帰宅した。すると門前に背の高い美女がいて「わたくしは女中でございます。奥様よりこれを預かってまいりました」と、漆塗りの文箱を差し出して姿を消した。箱の中には血まみれの子供の生首が入っていた。家に入ると、首をもがれた我が子が死んでいたという。（『小泉八雲全集　第三巻』）

高木敏雄編『日本伝説集』には、普門院の傍で「東北」の謡曲を謡うと、**松江城の人柱**にされた娘の霊が出て泣くという伝承の報告がある。このような謡曲禁忌の説話は城郭にまつわる怪異として語られている例が散見される。松江城以外の例では、駿府城（静岡県）でも杜若など特定の謡曲を謡うと怪異が起きるとされている。（永島大輝「城郭と怪異譚《たん》　謡曲禁忌を中心に」『群馬文化』第三四五号）

松江の謡曲の禁忌にまつわる怪談は、他にも**松風**の話が挙げられる。

小豆まき［あずきまき］

島根県邑智《おおち》郡石見町日和《ひわ》（現・邑南町《おおなんちょう》日和）に伝わる。

日和のエンサコ垰には小豆まきがいるという。そのため、子供たちは「小豆まきがおるげなけえ、晩げに遅うまで遊ぶじゃないで」と戒められた。（『島根県邑智郡石見町昔話集（Ⅱ）』）

小豆洗いのような妖怪を想像して、子の躾《しつけ》に使ったものと思われる。

あせぶの万の息子［あせぶのまんのむすこ］

島根県美濃郡匹見町広瀬（現・益田市匹見町広瀬）に伝わる。

昔、あせぶという場所で、若い男の姿をした山の化物が人間の女に子を産ませた。その子の手足の爪は鉤《かぎ》のようで、幼い頃から蟹《かに》や蛙《かえる》など山の生き物を獲って食べていた。五歳頃にはあせぶの万という名の炭焼きの小屋に来て、炭を焼いた際の煙を吸っていたという。やがてその子は竹よりはるかに背が高い大男に成長して、四国の阿波の山の方へ行ってしまったという。（『島根県美濃郡匹見町昔話集』）

採集された話には「あせぶの万の息子」と題がつけられているが、不義の子であることが暗示され、万との血縁はないようである。四国地方にも阿瀬川《あせご》の万という山男の伝承があり、これと同根の話とみられる。（田中瑩一『伝承怪異譚《たん》』）

天探女［あまのさぐめ］

天稚彦《あめのわかひこ》の神話に登場する人物。

『古事記』では次のように記される。葦原《あしはらの》中国《なかつくに》を平定するにあたり、高天原《たかまがはら》から天菩《あめのほ》比《ひ》が遣わされたが、三年経っても戻らないので、次に天若日子《あめのわかひこ》が遣わされた。だが天若日子は大国主神の娘・下照比売《したてるひめ》を娶《めと》り、葦原中国を掌握しようと考えて、八年経っても戻らなかった。そこで天照大御神《あまてらすおおみかみ》と高《たか》御産巣日神《みむすひのかみ》は、雉《きじ》の鳴女《なきめ》を遣わし、天若日子に戻ってこない理由を尋ねさせた。すると、天佐具売《あまのさぐめ》が「その鳥は悪い声で鳴きます。射殺してしまいましょう」と勧めた。天若日子が高御産巣日神から与えられた弓矢で雉を射抜くと、その矢は高天原まで飛んだ。高御産巣日神が「天若日子に邪心があるならばこの矢に当たるように」と神誓《うけい》して、矢を下界に落とすと、矢は寝ていた天若日子の胸に刺さり、彼は死んだ。（次田真幸訳『古事記』）

『日本書紀』は神名を天稚彦、天探女と記す。天佐具売、天探女について記紀は詳述をしないが、不吉な現象を指摘する巫女《みこ》の役割を担い、天稚彦の謀反心を象徴する存在と解されている。後世の伝説や民話に登場するアマノジャク（天邪鬼）の原型だとも考えられている。（『上代説話事典』）これらの神話は出雲地方が主要な舞台とされ、天稚彦をめぐる物語も出雲周辺で展開されたとみなされることが多い。『架空人名辞典　日本編』は天佐具女を「出雲にいた女

神」と説明している。

阿弥陀堂の大蜘蛛 [あみだどうのおおぐも]

島根県松江市八束町《やつかちょう》寺津に伝わる。

昔、二子地区の敬助が寺津の阿弥陀堂まで散歩に行くと、三味線を伴奏に義太夫節を語る者がいた。敬助が一曲所望すると、その者は敬助を座らせて太閤記の十段目を語り始めた。その途端、座布団が敬助を巻きこんで天井へ上がった。座布団と見えたのは鏡のような眼をした大蜘蛛が吐き出した糸だったのだ。たまたま小用に出ていた人が助けを求める声を聞き、近所の者たちで堂の天井をぶち割ったところ、食われる寸前の敬助が発見された。蜘蛛は退治され、敬助は一命を取り留めたという。（酒井董美・萩坂昇『出雲・石見の伝説』）

洗合地蔵さん [あらわいじぞうさん]

島根県松江市に伝わる。

洗合鼻の渚に立つ石地蔵は水難者の霊を慰め、人々を湖上の災いから救うため、対岸の袖師ヶ浦の地蔵と共に湖を見守っている。盆の一六日に地蔵尊の姿を写した札を流すと、袖師ヶ浦の地蔵の御霊である大きな火の玉が現れ、水際を転がるようにして洗合鼻に迫るという。これを見た人々は念仏を唱え、湖水を掬《すく》って火の玉にかける仕草をとったという。このほか、土手の大雄《だいおう》寺《じ》横丁東角にあった延命地蔵も洗合地蔵と呼ばれていた。沖を行く早船は決まってある地点で船足が落ちるが、これは洗合地蔵さんが海難から守ってくれているのだと噂された。（『松江八百八町内物語』）

飯山狐 [いいやまぎつね]

島根県出雲市平田町や平田市に伝わる。

久多美《くたみ》村と桧山村の境にある飯山にいた化け狐で、通行人を騙《だま》していたという。

平田町の古平田寺の住職・宗庵はあるとき狐退治を思い立った。飯山を通ると、綺麗な娘に化けた狐が言い寄ってきたので、その正体を喝破《かっぱ》して、自分は頭巾の力で八変化できるとうそぶいた。狐は己の七変化の玉と宗庵の頭巾を交換したが、やがて騙されていたと気がついて、夜の寺を訪問した。そして本堂の戸を大きな尻尾でガンガン叩きながら「宗庵、玉戻せ」と叫んだ。堂内へ転がりこむと寺の本尊に化けたが、宗庵の口車に乗せられて手を動かしてしまい、棒で叩き殺された。こうして飯山の道は安心して通れるようになったという。（酒井董美『ふるさとの民話　出雲編』）

住職の名前を宗信坊とする場合もある。こちらの話では飯山狐は大名行列の殿様に化けて寺を訪ね、変化の玉を上覧すると見せかけて奪還に成功している。（酒井董美『ふるさとの民話　下巻』）

烏賊 [いか]

烏賊は神仏に関わりある生物とされることがあり、島根県の伝承や記録においても

いくつかの例が知られている。

岡村良通『寓意草』には、弥生二五日に烏賊が観世音の手判取りに行くという出雲国の俗信が記されている。烏賊たちは事前に観音堂の下三里ほどの場所に集合し、二五日になると観音堂のあたりに移動する。三〇日頃に沖へ帰る烏賊たちの身には印のような模様があるとされ、これこそ観世音から受けた手判だという。（森銑三、北川博邦編『続日本随筆大成8』）

出雲沖の烏賊は毎年大晦日の晩に出雲大社へ参詣し、それが済むと背中に黒い点がつくという伝承もある。（杉谷流翠「生き返った魚の話」『旅と伝説』通巻五一号）

隠岐《おき》郡知夫《ちぶ》村では、烏賊浜の由良比女《ゆらひめ》神社前に烏賊の大群が毎年押し寄せてきたと伝わる。神社が浦郷に移転すると、烏賊もそちらに群がったという。**神在月**《かみありづき》が過ぎると由良比女神は烏賊に乗って出雲から隠岐へ帰るといわれ、一一月三〇日の神迎神事は烏賊寄せ祭とも呼ばれる。（『式内社調査報告書　第二十一巻』）由良比女神が鱒《ます》に乗って示現した時に烏賊が足を引っぱってしまい、その罪滅ぼしとして女神のお供をするとも伝わる。（『隠岐島の民俗』）

石塚明神［いしづかみょうじん］

島根県出雲市大津町に伝わる。

雲根神社はかつて石塚明神と呼ばれていた。それは素戔嗚尊《すさのおのみこと》に退治された**八岐大蛇**《やまたのおろち》の頭がこの地に流れ着き、哀れんだ住民が塚を築いて祀ったからだという。その塚からは夜な夜な怪火が発せられ、人々を不安に陥れた。塚の上に素戔嗚尊の神霊を勧《かん》請《じょう》すると怪火はぴたりと止んだという。

大蛇の頭を埋めた塚は八つあるとされ、神門の八塚と呼ばれる。石塚の他には今市の塚山、古志のすくも塚、布智の宝塚、四絡の大塚、大社の赤塚が知られているが、残る二つがどこなのかは、既に忘れ去られてしまったという。（石塚尊俊『出雲隠岐《おき》の伝説』）

石の魔物［いしのまもの］

島根県隠岐《おき》郡都万《つま》村油井《ゆい》（現・隠岐の島町）に伝わる。

昔、油井の入口の四つ角あたりに「魔物が出る」と噂される場所があった。ある若者が夜中に魔物退治に行くと、何かが音を立てて出てきた。持っていた名刀で斬るとガチャンと大きな音がして、翌朝様子を見に行くと、大きな石が三つに割られていたという。（『都万村の民話』）

出羽の大蛇［いずわのだいじゃ］

島根県邑智《おおち》郡瑞穂町出羽の山中に出たという大蛇。『石見軍記』に記述がある。

毛利元就の家臣・村上氏清の郎党に堅田七郎と九郎という兄弟がいた。二人は共に身長七尺以上で剛力を具《そな》えていた。あるとき二人は戦の長陣に退屈して出羽の山へ入り、総身深黒色で長さ三丈、口から火を吐

く大蛇に遭遇した。兄弟は息を合わせて斬りかかり、見事に大蛇を討ち取った。大蛇が雷のような断末魔の声を発すると、たちまち水が湧き出て死骸は見えなくなった。この大蛇は山でたびたび人を殺していたため、土地の人々は堅田兄弟の功績を称えたという。（城市鉄堂編『石見軍記』）

稲荷新左衛門［いなりしんざえもん］

島根県松江市に伝わる。

寛永一七年（一六四〇）、松江城主・松平直政の寝所に、信州の諏訪明神の神使・稲荷新左衛門を名乗る若侍が訪ねてきた。彼は直政が松本城主だった頃から身辺を護衛し続け、移封に伴い松江に同行してきたと語り、城内に棲身の地を設けてくれたならば城下一円を遍《あまね》く火難・災害から守ると約束した。次の夜には現身を示すと言い、白銀の毛並の霊狐の姿で雲に乗り、丑寅《うしとら》の方角へ飛んでいった。直政はさっそく丑寅の丘に宮を建て、御城内稲荷神社とした。なお、城内に祀られるまで、新左衛門は浪人の姿で寺町の普門院に身を寄せていたという。（『松江八百八町町内物語』）

岩崎次郎［いわさきじろう］

島根県安来市植田に伝わる。

広瀬の問屋が炭や米を荒島へ運び、金を得て帰る途中などに、岩崎次郎という狐が化けて出て金を取るという。ある馬子はいつも金を取られてしまうので、あるとき狐が手を出してきた瞬間に焼け火箸を握らせ撃退した。それからは狐は出なくなったという。（『島根県安来市民話集』）

淫蛇［いんじゃ］

島根県松江市に伝わる。

ある日、松江城の真北にある井戸で水汲《く》みをしていた女中が、疲れからその場で横になり眠ってしまった。通りかかった戸田某という武士は、女中のしどけない寝姿に情欲をかき立てられて近付いたが、樹上には同じく女中を狙う巨大な淫蛇の姿があった。戸田は抜刀して斬りかかったが、年経た大蛇の身体は刃をも跳ね返した。だが眼を貫かれると蛇は弱り、目覚めた女中が呼んできた主家の侍にとどめを刺された。淫蛇の霊は小さな祠《ほこら》に祀られたという。（『松江八百八町町内物語』）

宇坂の怪鳥［うさかのかいちょう］

島根県邑智《おおち》郡石見町日貫《ひぬい》（現・邑南町日貫）に伝わる。

昔、日貫に山椒九右衛門と渾名《あだな》される強欲で悪名高い鑪《たたら》の親方がいた。度重なる非道の報いか、九右衛門はあるとき熱病に罹《かか》り、地獄の苦しみを味わったすえ死んだ。葬儀の日、市木《いちぎ》浄泉寺の住職が宇坂の垰の上までやって来ると、胴は猫、頭は鷺《さぎ》のような怪鳥が空を舞っていた。住職は供の者に付近の寺から火車品《かしゃぼん》の経典を借りてくるよう言いつけたが、経典が届く前に焼香の

時間となった。すると宇坂にいた怪鳥が飛来し、棺《ひつぎ》から屍《しかばね》を取り出して悠々と舞い上がった。その後、死体は食い裂かれ、足だけが松の木にかけられていたという。(『島根県邑智郡石見町誌　下巻』)

猫のような胴、火車品の経典といった要素から、**火車**が死体を奪う説話が変形したものと思われる。

牛のようなもの［うしのようなもの］

島根県江津《ごうつ》市都治町《つちちょう》に伝わる。

都治の雨瀬に波多野宗九郎という長者がいた。宗九郎は雨瀬に簗《やな》を造ろうとして、人を雇い堰《せき》を築かせていた。ある日の余暇に釣り糸を垂れていると、川上から牛のようなものが流れてきた。驚き逃げ帰ると、間もなく宗九郎の牛が七、八頭続けて倒れた。それから長者の没落が続き、簗は完成しなかった。雨瀬は昔から禁漁の地だったという。(『江津市誌　下巻』)

打綿まくり［うちわたまくり］

島根県八束《やつか》郡玉湯町本郷(現・松江市)に伝わる。

純白の打綿のお化けで、ふんわふんわと人についてくるが、捕まえようとすると遠くへ行ってしまう。ヨシチという男がおイトという女に恋をして、夜に寂しい道を通って逢いに行こうとしたとき、打綿まくりが現れて「ここまでおいで」と、ふわふわふわふわ動いた。ヨシチはそれを追いかけて鳥取の弓ヶ浜まで行ってしまったという。(『島根県八束郡玉湯町民話集』)

うぶね

島根県那賀《なか》郡弥栄《やさか》村(現・浜田市)に伝わる。産女《うぶめ》の類の妖怪。

その泣き声は人間の赤ん坊そっくりで、下谷集落の昼なお暗くとても寂しい場所の谷間に棲んでいたという。あるおっさんがこの場所を通りかかると赤ん坊の泣き声が聞こえ、声が止んだとたん何かがどさっと乗りかかってきた。おっさんは妖怪を摑《つか》んだまま帰宅し、家人に藁《わら》を燃やさせて煙でそれを燻《いぶ》した。しばらくすると不意に背が軽くなり、煙で息絶えた白毛の狸が地に落ちたという。(『続やさかの民話』)

海女房［うみにょうぼう］

島根県簸川《ひかわ》郡北浜村十六島《うっぷるい》(現・出雲市十六島町)に伝わる。

鯖《さば》の豊漁に恵まれた漁師の家で老人が留守番をしていると、窓から怪しげな目をしたものが覗《のぞ》いてきた。やがて赤子を抱いた海女房が家に侵入し、片手で赤子を抱いたまま、もう片方の手で魚の塩漬けの桶《おけ》の重石を軽々と持ち上げた。海女房は赤子と共に塩漬けを食べ「じじいはどこへ行った。口直しに取って食ってやろうと思ったに」と言い残して去ったという。(清水兵三「出雲雑記」『郷土研究』第一巻第七号)

水木しげるによる妖怪画では、海女房は長髪の半魚人のような姿で描かれている。これは山東京伝作、初代豊国画『於杉於玉二身之仇討』の海童《うみわらわ》を元にしたもので、本来は海女房とは関係のない図像だった。（『妖怪画の系譜』）

疫病封じのアマビエ［えきびょうふうじのあまびえ］

二〇二〇年以降の新型コロナウィルス感染症の蔓延《まんえん》を受け、江戸時代の瓦版由来の妖怪「アマビエ」が寺社で疫病除けの象徴として扱われた例のひとつ。

島根県出雲市の長浜神社では、宮司の「神様以外のさまざまなものの力も借りて、この疫病を退散させてほしい」との思いから、疫病封じのアマビエの姿を描いた御朱印の配布を始めた。このアマビエは原図とほぼ同じデザインに「長浜神社らしさ」を出すため、頭に星のティアラをつけるアレンジが施されている。（ＦＮＮプライムオンライン「「疫病退散」ゆかりの神社で〝コロナとの縁〟を切る！　神様と妖怪の力を借りて収束願う【島根発】」二〇二一年一月一四日）この御朱印は好評を博し、後には「病難退除の姫魚《ひめうお》」の御朱印も作られた。

えだ蜘蛛女房［えだぐもにょうぼう］

島根県仁多郡奥出雲町に伝わる。えだ蜘蛛とは頭が丸く足が長い蜘蛛のこと。

昔あるところに悪いえだ蜘蛛がいて、人間に化けて家に入り、他家の男に嫁入りした。嫁は晩になると様子がおかしくなり、風呂は必ず最後に入った。不審に思って見張っていると、嫁は着物を脱いでえだ蜘蛛の姿で風呂に入った。家の者は「こいつあ悪い奴だ」と、風呂の火をどんどん焚いて蜘蛛を焼き殺したという。（田中瑩一編『奥出雲昔話集』）

負うえ鳥［おうえどり］

島根県隠岐《おき》地方に伝わる。その姿を知る者もいない怪鳥で「負われる負われる」と嬰児《えいじ》のような声で鳴くとされる。（『綜合日本民俗語彙《ごい》』）

『日本妖怪変化語彙』ではオウェー鳥と表記され、重い怪鳥で、背負って立ち上がると金持ちになれると説明されている。

『隠岐島の民俗』には、夜道を歩いているとウオエ《（ママ）》ドリという鳥が負ぶさってくるとある。大変重い鳥だが「足半《あしなか》（足半草履）の緒が切れた」と言えば逃げるという。

大池の蛇［おおいけのじゃ］

島根県簸川《ひかわ》郡湖陵町《こりょうちょう》（現・出雲市湖陵地域）に伝わる。

大池の蛇池《じゃいけ》に棲む蛇が佐田町《さだちょう》の須佐神社のお嬢さんを好きになり「お嫁さんにきてくれ」と求婚した。お嬢さんは一晩で蛇池から須佐までまっすぐに水を引いたら嫁になってもいいと応じ、蛇は一生懸命に土を掘った。しかし久村《くむら》と佐田町の境で朝を迎えてしまい、嫁取りを断念したという。

左甚五郎は出雲大社へ奉納する龍の彫刻を作る際、蛇池の蛇の姿を参考にしたという。七日七夜灯明をあげて祈ると大蛇が姿を現し、甚五郎は龍の彫刻を完成させることができた。だが、その像にも魂が入ったのか、毎夜暴れて大社の拝殿を揺らし、蛇池の水面まで波立たせるほどだったので、最後には四つに鋸《のこぎり》引きにされてしまったという。（田中瑩一編『湖陵の民話』）

大井の池の大蛇［おおいのいけのだいじゃ］

島根県隠岐《おき》諸島の知夫里島《ちぶりじま》（知夫村）に伝わる。

カケワキの海岸に粟《あわ》八斗播き、通称大井と呼ばれる岩浜があり、その崖沿いの池に大蛇が棲んでいた。池の水が減って棲み難くなると、大蛇は霧や大音響を伴って「立ての後」の池に引越したという。蛇がいた頃は、大井の池に傷んだ草履や石を投げ入れても、明朝には必ず池の畔に上げられていたという。（『隠岐知夫里島の民話』）

大牛［おおうし］

島根県飯石《いいし》郡西須佐村（現・出雲市佐田《さだ》町《ちょう》）に伝わる。

昔、反邊《たんべ》の本郷には大きな牛がいた。目田の大池は牛の目があった場所で、花栗は鼻ぐり、牛雅原は腹部、牛尾は尾があった位置だという。（『島根県口碑伝説集』）

大内晴持［おおうちはるもち］

周防国（山口県）の戦国大名。大内義隆《よしたか》の養嗣子で、元服時は恒持《つねもち》を名乗り、死後は義房《よしふさ》と呼ばれた。

天文一二年（一五四三）、大内の軍勢は尼子晴久の本拠地である月山富田城（島根県安来市広瀬町）を襲ったが、籠城する晴久を攻めあぐねた挙句に総崩れとなって敗走した。『中国治乱記』によれば、義隆一行は安来の浦から舟で海へ出たが、晴持は阿陀加江（松江市東出雲町出雲郷）で舟が沈没して死んだという。その骸《むくろ》は浦人が引き揚げ、首は富田城へ送られた。晴持の亡霊は荒れ狂って浦人を殺し、付近の村では光物《ひかりもの》が飛んで人々を悩ませた。そのため、晴持は錦ノ浦で神として祀られたという。（米原正義校注『中国史料集』）

晴持を祀った社とは揖屋《いや》の大内神社だとされる。漁師の網にかかった若武者が介抱の甲斐なく死亡し、その亡霊が出て悩ますようになったため、小祠《しょうし》を建て祀ったのが神社の創始とも伝わる。また、戦死した大内の主将はたいへん美しい武士で、その死を哀れんだ住民が権現様として祀ったともいう。（『島根の神々』、上島敏明『魔界と妖界の日本史』）

大きな眼のあるもの［おおきなめのあるもの］

島根県隠岐《おき》諸島の島前《どうぜん》地域に伝わる。

隠岐では有名な古谷サイジという潜水夫の体験。宇賀からコシノカミの沖あたりで潜っていると、すぐ近くを大きな眼のある

ものがとっととっとと歩き回ったという。それが何かは分からなかったが、その後もしばしば同じものに出会ったという。（「島前物語」『民話と文学』創刊号）

大杉 ［おおすぎ］

島根県能義《のぎ》郡伯太町《はくたちょう》母里（現・安来市伯太町母里）に伝わる。

西母里《もり》・招《まねき》集落の佐古の杉谷には、枝の影が遠く離れた隠岐《おき》まで届く大杉が生えていた。その影のせいで隠岐では作物も魚も獲れず、再三の嘆願により杉はついに伐られることになった。だが、一日がかりでも伐れるのは三分ほど、しかも一晩経つと木《き》屑《くず》が戻って杉は再生してしまう。杣人《そまびと》の夢枕に立った龍宮の神様の助言に従い、木屑をその都度燃やすと杉は次第に枯れ、三日ほどで倒すことができた。それ以来、杣人のもとには龍宮から毎秋二尾の鮭が上ってくるようになったという。（前田默耕『城下町之傳承』）

海や山を隔てた先まで影が伸びる、あるいは伐っても再生する大木の伝説は他の地域でもみられるもの。

オートバイに乗ってヘルメット被った人 ［おーとばいにのってへるめっとかぶったひと］

島根県邑智《おおち》郡桜江町長戸路《ながどろ》（現・江津《ごうつ》市桜江町）の人が体験した狐の怪異。

午後二時頃に桑を取りに行くと、オートバイに乗ってヘルメットを被った人が自宅の方へ向かっていった。農協の人か郵便配達だと思ったが、家人に声をかける様子もない。おかしいと思い家に戻ると、誰も訪ねてきてはいなかった。おおかた狐が尻尾を振って鼻先を通ったのだろうと思ったという。（『さくらえの民話　2』）

大入道 ［おおにゅうどう］

島根県松江市に伝わる。

雑賀町《さいかまち》の臆病な侍が、晩に一人で家を目指し歩いていた。すると普門院付近の寂しい通りで、雲突くばかりの大入道に出会った。恐ろしくなった侍が帰りを急いでいると、知り合いの小さい男が通りかかった。大入道のことを話すと、小男は「大体、これ位の大きさだったでしょうか」と爪先立ちし、侍に「もっと大きかった」と言われると、先ほど見たのと寸分違わない大入道になった。侍は仰天して逃げ帰ったが、戸口に手をかけたところで死んでしまったという。（清水兵三『出雲の民話民謡集』）

おおもう鳥 ［おおもうとり］

青鳩または山鳩のこと。鳴き声が「苧《お》を績《う》もう」などと聞きなされた。

島根県美濃郡匹見町（現・益田市）では、眠いあまりに夜業《よなべ》の苧績みを怠けた子供が山へ捨てられ「おをうもう、おを、おを」と鳴く鳥になったと伝わる。そのため、子供のふるまいを戒めるときには「おをうもうになるでえ」と叱ったという。（『島根県美濃郡匹見町昔話集』）

岡田屋の婆［おかだやのばば］

島根県邑智《おおち》郡大和村都賀行《つがゆき》（現・美郷町都賀行）に伝わる。鍛冶屋の婆の類。

旅人が夜の山中の樹上で寝ていると、猫の群れが近寄ってきた。それは互いを上田屋の婆さん、竹の下の婆さん、にぎやの婆さんなどと呼ぶ化け猫で、肩車をして旅人を襲おうと迫ってきた。しかし旅人まではあと一匹分背丈が足りず、岡田屋の婆さんなる猫が呼び出された。旅人は刀を振るって岡田屋の婆さんを追い払い、翌朝血の跡を辿《たど》って村の岡田屋という家に至った。そして家の婆さんが化け猫だと見抜き、とどめを刺した。床下からは猫に食い殺された本物の婆さんの死体が出てきたという。（『大和村昔話集稿　巻二』）

おさん狐［おさんぎつね］

島根県大田《おおだ》市静間町に伝わる。

昔、城《じょう》の越しという峠におさんという狐がいて、毎晩のように人を化かしていた。あるおじさんは狐を捕まえるため、天ぷらと油揚げを持参して峠に赴いた。すると別《べっ》嬪《ぴん》さんがついてきたので「えらい別嬪さんだと思ったのに、尻尾がありますなあ」とからかった。女は「え、どこですか、どこですか」と慌て、やがて自分がおさん狐だと白状した。たくさんの我が子のために食べ物を分けてほしいと頼むので、おじさんは狐が変化の術に用いる「化けの玉」と食べ物を交換した。しかし、翌日にはお殿様に化けたおさん狐の友達狐に玉を奪還されてしまった。悔しいおじさんは狐使いの神主に変装し、再びおさんから玉を取り上げた。次におさんは他の狐から玉を借りて仏様に化け、おじさん家の仏壇に潜んだ（**似せ本尊**）が、また正体を見破られて散々に折檻《せっかん》されてしまった。そうして、もう悪いことはしないと約束して玉を返してもらったという。（『石見大田昔話集』）

おしょね

島根県松江市八束町遅江《やつかちょうおそえ》に伝わる。

ある寒い日に漁師が舟で沖待ち（魚が網にかかるまで待つこと）をしていた。釣鐘（炬燵《こたつ》のようなもの）に当たり、目を瞑《つむ》って過ごしていたが、しばらくして目を開けてみると、手も足もない三人の子供が焚火《たきび》を囲んでいた。「オショネというやつに違いない」と思った漁師は、釣鐘にシュシュミ（植物の葉か）を投げ入れた。火にくべられたシュシュミがパチパチと音を立てるとオショネは驚き、フーッと飛んで嵩山《だけさん》の松で提灯になってぶら下がり、ふらりふらりしていたという。（酒井董美『ふるさとの民話　出雲編』）

お種狐［おたねぎつね］

島根県八束《やつか》郡八束村（現・松江市）の大《だい》根島《こんしま》に伝わる化け狐。

加崎の森にはお種という古狐がいた。あるときお種は出雲の殿様に化け、村の長者の家を訪ねた。家の者は出されたご馳走をかたっぱしから平らげていく殿様の様子を不審に思い、試しに鼠を焼いて出した。殿様はその鼠さえ食べようとしたので、正体が狐だと気づかれ追い払われてしまった。その後、お種は上方で茶屋女になったという。（『出雲中海沿岸地区の民俗』）

お伝［おでん］

島根県鹿足《かのあし》郡津和野町に伝わる。

昔、森村の堀内に佐々木平左という青年武士がいた。後田《うしろだ》の本町筋にある升屋の娘お伝は彼を慕い、恋文を渡したが、平左が取り合おうとしなかったため、その恋心は憎しみに変わった。お伝は鷲頭神社や弥栄《やさか》神社へ密かに参詣すると、逆さにした本尊に呪い釘を打ちつけ平左を呪った。参勤交代で江戸にいる殿様のもとへ向かっていた平左は、道中で病にかかった。蛇体となって平左を追ったお伝は、彼の寝所を七巻き半に巻くと共に果ててしまったという。（酒井董美・萩坂昇『出雲・石見の伝説』）

島根県や山口県における「お伝平左」の盆踊り口説きは、この伝説を唄ったものとされる。

おとみーさん

島根県飯石《いいし》郡頓原町《とんばらちょう》（現・飯南町頓原地域）に伝わる。

才谷《さいだに》川と神戸《かんど》川が合流する場所では、夜になると人が泣くような声が聞こえた。ある雨の晩、吉兵衛じいさんはそこにうずくまる女を見つけ、自宅で休ませてやった。翌朝には女は姿を消していたが、その後も雨夜になると同じ場所で泣いていた。泣く女を見つけるたびに連れ帰っていると、ある晩ついに女が素性を明かした。その正体は千歯渕《せんばぶち》に棲む龍で、父母のいる天へ昇ろうとしては失敗して泣いていたのだった。何度も優しく助けてくれた吉兵衛のおかげで勇気が湧いた龍は、太鼓の音で凶事を予告すると約束して昇天した。人々は龍をおとみーさん（乙巳様などの意味か）として祀った。おとみーさんの太鼓は一つ鳴れば雨、二つは風、三つは雷、四つは大水、五つは病気、六つは大騒動、七つ鳴れば地震の予兆だという。（島根県小・中学校国語教育研究会編『島根の伝説』）

乙女峠のマリア［おとめとうげのまりあ］

島根県鹿足《かのあし》郡津和野町の乙女峠に現れたという聖母マリア。

明治初期、まだキリスト教禁制を維持していた新政府は、浦上（長崎県）の天主教徒を各地へ配流し棄教を迫った。津和野では浦上で最も信仰の固かった二八名を預かることになり、彼らを教導改悛《かいしゅん》のための道場兼牢獄となった乙女峠の光琳寺に閉じこめた。信仰を棄てない信徒は虐待され、死に至る者もいた。後に浦上に生還した守山甚三郎は、獄死した安太郎という信徒の不

思議な体験について手記に書いている。安太郎は雪中の三尺牢に裸で入れられていたが、夜の九つ時を過ぎると、青衣をまとい青い布を被ったサンタ・マリア様の御絵に似た顔立ちの人が訪れて語りかけ、寂しさを和らげてくれたという。この出来事にちなみ、光琳寺跡地にはマリア聖堂が建てられた。（森澄泰文「乙女峠とキリシタン」『ふるさと百話』、永井隆『乙女峠』）

おろちループの幽霊〔おろちるーぷのゆうれい〕

島根県仁多郡奥出雲町を走る国道314号線上にある二重ループ式道路「奥出雲おろちループ」には、事故死者や自殺者の幽霊が出るとの噂があるという。

田中康弘『山怪　弐』には、この道で何度も幽霊を見たので、カーオーディオの音量を上げて脇目もふらず走ることにしている、あるいは道の脇に幽霊らしきものが何人も立っているのを見るため怖くて走れない、といった証言が収録されている。

【か】

貝塚姫〔かいづかひめ〕

島根県安来市島田に伝わる。

明治時代のこと。あるお爺さんの夢枕に女が立って「お前の持つ山の土地を掘ってみろ」と告げた。そうすれば必ず生きた赤貝（蛤《はまぐり》）が出てくるという。指示された場所を掘ってみると本当に貝が出てきたので大評判となり、参拝者が訪れるようになったため、近所には露店も並んだ。そこでお爺さんも自宅に祭壇を設置して山の神を祀り、多くの賽銭《さいせん》を得たという。（『島根県安来市民話集』）

蛙男〔かえるおとこ〕

島根県飯石《いいし》郡飯南町志津見《しつみ》に伝わる。

ある家にいい男がやって来て、女中さんに「なんとすまんが、小《こ》まい帽子縫うてごしぇ」と頼んだ。帽子を縫ってやると男は喜び、その後も毎晩台所の流しのあたりに来て待っていた。あるとき女中は台所で熱いゆで汁を捨て、翌朝に流しを見ると、帽子をかぶった蛙が死んでいたという。このようなことがあるので、台所で湯を扱うときは「湯を移すで」などと声をかけるものだという。（『志津見の民俗』）

ががま

島根県八束《やつか》郡島根町瀬崎（現・松江市）に伝わっていた民俗行事に登場するもの。

正月八日の夜半、腰簑《こしみの》をつけ、獅子頭を持った青年が家々を巡る。このときは黙って戸を開けて入り、静かに床飾りの所へ行

くと、トシトコサン（歳徳神）の前で獅子の口を何度か開閉させ、すっと家を出る。この間、家人は訪問者に気づいても知らないふりで寝ていなければならなかった。

一年の幸福や厄除を願う正月行事の一種で、石塚尊俊はホトホト（**とろへい**）より一段古い形のものとみている。ガガマとはガゴ、ガモウなどのようにお化けを表す語と思われる。出雲地方に伝わる子守唄にも「起きたらガガマがとって嚙《か》む」という一節がある。（石塚尊俊『日本の民俗　島根』清水兵三『出雲の民話民謡集』）

餓鬼の火［がきのひ］

島根県江津《ごうつ》市都野津町《つのづちょう》に伝わる。

海上に現れる怪火で、赤いものと青いものがある。船にだんだん火が接近してきたかと思うと、ぱったり消えてしまう。そうするとまた遠くに赤と青の火が見えるという。このようなときはぬるま湯を沸かし、念仏を唱えながらそれを海に捨てると餓鬼は去るという。（『江津市誌　下巻』）

影鰐［かげわに］

島根県邇摩《にま》郡温泉津《ゆのつ》町（現・大田《おおだ》市温泉津地域）に伝わる。

影鰐と呼ばれる種のワニ（サメ）は沖合に現れ、海面に映る船夫の影を呑みこむ。影を呑まれた者は死ぬという。ある船夫は遭遇した影鰐を打ち殺したが、陸に帰ってきた際に魚の骨を踏みつけ、その傷がもとで死んだ。骨は影鰐のものだったという。

日祖《ひそ》の港口西側にあるアバヤの洞穴あたりで二人の漁師が魚突きをしていたとき、一方が悲鳴を上げたかと思うと忽然《こつぜん》と姿を消した。集落の者が総出で捜した結果、海底から漁師の着物だけが見つかった。アバヤの海洞は影鰐が棲むと噂される場所だという。（山崎里雨「影わに・犬神・牛鬼・河童」『郷土研究』第七巻四号）

サメが船や人の影を呑んで危害を加える俗信や伝説は各地で語られていた。広域の**鰐**や部類別索引**【鮫・鰐】**も参照。

葛女房［かずらにょうぼう］

島根県大田《おおだ》市三瓶町《さんべちょう》池田に伝わる。

山中に藤葛《ふじかずら》があり、夜には葛女房が化けて出るという。「悪いことをすると葛女房が出てくる」などと子供を怖がらせるための話だったが、当の子供たちは「今日は葛女房退治しちゃあだけん」と意気ごんで山へ遊びに行ったものだという。（『島根県三瓶山麓民話集』）

片腕の幽霊［かたうでのゆうれい］

島根県隠岐《おき》郡隠岐の島町大久《おおく》に伝わる。

あるとき海から柳行李《やなぎごうり》が流れてきたので漁師が拾って開けてみると、帷子《かたびら》に包まれた人の片腕が入っていた。漁師は腕を墓場に埋め、帷子は洗って自分のものにした。同年の盆、漁師は盆踊りの踊り子の中に片腕の者がいるのを見て怯《おび》え、家に帰ると仏

壇の前で念仏を唱えた。すると風もないのに灯明が揺れ、壁から腕がにゅうと出てきたという。話はこの場面で終わり、語り手は「おぜぇ（怖い）ことだぞ、そおらま、出てくるぞ、お前ら」と言って聞き手を怖がらせる。（『隠岐・島後《どうご》民話集』）

がっち

島根県松江市島根町野波地区で一〇月に日御碕《ひのみさき》神社の秋祭りの一環として行われる「ガッチ祭り」に現れるものの総称。

鼻高面をつけ赤い布で頬かむりをし、頭には榊《さかき》と棕櫚《しゅろ》の皮をつけ、手には大鎌を持ったカマ役、赤鬼など様々な面をつけて頬かむりをしたメン役、獅子頭のシシ役、クソ役などがあり、総勢二、三〇名となる。異様な風体のガッチ諸役は、神社を出ると街路を練り歩きながら「シッポ」と呼ばれる太い藁《わら》縄で人々を叩いて回る。これには悪魔払いの意味があるといわれている。

行事の沿革は未詳ながら、近隣地域で正月に家々を祓《はら》い清める獅子を**ががま**、がっつぁんなどと呼ぶため、それらに類するものと考えられる。（『島根の民俗芸能』）

河童の頭［かっぱのあたま］

兵庫県の明石市立文化博物館が所蔵するふしぎな物体。田中庸介が全国各地から揃えた河童関連のコレクションのひとつ。大きさは子供の握り拳ほどで、まるで目と鼻のような小孔があり、上部の皿状部位は取り外し可能。色は薄いオレンジ色。

一九七三年、香住の柴山港から出たカニ漁船が島根県の隠岐島沖で操業していたところ、これが網にかかったと伝わる。その正体はクジラの脊椎の一部だと考えられている。（『日本妖怪ミイラ大全』、『驚異と怪異　ガイドブック』）

悲しい霊気［かなしいれいき］

島根県浜田市の畳ヶ浦を舞台とする現代の怪談において語られるもの。

ある高校生たちが部活の遠征で浜田市を訪れ、夜になると「地元では有名な幽霊スポット」という畳ヶ浦の賽《さい》の河原洞窟に向かった。洞内には観音様といくつもの水子地蔵が祀られ、ランドセルや玩具が供えられていた。面白半分に来た生徒たちは場に満ちる悲しい雰囲気に息を呑み、何もせず帰った。後日放送されたテレビの心霊番組では、畳ヶ浦の取材で機材トラブルが発生しており、これを見た生徒は改めて戦慄したという。この洞窟には水流の影響で水死体がよく流れ着くという噂も耳にし、あの夜に悲しい気配を感じた理由を悟ったという。（山岸和彦『最新　日本の心霊恐怖スポット１００』）

水辺に子供の霊を供養する場を設ける「賽の河原」の習俗は各地にみられる。そのような場所では死んだ子の泣き声が聞こえるなどの怪異が起きると考えられる場合もあり、現代では心霊談の舞台にされた例もある。（『日本怪異妖怪事典　東北』）

火難婆 ［かなんばば］

島根県八束《やつか》郡鹿島町御津《みつ》（現・松江市鹿島町御津）に伝わる。

昔、ある寺の本尊が和尚の夢に現れて、寺に火難があると知らせた。火をつけに来るのは火難婆なるもので、その好物であるぼたもちを作って待っておれとのことだった。果たして夢告げの通りの時刻に婆が訪ねてきたが、和尚が出したぼたもちを食べている間に火をつける刻限が過ぎてしまった。婆が「一〇年日《ひ》延《の》べをして去《い》ぬる」と言って証文を書き残して去ったので、和尚は証文の「十」の字を「千」に改竄した。一〇年後に再訪した婆はこれを見せられて退散し、寺は火難を免れたという。（立石憲利・山根芙佐恵編『出雲の昔話』）

蟹ヶ迫城の龍 ［かにがさこじょうのりゅう］

島根県江津《ごうつ》市渡津町《わたづちょう》に伝わる。

昔、蟹ヶ迫城の二つの池には雌雄の龍が棲んでいた。城が攻められると龍たちが霧を吹いて城を隠すため、要害堅固な城といわれていた。だがあるとき、どうしたわけか雄龍が城の姫を呑んでしまい、城兵に弓で射殺されてしまった。雌龍だけでは城を隠しきれず、蟹ヶ迫城は落城に至ったという。やがて雌龍も江川《ごうがわ》に逃げ、水も涸《か》れることのなかった池は、ただの堤になってしまったという。（『江津市誌　下巻』）

蟹淵の主 ［かにぶちのぬし］

島根県隠岐《おき》郡西郷町（現・隠岐の島町）に伝わる。

元屋《がんや》の里の富豪には美しい娘がいたが、あるとき行方不明になり、蟹淵の主になったのだと噂された。月日は経ち、ある樵《きこり》の爺さんが淵の近くで仕事中、振り上げた鉈《なた》を水中に落としてしまった。すると、とても大きな蟹の爪が淵から浮き上がり、しなやかな声が「爺や、待っちゃえの」と爺を呼び止めた。見れば、鉈を持った美しい娘がほよほよ笑って立っている。娘は淵の主で、淵に棲む手に負えない大蟹が鉈で右の爪を失い弱っているので、残る左の爪も切り落としてほしいと頼んできた。爺は再び鉈を投げ落として蟹を退治し、淵は娘の支配に戻った。娘は爺に巻物を授け、困ったとき見るようにと言って消えた。その後、困ったことがあるたび巻物を開くと、その解決法が全て書いてあったので、爺は幸福になったという。（『島根県口碑伝説集』、酒井董美『山陰の口承文芸論』）

柳田國男『日本の昔話』では、淵の主は安長姫《やすながひめ》と名乗っている。

神在月 ［かみありづき］

古来、旧暦一〇月は諸国の神々が出雲に参集して不在となるため神無月《かんなづき》と呼び、逆に出雲では神在月と呼んだ。

出雲大社（島根県出雲市）ではこの時期に神在祭（御忌《おいみ》祭）が執り行われ、土地の

人々もこの期間中は謹慎斎戒し、宮掃除、大工仕事、土木工事、歌舞音楽をせず、静粛に過ごした。神在祭では諸国の産土神《うぶすながみ》が神議をして、男女の縁を結ぶと考えられたため、若い男女の参拝者も多くなる。一〇月一七日には神々が出雲大社を発ち、二六日には出雲国を出るとされ、両日には神等《から》去出《さで》祭が行われる。また、この期間中に稲《いな》佐《さ》の浜辺に漂着する海蛇は**龍蛇**と呼ばれ、**龍神**からの使者とみなされた。（『式内社調査報告書　第二十巻』）**神等去出さん、みねんげさん**も参照。

神在月の大社の様子は絵画の題材にもされ、記紀神話の神々や福神たちが一堂に会する場面を描いた錦絵なども数多い。（『平成の大遷宮　出雲大社展』）

亀太郎狐［かめたろうぎつね］

島根県簸川《ひかわ》郡佐田町《さだちょう》（現・出雲市佐田地域）に伝わる化け狐。

大呂《おおろ》と原田の境にある才の峠に棲み、よく人を化かした。ある男が夕暮れに峠を通ると、手拭をかぶった綺麗な女に会った。目的地が同じと分かり、手をつないで一緒に歩いていると、女は「小用がしたいけえ手を離いてごしなはい」と言った。男は反対の手を握って用を足し終わるのを待ったが、いつまでも途切れる様子がない。ふと気がつくと、男は水がちょろちょろ出てくる竹の筒を握っていた。亀太郎狐の仕業だという。（『佐田町の民話と民謡』）

亀の精霊［かめのせいれい］

島根県能義《のぎ》郡伯太町《はくたちょう》（現・安来市伯太地域）に伝わる。

母里の光現寺山は亀遊山《きゆうざん》とも呼ばれ、亀が伏したような形をしている。尼子と毛利の合戦時には尼子方の重要な砦《とりで》として利用され、剛将・和田源太左衛門の軍勢が伯耆《ほうき》より攻め寄せた杉原盛重率いる大軍と対決した。杉原軍が山を攻め上ろうとすると、伏していた大亀は鳴動してむくむく起き上がり、軍勢を後退させた。このようなことが何度も続いたため杉原軍は万策尽き、一度は大敗を喫した。杉原は山が亀の精霊の化身だと知ると、亀の首にあたる部分を断ち切って霊魂を絶ち、城を攻め落としたという。（前田黙耕『城下町之傳承』）

かもめ荘の幽霊［かもめそうのゆうれい］

島根県出雲市大社町日御碕《ひのみさき》の宿泊施設「かもめ荘」閉業後に残された廃墟には、幽霊が出ると噂されていた。

かもめ荘は一九七〇年代前半には日本海の絶景を見下ろす宿泊施設として人気を博したが、数年後には休業。建物が無人になると、霊能力者とされる人物がテレビ番組で「幽霊が出る」「除霊しきれない」などと紹介し、心霊スポットとして有名になってしまった。興味本位や肝試しで旧かもめ荘を訪ね、老朽化した建物内に無断で入る者も多かったという。建物は長年放置されていたが、二〇二一年からようやく解体工事

が実施された。（「心霊スポット」かもめ荘、ようやく解体」『読売新聞オンライン』二〇二一年一一月二三日）

神等去出さん［からさでさん］

島根県出雲地方などに伝わる。**神在月《かみありづき》**の祭事が終わると、去りゆく神々が村の通りや家々の前を通過するとされ、その晩に戸の節穴から外を覗《のぞ》くと目が潰れる、便所に行くと尻を撫でられるなどという。夜に外出して神様にぶつかり気絶した、神隠しに遭った、気が触れたなどの話も伝わる。ゆえに人々は戸締りをして神々に失礼のないよう謹慎し、特に若い女は便所に行くことも憚《はばか》り一室にこもっていたという。からさでさんの日は、出雲大社付近では一〇月一七日、佐陀《さだ》付近では二五日、その他の地区では二六日頃とされることが多い。（山根雅郎「出雲諸社の神在祭と禁忌」『出雲信仰』、清水兵三『出雲の民話民謡集』、松本興「出雲からさで祭とその伝説」『旅と伝説』通巻一七八号）安来市島田町に伝わる話では、からさでさんの晩に外出し、神々に見つかった子供が犬の鳴き真似をしてやり過ごすも、翌朝には首から下が犬になった姿で発見される。（田中瑩一『伝承怪異譚《たん》』）

水木しげるの妻・武良布枝《むらぬのえ》（安来市大塚町出身）も、幼少の頃に祖母から「カラサデさんには、夜、外に出ーと神様にちぇていかれてしまーけん、家でえこしちょらんといけんで。暗んなってから便所《センチ》に行くとえらいめにあーだけん」と聞かされたという。（『ゲゲゲの女房』）安来では木の枝を鎌で打って落とすことを「さでる」というため、神様を見ると切られるのだろうと想像していた子供もいた。（『島根県安来市民話集』）能義《のぎ》地方では夜に外出すると金の鉤《かぎ》でサデられる（強く引っかかれる）といった。昔は人間が三人サデられていたが、今は烏《からす》が代わりにサデられるので、翌朝には必ず烏が三羽死んでいるともいう。人をサデるのはサンシャサンという神様だともいわれ、これは佐陀三社に由来する名と推測されている。（『出雲信仰』）

神が去る日、便所にからさで婆、さで婆《ばば》さんなどと呼ばれる老婆が出るともいう。雲南市掛相町《かけやちょう》穴見では、からさでさんの日に大便所へ行くと、さで婆さんが便所の下から箒《ほうき》で尻を撫でるといった。そのため、便所は昼のうちに行っておくものとされていたという。大原、飯石《いいし》、仁多、能義地方ではカラサデ婆と呼ぶことが多く、八束《やつか》郡古江村（現・松江市）ではカラサデ爺と呼ぶ例もあったという。（『伝承怪異譚』、出雲民俗の会「出雲のお忌み」『民間伝承』第一四巻第五号）**みねんげさん**も参照。

川子［かわこ］

島根県や鳥取県でいう河童の類。

出雲市美野町《よしのちょう》の蘆高《あしたか》神社には次のような伝説がある。昔、神官が意宇川で馬を洗っていると、河童（川子）が馬の尻に手を突っこんだ。驚いた馬は暴れ、河童もそのま

ま馬小屋まで引きずられた。神官に怒鳴られた河童は二度と悪戯《いたずら》をしないと誓って証文を書いた。その後は人が泳ぐとき「カワコ、カワコ、蘆高の生まれ」と唱えれば溺れなくなったという。（酒井董美・萩坂昇『出雲・石見の伝説』）

隠岐《おき》地方でも水辺の妖怪を川子または**せこ**と呼んだ。西郷の八尾《やび》川に棲む川子は毎年人の舌を取って食べていたという。川子は一族郎党七五匹いるといわれ、川子の大将が一族を引き連れ庄屋に乗りこんできたとき、筍《たけのこ》とサゼン豆（黒豆）に見せかけて輪切りの竹と黒い小石をご馳走した。すると川子は人間の歯の強さに驚き、尻から手を入れて舌を抜くようになったという。

川子の頭には皿があり、溜まっている水がこぼれると弱って死ぬとされる。都万《つま》の壇鏡《だんぎょう》淵の川子は馬を捕らえ損ねて皿の水がこぼれて死んだ。川子の血が付近の躑躅《つつじ》の花を赤く染めたので、この躑躅を折っていく人はいないという。（『隠岐島の民俗』）

隠岐で最初に川子が棲みついたのは布施村の地下淵《じげふち》で、そこから各地に分散移住したともいう。（野津龍『隠岐島の伝説』）都万では川子は頭の皿に物を載せるともいう。森里の淵にいた川子は馬に悪戯をしかけて逆に引っぱられ、引きずられるうちに骨と皮ばかりになったため、その場所をカワボネと呼んだという。（大森郁之助「隠岐郡都万村聞書（承前）」『民間伝承』第二五巻第二号）

邯鄲夢の枕［かんたんむのまくら］

島根県益田市に伝わる。

三星城《みぼしじょう》秘蔵の枕で、これを使って眠ると三日先のことまでみな分かるという。そのため敵が奇計を巡らせても三星城の軍が負けることはなかった。向横田《むかいよこた》城主の妻は三星城主の娘だったので秘密を知っており、虫干しの際に枕を盗み出して夫に渡した。そのため三星城は攻略されてしまったという。枕を巡る争いは片木城主・領家正利と三星城主・領家恒利《つねとし》の兄弟間で繰り広げられたともいう。あるいは枕は薄原《すすきはら》城主の斉藤隠岐《おき》守の所有物で、三星城主の計略で奪われたなど、さまざまな異説がある。

邯鄲夢の枕は南天の古木で作られたもので、獏《ばく》の彫刻が施されているという。邑智《おおち》郡川本町の長江寺にある獏の玉枕こそが邯鄲夢の枕であるとされる。（石川寿保『ふるさとの歴史と伝説』）

きーご

島根県出雲地方にはキーゴ（蟋蟀《こおろぎ》）の恩返しの話が伝わる。

玉湯町（現・松江市）に伝わる話では、栗のイガから出られなくなったキーゴが、通りかかった丹波の国の丹十郎という者に「開けてごしゃったら三万石やらあに、開けてごしゃりゃな首さんぎちゃ切る」と助けを求める。キーゴを助けた丹十郎は、そのおかげで大変な親方になったという。

松江市新庄町の話では、丹波の与作に助けられたキーゴが「丹波の与作に百石やら

にゃ、天下の首が落ちいぞ、落ちいぞ」と上方《かみがた》へ行ってふれ回ったという。（酒井董美『ふるさとの民話　下巻』）

狐の失せ物探し ［きつねのうせものさがし］

島根県鹿足《かのあし》郡津和野町後田《うしろだ》に伝わる。日本五大稲荷の一つと称される太鼓谷稲成《たいこだにいなり》神社の縁起として語られる。

安永二年（一七七三）、京都伏見からお稲荷様が勧請《かんじょう》された直後のこと。城の蔵番が鍵を紛失し、報告を受けた殿様は立腹、七日間の期限内に必ず探し出すよう命じた。蔵番は懸命に探したが見つからず、思い余って殿様だけが参拝できる稲荷社に七日間の願をかけた。そして満願の日かつ失せ物探しの期限の日の朝、鍵は蔵番の自宅で発見された。蔵番が事情を打ち明けると、殿様は願望成就の神威に感心し、社名を「稲成神社」と改めたという。

この伝説に因んで、初午《はつうま》大祭では狐の失せ物探し行列と鍵奉納の行事が行われている。（太鼓谷稲成神社ウェブサイト）

山口県の**津和野のお稲荷さん**も参照。

狐の御礼参り ［きつねのおれいまいり］

人間に危害を加えられた狐が復讐《ふくしゅう》のため家を訪ねてくる怪異。

昭和五一年（一九七六）、島根県鹿足《かのあし》郡柿木村（現・吉賀町《よしかちょう》）で、ある男が狩りの同行者に猪《いのしし》と間違えられ撃ち殺される事故が起きた。男は数日前、狐を撃って負傷させていた。その狐は四十九日が済むまで、毎日男の家の近くに来て鳴いた。妻は気味が悪くなって実家へ帰り、やがて狐も死んだという。（『狐をめぐる世間話』）

八束《やつか》郡玉湯町（現・松江市）では、罠《わな》で足を傷めた狐が、罠を仕掛けた者たちの家を訪ねたと伝わる。家の周辺に積もった雪には、足跡が三つずつ点々と続いていたという。（『島根県八束郡玉湯町民話集』）

狐の蕎麦食い ［きつねのそばくい］

明治三七年（一九〇四）に新聞で報じられた、島根県における狐の怪異。

五月一一日付の『芸備日日新聞』によれば、松江市雑賀町《さいかまち》新道筋五丁目の蕎麦屋にて、狐が人に化けて来店し蕎麦を食い、家人は気味悪がって店を閉めたという。記事では「寝惚《ねぼ》けたやうな話」と評されている。（『明治期怪異妖怪記事資料集成』）

弓箭の手文ある者 ［きゅうせんのしゅもんあるもの］

蓮盛『善悪因果集』巻五にあるもの。

出雲と石見（ともに島根県）の境にある某寺の庭に、髪の毛のようなものが生え出てきた。土を掘り返すと石の櫃《ひつ》のようなものが見つかり、毛はその中にいた人の形をしたものから伸びていたと判明した。櫃の中の人物は生存しており、介抱すると一〇日ほどで言葉を発するようになった。彼は

約八〇〇年前この寺にいた出家者で、手相を見た占い師から「弓箭の文があり、必ず刀《とう》杖《じょう》の難に遭う」と告げられたという。そこで刀や杖で傷つき、血で法衣を汚す前に入《にゅう》定《じょう》しようと決意し地下に入ったのだという。だが櫃の中で生死の境もおぼつかないまま今に至り、掘り出されたのだった。彼はしばらく寺で養われていたが、留守番中に強盗に殺されてしまったという。（西田耕三校訂『仏教説話集成　一』）

霧吹き龍［きりふきりゅう］

島根県邑智《おおち》郡桜江町小田（現・江津《ごうつ》市桜江町小田）に伝わる。

昔、江川《ごうがわ》には女の龍が、八戸川には男の龍が棲んでいて、洪水の時に二匹が逢うといわれていた。それでは困ると人々が男龍を殺したため、悲しんだ女龍は毎夜涙を流して鳴いた。その涙は霧になり、川戸の村を包みこんだ。里人は女龍を憐《あわ》れみ、男龍の頭を葬った「いたまのえのうのお山」と「たこうの山」に庵《いおり》を建てた。その後も女龍はときどき「じょう山」へ上り、たこうの山を見下ろしては泣き、霧を発生させたという。（『さくらえの民話　2』）

金角大王［きんかくだいおう］

島根県隠岐《おき》郡都万《つま》村（現・隠岐の島町）に伝わる。

昔、とある高い山に棲んでいた鬼で、角はなく鉄棒《かなぼう》も持っていないが、不思議な壺を持っていた。金角大王に名を呼ばれ、返事をした子供は壺に吸いこまれ、溶けて真赤な汁になってしまう。大王はこの汁が大好物だった。ユウジロウという子供は大王に出会ったとき、わざとウロジウユと名乗った。これで呼ばれて返事をしても無事だと思ったが、逆さになって吸いこまれてしまった。だがユウジロウは鬼が寝ている隙に壺から脱出すると、今度は壺を抱えて金角大王の名を呼んだ。大王も自分には壺の力が及ばないと思って返事をしたが、そのまま吸いこまれて汁になってしまった。（『都万村の民話』）

『西遊記』に登場する金角大王のエピソードが独立した昔話として語られたもの。

金の犬こ［きんのいぬこ］

島根県仁多郡仁多町（現・奥出雲町仁多地域）に伝わる。

ある村の長者の娘は不縁続きで何度嫁いでも戻ってくるため、ついに実家からも追い出されてしまった。娘は占いに従って隣村の吾一という苦労人と夫婦になったが、長者は貧しい吾一を邪険に扱い、年末の餅搗《つ》きに来ても追い返してしまう始末。吾一が仕方なく「龍宮《りゅうごん》さんにさしあげます」と川へ杵《きね》を投げると、龍宮界の王は喜び、吾一を龍宮に招いた。吾一は海中の龍宮で歓待を受け、土産として「金の犬こ」を貰って帰った。犬こは朝に丁銀《ちょうぎん》を一枚食べると大判一枚を排泄したため、吾一夫婦は長者を上回る金持ちになった。そこで長者は犬

を借り受けたが、欲張って丁銀を一度に二枚食べさせ死なせてしまう。吾一が犬の遺骸を埋葬すると、そこから金銀や大判小判の生《な》る木が生え、枝で作った杵と臼を使えば米が臼一杯に増えたので、吾一はさらに富んだ。だが長者が搗いても米は散るばかり。腹を立てた長者は杵と臼を燃やしてしまう。吾一は「花咲かじい」となり、灰を殿様の山に撒《ま》いた。木々にはそれぞれ色の違う花が咲き、全山を彩った。感銘を受けた殿様から褒美を賜り、吾一はまたしても富み栄えた。長者もまた真似をして灰を撒いたが、花は咲かず、灰が目に入った殿様は立腹し、ついに殺されてしまったという。（酒井董美『ふるさとの民話　上巻』）

複数の昔話の筋が合体したもので、前半は金をひる動物が登場する龍宮の報恩譚《たん》、後半は「花咲か爺」が主軸になっている。

首岩「くびいわ」

島根県簸《ひ》川《かわ》郡佐《さ》田町《だちょう》反邊《たんべ》（現・出雲市佐田町反邊）に伝わる。

多倍神社の本殿後側に屹立《きつりつ》する巨岩で、その昔、須佐之男命《すさのおのみこと》が鬼神を退治して首を埋めた場所とされる。この岩に触れると血がつくと恐れられ、玉垣で囲って注連縄《しめなわ》を張り巡らせている。（『式内社調査報告書　第二十一巻』）

雲井城のくも「くもいじょうのくも」

島根県邑智《おおち》郡石見町（現・邑南町《おおなんちょう》石見地域）に伝わる。

雲井城には不思議な雲、あるいはその雲を起こす蜘蛛が棲んでいたという。城の飲用水を汲《く》み上げる「雲井が渕」には怪しい雲が現れ、水汲みを務める下婢を連れ去っていた。だが、敵兵が攻め寄せたときは城が雲に包み隠され、攻めあぐねる相手を倒すことができた。そのため雲井城では下婢の犠牲はやむを得ないと考えられていた。しかし、血気にはやる若者たちはこの状況を看過できず、ある時ついに協力して化物を退治してしまった。これにより合戦時に雲が湧くこともなくなり、雲井城は攻め落とされてしまったという。（『島根県邑智郡石見町誌　下巻』）

黒い赤ちゃん「くろいあかちゃん」

ある女性が島根県安来市で遭遇した怪異。実話怪談集『出雲怪談』「中海《なかうみ》から来るもの」（神原リカ）などで語られている。

鳥取県米子市の「がいな祭」の打ち上げ花火を、県境にある中海の安来側から見ようとしていたときのこと。中海の波間に黒いバレーボール大のものが無数に浮かび、岸へ近付いてきた。水から上がったそれは赤ちゃんの形をしており、防波堤をも這《は》い上ってきた。一緒に来ていた友人を車に乗せて逃げようとすると、バン！　バン！と何度も力をこめて車体を叩くような音がした。どうにか逃げることはできたが、車内には防波堤で嗅《か》いだのと同じような腥《なまぐさ》い臭いが染みついて取れなかったという。

傾城岩 ［けいせいいわ］

島根県仁多郡に伝わる。

大谷村（現・奥出雲町大谷）は遊女高尾《たかお》の出生地だといわれ、子牛ほどの大きさの傾城岩という岩がある。これは女には動かないが、男であれば楽に動かせるという。（高木敏雄編『日本伝説集』）

月照寺の大亀 ［げっしょうじのおおがめ］

島根県松江市外中原町《そとなかばらちょう》の月照寺にまつわる伝説。小泉八雲『知られぬ日本の面影』で紹介されたことで知られている。

松平家の六代藩主・宗衍《むねのぶ》の死後、供養のため月照寺に一丈七尺の大亀の石像が作られた。大亀は夜ごとに動き、寺の蓮池で泳いだため、首を折って動きを封じられたという。（『小泉八雲全集　第三巻』）

月照寺の亀の像はいわゆる「亀趺《きふ》」の一種で「寿蔵碑《じゅぞうひ》」と呼ばれている。境内の案内板には「本当は『亀』ではなく『龍』である」と記されている。これは亀趺の石碑を背負う亀が本来は贔屓《ひいき》という霊獣で、龍が生んだ子（龍生九子）の一体とされていることに基づく記述と思われる。

小池の山姥 ［こいけのやまうば］

島根県松江市外中原町《そとなかばらちょう》に伝わる。

松江の領主・堀尾吉晴の客臣だった小池外記は弓術に秀で、日頃から山中で獣を追い腕を磨いていた。ある日、外記は山奥で「継母に捨てられた」と泣いている美女に出会い、哀れに思って屋敷に連れ帰った。共に暮らすうち、二人の間には娘が産まれた。その頃から「小池の妻は山姥だ」との噂が広まった。ある夜、屋敷の裏山が突如鳴動し、家からは鞠《まり》のような火の玉が飛び出した。外記がこれを弓で射落とすと、次の日から妻が病と称して人を近付けなくなった。そして外記に「私はもと人にあらず、山水の精、巴志麻山姥」と正体を明かした。山姥は勇猛なる外記を慕い、その子を産みたいと願って彼に近付き、その情に惹かれて山へ帰るのも忘れ妻として過ごしていたのだった。先夜の光物は帰還を勧める山の妖霊の使いだった。別離を決意した山姥は切り落とした髪を形見とし、愛娘の耳に歯形を残して去っていった。娘は小池の一族の甥《おい》を婿に迎えて一男一女を生し、後には小池の老婆《ばば》と呼ばれた。彼女は家の柱を片手で持ち上げるほどの腕力を持っていた。怪力や武勇、耳の歯形はさらに後代の子孫にも受け継がれた。山姥の遺した髪は子孫により一部が藩主に上納されたが、それは細く縮れた紅《べに》鬱金色《うこんいろ》の毛だったという。

山姥の一族の伝説が、いつしか化け猫の**小池婆**の話になったのではないかともいわれている。（『松江八百八町町内物語』）

小池婆 ［こいけばば］

島根県松江市に伝わる。

雲州松江の小池家に仕える男が正月の里

帰りから主家へ戻る道中、山で狼の群れに遭遇した。男は路傍の大木に登ったが、狼たちは肩車をして梯子《はしご》のように連なって近付いてくる。しかし男まであと少しのところで高さが足りない。一番上の狼が「小池婆を呼べ」と吠《ほ》えると、一匹の大猫がやって来て、狼梯子を登って男に迫った。男が刀で斬りつけると、眉間に傷を受けた猫は狼ともども退散した。夜が明けたので木から降りると、足元には主家で使っている茶釜の蓋《ふた》が落ちていた。同じ頃、小池家では主の母親が厠《かわや》で転倒し、額に大怪我をしたと騒ぎになっていた。男が茶釜の蓋を示して事情を話すと、主人は臥《ふ》せる母の様子を怪しみ、布団の上から刀を突き刺した。そして布団を剝《は》ぐと、年老いた猫が死んでいたという。（高木敏雄編『日本伝説集』）

荒神さんの白い兎［こうじんさんのしろいうさぎ］

島根県簸川《ひかわ》郡湖陵町《こりょうちょう》（現・出雲市湖陵地域）に伝わる。

大池の寺の上の方には大きな松が生えていて、**荒神**さんが祀られていた。明治、大正の頃に大池の明神集落や灘町《なだまち》で大きな火災が発生し、荒神さんの祠《ほこら》に火の粉が入りそうになると、白い兎が出てきて跳ね回ったという。人々が不思議に思っていると兎は神木に隠れ、まもなく火災は鎮火したという。現れたのは兎ではなく鳥だったともいわれている。（『湖陵の民話』）

こうちかめの河童［こうちかめのかっぱ］

島根県邑智《おおち》郡石見町日和《ひわ》（現・邑南町《おおなんちょう》）に伝わる。

こうちかめという淵には河童が出るとされるが、それは昔この淵に連れこまれたお婆さんだという。河童になったお婆さんは淵から出て悪戯《いたずら》をすることもあり、土地の人は「あそこの淵にはお婆さんが住みこんどるから」と言って、子供が淵へ近付かないよう注意したという。（『島根県邑智郡石見町昔話集（Ⅱ）』）

こうもん淵の河童［こうもんぶちのかっぱ］

島根県浜田市金城町《かなぎちょう》に伝わる。

昔、ある農夫が牛を川に引きこもうとする河童を捕まえたところ、河童は酒樽《さかだる》を差し出して許しを乞うた。この樽を川下の親方に渡せば宝物と交換してくれると言うので、農夫は河童を逃がし、河童の手紙と樽を貰って川下へ行った。だが、酒樽があまりに臭いので手紙を読んでみると「ここに九九個の肛門《こうもん》が入っています。あとの一個はこの男から取ってください」とあった。農夫は驚いて逃げ帰ったという。（「美又《みまた》に伝わる伝説」『かナビ！（ＷＥＢ）』）

この伝説は金城町出身の漫画家・佐々岡健次（島根けんじ）にイラスト化され、地域の観光アピールの一環として、同地に縁ある妖怪のひとつとして紹介されている。**すねこすり**も参照。

狐噛・狗噛 ［ここう・くこう］

『日本書紀』斉明天皇五年（六五九）の条に記されている怪異。筆者命名。

帝が出雲国造に命じて出雲国意宇《おう》郡の神の宮を修造させていた頃、役夫の持ってきた葛《かずら》を狐が噛《か》み切って逃げた。また、犬が死人の腕を齧《かじ》って揖夜《いや》神社（島根県松江市東出雲町）に置いていった。この出来事は天皇崩御の前兆と考えられた。（宇治谷孟訳『日本書紀　下』）

腰掛石 ［こしかけいし］

島根県隠岐《おき》郡布施村（現・隠岐の島町）に伝わる。

かつて山伏が修行場としていた寺跡に「こしかけ石」と呼ばれる長くて大きな石がある。この石は神聖なものと信じられ、下には立派な刀が隠されていると伝えられていた。刀欲しさに山へ侵入し、石の下を掘ろうとした者たちもいたが、みな罰が当たったという。村人がこしかけ石を掃除せずにいたところ、樵《きこり》の持つ鉞《まさかり》が急に舞い上がり、ある人の頭に当たった。人々が昔のように石を掃除し、注連縄《しめなわ》を張ると、罰は当たらなくなったという。（『布施村の民話と民謡』）

後鳥羽院 ［ごとばいん］

第八二代天皇。承久の乱で朝廷側が敗北したため、出家剃髪《ていはつ》のうえ隠岐《おき》に配流され、帰京叶わぬまま同地で生涯を閉じた。そのような経緯から、都の人々は後鳥羽院の怨念を強く意識していたとされる。

院自身も自らの怨念に思うところがあったらしく、嘉禎三年（一二三七）にしたためた置文《おきぶみ》（水無瀬《みなせ》神宮文書）では、自身の成仏を願いながらも、魔縁《まえん》と化して祟《たた》りをなすかもしれないという危うい心情が吐露されている。そして隠岐で暮らすこと一九年、院は延応元年（一二三九）に六〇歳で崩御した。遺体は隠岐にて火葬され、近臣の藤原能茂《よしもち》が分骨を洛北へ運んだ。『増鏡』には、院がいま一度都へ帰ろうとする意志は最期まで強かった旨が記されている。異郷の地で無念の死を遂げたという印象は、後鳥羽院の怨霊が様々な祟りをなすという認識につながった。京都西山法華山寺の慶政上人と比良山の天狗の問答記録とされる『比良山古人霊託』には、後鳥羽院の怨霊が熊野詣のために京に乱入するだろうとの予言が記されている。平経高の日記『平戸記《へいこき》』の記述からは、三浦義村、北条時房、北条泰時などの死が後鳥羽院の怨霊によるものと考えられていたことが読み取れる。延応二年夏から日本を襲った大旱魃《かんばつ》も、天下を滅ぼそうとする後鳥羽院の怨霊の仕業と恐れられた。旱魃は国中を疲弊させ、元号が仁治に改められる一因となった。

水無瀬家の官女に下った託宣を記したとする『後鳥羽院御霊託記』によれば、後醍醐天皇が後鳥羽院同様に隠岐に流されたのは、院の怨霊の招きによるものだったとい

う。また、鎌倉幕府が滅亡したのは執権の北条高時が後鳥羽院に対して精魂こめた供養をしなかったためだとも語られている。（今野慶信「後鳥羽院の怨霊――利用される怨霊」『後鳥羽院のすべて』）

隠岐には後鳥羽院生前中の伝説も残る。海士町《あまちょう》の源福寺近くにある勝田の池・音なしの松は、院が歌を詠んだ場所とされる。ある夕暮れ、風が松の木を吹き抜け、勝田の池の蛙《かえる》がたいそうやかましく鳴いていたので、院は「蛙鳴く勝田の池の夕だたみ聞かましものは松風の音」と歌を詠んだ。すると不思議なことに蛙の声がぴたりとやみ、松も音を立てなくなったという。また、猫が勝田の池の蛙を獲り、怒った院が呪文を唱えて猫を石に変えたという「猫石」も今に伝えられている。（野津龍「隠岐は伝説の島」『民話と文学』創刊号）

琴姫［ことひめ］

島根県大田《おおだ》市の琴ヶ浜地区に伝わる。

源平合戦が終わりを迎えた寿永四年（一一八五）、小舟に乗り、琴を抱いた素性の知れぬ姫が浜辺に漂着した。浦人たちの介抱で回復した姫はこの地に留まり、爪弾く琴の音色で人々の心をとらえ、琴姫と呼ばれ親しまれた。だが琴姫は病死し、人々は深い悲しみのなか彼女を手厚く葬った。翌朝から、浜を歩けば砂がキュッキュッと妙《たえ》なる音色を発するようになった。姫の魂が人々を慰めているのだと考えられ、この地には「琴ヶ浜」の名がついたという。（酒井董美・萩坂昇『出雲・石見の伝説』）

琴ヶ浜は美しい微小貝を含んだ鳴き砂の地として知られている。

子取り蔵［ことりぞう］

島根県飯石《いいし》郡飯南町志津見《しつみ》に伝わる。山陰各地でいう**子取りぞ**系の妖怪の一種。

子供が悪いことをすると、大人は「子捕り蔵が籠を負うて来るぞ」と言っておどかしていたという。（『志津見の民俗』）

コトリバコ

インターネット上から広まった怪談に登場するもの。島根県某所に伝わるものと解されている。朝里樹『日本現代怪異事典』によれば、初出は2ちゃんねるオカルト板の「死ぬ程洒落にならない怖い話を集めてみない？99」二〇〇五年六月六日の投稿文で、後にこの話題専用のスレッドが立てられ、より詳細に語られるようになった。

それは二〇センチ四方の複雑に木を組み合わせて作った小箱で、近くにあるだけで女性や子供は内臓がちぎれて死に至る。コトリバコは「子取り箱」の意で、幕末期にある男がその土地に製法を伝えたという。コトリバコを作り上げるには、まず木箱を雌の家畜の血で満たし、間引いた子の身体の一部を入れる。赤子なら臍《へそ》の緒と人差し指、七つまでの子は人差し指と臓腑《はらわた》を絞った血など、部位は年齢により異なる。素材にされた子が一人増えるごとに、箱の呼称

もイッポウ、ニホウ、サンポウ、シッポウ、ゴホウ、ロッポウ、チッポウ、ハッカイと変わる。子の数が多いほど強い呪力が生じ、ハッカイは一五人の子と一人の女を殺したという。集落では間引きをするたび箱を作るようになったが、やがて力が強く手に負えなかったチッポウを除き処分されたという。箱を集落に伝えた男は、隠岐《おき》で反乱を起こした人物の一人といわれている。(『21世紀日本怪異ガイド１００』)

いわゆる「洒落怖」スレに投稿されるような怪談は、体験談や伝聞の体裁をとる独白調の読み物も多く含まれる。コトリバコもそのような創作とみられ、今のところ掲示板投稿以前の島根県に関連する伝説、説話、民俗の資料においては、このような呪物に関する記述は見つかっていない。だがコトリバコはその血腥《ちなまぐさ》い内容や、読者の体調に異変が生じたなどの噂から、ネット上では強い恐怖や嫌悪感をもよおす「検索してはいけない言葉」として挙げられる機会も多かった。長江俊和は、この話の魅力は「本当にあるかもしれないリアリティ」だと分析している。このような伝承は実際には確認されていないにも拘わらず、古来の伝説が豊富な山陰地方の中で、流刑地や隠岐騒動といった歴史をもつ隠岐との関連が見出されたことで、コトリバコの信憑《しんぴょう》性も増しているという。(『検索禁止』)吉田悠軌は、コトリバコの話のインパクトが二〇〇〇年代のネット怪談の方向性を決定づけ、村の因習や陰惨な呪術といった要素は後続の怪談にも大きな影響を与えたと指摘している。(『実話怪談　犬鳴村』)沖田瑞穂は、コトリバコの呪いが家を断絶させる作用をもつ点から、人の寿命の起源を作ったイハナガヒメ(**岩長姫**)の呪いや蠱毒《こどく》に連想を繋《つな》げている。(『怖い女』)

原話では島根県での出来事と明示されているが『ネットで見つけた怖い話超百科』(二〇一八)のような児童層向けの再話では、地名への言及がない場合もある。実話怪談集『出雲怪談』(二〇二一)には、鳥取を訪れた学生たちが山奥の民宿でコトリバコを想起させるような箱を発見した後、怪異な体験をする「箱」という話が収められている。並木伸一郎『47都道府県あなたの県の怖い話』には、日本にはこの種の箱の話は数えきれないほどあり、後悔箱、外方《げほう》箱、畜生箱、四分《しぶん》箱、狐酉《ことり》箱、六人箱、たたりばこ、児我《じが》箱、物部《ものべ》箱などと呼ばれていると記されている。このような派生・類似の怪談も、ネット掲示板などに数多く投稿されているものである。

古墳の霊〔こふんのれい〕

島根県美濃郡匹見町匹見(現・益田市匹見町匹見)に伝わる。

和田古墳は明治初期、斎藤作太郎という地主が発掘した。このとき彼は石室内から一振りの刀剣を掘り出したが、それを家に持ち帰ろうとしたところ、急に全身がぶるぶる震えだした。斎藤は古墳の霊の祟《たた》りだと恐れを抱き、刀をすぐ元の場所に埋め戻した。土地の人々は畏敬のあまり、決して

この場所に立ち入らなくなったという。付近の田にも古墳の一部らしき大石が落ちていたが、祟りがあるといわれ誰も動かさなかった。また、昔は武士を葬った場所で祟りがあるといわれていたほか、**火の雨**の伝説も語られていた。（『石見匹見町史』）

こんねもん

島根県八束《やつか》郡に伝わる。

昔、素戔嗚尊《すさのおのみこと》がこんねもんという人に宿を貸してくれと言った。しかし尊の顔があまりにも恐ろしかったので、こんねもんは宿泊を断ってしまった。そこで尊はかんねもんという人の家に泊めてもらった。そのことを聞いたこんねもんは「自分のかたきを泊めた」と怒り、**金神**《こんじん》になって祟《たた》ったという。（加藤孝市「八束郡昔話」『昔話研究』第三巻第一号）

蘇民将来説話（広島県の**武塔神**《むとうのかみ》参照）の変形と思しき話。

【さ】

津井の池の蛇［さいのいけのへび］

島根県隠岐《おき》郡西郷町（現・隠岐の島町）に伝わる。蛇婿入譚の一種。

ある日照りの年に津井の雄池・雌池の水神に雨乞いをすると、庄屋のもとに立派な若者が現れ、願いを叶える代わりに一〇日以内に年頃の娘を嫁に差し出すように求めてきた。水が欲しい一心で承諾すると、翌日から大雨が降りはじめた。庄屋は水神の嫁になる者を探したが、村娘たちはみな嫌がる。その間にも雨は降り続け、田の稲までが水浸しになった。やがて庄屋の一七歳になる娘・加代が嫁として池に入ると雨はやんだ。一ヶ月後、加代は里帰りを許されたが、その時の彼女は既に人ではなく、寝姿はとぐろを巻いた大蛇になっていた。翌朝、加代は姿を消し、それからは池でいくら呼びかけようと誰も姿を現さなかったという。（酒井董美『蛇むこものがたり』）

さかえら

島根県隠岐《おき》郡都万《つま》村（現・隠岐の島町）に伝わる。

サカエラは尾長《おなが》とも呼ばれる魚で、尾を柱のように立てて舟の上に倒し、それに触れた人を取るという。蓑笠を着て寝ていれば、尾に触れても蓑笠《みのかさ》だけがさらわれるので無事でいられるという。（大森郁之助「隠岐郡都万村聞書（承前）」『民間伝承』第二五巻第二号）

新潟県佐渡島に伝わるたてえぼしや『絵本百物語』の磯撫でなども、船上に倒れこんだり尾で人を捕らえたりする海の妖怪。

座頭の霊 ［ざとうのれい］

島根県松江市に伝わる。

ある正直者の座頭（按摩《あんま》さん）が、夜の路地で何者かに斬り殺された。その後、路地では座頭が吹くピーピーという笛の音だけが往来するようになり、座頭の霊の仕業だろうと噂された。霊を慰めるため寺に頼んで供養を営むと、笛の音は聞こえなくなり、人々は再び安心して通行できるようになった。この路地は座頭小路と呼ばれている。（『松江八百八町町内物語』）

皿数え ［さらかぞえ］

島根県邑智《おおち》郡桜江町（現・江津《ごうつ》市）に伝わる。島根県における**皿屋敷**譚《たん》の一種。

勝地《かちじ》のある家の座敷の下からは「一九《じゅうく》、一つ足らん」と声がするという。かつてこの家では嫁または女中が二〇枚の皿を洗っていて一枚を割ってしまい、それを理由に苛《いじ》められたのを苦に自殺したという。死体は床下に隠され、その幽霊が「一九、一つ足らん」と言って祟《たた》りをなしたという。これは桜江町に実在した家（後に他所へ移住したという）の噂として語られていた。（酒井董美『ふるさとの民話　下巻』）

邑智郡大和村（現・美郷町）には「皿数えの池」という、悲しげに皿を数える女の声が聞こえる池があった。豪農・四反田《よんどだ》の下女が皿を紛失したと濡れ衣を着せられて池に身を投げ、その霊が皿を数えたのだという。豪農の家は不幸が重なり滅びたとされる。（伊藤篤『日本の皿屋敷伝説』）

皿屋敷 ［さらやしき］

皿を割ってしまったことが原因で死んだ女の霊が現れるもので、「お菊」の怪談として有名。江戸番町や播州姫路を舞台とするものがよく知られるが、類似の伝説は各地にある。属性別索引**【皿数え】**も参照。

島根県内でも複数の皿屋敷の伝承が知られている。中でも松江市の伝承は「雲州皿屋敷」と称され、古くは『本朝故事因縁集』『諸国里人談』にも載っている。

正保年間（一六四四〜一六四八）、某松江藩士の腹黒い妻が、下女を憎むあまり、一〇枚組の秘蔵の南京皿のうち一枚を割って井戸に捨て、下女に罪を着せ折檻《せっかん》した。下女は疑いをとく術もなく、井戸端で首を吊って死んだ。すると亡魂が夜ごと井戸に現れては「一つ、二つ」と悲しげに皿を数え、一枚足りずわっと泣くようになった。このことは家中の評判となって主人も苦悩したが、ある武士が機転を利かせ、幽霊が九枚まで数えた瞬間に「一〇」と言ったところ、幽霊は出なくなったという。

この他、那賀郡三隅町（現・浜田市）の皿屋敷の女幽霊は森神（広域の**藪神**《やぶがみ》参照）として祀られ、安来市野方町の皿屋敷譚に登場するお菊はお菊**荒神**《こうじん》として祀られるなど、民間神の祭祀の起源として伝えられる例も散見される。（伊藤篤『日本の皿屋敷伝説』、大橋乙羽校訂『校訂『紀行文集』）

猿隠山の化物［さるがくれやまのばけもの］

島根県能義《のぎ》郡広瀬町東比田（現・安来市広瀬町東比田）に伝わる。

昔、両日山には化物が棲んでいて、夜に人を取り食らっていた。杵築《きづき》大社（出雲大社）への勅使・柳原大納言の供として当地に来た北面の武士・藤内《とうない》民部藤原信貞は、夢枕に立った白髪の神様の加護を受け、化物退治に乗り出した。神使の古猿の導きで山中にある化物の塒《ねぐら》に行き着いた信貞は、襲いくる化物を矢と刀で倒し、この地に山王権現を祀った。化物は身長六尺、頭に三尺ほどの銀髪を垂らし、体毛は黄色く、四足は狼のごとく、尾は牛に似た、名も知れぬものだった。猿の教えで化物退治ができたので、山は猿隠山と呼ばれるようになった。これは天喜元年（一〇五三）の出来事で、化物が潜んでいたのは山の七合目あたりの岩窟といわれている。（『能義奥の民俗』、石塚尊俊『出雲隠岐の伝説』）

猿の怨霊［さるのおんりょう］

島根県八束《やつか》郡玉湯町玉造（現・松江市玉湯町玉造）に伝わる。

昔、猟師が猿たちを狩ろうと鉄砲を向けたところ、ある猿は手を合わせて命乞いをしてきた。だが猟師は構わず撃ち殺したため、猿の祟《たた》りを受けた。猿の怨霊は「おれの親を、おれの倅《せがれ》を、おれの肉親を、あんたが撃ったじゃないか」と恨みを述べたという。（『島根県八束郡玉湯町民話集』）

山中の貴人［さんちゅうのきじん］

『譚海《たんかい》』巻二にあるもの。

浄免院という人物が雲州（島根県）の太守だった頃、寺西文左衛門という弓術に秀でた武士がいた。ある秋、寺西は山へ松茸狩りに行き、帰り際に角平という供の者の姿が見えなかったため、その名を呼んだ。同行の者が呼んでも返事はなかったが、寺西が呼びかけると山奥から何か応じる声がした。そうして発見された角平は、山中で主とはぐれてから、誰とも知れない高貴な人々に捕まっていたと語った。貴人たちは寺西の声を聞くと、迷惑そうな様子で角平を解放したという。角平を誑《たぶら》かそうとした狐狸《こり》の類が、その主人が弓の名手であると気づいて恐れをなしたものと思われた。（『随筆辞典　奇談異聞編』）

三瓶山の主［さんべさんのぬし］

島根県大田《おおだ》市三瓶《さんべ》町《ちょう》に伝わる。

三瓶山の主は大きな蚯蚓《みみず》だという。ある二人組が三瓶山の小屋に泊まると、小屋の主人が寝ている者の顔を覗《のぞ》きこみ、舌を抜き取っていった。主人の正体は蚯蚓だったという。（『島根県三瓶山麓民話集』）

女に化けた妖怪が山小屋の宿泊者から舌を抜く話は「舌抜き女」と括られる類型的なもので、女に化ける妖怪は**猫又**や蝦蟇《がま》などが正体の場合もある。

さんぺ太郎［さんぺたろう］

島根県安来市神庭《かんば》町に伝わる。

あるとき鉄砲撃ちの男が泣いている女の子に出会い、事情を尋ねると「今夜はさんぺ太郎に取られえ番で泣いています」と言う。男はさんぺ太郎なるものの退治を請け合い、森の中から出てきた大男を撃ち殺した。その正体は大きな大きなきんだまの狸だったという。その後、また大男が出てきたので撃つと、これも狸の正体を晒《さら》した。さらに三人目が出てきたので撃つと、やはり狸になって死んだ。こうして夜ごと女を食べていた化物は絶えたという。（『島根県安来市民話集』）

ジープで参られる仏さん［じーぷでまいられるほとけさん］

盆にまつわる俗信のひとつ。

盆には一般的に胡瓜《きゅうり》や茄子《なす》で作った牛馬を仏壇に飾るが、島根県八束《やつか》郡八雲村岩坂地区（現・松江市）の某家では、おもちゃのジープを飾る。そのため、この家の仏さんはジープに乗って参られるという。（『民俗採訪』平成三年度号）

祖霊の乗物として現代的な道具が使われた一例。山形県遊佐町《ゆざまち》でも盆にミニカーを吊るして先祖を迎える習慣が根付いている地域がある。（「お盆の精霊馬　すごいことに」『ＮＨＫ生活情報ブログ』二〇一八年九月二五日）

しこ

島根県隠岐《おき》郡知夫《ちぶ》村薄毛に伝わる。

シコという赤ん坊の化物が出てよく人を化かしたので、地蔵さんを祀ったという。（『隠岐島の民俗』）**せこ**の類か。

猪石・犬石［ししいし・いぬいし］

『出雲国風土記』に記されているもの。

あるとき大神命（大国主神）が狩りをして猪《いのしし》を狙ったところ、二頭の猪とそれを追う犬が共に石と化した。その形は猪、犬に異なるところがなく、それが後世にも残っていたため、この地を宍道《ししぢ》郷と呼んだという。猪石は一つが長さ二丈七尺、高さ一丈、周囲五丈七尺で、もう一つが長さ二丈五尺、高さ八尺、周囲四丈一尺あるという。（吉野豊訳『風土記』）

松江市宍道町白石の石宮《いしのみや》神社の鳥居脇には猪石、拝殿裏には犬石が鎮座している。なお、猪石は神社南西の女夫岩《めおといわ》トンネル山上にある石だという説もある。（『石神さんを訪ねて』）

しだれ坂［しだれざか］

島根県出雲市高松町に伝わる。

山から浜にかけて広がる竹藪《やぶ》の所に「しだれ坂」というものが出た。朝、水汲《く》みに出たときなどに現れる真赤なもので、みるみる大きくなるため見ている者はひっくり返って気絶してしまう。その正体は狸だと

いう。（『島根県出雲市民話集』）

名前は**次第高**《しだいだか》の転訛と思われる。

七所刃切れの刀 ［しちしょ はぎれのかたな］

『続向燈吐話』巻之二にあるもの。

石見国浜田（現・島根県浜田市）の城主の老臣・岡田竹右衛門の家には「七所刃切れの刀」が代々伝えられている。これは七ヶ所の瑕《きず》がある名刀で、様々な奇瑞《きずい》を起こすという。あるとき錆《さび》が出たので浜田城下の研屋に出したところ、その研屋の家が三日にわたって鳴動した。さらに病人まで出たので刀を一旦返却したが、次の日には隣家から出火し、城下町全体が類焼の被害を受けた。刀はこの災難を予告したのだと分かり、ますます大切に秘蔵されたという。

（勝又基・木越俊介校訂『諸国奇談集』）

七人目の子 ［しちにんめのこ］

小泉八雲『知られぬ日本の面影』「日本海のほとりにて」にあるもの。

出雲の持田浦《もちだのうら》に貧乏な百姓家があり、子が産まれるたびに死産だと偽り、子を川へ流していた。子殺しは六度続き、百姓の生活が安定してきた頃に七人目となる男児が産まれた。ようやく百姓は子育てを始め、我が子に対する可愛さが募っていくのを自覚した。生後五ヶ月頃の夏の夜、百姓は夜空の大きな月を見て「ああ、今夜は珍しいええ月だ」と言った。すると赤子が「おとっつぁん、わしを終《しま》いに捨てさしたときも、ちょうど今夜のような月夜だったね」と大人のように口をきき、すぐ元に戻った。この様子を見た百姓は僧になったという。

親が殺した者が赤子に転生して過去の出来事を語る「こんな晩」の話のひとつ。この話は八雲が使用人から聞いたものだという。（『小泉八雲全集　第三巻』）

社壇さん ［しゃだんさん］

男根型の御神体を祀る金精神《こんせいしん》信仰の一種とみられるもので、島根県出雲市大塚町では複数の家で祀られていた。

ある家の社壇さんは魔羅神《マラガン》さんとも呼ばれ、男根型の石を祠に祀る。子供の風邪、目の病、下の病に効験があり、遊郭で性病に罹《かか》った者が多く参拝した。京都先斗町《ぽんとちょう》の女郎が来たこともあったという。参拝者は昼間は恥ずかしいため夜に願掛けし、病が治るとお礼参りをして真赤な旗を立てた。ある女性が前をはだけて社壇さんに見せると、下の病が治ったという話も伝わる。

（『島根県出雲市大塚町民俗調査報告書』）

十六善神 ［じゅうろくぜんしん］

大般若経とその信奉者を守護する善神。

島根県出雲市の十六島《うっぷるい》は十六善神が降臨した地と伝えられる。村人たちは神々の降臨に随喜して般若経を読誦《どくじゅ》し、迦陵頻《かりょうびん》（極楽の鳥）の音楽が荒涼たる荒磯を法悦の極楽世界に変えた。神々は北山を越えて塩冶《えんや》の山里に至ったといい、そこに般若寺が築

かれた。十六島特産の海苔《のり》は、善神降臨の際に焚いた護摩《ごま》の灰が岩に付着したものが起源だという。（『島根県口碑伝説集』）

酒呑童子［しゅてんどうじ］

島根県安来市津田平《つだびら》に伝わる。

ある長者の娘が、旅の六部に出した茶を自分も飲んで孕《はら》み、男の子を産んだ。その子はあまりに元気がよく、乳を飲み過ぎて母を死なせ、乱暴だったために祖父母から家を追い出された。山奥へ逃げた子は一人で成長し、手下を従えて京の都で暴れるようになった。これこそが大江山の酒呑童子で、渡辺綱に片腕を切断されたが、彼のおばに化けて腕を取り戻した。しかし、最後は源頼光たちに手下の鬼ともども退治されたという。（『島根県安来市民話集』）

民話として語られた酒呑童子譚《たん》のひとつ。一般的には綱に片腕を落とされるのは酒呑童子の配下・茨木童子《いばらきどうじ》とされる。

菖蒲が廻の婆［しょうぶがさこのばあ］

島根県石見地方に伝わる。浜田市三隅町東平原《ひがしひらばら》では次のように語られる。

那賀《なか》郡国府村に菖蒲が廻という金持ちの家があり、その家の婆さんが変だと噂されていた。この地を訪れた越中富山の薬屋が大木の上で寝ていると、夜中、猫の大群が現れ次々にビンビンカンゴ（肩車）をして近づいてきた。ところが薬屋まではあと一匹足りず、どこからか「菖蒲が廻のお婆さんを呼んでこよう」と声がした。やがて大きな猫が来て肩車を登り、薬屋に迫ったが、短刀で斬られて転落、退散した。翌日、薬屋は菖蒲が廻を訪ね、重病で臥《ふ》せっている婆さんの診察を申し出た。不思議にも婆の脈は人のそれではなく、猫脈であった。正体が猫だと看破された婆さんは怒って真の姿を現したが、薬屋に斬り殺された。本物の婆さんを食ってなりすましていたのは、年経た飼猫だった。この一件がきっかけで菖蒲が廻の家は断絶したという。（酒井董美『ふるさとの民話　石見編』）

女郎虫［じょろうむし］

島根県那賀《なか》郡浜田町（現・浜田市）に伝わる。

浜田の遊郭に、その意気張りから「男嫌い」と渾名《あだな》される女郎がいた。彼女は北国から来た船頭と恋に落ちたが、男の方はやがて嫌気がさして故郷へ帰ってしまった。女郎は長磯の岸を離れゆく船を恨みつつ、傍にあった榎《えのき》で首を吊った。以来、この榎には虫が現れて、己の吐いた糸で縊死《いし》するようになった。人々は女の一念が凝《ここ》って虫になったと考え、これを女郎虫と呼んだ。（千代延尚壽「石見地方に於ける動物に関する伝説」『旅と伝説』通巻第九九号）

ここでいう女郎虫とはアゲハチョウの幼虫のことだという。兵庫県のお菊虫と同様に、蝶《ちょう》の蛹《さなぎ》に女の死に姿を重ねた伝説である。（『日本怪異妖怪事典　近畿』）

しょろしょろ

島根県益田市に伝わる。

「おおくさ」と「あかえ」の境に「しょろしょろ」と呼ばれる場所がある。ここは水が湧き出る場所で、化物が出るという。それははじめ小さな背丈だが、だんだんと背が高く大きくなり、最後には人を食ってしまう。このようなものが出るため、夕方などは黙ってこの場所を通らなければならないという。（『島根県益田市民話集』）

広域の**次第高**《しだいだか》も参照。

白玉さん［しらたまさん］

島根県八束《やつか》郡玉湯町湯町（現・松江市玉湯町湯町）に伝わる。

粕渕《かすぶち》に水力発電所が建設される時、山上から水を引くために大きな土管を山に通した。工事で山が荒らされたため、白玉さんという蛇の神様が毎晩カーンカンカンカンと土管を叩いて音を出した。ある人が白玉さんを祀ってからは音がやんだという。（『島根県八束郡玉湯町民話集』）

尻切れ［しりきれ］

島根県那賀《なか》郡金城《かなぎ》村（現・浜田市金城地域）に伝わる。

「尻切れ」は、ある年の田植え時期に前牛（牛使いの頭）と親歌（田植歌の先導役）が喧嘩をして、親歌が尻を切られて死んだ場所。毎年五月にはここから亡霊の田植歌が聞こえてきたという。（『島根県口碑伝説集』、『西石見の民俗』）

城山の源太郎狐［しろやまのげんたろうぎつね］

島根県安来市に伝わる。城山に棲んでいたという化け狐。一帯の狐たちの大将で、化け術に秀でていたという。

飯梨《いいなし》川の堤防付近でよく人を化かしたとされ、水たまりで跳ねる魚を追いかけさせたり、祝言の酒盛りや葬式の光景を見せたりしたという。源太郎のおかみさんはおさん狐といい、西町のとりやばらと呼ばれる場所に棲んでいた。こちらも人を化かす術に優れ、人が通ると綺麗なお嫁さんに化けて懐から金を抜き取ったという。

人をよく騙《だま》す源太郎狐だが、国を思う人の心も理解しており、日露戦争における二〇三高地の戦いでは、影のような部隊を指揮して日本人に助力したという。日清戦争でも敵兵に撃たれるたびに人数を増していく不思議な兵隊がいたと語られており、これも源太郎狐が見せた幻だといわれている。（『島根県安来市民話集』）

姿絵の女［すがたえのおんな］

『太平百物語』巻之一「調介姿絵の女と契りし事」に登場するもの。

出雲（島根県）に調介《ちょうすけ》という大百姓がいた。彼は友人が都で買ったという女の姿絵の掛物を見てその美しさの虜《とりこ》となり、絵を

実物にする秘術を教えてもらい実行した。部屋に閉じこもり、絵に一〇〇日間丁寧に呼びかけ続けると、絵の女が返事をし始めたので、その顔に古酒を注ぐと、絵が掛物から離れて人間となった。調介は女と深く契り、やがて子をもうけた。調介から美しい妻子の秘密を聞かされた従弟《いとこ》は、それは天の理に背く妖術だと心配し、名剣を貸し与えて姿絵の女を殺すよう勧めた。調介が抱いた疑心を悟った妻は「私はこの地の南方に住む地仙です」と正体を明かし、かつて注がれた酒をすべて吐き出すと、子を抱いて空に去った。掛物には絵が戻ったが、そこには元はなかった子の姿もあった。（『百物語怪談集成』）

すねこすり

島根県浜田市出身で、水木プロダクションの初代チーフアシスタントを務めた漫画家の佐々岡健次（島根けんじ）の少年時代の体験として語られるもの。祭りの帰り道、一緒にいた祖父の歩き方が突然おかしくなり、祖父が「こりゃ、すねこすりだな」とつぶやいたという。佐々岡は、これは**川獺**《かわうそ》が土産物のご馳走目当てに祖父の足元をくるくると回っていたのだろうと考えている。（「水木魂　浮かべる妖怪展」『読売新聞オンライン』二〇二二年三月二八日）

水木しげる（水木プロダクション）が扱うすねこすりは岡山県の民俗資料の情報を基にしたもの（岡山県の**脛擦り**参照）で、佐々岡の体験談とは接点がない。

せこ

河童の類。中国地方では島根県の隠岐《おき》で伝承が確認されている。

島後《どうご》地域では、せこは雪の降る晩にヒョイヒョイ、またはヒュッヒュッと声を立てながら出てきて、小さな足跡を残していくとされた。宇津木の奥西あたりでは、人々が風呂から上がった後にせこが風呂に入るという。ある人はせこが風呂でチャポチャポ音を立てるのを聞いたという。都万目《つばめ》のある家の後ろではよくせこが通る音が聞こえたが、街灯が設置されてからはそれも絶えたという。（『隠岐・島後民話集』）

元屋《がんや》では、せこは河童に似ており山に棲むものとされた。夜間に行動し、神出鬼没で自由自在の力を持ち、厚い壁でも破らず押し通すという。足はサヤゴ（赤子）のようだとか一本足だといわれ、鳴き声もまた赤子のようだという。川上にのぼるときはホイ、ホイ、ホイと三声鳴き、下るときは六声鳴くともいう。（『隠岐島の民俗』）

布施村では、せこはどんなものの声でも真似るが、馬の鳴き声だけは真似できないという。また、せこの爪は三本だという。（『布施村の民話と民謡』）

膳了さん ［ぜんりょうさん］

島根県松江市古志原《こしばら》地区に伝わる。一種の流行神として信仰された巡礼者。

膳了は甲斐国山梨郡釜口村出身の六部巡礼で、享保二年（一七一七）に古志原村を訪れ、腹の病気で亡くなったという。その後、村に疫病が流行した際、膳了に願をかけ祈ると癒えたといい、噂が広まって近隣の人々からも信仰を集めるようになった。その結果、膳了地蔵と呼ばれる地蔵や六十六部廻国供養塔が建立された。膳了地蔵を煙草の火であぶり、煤《すす》を持ち帰って病人の患部に塗るとよいともいう。また、腹が痛いときは地蔵の腹を、足が痛いときは地蔵の足を撫でた。さらに旅立つ者への加護があるとされ、戦前、戦中には出征する者の無事を祈ることもあった。かつては膳了の命日とされる九月一六日頃に祭が行われ、膳了の姿を刷ったお札が配られていた。（『山陰の暮らし・信仰・芸能』）

【た】

大安寺の幽霊［だいあんじのゆうれい］

島根県大田《おおだ》市大田町に伝わる。

大久保石見守を葬った大安寺の白むくげの木の下には、袈裟《けさ》懸けに斬られて白無垢の着物を血に染めた腰元の幽霊が出たという。栄華を極めた石見守の心に添わず、手討ちにされた女の霊であるという。（大崎雪枝『それぽっちり物語』）

大光寺の幽霊［だいこうじのゆうれい］

島根県飯石《いいし》郡赤来町《あかぎちょう》（現・飯南町赤来地域）に伝わる。

あるとき、向谷の大光寺の裏山にある墓地から女の忍び泣きが聞こえるようになった。だが、和尚が墓を調べに行くと泣き声はやんでしまう。そこで和尚は話したいことがあるなら家内に乗り移りなさいと霊を諭して帰った。すると内儀に霊が憑依《ひょうい》し、赤名家家老・松田左近の正妻を名乗った。正妻は主人と妾《めかけ》が大光寺に葬られているのに、自分だけ愛宕山《あたごやま》（衣掛山《きぬかけさん》）に埋められたのを悲しみ泣いていた。正妻の霊を大光寺に移し手厚く葬ると、泣き声は聞こえなくなったという。（『赤来町史』）

大社鳴動［たいしゃめいどう］

寺社の堂宇や社殿が鳴動するのは何事かの予兆、怪異な現象と捉えられ、古来数多くの記録が残されている。

出雲大社（島根県簸川《ひかわ》郡大社町）の鳴動は『中右記』や『歴代編年集成』に記されている。前者は元永元年（一一一八）四月

二六日のことで、杵築社《きづき》（出雲大社）が鳴動し、その件について軒廊御卜《こんろうのみうら》（紫宸殿《ししんでん》の軒廊で行う占いの一種）で吉凶を判断したという。後者は弘長元年（一二六一）七月七日のことで、こちらも特別な意味をもつ現象と理解されていたものとみられる。（笹本正治『鳴動する中世』）

尊俊霊神［たかとしれいじん］

島根県松江市西川津町に伝わる。

市成の御立山に推恵神社《すいけい》があり、隠岐島《おきどう》前《ぜん》の海士町《あまちょう》にも同名の神社がある。これはいずれも日御碕検校《ひのみさきけんぎょう》・小野尊俊の霊を祀っている。日御碕神社の神主・小野尊俊は、横暴な藩いわれなき罪で隠岐へ流された。横暴な藩主は残された美しい妻を奪って御殿に迎えようとしたが、妻は誘いに応じず、飼っていた白鷹を使って隠岐へ手紙を届け、夫への変わらぬ想いを示した。検校が己の血で返事を書いて白鷹に託したので、妻は次に筆や硯《すずり》を運ばせた。やがて妻が藩主の要求に耐えきれなくなり、白鷹に遺書を託して自害すると、検校は藩主を恨んで断食の末に命を絶った。松江城では怪事が続き、とうとう藩主も急死した。検校の霊を慰めるため、御立山と隠岐には社が建立されたという。（石塚尊俊『出雲・隠岐の伝説』）

主を失った白鷹は御殿へ飛び、毎日朝から晩まで殿様を睨《にら》みつけたともいう。白鷹は家臣に討ち取られたが、それから御殿には不祥事が多発、殿様は家老の諫言《かんげん》により神主夫妻を祀って亡霊を慰め、人々は白鷹のために小祠《しょうし》を建てたという。（清水兵三『出雲の民話民謡集』）

焼火の神火［たくひのしんか］

島根県隠岐《おき》地方に伝わる。

西ノ島に聳《そび》える島前《どうぜん》地域の最高峰・焼火山に祀られる焼火権現がともす神火で、海上で船人たちを導き、危難を救ったりするものと伝えられる。船が難破しそうなとき、焼火権現に祈願をこめると、いかなる嵐の中でも三筋の火光がありありと現れ、中央の火に向かって進めば安全に港へ着くなどといわれる。そのため、神への献灯の際も「隠岐国焼火権現、早う港をとらせ給え」などと唱えるものとされる。

焼火神社には大晦日の夜に神火が出現して、それが神社の常灯になるとも伝わる。大晦日の龍灯祭では、信者たちは参籠所で神火の示現を待って拝む。神火は心の清浄な者だけに見え、邪《よこしま》な者はいくら待っても無駄だという。（松浦康麿「焼火山の神―神火の奇瑞《きずい》―」『民話と文学』創刊号）

『諸国里人談』などには、**後鳥羽院**が登場する焼火山の由来譚《たん》が載る。海が波荒く、院の乗る船が危険に晒《さら》されたとき、院が海上から祈願をこめて「我こそは新島守よおきの海のあらき浪風心してふけ」と詠むと、波風は鎮まり神火が現れた。院はまた「灘ならばもしほやくやとおもふべし何をたくひの煙なるらん」と読み、隠岐の大山は名を焼火山と改めたという。（大橋乙羽校訂『校訂紀行文集』）

岳山の蜘蛛 ［だけさんのくも］

島根県隠岐《おき》郡五箇村《ごかむら》（現・隠岐の島町）に伝わる。

五箇の岳山にある横山寺には昔から蜘蛛の化物が出るといわれていた。ある武士がこの寺に泊まると、夜更けに若い女が来て小箱を手渡してきた。受け取ると箱から手がくっついて離れなくなり、足で蹴って外そうとすれば足も離れなくなった。女は蜘蛛の正体を現し、糸を吐いて武士を絡め取り、食い殺した。その後、他の武士が寺に泊まると、今度は盲人が来て白い玉を手渡した。武士は玉を囲炉裏の火で焼き、刀で盲人を斬り捨てた。翌日、血痕を辿《たど》ると、洞窟の中で蜘蛛の化物の死骸と、何十もの人骨が見つかった。それ以来、村人は夜に蜘蛛を見ると「一昨日来《オトチコ》、一昨々日来《セイチコ》」と唱えて囲炉裏の火で焼き殺したという。

（野津龍『隠岐島の伝説』）

広域の**朝蜘蛛・夜蜘蛛**も参照。

蛸坊主 ［たこぼうず］

島根県松江市美保関町などに伝わる。**海坊主**や**船幽霊**の類。

美保関町の男鹿《おしし》では、盆の一六日に漁に出るとタコ坊主が現れて、舟の閼伽《あか》取りに使う柄杓《ひしゃく》で、どんどん水を汲み入れてきたと伝わる。酒井董美はこれを「祖霊の化身そのものであろう」と述べている。（『ふるさとの民話第一集　出雲編』）

安来市和田では盆の一四日が舟を休ませる日で、禁を破って舟を出すと、たこ坊主（大きな海坊主）が出るといわれていた。

（『島根県安来市民話集』）

立ちかかり ［たちかかり］

島根県美濃郡匹見町（現・益田市）に伝わる。**次第高《しだいだか》**の類。

昔は道川でも狐や幽霊が様々な怪をなしたが、その中で最も恐ろしいのは立ちかかりだという。これは下から見上げているとだんだん大きくなり、見ている者がのけぞって倒れると襲いかかり殺してしまう。出会ってすぐ前屈《かが》みになると立ちかかりは小さくなり、地面近くで消えてしまうとされる。（『島根県美濃郡匹見町昔話集』）

多迩具久 ［たにぐく］

ヒキガエルの古称。

『古事記』では大国主神の国造り神話に多迩具久が登場する。大国主が出雲の御大《みほ》の御前《みさき》（美保の岬。島根県松江市美保関町）にいたとき、海の向こうから小さな神が来た。名を尋ねても答えないので他の神々に訊《き》いたが、誰もその名を知らない。そのとき多迩具久が「久延毘古《くえびこ》なら知っているでしょう」と注進し、呼び寄せられた久延毘古は、小さな神の名が少名毘古名《すくなびこな》だと告げた。（次田真幸『古事記　全訳注』）

美保神社境外神社は県内で唯一、多迩具《たにぐ》久命《くのみこと》を祭神とする。（『島根の神々』）

水木しげるは「たにぐく」を角髪《みずら》を結った土偶のような顔の神として描いている。児童書では神通力を持つヒキガエルと説明されることがある（『妖怪大図鑑Ⅱ』）が、これは『古事記』の説話などから連想した特徴のようだ。

狸大明神［たぬきだいみょうじん］

島根県簸川《ひかわ》郡湖陵町《こりょうちょう》（現・出雲市湖陵地域）に伝わる。

三部の宮という所に祀られる石碑で、ここで転ぶと何かが失くなるといわれた。ある人が買い物から帰る途中、狸大明神の所で転んでしまった。帰宅すると買ったはずのいりこ（煮干）が一袋なくなっていたという。（田中瑩一編『湖陵の民話』）

旅伏山の天狗［たぶしやまのてんぐ］

島根県簸川《ひかわ》郡国富村《くにどみ》（現・出雲市国富町）の旅伏山にいたという天狗。

古来、山中の都武自《つむじ》神社では、参詣者の前に奇怪なものが現れたり、拝殿に参籠すると天井一面の顔が現れたりしたといい、それらは天狗の仕業とされた。明治一五年（一八八二）頃、社司の京極氏が「徒《いたずら》に人を驚かせるばかりで、国家人民のため力を尽くさないのならば退去を命じる」と一喝すると、天狗は人に憑《つ》いて「神号がないため尽くすことができない」と弁明した。そこで京極氏が天狗たちに神号を与えたところ、九州の阿蘇山から来た日天坊・月天坊という天狗が再び人に憑いた。彼らは旅の途中で立ち寄った旅伏山の天狗たちが神号を持っていることを羨《うらや》んでいた。そこで、日之御崎雲速神・月之御崎風速神という号を授与した。同年中、またある者が神憑《がか》りになった。神霊は山での怪異は天狗ではなく七六五歳の古狸の仕業だと告げ、これを聞いた者に腹痛を起こさせ、狸退治を承諾すれば治ると告げた。その後、神霊の指示によって狸は討ち取られたという。（『島根県口碑伝説集』）

太兵衛蟹［たへえがに］

島根県八束《やつか》郡佐太村佐陀《さだ》本郷（現・松江市鹿島町）に伝わる。

佐陀川沿岸に生息する、紅色の美しい鋏《はさみ》をもつ蟹。冬以外は至る所にいて、堤防や畔を崩すので村民も手を焼いていた。佐陀川の開削が行われていた時代、清原太兵衛という者が工事を監督していたが、幾度も堰《せき》が崩れて進捗が滞っていた。やがて人柱を立てれば成功するとの噂が広まり、太兵衛はある人夫を水底に沈めた。その後、工事は難なく進み堤防も完成したが、人夫の怨恨は蟹に姿を変え、堤に穴を開けるようになった。よってこの蟹を太兵衛蟹と呼ぶのだという。（『島根県口碑伝説集』）

盥目［たらいめ］

島根県松江市島根町加賀に伝わる。

ある晩、親子が船でアオリイカを釣りに

出た。すると「たらい目」が追ってきたので、恐ろしくて懸命に戻ったという。たらい目は黒島に出たお化けで、たらいのような目をしているものだという。（田中瑩一『伝承怪異譚《たん》』）

隠岐に現れたという**大きな眼のあるもの**も参照。

乳飲ませ ［ちちのませ］

島根県江津《ごうつ》市塩田に伝わる。濡女《ぬれおんな》（広域の**牛鬼《うしおに》**参照）の類。

チチノマセは乳から上は人間で、下半身は幽霊だという。これに乳を飲ませられると鼻をつめられるという。また、これが出るとホコヅツで火を起こそうとしても火がつかないという。

江津市には海から現れた女が目をギラギラ、乳をブラブラさせながら「乳を飲め、飲め」と迫ってきた話も伝わる。遭遇した人は牛鬼だと思って逃げたが、その後長く患ったという。（『江津市誌　下巻』）

ちゅう左衛門さん ［ちゅうざえもんさん］

島根県大田《おおだ》市三瓶町《さんべちょう》志学に伝わる。

ちゅう左衛門さんと呼ばれる蛇は、普通の人が見れば普通の蛇だが、心の悪い人間が通ると大きくなってみせるという。この蛇が出る所は二ヶ所ほどある。また、なぜこのような名で呼ばれているかは分からないという。（『島根県三瓶山麓民話集』）

梅雨左衛門《つゆざえもん》が訛《なま》ったものと思われるが、既に名前の意味に関する伝承が途絶えているのが面白い。

ついじゃもんさん

島根県飯石《いいし》郡飯南町志津見《しつみ》に伝わる。

波多《はた》と志津見の境の山道に「釜ん谷《かまだに》」と呼ばれる場所があり、そこの岩の割れ目にツイジャモンさんという白い蛇の神様がいるとされる。ある人がここを通って波多へ向かうとき、大きな蛇が横たわり道を塞《ふさ》いでいたので、棒きれでつついてどかせた。そこで、志津見へ帰る時は別の道を通ったが、そこには行きに見たものの倍ほどもある蛇がいた。蛇神を構うとこのように障りがあるものだという。（『志津見の民俗』）

梅雨左衛門《つゆざえもん》が転訛《てんか》した名称と思われる。

都度沖普賢坊 ［つどおきふげんぼう］

島根県の隠岐《おき》島にいるとされる天狗。祈禱などで読誦《どくじゅ》されたらしい「天狗経」で列挙される全国代表の四八天狗の一体。

知切光歳は、**後鳥羽院**守護の熊野山伏のうち、行験秀でた大行者が院の崩御後も隠岐の都度《つど》（都戸）の浦に留まり、荼毘所《だびしょ》を守護しながら天狗の普賢坊に化現したのだろうと想像している。（『天狗の研究』）

角が折れた鬼 ［つのがおれたおに］

島根県隠岐《おき》郡布施村（現・隠岐の島町）に伝わる。

あるところに鬼がたくさんいて、それらが喧嘩をしたために一匹の鬼の角が折れてしまった。鬼は「角が折れたあ」と泣いたが、親鬼が「泣くな泣くな、来年は大きな角が生えるけん」と慰めると、にこっと笑ったという。（『布施村の民話と民謡』）

妻の幽霊［つまのゆうれい］

島根県邑智《おおち》郡大和村（現・美郷町大和地域）に伝わる。

ある所に仲の良い夫婦が二人の子と共に暮らしていた。だが妻は風邪がもとで死んでしまい、毎晩その幽霊が出るようになった。妻の幽霊は子の頭を冷たい手で撫でては「かわいやのう」と言い、夫には「たのむけえのう」と言う。寺の和尚に相談すると、家の戸口に目張りをして、中にこもって読経を続けるようにと言われた。指示通りにすると、外から「あけてえや、あけてえや」という声が繰り返し聞こえたが、夫は耐えて戸を閉ざしていた。和尚の祈禱《きとう》もあり、次の晩から幽霊は出なくなったという。（『大和村昔話集稿　巻二』）

てい坊［ていぼう］

小泉八雲の妻・節子の母であるチエの体験談に登場するもの。八雲の曽孫にあたる小泉凡はこの話を父から聞いたという。

ある雨の日、チエが松江の塩見縄手（島根県松江市北堀町）を歩いていると、狐が突然飛び出してきた。しばらく行くとその狐が犬に吠《ほ》えたてられていたので、チエは「この無礼者！　狐を追うでない！」と犬を一喝した。数日後「テイ坊」と名乗る紺色の衣をまとった尼僧らしき人物がチエのもとを訪ねてきた。テイ坊は先日命を助けられたと言って礼を述べ、紫の風呂敷包みを差し出して去った。風呂敷の中には一枚の小判があり、その下に何枚かの木の葉が敷かれていたという。（「〈私と妖怪〉大アンケート」『怪』００５３）

出葉屋の婆さん［でばやのばあさん］

島根県隠岐《おき》郡知夫《ちぶ》村多沢《たたく》に伝わる。

昔、ある侍が夜中に峠を通り、猪《いのしし》の群れが子を産んでいるところに出くわした。面白く見物し、里の宿屋でこのことを話すと「おまえは命はないど。悪いものを見て、いいことを見たのなんだ言ったてて、そいで宿貸さん」と宿泊を断られた。侍は「お前たちが出ていって、一晩家を貸してくれ」と頼んで、二階で命を取りに来る者を待った。そのうち猪が一〇〇〇匹やって来て、肩車をして侍を狙った。だが刀を持った侍には敵わず「明日の晩は出葉屋の婆を頼んで来て、仇をとってもらうだけん」と逃げていった。侍はもう一晩宿を貸切にしてもらい、髪を振り乱しズドズドと火の玉になってやって来た出葉屋の婆を返り討ちにした。翌朝、侍は逃げた出葉屋の婆を追って寺へ行き、中で臥《ふ》せっていた婆の首を斬り落とした。婆の遺体は時を経て大きな牛の

子ほどになった猫の本性を現し、床下からは猫に噛《か》み殺された本物の婆さんらの人骨が大量に見つかったという。（酒井董美『ふるさとの民話　第三集　隠岐編』）

照兜魚［てるとうお］

明治時代に日本を訪れたイギリス人のリチャード・ゴードン・スミスが記録した怪談に登場するもの。

出雲国松江（島根県）の大谷甚内夫婦の間には子がいなかったが、出雲の大山《おやま》にある大神山《おおがみやま》神社に参詣した結果、神から赤松池の聖水を授けられ、めでたく女の子に恵まれた。お千代と名付けられた子は美しく聡明な娘に成長し、一六歳になると縁談が持ち上がった。このときお千代は神様に結婚の報告をしたいと言って、乳母と共に大山へ赴いた。参拝を済ませ、赤松池のほとりに至ったお千代は、乳母に「わたしは人間としてこの世に生まれましたが、これは仮の姿なのです」と告白し、池に飛びこんで姿を消した。やがて金色に輝く巨大な鯉が姿を現したが、その顔は紛れもなくお千代だった。お千代は赤松池の神聖な鯉・照兜魚だったのである。甚内は照兜魚の神社を建立し、多くの若い男女が良縁を求めて訪れるようになったという。（荒俣宏編訳『ゴードン・スミスの日本怪談集』）

作中における「出雲の大山」は、本来は伯耆《ほうき》大山（鳥取県）のことらしく、話自体も**赤松池の大蛇**の類話か翻案とみられる。

天狗茸［てんぐたけ］

天狗が訪れた場所などに生える茸《きのこ》。

島根県邑智《おおち》郡桜江町小田（現・江津《ごうつ》市）では、山で天狗さんがおしっこをした所におやくいのような天狗茸がぼっかり生えるという。（『さくらえの民話　2』）

天狗の松［てんぐのまつ］

天狗が止まり木などにしていた松の木を天狗の松、天狗松などと呼ぶ例は多い。

島根県八束《やつか》郡玉湯町（現・松江市）には、天狗が出雲大社へ行く前に煙草を喫う松の木があったという。この松の枝などを切ると、天狗のせいで血が出るといわれていた。（『島根県八束郡玉湯町民話集』）

伝六［でんろく］

島根県仁多郡横田町に伝わる。

天明四年（一七八四）、前年から続く不作のため出雲は飢饉《ききん》に見舞われ、村々は非常に困窮していた。大呂《おおろ》の百姓・伝六は上納米軽減のため奔走し、庄屋が嘆願書を取りまとめるきっかけを作った。しかし藩から色好い返事はないどころか、村々の代表者を捕らえるようにとの指示が出された。伝六もあえなく捕まり、厳しい取り調べのすえ打ち首にされた。彼は最期に「百姓の苦しみに頬かぶりをし、処刑するとは何事か。この怨みは死んでも忘れないぞ」と言い残した。青竹に刺して晒《さら》された伝六の首は、

何度まっすぐに向けても翌日には松江藩の方角を睨《にら》みつけていたという。（酒井董美・萩坂昇『出雲・石見の伝説』）

東方朔［とうぼうさく］

島根県平田市布崎町（現・出雲市）に伝わる。

昔、園村《そのむら》に「とうぼうさく」という人がいて、その近所に「やおびくに」がいた。二人は良い話し相手だったが、村人たちは二人がどこから来た者で、どれほどの齢《よわい》なのかも知らなかった。ある日、とうぼうさくは庭先で鉞《まさかり》を磨《と》ぎ始めた。やおびくにが「そげんまさかりといで何にしいかね」と尋ねると、とうぼうさくは笑って「おらは鉞といで針こしらわかと思っとおじ」と答えた。やおびくには「おらは八〇〇歳にもなるに、鉞といで針にするちいこた初めて聞いた」と呆れたが、とうぼうさくは「そげか、八〇〇歳か」と、年齢を聞き出せたことを喜んだ。**八百比丘尼**《やおびくに》はこれを恥じたが、とうぼうさくは「おらは九〇〇〇年も生きとる」と言った。その日以来、比丘尼は園村から姿を消したという。（坂本茂男「とうぼうさくの話」『伝承』第三号）

東方朔は中国前漢時代の伝説的人物で、日本でも長寿の仙人として知られている。山口県の**七億婆**《しちおくばば》も参照。

どおじょお狐［どおじょ　おぎつね］

島根県邑智《おおち》郡田所村（現・邑南町《おおなんちょう》田所地域）に伝わる。

亀谷へ通じる道に出る狐で、亀谷から帰ってくる人を化かして道を見失わせる悪戯《いたずら》をした。あるとき、奥亀谷の者が後木屋《ごきや》という所へ嫁に行った。その嫁入りの晩、下亀谷から出羽《いずわ》地区に向かって提灯をともした嫁入り行列が通ったが、実際には嫁たちは別の道を通っていたという。どうやらこれも狐の悪戯だったらしい。（宮本常一『中国山地民俗採訪録』）

十神山の神様［とかみやまのかみさま］

島根県安来市に伝わる。

神在月《かみありづき》の十神山は昔から登山が禁じられていたが、ある無鉄砲な若者が山奥に入ってしまった。若者は山中で白衣白髪の気高く異様な神様に呼び止められ、なぜ山に登ったのか問い質《ただ》された。見れば、その神様の向こうで同じような姿の神々が酒宴を開いていた。若者は宴の席に加えられ、不老長寿の神酒を飲むことを許された。若者は下山する際、今後は神在月の登山を遠慮する、そしてこの出来事を誰にも口外しないとの誓いを神様と交わした。しかしその一年後、彼は酔った勢いで村人たちに十神山での体験を喋《しゃべ》ってしまい、即死した。（松本興「出雲からさで祭とその伝説」『旅と伝説』通巻第一七八号）

十神山は素戔嗚尊《すさのおのみこと》と天照大神《あまてらすおおみかみ》およびこの二神の徳から生まれた五男三女神を祭祀する地とされる。（『島根県史　七』）

鳥地獄［とりじごく］

島根県大田《おおだ》市と飯石《いいし》郡飯南町の境にある三瓶山《さんべさん》の室《むろ》ノ内池付近の草地。

草木の色が変わり、小鳥や蛇、虫などの小さな生き物が数多く死んでいる場所とされる。このことは『雲陽誌』などの地誌にも記されている。『石見八重葎《やえむぐら》』にはここに毒石があり、黄色い気が立ち上ると鳥たちが死ぬとある。実際は火山活動の影響で炭酸ガスが噴出することが原因とされる。

（『日本伝説大系　第十一巻』）

那須（栃木県）の殺生石同様、火山性の有毒ガスが生物を死に至らしめるもの。

（『日本怪異妖怪事典　関東』）『北国奇談巡杖記《じゅんじょうき》』には、越中国（富山県）にある鳥の地獄のことが記されている。

刀自話［とんじんばなし］

島根県出雲地方でいう口寄せ。刀自《とじ》（老婦人）が死者の霊を招いて話すためこう呼ばれた。

出雲市大塚町では、今市のあるお婆さんがトンジンバナシをやっていたという。実施する日には早朝に大社へ参拝し、体を清めてから始めた。この口寄せで「先祖に祟《たた》られている」と言われた人が善哉寺《ぜんざいじ》に先祖供養を依頼することもあったという。（『島根県出雲市大塚町民俗調査報告書』）

隠岐《おき》地方でも死霊の口寄せをすることを「トウジを打つ」と称した。やはり老婆が行うものだったという。（石塚尊俊「隠岐島の俗信」『伝承』第二号）

青森県を中心とする東北地方のイタコ、沖縄県のユタなど、霊媒の技能を有する女性の民間宗教者は各地に存在していた。刀自話を行う老女も、このような巫女の系譜に連なる者であろう。

【な】

中村半兵衛の妻［なかむらはんべえのつま］

『因幡《いなば》怪談集』にあるもの。松江（島根県松江市）出身の武士である槇島翁馬が語ったという話に登場する。

槇島の父・一色勘十郎の親友に中村半兵衛という松江藩士がいた。ある年に半兵衛の妻が逝去したが、弔いが済まないうちに急ぎの御用で大坂へ出向くことになってしまった。すると半兵衛の妻の幽霊が寝ている勘十郎のもとに現れた。幽霊は冷たい手で勘十郎の足を押さえつけながら夫の行方を尋ね、大坂へ行ったと聞かされると得心

して去った。その後、大坂滞在中の半兵衛のもとには毎夜妻の幽霊が出て話しかけるようになったという。半兵衛は松江に戻った後、浪人となって因州へ流れていったという。（『近世民間異聞怪談集成』）

茄子を売りに来る女 ［なすびをうりにくるおんな］

島根県益田市匹見町に伝わる。

大晦日に小屋番の男が一人で山小屋に泊まっていると、四〇歳ほどの女が牡丹餅《ぼたもち》を持ってきて「食べえ」と勧めた。男は牡丹餅が好きだったが、こんな山奥に牡丹餅を持ってくるなどろくな者ではないと思い追い返した。しばらくすると同じ女が茄子を持ってきて「買うてくれ」と言ってきかない。正月頃の茄子など本物ではないと思って断り続けていると、白髪の人が来て「わしは祇園《ぎおん》の氏神じゃが」と言って座った。氏神によれば、女は奥の堤の主が化けたものだという。男は氏神の導きで無事に帰宅できたので、門先に氏神の堂を建てて祀ったという。（田中瑩一『伝承怪異譚《たん》』）

ニタゴン

平成八年（一九九六）に島根県仁多郡仁多町（現・奥出雲町）で捕獲された動物。

六月二三日、仁多町の住宅団地で目撃された謎の獣は、体長約四〇センチ、全体はカンガルーに似て顔は鹿か犬のよう、体毛はなく肌は茶色で、耳は大きく、尻尾は細長く、ウサギのようにピョンピョン跳びはねるように歩いた。見かけない動物だったため警察へ届けられ、獣医なども調査をしたが、結局何者なのか分からないまま県農林振興センターが預かることになった。当時の『山陰中央新報』は、この出来事を「珍獣〝ニタゴン〟正体不明の動物捕獲」と題して報道した。当初保護していた家ではウインナーや牛乳を餌として与え、山へ放しても逃げる様子がなかったという。

ニタゴンはやがて県立三瓶自然館サヒメルで鑑定され、その正体は生後約三ヶ月のキツネの子だと判明した。未知の珍獣のように見えたのは皮膚病で体毛が抜けたせいだった。（「25年前に発見された『珍獣』今なお問い合わせ」『山陰中央新報オンラインニュース』二〇二一年八月二九日）

早期に正体が判明した存在ではあるが、その経緯も含めて近年でもＵＭＡ（未確認動物）関連の話題として山口敏太郎の著書で紹介されたり、萩博物館の企画展「驚異の遭遇！　未確認生物」（二〇一七年）でも取り上げられたりして、今も一部の人々の関心をひいている。

日天・月天 ［にってん・がってん］

島根県隠岐《おき》郡隠岐の島町中村で隔年一〇月一九日に行われる武良祭《むらまつり》の神事に登場する、長竿《ながさお》に飾られた円形の尊形《そんぎょう》。日月の神を象徴するもので、鎌倉時代初頭に隠岐の地頭・佐々木定綱が近江国（滋賀県）の沙々《ささ》貴山《きやま》から勧請《かんじょう》したものと伝わる。

祭礼は、武良郷（隠岐島後《どうご》北東地域）の

一歩方《いちぶかた》が奉じる月天と二歩方《にぶかた》が奉じる日天の和合を表現するもので、前者は一之森神社から、後者は八王子神社から神輿《みこし》や行事《ぎょうじ》（甲冑をまとった先導役）と共に出発し、両社の中ほどにある会所で合流、種々の神事が執り行われる。月天の尊形には月を象徴する白い兎、日天の尊形には太陽を象徴する三本足の金の烏（八咫烏《やたがらす》）の装飾が施されている。（『隠岐の祭礼と芸能』）

日天・月天を勧請した定綱自身も、神明の加護で当地に無病息災、五穀豊穣をもたらした徳により、八王子神社摂社の佐々木神社に祀られている。（『島根の神々』）

ニルマペトロン

島根県鹿足《かのあし》郡柿木村福川（現・吉賀町《よしかちょう》福川）に伝わる。

昔ある山奥に大ホラ吹きの男がいた。この男が殿様の道案内をした時、道中の話題に窮して「娘のお千は器量がええし、藁《わら》をもって絹糸に紡《つむ》ぐことを知っとる」と、ホラを交えた自慢話をしてしまった。そのせいでお千は城へ召され、殿様から大量の藁を絹糸にするよう言いつけられた。困り果てて泣いていると小人が現れ、お千の指輪と引き換えに藁を絹糸に変えてやった。殿様は喜び、さらに大きな藁小屋へお千を入れ、また藁を絹にするよう言いつけた。すると再び小人が来て「あんたはお城のお妃《きさき》さまになり、かわいいかわいい子供が生まれるけえ、その子供をわしにくれんさい」と言って、藁を絹に変えた。予言通り殿様はお千を嫁に迎え、やがて子が生まれた。お千に真相を打ち明けられた殿様は「すぐ斬り殺してやるから世話ぁない。心配すんな」と小人退治を請け合った。やがて現れた小人は「どうしてもこらえてほしいなら自分の名を当ててみろ」と、三日の猶予を与えて去った。殿様が家来をあちこちに派遣し調べさせると、ある侍が谷底に小人の棲《す》み処《か》を見つけ、小人の名がニルマペトロンだと突き止めた。約束の日、お千に名を当てられた小人は真青になり、興奮のあまり畳の目にめり込んで死んだという。

グリム童話の「Rumpelstilzchen《ルンペルシュティルツヒェン》（がたがたの竹馬小僧）」が翻案され、土地の民話として根付いていた一例である。（酒井董美『山陰の口承文芸論』）**山姥の桃**も同じ話者から聞き取られたもの。

布引山の女神［ぬのびきやまのめがみ］

島根県邑智《おおち》郡矢上村（現・邑南町《おおなんちょう》矢上）に伝わる。

昔、日本第一三の名山である布引山の女神と飛騨匠《ひだのたくみ》という大工が賭けをした。女神は一昼夜かけて織った布で山を巻いてみせると言い、匠は一昼夜で寺を一つ建ててみせると宣言した。だが匠の仕事は捗《はかど》らず、半分もできないうちに夜明け前となった。一方、布引山は既に布で白くなっていたので、匠は「これは駄目だ」と諦めて仕事をやめ、賭けに負けた。だが、実は白い布と見えたのは山が月光に照らされていただけだった。布引山の名はこれが由来だと

いう。（高木敏雄編『日本伝説集』）

ぬりやぶの神〔ぬりやぶのかみ〕

島根県美濃郡美都町《みとちょう》（現・益田市美都地域）に伝わる。

市金岳に祀られているぬりやぶ社は鉱山の神、金山彦命《かなやまびこのみこと》だという。この山は昔からよく火災が発生したが、ぬりやぶの神の付近は不思議と焼けず、樹木が茂っていた。山火事が起きた際には、ぬりやぶの神が赤い装束を着て消火する姿が見えたという。社を山腹から移そうとしても神が承知しないため、やむなく田原明神社境内に遥拝所が設けられたという。（『美都町史』）

濡れ女房〔ぬれにょうぼう〕

島根県各地に伝わる妖怪。濡女《ぬれおんな》（広域の**牛鬼**《うしおに》参照）の類。

ある家の旦那が江津《ごうつ》市黒松町へ釣りに出かけると、ヌレニョウボウが出てきて海に引っぱりこもうとしてきた。旦那は抵抗して、危うくなると怪物の髪を引っぱりながら岩にしがみつき、氏神に助けを求めた。すると白馬に乗った氏神が助けに来てくれたという。（『江津市誌　下巻』）

大田《おおだ》市の極楽寺の参道近くの道端には、かつて崩れかかった藁葺《わらぶき》の小屋や草に埋もれた古井戸があった。ここの古井戸からはぬれ女房が出ると噂され、娘たちは怖がりながら走り抜けていったものだという。（大崎雪枝『それぽっちり物語』）

邑智《おおち》郡石見町日和《ひわ》（現・邑南町）では堤からぬれ女房が出て通行人を悩ませていたので、そこに神様を祀ったという。（『島根県邑智郡石見町昔話集Ⅱ』）

猫性根〔ねこしょうね〕

島根県邑智《おおち》郡大和村高梨（現・美郷町）に伝わる。

人が死ぬと、その遺体に猫の性根（魂）が入りこむことがあるという。山奥の一軒家に住む女房が死に、夫が人を呼んで戻ってくると、女房が目をくるくるしながら起き上がり、歩き始めた。数人がかりで暴れる女房の遺体を箱に納めて縛っておくと、やがて猫の性根がポーンと出て逃げたという。（『大和村昔話集稿　巻二』）

野馬〔のうま〕

島根県邑智《おおち》郡石見町日貫《ひぬい》（現・邑南町日貫）に伝わる。

野馬は一つ目で人を取り食らうという。ある夜、鑪《たたら》でづくゝ（銑鉄）を作る男が寝ていると、どこからか現れた女が覆いかぶさってきた。遠くの方で野馬がヒーン、ヒーンと嘶《いなな》いていたが、間もなく鑪に近付いて窓を覗《のぞ》きこんできた。だが、女の姿を見ると一目散に逃げ出した。女の正体は**金屋子**《かなやご》**神**《がみ》だったという。（竹本健夫「石見より（一）」『民俗学』第一巻第四号）

水木しげるの妖怪画では暗闇で大きな一つ目だけを光らせた妖怪として描写され、

名称はノウマと片仮名で表記される。水木はノウマについて「きっと古い古い妖怪だと思う」と述べている（『日本妖怪大全』など）が、これは確たる資料上の根拠に基づく考察ではないようだ。

飲まず川 ［のまずがわ］

島根県出雲市乙立町《おったちちょう》に伝わる。

昔、乙立と神西《じんざい》の境の山中に一軒家があり、そこへ遍路の者が宿を乞うた。家の主は遍路の所持金を見て悪い心を起こし、夜のうちに叩き殺して銭を奪ってしまった。遍路は死の間際「おぬら、覚えとけよ、もうこの谷の水は飲ませんけん」と呪いの言葉を吐いた。それ以後、近くの谷川の水は飲むと毒になったため、飲まず川と呼ばれたという。（『島根県出雲市民話集』）

のろうま

島根県那賀《なか》郡浜田町（現・浜田市）などに伝わる。

のろうまは**海坊主**とも呼ばれるもので、船に向かって対向からまっしぐらに進んでくる船として現れる。近くへ来ると「柄杓《ひしゃく》を貸せ」と言うが、渡す柄杓は底を抜いたものでなければ、水を汲《く》み入れられて船は沈没する。のろうま除けとして、船の艫《とも》にはタモ（掬《すく》い網）を立てかけておくという。（竹本健夫「石見より（一）」『民俗学』第一巻第四号）

江津《ごうつ》市では、のろうまはアイカセまたは海坊主とも呼ばれる。二、三人乗りの舟があると、櫓《ろ》をこいで追いかけてきて「杓をかせ」と呼びかけてくるという。やはり底を抜いた柄杓を与えなければ、舟の中に海水を汲み入れられるという。（『江津市誌　下巻』）

【は】

婆 ［ばぁ］

島根県益田市匹見町に伝わる。

三葛の婆原《ばぁばら》という山には毎晩婆が化けて出ていたので、「毎月お座を立ててやる」と約束したところ、婆は出なくなった。それから大正頃までは毎月二〇日に不断講、最勝講といった座を立てていたという。（『島根県美濃郡匹見町昔話集』）

はかぜ

島根県能義《のぎ》郡広瀬町（現・安来市広瀬地

域）に伝わる。

山へ入るときには、山の神様を拝んでお知らせしないと、山中を歩いている神様にぶち当たって目《め》眩《まい》がしたり、体調が悪くなったりする。これは山の神のはかぜに遭ったからだという。はかぜに遭わないためには、神様の通る道筋を邪魔しないことだという。（『ふるさとの昔語り　第2集』）

神様の居場所に立ち入るなどして体調不良になることを「はかぜ」と呼ぶ例は、青森県や岩手県でも確認されている。（『日本怪異妖怪事典　東北』）

墓原の化物［はかわらのばけもの］

島根県那《な》賀《か》郡弥《や》栄《さか》村（現・浜田市弥栄地域）に伝わる。

若者たちが集まって世間話をしていると、一人が「ある墓原に粥《かゆ》の好きな化物が出るそうだが、見届けて一杯食わしてくる者はないか」と言いだした。すると別の若者が名乗りを上げ、粥を持って墓原へと出かけていった。夜中、山から何者かが出てきて「粥がほしい粥がほしい」と言った。粥をやるとぺちゃぺちゃとすぐ食ってしまい、もう一杯欲しいと言う。若者は「馬鹿ッ」と叫んで化物を斬り殺して帰った。翌朝見に行くと、死んでいたのは化物の話を最初にした男だった。（『続やさかの民話』）

橋波小学校の怪［はしなみしょうがっこうのかい］

島根県簸《ひ》川《かわ》郡佐《さ》田町《だちょう》橋波（現・出雲市）に伝わる。

橋波小学校を増築するために裏山の墓地を切り崩すと、沢山の人骨が出土したという。それらは寄せ墓に葬られたが、散乱したままの骨はなお数多く、近所の子供がそれを拾って遊ぶような始末だった。そのうち、先生が学校へ来ると体調不調になる、夜に学校の天井が鳴る、青竹を割るような音が聞こえる、手洗いの戸がひとりでに開くなどの現象が続発した。拾い集めた骨を寺に持ちこみ全校で供養すると怪事もやんだという。（『佐田町の民話と民謡』）

バテレン亀［ばてれんがめ］

島根県邑《おお》智《ち》郡阿《あ》須《す》那《な》村（現・邑南町《おおなんちょう》阿須那）に伝わる。

阿須那村と都賀村の境を流れる音無川には、体長が一間もあるバテレン亀という大亀がいて、人を取って食っていたという。また、川の上流の角谷瀬には洞窟があり、観音像が安置されている。その裏に洞窟の奥へ続く穴があり、人を食う大蛇が棲んでいるという。（『島根県口碑伝説集』）

婆石・爺石［ばばいし・じじいし］

島根県邑《おお》智《ち》郡口《くち》羽《ば》村（現・邑南町《おおなんちょう》口羽地域）に伝わる。

作《さく》木《ぎ》村《そん》（広島県双《ふた》三《み》郡）に婆石、江平下瀬に爺石がある。江《ごう》川《がわ》を挟んで相対する二つの石は毎年米一粒分ずつ接近しており、もし接したときには江川が大海に変じると

いわれている。（『口羽郷土誌』）

広島県の聖岩《ひじりいわ》も参照。

鯑魚［はんざけ］

出雲国（島根県）の富田川（飯梨川）に棲んでいたという大きな山椒魚。尼子方の米原綱寛の郎党・半上《はんのうえ》源介の祖先である半上弾正忠行景《だんじょうのじょうゆきかげ》が退治したとされる。

『陰徳太平記』巻三十八には、富田川上流の天の淵に巨大な鯑魚がいて、川辺に出ては往来の人を食い殺していたとある。このことを知った行景は甲冑を着込んで川に赴き、鯑魚との対決に臨んだ。鯑魚は行景を丸呑みにしようとしたが、彼の太刀で口内を切り裂かれて絶命した。この一件を経て行景は鯑魚上《はんのうえ》を名乗り、後に半上と改称したという。（『陰徳太平記　巻之二』）

歌川国芳の武者絵には半上の鯑魚退治を描いた作品があり、近年の美術書でも紹介されている。ただし典拠となる軍談の内容が知られていなかったのか、人物名が「半上弾正忠新景」と記載される（『国芳妖怪百景』、『浮世絵でみる！　英雄豪傑図鑑』）など、その解説は必ずしも適切なものではなかった。

帆船の怪［はんせんのかい］

島根県松江市美保関町福浦に伝わる。

ある人がトビウオを獲るため海で網を広げていたが、そこに大きな帆船が来たせいで網をかけられなくなった。「今頃こんな大きな帆をかけてやって来るなんて、いったいなんだろう」と思案していると、帆船はぱたっと消えてしまった。このようなことはヒラタ舟（水運などに用いられる丈長の舟）に一人で乗って海へ出た場合に起きることだといわれている。（『出雲中海沿岸地区の民俗』）

番内［ばんない］

島根県出雲市大社町の正月行事「吉兆さん」に現れるもの。

吉兆とは「歳徳神《としとくじん》」の縫取《ぬいと》りが施された大きな幟《のぼり》で、人々がこれを持って地域を練り歩く。このとき現れる番内（番内さん）は太眉に大鼻の鬼のような面を着け、赤熊《しゃぐま》を被り、狩衣《かりぎぬ》・水干《すいかん》に大口袴《おおくちばかま》の出で立ちで「悪魔ばらい」と叫びながら家々の門前や地面にささらの青竹を叩きつけて回る。厄払いの番内役は、厄年の人が受け持つこととされている。（『日本「鬼」総覧』、『にっぽんオニ図鑑』）

蟠竜湖の大蛇［ばんりゅうこのだいじゃ］

島根県益田市に伝わる大蛇。益田市高津町の蟠竜湖は湖岸の形状があたかも龍がとぐろを巻いているようであるためこの名で呼ばれ、大蛇もしくは龍が棲んでいるといわれ、様々な話が伝えられている。

かつて蟠竜湖の大蛇は人々に祀られることを求めて田を荒らしていたため、龍神として祭祀するようになったという。

ある三丘教《みたけきょう》（御岳教か）の行者は蟠竜湖で昼寝をしている大蛇を見た。蛇は彼を崇《たた》り殺そうとしたが、相手がよく修行した者だったため命を取れなかったという。

また、益田の妙義寺の池と蟠竜湖は水底で繋《つな》がっており、大蛇が池と湖を往来していたとも伝わる。雨が降らないときは妙義寺に現れる女に祈ればよいといわれていたが、妙義寺の僧が女を尾行すると蟠竜湖に沈んでいったので、それが蛇の化身だと分かったという。大蛇ではなく九つの頭をもつ九頭龍《くずりゅう》だったともいわれている。（『島根県益田市民話集』）

人飲み地蔵［ひとのみじぞう］

島根県仁多郡横田町（現・奥出雲町横田地域）に伝わる。

鳥上《とりかみ》のような場所にわんぱくな兄弟がいて、そのふるまいに手を焼いた父親に家を追い出されてしまった。二人は横田町の白《しら》折《おり》のような場所に行き着き、額《ひたい》から血を滴らせた地蔵に出会った。わけを聞くと、お堂が壊れて吹き曝《さら》しになっているにもかかわらず村人が修理をしないので、腹が立つあまり村人をみな取って飲んだと言う。兄弟が堂を建てるから皆を戻してくださいと説得すると、地蔵の下から横田町の人々ががやがや出てきたという。（酒井董美『ふるさとの民話　下巻』）

鳥取県の**人攫《さら》い地蔵**も参照。

肥長比売［ひながひめ］

『古事記』に登場する人物あるいは女神。

第一一代・垂仁天皇の第一皇子である本《ほ》牟智和気命《むちわけのみこと》は出雲（島根県）に至り、肥長比売という乙女と契りを結んだ。しかしその姿を密かに覗《のぞ》き見たところ、正体が蛇《おろち》だと分かった。恐れをなした皇子は逃げだしたが、比売はこれを悲しみ、海上を照らして船で後を追った。皇子はますます恐れ、大和（奈良県）の方へ逃げ上っていった。（次田真幸『古事記　全訳注』）

肥長のヒとは水を意味し、肥長比売は水の女神としての蛇体の龍女神であろうとも考えられている。（『島根の神々』）

毘売塚［ひめづか］

島根県安来市に伝わる。

潮美町に祀られる塚で、**鰐《わに》**に食われた語《かたり》臣猪麻呂《のおみいまろ》の娘を葬った墓とされる。八月一四日から一七日にかけて行われる月の輪神事では、神輿《みこし》の後に鰐鮫《わにざめ》を象《かたど》った三日月形の灯籠を持った人々が続き、娘の霊を慰める。第二次大戦中に高射砲陣地を造ろうと塚の一部を削ったところ、事故が起きて死人が出た。近接する工場用地の拡張工事を試みた際も事故が起きたという。これらは毘売塚の祟《たた》りだと噂された。（酒井董美・萩坂昇『出雲・石見の伝説』）

氷塔［ひょうとう］

『古今著聞集』第十七に記される怪異。

天慶三年（九四一）一二月上旬、出雲国秋鹿郡《あいか》（島根県）北方の海に浮かぶ黒島が突如消え失せた。その跡には無数の大きな石がそば立っていたという。翌年、出雲の海岸で硬いものが触れ合う音が聞こえ、翌日には島根郡の境から楯縫《たてぬい》郡の境まで、一町あまりにわたって氷を重ねて造った塔が並んでいた。塔は高さ三丈あまり、周囲は七、八尺あった。塔はやがて消え失せたが、子細の分からぬ出来事で人々から恐れられたという。（永積安明・島田勇雄校訂『古今著聞集』）

鮃［ひらめ］

鮃は元は人間で、親を睨《にら》みつける不孝者だったため魚になったという昔話、俗信。

島根県出雲地方では、親不孝者の鮃は親から用事を言いつけられるたびに親を睨む癖があり、その報いで眼が背中側につくようになったという。あるいは継母に苛《いじ》められた娘が恨めしい気持ちで睨みつけ、その罰で目が背中に回り、魚になったともいう。（清水兵三『出雲の民話民謡集』、高木敏雄編『日本伝説集』）

類似した伝承は日本各地にみられる。

蛭［ひる］

憑物《つきもの》の一種。蛭が人や家に憑くと考えたもので、蛭神とも呼んでいたようだ。

島根県邑智《おおち》郡の某村には「蛭持ち」と噂される家があった。かつて蛭を助けたことがきっかけで金持ちとなった者で、この家の主人は元旦の雑煮を食べずに神棚に上げる。すると雑煮はみな蛭になるという。

安濃《あの》郡刺鹿《さつか》村（現・大田《おおだ》市）のある素封家は蛭の**外道**《げどう》持ちだといわれていた。この家も雑煮を椀に入れても食べないとされ、それは椀に蛭がいっぱいになって憑いているからだと考えられた。この外道は播州方面の神社から貰い受けてくるものとされる。（石塚尊俊『日本の憑きもの』、岡田建文『動物界霊異誌』）

広瀬城下の化物［ひろせじょうかのばけもの］

島根県能義《のぎ》郡広瀬町（現・安来市広瀬地域）に伝わる。

ある年の春、広瀬の城下に化物が出るとの噂が広まった。盆前には宴会帰りの奉行が化物に噛《か》みつかれるという事件も起き、城下は大騒ぎになった。化物の探索にあたっていた大和国（奈良県）出身の武士・通称ダイワは、夜更けに「草かべしょうじ」の小道を酔って歩いていたところ、ついに化物に遭遇した。それは宙に浮かぶ大きな白い玉で、長くなったり短くなったりしつつ、かたかたと音を立てて近付いてきた。かわそうとしたダイワは誤って川に落ち、その隙に土産の鯖《さば》と油揚げを取られた。このことから化物の正体は猫ではないかと疑い、捜査の末にある長屋にいた豚のような猫を槍で仕留めた。それからは化物は出なくなったという。（『ふるさとの昔語り　第2集』）

火を食う蜘蛛 ［ひをくうくも］

島根県邑智《おおち》郡桜江町小田（現・江津《ごうつ》市桜江町小田）に伝わる。

ある晩、女が囲炉裏端《いろりばた》に来た蜘蛛に火を乗せて殺そうとした。ところが蜘蛛はその火を食い、赤く焼けた火箸まで食ってしまった。興味を持った女がさらに火を与えると、蜘蛛はそれらを食って真赤になり「韓のかんりゅう時が来りゃ焼ける」と言い、韓のかんりゅうという金造りの寺を焼いてしまったという。このような出来事から、「宵の蜘蛛は親でも殺せ」と戒められるようになった。（『さくらえの民話 1』）

朝蜘蛛・夜蜘蛛の俗信の起源を説く話の一種。蜘蛛が火を食う展開は怪物「禍《わざわい》」の説話が下敷きになったとみられる。

福浦の怪 ［ふくうらのかい］

島根県松江市美保関町福浦に伝わる。

丑満時《うしみつどき》に福浦の墓地のあたりを通ると、視界に何も見えなくなって「いま進んだら落ちる」という気持ちになり、絶対に足が先に進まなくなることがある。そのようなときは墓に触れながら手探りで進むと、三〇間ほどで墓地を抜け、自然に視界が明るくなってくる。ある人は何度もこの体験をしたので、他の人に話してみると「あそこはそんなになることがある」と言われたという。（『出雲中海沿岸地区の民俗』）

福河童大明神 ［ふくかっぱだいみょうじん］

島根県隠岐《おき》郡隠岐の島町西町に伝わる。

昔、八尾《やび》川のほとりの唐人屋九兵衛という者が畑から胡瓜《きゅうり》を盗む河童（**川子**）を見つけ、これを伝家の宝刀で退治しようとした。河童はこともなげに刃を避けて逃げたが、九兵衛が通り道に敷いていた藁《わら》に足を取られ転倒、頭の皿の水をこぼしてしまった。九兵衛が刀を振り下ろすと、河童は左腕をその場に残して逃げ去った。その晩から、河童は毎晩九兵衛の家を訪ね、腕を返してくれるよう懇願した。詫《わ》び証文を書かせ腕を返すと、翌日から礼の品として川魚が届けられるようになった。九兵衛は庭に祠《ほこら》を建て、福をもたらす河童を福河童大明神として祀った。以後、子供たちは「唐人屋の子だ」と言って川に入れば河童に尻子玉を取られることはなかった。河童が唐人屋の者には子々孫々にわたり手を出さないとの誓いを交わしていたからだという。

（福田清人・諸田森二『離島の伝説』）

二つの火の玉 ［ふたつのひのたま］

島根県松江市に伝わる。

天倫寺のある代の住職は、晩年ひどく金銭に執着するようになり、貯蓄を盗もうとした長老（小僧頭）ともみ合った末に死んでしまった。自責の念に苛《さいな》まれた長老は寺を出奔し、狂乱の果てに命を絶った。それ以来、桜の季節になると、天倫寺隠居所の庭では二つの火の玉が入り乱れて飛び交う

という。（『松江八百八町町内物語』）

二人の平造 「ふたりのへいぞう」

島根県隠岐《おき》郡隠岐の島町原田で起こったという怪異。

山口升十郎と原平造は原田の山奥の一之坂で夜を迎え、そこで一休みすることにした。ふと升十郎が平造を見ると、彼はにわかに二人になり、どちらが本物か判別がつかなくなった。**山猫**が平造に化けたのだと考えた升十郎は、あえて何事もない様子で平造に話しかけつつ歩きだした。次の休憩地で二人の平造がこくりこくりと眠りだしたとき、升十郎は心を落ち着けようと煙管《きせる》を出した。その煙が広がって平造の顔にかかると、彼はやっと一人に戻ったという。（『隠岐島の民俗』）

船岩 「ふねいわ」

神などが乗ってきた船が岩と化したもの。船岩、岩船などと呼ばれることが多い。

島根県安来市広瀬町西比田の岩船山にある船岩は、高天原《たかまがはら》を追放された素戔嗚尊《すさのおのみこと》が五十猛命《いそたけるのみこと》と共に新羅《しらぎ》から乗ってきた船が石化したものと伝わる。山にある岩船神社は素戔嗚尊などを祭神とする。

安来市伯太町上小竹《かみおだけ》の矢原神社にある小舟岩と大舟岩は、祭神の速玉男命《はやたまおのみこと》が降臨した時の舟が石化したものという。これらの岩も石神として親しまれている。

仁田郡奥出雲町の鬼神《おにがみ》神社にある巨岩も素戔嗚尊と五十猛命の船だったといわれ、地域の守り神・岩船大明神として祀られている。奥出雲町と雲南市木次町《きすきちょう》の境にある岩伏山にある舟形の山も、素戔嗚が新羅から来た時の船が石化したものとされる。

他にも蛭子《えびす》神が乗ってきた岩船（奥出雲町三所の黒田山）、諏訪明神の岩船（出雲市斐川町神庭の岩船古墳）、稲荷明神の岩船（斐川町上荘原）など、様々な神の岩船がある。（『石神さんを訪ねて』、石塚尊俊「出雲沖の伝説」）

ぶんぶん岩 「ぶんぶんいわ」

島根県鹿足《かのあし》郡日原町《にちはらちょう》須川（現・津和野町須川）に伝わる。

夜にこの岩の前を通ると「去年も一九、今年も一九、ぶうん、ぶうん」と唄いながら糸車を回す音が聞こえる。かつて一九歳の娘が糸紡ぎの仕事の帰り、酷《ひど》い目に遭わされ殺されたために起こる怪異だという。須川八幡宮の神職を務める木島家のある人は、岩付近で糸車を担いだ若い女の霊に出会った。「立派な往生をせよ」と諭すと、女は糸車を放り出して今にも飛びかかりそうになったが、笏《しゃく》で打つと消えた。女のために祭事を執り行うと、霊は出なくなったという。（『日本怪談集　幽霊篇』）

ぶんぶん岩の下の田の畔には、夜になると白い鶏が出たという。また、横道の十九原という所でも夜に若い女が出て「去年も一九、今年も一九」と言って踊ったという。（大庭良見編『石見の民話　第二集』）

べべの皮 ［べべのかわ］

島根県隠岐《おき》郡海士町《あまちょう》に伝わる。

昔、爺と婆がいて、婆は重病で死ぬ間際に、自分のべべの皮を切ってあげるから後妻を貰ってくれるなと爺に頼んだ。婆の死後、爺は皮を仏の棚に置いて朝晩拝んでいたが、いつしか約束を忘れて後妻を迎えてしまった。すると皮が爺のデボにペッタリひっついて、どうしても取れなくなった。「おばあさん、昔は昔、今は今、はなれたまえよ、おんべべの皮」と唱えると、皮は剝《は》がれたという。（『隠岐島前《どうぜん》の民話』）

広島県の**爺さんおるかい**などの類話。中国地方では女陰をべべと呼ぶ地域があり、本話の情景も推し量ることができる。

星石 ［ほしいし］

島根県江津《ごうつ》市島の星町に伝わる。

江津がまだ海だった頃、火の風が吹き、天から**火の雨**が降ってきた。やがて火の玉（隕石）が水中に落ち、星のように水面から光を発した。その星石がある人の夢枕に立ち「どこかに祀ってくれ」と言った。場所を選んで祀ったが「ここもどうも気に入らない、どこかに祀ってくれ」と何度も訴え、最後に落ち着いた場所が島の星だったという。（『江津町誌　下巻』）

星大明神 ［ほしだいみょうじん］

島根県那賀《なか》郡弥栄《やさか》村（現・浜田市弥栄地域）に伝わる。

程原《ほどはら》の尼子家の下にある巨岩（星岩）に流れ星が降りて、白い蛇となって森の中へ逃げた。これを神様の使いだと考えて、村人たちは七月一七日の夜に通夜をしてお祀りをするという。（『続やさかの民話』）

蛍お上人 ［ほたるおしょうにん］

島根県八束《やつか》郡八束町江島（現・松江市）に伝わる。

雨や雪が降る無風の夜に中海へ出ると、ガラーンガラーンと湯が煮えたぎるような音がして、釣り竿《ざお》の先などが真赤になることがある。これを「蛍お上人がつく」などという。

酒井董美は、蛍お上人や**おしょね**は漁の守護仏が零落したものではないかと考察している。（『ふるさとの民話　下巻』）

蛍子 ［ほたるご］

島根県安来市吉佐町《きさちょう》に伝わる。

舟で米子方面へ向かうとき、蛍子というお化けが目の前からパッパッパッパッと光って舟に乗ってくるという。これが現れたときは小便をかけた櫓《ろ》の綱で打てば良いという。（『島根県安来市民話集』）

ほほ

島根県八束《やつか》郡玉湯町（現・松江市玉湯町）

に伝わる。梟《ふくろう》のこと。

玉造地区ではホホはおぜもの（恐ろしいもの）だとされ、子供には「おとなしゅうせんとホホが出えぞ」「ええ子せんとでえ、ホホが来うぞ」と言っておどかした。別所でも行儀の悪いことをする子は「ホホが来う」と脅された。ホホは「ほうほう、そろっとこうか」と鳴くといわれ、子供たちはその正体が分からず気味悪がっていた。（『島根県八束郡玉湯町民話集』）

法吉鳥 ［ほほきどり］

『出雲国風土記』に記されているもの。

法吉郷（現・島根県松江市法吉町《ほっきちょう》）は、神魂命《かみむすひのみこと》の子である宇武賀比比売命《うむがいひめのみこと》が法吉鳥（鶯《うぐいす》）となって飛来し鎮座したためこう呼ばれるという。（吉野豊訳『風土記』）

法吉《ほっき》神社に祀られている宇武賀比比売命は『古事記』にある蛤貝比売《うむぎひめ》と同一の神とみられる。（『島根の神々』）

【ま】

松江城の人柱 ［まつえじょうのひとばしら］

島根県の松江城にまつわる怪異。小泉八雲『知られぬ日本の面影』で紹介されてよく知られている。

松江城築城の折、一人の少女が人身御供となり、城壁の下に生き埋めにされた。それは踊りの好きな美しい娘だったといい、城の完成後、松江の町では女子は盆踊りを踊ってはならぬと触れが出されたという。それは女子が踊れば必ず城山が揺らぎ、城が礎から本丸の上まで震動するからだという。（『小泉八雲全集　第三巻』）

松風 ［まつかぜ］

島根県松江市に伝わる。

和多美遊郭の神門屋の遊女・松風は白潟《しらかた》の貧家出身の孝行娘で、店の主人からも我が子のように愛されていた。外中原の若侍は松風に執着し、神門屋の名代で清光院に参拝する松風を連れ出すと、無理に思いを遂げた。そして事の発覚を恐れ、彼女を刺し殺した。夜、松風は血塗られた亡霊となって清光院に現れ、住職に無念を訴えた。その後、清光院位牌堂の階段には血の足跡が現れ、若僧たちが深夜の本堂で修行していると松風の亡霊が出て恐れさせた。また寺の北にある松風の墓で謡曲「松風」を謡っても亡霊が出た。ある武士が試しに謡ってみると、血みどろの白衣を着て黒髪を振り乱した松風の幽霊が墓から現れた。武士は肝を潰して逃げ帰ったという。

松風の話には異伝もあり、美男の武士と力士を相手にした三角関係のもつれで松風

が斬り殺されたとも、殺されたのは松風という名の力士の情婦だったともいわれている。（『松江八百八町町内物語』）

招く手［まねくて］

島根県大田《おおだ》市を舞台とする現代の怪異。

深夜、あるトラック運転手が配送先を回っていたとき、下り坂の道で急にトラックが減速し始めた。エンジンなどに不調はないのに、沼を進むように動きが鈍い。タイヤ周りに目をやると、無数の白い手が絡みつくようにタイヤを摑《つか》んでいた。驚いてアクセルを踏むと急加速し、ガードレールに衝突して停止した。このとき運転手はバックミラー越しに白い手が招いているのを見て、再び発車し一目散に逃げたという。

（『中国・四国怨念地図　平成17年度』）

目一鬼［まひとつおに］

『出雲国風土記』にあるもの。

昔、出雲国大原郡（島根県）で農夫が山田を耕作して守っていた。そこに目一鬼が来て、農夫の男《むすこ》を食った。彼の両親は竹藪《やぶ》の中に隠れており、竹の葉がかすかに揺れるのを見た男は「動《あよ》、動」と言った。そのためこの土地を阿用《あよ》郷と呼ぶようになったという。（吉野裕訳『風土記』）

本邦の鬼に関する古い記述として知られており、現代では天目一箇神《あまのまひとつのかみ》や一つ目小僧と関連付けて論じられることが多い。（『日本「鬼」総覧』、『上代説話事典』）

蝮除けの名刀［まむしよけのめいとう］

島根県簸川《ひかわ》郡斐川町鳥井（現・出雲市斐川町鳥井）に伝わる。

名島《なしま》の大東家に伝わる槍と白鞘《しろさや》の刀は祟《たた》りをなすため、鳥井神社の代官を務める山本家に譲渡された。山本氏がこの刀を差して旅に出て、道中で昼寝をしていた時、蛇が足元に近付くたび刀がひとりでに抜け出て威嚇し、ついには蛇を追い払った。そのため鳥井神社で刀を祀り、蛇除けの札を配るようになった。『出雲神社巡拝記』には、二月一七日の蝮除けの祭日にお守りが配られ、これを持つ人には蝮の害がなかったと記されている。また、他所《よそ》から鳥井へ入った蝮は急死したという。なお、この刀は備前国長船祐定の作だという。（酒井董美・萩坂昇『出雲・石見の伝説』）

魔渡り橋［まわたりばし］

島根県簸川《ひかわ》郡佐田町《さだちょう》橋波（現・出雲市佐田町）に伝わる。

昔の山口街道に通ずる土橋で、どこから馬が来て渡ると、必ず大水が起きて橋が流された。そのため馬は魔ではないかと考えられ、魔を封じる地蔵堂を建てると馬は出なくなったという。橋の上から手槌《てづち》が落ちてくるともいわれ、これが魔だとも考えられた。また、夜になると雲のようなものが飛び交うともいわれていた。（『佐田町の民話と民謡』）

身代わり観音 ［みがわりかんのん］

島根県飯石《いいし》郡三刀屋町《みとやちょう》乙加宮（現・雲南市三刀屋町乙加宮）に伝わる。

行基が開いたと伝わる禅定寺は聖観世音菩薩を本尊とする。その昔、降り続く雪で寺が孤立し、住職が餓死寸前になった時、夢枕に観音様が現れ「玄関で猪《いのしし》が眠っているから腿《もも》の肉を取って食べよ」と告げた。翌朝、本当に猪が寝ていたので、住職は腿の肉を切り取り食した。やがて猪は姿を消し、血痕が本堂の厨子《ずし》まで続いていた。猪は観音の化身だったのである。そのため本尊は身代わり観音と呼ばれ、広く信仰を集めた。（『中国三十三所観音巡礼』）

仏尊が獣に化身して肉を与えるという霊験譚《たん》は全国各地で語られている。邑智《おおち》郡桜江町鹿賀《しかが》（現・江津市）では、虚空蔵菩薩が鹿となって身を捧げ、雪中で餓えていた僧の命を救ったという話が大道寺の縁起として伝わる。（『さくらえの民話　1』）

巫子台 ［みこだえ］

島根県隠岐《おき》諸島の知夫里島《ちぶりじま》に伝わる。

古海《うるみ》集落の若者たちが赤禿山《あかはげやま》の先の深い谷の底にある二重石垣《ふたえちいじ》へ肝試しに行くことになり、最初に石塚太夫という者が出かけた。太夫は目的地に着いた証に杭を立てて帰ろうとしたが、誤って自分の着物の裾の上から杭を打ちこんでしまった。誰かに襲われ身動きがとれなくなったと勘違いして太夫は慌て、ついには狂い死にした。彼の死後、降雨や濃霧の日に幽《かす》かな太鼓の音が聞こえるようになった。死に場所では巫子が供養の舞を踊ったといい、巫子台と呼ばれた。（『隠岐知夫里島の民話』）肝試しの石塚某が死んだのはロンデなる場所だともいう。（野津龍『隠岐島の伝説』）

水玉・火玉 ［みずたま・ひだま］

島根県邑智《おおち》郡桜江町本町（現・江津《ごうつ》市桜江町本町）に伝わる怪火の類。

水玉は青く、火玉は赤い。ある人は鮎《あゆ》獲りの最中、夜中に青白い水玉が前を通るのを見た。また、赤い火玉が墓地近くの田圃からポーッとゆっくり逃げていくのも見たという。（『さくらえの民話　1』）

水を飲む龍 ［みずをのむりゅう］

島根県邇摩《にま》郡温泉津町《ゆのつまち》井田（現・江津《ごうつ》市温泉津町井田）に伝わる。

「石見の高野山」とも称される醍醐味山高《たか》野《の》寺《じ》の経堂の壁には漆喰《しっくい》で造られた立派な龍の装飾（鏝絵《こてえ》）があった。この龍は毎夜、波積《はづみ》の岩龍寺滝まで水を飲みに出かけていた。龍が往来するせいで通り道の作物が荒れたり、龍を見た人が驚いたりといった被害が出たので、寺では龍の目に大きな釘を打ちつけて動きを封じたという。

精巧に造られた彫刻や絵画が動きだすという話は、左甚五郎など伝説的な職人の逸話として各地に伝わっている。高野寺の龍

の作者は、吉浦の寺本元右衛門という名工だとされている。なお、経堂は昭和三八年（一九六三）の豪雪で倒壊し、現存していない。（渡部孝幸『鏝なみはいけん』）

御波の火［みなみのひ］

島根県隠岐《おき》の島前《どうぜん》地方に伝わる。

あるとき他所《よそ》から漁に来た船が御波の沖で難破した。死んだ漁師たちは御波の人々が供養したが、浜では不思議な火がチロチロと糸を引いたようにともっては、ぽっと消えるようになった。この火が見えると必ず模様の悪い突風が吹くという。（「島前物語」『民話と文学』創刊号）

みねんげさん

島根県出雲市に伝わる。「身逃さん」とも書く。八月一四日、または旧七月四日の晩は出雲大社の神々が阿須伎《あすき》神社へ出向するといい、その姿を見ると罰が当たるので人は外出をしてはならないという。

簸川《ひかわ》郡遙堪《ようかん》村菱根（現・出雲市）では、みねんげさんの晩には神様が金の馬に乗って外に出るとされ、これを見ると身体の自由を失うのみならず、失明することさえあるという。ある老婆がしきたりに逆らって戸の節穴からみねんげ様を覗《のぞ》いたところ、ただちに失明したという。（『島根県口碑伝説集』、『伝承怪異譚《たん》』）

みねんげさんの晩、ある男が白馬に乗り大社の町内巡りをする神様と出会い「何者か」と見咎められて「犬です」と答えたところ、石の犬に変えられたという話もある。（清水兵三『出雲の民話民謡集』）

夫婦龍［みょーとたつ］

島根県邑智《おおち》郡日貫《ひぬい》村青笹（現・邑南町《おおなんちょう》日貫）に伝わる。

ツエがぬける（土砂崩れ）原因はミョートタツが出るからだという。龍は海、川、山で一〇〇〇年ずつ過ごし、やがて天竺《てんじく》に上る。明治七年（一八七四）七月七日には大雨が降り、宵に龍が上がったという。（宮本常一『中国山地民俗採訪録』）

むらさ

島根県隠岐《おき》地方に伝わる。

都万《つま》村（現・隠岐の島町）那久《なぐ》や油井《ゆい》では、ニガシオ（夜光虫の光る潮）の中でまんまるく固まって光り、船が乗りかかるとパッと散るものがあるという。暗夜に懸命に櫓《ろ》を押していると、突然グワーッと海が明るくなることがあり、これをムラサという魔物につけられたと考えた。津戸集落では、ムラサにつけられると船足が鈍って進まないとされた。このようなときは刀か包丁を竿《さお》の先につけ、海面を左右に数回切ればよいという。（『海村生活の研究』）

目覚まし鎌［めざましがま］

島根県安濃郡長久村（現・大田市《おおだ》長久町）

に伝わる。

延宝七年（一六七九）、土江《つちえ》の槇《まき》家の主人が庭の手入れをして外で寝ていると、作業に使った鎌が耳元で騒がしく音を立てた。実はそのとき大きな毒蛇が迫っており、あわや主人は一呑みにされるところだった。同家では持ち主の危機を知らせてくれた鎌を「目覚まし鎌」と名付け、末永く保存したという。（『島根県口碑伝説集』）

もうもう

島根県邑智《おおち》郡市山村（現・江津《ごうつ》市桜江町市山）に伝わる。
日暮れ時をモウモウ時と呼び、親に叱られるなどした子供が隠れると、そのままモウモウという魔が隠して行方不明になるという。そのため「魔が隠すから隠れてはいけない」と子供に注意した。また、人が亡くなったことを報せるとき二人組で回るのは、一人で行くとモウモウが隠すからだともいう。なお、この魔の姿を見た者はいないという。（森脇太一「タゴを擦る」『民間伝承』第五巻第一一号）
山口県の**もーもーどき**も参照。

もえもん狐 「もえもんぎつね」

島根県大田《おおだ》市の温泉津《ゆのつ》町《ちょう》や三瓶《さんべ》町《ちょう》に伝わる。大田から少し隔たったノへという所にいたという化け狐。

モエモンはよく人に化けて魚売りの前に現れ、本物の金を支払って一荷分の品物を買い取ったという。あるとき大森の加藤という医師のもとに狐が人の姿で現れ、女房が産気づいて困っていると助けを求めてきた。加藤医師が安産に導いてやると狐の夫婦は大変喜び、ご馳走をふるまい礼金として一〇円紙幣を渡した。だが翌日、山では薬を咥《くわ》えて死んでいる狐が見つかった。医師が貰った紙幣は本物だったが、それは他人の家から狐が盗んだものだったという。

人間に化けたモエモン狐が大田で大変な散財をしたこともあったという。芸者に沢山のポチ（心づけ）をやったが、これだけは柴《しば》の葉を金に見せかけたものだった。狐が遊んだのは「いちょう亭」という料亭だという。（『島根県三瓶山麓民話集』、森脇太一編『石見昔話集』）

もた

島根県隠岐《おき》島後《どうご》地域に伝わる。

西郷町中村の源太夫という若い漁師が海亀を助け、島後最北端の白島群島にある龍宮の門を通って龍宮に行った。乙姫と楽しい日々を過ごしてから故郷への帰路に就いたが、その見送りの侍女と恋に落ちた。乙姫は怒って見送りの侍女たちを追放した。行き場を失った侍女は堕落してモタという鱶《ふか》の一種と化し、白島の岩屋に集まって昼寝をした。漁師がモタを難なく生け捕りにして食うさまを見た源太夫は後悔して出家し、岩屋の近くで合掌して石になった。この石は赤法印とも呼ばれる。（野津龍『隠岐島の伝説』）

【や】

八畔鹿 ［やぐろじか］

島根県鹿足《かのあし》郡六日市町に伝わる。

第四二代・文武天皇の時代。筑紫国（福岡県）で足が八本、角が八股に分かれた赤毛の大鹿・八畔鹿（やぐろじか、やつぐろのしか）が人畜に害をなし、命を奪っていた。天皇は悪鹿退治の宣旨《せんじ》を下し、江熊太郎という剛勇の士が深山幽谷に入った。鹿は小倉から防州へ渡り、鹿野庄を通過すると、石州鹿足郡の大鹿山《おおじかやま》に潜んだ。江熊太郎に毒矢を射られた悪鹿は飛龍の姿となって太郎に迫ったが、再度矢を受けると、紫雲と地震を起こして息絶えた。江熊太郎も鹿の悪気を受け死亡したが、人々は彼を**荒《こう》神《じん》**として祀った。鹿の霊も鹿大明神として崇《あが》め、地名も悪鹿を賀して吉賀《よしか》とした。

以上は「鹿大明神縁起」写本に記された内容だが、異本や『吉賀記』増補本などでは藤原為実・藤原為方が江熊太郎に悪鹿退治を指示したことになっている。また、この縁起が成立する過程で、山口県の**二鹿《ふたしか》**の伝説が参考にされたとみられている。（『六日市町史　第1巻』）

吉賀町抜月《ぬくつき》の抜月神楽では「八久呂鹿」の舞が創作され演じられている。こちらでは出雲の簸《ひ》ノ川《かわ》上流から吉賀郷に来た八足八角の八久呂の大悪鬼（鹿）が登場する。この八久呂鹿は素戔嗚尊《すさのおのみこと》に退治された**八岐《やまたの》大蛇《おろち》**の一族で、筑紫一帯を征服した後に石見をも我が物にしようと企んでいたという設定。猿田彦神の加護を受けた江熊太郎為頼、長野四郎左衛門に倒され、奇鹿《くしか》大明神として祀られる。（島根県古代文化センター編『抜月神楽』）

弥治右衛門さん ［やじえもんさん］

島根県邑智《おおち》郡桜江町（現・江津《ごうつ》市）の江《えの》尾《お》などに伝わる。何らかの理由で斬首された人物で、死後に祠《ほこら》（弥治右衛門神社、山神社）が建てられ信仰の対象となった。

弥治右衛門は侠客肌のしごんならん（手に負えない）人物で、生前に受けた恨みから首は八戸《やど》川に投げ捨てられたという。しかし首は流れに逆らって川を上り、止まった場所に祠が作られた。その他、刎《は》ねられた首が呼びかけに応じて目を開いたとも、首が白い鳩か烏《からす》に変じて飛んだともいう。処刑の理由は戦や土地の境界をめぐる訴訟に敗れたからだとされる。

弥治右衛門は死後に夢枕に立って祭祀を求めたといい、生前非常に強い人物だったことから勝負事の神様として参拝者が訪れるようになった。出征する者や選挙に立候補する者はこの社に参れば良いといわれ、戦地で崖に落ちた兵隊が弥治右衛門を名乗

る白衣の老人に背負われて生還した話も伝わっている。（『さくらえの民話　1』）

八頭の蛇［やつがしらのへび］

『諸国周遊奇談』などにあるもの。

石見国邑智《おおち》郡岩屋村（現・島根県邑智郡邑南町《おおなんちょう》）の農夫・勘三郎が八ツ面《おもて》という場所の叢《くさむら》で遭遇した大蛇で、八つの頭を持ち上げ、眼を爛々《らんらん》と光らせていた。驚いた勘三郎は逃げ帰ったが、毒気に当てられたのか、熱を出して寝こんでしまったという。

釈立綱『うき草のあと』は蛇の出現地を安芸国と石見国の境にある八面山《やおもて》とし、蛇が怒ったときは眼が光り、それを見た人は気を失うと記す。この蛇は討ち取られ、全身を写した図が公儀に提出されたという。

石見の隣国が出雲であるため、**八岐大蛇**《やまたのおろち》との関連を想起させるものとして語られている。（『日本未確認生物事典』、『江戸の妖怪絵巻』、『日本随筆大成第二期4』）

八岐大蛇［やまたのおろち］

神話に登場する大蛇。一般的には八つの頭を有する怪物で、出雲国簸川《ひのかわ》（島根県の斐伊《ひい》川）上流にて素戔嗚尊《すさのおのみこと》（須佐之男命）に退治された存在と理解される。

『古事記』では八俣遠呂智と書き、次のように語られる。高天原《たかまがはら》を追放された須佐之男命は、出雲国の肥河上流にある鳥髪《とりかみ》に降り立ち、足名椎命《あしなづちのみこと》・手名椎命《てなづちのみこと》夫婦の娘である櫛名田比売《くしなだひめ》が、高志《こし》の八俣遠呂智なる怪物の餌食になろうとしていることを知る。その頭と尾は八つずつ、眼は赤酸漿《あかかがち》（熟した鬼灯《ほおずき》）のようで、背には檜《ひのき》や杉が生え、八つの谷、八つの峰の間に延び、腹には血が滲《にじ》んで爛《ただ》れている。八人いた娘は既に七人まで遠呂智の犠牲となっていた。須佐之男は櫛名田比売との結婚を条件に怪物退治を請け負うと、比売を櫛に変え己の髪に挿した。足名椎と手名椎には八塩折《やしおり》之酒（八回醸造した強い酒）を造らせ、八つの門に八つの酒桶《さかおけ》を設置させた。やがて現れた遠呂智は酒を飲み、強《したた》かに酔って寝た。須佐之男はその機に乗じて十拳剣《とつかのつるぎ》で遠呂智の身を切り刻み退治した。その尾から出現した大刀は天照大神《あまてらすおおみかみ》に献上され、後に草那藝《くさなぎ》之大刀、天叢雲剣《あめのむらくものつるぎ》と呼ばれた。戦いの後、須佐之男は根之堅洲国《ねのかたすくに》（島根県安来市）の須賀へ赴くと「八雲立つ出雲八重垣妻籠《つまごみ》に八重垣作るその八重垣を」と歌を詠んだ。

『日本書紀』では八岐大蛇と書き、登場する神名も素戔嗚尊、脚摩乳・手摩乳、奇稲田姫となっている。大蛇を退治し剣を得るまでの流れはおおむね『古事記』に同じ。大蛇退治に用いた剣には天羽々斬《あめのはばきり》などの異名も示されている。（次田真幸訳『古事記』、宇治谷孟訳『日本書紀』）

室町時代の『天淵八叉大蛇記《あまのふちやつまたおろちのき》』における大蛇は仁多郡の天淵を本拠地としており、艾《もぐさ》で作った稲田姫を模した人形と、荏胡麻《えごま》油を混ぜた酒を飲ませられ、懊悩《おうのう》しているところを退治される。毒酒で弱った大蛇が枕にして寝た山が加茂町神原《かんばら》の草枕山、死

んだ大蛇の頭を埋めたのは斐伊神社西方の八本杉と呼ばれる場所だという。

島根県内には他にも八岐大蛇に縁ある地名や神社がいくつもあり、その由来は『雲陽誌』などに記されている。たとえば仁多郡横田町（現・奥出雲町）の船通山《せんつうざん》にある鳥上《とりかみ》の滝は大蛇の棲《す》み処《か》、斐伊川ほとりの蛇山平《じゃやまひら》は、大蛇が年ごとに姫を襲った場所とされる。仁多町佐白《さじろ》（現・奥出雲町）の池の谷はかつて大蛇が棲んでいた池で、出現時に起きる大波がしばしば坂を越したため、その坂は波越坂と呼ばれた。同じく佐白の八頭《やとう》も大蛇が本拠とした場所だったという。出雲市佐田町《さだちょう》の須佐神社には八岐大蛇の骨とされる化石状の物体が伝存する。八束《やつか》郡鹿島町佐陀《さだ》本郷（現・松江市）にあった清地《すがち》神社にも八岐大蛇の骨とされるものが残されていたという。出雲市大津町龍王山の阿須利《あすり》神社はかつて「あせりの池」付近にあったのが名前の由来といわれ、この池は斬られた八岐大蛇があせった（悶絶した）場所だという。奥出雲町の鬼神《おにがみ》神社は『出雲国風土記』に載る伊我多気《いがたけ》神社だとされ、素戔嗚降臨の地である船通山へ向かって大蛇の怨霊の火の玉が飛ぶとの言い伝えがある。毎年八月の龍燈祭は、疫病の流行や斐伊川の氾濫を大蛇の祟《たた》りと捉え、鎮めるために始められたという。また、出雲市大津町の雲根神社境内社の祠《ほこら》には八岐大蛇荒魂《あらみたま》が祀られている。（『平成の大遷宮 出雲大社展』、『式内社調査報告書　第二十一巻』、『島根県口碑伝説集』、『神話と祭りと芸能の山陰路』、『島根の神々』、『石神さんを訪ねて』）**石塚明神**も参照。

各地の伝説の中には、岡山県の**八股《やまた》の大蛇**のように地域化《ローカライズ》されたもの、広島県の**炭《すみ》焼《やき》女房**や鳥取県の**大蛇《おろち》の嫁さん**のように大蛇退治の前日譚《たん》・後日譚的位置付けのものや、中世の神話理解における**安徳天皇**との関連付け、近松門左衛門の『日本振袖始』に登場する**岩長姫**や古史古伝『秀真伝《ホツマツタエ》』の《ヤマタカシラノオロチ》のように、神話に新しい観点を織り交ぜた創作もある。部類別索引【八岐大蛇】も参照。

石見地域をはじめ中国地方各地で奉納される神楽では、八岐大蛇退治の舞が重要かつ娯楽性の高い人気演目となっている。石見神楽の大がかりな提灯蛇胴の大蛇、蛇腹や鱗《うろこ》模様の衣裳《いしょう》と龍蛇の面を着けて舞うもの、獅子舞のように複数人で布を被る幕蛇《まくじゃ》、着ぐるみのような尻尾付きの衣裳をまとうトカゲ蛇《じゃ》など、その表現方法は多彩である。（『島根の神楽　芸能と祭儀』）

現代の解釈論の上では、八岐大蛇は古代出雲地方の農耕生活に破壊的被害をもたらした洪水を象徴する水神とされることが多い。また、尾から剣が出た点などから斐伊川上流の製鉄文化の象徴、八つの頭や巨体から暴悪な部族やその首領たちを示していると捉えられることもある。（『日本伝奇伝説大事典』）

山猫［やまねこ］

島根県隠岐《おき》地方では山猫は怪しい動物とみなされ、人を化かしたり人に憑《つ》いたりす

る存在と考えられた。山猫の怪異に遭遇した話は非常に多く採集されている。

島後《どうご》のある者が島前《どうぜん》の者と酒席で喧嘩になって帰ろうとしたが、一晩中山中を駆け巡っていたことがある。これは山猫の仕業だろうという。また、島前のある人が引越すとき、連れていた犬がひどく吠《ほ》えたが、これは山猫につけられたためだという。この家の番頭は猫に呼び出されて松の木に登らされたという。（石塚尊俊「隠岐島の俗信」『伝承』第二号）

布施の中村などでは山猫が人の食べ物を狙って夜道をつけ回すと考えられた。そのとき山猫は「ヨーイ、ヨーイ」と声を発するもので、尾行に気付いた人が道を引き返し、近くの家に宿を求めたこともあったという。（『布施村の民話と民謡』）

山伏八右衛門［やまぶしはちえもん］

島根県飯石《いいし》郡赤来町《あかぎちょう》（現・飯南町赤来地域）に伝わる。

口真木《くちまき》の観音堂に山伏八右衛門という者がいた。彼の祈禱《きとう》はよく効くと評判で、多くの人が訪問した。だがこの山伏は密かに百人斬りの願をかけており、時として参拝者を斬り殺していた。赤名肥後守が討伐に来ると、山伏は「いくら斬ってもよいが、わしは斬られたら蛇になって、お前の子孫を食い倒してしまう」と言い放ち、刎《は》ねられた首は天井の縁《ふち》に食いついたという。犠牲者を葬った「百人斬り塚」の横にある八右衛門の墓に願えば、腰から下の病は必ず治してくれるという。（『赤来町史』）

山婆の田植［やまんばあのたうえ］

島根県邑智《おおち》郡日貫《ひぬい》村青笹（現・邑南町《おおなんちょう》日貫）に伝わる。

八神村荻原の大石の田植には必ず山婆が来るという。田植の際に早乙女《さおとめ》を数えると本来より一人多く、原山の穴に棲んでいる山婆が紛れて手伝っているといわれた。ある人が原山を買い取り、木の伐採にかかったところ、夢に山婆が現れた。原山には山婆がいると悟った地主は伐採を止め、以後その人の田で田植が始まると山婆が手伝いに来るようになったという。

山婆の棲《す》み処《か》は「山婆のお室《むろ》」と呼ばれていて、白い糸のような山婆の髪がたくさんあるという。（宮本常一『中国山地民俗採訪録』）山中の樹木や落ち葉の上に発生したキノコの菌糸の束を俗に「山姥の髪の毛」などと称する。ここでいう山婆の髪も同様のものを指していると思われる。

山姥の桃［やまんばあのもも］

島根県鹿足《かのあし》郡柿木村（現・吉賀町《よしかちょう》）に伝わる。酒井董美『山陰の口承文芸論』に、明治四一年（一九〇八）生まれの話者による語りが紹介されている。グリム童話「ラプンツェル（髪長姫）」が翻案され、土着の民話として継承されたものとみられる。

昔、若い夫婦がいた。嫁は妊娠すると体調が悪くなり、家の隣に生えている桃の実

をしきりに欲しがった。昔から桃の持ち主は山姥だと恐れられていたが「桃を食べなければ死にそうだ」とまで言われて、夫はやむなく実をもいで食べさせた。喜んだ嫁はその後もたびたび桃を欲しがった。このことを知った山姥は桃と引き換えに赤子を要求し、夫婦の間に生まれた娘・桃子は生後すぐに連れ去られた。時を経て隣家の三吉という青年が、谷底にある山姥の岩屋に行き、桃子奪還を試みた。「桃子さん、髪の梯子《はしご》、降ろしゃんせ」と呼びかけて桃子に長い黒髪を出させ、それを伝って三吉は岩屋へ入った。怒った山姥は桃子の頭髪を切ると、彼女を箒《ほうき》に乗せて山中に追放した。桃子は木で目を突いて盲目となったが、三吉の助けで両親と再会した。その後、観音様の霊験で桃子の目は癒え、三吉と夫婦になって睦まじく暮らしたという。

雪の夜の蛍［ゆきのよのほたる］

島根県の松江城下を舞台とする怪談に登場するもの。

雪の夜、宴会帰りの若侍が、闇の中に飛ぶ蛍のような光を見た。光は若侍に接近して、打ち落とそうとするとツイと逸《そ》れた。やがて蛍火は隣家の敷地へ入っていった。隣家の娘は若侍の許婚《いいなずけ》だった。翌日、娘は昨夜見た夢について侍に語った。彼女は夢の中で掘割の上を飛び歩き、若侍を見つけると近寄って「私は飛ぶことを覚えましたよ」と言おうとしたが、彼が杖を振り上げ打とうとするので心底恐ろしくなって逃げたという。これを聞いた若侍は、人の魂が蛍の姿になることがあるという言い伝えを思い出したが、真実は告げず、彼女と結婚して幸福に過ごしたという。（佐藤徳尭『山陰の民話　上』）

離魂病《りこんびょう》の話が情緒豊かに語られたもの。

要害虫［ようがいむし］

島根県大田《おおだ》市大田町に伝わる。

山吹山は竹林に囲まれ、谷間の銀山を守る天然の要害となっていため「要害山」の異名でも知られていた。この山の麓一帯には毎年秋に「要害虫」という気持ち悪い毛虫が発生し、マオ（カラムシ）の葉を食い荒らす。要害虫は頭が朱色で体が黒褐色、背中には黄色の縞《しま》と朱色の斑点がある。あたかも鎧兜《よろいかぶと》を身に着けた武士のような姿をしているためか、その昔、要害山で討死した尼子の武者が生まれ変わったものだと伝えられていた。実際には、この虫はフクラスズメという蛾《が》の幼虫だったという。（大崎雪枝『それぽっちり物語』）

ようずく婆さん［ようずくばあさん］

島根県那賀《なか》郡金城《かなぎ》村下来原《しもくるばら》（現・浜田市金城町下来原）に伝わる。

ヨウズク谷に自然石の墓があり、ヨウズク婆さんの墓と呼ばれていた。ここに生えている山百合の花を摘むとヨウズク婆さんが祟《たた》り、返すまで頭が痛むという。（和歌森太郎編『西石見の民俗』）

揚命仙人［ようめいせんにん］

島根県安来市清水町の瑞光山《ずいこうざん》清水寺の縁起に登場する仙人。

その昔、尊隆上人が当地に巡り来て、夜な夜な山中から発せられる瑞光の出所を訪ねていくと、一人の老翁が現れて上人を迎えた。光を発していたのは山中の洞窟に秘蔵されていた十一面観音像で、翁はこれを娑婆《しゃば》世界群民利済のため護持していたが、このたび上人に託すと言って姿を消した。上人は尊像ならびに湧出する霊水を発見したことから、山号を瑞光山とし清水寺を開いた。上人が出会った老翁こそが揚命仙人で、寺に祀られる摩多羅神《またらじん》でもあるという。（『島根縣史要』）寺の開基は用明天皇二年（五八七）で、揚命仙人自身が「我は十一面観音の化身なり、この地に留まり衆生を利益する」と告げたともされる。（『中国三十三所観音巡礼』）

ヨコウツの山姥［よこうつのやまんば］

島根県邇摩《にま》郡温泉津町《ゆのつまち》（現・大田《おおだ》市温泉津町）に伝わる。

ヨコウツ山の主の山姥は岩穴に棲んでおり、木綿を織り上げたり大根や牛蒡《ごぼう》を育ててくれたりなど良いこともしたが、生まれたばかりの赤子を傷つけることもあった。これを恐れ、あるいは怒った村人たちは、大きな石を入れて岩穴を埋めた。それ以来ヨコウツに山姥はいなくなった。同じ頃から三瓶《さんべ》で山葵《わさび》や牛蒡がよく収穫できるようになり、山姥は三瓶へ移ったのだろうと噂された。（森脇太一編『石見昔話集』）

よころ転がし［よころころがし］

島根県益田市に伝わる。

ある山を通行すると必ず小石が落ちてきて、ヨコロ（藁《わら》打ち槌《つち》）が転がる音が聞こえるという。（『島根県益田市民話集』）

よぞく

梟《ふくろう》のこと。ヨズクとも。夜に聞こえてくる独特の鳴き声が気味悪がられ、子供のしつけなどに使われることがある。

島根県安来市植田町には、人間とよぞくが呼び合う話が伝わる。「とんとんのとん蔵さん」という船乗りがある港に船を停めると、町の人から「船で寝ると魔物に食い殺される」と、下船して眠ることを勧められた。だがとん蔵は魔物を退治してやると意気ごみ、そのまま船で寝た。すると嵐が起き、帆柱に何者かが降りてきて「とんとんのとん蔵。何を積んじょらぁ」と問いかけてきた。とん蔵が「三界《さんがい》の宝を積んでおります」と答えると、魔物はまた同じ問いを発したので、何度も同じ問答を続けた。やがて魔物が根負けして帆柱から落ち、正体がよぞく（年経た梟）だったと分かったという。（田中瑩一『伝承怪異譚《たん》』）

主人公のとん蔵の原形は桑名屋徳蔵《くわなやとくぞう》と思

われ、**海坊主**と問答した逸話と妖怪を相手に呼び合いをする話が合体したものと推察できる。属性別索引【言い負け】も参照。

能義《のぎ》郡広瀬町の比田地域（現・安来市）では、クロちゃんといういたずらっ子が母親と死に別れてヨズクになった話が採集されている。ひとりぼっちのヨズクは、優しい母親と過ごした日々、洗濯物を干して天気を気にする母の様子などを思い出しては「ノリツケ、ホウセ（糊《のり》つけ干せ）」と鳴くのだという。（『出雲比田の民俗』）

呼び子［よびこ］

山中で人の声真似をするもの。山彦、鳥取県の**呼ぶ子**などの類。

島根県美濃郡匹見町（現・益田市）の岡本などでは、呼び子と人間が言い合いをする話が採集されている。ある木挽《こびき》が山中で友人とはぐれたのでひゃこる（呼びかける）と、呼び子の化物が同じようにひゃこり返してきた。呼び負けると死んでしまうので、夜明けまでひゃこりつめて疲労してきたところに、やっと友人が帰ってきたという。（『島根県美濃郡匹見町昔話集』）

夜舟主［よふねぬし］

リチャード・ゴードン・スミス『日本の昔話と伝説』「夜舟主を退治した娘」に登場するもの。

北条高時が執権の時代、織部志摩《おりべしま》という侍が隠岐《おき》のある島に流された。娘の常世《とこよ》は父に再会するため危険を顧みず、単身隠岐へと渡った。父を捜す途中、常世はある岬にて、夜舟主という海底の悪神の生贄《いけにえ》に捧げられようとしていた少女を助けた。その村では毎年六月一三日に一五歳の少女を人身御供にしなければ、怒った夜舟主が嵐を起こすといわれていた。常世は先祖伝来の短刀を咥《くわ》えて海に潜り、海底の洞窟に潜む大蛇のような怪物を発見した。そこで常世は怪物の片目を潰し、ひるんだ隙に心臓を突いてとどめを刺した。生還した常世は海に沈んでいた北条高時の木像を回収していたが、実はこれは呪いの木像だった。当時の高時が謎の病に苦しんでいたのも、夜舟主が呼び起こされたのも、この呪いの像が原因だった。常世が呪いを解いたと知った高時は、すぐに織部志摩の釈放を命じたという。（吉澤貞訳『日本の昔話と伝説』）

この話はスミスが隠岐に派遣した日本人の使用人から聞いたものと記されている。『日本の昔話と伝説』は一九〇八年にイギリスで出版されたが、日本での翻訳や再話の機会は多くなかった。したがって夜舟主も日本より海外で知られており、神話伝説事典の類では日本の大海蛇《シーサーペント》として紹介された例もある。（Jan Knappert『PACIFIC MITHOLOGY』）

黄泉醜女［よもつしこめ］

神話に登場する鬼女の類。

『古事記』は次のように語る。女神・伊邪《いざ》那美命《なみのみこと》は火の神・迦具土《かぐつち》を産んだ際に死亡

し、出雲国（島根県）と伯耆国《ほうきのくに》（鳥取県）の境にある比婆《ひば》の山に葬られた。男神・伊邪《いざ》那岐命《なぎのみこと》は死んだ妻を恋しく思い、黄泉国《よみのくに》に赴いた。しかし伊邪那美は既に黄泉の食物を口にしており（黄泉戸喫《よもつへぐい》）、その身には蛆《うじ》がたかり、頭に大雷《おおいかづち》、胸に火雷《ほのいかづち》、腹に黒雷《くろいかづち》、陰部《ほと》に析雷《さくいかづち》、左手に若雷《わかいかづち》、右手に土雷《つちいかづち》、左足に鳴雷《なるいかづち》、右足に伏雷《ふすいかづち》が生じていた。男神が驚き逃げると、女神は「吾に辱《はじ》見せつ」と怒って、黄泉醜女に追跡させた。男神が黒い蔓《つる》を投げると山葡萄《やまぶどう》の実となり、櫛《くし》の歯を投げればたちまち筍《たけのこ》が生えた。醜女たちがそれらを食べている隙に男神はさらに逃げたが、女神は八柱の雷神と千五百《ちいお》の黄《よ》泉軍《もついくさ》をも差し向けた。男神は現世と黄泉の境にある黄泉比良坂《ひらさか》まで帰ってくると、桃の実を投げつけ軍勢を退散させた。最後は女神自身が追いかけてきたが、男神は千引《ちびきの》岩《いわ》で行く手を遮り、夫婦離別の言葉を交わした。それ以来、現世では一日に一〇〇〇人が死に、一五〇〇人が産まれるようになった。伊邪那美は黄泉大神となり、比良坂を塞《ふさ》いだ岩は黄泉戸大神とも呼ばれた。比良坂とは出雲国の伊賦夜《いふや》坂であるという。（次田真幸訳『古事記』）

黄泉醜女は死の穢《けが》れの恐ろしさを擬人化したものなどと解釈される。伊賦夜坂の所在地は松江市東出雲町揖屋《いや》とされ、同町の揖夜神社は伊邪那岐命を主祭神とする。また、雲南市大東町遠所《えんじょ》の艮《うしとら》神社に配祀される神の一柱・湯坐志去日女命《ゆにますしこひめのみこと》は黄泉醜女だとの説もあるが、確定的なものではない。（『上代説話事典』、『島根の神々』）松江市佐草町や平田市奥宇賀にも黄泉へ通ずる穴とされる場所があった。（石塚尊俊『出雲・隠《お》岐《き》の伝説』）

頼太水［よりたみず］

島根県能義《のぎ》郡広瀬町比田（現・安来市広瀬町比田地域）に伝わる。

東比田川と西比田川の落ち合う所より上流の雌淵《めんぶち》あたりを稼ぎ場とする頼太・頼次という漆掻《うるしか》きの兄弟がいた。頼太はいつも淵の底に堆積した漆を掻き集めて稼ぎを増やしていた。雌淵には魔がいると伝わるため、頼次は兄を諫《いさ》めるために藁《わら》で作った大蛇を淵に投げ入れた。すると頼太は淵に飛びこんだきり戻ってこなくなった。人々は**藁蛇《わらへび》**が精を得て頼太を呑んだのだろうと噂した。数日後、大雨で淵は溢れ、大洪水が起きて広瀬領内は大混乱となった。例の藁蛇が海に出たのだろうと考えられ、この洪水は頼太水と呼ばれた。（『能義奥の民俗』、『出雲比田の民俗』）

『中陵《ちゅうりょう》漫録』や『咄《はなし》随筆』では、似た話が美作《みまさか》国（岡山県）の出来事とされている。

夜の学校の怪［よるのがっこうのかい］

山岸和彦『幽霊を見た！』にある、島根県から寄せられた恐怖体験に登場する妖怪たち。筆者命名。

体験者が小学校二年生くらいの頃、夜八時の学校へ忘れ物の連絡帳を取りに行った時のこと。用務員さんに事情を話して中に

入れてもらい、連絡帳を回収してトイレに立ち寄ると、大便所の下の隙間からボロボロの服を着たお婆さんが這《は》い出してきた。驚いて逃げると、廊下では無数のヒトダマが飛び、体育館への渡り廊下では骸骨に足首を摑《つか》まれた。一度気を失い、目覚めてから用務員さんに礼を言って学校を出たが、そのとき時計は八時前、先ほど出たばかりの用務員室も人の気配がなかったという。

鎧武者の怪［よろいむしゃのかい］

島根県能義《のぎ》郡伯太町（現・安来市伯太地域）に伝わる。

東八幡宮下に和田源太左衛門の墓と呼ばれる五輪塔があり、雨夜にここを通ると鎧武者がぼっと現れて人を驚かした。成仏できない武将の霊が夜ごと叫びを上げるのだと考えられ、墓を整備し供養すると出なくなったという。また、鎧井戸という井戸に石を投げこむと鎧が浮かぶともいわれた。（前田默耕『城下町之傳承』）

【ら】

龍宮の姫様［りゅうぐうのひめさま］

島根県知夫《ちぶ》郡浦郷村（現・隠岐郡西ノ島町）のある夫婦が見たというもの。

ある年の四月の凪《なぎ》の日、夫婦は海苔《のり》摘みに出かけ、色白で鼻筋の通った髪の綺麗な美女が、亀のようなものに乗って海上を滑りゆく姿を目撃した。気味悪くなり帰ったが、米屋の婆さん曰く、それは龍宮の姫様（乙姫）に違いないとのことだった。何十年かに一度、西の海が油を流したように凪いだ日は、龍宮の姫様が現世を見るため顕現するのだという。（『隠岐《おき》島の民俗』）

龍宮よりのお使者［りゅうぐうよりのおししゃ］

明治一七年（一八八四）七月二四日の『山陰新聞』にて報じられたもの。

七月二一日、島根県島根郡加賀村（現・松江市島根町加賀）の沖合で、長さ五、六尺、胴には銀色の斑紋、頭や尾には孔雀《くじゃく》の尾羽根のような飾りがついている魚が発見された。誰もその名を知らなかったが、ある古老は以前にも同じものが出現したことがあり、まさしく龍宮よりのお使者だろうなどと語った。松江で見世物にして儲けようと提案する者もいたが、大多数の村人はそんなことをしてはいなかる禍《わざわい》を被るか分からないと考えた。結局、怪魚は酒を飲ませて海に解き放たれたという。（『明治期怪異妖怪記事資料集成』）

これは現在リュウグウノツカイと呼ばれている魚類の漂着事例と思われる。この種の魚は珍魚とみなされ、その出現は各地で記録されてきたが、この事例のように明確

に竜宮の使者と扱って放生《ほうじょう》した例はまだ他に確認されていない。海亀や鮫などを神聖なものと捉え、酒を飲ませて海に帰す習俗は広い範囲でみられるものである。（寺西まさひろ「異類・リュウグウノツカイの怪異の諸相（発表資料）」）

醴泉［れいせん］

甘い酒の味がする泉。太平の世に湧き出るものとされ、吉兆とみなされた。

『文徳天皇実録』によれば、仁寿四年（八五四）一一月に石見国美濃郡（島根県）より醴泉が湧き、三日後に涸《か》れたという。このことを祥瑞《しょうずい》として、元号が斉衡《さいこう》に改められた。湧出地の地主である美濃郡大領・檜前淡海麻呂には正六位上が与えられた。（『六国史　巻七』）益田市美都町《みとちょう》宇津川《うづかわ》にある熊野権現神社の養老の滝が、この時の醴泉が湧いた場所とされている。（『石神さんをたずねて』）

【わ】

綿売三匁［わたりさんもんめ］

島根県美濃郡安田村（現・益田市安田地域）に伝わる。

元禄（一六八八〜一七〇四）頃、庄屋矢富家の西南曲がり角に、白と黒をだんだらに織った横縞《よこじま》の着物を着た、綿売りのような化物が「三匁」と叫びながら出ると噂された。これを封じるため、岩の上に石地蔵（矢富地蔵）を安置し、盆には接待をして、盛大に盆踊りを行うようになったという。（矢富熊一郎『安田村発展史　上』）

『安田村発展史』では「綿売三匁」には読みがながない。「ワタリサンモンメ」の読みは『綜合日本民俗語彙《ごい》』などに拠る。

渡り鼠［わたりねずみ］

島根県浜田市の高島で繁殖し、島民の生活に絶大な被害をもたらした野鼠。

鼠の繁殖は宝永七年（一七一〇）秋頃から始まり、翌年いっそう深刻化した。最初は三艘《そう》の船を伝って島内に侵入したもので、畑や山を荒らし、草木の根を掘るなどして島を荒廃させた。本居宣長『玉勝間』には、この鼠が人さえ食らう凶暴さを持っていたことが記されている。浜田藩に島の窮状が訴えられたが解決に至らず、最終的には島民全員が逃散《ちょうさん》、離島に至った。島民は鼠害《そがい》のあまりの執拗さに、小島に不相応な人数が集まり、放逸に暮らしたゆえ、祇園《ぎおん》明神の罰が下ったのではないかと恐れをなしたという。後に帰島した人々は、鼠害の鎮静化を神明の許しと捉え、生活再建に挑んだ。（矢富熊一郎『石見高島の秘話』）

COLUMN

中国地方の妖怪偉人02

妖怪に関する著作や功績があり、中国地方に縁ある人物といえば、まずは水木しげると小泉八雲が思い浮かぶことかと思う。中国地方には他にも、妖怪を知るうえで必ず行き当たる人物が数多くいる。彼らの功績を語るには紙幅が足りないため、今回はほぼ羅列するのみだが、まずは紹介してみよう。

まず民俗学分野においては、山口県の周防大島出身で、生涯をフィールドワークによる民衆生活の調査に捧げた宮本常一《みやもとつねいち》。島根県出身で、憑物《つきもの》の問題解明に挑み、神楽《かぐら》や鑪《たたら》製鉄に関する研究でも知られる石塚尊俊《いしづかたかとし》。この二名は外せないだろう。鳥取県の田中新次郎、坂田友宏、近藤喜博、島根県隠岐《おき》の野津龍《のつとおる》、岡山県の佐藤米司《よねし》、三浦秀宥《みうらしゅうゆう》、広島県の村岡浅夫、牛尾三千夫、山口県の松岡利夫なども、地域の伝説や民俗、芸能などの話題を調べるとよくお世話になる。広島県と縁が深い及川儀右衛門や、次のコラムで述べる岡山県の佐藤清明も重要人物だ。**下がり**などの岡山県の妖怪の報告者である時実黙水《ときざねもくすい》は考古学者で、木綿のワンピースを身につけた調査時のいでたちから「スカートのおじさん」と親しまれていた。

昔話の分野では、『日本昔話通観』などの巨大な成果がある稲田浩二が岡山県出身である。「立石おじさん」こと立石憲利《たていしのりとし》は岡山県を中心に厖大《ぼうだい》な民話を収集し、自らも語り部として活躍している。島根県の酒井董美《さかいただよし》と田中瑩一《えいいち》も山陰地方の主要な民話研究者だ。いずれも妖怪が出てくる民話を積極的に取り上げているため、中国地方の昔話から妖怪を探すとき非常に頼もしい。

昭和怪奇系児童書の挿絵画家の筆頭・石原豪人《いしはらごうじん》も島根県出身である。さすがに切りがないのでここで止めるが、怪異妖怪に関連して前線で活躍する研究者や創作者で、中国地方と結びつけて語れる人物はまだまだいる。ありがたいことである。

岡山県

赤牛に乗った仙人［あかうしにのったせんにん］

岡山県新見市に伝わる。

菅生村《すごうそん》の谷の奥にある「鳴滝」には仙人が住んでいた。仙人は人に見られることを嫌い、恐ろしい術を使うと噂されていたので、村人は滝に近づかなかった。だがあるとき牛飼いの「作ぞう」が牧草を求めて鳴滝を訪れ、真っ白な髪と髭《ひげ》を生やし、青白い衣をまとい、大きな赤牛に乗った仙人に遭遇した。仙人は作ぞうを呼び止め、自分がここにいたことは他言してはならないと言って滝を駆けのぼり去っていった。作ぞうは約束通り黙っていたが、仙人のことが気にかかって仕事も手につかない。やがて嫁に鳴滝での出来事をつい話してしまい、途端に息が詰まって死んだという。（『備北の伝説昔むかし　第一集』）

赤たま・青たま［あかたま・あおたま］

岡山県都窪《つくぼ》郡早島町宮山に伝わる。

吉備《きび》地方に勢力を誇っていた**温羅《うら》**の手下である二鬼。早島の鶴崎神社秋季大祭には子供が仮装した赤鬼・青鬼が現れて御神幸の先払いをするが、その起源がこれではないかという。（森川勘市「早島鶴崎神社秋季大祭」『岡山民俗』第七二号）

隣接する倉敷市茶屋町の秋祭りにも鬼が出る。これも早島や帯江からの移住者が持ちこんだ伝説が元になった風習といわれている。茶屋町の鬼たちは「鬼よボロボロ、ボロよボロボロ」と悪態をつかれ囃《はや》し立てられ、地団太を踏んで悔しがったり、子供を追い回したりする。（『わが町くらしき』）

海鬼・地鬼［あく・じく］

岡山県浅口郡大島中（現・笠岡市大島中）に伝わる鬼または悪賊。

神代《かみよ》、吉備《きび》の内海には海鬼・地鬼という悪者がいて、鬼ヶ島の窟《いわや》を根城に多くの部下を率いて渡航者たちを苦しめていた。また大島の正頭《しょうとう》には茂加留《もがる》、紀州には流火《るび》という悪者の一党などがいて、世は混沌《こんとん》を極めていた。あるとき鞆《とも》の浦（広島県福山市）の漁師の娘・美喜《みき》が海鬼の部下に攫われた。美喜の親は、**八岐大蛇《やまたのおろち》**を退治し出雲に平和をもたらした素戔嗚尊《すさのおのみこと》に娘の救出を懇願、尊は道中の悪者たちを退治しながら備後を目指した。そして弁当に吉備団子を作ってもらい、智謀に長けた留加《るか》、医術と地理に詳しい奴麻《ぬま》、力強く勇猛な志比《しひ》の三人を供として、さらなる悪党征伐へと動き出した。まず紀州へ渡って流火を平定した一行は、備前に戻って鬼ヶ島へ上陸する機を狙っ

た。やがて一行は鬼たちの油断を衝《つ》いて島に夜襲をかけ、敵を倒し、攫われていた女たちを救出した。素戔嗚との対決に敗れた海鬼は涙を流して先非を悔い、隠れていた地鬼も恐れをなして降参した。素戔嗚一行の船は帰還の途についたが、美喜の美貌に惹かれた鱶《ふか》が船を追いかけてきた。美喜は尊たちを守るため、海へ身を投げ鱶に命を捧げた。その後、素戔嗚は茂加留をも平定し、出発から七年後に鞆の浦へ戻ったという。(『増補大島伝説集』)

阿久良王［あくらおう］

岡山県倉敷市児島地方に伝わる鬼。

延暦年間(七八二～八〇六)、児島の由加《ゆが》山《さん》を根城にする阿久良王(阿黒羅王とも)という鬼の大将が、東郷太郎・加茂二郎・稗田《ひえだ》三郎なる家来を連れて田畑を荒らし、物や女を奪うなどの悪行を働いた。この噂は朝廷にまで届き、坂上田村麻呂《さかのうえのたむらまろ》将軍が鬼退治に派遣された。将軍は通生の浦へ来て、神宮寺八幡院で七日七夜の祈願をした後、わずかな家来を連れて由加山を目指した。道中、白髭《しらひげ》の老人が将軍一行を援助して導き、人が飲めば薬となり、鬼が飲めば毒となる霊酒を授けてくれた。やがて現れた稗田三郎と斬り合いになったが、将軍が由加大権現に祈ると鬼はすぐに降参した。三郎の案内で鬼の棲《す》み処《か》に着いた一行は、女の鬼に霊酒を飲ませ、寝入ったところを斬り殺した。すると阿久良王が太郎・二郎と共に攻めてきたが、七日にわたる戦いのすえに滅ぼされた。阿久良王は悪行の償いのため「由加大権現の使いとなり、人々を助ける」と誓って絶命し、首を刎《は》ねられると七五匹の白狐に変じた。鬼退治を全《まっと》うした将軍は神恩に感謝して本荘八幡宮や由加神社社殿を造営した。その後、氏子が盗難に遭うと、必ず七五匹の神狐が盗賊を探し出して、奪われたものを取り戻したという。

阿久良王退治の説話は蓮台寺や通生般若院の縁起にも記され、由加神社の霊験と共によく知られていた。(『おかやま伝説紀行』、『倉敷の民話・伝説』)

阿知麿様［あちまろさま］

岡山県倉敷市西阿知町に伝わる。

県道脇に立つ五輪塔(供養塔・墓として建立される石塔)で、室町時代末頃の作といわれ、古くから織物の神、足痛の神として祀られ、草鞋や鳥居が供えられてきた。神域では松の木も枝を出さなくなるほど力のある神様だといわれ、人に祟《たた》りをなした話も伝わる。ある人は塔を掘り返し、埋まっていた鐘を持ち帰ったところ酷《ひど》い頭痛に襲われ、またある人は境内の松を伐ると熱に燃えて死んでしまったという。阿知麿様は物を切ることやお堂に人が泊まることを嫌うとされる。(倉敷市ウェブサイト、『岡山県民俗資料調査報告書』)

穴場様［あなばさま］

岡山県児島市尾原(現・倉敷市尾原)に

伝わる。

　板之尾の穴場様（穴場神社）という祠《ほこら》は古くから痔《じ》の神様として知られ、多くの参詣者が訪れた。昔、酷《ひど》い痔持ちの人がどこからか痔の神様の御神体を貰ってきて、それを拝んでいるうちに痔が癒えたため穴場大明神として祀ったのが始まりだという。御神体は大きな蛇（蛇姫様）で、穴の中に祀られていたため穴場様の名がついたとされる。生神様と信じられていたが、ある年の山火事で焼け死んだとも噂された。しかし、焼け山から死んだ蛇は見つからなかったという。痔の神として篤《あつ》く信仰される一方、穴場様だから女の下の病気を治す神様で、男には縁のない神様ともいわれた。

　穴場様や穴場神社という神は各地で信仰され、下の病や婦人病に効験があると伝わる例が多い。（『岡山県性信仰集成』）

あまこ

岡山県美作地方北部などでいう田の害虫で、アリマキ（アブラムシの類）を指す。

　真庭郡美川村関（現・真庭市）などでは「あまこ送り」という虫追い儀式を行っていた。村人は虫食いの多い茄子《なす》やとうもろこしを持ち寄り、神主と共に村境へ行くと、これらを拝んで焼いた。落合町向津矢ではあまこ送りの際「あまこ様あ京上り、あとは稲が栄えた」と唱え、美川村余河内《よごうち》、古《ふる》市場《いちば》、木山村鹿田などでは「あまこ様あ京上り、愛宕《あたご》の山がはげる」と囃した。送り出されたあまこは京都の愛宕山に行くと考えられたことを示している。（三浦秀宥「作北の稲作伝承」『岡山民俗』第二号）

天の邪兒［あまのじゃこ］

岡山県勝北《しょうぼく》郡植月郷平《たいら》村（現・勝央町平）に伝わる。
　幸滝には石を畳み上げたかのような岩壁（畳岩）がある。これは古《いにしえ》の時代に天の邪兒が積み上げた岩で、指の跡が残っているという。（『新訂訳文　作陽誌』）
　天邪鬼が石を積み上げたという伝説や、その痕跡とされる場所は各地にある。稲田浩二編『岡山の民話』では、久米郡に伝わる「アマンジャクの星取り」の話が載る。美作国垪和《はが》の山中に棲む悪戯《いたずら》者のアマンジャクが星空を見て、美しく輝くソバマキ星（昴星《すばるほし》）を取ってやろうと考えた。両山寺山の頂上に垪和中の石を積み上げて高台を築いたが、星に手が届く前に鶏が夜明けを告げた。アマンジャクは癇癪《かんしゃく》を起こして地団太を踏み、石積みは崩壊したという。

あんこう

岡山県倉敷市呼松《よびまつ》に伝わる。

　呼松のあたりでは河童をアンコウとも呼んだ。**お化け人形**製作者の中田市男は、子供の頃「アンコウが尻子玉《シリダマ》を取るけん一人で泳ぐな」とよく言われたという。干潮時に干潟《ひがた》に出てくる魚もアンコウと呼ばれており、それが大きくなると河童になると思って石を投げていたという。（『立体妖怪図

鑑 モノノケハイ』）

闇夜の牛鬼［あんやのうしおに］

『玉櫛笥《たまくしげ》』「闇夜牛鬼」に登場するもの。

備前周匝《すさい》（岡山県赤磐市《あかいわ》）の城主に仕える黒嶋左近入道宗綱は、ある夜に本木七郎という侍の家の門前で朝日のように輝く怪光を目撃した。よく見れば、門内の桐《きり》の木の上に三歳ばかりの特牛《こというし》（壮健な牡牛）がいて、それが強い光を発していた。これこそ**牛鬼**だと思った宗綱が刀で刺すと牛は消えたが、同道していた中間《ちゅうげん》は光に襲われ気絶していた。本木家の主人は、かねてより魔法である韋都那《いづな》の術を学びながら、成就せず中途で止めていた。その影響か、家では灯火が歩く、切断された人の腕が出現する、家鳴り、天狗礫《てんぐつぶて》などの怪異が頻発していたが、牛鬼が退治されるとそれらも途絶えたという。（『新編浮世草子怪談集』）

挿絵には牛頭人身の牛鬼が顔面を激しく光らせる様子が描かれている。

いえんこう

岡山県川上郡備中町（現・高梁市《たかはし》備中町）に伝わる。河童、**猿猴《えんこう》**の類。

水中に棲息し、四、五歳の子供のような姿で頭に皿がある。皿に溜まっている水がなくなると力を失う。両腕は一本に繋《つな》がっていて、片腕を伸ばすともう片方が引っこむ。こうして手を長く伸ばし、人の尻子玉《シリゴ》を引き抜いて食う。人真似もよくする。イエンコウは田原のドウドウ淵や柳平のジュウズ淵などに棲んでいたといい、前北のタクリ淵では水底でタクリ（花笠につける五色の飾り布）を広げて子供をおびき寄せ、シリゴを抜くという。（『備中町史』）

猪笹王［いざさおう］

岡山県苫田郡鏡野町奥津に伝わる。

昔、功を経て背に笹が生えた大猪《いのしし》・猪笹王が田畑を荒らし、村人を困らせていた。武将の岡三郎が馬で猪を追い、至孝農で槍を投げつけたが、狙いはわずかに外れてしまった。馬は疲れ果てて倒れ、怒った三郎に樽ヶ瀬へ投げこまれ石と化した。猪は岡《おか》曽山《そやま》頂上付近に逃げ、三郎は力尽きて死んだ。それを知った三郎の妻は「あらかわいや」と言って入水した。その場所が荒川で、人々は妻を悼んで荒川神社を建てたという。（『苫田郡史』、『鏡野町伝説紀行』）

猪笹王という大猪の伝承は和歌山県のものが著名で、兵庫県にも類例がある。（『日本怪異妖怪事典　近畿』）これらが岡山にも波及したのではないかと思われる。

異星人のボディーガード［いせいじんのぼでぃーがーど］

昭和四九年（一九七四）一一月、岡山県岡山市の女子校・岡山就実《しゅうじつ》高校二年生の美術部員が目撃したというもの。

ある夜、四人の部員がデッサンを終えた頃、変則的な軌道で飛ぶ星のような円盤が現れた。その後、部員の一人が自転車で下

校中、不審な自動車が尾行してきた。車は時折ゴーンと謎の機械音を発し、蠟《ろう》の上を滑るような奇妙な走り方だった。帰宅して家の中に入ろうとしたとき、車内の人物が身を乗り出すように彼女を見てきた。それは坊主頭で、目の窪《くぼ》みには眼球がなく、口もなく、顔にあるのは鼻だけだった。肌はサンオイルでも塗ったようにヌメッとしており、生ゴムのような質感だったという。女子生徒はこの時こそ怪人物が異星人だとは思っていなかったが、それから一ヶ月間ほどＵＦＯのようなものにつけられたという。（『岡山に出現したＵＦＯ』）

磯良〔いそら〕

上田秋成『雨月物語』巻之三「吉備津《きびつ》の釜」の登場人物。

吉備国賀夜郡《かやのこおり》庭妹《にいせ》の里（岡山市北区庭瀬）に暮らす井沢庄太夫の息子・正太郎に、吉備津神社の神主・香央造酒《かさだみき》の娘・磯良との縁談が持ち上がった。神社では結婚に先んじて、吉凶を占う「御釜祓《おかまばら》いの儀」が行われたが、儀式中に吉瑞《きちずい》を告げる釜鳴《かまなり》はなかった。それでも嫁いだ磯良はよく働き、心を尽くして夫や舅《しゅうと》姑《しゅうとめ》に仕えた。だが世に稀《まれ》な放蕩《ほうとう》者の正太郎は磯良を捨て、身請けした遊女・袖と駆け落ちしてしまった。磯良は夫の裏切りを怨み、嘆くうちに病の床に臥《ふ》せ、やがて死んだ。播磨国印南野《いなみの》（兵庫県）に逃れた正太郎と袖のもとには磯良の霊が訪れるようになった。袖は霊に憑《つ》かれて苦しんだ末に命を落とし、正太郎の前には病んで恐ろしげな形相の磯良が現れ、彼への復讐《ふくしゅう》を誓った。相談を受けた刀田の陰陽師は、磯良の四十九日が過ぎるまで厳重に物忌《ものいみ》して過ごすよう指導した。正太郎が護符で門戸を閉ざし物忌に入ると、怨霊は屋内に入れず、毎夜外で激しい恨みと憤怒《ふんぬ》の声を上げた。ついに最後の一夜が明け、空が白んできた頃、正太郎は喜んで外へ出たが、その途端に絶叫して姿を消した。実は夜はまだ明けておらず、家の外には血痕と正太郎の髻《もとどり》だけが残されていた。人々はこの出来事を通して、凶兆が現実となる御釜祓いの尊さを語り継いだという。（青木正次『雨月物語　全訳注』）

吉備津の**鳴釜**神事に着想を得て書かれた怨霊譚《たん》。最後の夜に霊が偽の夜明けを見せて恨む相手を誘い出す展開は、後の怪談作品や民話でもよく用いられた。

いながわ丸の幽霊〔いながわまるのゆうれい〕

岡山県邑久郡牛窓町（現・瀬戸内市牛窓地域）に伝わる。

明治二四、五年頃（一八九一〜九二）、黄《き》島《じま》の沖で客船いながわ丸が沈没し、多くの犠牲者が出た。その後、沖浦一帯には毎夜大小の人魂が飛び交い、人々を恐怖させた。だが、東町の吉川某、通称ドテカミという奇人はあえて人魂《ひとだま》の出没地帯に漁網を張った。彼は明治の世でも髷を結ったままの、恐れ知らずのどぶてぇ大男で、人魂が飛んでも一笑に付し「成仏したかったら姿を現してみい、俺が成仏さしてやるわい」と挑

発した。すると人魂は無数の幽霊になって漁船の周囲に集まったため、流石のドテカミも恐れをなして数日でこの場での漁をやめたという。およそ一年後、牛窓の僧たちが供養をしてからは人魂も出なくなったという。（刈屋栄昌『牛窓夜話　前編』）

犬護法・烏護法 ［いぬごほう・からすごほう］

岡山県久米郡地方で信仰された護法善神（仏法守護の神）で、祭事において人に憑《ひょう》依《い》する神霊と考えられた。

美咲町の両山寺などでは天下泰平や五穀成就を祈る護法祭を行う。このとき護法善神が憑《つ》く男を護法実《ざね》、護法種《だね》と呼び、この者に摑《つか》まれたり押し倒されたりすると三年以内に死ぬともいう。護法は憑依時の「飛び方」により犬護法と烏護法に区別され、前者は犬のように低く前へ飛び、後者は上に高く飛ぶという。両山寺や中央町和田北の一之宮八幡宮は烏護法、久米南町《くめなんちょう》の清水寺や両仙寺は犬護法だとされる。伯耆《ほうき》大山の狗賓《ぐひん》（天狗）が加茂川町の本宮山《ほんぐうざん》を経て両山寺境内の二上杉に飛来するという伝承もあるため、両山寺の護法は天狗護法だともいう。（和歌森太郎編『美作《みまさか》の民俗』）

犬みたいなもの ［いぬみたいなもの］

岡山県川上郡備中町湯野（現・高梁市備中町湯野地域）に伝わる。

昔、八幡様の近くの堤にはよく犬みたいなものがいて、通る人をじっと睨んでいたという。あるお爺さんがその獣に石を投げて追い払ったところ、帰る際には大きな地響きが聞こえ、怪物が追いかけてくるような気がしてならなかった。お爺さんはその後、気が変になってしまったという。（『民俗採訪』昭和三六年度号）

うきき

岡山県勝田郡勝田町梶並《かじなみ》（現・美作《みまさか》市）の語り手による**桃太郎**の昔話に登場するもの。桃太郎の実母とされる。

一〇〇〇年に一度甲羅を干しに出る海亀が、浜で人間の女の子を産んだ。その子はお婆さんに拾われ、ウキキと名付けられ育てられた。並の人間より早く、良い娘に成長したウキキは、山影《やまかげ》中納言の奥女中となった。聡明な彼女は中納言の寵愛《ちょうあい》を受け懐妊したが、本妻に嫉妬され、不義の疑いをかけられ家を追放された。ウキキは大仙山の仙人に助けられて男児を出産し、阿弥陀様のような神様となった。後に中納言が山を訪ねてくると、ウキキは男の子を桃に入れて川へ放り投げ、その子がいずれ鬼を退治し、宝物を中納言に進ぜると予言して去ったという。（立石憲利編『鳥呑み爺』）

『今昔物語集』には中納言藤原山蔭が助けた大海亀から報恩を受ける話があり、本話の原型と推察される。また、ウキキの名は『涅槃経《ねはんぎょう》』などにある「盲亀浮木《もうきふぼく》」から採られたようだ。一〇〇年に一度水面に上がる盲目の老海亀が、ようやく浮木に遇《あ》ってその穴に入るという喩《たと》え話から転じ、きわめ

て出合い難い、滅多にないことを指す。

宇治の婆さん［うじのばあさん］

岡山県笠岡市の北木島《きたぎしま》に伝わる。

無人島の宇治島（広島県福山市）には、宇治の婆さんがいて人を襲った。ある人が宇治島で水を汲《く》んで船に戻ると、宇治の婆さんが追いかけてきて船に手をかけた。その正体は大蜘蛛《ぐも》だといわれている。（『笠岡諸島の民俗』）

鰻田の鰻［うなぎたのうなぎ］

岡山県真庭郡落合町（現・真庭市落合地域）に伝わる。

鰻田という地名は、ここを五流山伏（天台修験の一派）が馬に乗って通ったとき、馬が鰻に引っぱりこまれたことが由来だとされる。その馬の耳が化け変わり、耳のある鰻になったという。（湯浅照弘『岡山県漁業民俗断片録』）

乳母の怪［うばのかい］

岡山県御津郡地方に伝わる。

ある分限者のお嬢さんの乳母は、丑《うし》三つ時になると家を抜け出し、髪を乱し足元を濡らして帰ってくる。そして、お嬢さんをぴちゃぴちゃと舐《ねぶ》るのであった。異変に勘づいた家人もいたが、朝には普段通りの身なりになっているので咎《とが》められずにいた。

ある晩、キャッという声が聞こえたので家人が娘の部屋へ行くと、そこには娘も乳母もおらず、ただ障子に「鬼ならば食うけれど、ねぶり廻すは、はなしなりけり」と書かれていたという。（『御津郡昔話集』）

海狼［うみおおかみ］

岡山県哲多《てった》郡釜村（現・新見市）に出現した怪獣。明治一六年（一八八三）四月一三日の『朝日新聞』で報じられている。

三月、田の原の農家が飼っていた牛二頭が小屋を脱走し、翌日ばらばらに裂かれた死骸となって発見された。発見者はこれを猛獣の仕業とみて触れを回し、近傍一〇ヶ村の五百数十人で山狩りを決行した。やがて繁みの中から大きさは子牛ほど、眼を日月のごとく輝かせた猛獣が出現した。口は耳まで裂け、牙をむく様子は狼に似て非なるものだった。獣は鉄砲で撃たれると千屋《ちゃ》村の大滝山へ逃げ、行方を晦《くら》ませた。その翌日、捜索隊に再び発見されて暴れ回ったが、雨霰《あめあられ》のごとく銃弾を浴びてついに死亡した。獣の体毛は青黒く、足の指には水かきがあり「海狼だろうか」と噂された。（『明治期怪異妖怪記事資料集成』）

温羅［うら］

吉備津彦命《きびつひこのみこと》に退治された鬼。岡山県の伝説でも特に有名なものとして語り継がれ、**桃太郎**の鬼退治譚《たん》の原型ともいわれる。

第一〇代・崇神《すじん》天皇の時代。百済《くだら》から来た温羅という鬼が吉備国の新山（吉備郡阿

曽村。現・総社《そうじゃ》市）に鬼《き》の城《じょう》を造り、そこを拠点に暴虐の限りを尽くしていた。四道将軍の一人として西道に派遣された吉備津彦命は吉備の中山に宮を建て、片岡山には石楯を築いて決戦に備えた。あるとき臣下の楽楽森舎人《ささもりとねり》が温羅の配下を殺したのを契機に、ついに鬼との大合戦が始まった。鬼の軍は恐るべき変化の術を駆使して襲い来るが、兵士たちは弓矢で勇敢に戦った。やがて住吉明神の牧童が現れ、鬼を滅ぼすには二筋の矢を一度に放つべしと助言を与えた。吉備津彦命が二本の大矢を射ると、一つは敵方の矢と食い合い、もう一つが温羅の胸に命中した。負傷した温羅は鯉に変じて川へ逃げたが、鵜《う》に変じた吉備津彦命に咥《くわ》え上げられ、とどめを刺された。温羅の猛威は死してなお残り、その始末が吉備津神社の**鳴釜**《なるかま》神事の由来となる。なお、時代は垂仁天皇の頃、温羅が射られたのは左目といったように、資料により異同もある。

　吉備郡の地名、史跡の数々は吉備津彦と温羅の戦いの経過を今に伝える。温羅の拠点・鬼ノ城に始まり、鬼が巨大な釜で人畜を煮た鬼の釜、吉備津彦が矢を置いた矢置岩、矢が温羅の投石とぶつかり落ちた矢喰《やぐいの》宮《みや》、矢を受けた温羅の血が流れた血吸《ちすい》川ほか、伝説地は非常に多い。（『岡山県伝説読本』、『生きている伝説』）

　文献上、温羅という名は『備中誌』の吉備津宮縁起など、江戸時代後期頃から現れ始める。それ以前には**剛伽夜叉**《ごうきゃやしゃ》や**吉備津冠者**が登場していた。温羅は吉備津神社で祭祀される艮御崎《うしとらみさき》のうとらが結合した名前ともいわれる。『梁塵秘抄《りょうじんひしょう》』神歌の部に「一品聖霊吉備津宮（略）丑寅《うしとら》**みさき**は恐ろしや」とあり、その霊威に対する崇敬がうかがえる。備中地方の御崎社の大半はこの丑寅みさきの勧請《かんじょう》だとされる。ウラではなくウンラと発音する人もおり、神楽において鬼が名乗りを上げるとき「己《うん》らは――」と発声したことが由来とする説もある。（三浦秀宥『岡山の民間信仰』、中山薫『温羅伝説』）

烏帽子岩の大蛇 ［えぼしいわのだいじゃ］

岡山県倉敷市玉島に伝わる。

昔、沙美《さみ》の西端、上水尻あたりにとてつもない大蛇がいて、夜に山中の烏帽子岩に姿を現しては瀬戸の海を眼光鋭く睨《にら》みつけていた。沖を行く汽船や帆船の乗組員は、もし陸の方を向いたとき大蛇の光る眼を見てしまうと、たちどころに悪寒と戦慄《せんりつ》をおぼえて三日は高熱にうなされると恐れた。松の大木のような巨体を引きずり叢を散歩する大蛇を見た人もいた。やがて大蛇は海に入って下水島方面へ渡り、烏帽子岩近辺には現れなくなった。鎌首をもたげ、波を切って泳ぎ去る姿は実に壮観だったという。（森脇正之編『倉敷の民話・伝説』）

円都 ［えんいち］

『善悪業報因縁集』巻之五にある説話に登場する座頭《ざとう》。

備前国岡山城下の井関町に暮らす円都は琵琶・琴・三味線の大名人で、数多くの弟子がいた。その中には一五歳の娘がいて、円都は彼女に恋をしたが想いは届かず、重い病の床に就いた。円都が焦がれ死んだのと同時に娘の指は動かなくなり、琴三味線から縫物まで一切のことができなくなった。医者に診せても原因不明だったが、娘はふと師の執心を思い出し、家族と共に十句観音経の読誦《どくじゅ》を始めた。すると夢に円都が現れ、恨みから悩ますのではなく、ただ死してなお執心が止まないのだとうち明けた。しかし経の功徳で迷いも晴れ、夢から覚めると娘の指は治っていたという。（西田耕三校訂『仏教説話集成　二』）

円珠院の人魚「えんじゅいんのにんぎょ」

岡山県浅口市鴨方町《かもがたちょう》六条院西の円珠院が所蔵する「人魚のミイラ」とされる遺物。

大きさは約三〇センチで「人魚干物」の書付と共に箱に納められていた。歯や爪、毛髪を具《そな》え、下半身の魚の部分には鱗《うろこ》がある。寺が譲り受けた経緯は不明ながら、江戸時代に土佐で漁網にかかり、大阪に売られたものを備後福山の小島家が購入、明治期に人手に渡ったとの由来書がある。

令和四年（二〇二二）、倉敷芸術科学大学はこの人魚を多面的に調査するプロジェクトチームを結成、CTスキャンによる構造分析などを実施した。円珠院の柆田宏善住職は「アマビエと人魚が重なる部分もあり、コロナ禍を収める力になればと念じてまっている」とコメントした。（「「人魚ミイラ」正体を科学分析」『山陽新聞デジタル』二〇二二年二月二二日）

おいつき様「おいつきさま」

頭屋《とうや》（氏神の祭りの準備などを担う奉仕役の当番）の守護神で、御斎様、追月様、御伊都岐様などと書かれる。岡山県美作地方から備中北部にかけて多く見られる信仰。おいつき様、あるいはその使者である**おやてい様**の多くは狐か狼などの動物と考えられている。頭屋には穢《けが》れを避け身を清めるための色々な条件が設定され、屋敷付近に新しく祠《ほこら》を建てること、そこに小動物の出入口を施すことも求められる。（『荒神とミサキ』、『中国地方における民俗の地域性』、『岡山の民間信仰』）

落合町上河内（現・真庭市）の熊野神社末社の斎社に奉納された承応三年（一六五四）の斎神の銅板絵馬には、口が狼のように裂け、耳が猪《いのしし》の子のように垂れ、尾が巻き上がった獣の姿がある。（和歌森太郎編『美作《みまさか》の民俗』）真庭郡勝山町横部（現・真庭市）の一宮《いっきゅう》神社のおいつき様は農耕の神で、霊験あらたかながら極めてやかましい性格で、祟《たた》りやすいとされる。境内の鶏はおいつき様を恐れ、供え物の米がこぼれていても食べないという。ある人がこのおいつき様に願をかけると、六日目の夢に大きな尻尾の狐が現れ、脛《すね》の傷を撫でてくれた。すると医師も見放していた足が動くようになったという。（荒木祐臣・佐藤米司「おい

つきさま」『岡山民俗』第三四号）

おいま

岡山県倉敷市本町に伝わる。

江戸時代の中頃、大島屋という金持ちの家で甘藷《さつまいも》が一つ失くなった。盗みの疑いをかけられた下女のおいまは激しい折檻《せっかん》を受け、その処遇は実の父親に委ねられた。父は娘の首を切って大島の主人に持たせ、自らも腹を切って死んだ。その後、甘藷は親類の者が持ち出したもので、おいまの罪は濡れ衣だったと判明した。主人はおいまを葬ったが、家の裏にある井戸から毎晩のように幽霊が現れて夢枕に立った。主人は恐怖から発狂して死亡、やがて家は絶えた。おいまの幽霊は夜な夜な「ひい、ふう、みい、よう」と芋の数を数えたとされる。（太田忠久・水藤春夫『岡山の伝説』、立石憲利『岡山の伝説』、角田直一『岡山にみる伝承のうそとまこと』）

殺された下女は備前天城《あまき》の士分の娘・おたねだったともいう。疑われたおたねは苦悩し、汐入川（倉敷川）に身を投げて死亡し、父親は「たねを返す」と言って大島屋に娘の生首を持参したという。村人たちはおたねを哀れみ、「お種大明神」の小祠を建てて祟《たた》りを鎮めたという。（『岡山県伝説読本』、『倉敷の民話・伝説』）

大きなうんこ［おおきなうんこ］

いわゆる「形式譚《たん》（内容自体にほとんど意味はなく、言葉や語り方の面白さが興味の中心をなす昔話）」の一種で、岡山県笠岡市小飛島での採集例が『東瀬戸内の昔話』（柴口成浩・仙田実・山内靖子編）に載る。

昔、橋の下に四斗樽《だる》ほどもある大きなうんこが流れてきた。ある男は「こりゃ珍しい」と、それを見世物にするべく持ち帰ろうとしたが、居合わせた他の男はこう言った。「やめとけ。こんなもの拾《ひろ》ようたら、どんな尻が流れてくるかもしれんぞ」

流れてきたうんこも、それをひり出したと想像された尻も、尋常な大きさではなく笑いを誘う怪異である。

おおせさん

岡山県笠岡諸島の真鍋島に伝わる。

庄屋の家に何代も前から棲みついていたオオセサン（大蛇）は、主人から「女子供の前にその姿を見せるな、今後二度と現れるな」と言いつけられて行方を晦ませた。後日、村人が藻葉《もば》を採るために舟を出したとき、海上で四斗樽《だる》ほどもある大海蛇に遭遇した。それは問島の方へと去り、庄屋はその後みるみる貧乏になったという。

この蛇は島全体の守り主とも考えられ、島民に対して「かなわん時は一度だけ助けてやる」と言っていた。その言葉通り、金《こん》毘羅《びら》参りの舟が佐柳島《さなぎしま》付近で難破した際には、島民を胴に乗せて救出してくれた。ただし、おおせさんに祈らなかった一人だけは蛇の姿が見えず、ついには死んでしまったという。（『笠岡諸島の民俗』）

大なめそう [おおなめそう]

大蛇。単にナメソウとも。**なめら筋**などの魔道を通る魔物の一種と考えられた。

岡山県久米郡久米南町《くめなんちょう》では数多くのオオナメソウの目撃談がある。中田川にかかるどんどん橋あたりにオナメソウが出るとか、山に木を伐りに行ってオオナメソウを見て怖くなり、何日も寝こんだなどという話が伝わる。中籾の西にある田尻池（鶴田《たつた》池《いけ》。岡山市北区三明寺《さんみょうじ》）にもオオナメソウがいて、大蛇がうねったように葦《あし》が倒れていることがあるという。雨上がりの霧が出ている時にうかうか田尻の方へ行くと、オオナメソウが毒の霧を吹きかけ、人の体を痺《しび》れさせて飲みこんでしまうといって外出を戒めた。（『久米南町の民話』）

岡山上空の飛行物体 [おかやまじょうくうのひこうぶったい]

昭和三三年（一九五八）、岡山市の岡山就実《しゅうじつ》高校の教師が見た未確認飛行物体。

天文部の生徒たちからＵＦＯの目撃情報を聞いた教師のＨ氏は、その内容を整理して『空飛ぶ円盤情報』に寄稿した。その後「またＵＦＯが見たい」と思って空を仰いでいると、深夜、ボーッとした青白い発光体が空に現れた。それは直線的な軌道を描き、数秒で消えてしまったが「本物のＵＦＯなら、今一度」と念じて空を見続けていると、別の位置に再び現れたという。

ＵＦＯに関心ある者がＵＦＯ遭遇体験をする＝ＵＦＯは観測者の意思に反応するものという考え方が読み取れる事例のひとつ。（天宮清『日本ＵＦＯ研究史』）

異星人のボディーガードも参照。

おけつ

岡山県に伝わる出産にまつわる妖怪（産怪）。血塊《けっかい》などの類。

お産の際には注意しないとオケツという怪物が生まれることがあるという。岡山市では、その形は亀に似て背に蓑毛《みのげ》があり、胎内から出るとすぐに縁《えん》の下へ駆け込こもうとするとされた。早く殺してしまえばよいが、もし殺し損ねると、産褥《さんじょく》の真下へ来て産婦の命を絶つという。

昔、小田郡金浦町（現・笠岡市）のある女がオケツを産んだという。それは角の生えた鬼で、胎内から出るとすぐ床下へ駆けこんだという。小田郡の別の女が産んだオケツは小さな蛇で、お産に立ち会った人々に殺されそうになると「五月まで命を助けてくれ」と言った。そこで箱に入れて飼っていると、次第に大きく成長し、五月の雨の日に姿を消したという。（桂又三郎『岡山県妊娠出産習俗』）

類似した怪異は血塊、けっけなどと呼ばれ、関東地方でも伝承が確認されている。（『日本怪異妖怪事典　関東』）

お笹のおいち [おささのおいち]

岡山県英田郡英田町尾谷（現・美作《みまさか》市尾

谷）に伝わる。

簗瀬《やなせ》という寂しい笹藪《ささやぶ》の傍の細道には、夜な夜な小股の切れ上がった美女が現れて若い男を美声で誘うと噂されていた。その気になった男は話しこんでいるうちに睡魔に襲われ、我に返ると真っ裸でひとり道端に寝転んでいるという。尾谷一の力持ちで色男と評判の鶴八もこの美女に出会い「私はおいちという女です、一人で住んでいますが今夜とっても淋しいの。話相手になってくださらない」と誘惑された。鶴八がきつね寿司を出すと、おいちは大好物に目の色を変えた。すかさず「化け狐め正体を現せ！」と一喝して提灯を突き出すと、暗闇の中に白狐の顔が照らし出された。狐は一目散に逃げ、それからは簗瀬に美女は現れなくなったという。（『英田町の民俗』）

おさん狐［おさんぎつね］

岡山県邑久郡長船町（現・瀬戸内市長船町）に伝わる。

あるとき、四国から渡ってきた瓦職人の妻に狐が憑《つ》き「わしは桂山のオサン狐である」と口走った。これを落とすために宮下の小四郎さんという法者が呼ばれたが、狐は「京都の伏見の稲荷様へ行《い》て修行してきたから、今度はなかなか落ちんぞ」と抵抗する。小四郎さんが備前市鶴見の大蔵院という法者を呼び、二人がかりで祈禱《きとう》したところ、狐は「苦しゅうなったから、もう帰る」と言い、桂山の池に油揚げを供えるよう求めて去ったという。（立石憲利『風呂場ばなし』）

おさん狐［おさんぎつね］

岡山県和気《わけ》郡和気町に伝わる化け狐。

田原下の峠集落上の墓場に棲む狐で、娘に化けるのを得意とし、人をよく騙《だま》した。あるとき本村《ほんむら》のきえもんさんが峠集落の先の畑で、落ちている金を拾う隣家の娘に出会った。きえもんさんも袂《たもと》がいっぱいになるまで金を拾って帰り、満足して就寝したが、翌朝見ると金は石ころや欠け茶碗に変わっていた。騙されたと思い隣家に怒鳴りこんだが、娘は畑になど行っていなかった。おさん狐に化かされていたのである。

和気町では荒神谷という場所にもおさんという狐がいたとされ、人に憑いた話が伝わっている。（『ふるさと和気　民話編』）

おさん狐［おさんぎつね］

岡山の万成峠《まんなりだわ》（岡山市北区万成地区）に出たという化け狐。「佐治《シャジ》の九助」という頓智者が活躍する昔話に登場する。

九助は村人たちにそそのかされ、万成峠で人を騙《だま》す山陽道一の化け狐・おさんを退治しに行った。九助は峠で老婆に化けたおさん狐に出会ったので、口車に乗せ、米袋に入れて捕獲した。だが、村人から賞金をもらった後には逃がしてやった。狐は仕返しのため九助宅に忍びこみ、神棚の大黒様に化けた（**似せ本尊**）が、九助の「うちの大黒さんは、わしが帰ったらいつもニコッ

と笑われる」などの嘘《うそ》にひっかかって正体がばれ、散々に懲らしめられたという。（稲田浩二編『岡山の民話』）

お園の焦がれ松［おそののこがれまつ］

岡山県倉敷市児島に伝わる。

平家一族が海に没して間もない頃。平家の落武者だという若侍が本島の福田浦に辿《たど》り着き、お園という娘と恋仲になった。お園は福田小町と賞される美人で、村の若者の憧れの的だった。ゆえに若侍は若者たちの嫉妬を買い、潮干狩りに連れ出された際に浅瀬に取り残され、満潮と共に波に攫《さら》われて行方不明になった。お園は浅瀬が見える丘の一本松に登り、毎日必死に彼の名を呼んだ。しかし若侍は帰らず、叫び続けたお園は血を吐いて死んだ。松は「お園の焦がれ松」の名で後世に伝えられ、傷をつけると血が出てくるといわれた。（森脇正之編『倉敷の民話・伝説』）

乙ヶ瀬の鰻［おとがせのうなぎ］

岡山県上房《じょうぼう》郡賀陽町《かようちょう》（現・吉備《きび》中央町賀陽地域）に伝わる。

小夜谷川（佐与谷川）上流に弥屋が淵があり、さらにその上に乙ヶ瀬淵という深い滝壺があった。日照り続きの年、ある男が乙ヶ瀬淵で大きな鰻を捕まえると、久々の雨が降りはじめた。弥屋が淵まで引き返すといっそう雨が激しくなり、淵の底からは「乙ヶ瀬、乙ヶ瀬、どこへ行くぞ」と呼ぶ声が聞こえた。すると桶《おけ》の鰻が「悲しや、雨を飲んだばかりに、鍋が淵へ行く。弥屋が淵、もはやこの世の別れじゃ。名残惜しい」と応じた。男は桶を捨てて逃げ帰ったが、三日間高熱を出して寝こんだという。（土井卓治『吉備の伝説』）

この出来事の後、旱魃《かんばつ》の際には乙ヶ瀬淵を埋めると大雨が降るといわれた。寛政元年（一七八九）に雨乞いで淵を埋めた際には見事に大雨が降り、玉島（倉敷市）あたりまで洪水になった。天保一〇年（一八三九）の旱魃の折にも淵は埋められたが、このときは効果がなかったという。（『岡山「へその町」の民話』）

兄弟星［おとでーぼし］

岡山県浅口郡六条院町（現・浅口市六条院地域）などに伝わる。

昔、三人の子と母親がいたが、鬼婆に母と子一人が食い殺されてしまった。二人の兄弟は逃げ出し、天道《てんとう》様に助けを求めた。すると天から鉤針《かぎばり》つきの鎖が下りてきたので、二人はそれに摑《つか》まって昇天し、星になった。追ってきた鬼婆も天から縄を下ろしてもらったが、それは腐った縄で、鬼婆は唐黍《とうきび》畑に墜落して死んだ。唐黍の茎や葉につく赤い斑点は鬼婆の血の跡だという。

兄弟の星はさそり座の二つ星、ラムダとイプシロンだとされている。この種の話は「天道さん金の鎖」などと呼ばれて全国的に伝わるもので、兄弟が化した星が特定の

実在する星として語られる場合もあったようだ。（野尻抱影『日本の星』）

鬼が雪隠で饅頭食う ［おにがせんちでまんじゅうくう］

「雪隠《せっちん》で饅頭」とは、空腹を満たすのに場所にこだわらないこと、または人に隠れて自分だけ良い思いをすることのたとえ。

岡山県勝田郡などではごく短い民話として「鬼がせんちでまんじゅう食う」というだけの「あまい、くさい、きょうとい（怖い）」話が語られていた。（岡山民話の会編『岡山の民話』）このような一口話、なぞなぞの類は各地に伝わっている。

お花 ［おはな］

岡山県津山市の徳森神社などで祀られる女性の名で、非業の死を遂げ祟《たた》りをなしたという伝説が残る。

津山藩家老・原十兵衛の屋敷に奉公していたお花は、美しく賢く主人に忠実であった。だが、あるとき主の幼子が縁側から落ちて死んでしまい、お花は激怒した奥方に責め殺された。その後、祟りで屋敷が鳴動し、家人が奇病を患ったり気が狂ったりしたため、邸内に祠《ほこら》を建ててお花の霊を祀ったという。祠は明治時代に徳森神社境内に移され、末社の阿花《おはな》善神社となった。

別伝におけるお花は家老からの寵愛《ちょうあい》を一身に受けた妾《めかけ》で、嫉妬した奥方が彼女を殺害し、えぐり取った陰部を家老の食事の吸物に入れたという。これは新見藩家老・大橋家の話として語られ、お花観音が新見市の雲居寺に祀られている。津山に伝わっていた話が藩主の新見移封に伴って語り継がれたものではないかという。（「怪談お花観音の由来」『岡山民俗』第一六号、土井卓治『吉備《きび》の伝説』）

大橋家の屋敷跡に建てられた思誠小学校の児童は、天井にいくつもある黒い染みを「お花幽霊の足跡」だと噂した。屋敷の井戸を埋める際には、井戸の蓋に使われていた石の柱が折れて工事が遅れたといい、これもお花さんの霊の意思ではないかと囁かれたという。（『生きている伝説』）

小原駅の怪 ［おばらえきのかい］

岡山県久米郡久米南町《くめなんちょう》に伝わる。

津山線の小原駅は墓跡に建てられた無人駅で、数々の怪異が起こるという。客の乗降時、特に夕方や夜間は火の玉やお化け、幽霊が出ると噂された。無賃乗車する者を見て幽霊だと言ったのではないかとも語られている。（『久米南町の民話』）

お春みさき ［おはるみさき］

岡山県上房《じょうぼう》郡有漢町（現・高梁《たかはし》市有漢地域）に伝わる**みさき**の一種。

昔、金倉の某氏が松山藩士の末裔《まつえい》の娘・お春を養女にした。お春はすこやかに成長して一八歳になったが、養母に養父との不倫を疑われて責められるようになった。これを苦にお春は首を縊《くく》って自ら命を絶って

しまう。以後、村では不幸が続き、人々はお春の祟《たた》りだと考えて、半明《はんみょう》の荒神社の前に祠《ほこら》を建てた。そして命日である旧正月二四日にはお春みさきの祭を行い、その霊を慰めたという。（『有漢の民俗』）

お万の尻はぐり ［おまんのしりはぐり］

「お万の尻はぐり」という子供たちの遊び（互いに相手の着物の裾をめくり、お尻をはぐる）の由来として伝わるもの。

岡山の磨屋町《とぎやちょう》（岡山市北区）、東林寺の裏の墓地にて、お万という娘が小用を足していた。墓地の巣穴で昼寝をしていた狐はお万の気配で目を覚ました。そして彼女が尻をはぐって放尿するさまを目撃し、驚きと喜びを覚えた。それ以来お万は狐憑《つ》きとなり、墓地へ行き、お尻をはぐってはうろつき回るようになってしまったという。（佐藤静夫「お万の尻ハグリ考」『岡山民俗』第四一号）

おみき

岡山県久米郡柵原町（現・美咲町柵原地域）に伝わる。神社の宮司または悪人の妻のおみきが非業の死を遂げて祀られるという伝説があり、死霊の出現が語られる場合もある。

文政二年（一八一九）、藤原にタジマという乱暴者がいた。その所業に手を焼いた庄屋は、処罰されないよう手を回すと約束して、妻のおみきに夫の殺害を依頼した。おみきは他の男たちに頼んでタジマを酔わせて殺したが、後に一人の男が犯行を自白した。庄屋は遁走《とんそう》し、おみきは弓削の代官所に捕らえられ、磔《はりつけ》にされ竹槍で殺された。おみきは最期に「庄屋を絶やしちゃる」と言い残し、言葉通り庄屋の家は滅びた。その後一〇年ほどは、夜になるとおみきが良い声を出し、下駄をカラッカラッと鳴らして歩く音が聞こえ、人々は恐れて外に出なかったという。（『やなはらの民話』）

おみつ

岡山県井原《いばら》市野上町に伝わる。

大正時代（一九一二〜二六）のこと。野上町大末《おおすえ》の某家で、お婆さんがあらぬことを口走り、池の周りを走るなど異常行動をとり始めた。早速カンバラをたたく（上原《かんばら》太夫《たゆう》に祈禱《きとう》してもらう）と、お婆さんは大末によくないことが起こるのは女中の霊の祟《たた》りだと語った。曰く、かつて大末の男が出先で讃岐《さぬき》出身の女中を妊娠させた。女中は愛しい男を追って大末を訪ねたが、人々は「そんな男は大末にはいない」と知らないふりをした。女中は失意のあまり池に身を投げて死に、その霊が祟るのだという。女中の霊を祀ると、お婆さんの病は治った。大焼集会所付近にある「於美津《おみつ》の墓」が、女中を祀ったものとされる。墓碑によれば、おみつは文政六年（一八二三）没、享年一九歳だったという。（立石憲利『おかやま石仏紀行』）

お宮の狒々［おみやのひひ］

今村勝彦「岡山県の昔話」（『旅と伝説』通巻六八号）に載るもの。この話は今村が幼い頃に祖母から聞いたものだという。

ある山奥のお宮には**狒々**が棲んでおり、村人たちも恐れて夜の参拝はしなかった。だがある大胆な女が「狒々に会ってくる」と言いだし、止めるのも聞かず子を背負って夜のお宮に行ってしまった。境内へ入ると「ひひっ！」と笑い声がしたので「何がひひっ！　だ、そっちがひひっ！　ならこっちもひひっ！　だ」と言い返した。女は狒々に勝った気になり意気揚々と帰ったが、子供の足がなくなっていたという。

鳥取県の**幽霊滝**などと同趣向の怪談。

おめこ谷［おめこだに］

岡山県小田郡城見村国繁《こくしげ》（現・笠岡市）に伝わる。

昔、ある高貴な身分の女性が高地で休んだとき、地に女陰の型を押しつけた。その型は年々成長し、やがて谷になった。大風が吹いたとき、この谷に逃げると舟は難を逃れるという。（『岡山県性信仰集成』）

おやてい様［おやていさま］

おいつき様など、集落の守護神の使いとされる霊獣。狐や狼、またはそれに類する獣とされる。ヤテイ、ヤッテ、ヤッテイなどとも発音される。

岡山県苫田郡阿波村《あばそん》（現・津山市）ではヤッテ様と呼び、鳴くと災難があるといわれた。これは夜中にけしからん声でいがって鳴くもので、火災のとき実際に声を聞いた人もいたという。苫田郡加茂町（現・津山市）の中小原集落では明治四四年（一九一一）四月四日に火災があったが、このときも事前に稲荷大明神のオヤテイ様が激しく鳴いて危機を知らせていたという。（『岡山県史　一五巻』）

勝田郡梶並村《かじなみ》（現・美作市《みまさか》）の大杣《おおそま》集落ではヤテイ様を人に憑《つ》く狐と考え、八幡様の矢を借りてきて祀ると必ず落ちるといった。梶並八幡神社の矢は憑物落としに霊験あらたかで、鳥取方面からも参詣者があった。この社の使いもヤッテだという。梶並八幡が狐に縁深い社であることと矢の奇瑞《きずい》については古くから知られ、寛政三年（一七九一）から編纂《へんさん》が始まった『東作誌』にも記述がある。（『阿波・梶並の民俗』）

久米郡久米南町《くめなんちょう》でもヤテイ様が鳴くとまい（運）の悪いことが起こるといった。北《きた》庄《しょう》でヤテイ様がギャーッ、ギャーッと鳴いて通った時は確かに悪いことがあったとされ、その際お祓《はら》いをしたのが若宮様と**荒神**《こうじん》様を年三回お祭りする由来だという。（立石憲利編著『久米南町の民話』）

御津《みつ》郡加茂川町（現・吉備《きび》中央町）ではオイツキ様のオツカイシメとヤテイ様は別物とする。ヤテイ様は荒神様の所にいて鳴き声を聞くことがあるが、オツカイシメは鳴かないという。（『鴨川町の民俗』）

【か】

かいこ狐［かいこぎつね］

岡山県に伝わる憑物《つきもの》の一種。苫田郡、勝田郡、上房《じょうぼう》郡地方などでいう。家に憑き、よく増えるもので、一綱（群れ）七五匹といわれるほどに繁殖する。機嫌が良いときは飼われている家のために働くが、怒らせると家はたちまち没落し、食い物がなくなると人まで食べてしまうという。（『日本民俗文化資料集成　憑きもの』）

農民などがにわかに分限者《ぶげんしゃ》になると、その家はカイコ狐を飼っていると噂されることがあった。津山地方では、カイコ狐は他家の田で肥をかぶり、自分の家の田畑でふるい落として実りをよくするといわれた。肥料だけでなく米なども体に帯びて他家から持ち帰るともいう。西横山では、カイコ狐は雨の日に山裾の田で「コィコィコィ」と鳴くといわれた。（『つやまの民話』）

稲田浩二編『岡山の民話』には、那岐山《なぎさん》麓の横仙の松林に鼬《いたち》のようなかいころ狐の群れがいて、人の物を手当たり次第に巣へ持ち帰っていたとある。これは灰や肥料を身体にまぶし、気に入った家の畑でそれを振るい落とす。舌を出し入れして火をともしたり、人に憑いたりもしたという。

貝吹坊［かいふきぼう］

岡山県和気《わけ》郡に伝わる。

『東備郡村志』によれば、和気郷の十村に跨《またが》る熊山は高山ゆえ魑魅山精《ちみさんせい》の類も多いという。ここに貝吹坊というものがいて、声は梵貝（法螺貝《ほらがい》）を吹くようだという。その所在は定まらず、姿を見た者もいないとされる。（『吉備《きび》郡書集成　第二輯』）

貝吹坊は柳田國男の「妖怪名彙《めいい》」にも取り上げられ、熊山の古城址にいたものと紹介された。（『妖怪談義』）

嘉右衛門の妻［かえもんのつま］

佐藤成裕『中陵《ちゅうりょう》漫録』にあるもの。

備中笠岡の北にある荏原村（現・岡山県井原《いばら》市）に嘉右衛門という農民がいた。彼が瘧《おこり》に罹《かか》って一〇〇日ほど患いついたとき、亡き妻が毎夜やってきて看病してくれたという。しかし、佐藤成裕は亡妻が毎夜訪れたのが病気の原因だろうと推察している。（『日本随筆大成第三期　3』）

我王［がおう］

岡山県久米郡柵原町《やなはらちょう》（現・美咲町柵原地域）に伝わる。

吉ケ原《きちがはら》にいたという大の力持ちで、大水のときには一間の戸板で吉井川の水を押し

上げたという。しかしある難所だけは上がることができずに涙を流したという。その場所は涙瀬と呼ばれた。また、あるとき我王は麦の煎《い》り粉を食べて大きな屁《へ》を出してしまい、舞い散った粉であたり一面が暗くなってしまった。よって、その場所を倉見（暗見）と呼ぶようになったという。

　我王は南朝の高位の人物だったという。高瀬舟で吉井川を下る途中、間者に斬られ「我は王なり」と言ったため、後の世に我王様と呼ばれたとも伝わる。吉ヶ原には我王の子孫だという家があり、飯岡《ゆうか》には我王の石碑または墓と呼ばれるものがあるという。佐伯《さえき》のエンショウなる大力者や**三穂太郎《さんぶたろう》**と力比べをした話も伝わっている。三穂太郎は田原（和気《わけ》郡和気町）で賀王（我王）に相撲を挑んだが、賀王が引き抜いた竹を素手で割り潰してまわしを作るさまを見ると、強さを認めて打ち解けたという。（『やなはらの民話』）

鏡に映る女［かがみにうつるおんな］

　岡山県浅口郡金光町《こんこうちょう》（現・浅口市）あたりで一九七〇年代に噂されたもの。

　水島（倉敷市）でまだ新しい自動車が破格の安値で売りに出されていたが、これを雨の日に運転すると、必ずバックミラーに女の顔が映ったという。かつて車をバックさせる際に身を乗り出していた女性が後ろから来た車に接触し、首が撥《は》ね飛ばされてしまう事故が起きた。この被害者の霊が、事故を起こした車のミラーに映るのだという。（『岡山県金光町の民話』）

　類似した話は青森県などでも採集されている。（『日本怪異妖怪事典　東北』）

影馬［かげうま］

　岡山県阿哲郡神郷町《しんごうちょう》（現・新見市神郷地域）に伝わる。

　室ケ渕のあたりを通ると、影馬という黒い馬のような化物が出て引っぱりこまれるという。（『しんごうの民話』）

風穴［かざあな］

　岡村良通『寓意草』にあるもの。

　美作国の津山（現・岡山県津山市）方面のある山には「風穴」がある。この穴は石で塞《ふさ》がれているが、中からは常に風が吹き出し、隙間から小石を投げ入れても吹き戻されてしまう。もし石の蓋《ふた》を外せば国中に大風が吹き荒れ、木々を折り家々を倒してしまうといわれている。風を吹き出す穴は陸奥《みちのく》の信夫山《しのぶやま》（福島県）にもあるという。（『続日本随筆大成8』）

金屋子狐［かなえごぎつね］

　岡山県美作地方でいう憑物《つきもの》の一種。

　鍛冶屋の家系は職業守護神として狐を祀っていたが、これをカナエゴ狐と呼んで狐持ち（狐憑き）の家筋の一種とみることが

あった。この場合も、鍛冶屋以外の狐憑きや**とまっこ狸**を飼っている家とは区別されていたという。（喜田貞吉編「全国憑きもの報告集成」『日本民俗文化資料集成　憑きもの』）「かなえご」とは製鉄の守護神である**金屋子神**《かなやごがみ》のこと。

禿［かぶろ］

『諸国百物語』巻之三「備前の国うき田の後家まん気の事」に登場するもの。

　備前の「うき田」の後家が、ある晩に雪《せっ》隠《ちん》へ行くと、一二、三歳の禿（おかっぱ）の子が横になっていた。禿は後家を見るとにこにこ笑ったが、豪胆な後家は臆せず禿を踏み越え用を足して去ろうとした。すると、からからと笑う声が耳を突き抜け、後家は後ろに引き倒されるように気を失い、そのまま息絶えた。日ごろ慢気《まんき》（慢心）を抱いていた後家に、天狗が障りをなしたのだという。（『百物語怪談集成』）

亀石［かめいわ］

岡山市東区水門町の亀石《かめいわ》神社に祀られる岩。『古事記』『日本書紀』の神武東征神話に登場する亀が化した石とされている。

　東征の旅に出た神武天皇は吉備《きび》の高島宮に滞在中、速吸門《はやすいのと》で亀の甲に乗って釣りをする宇豆毘古《うずひこ》という名の土地の神に出会った。海路をよく知る彼が天皇の水先案内を務めたおかげで、一行は波の荒い浪速渡《なにわのわたり》を越え、河内国（大阪府）の白肩津《しらかたのつ》に碇泊《ていはく》できた。（次田真幸訳『古事記』）

　亀は西大寺水門で石化し、その石が今も亀石神社境内の浜辺に安置されている。かつて亀石を船で岡山港へ運んだところ船が動かなくなったという。その場に捨てられた石は夜な夜な光を放ち、諸々《もろもろ》の怪異が続いた。よって、再び元の場所へ戻されたという。（日本伝説拾遺会監修『日本の伝説　中国』）

亀御前［かめごぜ］

岡山県久米郡中央町打穴《うたの》（現・美咲町）の宮代《みやしろ》神社の境内末社に祀られるもの。呪いの激しい憑物《つきもの》の類として加茂の**提婆**《だいば》**様**と並んで恐れられていた。元は亀御前という巫女《みこ》が使役していた蛇だという。（『加茂川町の民俗』、『ミサキと荒神』）

川獺婿［かわうそむこ］

岡山県川上郡備中町北（現・高梁《たかはし》市）に伝わる。

　ある城の姫のもとには、夜な夜な美男がひそかに訪ね来て遊び相手になっていた。門番をしていた山中鹿之助は不審に思い、ある晩男を呼び止めたが、人間とも思われぬ力で跳ね飛ばされてしまった。その後、鹿之助は通り道に灰を撒《ま》き、帰ろうとする男を懐剣で刺して傷を負わせた。逃げ去った男は灰の上に犬のような足跡を残してい

た。次の日、殿様や家来総出で堀の水を抜いたところ、大きな**川獺**が大怪我をして寝こんでいたという。（稲田浩二・立石憲利編『奥備中の昔話』）

がわら

岡山県英田郡西粟倉村《あわくらそん》に伝わる。

昔、塩谷川の中ほどにある釜ヶ渕にガワラというものが棲んでいた。それはとても大きなキンタマの持ち主であったという。ガワラは毎日魚を獲っては農家を訪ね、他の食い物と交換して生活していた。もらった物は広げたキンタマの皮に包んで持ち帰っていた。村人はその可愛らしさに同情をもって接していたが、あるとき農家の作男が悪戯《いたずら》心から、ガワラに真赤に焼けた石を与えた。ガワラはそれを餅と勘違いしてキンタマで包んでしまい、あまりの熱さに奇声を発して逃走、渕に飛びこむも死んでしまった。作男は腹痛でもがき苦しんだが、家主がガワラを埋葬して懇《ねんご》ろに弔うと治まったという。（『にしあわくらの民話』）

上原狐 ［かんばらぎつね］

カンバラ（上原）とは岡山県の総社《そうじゃ》あたりを指す呼び名で、ここを本拠とする祈禱《きとう》師たちを上原太夫もしくはカンバラと称する。彼らは狐を使役するとも噂され、それを上原狐と呼んだ。

あるカンバラが和気《わけ》郡吉永町（現・備前市）の八塔寺《はっとうじ》で出会った娘に恋をした。恋しさのあまり生国の播州まで娘を追いかけたが、彼女の両親に阻まれ会うことができない。カンバラは激怒して抜刀し暴れ回ったため、ついには鉄砲で撃ち殺された。主人が死んだ狐は制御を失い、あたりかまわず祟《たた》り散らしたため、高僧によって山に封じられた。八塔寺にあるカンバラ様という小さな祠《ほこら》はこの狐を祀ったもので、毎年初《はつ》午《うま》の日に赤飯を供えるという。（土井卓治『吉備《きび》の伝説』）

実際の上原太夫の祈禱では口寄せで怨霊を呼び出すことはあっても狐は使わなかったとされており、上原狐の伝承は他の狐使いの術者と混同された結果生じたものと思われる。（三浦秀宥『荒神とミサキ』）

北向き地蔵 ［きたむきじぞう］

岡山県真庭市古見《こみ》に伝わる。

篠向《ささぶき》城をめぐる戦乱で多くの武士が死んだとき、指矢《さしや》清水は血に染まった。戦が終わっても清水は血の池と化したままで、村人たちは池の中に西方浄土を向いた地蔵を建立した。しかし地蔵は朝が来るたび倒れてしまい、方角が悪いのではないかと東や南を向かせても結果は同じだった。最後に北向きにしてみると、倒れることはなくなり、池もたちまち清らかな水に戻ったという。（立石憲利『おかやま石仏紀行』）

吉備津冠者 ［きびつのかじゃ］

『備中吉備津宮縁起』に登場する鬼。

大唐の白斉国の皇帝は悪行を重ねたすえに島流しにされて日本に至り、霊地を求めて備中国賀陽《かよう》郡阿曽郷（岡山県総社《そうじゃ》市）に至った。彼はそこに一里四方の鬼の城《きじょう》を築き、吉備津冠者と称して、西国から年貢《ねんぐ》を運ぶ船を紅い扇で招き寄せて略奪した。そのうえ鬼神を使役して人々を虐げたため、孝霊天皇の皇子・五十狭芹彦命《いさせりひこのみこと》が追討に派遣された。命は二本の矢を同時に放つ奇策で冠者の身を傷つけ、城から追いやった。劣勢になった冠者は鵜《う》に変化し、命が鷹に化すと次は鯉になって逃げたが、鶚《おしどり》になった命に咥《くわ》え上げられてしまう。最期を悟った冠者は、己の名が絶えることを憂い、命に吉備津彦と名乗るよう願った。吉備津彦命は西国を掌握し、冠者の霊は丑寅御崎《うしとらみさき》として末永く命に仕えた。

この縁起は元禄一三年（一七〇〇）に筆写されたもので、鬼の名を**温羅**《うら》とする伝説が確立されたのはこれより後だとみられている。謡曲『吉備津宮』も似通った筋書きで、悪行のため扶桑《ふそう》国（日本）への遠流に処された異国の王子・吉備津火車《かしゃ》が登場し、いさせり彦の尊に倒される。（『未刊謡曲集二十一』、中山薫『温羅伝説』）

吉備津宮の祟り［きびつのみやのたたり］

『古事談』第六「吉備津宮、基政の演奏を所望の事」にて語られる怪異。

楽人《がくじん》（音楽の演奏者）の大神基政《おおがのもとまさ》が備中国吉川保（岡山県加賀郡）から都に帰る途中、室泊《むろのとまり》（兵庫県）で急に具合が悪くなり、死にそうになった挙句、片側の鬢髪《びんぱつ》だけが雪のように白くなった。巫女《みこ》に占わせると吉備津宮の神が降りて「お前がこの国に下向したというのに演奏が聴けなかったので祟りをなしたのだ」と託宣した。すぐに引き返して神社に参詣し、秘曲を奏でたところ、白くなった髪は元に戻ったという。

この話でいう吉備津宮は、備中国一宮の吉備津神社か備前国一宮の吉備津彦神社のいずれかを指すと考えられる。（伊東玉美校訂『古事談　下』）『十訓抄』には、備中守政長が舞人たちを連れて吉備津宮を参拝し、舞楽を奉納したところ、宝殿が大いに鳴動したとある。（鈴木弘恭校訂『校正十訓抄　下』）

凶相な顔［きょうそうなかお］

鈴木嘉助『おばけおどけ』にあるもの。

備前高橋（岡山県高梁《たかはし》市か）のあたりに光善寺という寺があり、芝居一座の一〇人が宿泊した。彼らが本堂裏へ茶碗を取りに行く肝試しをしたとき、五人目の者が壁に「凶相ナカホ」が現れたのを見て目を回したという。絵には壁にぼんやり浮かぶ青白く大きな顔と、それを見てのけぞる人が描かれている。（湯本豪一『日本妖怪纍纍』）

奇狼［きろう］

佐藤成裕『中陵漫録《ちゅうりょうまんろく》』にあるもの。

備中今津（現・岡山県高梁市）の山中に木ノ山権現という小さな神社があり、ここ

で霊符と幣をもらい受けて祈れば、その人には狼がついて猪《いのしし》の害を防いでくれるという。山奥にある神代村の住民は猪に田畑を荒らされるので困り果てており、ある人が木ノ山権現から狼を連れて帰ってくることになった。このとき、水辺を通れば近くで水が跳ね、確かに狼がついてきている気配があったが、その姿は見えなかった。そして、その夜から村に猪は出なくなったという。（『日本随筆大成第三期3』）

ぎん槌［ぎんづち］

岡山県久米郡などに伝わる。

久米郡倭文西村《しとりにしそん》（現・美咲町）では、**なめら筋**である山の坂道を通ると髪が逆立つような感覚を覚え、変な気持ちに誘われ、時には風もないのに木の葉がゴワゴワ揺れたり、ギンヅチが現れたりする。それは長さ約一尺、頭から尾まで大人の腕ほどの太さの槌のような怪蛇だという。タコロバチ（竹の皮張りの笠）がコロコロ転げ出ることもあるという。他にも真庭郡美川村関、久世町《くせちょう》神村寺坂などでギンヅチが転ぶことがあったという。（三浦秀宥「ナメラ筋系伝承魔道考」『岡山民俗』第九号）

首無地蔵［くびなしじぞう］

岡山県邑久郡牛窓町（現・瀬戸内市牛窓町）に伝わる。

かつて綾浦の御霊社の裏山には石地蔵があった。ある者が地蔵の首を折り、綾浦の入江に投げこむと、毎晩「首を返せ」という声が浜から聞こえるようになった。漁師の若衆は沖に向かって手を振る首なしの怪物の姿を目撃し、その夜には首のない地蔵が彼の夢枕に立って「首を探し出してくれたらなんでも願い事を叶えてやる」と頼んできた。若衆は海中から地蔵の首を見つけ出したが、あまりに傷んでいたので新しい首を作ってやった。そのおかげで若衆の親の病が治ったという。後に地蔵の首は再び失われたが「首無地蔵」として信仰を集め、目や耳の病気治癒が祈願された。（土井卓治『吉備《きび》の伝説』）

首の長い化物［くびのながいばけもの］

岡山県備前市の大ヶ池には化物が出たという。和気《わけ》郡和気町清水では次のような話が語られていた。

昔、ある男が大ヶ池の土手を歩いていると、綺麗な嫁さんが現れた。だが、その首が長く長く伸びてきたので、恐ろしくなって逃げ帰った。土手での出来事を親に話すと「どねえに長うなったんで。こねえに長うなったんかな」と言って、親の首までが長くなった。帰宅したと思っていたが、実はまだ化物に騙《だま》されていたのだった。

和気の北曽根から熊山町の奥吉原（現・赤磐《あかいわ》市）へ行く山道でも首の長い化物が出て人を脅かす話がある。こちらも逃げこんだ茶店の者の首がまた伸びたため、目撃者は気を失って伸びてしまう。（『ふるさと和気　民話編』）

下人の亡霊 [げにんのぼうれい]

『新説百物語』巻之三「深見幸之丞化物屋敷へ移る事」に登場するもの。筆者命名。

備前岡山あたりに、五、六〇年は人が住んでいない化物屋敷があった。武士の深見幸之丞は仲間に「門の先にも入れないだろう」とからかわれ、一人で屋敷に泊まってみた。夜、一〇貫目の銀箱《かねはこ》を持った女が火と共に現れて「たすけて、たすけて」と言い、呼応するように竈《かまど》の下から鍵を持つ男が出て「ここへこい、ここへこい」と言った。幸之丞が「狐狸《こり》ならば正体を現せ」と叱ると、二人は屋敷に勤めていた下人で、駆け落ちのため土蔵の銀箱を盗もうとして主人に手討ちにされた者だと打ち明けた。二人は家の者を祟り殺したが、生前の罪のため長らく浮かばれずにいたのである。幸之丞の計らいで二人の霊が供養されると怪異は止み、幸之丞は屋敷の所有を認められたという。(『続百物語怪談集成』)

乾難御前 [けんなんみさき]

岡山県阿哲郡神郷町《しんごうちょう》(現・新見市)でいう**みさき**の一種。

昔、油野村の大熊にある郷倉《ごうぐら》(備蓄米倉庫)へ盗人が入り、梅吉という爺さんに疑惑がかけられた。爺さんは無実を主張したが聞き入れられず、捕まって死んでしまった。それ以来、村人たちの身体に瘡蓋《かさぶた》が生じるようになり、祈禱《きとう》をしてもらうと爺さんの怨恨の祟《たた》りであることがわかった。文政七年(一八二四)、霊を乾難御前として祀り、祟りが鎮まるよう祈願したという。

明治一七年(一八八四)に死んだ身寄りのない厄介爺さんも空難《けんなん》御前として祀られた。この爺さんは村人が交替で面倒をみていたが、あるとき朝飯を出すのが遅かったためにひもじい思いをして死んでいった。その後、村人には病気や不幸が続き、爺さんの祟りを鎮めるため石塔を建てたのだという。(『しんごうの民話』)

剛伽夜叉 [ごうきゃやしゃ]

室町時代頃成立とみられる『鬼城縁起《きのじょうえんぎ》』に登場する鬼。**温羅《うら》**と同様の存在。

第七代・孝霊天皇の時代、日本国に富士山が生じた。巨大な山の影は遠く天竺《てんじく》にまで伸び、世界を暗闇に包んだ。天竺の堕林山に集まった者たちは富士山破壊を企て、やがて剛伽夜叉という鬼神が山(後の箱根山)に乗って日本に飛来した。しかし愛鷹《あしたか》明神の攻撃を受けると吉備国《きびのくに》(岡山県)に後退、巌谷峰(総社《そうじゃ》市奥坂)を拠点に、夜な夜な山を焼いたり人畜を殺して食らったりした。天皇の第一皇子・吉備津彦命《きびつひこのみこと》は、家臣の楽楽森舎人《ささもりとねり》たちと共に夜叉とその家来どもの討伐を決行した。命は鬼神の軍勢に苦戦を強いられたが、住吉明神の助言を得て、二本の矢を同時に放って夜叉を負傷させた。夜叉は童子や鯉に変化して追手から逃れようとしたが、最後は鵜《う》に変じた命に捕らえられ、首を刎《は》ねられて果てた。首

は晒《さら》され、骨だけになっても吠《ほ》えることをやめなかったため、竈《かまど》の下に埋められ、生前の夜叉が寵愛《ちょうあい》した安良女に食事の火を焚かせて慰めとした。これが**鳴釜**神事の起源だという。（中山薫『温羅伝説』）

鴻の鳥女房［こうのとりにょうぼう］

岡山県阿哲郡哲西町（現・新見市哲西地域）などに伝わる。

昔、あるところに貧乏な若者がいた。大晦日の仕事帰り、彼は罠《わな》にかかって苦しむこうのとりを見つけた。若者は鳥を逃がすと、罠を仕掛けた者のために己の賃金をその場に置いて帰った。すると家に見知らぬ女が訪ねてきて、年越しの支度をしたうえ「私ゅう嫁にしてつかあさあ」と言いだした。二人は夫婦となり、やがて男の子が生まれた。息子は女房の強い希望で鴻太郎《こうたろう》と名付けられた。鴻太郎が二歳まですこやかに育ったのを見届けた女房は、自分の正体が以前救われたこうのとりだと明かして、元の姿に戻り飛び去ったという。（稲田浩二・立石憲利編『中国山地の昔話』）

新見市下熊谷で採集された類話では、話の舞台が大阪になっている。子のない夫婦のもとに一人の娘が現れ、数人の友達と共に立派な反物を織り上げた。娘たちの正体は鴻の池の「鴻の鳥」で、鷹に襲われ溺れていたところを夫に救われたため、仲間を呼んで恩返しをしたのだった。娘が去ったあと、鳥の羽根で織られた反物は殿様に大金で買い上げられ、夫婦の家は「鴻の池」を名乗っていつまでも栄えたという。（『なんと昔があったげな　上巻』）

紅白の餅［こうはくのもち］

岡山県新見市下熊谷に伝わる。

昔、ある樵《きこり》の弟子が、人の気配もない森の木陰に、一重ねの見事な紅白餅が置かれているのを見つけた。思わずこの餅を食すと弟子の面相は一変、暴れたり人を食いたくなったりして、すっかり鬼の性質を帯びて山奥を日夜徘徊《はいかい》するようになった。仲間は彼の説得を試みたが「もう鬼になったのだから近寄るな」と聞き入れず、連れ戻そうとしてきた力自慢の者を殺して食った。一度は過ちを悔いて親方に全てを話し、仲間に戻ろうともしたが、もはや衝動を抑えることはできず、やがて丹波の大江山を目指して飛び去った。これが後の酒呑童子《しゅてんどうじ》だという。（佐久間昇「岡山県阿哲郡の伝説」『民間伝承』第一三巻第一一号）

こうもりさん

岡山県苫田郡上齋原《かみさいばら》村平作原《へいさくばら》（現・鏡野町上齋原）に伝わる。

平作原にある小さな祠《ほこら》で、隻眼《せきがん》の侍と白馬を祀ったものだという。この侍はかつて戦に敗れて伯耆国（鳥取県）から当地まで逃れ、池に飛びこんで死んだという。ゆえに祠近くの池にいる魚はみな片目になったとされる。また、池は底なしといわれるほど深く、石を投げ入れると雨が降るので、

日照りの際はここで雨乞いが行われた。（土井卓治『吉備《きび》の伝説』）

黄金の獅子［こがねのしし］

岡山県浅口郡大島中（現・笠岡市大島中）に伝わる。金の精が化身したもの。

一宮神社の東に海を望む旧家があった。ある年の大晦日、この家に青佐山の方から金色に光る獅子のようなものがじゃん、じゃんと音を立てながら飛来した。驚いた主人が竿《さお》で追い払うと、獅子は音を立てながら西方へ飛び去った。竿の割れ目には小判二枚が挟まっていた。その後、備後の鞆《とも》の浦（広島県）に渡った獅子を捕らえた貧しい灰売りは、一夜にして長者となった。それ以来「大晦日の夜は金がたつ」と伝えられたという。（『増補大島伝説集』）

小五郎［こごろう］

岡山県浅口郡金光町《こんこうちょう》（現・浅口市金光地域）に伝わる化け狐。

新川あたりの墓場にいる狐で、近いうちに死人が出る家を訪れて狐火を灯《とも》したという。（『岡山県金光町の民話』）

児島吉祥坊［こじまきちじょうぼう］

岡山県倉敷市児島に伝わる。

林の五流尊瀧院境内に祠《ほこら》がある天狗で、京都から来た児島山伏の祖先が持ちこんだ尊格とされる。知切光歳は、吉祥坊は児島一郡の山々を駆け巡り、その鎮守を担っていた由緒ある天狗と捉えている。尊瀧院背後の福南山の頂にある杉の森は天狗が棲む魔所とされ、種々の怪異が起こるといわれていた。（『天狗の研究』）

児島競艇場の爺さん［こじまきょうていじょうのじいさん］

岡山県倉敷市児島の児島競艇場付近に現れたという霊。はやせやすひろ・寺井広樹『岡山の怖い話』に載る。

ある男性が児島競艇場のレースで金を使いこみ、駐車場で野宿をした夜のこと。年齢七、八〇代の、独特の臭気が漂うホームレス風の爺さんと話しているうち、彼は眠りに落ちた。夜中、金縛りに遭い、海の方へ引きずられるような感覚を覚えたが、必死に抵抗して事なきを得た。翌日調べてみると、昨夜の爺さんの風体は、一週間前に海に落ちて死んだ自殺者そっくりだった。男性は後にギャンブルの拠点を神戸に移したが、そこでも児島で嗅《か》いだ独特の臭気がつきまとった。珍しく臭いのしなかった日には阪神淡路大震災が発生したという。

こそこそ岩［こそこそいわ］

岡山県御津《みつ》郡円城村（現・加賀郡吉備《きび》中央町）に伝わる。

五尺ほどの石で、夜分に近くを通るとコソコソと物音がしたという。（柳田國男「妖怪名彙《めいい》」『妖怪談義』）

五人宗谷〔ごにんぞわい〕

岡山県玉野市宇野に伝わる。

あるとき五人の座頭が都で検校《けんぎょう》の位をもらうため、備後鞆《とも》（広島県）から大坂行きの便船に乗った。船頭はアカ（船内にたまった水）を汲《く》み出すからと理由をつけ、五人を洋上の小島に上がらせ、そのまま置き去りにした。船賃を騙《だま》し取られたと気づいた時にはもう遅く、座頭たちは離れまいと抱き合ったまま満潮の海に没した。それ以来、雨の夜などにこのあたりを通ると、海底から話し声やすすり泣きが聞こえ、岩礁の上を火の玉が飛び回ることさえあったという。座頭の怨霊のことは「五人ぞわい」という名と共に語り伝えられた。そわいとは満潮時には海中に没する小さな浅瀬や岩礁。五人ぞわいは宇野港外鳥島と京の上臈島の間にあるという。（佐藤米司『岡山の怪談』）

小坊主〔こぼうず〕

岡山県笠岡市白石島や真鍋島に伝わる。

白石島の中条では夕暮れ時に小坊主が出没したという。不思議なことに、夕闇の暗がりの中でも小坊主が身に着けている絣《かすり》の縞《しま》模様ははっきりと見えたという。

真鍋島の小坊主は本村と岩坪の境にあるユミ浜に現れて、通りかかった者を誰彼なく捕まえては相撲を挑んだという。また、岸から船の艫綱《ともづな》を引っぱる悪戯《いたずら》をしたり、二、三メートルの大入道の姿になったりするという。この小坊主は河童だともいわれている。（土井卓治『吉備《きび》の伝説』）

小町の墓〔こまちのはか〕

岡山県都窪郡清音村《きよねそん》黒田（現・総社《そうじゃ》市清音黒田）に伝わる。

小野小町《おののこまち》は黒田の生まれで、没した地もまた黒田だという。あるとき、小野山頂にある小町の墓石を天城《あまき》（倉敷市）の男が盗もうとした。男が墓石を担いだところ、それは黒田の山麓まで飛び去ったという。

黒田地区には他にも、黒田の蛭は小町が歌を詠んで封じたので人の血を吸わない、蛍は小町の魂であるといった伝説が残されている。（土井卓治『吉備《きび》の伝説』）

小松原の狐〔こまつばらのきつね〕

岡山県邑久郡牛窓町鹿忍（現・瀬戸内市牛窓町鹿忍）に伝わる。

小松原山の稲荷大明神は牛窓遊郭の女郎からも信仰を集めた社《やしろ》で、道に迷うとたくさんの狐が道案内をしてくれたため、参拝者は喜んで油揚げを供えた。狐にとっても格式の高い社で、妙見堂山、報恩山、阿弥陀山など各地の狐が家来にしてもらおうと集まっていた。この狐たちは人を騙《だま》せば稲荷神に叱られるため、悪いことはしないという。明治初期、ある男がこの山で数多くの狐を撃った。すると罰がすぐ当たって、

殺した狐の数だけ親類が死んだという。（刈屋栄昌『牛窓夜話　後編』）

コロボックル

日本の先住民族として想定された存在。アイヌの伝承にあるコロポックルを発想の根幹とし、本州にも現在の日本人とは異なる民族が生活していたと考えたもの。石器・土器や貝塚は彼らの遺物と推定された。坪井正五郎が主張して議論を起こしたが、現在では顧みられることのない言説となっている。（『日本怪異妖怪事典　関東』）

明治末から大正頃に編纂された地誌類には、このような先史時代の民族への言及が時折みられる。岡山県では『吉備叢書《きびそうしょ》』（明治三〇年）の序文に「有史以前には日本最古の民族たるコロボックル住せり」「彼らの古吉備国に蔓延《まんえん》せしは殆《ほとん》ど疑いなきが如し」といった文言がある。吉備地方が古くから繁栄し、遺跡から古代人の痕跡が発見されていることからこのような認識に至ったようだ。

ごんご

岡山県では河童に類する妖怪のことをゴンゴ、ゴウゴなどとも呼ぶ。川や淵に棲息《せいそく》するもので、牛馬を水に引き入れたり、人を捕らえて肝や尻（尻子玉）を抜いたりするという。子供が危険な水辺に立ち入らないように大人たちがゴンゴの名を使って脅かしたほか、悪戯《いたずら》をして懲罰されるゴンゴの昔話などが各地に伝えられている。

一例として、勝田郡奈義町には次のような話が伝わる。ある所に貧しい夫婦が暮らしていた。妻が便所に行くと必ず毛の生えた手が尻を撫でてくる。腹を立てた妻は、ある日ついに鎌でその手を切り取った。すると近所の池に棲むゴンゴが訪ねてきて悪戯を詫《わ》び、手を返してほしいと懇願した。あまりに哀れなので返してやると、ゴンゴは翌日から大きな鯉や鮒《ふな》を家に届けるようになった。それで夫が魚屋を始めるとたいへん繁盛して、夫婦の生活は楽になった。一年ほどで贈り物は絶えたが、その後も魚屋は栄えたという。（立石憲利・前田東雄編『美作《みまさか》の昔話』）

久米郡久米南町《くめなんちょう》でも池などにゴンゴがいるとされ、人の尻子《しりご》を抜くといわれた。誕生寺川のシニイデはゴンゴ淵とも呼ばれ、ある人はここでナマズのような大きなものに遭遇した。これこそゴンゴではないかと思ったという。（『久米南町の民話』）勝田郡勝北町《しょうぼくちょう》（現・津山市）あたりでは、河童が歳をとるとごんごになるともいう。津山市高尾のごんかまという淵にいたごんごは人を助けることもあったという。あるときは身投げしようとする老婆の肩を叩いて話しかけ、再び生きる気力を持たせた。また、夜のうちに田植えを終わらせてくれたこともあるという。（『つやまの民話』）

タガメやアメンボなど水生昆虫のことを河童と呼ぶ例は各地にみられ、ごんごの名も同様の用法が確認されている。吉備《きび》中央町上加茂では大きなキャールツメリ（タガ

メ）をゴンゴとも呼んだ。（『岡山「へその町」の民話　追補編』）

現在、津山市ではごんごはマスコット的に扱われており、ごんご通りと称する商店街の各所には「鶴太郎」「さくら」などと名付けられたごんごの像があるほか、花火大会などを含む夏のイベントも「ごんごまつり」と名づけられている。

金色の山鳥［こんじきのやまどり］

岡山県浅口郡金光町《こんこうちょう》（現・浅口市金光地域）に伝わる。

昔、猟師が占見《うらみ》の坊主岩の上にとまる金色の山鳥を見つけて矢をつがえた。ところが鳥は身動きもしないので、猟師は気味が悪くなり帰った。山鳥は翌日も同じ場所にいたので大評判となり、芦屋道満《あしやどうまん》が占うことになった。結果、村に凶事がある兆しと判明し、人々は岩に火薬を仕掛けて爆破を試みた。岩は二つに割れ、割れ目からは黒々とした血が流れ出た。その後、村に凶事は起こらなかったという。（太田忠久・水藤春夫『岡山の伝説』）

権造虫［ごんぞうむし］

岡山県岡山市に伝わる。

備前国岡山にて、ある母子が貧しい暮らしを送っていた。母が病に罹《かか》ったため、おじの権造に金を借りると、強欲な権造は二人を邪険に扱った。すると息子のもとに白《しら》髭《ひげ》の老人が現れ、転ぶたびに小判が一枚出る宝の下駄を授けた。下駄のおかげで母子は裕福になり、借金も返済できた。しかしこの下駄は一度に使いすぎると、履いている者の背が縮むという代償があった。そんなことを知らない権造は、母子から下駄をひったくって帰ると、金持ちになろうと夢中で転げ回った。そうして、小判の山と引き換えに小さな黒い虫けらと化したという。（稲田浩二編『岡山の民話』）

似た内容の民話は他の地域にも伝わる。

蒟蒻の化物［こんにゃくのばけもの］

岡山県真庭郡美甘村（現・真庭市美甘地域）に伝わる。

山奥のお爺さんの家に、ある頃から汚い坊主が毎日足を洗いに来るようになった。そのとき坊主は湯を張った盥《たらい》を指して、必ず「これァ灰汁《あく》ではあるまいのう」と訊いた。試しに沸かした灰汁を出してみると、知らずに足を洗った坊主はだんだん小さくなり、ついには一塊の蒟蒻玉になってしまった。大きくなった畑の蒟蒻が化けて出ていたのだった。（『砂鉄の村の民話』）

人に化けていた蒟蒻が灰汁で正体を現す「蒟蒻坊」の話は近畿地方にもある。（『日本怪異妖怪事典　近畿』）

【さ】

ざあざあ鳥［ざあざあどり］

岡山県真庭郡八束村《やつかそん》（現・真庭市）に伝わる。小鳥前生譚《たん》の一種。

昔、ある農家に横着な女がいた。牛に水を与える役目もおろそかにしていたが、主に「牛はよく水を飲んだか」と訊《き》かれると「はい！　ザア、ザア、ザア、ザア、ザアよく飲みました」と嘘をついた。女は死後ザアザア鳥に転生した。そして夏の炎天下に水を求めて谷を飛び回り、干上がった水場を見ては「ザア！　ザア！」と悲しい声を上げるようになったという。（『八束村史』）

下がり［さがり］

岡山県邑久郡地方に伝わる。

時実黙水「邑久郡東部の土俗資料」（『岡山文化資料』第二巻六号）には、長浜村粟里郷青年倶楽部の東をサガリといい、馬の首が下がるとある。国塩**荒神**様の大榎《おおえのき》にも馬の首が下がるという。柳田國男はこの情報を元に「妖怪名彙《めいい》」に「サガリ」の項目を立てている。（『妖怪談義』）

サガリとは「馬の首が下がる場所」の名だったが、後世の紹介では「木から下がる馬の首の妖怪」の名称となった。キャラクター化され変容した後の性質については、その他の**さがり**を参照。

笹無山［ささなしやま］

岡山県倉敷市藤戸町天城《あまき》に伝わる。

源平合戦の時代、平家の陣に攻め入るただ一筋の浅瀬が藤戸の浦にあることを聞いた佐々木盛綱は、情報が漏れないよう、このことを教えてくれた若い漁師を斬り捨てた。漁師の母親は半狂乱となり「佐々木といえば笹まで憎い」と、近くの小山の笹の葉を毟《むし》り取っていった。それ以来、怨霊のためにこの山には笹が生えないという。（太田忠久・水藤春夫『岡山の伝説』）

その他の**漁夫の亡霊**も参照。

笹の木谷の化物［ささのきだにのばけもの］

岡山県久米郡柵原町（現・美咲町柵原地域）に伝わる。

高田の奥にある笹の木谷には随分恐ろしい化物がたくさん出たという。又やんという木挽《こびき》の老人がここを通ったとき、見るからに恐ろしい顔つきの、大きな一つ目玉と大きな口の化物に出会った。驚いて逃げ出すと、向こうからかわいらしい娘さんがやってきた。又やんが化物を見たと話すと、娘は「お爺さん、その化物ってもなぁ、これぐれえたあどうだったでしょう」と言っ

て、先ほどの化物より恐ろしい顔をしてみせた。又やんは腰を抜かしながらも飛んで帰ったという。（『やなはらの民話』）

𢭐抬𢭐抱［さむはら］

身に帯びていれば怪我除けなどの利益があるとされる文字で、江戸時代には既に呪力のある符字として『耳袋』などの文献上で言及されているもの。

岡山県苫田郡西加茂村（現・津山市）出身の田中富三郎は𢭐抬𢭐抱の信奉者で、日清・日露戦争への従軍時、効験により鉄嶺丸沈没や旅順攻撃・二〇三高地攻撃などの危難を生き抜いたという。昭和一〇年（一九三五）、故郷にあった𢭐抬𢭐抱の古祠《こし》を修築したのが同地の𢭐抬𢭐抱神社の起源とされる。しかし同社が無願社であること、迷信流布の恐れがあることを岡山県当局が問題視し、神社は翌年に自発的撤去に至ったとされる。

昭和一三年、津山事件（津山三〇人殺し）が発生すると、惨劇は𢭐抬𢭐抱大神の祟《たた》りだとの風説も流れたが、地元民は関心を示さなかったという。なお、𢭐抬𢭐抱大神とは世界に最初に現れた造化三神《ぞうかさんじん》の総称とされる。（大島建彦「𢭐抬𢭐抱神社の現状」『西郊民俗』第一五七号、渡邉一弘「サムハラ信仰についての研究」『国立歴史民俗博物館研究報告』第一七四集）

皿の龍［さらのりゅう］

岡山県川上郡成羽町（現・高梁《たかはし》市成羽地域）に伝わる。

寄伏の庄屋だった赤木本家には伊万里《いまり》焼か清水《きよみず》焼の直径一尺五寸ほどの皿が二枚伝えられていた。これには藍《あい》色の龍が描かれており、これに水を入れて雨乞いし、龍が動くと雨が降るといわれていた。（稲谷祐宣「川上郡成羽町中地区の雨乞い」『岡山民俗』第七八号）

猿神［さるがみ］

岡山県津山市の中山神社に祀られる神。『今昔物語集』巻二十六「美作国の神、猟師の謀に依りて生贄《いけにえ》を止めたる事」では人身御供を求める神とされる。この話は「猿神退治」型の説話の例として知られる。

美作国には中参《ちゅうざん》（中山神社）・高野《こうや》（高野神社）という神があり、前者は猿、後者は蛇だという。人々は中山の神へ年に一度生贄を捧げていた。ある年の祭日、ひとりの少女が来年の生贄に選ばれた。東方から美作に来た猟師は事情を知ると、彼女の身代わりとして神前に出た。やがて身の丈七、八尺の大猿が、無数の猿を引き連れて現れた。猟師は犬を放して猿たちを襲わせ、自身も刀で大猿を追い詰めると「神ならば我を殺せ」と威圧した。すると神社の宮司に猿が憑《つ》き、今後は生贄を求めないと言って許しを乞うた。猟師はあくまで報いを与えるつもりだったが、猿が誓言を立てたので

許してやった。それ以来、生贄の因習は絶え、人々は平穏に暮らし、猟師も助けた娘と結婚して末永く共に暮らしたという。（小峯和明校注『今昔物語集　五』）
　中山神社は八世紀初頭の創建とされ、現在も牛の守護神として人々の信仰を集めている。広域の**厩猿**《うまやざる》も参照。

山東大明神［さんとうだいみょうじん］

岡山県和気《わけ》郡和気町日笠下《ひかさしも》の下山崎《しもやまさき》で祀られる神。東天《とうてん》福の神とも呼ばれる。

　天正五年（一五七七）、佐伯町《さえきちょう》の天神山城が宇喜多氏に攻め落とされ、落ち延びてきた姫が日笠下の東の山の洞穴に隠れた。姫はその後死亡し、その霊を弔うために山東大明神として祀った。姫は病気に罹《かか》り、村人の看病の甲斐なく死んだとも、宇喜多氏を恐れた村人によって鍬《くわ》で打ち殺されたともいわれる。殺害された姫の祟《たた》りか、村では疫病が流行したという。また、東天福の神は東の天《そら》から下りてきた福の神という意味で、祀ると村の災難の折に加護があったという。（『ふるさと和気　民話編』）

三人みさき［さんにんみさき］

岡山県上房郡北房町（現・真庭市下呰部）に伝わる。不慮の死を遂げた者の霊（**みさき**）が祭祀された一例。
　下呰部で祀られていたもので、川で溺死した子守り、背負われていた子、同じ場所を通りかかって川に落ちた人の計三人の死霊だという。（『岡山県史　民俗1』）
　広域の**七人みさき**も参照。

三穂太郎［さんぶたろう］

岡山県美作《みまさか》地方東北部、那岐山《なぎさん》麓一帯の地域に伝わる巨人。「さんぶ」は三穂、三歩などと書かれる。その生涯から死後をめぐる物語や、ゆかりある地名の由来談など、関連する伝承は非常に多い。

　民話における「さんぶ太郎」はおおむね次のような来歴が語られる。昔、菅原道真の子孫だという男が、美女と恋に落ちて夫婦となり、一人の男児に恵まれた。だが女の正体は大蛇で、あるとき息子を残して男のもとを去ってしまう。男が那岐山麓の淵（蛇淵）を訪ねると大蛇が現れ、五色の玉を授けて姿を消した。男児は玉の力で巨人に成長して那岐山一帯の領主になり、後には京都御所の警護役にも任じられた。彼は那岐から京まで僅か三歩で行くことができたため「三歩太郎」と呼ばれ、それが訛ってさんぶ太郎の名で知られたという。

　太郎の死後、その亡骸《なきがら》は各地に祀られたとされる。頭を祀る奈義町関本の三穂《みほ》神社は学業と頭痛除けの神として信仰され、西原の杉神社は胴体《あら》を祀るため荒関様とも呼ばれる。美作市勝田町には右手を祀る右手《うて》神社、鳥取県の智頭町には上腕《かいな》を祀る河野神社がある。三穂太郎は勝田郡を中心に活動した武士団・美作菅家党の菅原満佐《みつすけ》がモデルで、伝説も「菅原三穂太郎満佐」のこととして語られる例もある。大蛇の玉を舐

めて壮健に成長した満佐は仙術を会得して飛行自在となり、美作にいながら京都禁中の守護を務め、玄番頭《げんばのかみ》に就任したという。『東作誌』には、彼は五二歳で屍解《しかい》を遂げ、いずこかへ飛び去ったとある。（『岡山県史　民俗2』、『天神伝説のすべてとその信仰』、『伝説さんぶたろう』第一集、第二集）

三穂太郎は草履に仕込まれた針で殺されたとも伝わる。奈義町では、太郎は土地の豪族の娘・豊田姫を娶《めと》って七人の子をもうけたが、播州の佐用姫《さよひめ》もまた太郎を愛していたと伝わる。小夜姫は自分に心を向けない太郎を恨み、草履に縫い針を刺しておいた。これは鉄気《かなけ》を嫌う蛇の血を引く太郎にとって致命的な害となった。太郎は七転八倒して嵐を呼び、この世の終わりのような光景のなか死んだ。遺体は大雨と山崩れで四散し、それぞれ流れ着いた場所で祀られたという。草履に毒針を入れたのは恋敵の頼光《よりみつ》とも伝わる。また、三穂太郎の腐った血肉は地域一帯を覆う黒土《くろぼこ》になったともいう。（『那岐・幡多の昔話』、『なんと昔があったげな』）大蛇にまつわる壮大な物語は、東北地方の八郎太郎や長野県の犀龍《さいりゅう》の伝説とも共通性がある。（『日本怪異妖怪事典　東北』、『日本怪異妖怪事典　中部』）

三穂太郎は日本各地の伝説にある**大人**《おおひと》やだいだらぼっちのような巨人の役割も担っており、足跡が窪地、池、淵などになった、落とした土塊《つちくれ》や石が山や巨岩となって今に残る、といった伝説がいくつもある。睾丸にまつわる伝説も豊富である。奈義町中島西の金玉淵は、三穂太郎が那岐山と八塔寺を跨いだときに金玉が当たった場所が淵になったもので、間山西の塩滝の上を跨いだ時も山頂に窪みができたと伝わる。後者の金玉跡には草木が生えないという。岡山市北区建部町下神目《たけべちょうしもこうめ》の金玉池は三穂太郎が京都へ行くとき金玉が当たって凹んだ場所、角石畝《ついしうね》の豆久保も那岐山と二上山を跨《また》いだ三穂太郎の金玉が当たって窪《くぼ》んだ場所だという。久米郡柵原町《やなはらちょう》（現・美咲町）連石《れんじゃく》の松山にあるサンブ太郎の金玉跡では水晶が採れるといい、子供たちは「金玉の跡へ水晶を掘りに行こう」と遊びに行っていたという。（『伝説さんぶたろう』、『建部町史　民俗編』、『やなはらの民話』）

しかのう

岡山県小田郡美星町《びせいちょう》（現・井原《いばら》市美星地域）に伝わる。

大倉村の湯野鹿之助は、無学だが豪胆で力が強く義侠心《ぎきょうしん》があり、シカノウと呼ばれ貧しい人々から慕われていた。シカノウは火事があれば裕福な家から普請木を無断で切り出し、後で詫《わ》びるといったことを繰り返したので、金持ちからは憎まれていた。その結果、あるとき雇われた三人組に目潰しをされ殴り殺されてしまい、死体は金毘羅《こんぴら》様の上にある池に投げこまれた。それ以来、この池はいくら寒くとも凍らず、村では祟《たた》りで火災が相次いだ。そこで大倉山に社《やしろ》を建て、日の出宮として祀ったという。（太田忠久・水藤春夫『岡山の伝説』）

敷次郎 ［しきじろう］

鉱山などに現れるという妖怪。

井上円了『妖怪学講義　雑部門』に載る辻野九華からの報告によれば、伊予（愛媛県）の別子銅山をはじめとして、数百年にわたり採掘が行われている鉱山には、俗に敷次郎と呼ばれる怪物が棲むという。それは常に坑内にいて、坑夫と同じ姿だが顔面蒼白、言葉は一切通じない。時折鉱石を採掘するような音や水を汲むような音を立てるという。備中国小泉鉛山（現・岡山県高梁市成羽町）の敷次郎は坑夫に食物を要求し、貰えないと作業を妨害したり噛みついたりしてくるという。噛み傷は医薬での治療は困難だが、仏前の敷物や袈裟《けさ》の切れ端を焼いた灰を油で練ったものを塗ればたちまち癒えるとされる。敷次郎出現の際は前兆として、まず両足の爪を剝がれるような感覚があり、背から頭へ戦慄が走って鳥肌が立つという。また、坑内には死亡した坑夫たちを祀る宮があるが、敷次郎との関連は定かではない。

十文字狐 ［じゅうもんじぎつね］

岡山県阿哲郡神郷町《しんごうちょう》（現・新見市神郷地域）の三室《みむろ》あたりに伝わる。

十文字という場所にある平たい石を三周回ると出るなどといわれる化け狐で、子供から怖がられていた。ある神官は十文字狐に騙《だま》され、十文字の藪《やぶ》で一生懸命に拝んでいたという。将校マント（外套《がいとう》）を着た人が通ると、マントを引っぱって惑わせ、持っている魚などを奪っていくという。

森が伐り拓かれ、世の中が不景気になると、十文字狐は大阪へ出て商売を始めたという。米搗《つ》きか金貸しになったとも、呉服屋を開いて三越《みつこし》の前身になったともいわれている。いずれ三室が発展すれば、十文字狐が戻ってきて店を開くと噂された。（『しんごうの民話』、『民話集三室峡』）

小便地蔵 ［しょうべんじぞう］

岡山県真庭郡湯原町種《ゆばらちょうたね》（現・真庭市種）に伝わる。

種の篠《しの》ヶ乢《たわ》にある小便地蔵は上半分が欠けた地蔵様で、祈れば男の子のおちんちんの腫れや痛みを取ってくれるほか、大人でも下の病に効験があるという。小便地蔵は通学路上にあり、かつてはガキ大将が「小便地蔵に小便をかけんと通さんぞ」と通せんぼをしたため、下級生は男の子も女の子も地蔵に小便をかけていった。米子道建設工事の際には地蔵の移転が決まったが、祟《たた》りで事故などがないように拝んでから作業を始めたという。現在では地蔵公園内で子育て地蔵、延命地蔵と共に祀られている。（立石憲利『おかやま石仏紀行』）

女郎蜘蛛 ［じょろうぐも］

蜘蛛の一種。人間を惑わし害するものと

考えられた。『太平百物語』巻之四には、作州高田（岡山県苫田《とまた》郡高田村。現・津山市）の孫六という郷士が女郎蜘蛛に誑《たぶら》かされる話がある。

孫六が軒先で涼んでいると、五色の衣《い》裳《しょう》を着た五十路《いそじ》女が来て「一人娘が御身に焦がれている」と言って屋敷へいざなった。そこには錦の羅《うすもの》に五色の綾《あや》を纏《まと》う娘がいて、慕《した》う孫六に会えた喜びを語り、契りを結ぼうとした。しかし孫六は相手が添うこと叶わぬ高貴な身分だと思い、様々に言いなして求めをかわし続けた。そうするうちに屋敷は跡形もなく消え、孫六は元の軒下に戻っていた。軒には女郎蜘蛛がいくつも巣を張っており、それが夢の中で女と化して誘惑していたのだと分かった。すぐ蜘蛛の巣を取り除くと、その後は何事もなかったという。（『百物語怪談集成』）

白幡［しろはた］

岡山県久米郡久米南《くめなん》町にある誕生寺の縁起にて語られるもの。同寺は浄土宗開祖・法然の誕生の地に建てられた寺とされる。

長承三年（一一三四）。美作国久米郡の押領使・漆間時国と妻・秦氏との間には子がなく、岩間の観音に願をかけたところ、秦氏は利刀を呑む夢を見て懐妊、男児に恵まれた。誕生の際には二旒の白幡が飛来して庭の桜の木にかかり、七日を経て天に消え去ったという。子の幼名は勢至丸《せいしまる》、後の法然上人である。（『類聚《るいじゅう》伝記大日本史　第七巻』、『中国三十三所観音巡礼』）

宝木［しんぎ］

岡山県内では各所の寺院で会陽《えよう》という習俗が伝承され、岡山市東区の西大寺で毎年二月に行われるものは特に大規模で著名である。まわし一丁になった男衆が境内に密集して、得れば福を授かる宝木（神木、真木）を盛んに奪い合う勇壮な光景は、奇祭「裸祭り」として全国的に知られている。

宝木とは祈禱《きとう》を受けた棒状の木片で、本堂の御福窓から投下される。宝木を手に入れて福男になるため、裸の群れは競ってこれを奪い合う。会陽や宝木をめぐって様々な不思議な話が聞かれる。福男の経験者には、宝木を授かった年には事前に予兆を感じていた人もいる。夜中に香の匂いで目が覚める、家族が不思議な行動をとるなどの周囲の変調から、宝木を得るまでの場面を夢で鮮明に見て、実際その通りになったという予知体験もある。会陽の最中に光が差し、宝木が蓮《はす》の花のように浮かんで揺れる神秘的な光景を見る人もいるという。

福男になった後も宝木の夢を見たり、霊障に見舞われたりする例もある。運のない人から頼られる機会も増えるため「悪い霊に憑《つ》かれている」と称する人から助けを求められることさえあるという。（『「岡山県の会陽の習俗」総合調査報告書』）

人力車の女［じんりきしゃのおんな］

人力車にまつわる幽霊談の一種。立石憲

利編『風呂場ばなし　岡山県長船町の民話』には、話者が和気町《わけちょう》の車引き（人力車夫）だった人から聞いた話が載る。

ある日、墓地付近を通ると娘さんが出てきて「人力車に乗せてくれ」と言った。娘を乗せて車を走らせ、目的地の家に着いたので振り向くと、車に娘の姿はなかった。家の人にその娘がどんな着物を着ていたか話すと「そりゃあうちの死んだ子じゃ」と言い、母親が車賃を払ってくれたという。

人力車の客が姿を消し、実は幽霊だったと判明する話。後の時代には**タクシー幽霊**として同じ筋の話が語られるようになる。

すいとん

岡山県真庭郡八束村《やつかそん》（現・真庭市）に伝わる。蒜山《ひるぜん》高原に出るという妖怪。

一本足でスイー、トンと知らぬ間に近づき、人間を引き裂いて食べるという。人間の考えを悟ることもでき、薪《たきぎ》採りに来ていた蒜山の人々の前に現れた際は「お前らの考えていることは筒抜けに分かっている」と威嚇したが、不意に焚火《たきび》の竹が爆《は》ぜると仰天して「雷を自由にする人間には敵わない」と逃走したという。（『八束村史』）

稲田和子編『鳥取の民話』では鳥取県側の民話として「さとりとすいとん」が収録され、蒜山に棲む一つ目一本足の「さとり」としてすいとんが登場している。

戦後、蒜山の観光地化に伴い、スイトンはトーテムポールを思わせる造形の木像や郷土玩具のモチーフになり人気を博した。現在でも蒜山高原のマスコットとして愛されており、様々な土産物に意匠が使われている。その造形は朝鮮半島の路上の魔除け「将軍標」の影響を受けたものとされる。昭和初期の日本では将軍標を元にした木彫りの民芸品が人気を集めていた。（『立体妖怪図鑑　モノノケハイ』）

串田孫一による民芸品付属の説明書では「粋呑」と表記されている。心を読めるため悪いことを考える人間がいれば察知して現れ、引き裂いて食べてしまうとされている。その活躍のおかげで蒜山には悪人はいないのだという。

素隠居［すいんきょ］

岡山県倉敷市本町にある阿知神社の秋季例大祭に現れるもの。

素隠居は法被《はっぴ》に緋襷《ひだすき》をかけ、剽軽なジジとババの面をつけて神輿《みこし》を先導し、手にした団扇《うちわ》で子供の頭を叩いて回る。叩かれると無病息災、または頭がよくなるといわれている。素隠居という名は追い回される子供たちがつけたとされ、素寒貧《すかんぴん》の隠居、つまり文無しの爺さん婆さんといった意味。

元禄（一六八八〜一七〇四）の頃に祭りの当番になった戎町《えびすまち》の大店の老夫婦が、高齢のため神輿の供ができず、面をかぶった若者に代わりを務めてもらったのが起源だと伝わる。素隠居は獅子の巻き毛模様のパッチをはいているが、これには獅子舞のように神輿の通路を清め、魔を祓《はら》う効果があるという。（『わが町くらしき』）

現在では素隠居保存会が中心となって行事の保存と継承に努めている。

煤の化物［すすのばけもの］

家などに溜まった煤が化けて出るもの。

岡山県阿哲郡哲西町（現・新見市）では「再度の怪」型の話に登場する。ある所に独身の若者がいて、親が「化物でもなんでもいいから嫁をもたせねば」と嫁探しに奔走していた。おかげで縁談がまとまり、若者は良い女房を迎えた。ある日の帰り道、若者は何やら汚げで恐ろしい顔つきの女に出会った。驚いて家に帰り、女房に「異《い》なげな顔をしとった」と話していると、女房も同じように恐ろしい変な顔になり「こがあな顔をしとったか」と訊いてきたので、若者はとうとう倒れてしまった。女房の正体は「すす」だった。すすは人に化けていても、必ず他所《よそ》の流しの汚水を一夜に三回舐《ねぶ》らずにはいられないという。若者が路上で見た化物は、汚水を舐めて帰る途中の我が女房だったのである。（稲田浩二・立石憲利編『中国山地の昔話』）

真庭郡美甘村河田《こうだ》（現・真庭市）には、村人を取って食う化物の正体が煤の塊だったという話が伝わる。九郎右衛門という猟師が鉄砲で退治し、村人たちを救ったが、実は全て彼が見た夢だったという結末。（『なんと昔があったげな　下巻』）

脛擦り［すねこすり］

岡山県小田郡、上房《じょうぼう》郡などに伝わる。

小田郡でいうスネコスリは犬のような形で、雨の晩に、通行人の足の間をこすって通るという。（佐藤清明『現行全国妖怪事典』、柳田國男「妖怪名彙」『妖怪談義』）

上房郡有漢町（現・高梁市）では村落間の小道に股《また》くぐりや脛こすりという怪物が出たという。これは狸の仕業とも考えられた。股くぐりは夜道を通る人の股をさっとくぐり抜け、脛こすりは何度も脛をこすって通る。これらは上金倉《かみかねくら》から石寺に通じる大石坂や、下金倉から川関に通じる槌《つち》が峠などに出るとされ、人々は夜間にそこを通ることを極度に恐れたという。（『有漢町の民俗』）赤磐郡竹枝村（現・岡山市北区建部町）では小倉の風穴から股くぐりが出たという。これに股をくぐられた者はいなくなってしまうという。（「妖怪雑輯」『岡山文化資料』第二巻第三号）井原市の七日市町では、井領堂《いろんどう》という辻堂の付近にすねこすりが出たと伝わる。芳井町の西吉井一帯ではすねっころがしと呼ばれ、暗闇に紛れて子供や老人の足首を引っぱり、転倒させるといわれた。（『岡山の妖怪事典』）加賀郡吉備中央町では、小森の大師村に脛曳《すねひき》がいて、雨の夜に人が山道を歩いていると、脛を引っぱったとされる。（草地恒太「草地稿」『岡山「へそのまち」の民話』）

水木しげるは漫画作品などに幾度か「すねこすり」を登場させている。図鑑系の書籍に掲載する妖怪画では、すねこすりを斑《ぶち》模様の犬か猫のような小動物として表現している。これは『The Netsuke Handbook of

Ueda Reikichi』に載る犬の根付を元にデザインされたものとみられる。

すねこすりが妖怪の一種として知られるにつれ、比較的無害なマスコット的キャラクターという味付けで創作物に登場する例もみられるようになった。二〇〇五年の映画『妖怪大戦争』で、無害で心優しく、愛らしいしぐさをみせる妖怪として扱われたのは一つの転機であったと思われる。木下昌美『すごいぜ!!　日本妖怪びっくり図鑑』で「カワイすぎる妖怪たち」に分類される、タレントの中川翔子が「会ってみたい妖怪」に挙げる（『大妖怪展Walker』）などの事例に、現代のすねこすり観が端的に表れているといえよう。

石器の神［せっきのかみ］

岡山県久米郡柵原町八神《ねりがみ》（現・美咲町）に伝わる。同地産出のチンチン石と呼ばれる火成岩にまつわる伝説に登場するもの。

太古の時代、まだ茫漠《ぼうばく》たる原野だった八神の地に開拓者の須良比古が訪れ、霊気漂う山中にてチンチンという音を聞いた。それは白髪の老人が一心不乱に岩盤を割る音で、かたわらでは美女が石の破片を磨いていた。姿を見られた老人は石の割れ目に吸いこまれ、須良比古は美女と結ばれた。だが、神聖な石器の指導所が穢《けが》されたため、岩盤は万雷の響きと共に巨大な火柱と化して崩壊した。恐ろしい石器の神の怒りにふれ、須良比古と美女は黒土と化した。今、この地のいかなる大石を割っても柱状になり、叩けばチンチンと音が鳴るのは、この出来事の名残だという。（片山薫「柵原の伝説」『岡山民俗』第五一号）

殺生の報い［せっしょうのむくい］

『善悪業報因縁集』巻之二「殺生の業子に報ひし事」にて語られるもの。

備中国（岡山県）のある農民の一人娘は成長するにつれて目鼻が失せ、ついには大きな瓢箪《ひょうたん》のような頭になった。彼女は宝暦一二年（一七六二）時点で一七歳だったという。父親はかつて生活のために鳥獣を殺しており、殺生の報いで娘に異変が生じたのだという。普段の娘には口さえないが、頭頂に粥《かゆ》をかけてやると、そこから嘴が出た。父親は女房を猪《いのしし》と間違えて撃ち殺してからは、殺生をきっぱりやめたという。（西田耕三校訂『仏教説話集成　二』）

似た話は様々な書物にみられる。『新著聞集』では農家の男が殺生の報いで目鼻を失い、粥を注げば觜の出る瓢箪のような顔に変異する。『老媼茶話《ろうおうさわ》』や『奇異雑談集』でも、何らかの業により目鼻がなく、頭頂部に口だけがある男を妻が養っている。これらの舞台となる土地はまちまちで、因縁譚として広く用いられた話型であるようだ。

戦勝の茸［せんしょうのたけ］

岡山県都窪郡山手村《やまてそん》（現・総社《そうじゃ》市山手地域）に伝わる。

大戦末期の昭和一八年（一九四三）頃、

山手村の御崎《おんざき》神社に赤青黄などに彩られた五色《ごしき》の茸《たけ》（きのこ）が生えた。茸の周囲には注連縄が張られ、新聞で大きく報道されたり、学校の子供たちが先生の引率で見に来たりするほど評判となった。神主は「五色の茸は戦勝の茸だ。必ず戦争には勝つ」と語り、子供たちが戦勝の茸について書いた作文は慰問袋《いもんぶくろ》に入れられ戦地の兵隊へ送られたという。だが、実は五色の茸は神主が普通のアイタケに絵の具を塗ったまがい物だった。雨で絵の具が流れて嘘《うそ》がばれ、神主は巡査に引致されたという。（『総社市旧山手村　くらし・民話・俗信』）

洗濯狐［せんたくぎつね］

岡山県英田郡英田町井口（現・美作《みまさか》市井口）に伝わる。

井口にいた平九郎という男はいつも綺麗な着物を着て、きちんと洗った手拭を持っていた。彼は勧められても決して嫁をもらわず、村人から不思議に思われていた。ある時、平九郎の母は夜ごと出かける息子を怪しんで後をつけた。平九郎は川で油の灯を点し、川魚を獲っては河原にいる二匹の洗濯狐に食わせていた。この様子を見て驚いた母が寝こんでしまったため、平九郎は嫁を迎えた。だが母親は亡くなり、洗濯をしてくれた狐たちもどこかへ行ってしまったという。（『英田町の民俗』）

仙墓［せんはか］

岡山県上道郡に伝わる。

高橋の東に出るという狐の幽霊で、墓場に火を灯すらしい。佐藤清明『現行全国妖怪辞典』で「石塔」と「仙王堂《センワンダン》」の間に収録された妖怪で、漢字の読みがなは付されておらず、村上健司『妖怪事典』において「センハカ」の読みで立項された。

惣三様［そうざさま］

岡山県高梁《たかはし》市備中町に伝わる。流行神《はやりがみ》の一種で、新成羽川《しんなりわがわ》ダム（一九六八年竣工）建設時に水没した地区で祀られていた。

惣三様こと惣三郎《そうざぶろう》はもと京都二条家の家来だったが、備中町へ逃げてきて小谷の洞窟に潜伏した。彼は植木家の者から食い物を貰って生き延びていたが、やがて追手に見つかり落命した。惣三郎は願う者一代につき一つ願いを叶えてやると遺言したため、神として祀られた。勝負の神として霊験あらたかで、戦時中には徴兵除けや武運長久を願って遠方からも参詣者がきたという。

ある人妻が惣三様に憑《つ》かれて病気になったことがある。これは誰かの呪いによるもので、長松寺《ちょうしょうじ》の住職が憑物落としの祈禱《きとう》をした。訴訟などに勝つため惣三様に願をかけ、相手を呪う者もいたらしく、お宮には数多くの呪い釘が打たれていたという。

他にも備中町地域では、零落した西油野の城主を祀った御時分《ごじぶん》様、男の裸を好む女神のカナビラ様、失せ物捜しに霊験あらたかだがやかましい神様である長屋のカツベー様といった流行神の信仰があった。これ

ら流行神は気性が激しいものとされることが多く、しばしば人に呪いをかけるのに利用されたという。（『新成羽川ダム水没地区の民俗』）

そそ

岡山県阿哲郡哲西町（現・新見市）に伝わる。家の者が喧嘩ばかりしていると床下に湧くもので、何年も経つと化けて出て、いい男や女の姿にもなるという。

ある家の婿は女房と反りが合わず喧嘩ばかりしていた。やがて床下から誰かが「やれやれ、もっとせえ」と囃すようになり、その声を聞くといっそう喧嘩がしたくなった。法印の祈禱で、声の主は「そそ」だと分かった。そそは床下から引っぱり出そうとしてもびくともしなかったが、夫婦仲が良くなるといなくなったという。（稲田浩二・立石憲利編『中国山地の昔話』）

蘇鉄の化物［そてつのばけもの］

岡山県真庭郡美甘村（現・真庭市美甘地域）に伝わる。

ある村では夜ごと背の高い女の化物が出て「残念なー、残念なー」と言いながら歩き回った。何が残念なのかと侍が問い質《ただ》すと、女は自らの素性を語り始めた。その正体は寺に植えられた蘇鉄の精で、体の鉄分が不足して命の危機に陥り、古釘や鉄屑《てつくず》を欲して村を徘徊《はいかい》していたのだった。侍から事情を聞いた村人たちが蘇鉄の根元に鉄物を埋めると、それきり化物は出なくなったという。（『砂鉄の村の民話』）

空を飛ぶ狐［そらをとぶきつね］

岡山県備前市伊部《いんべ》に伝わる。

備中のとある寺に一人で住む和尚のもとに、狐がかわいらしい小僧に化けて訪ねてきた。小僧は和尚の言いつけをよく聞き、寺の掃除などをこなした。料理もとても上手で、望むものはなんでも作ってくれるので、和尚はたいそう喜んだ。しかし、あるとき小僧は昼寝中に正体を見られてしまった。和尚はそっとしておいたが、狐は寺を去る決意を固め、居候していた真意を語った。実は寺の屋根裏にありがたい護符があり、それを得ると狐は空を飛べるのだという。和尚は今までの働きへの礼として護符を与え、狐は恩返しに見事なお釈迦様たちの行列を演じてみせた後、空を飛んで山奥の家へ帰ったという。（『なんと昔があったげな　下巻』）

稲田浩二編『岡山の民話』には岡山市内山下で採集された類話が載る。こちらでは備中の山奥に棲む「ごん狐」という老齢の悪戯《いたずら》狐が空を飛んでみたいと思い、小僧に化けて和尚を訪ねる。正体を知られたごん狐はお釈迦様の行列に化けて和尚を感服させ、護符を貰うとゆうゆうと空を飛び帰っていったという。

提婆様 ［だいばさま］

岡山県御津郡加茂川町（現・吉備《きび》中央町加茂川地域）の円城寺に祀られる存在。呪い・祟《たた》りの激しい神として周辺地域で畏怖されて「加茂の提婆は人を奪《と》る」「（恐ろしいものは）加茂の提婆か打穴《うたの》の**亀御前**」などの言い回しで広く知られていた。

円城寺の提婆様（提婆天）は小さな祠《ほこら》に祀られており、昔の住職が感得したものと伝わる。その像は秘蔵され、見た人は限られている。白狐がお使いであるため、寺の土壁には通行用の小さな穴が設けられている。提婆様を夢に見れば寿命はなく、提婆様に祈って呪いをかければ、提婆様が相手の便所に行って命を縮めるという。円城付近の土地では、円城から来た嫁を離縁すれば「提婆様を追いかける」といって、やはり命が縮むことが示唆されるなど、極めて恐ろしい存在とみなされていた。

上加茂の原の観音堂には提婆天の尊像が安置されている。高さ約四〇センチ、閻魔《えんま》大王のような冥官《みょうかん》の姿をした像で、顔面が欠落している。かつて神楽ではダイバ様の面をかぶって舞ったといい、素戔嗚尊の連れ子とされていたという。この舞は既に失伝しているが、四国でみられるダイバ（**荒**《あら》**平**《ひら》の類）と類似したものだったという。

（『加茂川町の民俗』）

対面所の怪 ［たいめんじょのかい］

『岡山名所図会稿本』にあるもの。

岡山城二の丸の対面所の長屋では、夜になると狐狸《こり》が怪異をなしていた。ゆえに住む者もいなかったが、時の城主がこの噂に興味を抱き、ある者に様子を見に行かせた。丑《うし》三つ時、怪しげな姿のものが色々と現れて踊り騒ぎはじめた。視察の者はこれを見て喜び、自身も扇を振って囃《はや》し立てた。夜が明けると化物たちはいなくなり、その後は何事も起こらなくなったという。

挿絵には、大きな背丈の山伏や、小さな一つ目の化物などが扇を振る男の周囲で踊る様子が描かれている。（『岡山名所図会稿本』、『岡山の妖怪事典』）岡山城天守閣の展示資料では、この怪談が烏城《うじょう》七不思議のひとつとして紹介されている。

蛸神様 ［たこがみさま］

岡山県倉敷市児島の由加《ゆが》神社に安置されているタコ型の神像。

児島・下津井がタコの名産地であることにちなんで祀られたもので、大綿津見命《おおわたつみのみこと》を祭神とすることに基づき、豊漁祈願・魚供養の海の神と位置づけらている。像は平成

中期に地元の漁業組合・ホテル・旅館・魚店・料理店などの人々が奉納したもので、デフォルメされたユーモラスな造形で人気を博している。（由加神社ウェブサイト、「倉敷とことこ」ウェブサイト）

玉雲大権現 ［たまもりだいごんげん］

岡山県真庭郡勝山町（現・真庭市勝山町）に伝わる。

鳥羽天皇の時代、天竺の白狐が本朝に渡り、玉藻前《たまものまえ》という美妃に化して宮中に入った。やがて玉藻前は本性を現して帝に襲いかかったが、衛士に阻まれて下野国那須野原（栃木県）に逃亡し、毒気を発する殺生《せっしょう》石《せき》と化した。高田（勝山町）の化生寺《かせいじ》の玄翁和尚は勅命を受けて殺生石を調伏することになり、大きな金槌で石を叩き割った。その破片は日本の三高田（安芸・越後・美作）に飛んだという。後世、悪疫が流行した際は殺生石の祟りと考えられ、玉雲大権現として化生寺境内に狐の霊を祀った。（土井卓治『吉備の伝説』）境内には現在も殺生石塚がある。地上にあるのは標本石で、本物は地下一丈六尺に埋まっているとされる。（化生寺案内板）この殺生石は龍石とも呼ばれる。（『岡山県伝説読本』）

タンク岩 ［たんくいわ］

吉井川の奇岩のひとつで、岡山県苫田郡上齋原《かみさいばら》村（現・鏡野町）にあるもの。

昔、あるお殿様が、敵が攻めてこないように川の真ん中に戦車《タンク》を置いた。これが後にタンク岩になったと伝えられている。（『上齋原村史　民俗編』）これは潜水艦岩とも呼ばれたり、軍艦に似ていると言う人もいたりする。いずれにせよ昭和頃の命名だろうと考えられている。（片田知弘『風と伝説の中の上斎原』）

誕生寺婆 ［たんじょうじばばあ］

岡山県久米郡久米南町《くめなんちょう》に伝わる。

久米南町にある栃社山《とちこそざん》誕生寺は法然上人の生誕地に建立された寺である。ここでは毎年二月一九日から二四日まで御忌会《ぎょきえ》（法然上人の忌日法要）の念仏を行う。この時期はいつも寒波が来て冷えこむもので、特に寒い日は「誕生寺婆（御忌婆さんとも）が来た」と称し、寒風が吹き荒れ雪が降ったりしていると「誕生時婆が荒れる」などと言う。これは出家して比叡山に入った勢《せい》至丸《しまる》（法然）の身を心配しながら病死した彼の母親が、死後に那岐山《なぎさん》の神体を借りて、大蛇の姿で誕生寺を訪れるためだともいわれている。ある人は大雪の日に、寺の大門から本堂にかけて**大なめそう**（大蛇）の這《は》った跡を見たという。

春の彼岸頃に雪が降ることを誕生時婆と呼ぶ場合もあった。昔、乞食のお婆さんがある家で食い物ではなく砂を出され、そのことに怒りを抱いたまま死んだため、祟《たた》りで彼岸に雪が降るようになったものだという。（『久米南町の民話』）

畜生の兄弟［ちくしょうのきょうだい］

『善悪報ばなし』巻一「親の報ひ、子供三人畜生の形をうくる事」にあるもの。

慶安（一六四八〜五二）の頃、美作国久米（岡山県久米郡）の里に三人の兄弟がいた。彼らは母親を養うのを煩わしく思い、共謀して殺害に及んだ。数日後、にわか雨が激しく降って、稲妻が光り雷鳴が轟《とどろ》いた。その瞬間、三兄弟それぞれの下半身は牛、犬、馬に変化した。このことが知れ渡ると見物人が詰めかけ、兄弟は恥を晒《さら》しながら年月を重ね、死んだ。これは三人の親不孝を知った天の神、雷神が「人の皮を張りたる畜生ども」を懲らしめるため、半人半獣の姿に変えたものだったという。（高田衛編『江戸怪談集　上』）

血吸川の祟り［ちすいがわのたたり］

岡山県総社《そうじゃ》市西阿曽にある血吸川は、吉《き》備津彦命《びつひこのみこと》の矢が**温羅**《うら》の左目に命中し、血で清流が赤く染まったという伝説の地。

現代の怪談集『広島岡山の怖い話』（岡利昌）に収められた怪談では、この血吸川が今なお鬼の祟りをなす忌地として扱われている。ある男子小学生がこの川に行ってから体調を崩し、左目の痛みを訴えるようになった。霊に関する相談を受ける某寺の住職が診ると、少年の背後に巨大な男の顔が浮かんで見えた。そこで住職は鬼《き》ノ城《じょう》をはじめ温羅ゆかりの地を巡って祈禱《きとう》することで祟りを鎮めようと試みるのだった。なお、住職は温羅の正体を日本へ亡命した韓人（白済の王子）と捉えているようだ。

ちゃぼ

鶏の一種。古くから農村などで飼育されてきた。岡山県阿哲郡哲西町（現・新見市哲西地域）には次のような昔話が伝わる。

昔、ある所に毎晩化物が出るという大きな空き家があった。旅の老法印がこの家に泊まると、夜中に小さな黒いものが現れて「やれ、くやしや、うるさや」と繰り返しながら、チャンコラ、チャンコラ舞った。法印が事情を尋ねると、化物は「やれうれしや」と、声をかけてくれたことを喜び、自分はこの家で飼われていたちゃぼだと打ち明けた。ちゃぼは足を縛られて動けないまま犬に襲われて死亡し、埋葬もされず便所へ放りこまれたことを恨んで化けて出ていたのだった。法印が骨を見つけて正しく供養してやると、ちゃぼは集落の守り神となって幸福を授けたという。（稲田浩二・立石憲利編『中国山地の昔話』）

宙狐［ちゅうこ］

岡山県備前地方に伝わる。狐火の類。児島郡では雨の降る淋しい晩などに出るとされ、上道郡では藪の上を飛ぶものとされた。（『現行全国妖怪辞典』）邑久郡豊原村（現・瀬戸内市邑久町豊原地域）では狐が古くなるとチュウコになって飛ぶという。中

狐と書く場合もあり、火が高く飛ぶのを天狐、低く揺れるのを中狐と区別した。（『綜合日本民俗語彙』）邑久郡玉津村（現・瀬戸内市）では神ヶ鼻と尻海の間にある龍宮島で怪火が見えることがあり、宙狐だろうと考えられた。ある人が見たのは提灯大の火で、近くまで来たかと思えば急に宙を飛んで逃げてしまったという。牛窓の粟利郷でも似たものが出たという。（佐藤米司『岡山の怪談』）

血を出す岩［ちをだすいわ］

岡山県久米郡久米町油木上（現・津山市油木上）に伝わる。

凶作が続いていた頃、祈禱《きとう》師が原因を占うと、七森《ななもり》宮の岩に宿る石神の仕業とわかった。村人たちは石屋に岩を割ってもらおうとしたが、石屋は岩に玄能を打ち下ろしたとたん倒れて死んだ。さらに岩の頭からどす黒い血が吹き出し、村は激しい雷雨に襲われたので、村人たちは恐れて逃げ帰った。岩の上部にある窪《くぼ》みは石屋が叩いた跡だという。（土井卓治『吉備《きび》の伝説』）

沈没船の死者［ちんぼっせんのししゃ］

岡山県都窪郡山手村《やまてそん》（現・総社《そうじゃ》市山手地域）に伝わる。

昔、西郡《にしごおり》の沖、高梁《たかはし》川の流れと海水が入り混じるあたりには船の往来があった。あるとき大きな船がこの沖で難破沈没し、多くの乗員が死亡した。以来、沈没の同日同刻になると、死者たちの顔のような雲が必ず沖の上を通るようになったという。（『総社市旧山手村　くらし・民話・俗信』）

月の輪［つきのわ］

岡山県各地でいう土地の俗信。所有者に災厄がある、耕作すると疫病が流行るなどといわれる不吉な土地のことで、県北でよくみられる。多くの場合は田であることから、月の輪田とか輪田とも呼ばれる。その昔お月様（月の神様）が降りてきた場所だといわれていることもある。（三浦秀宥『荒神とミサキ』「月の輪伝承の系列について」『岡山民俗』第一一号）

勝田郡梶並《かじなみ》村（現・美作《みまさか》市）の大杣でいう月の輪は、旧暦六月一四日に盥《たらい》で水を汲《く》んでおくと昼でも月が映る田のことで、耕作すると悪運がふりかかるとされた。田が月の輪だと判明すると買い手もつかなかったという。楮集落では谷にある草木も生えない輪型の部分をいい、金原《かなばら》集落では耕すと腹が痛くなる田のことをいった。中右手では月の輪の田が見える場所に葬ってくれと遺言して死んだ人がいて、その田を作ると不幸が続くと伝えられていた。（『阿波・梶並の民俗』）

浅口郡金光町《こんこうちょう》夕崎（現・浅口市）の月の輪は、戦に敗れた侍たちが逃げる際に鎧《よろい》を埋めた場所だという。この場所には草は生えるが木は生えず、夏の月夜には輪のような形がはっきり浮かび上がるという。真庭郡湯原町二川《ゆばらちょうふたかわ》（現・真庭市）にある月の輪

田も敗走した武士が死んだ場所と伝わる。他にも、後醍醐天皇が隠岐《おき》から都へ帰るとき同行の公卿が蛭《ひる》に血を吸われて死んだ場所、種神社の神と見明戸《みあけど》の神が戦った場所であるため、耕作すると負けた見明戸の神が祟《たた》って疫病を流行らせるともいわれた。（土井卓治『吉備《きび》の伝説』）

久米郡柵原町（現・美咲町）の月の輪は観音様が埋まっている場所で、雪が降ってもその部分だけ丸くとけて積もらないという。大晦日の晩にはここに**金鶏**《きんけい》が出てくるといわれていた。（『やなはらの民話』）

槌戸の浦の龍神 〔つちとのうらのりゅうじん〕

岡山市東区西大寺にある真言宗別格本山の寺院・西大寺の縁起に登場するもの。

天平勝宝三年（七五一）、周防国玖珂庄《すおうのくにくがのしょう》（山口県）の皆足姫《みなたる》は千手観音の像を念持仏とすることを願いながら、仏師に巡り合えずにいた。そこへ大和国（奈良県）の長谷《はせ》観音が化身した仏師が現れて観音像を造ったので、姫は御礼参りのため観音像を積んで船を出した。だが像は備前国金岡庄に留まることを望み、そこに堂が建立された。時は過ぎ、宝亀八年（七七七）。安隆《あんりゅう》上人は長谷寺で「金岡庄の観音堂を修築せよ」との夢告を受け、海路で備前へ向かった。児島の槌戸の浦にさしかかると龍神が現れて、堂を移築するよう勧めて犀角《さいかく》を授けた。これらの奇縁に感涙した上人は犀角を鎮めた聖地に堂宇を建立し、犀戴寺《さいだいじ》を開いた。これこそ後の西大寺であるという。

縁起絵巻における龍神は、頭に金龍を戴《いただ》いた仙人の姿で描かれる。龍神が授けた犀角、龍燈、龍鐘《りゅうしょう》は西大寺の三つの霊宝とされる。（西大寺ウェブサイト、『備前国西大寺縁起絵巻』、立石憲利『岡山の伝説』）

槌の子 〔つちのこ〕

藁《わら》打ちの槌のような妖怪。あるいは槌のような形の怪蛇。現在では日本の未確認生物（ＵＭＡ）の一種として知名度が高い。

平成七年（一九九五）八月には岡山県英田郡英田町（現・美作市）南地区の山林でツチノコらしきものが目撃された。長さ五〇センチ、胴回り二五センチほど、体色は黒っぽく、目だけをギョロギョロさせていたという。目撃者は当初ツチノコをよく知らなかったが、話が広まるにつれ新聞やテレビにまで取り上げられる騒ぎになった。（『英田町の民俗』）平成一二年（二〇〇〇）五月に赤磐《あかいわ》郡吉井町（現・赤磐市）で目撃されたツチノコも話題になった。黒沢地区の農家が見たドラえもんそっくりの頭をもつ謎の生物は、草刈機の一撃を受けて水路に逃げこんだ。四日後に近所の主婦がその死骸を見つけて葬ったが、話を聞いた吉井町役場の課長はツチノコに違いないと考えた。掘り出された死骸は川崎医療福祉大学の佐藤国康教授のもとで鑑定された。その結果、正体はヤマカガシであろうとのことだったが「つちのことあすなろを合わせてツチナロと名づけたい」とのコメントが出された。その後も吉井町ではツチノコが地

域アピールに活用され、ツチノコ生け捕りには二〇〇〇万円の賞金を出すことになっていた。（赤磐市ウェブサイト、『未確認生物UMA大全』）

天狗使いの彦六 ［てんぐつかいのひころく］

岡山県津山市倭文地域に伝わる。

里公文上《さとくもんかみ》の彦六という男は不思議な術を使うため「天狗使いの彦六」と呼ばれていた。ある時、彦六は大名行列を前にしても立ったままだったため咎められたが、斬られそうになった瞬間に姿を消したという。またある時は伯耆大山（鳥取県）に参詣すると言って夜に家を出て、翌朝には大山の札と証印を貰って帰ってきたという。（『つやまの民話』）

てんこう槌 ［てんこうづち］

岡山県久米郡柵原町（現・美咲町）に伝わる。**槌の子**の類。

飯岡《ゆうか》のハブ池のそばには大きな椋《むく》の木があり、昔はその根元からテンコウヅチ（テンコロヅチ。藁《わら》打ちの作業に用いる槌）という化物が出て、周辺をふらふらしていたという。人々はみな化物を恐れ、夜はこのあたりを通らなかったという。（『やなはらの民話』）

てんころ転ばし ［てんころころばし］

岡山県邑久郡長浜村（現・瀬戸内市）に伝わる。**槌の子**など、柄が垂直についた藁打ちの木槌《きづち》状のものが転がる怪異の一種。

中村の藪下を夜分に通るとテンコロ（藁《わら》打ち槌）が坂をころころ転がってくるといい、テンコロコロバシと呼ばれていた。（時実黙水「邑久郡東部の土俗資料」『岡山文化資料』第二巻六号）牛窓町西町（現・瀬戸内市）にはテンコロショウジという場所があり、テンコロなどが転がってくるといわれた。（『牛窓町史　民俗編』）

てんま狐 ［てんまぎつね］

岡山県久米郡久米南町《くめなんちょう》宮地に伝わる。

宮地にはテンマと呼ばれる山があり、そこにテンマ狐が棲んでいるという。テンマ狐は夜になると光って、声を出して鳴いているのがよく聞こえたという。

久米南町には他にも、全間と旧吉井町の境にある萩森様という祠《ほこら》のあたりに棲む萩森狐、明和六年（一七六九）の百姓一揆の主導者・京尾《きょうお》の次郎左衛門の怨霊が化した次郎左狐、羽出木《はでぎ》の羽出木狐などの化け狐の伝承がある。（『久米南町の民話』）

藤四郎・三本狐 ［とうしろう・さんぼんぎつね］

岡山県備前市に伝わる。

三本狐は東備地区を縄張りにする狐の親分で、閑谷《しずたに》の小屋の谷を本拠にしていた。背中に毛が三本しかない古狐であるためこう呼ばれた。北部の親分狐・藤四郎と対立

し、二陣営の狐は小競り合いを繰り返し一触即発の状態にあった。両親分は化け比べで雌雄を決することとなり、まず藤四郎は本物そっくりの油揚げに化けて三本狐を欺いた。三本狐は殿様の行列に化けると宣言し、立派な大名行列を見せた。藤四郎は駕《か》籠《ご》に近づき三本狐の妙技を称賛したが、それは本物の大名行列だった。藤四郎は無礼討ちにされ、三本狐は東備地区一帯を支配したという。(『おかやま伝説紀行』)

藤四郎・野嵐［とうしろう・のあらし］

岡山県和気《わけ》郡和気町に伝わる。

藤四郎は益原《ますばら》を根城にする化け狐で、この狐が「コンコン」と鳴くとき村内は平穏無事だが「ギャーギャー」と鳴くときは必ず凶事があるという。一夜鳴けば死去、火事など個人的な災い、連夜鳴けば飢饉《ききん》、水害のような大きな災いの前兆とされる。

何代目かの藤四郎は、野嵐という備前の狐を相手に種族の覇権を争っていた。あるとき藤四郎は野嵐に騙《だま》し合いで決着をつけようともちかけ、野嵐に大名行列を見せると約束した。指定の時刻、野嵐が片上《かたかみ》の恵比須神社に行くと、立派な行列がやってきた。感心した野嵐は我を忘れて駕籠《かご》に駆け寄ったが、それは本物の大名行列で、侍に真二つに斬られてしまった。以後、歴代藤四郎は狐の群れを牛耳る立場となったが、決して暴君ではなく、ときには人間の相談に乗ったり、行方不明者を探し出したりといった善行もなしたため、霊狐として里人に畏敬されたという。(『ふるさと和気　民話編』)

道通様［どうつうさま］

岡山県備中、備前南部地域などで信仰される蛇の神。人に憑《つ》く蛇の**とうびょう**の俗信が強化され、祈願神として発展したものと考えられている。
笠岡市横島の道通神社は西日本の広域から信仰を集める。信者は社殿横にある塚の上に瓦クド(小さな家のような形の焼き物)を置き、各自で道通様を祀る。二匹の蛇が向かい合う絵柄の護符をもらって帰り、農地に立てておくと、虫がつかず上作になるという。(三浦秀宥『岡山の民間信仰』)笠岡諸島では道通様は奥備中から洪水で島に流れてきたものといい、**犬神**や狐と同様に人に憑くとされた。(『笠岡諸島の民俗』)勝田郡梶並《かじなみ》村(現・美作《みまさか》市)では道通様が子供の戦死を知らせてくれたという話がある。(『阿波・梶並の民俗』)
岡山市の沖田神社末社の道通様は岩組みの上に社殿があり、かつては岩の隙間から無数の蛇が出入りしていたという。社の近くに住む清水家の先祖は備中高松城主・清水宗治の弟で、落城の折には道通様の導きで無事に城を脱出し、浅口郡大嶋村に土着したという。そして沖田新田開墾の際、道通様を奉じて移住したと伝わる。
沖田の道通宮には、とり憑いた道通様を落としてもらうために参拝する人もいた。また、縁談が破約されたとき、道通様に卵

七つを供えて呪いをかける者もいた。願いが聞き届けられていれば境内を一周する間に卵がなくなり、呪われた人は道通様のお使いしめである黒い小蛇（ドウツウグチナワ）が憑いて離れなくなるとされた。道通様に憑かれるのは女性が多いという。（『岡山県の民間信仰』、佐藤米司「道通様補遺」『岡山民俗』第三八号）

徳善淵の主［とくぜんぶちのぬし］

岡山県久米郡柵原町（現・美咲町柵原地域）に伝わる。

吉井川流域の徳善淵は、かつては恐ろしいほどに深い淵で、主が棲むといわれていた。ある男がこの淵で大鯰《なまず》を釣り上げ、喜んで帰路についた。すると川の方から子供のような声で「徳善さんどこへ行く」と聞こえ、腰の籠に入った鯰が「ちょっと背中《せご》を干しに行く」と返事をした。驚いた男は鯰を川に投げ捨てて帰った。この鯰こそが徳善淵の主だったという。（土井卓治『吉備《きび》の伝説』）鯰を釣り上げた男の名が徳善であったため、淵が「徳善淵」と呼ばれるようになったともいう。徳善は主を逃がした礼として浄瑠璃の名人にしてもらい、界隈《かいわい》に名を馳せたという。（『やなはらの民話』）

乙ヶ瀬《おとがせ》の鰻《うなぎ》も参照。

とさんどん

岡山県真庭郡八束村《やつかそん》間谷《まや》、黒岩（現・真庭市）に伝わる。

間谷の奥にはとさんどんという小さな木の祠《ほこら》があった。昔とさんどんという年貢米取立の役人が、間谷の亀山家と黒岩の佐子家の共謀により殺された。その後、両家の系統には悪いことが続き、殺人の罰ではないかと考えられた。そこで慰霊の祠を建てたという。（『蒜山《ひるぜん》の民話・民謡』）

とまっこ狸［とまっこだぬき］

岡山県美作地方でいう憑物《つきもの》の一種。狸のような獣が特定の家筋に憑くものとされ、トマッコ狸や豆狸と呼ばれた。長さ五寸ほどで胴体が黒く、尾だけが茶色のものや額に白い斑点があるものなどがいるという。西日本では鼬《いたち》をトマスやトマコと呼ぶ地域が多く、トマッコ狸も鼬ほどの小獣と認識されていたようだ。

この狸を上手に飼えば必ず金持ちになるが、機嫌を損ねると貧乏になる。また、手《て》懐《なず》ければ方々から醤油や味噌を持ってくるうえ、嵐のときは田んぼの稲株が倒れないようにしがみついている。これは主婦が飼うものとされ、一日一回粥《かゆ》を煮て、深夜に容器の蓋《ふた》を叩くと寄ってくるともいう。家の主が憎いと思う相手にもとり憑くが、これを飼う家との婚姻は特に忌まれなかったらしい。（石塚尊俊『日本の憑きもの』、東條操編『全国方言辞典』）

西美作などにはトマッコ狸を持つ家が数多く存在し、一戸に巣食う数が数百、数千匹に及ぶこともあったとされる。飼いきれなくなって主家を失った群れや、没落また

は移住した家から出た狸が、時おり人目にふれたり、とり憑くことがあったという。（喜田貞吉「全国憑きもの報告集成」『日本民俗文化資料集成　憑きもの』）

隧道内の大入道［とんねるないのおおにゅうどう］

明治三四年（一九〇一）に新聞で報じられた怪異。一〇月の『神戸又新日報』には次のようにある。

備前国御津《みつ》郡牧山村牧（現・岡山市北区牧山）の若者三人組が野々口の峠を越えようとして、度胸試しに汽車用のトンネルに侵入した。そして闇の中を進んでいると、突然真白な大入道が行く手に立ちふさがった。怪物を押しのけて夢中で駆け出し、ようやく隧道を抜けた三人だったが、なぜか入口に逆戻りしていたので呆気《あっけ》にとられてしまったという。（『明治期怪異妖怪記事資料集成』）

【な】

直時稲荷［なおときいなり］

岡山県岡山市に伝わる。

明治二〇年（一八八七）秋、栄町の山陽新報社（後の山陽新聞社）で小火《ぼや》が三度続き、ミノ太夫という稲荷さげ（祈禱《きとう》師）が呼ばれた。太夫には社《やしろ》の裏に棲む稲荷の狐が乗り移り、文明開化の世に軽んじられる我が身の不満を語った。頭から小便をかけられるなどの仕打ちに怒った稲荷狐は火事を出して警告していたが、人は反省する様子もないので我慢が限界に達し、社長・西尾吉太郎の命を取ってやると気炎を吐いていた。この狐はかつて宇喜多直家の家臣・長船紀伊守の屋敷に祀られていたもので、時直稲荷と名乗った。社長は意地悪く「名前が気に入らん。直時なら祀ってやってもよい」と逆らったが、狐憑《つ》きの太夫はあっさり承諾し、社屋にて直時稲荷が祀られたという。（立石憲利「現代の民話集　サンマータイム」『民話と文学』第4号）

仲間のお姫［なかまのおひめ］

岡山県苫田郡上齋原村（現・鏡野町）に伝わる化け狐。

出合の亀太、遠藤の尾白という狐と共に上斎原の奥地に居座り、人を騙していた女狐で、飛騎《ひき》ヶ乢《たわ》へ上がる道によく出た。お姫は着物姿の綺麗な娘に化けるのを得意とし、若い男たちを騙していたが、実は人間の若い男と夫婦になるのを夢見ていたという。あるとき三匹の狐は若い僧を狙い、その法力に敵わず封じこめられたという。また、太平洋戦争が激化した頃には、お姫は

大阪の米屋に働きに出たとも噂された。お姫は柴の葉を被って姫様に化け、着物は木の葉の模様になるともいう。

他にも平作（平作原《へいさくばら》）の三本足、立神の又右衛門という狐も名を知られていた。三本足は猟師に撃たれ足を一本失った狐で、又右衛門は山の上から畑に飛び降りる人の幻を見せて驚かせたりしたという。（『鏡野町伝説紀行』、『民話集人形峠』）

なべそこ狸 ［なべそこだぬき］

岡山県新見市などに伝わる。

鼬《いたち》より少し大きいくらいの獣で、これを飼っている家には金持ちが多いとされた。ナベソコの家筋では正月に裃《かみしも》を着て狸を迎える。また、この家筋の者との婚姻は忌まれていたという。石塚尊俊は、これを**とまつこ狸**の伝承が変形したものとみている。（『綜合日本民俗語彙《ごい》』、石塚尊俊『日本の憑きもの』）

涙の鼠 ［なみだのねずみ］

雪舟《せっしゅう》の幼少期の逸話として語られるもの。文献上の初出は『本朝画史』とされる。

雪舟は備中国の赤浜に生まれ、一二歳頃に宝福寺（岡山県総社市）に預けられた。絵を描いてばかりで経典の勉強をしない雪舟を戒めるため、師僧は彼を寺の柱に縛りつけた。後で様子を見に行くと、雪舟の足元に鼠がいる。だがそれは雪舟が足の親指を使い、床に落とした涙で本物そっくりに描いたものだった。これを見た師は雪舟の才を認め、絵を描くことを咎めなくなった。（瀧精一校訂『画道集』）

このとき雪舟が描いた鼠が本物の鼠となり動きだしたとか、雪舟を縛っている縄を食い切ったと語られる場合もある。（太田忠久・水藤春夫『岡山の伝説』）たとえば大正一四年（一九二五）の『新課外読みもの尋常第五学年用』（富山県新湊区域校長会編）に載る雪舟の逸話では、涙で描いた鼠がチョロチョロと駆け出し、それを見た雪舟と住職が共に驚くという場面がある。宝福寺の山門前に設置されている少年雪舟像も、縛られて座る雪舟の膝頭に鼠が乗っている姿で造られている。

なめら筋 ［なめらすじ］

蛇《なめら》などの悪しきものが通る道筋。なまめ筋、魔道、魔筋などとも呼ばれる。

このような道筋を通ると災難や不幸に遭う、**送り狼**に後をつけられるなどと考えられた。岡山県真庭郡美和村（現・真庭市）ではナメラ筋を通る魔物とは十二支以外の獣のことで、この筋に屋敷を建てると思わぬケチ（災難）があり、繁昌することはないといった。同郡川東村のナマメスジでは夜中に犬ほどの大きさの獣が音を立てて通るといい、その獣の名をナマメという。昭和初期、ある人が久米郡三保村《みほそん》のナマメ筋を自動車で通ると、路上に二つの光物が見えた。それは下の川へ消えていったが、帰

宅時にはあまりの恐ろしさに全身冷汗にまみれて鳥肌が立っていたという。（三浦秀宥『岡山の民間信仰』「ナメラ筋系伝承魔道考」『岡山民俗』第九号）英田郡英田町上山（現・美作市）の一本松から丈の乢を経て国木乢に至る道筋もなめら筋といわれ、家屋の建築は禁忌とされた。丑三つ時、この筋を天狗が武器などを持った大勢の家来を従え、シイシイと声を上げながら往来する。それに出会うと不吉なことが次々起こるという。（『英田町の民俗』）

鳴輪の野狐 ［なりわのやこ］

佐藤成裕『中陵《ちゅうりょう》漫録』にあるもの。

備中の鳴輪（成羽《なりわ》。現・岡山県高梁《たかはし》市成羽地域）の樵《きこり》が、木を伐る際に誤って狐に傷を負わせてしまった。三十数年後、樵の体力が衰えた頃にその狐がとり憑《つ》き、彼を狂乱状態に陥れた。やがて樵は鎌で自ら腹を裂き、腸を引きずり出すという常軌を逸した行動に及んだが、それでも彼は一命を取り留めた。腹には深い傷が残ったが、彼は付近の徘徊《はいかい》を続け、三年後に死亡した。重傷を負いながら生き延びたのは、狐を殺した報いですぐには死ねなかったからだという。（『日本随筆大成第三期3』）

鳴釜 ［なるかま］

岡山市北区にある備中国一宮・吉備津神社で行われる神事。

吉備津彦命《きびつひこのみこと》に祈った願いごとが叶うか否かを釜が鳴る音で占うもので、古くは室町時代末の『多聞院日記』に評判が記され、江戸時代には『雨月物語』「吉備津の釜」に登場し、**磯良**《いそら》の悲劇の予兆となる。

釜を鳴らすのは**温羅**《うら》あるいは**剛伽夜叉**《ごうきゃやしゃ》、**吉備津冠者**《きびつのかじゃ》といった吉備津彦命に倒された鬼の霊とされる。吉備津彦命に敗れ、首を刎ねられた温羅の首には執念が残り、幾年も咆哮を続け、犬に食われ骨だけになってもそれは変わらなかった。そこで命は髑髏《どくろ》を竈《かまど》の下深くに埋めさせ、鬼の望みを容《い》れて、彼が生前寵愛していた阿曽女《あぞめ》（阿曽姫）という女に朝夕の食事の火を焚かせた。すると鬼の霊は鎮まり、火を焚いた際の釜の鳴動で吉凶を占うことができるようになったという。（『岡山県伝説読本』）

神事は代々、神官と阿曽女（阿曽郷出身の巫女）の二人で実施される。阿曽女が釜に水を張って湯を沸かし、神官が祝詞《のりと》を奏上する。そして阿曽女が竈に座し、甑《こしき》の中で器に入れた玄米を振る。すると鬼の唸るような音が鳴り響き、祈願者は音の大小長短を元に自ら吉凶禍福を判断する。（吉備津神社ウェブサイト）

菜を洗う娘 ［なをあらうむすめ］

岡山県阿哲郡哲西町（現・新見市哲西地域）に伝わる。

ある男が川で菜を洗う娘に出会い「もちいと背が高けりゃあ女房にするのに」と声をかけた。娘は「ここで何百年も、誰ぞ声をかけてくれるのを待っていた。女房にし

てくれなければ許さない」と言って男を捕まえ、奥山へ連れていった。娘の正体は大蛇で、男をもてあそんだ挙句に飲みこんでしまったという。（稲田浩二・立石憲利編『中国山地の昔話』）

納戸婆［なんどばばあ］

納戸に出る老婆の妖怪。西日本各地に伝わる。「納戸婆《ばあ》さ」とも。

岡山県赤磐《あかいわ》郡高月村岩屋（現・岡山市北区）では、納戸には納戸婆という額のはげ上がった婆さんがいて「ホーッ」と言って出てくるとされた。庭箒《にわぼうき》で叩くと縁の下へ逃げこんでしまうという。上道《じょうとう》郡古都村《こずそん》（現・岡山市東区）でも、納戸は陰気なうえに納戸婆がいるといわれていたため、子供にとっては昼でも恐ろしい場所だったという。（佐藤米司『岡山の怪談』）

苫田郡阿波村《あばそん》（現・津山市）では、子供が夜泣きすると「オトトキタカが来るぞ」と言って脅かし、悪いことをしたときには「納戸のばばが出るぞ」と言って怖がらせた。（『阿波・梶並《かじなみ》の民俗』）オトトキタカとは時鳥《ほととぎす》の鳴き声の聞きなしが妖怪の名に転用されたものと思われる。時鳥の前世は人間で、誤解から弟を死なせた後悔や贖罪《しょくざい》のために「弟来たか」などと鳴き続けるという昔話が各地に伝わる。

仁右衛門の子［にえもんのこ］

佐藤成裕『中陵《ちゅうりょう》漫録』にあるもの。

備中松山藩（岡山県）の芹沢仁右衛門は幼い頃から狩りを好み、長年にわたり数多くの魚や鳥を殺してきた。三歳になる彼の息子はやけに頭が大きく、目は落ち窪《くぼ》んだ異様な風貌だった。その子は鳥や魚の絵を描くことをたいそう好み、腕前も幼児とは思えないほどだった。やがて息子は重病で衰弱していったが、それでも絵筆は手放さなかった。いよいよ息絶えようかというとき「坊はいまに死ぬ」と涙を流し、今まで描いた魚や鳥が父親に殺された日や場所を言い当てた。臨終の苦しみにより目を白黒させるさまは、まるで鳥類が殺される瞬間のようだった。仁右衛門は息子の死に深い悲しみを覚え、以後は猟をしなかった。

薬種の採取などのために諸国を巡っていた佐藤成裕は、備中にて仁右衛門の子が描いた絵を実際に見たという。（『日本随筆大成第三期3』）

人形峠の化物［にんぎょうとうげのばけもの］

岡山県苫田郡上齋原《かみさいばら》村（現・鏡野町）に伝わる。鳥取県との境にある人形峠には化物が出るといわれ、様々な噂があった。

ある馬車引きが夜中に人形峠を通ると、一升瓶を逆さに立てたようなものが横にずらっと並んでいた。馬は恐れて動かなくなり、馬車引きは慌てて引き返したという。

人形峠には女の人形が出てきて化かすともいう。人形は「あんた一人じゃあさみしかろう。道連れぇなってあげるけえ」と旅人に声をかけ、山奥へ連れて行き帰れなく

してしまうという。（『民話集人形峠』）

蜂王《はちおう》や鳥取県の**人形峠の霊**、広域の**人形峠の蜘蛛**《くも》も参照。

ぬうりひょん

岡山県加賀郡吉備《きび》中央町に伝わるとされる妖怪。実際は近年の創作と考えられる。

吉備中央町案田《あんだ》にいた「ぬうりひょん」は、**海坊主**のような禿頭《はげあたま》で目鼻がなく、袈《け》裟《さ》を着たお爺さんの姿をしているが僧侶ではない。年末の多忙な時期に勝手に家に上がりこみ、茶を沸かして飲むという。

立石憲利編『岡山「へその町」の民話』（二〇一七）では、この話の出典として『草地稿』なる書名が記載されている。これは提供者が旧加茂川町内を中心に古老から聞き取った話を原稿化したものとされる。また、吉備中央町への移住者が運営するウェブサイト『吉備中央町の田舎暮らし』でも「ヌウリヒョン」の伝説が村人口伝として紹介されている。

ぬらりひょんまたはぬうりひょんと呼ばれる妖怪は、化物尽くしの絵巻などにある図像をベースに、考察や創作による様々な二次的情報が混入し、新たなプロフィールが形成されていった妖怪である。吉備中央町のぬうりひょんも、一九七〇年代以降の児童書や九〇年代以降の画集の類から得た情報を参考にして作られたとみてまず間違いない。少なくとも現時点では吉備中央町《へそのまち》で普遍的に受容されている民話というよりも、一軒の家庭で当代になって語られ始めた新しい妖怪談でしかないだろう。

その他の**ぬらりひょん**も参照。

ぬらりひょん

備讃灘《なだ》（岡山県と香川県の間の海域）によく出るとされる妖怪で、**海坊主**またはヌラリヒョンと呼ばれるという。

海上に頭ほどの大きさの丸い玉が浮かんでいて、船人がこれを捕ろうとするとヌラリと外れて海に沈み、またヒョンと浮き上がってくる。このように浮き沈みを繰り返し、捕ろうとする人をからかうという。

これは作家の平川林木による「山陽路の妖怪」（『季刊自然と文化』一九八四秋号）という文章で紹介された妖怪で、今のところ他に同様の内容を記した一次資料は確認されていない。よって、江戸時代以降の化物絵に描かれる禿頭《はげあたま》の老人姿の妖怪「ぬらりひょん」との関連の度合いも不明であるが、両者は混同されがちである。その他の**ぬらりひょん**も参照。

猫岩［ねこいわ］

岡山県笠岡市の北木島《きたぎしま》に伝わる。

北木島東側の海から見える岩で、猫の顔が浮き彫りになっているかのような形をしている。源平の水島合戦の際、平家の船に大将が縁起を担《かつ》いで連れてきた雄の三毛猫が乗っていた。ところが平家方は敗れて船は沈み、大将らも戦死、猫だけが海を泳いで北木島の岩まで辿り着いた。猫もそこで

息絶え、魂が乗り移って猫岩ができたという。（土井卓治『吉備の伝説』）

猫神様［ねこがみさま］

猫の霊などが人にとり憑くもの。

岡山県川上郡備中町湯野（現・高梁市備中町）では、太夫や禰宜《ねぎ》といった祈禱者に、阿哲郡の猫神様がよく乗り移ったという。（『民俗採訪』昭和三六年度号）

のっぺら

岡山県苫田郡奥津町（現・鏡野町）にあった大釣《おおつり》荘のあたりに出たという妖怪。

戦時中、ある人が大釣荘の下で泣いている娘を見かけた。なだめようと声をかけても返事はなく、ふっと上げた顔はのっぺらぼうだったという。この「のっぺら」は結い髪で着物姿の娘といわれていたが、昭和五〇年代になると長い髪で洋服姿だと語られた。（『民話集人形峠』）

【は】

ばあばあー

岡山県邑久郡邑久町尻海（現・瀬戸内市邑久町尻海）に伝わる。

昔、通り山に身の丈一〇尺あまりのバアバアー（老女）がいた。一〇〇歳を超える高齢ながら二谷三谷をピョンピョン跳び越える身体能力の持ち主で、ある日は大下駄を貰ったのが嬉しくてたまらず、山や谷を跳び回った。そしてふと小豆島《しょうどしま》（香川県）まで跳んでやろうと思い立ち、夢中で跳躍を続けるうち、着物の裾が腰あたりまでまくれ上がってしまった。さすがに恥ずかしくなって気が緩んだ瞬間、婆様の体は重心を失い、最後の一跳びは小豆島に届かなかった。そればかりか股がメリメリ裂けて、体はズブズブ海に没したという。婆様の着物がまくれ上がり、大きな大きな薄黒い尻が見えた地域は尻見（尻海）と呼ばれるようになった。（『玉津の古伝』）

白鹿［はくろく］

白い体毛の鹿。瑞祥の一種とされる。

『文徳天皇実録』には、文徳天皇の時代、斉衡三年（八五六）一〇月に常陸国《ひたちのくに》（茨城県）から連理木《れんりぼく》が、一二月に美作国（岡山県）から白鹿が朝廷に献上されたとある。これらの嘉瑞《かずい》は聖皇の時代に天地の神がもたらしたものだと喜ばれ、元号は天安に改められた。この年、美作と常陸の民は徭役《ようえき》（男子の労役）が軽減され、苫田郡では調《ちょう》（繊維や産品の納入）も免除された。（佐伯有義編『六国史　巻七』）

鏡野町の白賀《しらが》渓谷が白鹿発祥の地とされ

ており、記念碑が建てられている。

箱岩［はこいわ］

岡山県苫田郡鏡野町奥津に伝わる。

箱地区にある箱型の大きな岩で、寛和二年（九八六）に安倍晴明《あべのせいめい》と蘆屋道満《あしやどうまん》が作った日本六十余州の地図を納めるため用意された石の箱だと伝わる。地図は安政の大地震（一八五四）で岩の入口が塞《ふさ》がってしまうまでは人々が見ることもできたが、今は無理に中へ入ると頭痛が起きるという。

（『鏡野町伝説紀行』）

蜂王［はちおう］

岡山県苫田郡鏡野町上齋原と鳥取県の境にある人形仙（人形峠）にいたという大きな蜂。『作陽誌』に記されている。

人形仙には、かつて大きさ一丈にも及ぶ蜂王がいた。これが通行人を襲って生き血を吸うため、山の往来ができず、山麓の村人は困り果てていた。村を訪れた僧は人々に木偶《でく》人形を作らせて経文を書きこむと、それを山中に立たせた。僧は「三日を経て蜂は必ず死ぬ」と告げて村を去り、三日後に山へ向かった村人たちは、予言通り死んでいる蜂を発見した。蜂の死骸は人形と共に埋められ、山は人形仙と名付けられた。

（『新訂訳文　作陽誌』）

同地の妖怪伝承としては**人形峠の蜘蛛**がよく知られるが、旧・上齋原村では蜂王の伝説にちなんでハチを観光宣伝に使っていた。（『鏡野町伝説紀行』）

八十三［はちじゅうさん］

岡山県津山市中島に伝わる。

古くから村に棲んでいる化け狐で、年齢が八三歳であるため八十三と名乗るそうだが、昔から八十三と呼ばれ続けている。頭は丸禿《まるはげ》で眉は白く、身体は金色に光っているという。油揚げ婆さんと呼ばれた行商の女性は、ときどき油揚げの売れ残りを八十三に渡してやったという。細い道の真ん中に座り、通行人に「わしは八十三じゃ。何を買《こ》うてきたんなら」と声をかけていたこともあるという。また、人を化かしたりしない良い狐だと自ら語っていたともいい、誰かが狐に化かされても、八十三以外の狐の仕業だろうと考える人もいた。

一種の憑物《つきもの》と捉えられる場合もあったらしく、八十三を連れていると自称する法印もいた。八十三は悪いことをするため、自分が連れていなければだめだと話していたという。八十三に憑かれた人が譫言《うわごと》を口走ったりするときには、彼のような法印に祈禱を頼んだという。（『つやまの民話』）

八代婆さん［はちだいばあさん］

岡山県阿哲郡大佐町《おおさちょう》（現・新見市）の刑《おさか》部《べ》に祀られる八代**荒神**について、備中町目尾などでは次のように語られていた。

ある旅人が道中で狼の交尾を見て、そのことを他の者に話した。だが狼が番《つが》うのを

見たと語るのは禁忌とされる行いだった。その晩、旅人は狼を恐れて辻堂の屋根裏で休んだが、堂の下には狼が次々集まり「人臭いよ。ここに人がいる」と騒ぎだした。やがて狼たちに呼ばれて、八代婆さんなる白髪で腰の曲がった婆さんがやってきた。婆さんは狼たちの上に乗って旅人を捕まえようとしたが、頭の芯に懐剣をぶちこまれて倒れた。やがて婆さんと狼たちが逃げたので、旅人は血の跡を追ってとある大きな家を訪ねた。そこには八代前から生きていて、家を富ませてくれる大事な婆様がいるが、頭に怪我をして死にそうだという。それはまさしく昨夜辻堂に来た八代婆さんだった。旅人は家人に真相を伝えるため、婆さんの部屋の床板を剝《は》がし、その下に数多くの人骨があることを暴いた。八代婆さんの正体は古い古い猫だった。正体を知られると家や付近に祟《たた》ったので、荒神として祀り鎮めたという。（稲田浩二・立石憲利編『奥備中の昔話』）

白骨の霊［はっこつのれい］

岡山県倉敷市南部を走る鷲羽山《わしゅうざん》スカイライン（現・県道三九三号鷲羽山公園線）に出たという霊。心霊スポットとしても知られる鷲羽山周辺の怪談のひとつ。

ここはかつて有料道で、平成七年（一九九五）に無料開放されてからも料金所は存置されていた。そこに骸骨姿の幽霊がいたとの噂が立ち、ほどなく料金所が解体された。あまりにも幽霊の目撃情報が多かったための対応だという。（並木伸一郎『47都道府県　あなたの県の怖い話』）

八尺べろ［はっしゃくべろ］

岡山県加賀郡吉備《きび》中央町納地に伝わる。

昔、道楽者の男が日切《ひぎり》の地蔵に七代分の富を自分一人にくれと頼んだ。願いは叶って男は裕福になり、やがて嫁を迎えた。だが嫁の舌《べろ》は八尺もあり、男は毎夜ねぶり回され、果てはねぶり殺されたという。（『岡山「へその町」の民話　追補編』）

食わず女房などに類する、強欲な男が化物の嫁に懲らしめられる話の一種。

母子狸［ははこたぬき］

岡山県岡山市米倉（現・岡山市南区）で人に祟《たた》りをなしたという狸。

米倉のある材木屋が蔵を建てるため、建設予定地に生えていた松を伐り、根元に空いていた狸の巣穴を埋めてしまった。すると家の者が狂気に陥り消息を絶ち、数日後に材木の間から「ほほほーっ」と言って出てきた。その後は他の者も幻覚を見るようになり、身内の親子三人が死亡、材木屋も左前になり潰れてしまった。また、夜には子供の乳母の前に身なりの良い婦人が現れ「どうじゃ、立派だろう」と言うので恐ろしかったという。あまりに不思議なことが続くので祈禱《きとう》してもらうと、先の工事で生き埋めにされた母子三匹の狸の霊が家を滅ぼ

したと分かった。材木屋への復讐《ふくしゅう》だけでは狸の恨みは収まらず、付近の大きな家々は次々に潰れた。堂を建て狸を祀ると、ようやく祟りは鎮まったという。（安井満代「奇怪な実話」『岡山民俗』第三五号）

鯢大明神［はんざきだいみょうじん］

岡山県真庭市湯原町（現・真庭市湯原地域）に伝わる。

昔、向湯原の竜頭ヶ淵に大はんざき（山《さん》椒魚《しょううお》）がいて、川原に放牧された牛馬を尾で叩き倒し水に引き入れて食っていた。あるとき三井彦四郎という村の若者は通りすがりの六部巡礼に意気地なしと煽られ、短刀を携えて淵に入った。彼は大はんざきに丸呑みにされてしまったが、体内で刀を突き立て、腹を切り裂いて外に出てきた。岸に引き揚げられたはんざきの体長は三丈六尺もあったという。生還した彦四郎は六部までも刺し殺した。その後、彦四郎の家付近では泣き声が聞こえるようになり、一家の者は病気で死に絶えた。やがて村にも災いが起きはじめたので、はんざき大明神の祠と六部の供養塔を建てて祟りを鎮めたという。（『おかやま伝説紀行』、『新訂訳文作陽誌』）祠は明治時代に動物学者の石川千代松が買い取って保存し、現在も湯原では八月八日にはんざき祭が行われている。（『世界大博物図鑑3』）

はんやの娘［はんやのむすめ］

岡山県川上郡備中町奈良熊（現・高梁《たかはし》市備中町）に伝わる。

昔、ある池の近くに「はんや」という長者夫婦がいた。この家の一人娘は「池が見たい」と言い出し、両親と共に池へ出かけた。娘は「星が見える」と言って両親に上を向かせ、その隙に池へ飛びこんだ。やがて娘は大蛇に変じて池から現れ「蛇になったので、再び見てくれるな」と言い残してまた姿を消した。以後、この池を「はんやが池」と呼ぶようになったという。（土井卓治『吉備《きび》の伝説』）

ひーひ猿［ひーひざる］

岡山県御津郡に伝わる。

病人に憑《つ》いて無神経にさせるという。初出資料の佐藤清明『現行全国妖怪辞典』ではヒーヒザルと表記され、村上健司『妖怪事典』ではヒーヒ猿と字があてられた。猿や**狒々**《ひひ》などの霊が憑依《ひょうい》する怪異か。

ひいらぎ様［ひいらぎさま］

岡山県英田郡粟広村《あわひろそん》（現・美作《みまさか》市）に伝わる憑物《つきもの》の一種。

ある狐持ちの家は山奥の寺から「ヒイラギ様」という狐を持ち帰ってから富んだといわれていた。そして、この家と争った相手は腹痛や熱病にかかると噂されていた。（喜田貞吉編「全国憑きもの報告集成」『日本民俗文化資料集成　憑きもの』）

肥後駒繋ぎ岩［ひごこまつなぎいわ］

岡山県倉敷市に伝わる。

生坂《いくさか》の肥後谷にある岩で、毛利家の家臣である尾埼肥後が名馬を埋葬した際に置いたものといわれている。文政（一八一八～三〇）頃、生坂の醸造家がこの岩を庭石にするため持ち帰ると、岩は「肥後谷へいのう」と毎夜泣いた。元の場所に戻すと岩の泣き声は止んだという。昭和初期には「三田の山上」なる行者が三田山上大権現不動明王神変大菩薩の修法で祈禱《きとう》を行い、この岩を自宅の庭園に移したという。（森脇正之編『倉敷の民話・伝説』）

土方の化物［ひじかたのばけもの］

岡山市北区中山下に伝わる。

西中山下の土方清兵衛という鉄砲の名手の武士が、あるとき竜之口山で雌狸を撃ち取って狸汁にした。すると、その夫の雄狸が怒鳴りこみ、家で悪さをするようになった。清兵衛の妻や娘が便所に入れば狸が下からつるりと撫でたが、勝気な妻女は懐剣でその手を切り取った。弱った狸は手を返してくれと懇願し、見返りに稀代の妙薬の製法を伝授した。それが幕末から戦前頃まで売られていた「狸伝膏《りでんこう》（「ばけものこうやく」とも読む）」の始まりだという。この薬は切傷、打身、瘭疽《ひょうそ》、肩こり、腹の筋張り、頭痛などに効能ありと謳われていた。

土方家は当初、跳梁《ちょうりょう》する怪異に耐えかねて引越しを繰り返していたが、そのたび化物が先回りして「お先い」と一声上げた。そのため「土方の化物で、お先い」という言葉が巷《ちまた》で流行ったという。（『岡山太平記』、『吉備《きび》の伝説』）

ひたちどん

岡山県和気郡日生町《ひなせちょう》（現・備前市日生地域）に伝わる。

承久の乱の後、常陸国（茨城県）の殿様が隠岐《おき》に流された後鳥羽上皇（**後鳥羽院**）に密使を送った。密使は日生で銭の勘定をしているところを漁師に襲われ「七代祟ってやる」と言い残して死んだ。漁師は死体を海に捨てようとしたが、何度沈めても元の場所に流れ着いてくるので、宮を建てて祀った。日陽奥に祀られる疫病除けの神「ひたちどん」がその密使を祀ったものだという。（『岡山県史　民俗Ｉ』）

櫃ヶ山の天狗［ひつがせんのてんぐ］

岡山県真庭市に聳《そび》える櫃ヶ山は湯原《ゆばら》富士とも称される名山で、山伏の修行場としても知られ、天狗（狗賓《ぐひん》）が棲むといわれていた。山は女人禁制で、もし女が登ると下まで投げ飛ばされたりしたという。（三浦秀宥『荒神とミサキ』）

湯原の本庄村のある男は神隠しに遭い、村人が八幡様に千度参りをすると戻ってきた。彼は櫃ヶ山の方で大きな山伏のような男から「ええとこへ連れて行っちゃる」と

言われ、ひたすら後について歩き回っていたのだという。また、櫃ヶ山の天狗は夏の土用の丑《うし》の日に羽根を干すといわれ、この日に本庄から山を眺めると白く光るものが見えるという。（『砂鉄の村の民話』）

人苦労様［ひとくろうさま］

岡山県久米郡久米南町《くめなんちょう》に伝わる。

南庄《みなみしょう》には人苦労様、あるいは人苦労取《ひとくろど》り様、苦労《くろ》なし様という呼び名の神様の祠《ほこら》があり、本尊は狐であるという。その名の通り人の苦労を取ってくれる神で、人々は失せ物探しの願掛けなどをする。願いごとが成就すれば油揚げや赤い幟《のぼり》を供えることとされている。（『久米南町の民話』）

ひのみさき

各地でいう**みさき**の一種。

岡山県小田郡美星町《びせいちょう》（現・井原市《いばら》）宇戸谷下地区にはヒノミサキを祀る祠《ほこら》があり、その御神体は石だという。この石を撫で、目やできものなどの痛い所を撫でると病気が治るという。昔は集落に大病を患う人がいるとき、男が褌《ふんどし》一丁で**荒神**《こうじん》とヒノミサキの祠の間を往来し、お百度を踏む習慣があったという。青高地区にもヒノミサキを祀る場所があり、旧暦七月二四日にはヒノミサキ踊りをした。宇戸上では火にまつわる霊と考えられて火事のときに祀るものとされた。同地区では子供が堀で転んで死ぬと水ミサキになるとも考えられた。

高梁《たかはし》市宇治町でもヒノミサキが祀られていたが、これはもとは一つの家でのみ祭祀されていたものという。同地域では、天狗松と呼ばれる木を伐ったときに祀る伐木ミサキもいた。（『宇治・宇戸の民俗』）

狒々［ひひ］

松尾芭蕉を主人公に据えた怪談集『芭蕉翁行脚怪談袋』には、芭蕉が山中で狒々（**狒々**）に遭遇する話がある。

芭蕉が備前国岡山（岡山県）を目指して森山の麓を進んでいたとき、愛用の頭巾《ずきん》を谷の下に落としてしまった。谷に下り、頭巾を取ろうとしていると、長い体毛を垂らした大猿が現れた。その眼は朱を注いだように赤く、身の丈は一丈ほどあった。芭蕉は驚いたが、大きくとも猿には違いないのだから、さほど恐れるべきでもないと考え直して谷を脱出した。そして、俳諧の道も「思いこみで物事を推し量れば大きな過ちとなる」という教訓を得た。話を聞いた岡山の俳人・真田玄藤は、それは猿が千年、万年を経て通力を得た狒々だと語った。狒々は風を呼び雨を降らせることができるが、毛が傷むのを嫌がって悪天候の日には出てこない。ゆえに狒々から逃げるのは陽が翳《かげ》った時が良いという。（伊藤龍平訳『怪談おくのほそ道』）

兵部鼠［ひょうぶねずみ］

岡山県浅口郡大島青佐山（現・浅口市寄

島町）に伝わる。

昔、青佐山の山城に兵部という法者が住んでいた。彼は酒を使った呪《まじな》いで諸病を治していたため、酒の法度にふれて沖の大島へ流されることになり、わずかな家財道具を船に積んで配流先へ向かった。島に着いた際、兵部が船から降ろし忘れた茶臼は、非情にも彼の目の前で海へ投げ捨てられてしまった。兵部は耐えがたい侮辱に怒りを燃やし、死後その霊は鼠となり、人々の小指や髪を食い切った。兵部を送ったのは大島の正頭《しょうとう》の者二名だったといい、彼らの家では兵部の霊を神として祀ったという。

（黒住清『増補大島伝説集』）

毘利見様［びりけんさま］

岡山県真庭郡美甘村（現・真庭市美甘地域）などに伝わる。

美甘村・新庄村では変事のあるときは御《み》鴨《かも》神社のヤテイ様が鳴く、または宇南寺のビリケン様が鳴くという。後者は宇南寺境内に祀られる鎮守様で、福の神であり、正体は狐だという。『西作誌』には「神狐あり毘利見と名づく」と記されている。美作地方の狐でも格式の高い部類とされ、木山村杣寺の善覚稲荷、勝山町（現・真庭市勝山）化生寺《かせいじ》の**玉雲《たまもり》大権現**、備中の木野山狐、大《おお》垪和村《はがそん》（現・美咲町）の武内狐などと共に招福の神として敬われた。（三浦秀宥「美作地方に於ける憑物の概要」『山陰民俗』第三号、『荒神とミサキ』）

頻伽鳥に似た鳥［びんがちょうににたとり］

『虚実雑談集』巻之一にあるもの。

元禄（一六八八～一七〇四）のある日、備前（岡山県）の城内で謎の物音がして、どこを捜しても出所が分からなかった。同日、ある狩人が山中で大きな鳥の大群に遭遇したという。その鳥の翼長は三間、頭は一尺ほどで黒髪が麗しい女に似ていて、まるで頻伽鳥（迦陵頻伽《かりょうびんが》。極楽にいる人面の鳥）のようだったという。（勝又基・木越俊介校訂『諸国奇談集』）

渕の鰐［ふちのわに］

岡山県阿哲郡神郷町《しんごうちょう》（現・新見市神郷地域）のある女性の体験。

ある姉妹の父親は海軍の軍人で、戦時中の昭和一七年（一九四二）にニューギニアにて消息を絶っていた。翌年、妹が家の近くの渕で遊んでいると、一緒にいた友達が「ワニが背中にさばりついて危ない」と叫んだ。祖父と母親が駆けつけたが、水中には何もいなかった。妹自身も何も見ていないと言う。だが友達が嘘《うそ》を言ったとも思えず、かといって山奥の川にワニがいるとも思えない。家の者たちは、ワニに食われた父親が、ワニの姿で家族のもとに現れたのだろうと考えた。（『しんごうの民話』）

「ワニ」といえば爬虫類《はちゅうるい》を想起するが、中国地方では魚類のサメをワニと呼ぶ地域も多かった。この話におけるワニがどちらを指していたのかは判別し難いが、『しんご

うの民話』の挿絵では、明確に爬虫類のワニとして描かれている。

部類別索引【鮫・鰐】も参照。

古塚の男女［ふるつかのだんじょ］

佐藤成裕『中陵《ちゅうりょう》漫録』にあるもの。

備中下道郡九代村（岡山県）の舟山という所で、山神の祠《ほこら》を建てるための工事が行われた時のこと。地面を均《なら》そうと土を掘り返すと、古い石櫃《いしびつ》が発見された。中にはまだ生きているかのような男女の死体が入っていたが、風を浴びるとたちまち消滅し、あとには刀が二振りと鏡が一つ、黄白色の勾玉《まがたま》五つが残された。刀と鏡は領主の松山侯に献上されたが、それから村には疫病が流行した。古い塚にあった物を散逸させたためだと噂され、領主に刀と鏡の返還を請い、それらを再び土に埋めて祠を建てたという。（『日本随筆大成第三期3』）

兵隊さん［へいたいさん］

岡山県倉敷市の話として『中国・四国怨念地図　平成17年度』に載るもの。

ある姉妹が瀬戸大橋に向かって車を走らせていると、路上に「兵隊さん」の服装をした男が一人で立っていた。不審に思いながらも通り過ぎると、しばらくして突然フロントガラスに「兵隊さん」が突っこんできた。慌ててブレーキをかけたが、どこにも男の姿はなく、車体にも傷ひとつ付いていなかった。姉妹はそのまま帰宅したが、後に近所の人から「この間車に乗ってた兵隊さんはお友達？」と尋ねられ、お祓《はら》いをしてもらうことを決意したという。

蛇の祟り［へびのたたり］

岡山県久米郡久米町（現・津山市）出身の昔話研究者・立石憲利の母である立石長が体験した蛇の祟り。

裏庭で蛇を見かけた時、家に入らないよう殺虫剤を何度もかけて追い払った。すると顔が急にむくみ、診察を受けると腎臓の調子が悪いと判明し、津山の中央病院にて三ヶ月入院した。退院して家に戻ると、便所に先日の蛇がいたので「もう悪いこたぁしゃぁせんけえ、こらえてくれんさい」と詫《わ》びたという。（『正志と長の民話』）

弁天岩［べんてんいわ］

岡山県和気《わけ》郡佐伯町《さえきちょう》南山方《やまがた》（現・和気町南山方）に伝わる。

南山方にある弁天岩からは、毎夜とろとろと青い火が燃え上がり、その様子が遠くからも見えるといわれている。うっとうしい夜ほど火が燃えているのがよくわかるとされ、この岩に触ると病気になるともいわれている。（土井卓治『吉備《きび》の伝説』）

亡妻の幽霊［ぼうさいのゆうれい］

左右田秋満『幽霊一百題』にあるもの。

明治二六年（一八九三）頃、岡山市の徒《か》士町《ちまち》に幽霊屋敷があるとの噂が立った。そこにはかつて松井某という小学教員と妻が暮らしていたが、あるとき妻は病の床に就いた。それ以来、妻はもともと強かった嫉妬の性がいっそう強くなり、死に際でさえ「後妻を迎えるか」と恐ろしい顔つきで夫に問うほどだった。夫はつい後妻を迎えないと約束したが、後に再婚してしまった。すると家に亡妻の幽霊が毎夜現れるようになり、夫婦を恐怖に陥れた。教員が引越した後も亡妻の幽霊は家に祟《たた》りをなし、新しい入居者が来ても長続きしなかったという。（東雅夫編『明治の怪談実話』）

ほぼら火［ほぼらび］

岡山県児島郡下津井町（現・倉敷市）などでいう**船幽霊**《ふなゆうれい》、怪火の類。

濃地諸島の太濃地島ではよくホボラ（亡霊）が燃えているのが見えたという。これは台風により発生した洪水で太濃地島まで流された死者の霊とされる。舟に乗っていると碇のあたりでホボラがボーッと燃えることもあるという。ホボラが燃えるのは死者が水を欲しがっているためだともいう。

ある人は下津井から宇野へ行く途中の船上でホボラ火に遭遇した。夜中、帆を巻いた船が物凄《すご》いスピードで接近し、ぶつかりそうになりながら通過した。そしてまた戻ってはこちらの船に接触してくる。「こいつ俺をとりにきやがったな」と思い、サバの刺身《つくり》をぶつけると、ホボラの迷い火は陸の方へ去っていったという。

ホボラの船は帆の巻き方や航海ランプの左右が逆だったりするのですぐ判別できるとされる。櫓《ろ》のハヤ緒の穴や帆のサイミの穴から覗《のぞ》くと、ホボラは消えてしまうという。（佐藤米司『岡山の怪談』、土井生「ほぼら火の話」『岡山民俗』第一六号）

【ま】

魔法様［まほうさま］

岡山県御津郡加茂川町（現・加賀郡吉備《きび》中央町）に伝わる化け狸。キュウモウ狸、円城狸とも呼ばれる。

上田西の火雷神社は魔法宮、魔法様と呼ばれ、狸をお使いしめ（神使）とする。この狸こそ魔法様だともいい、それが狢《むじな》と結婚して生まれたのが細田の魔法様（久保田神社）だという。（『加茂川町の民俗』）

幕末の成立とされる『備前加茂化生狸由来記』によれば、魔法様はキュウモウという名で、永禄一一年（一五六八）に南蛮国

の合甚尾大王《ごうじんびだいおう》が悪逆を企てて日本にバテレンを差し向けた際に、彼らの船に潜んで来日したものという。キュウモウは備中の呰部を経て加茂の黒杭銅山に到り、付近の茶店の賑わい、遊女の華やかさの虜《とりこ》となって遊び回った。銅山が廃されると山中の穴を棲み処とし、時折外に出ては牛鍬を鉦《かね》代わりに叩いて「サンヤン、サンヤン」と囃子《はやし》言葉を発しながら山中で遊んだ。長年自由にふるまっていたが、害をなす者は病気にしたり、家に火をつけたりして報復した。これを嘆いた円城寺の和尚の祈禱で逃げ出したこともあったが、遊蕩癖は直らず、木の葉や小石を金に見せかけて人を騙すなどの悪事を続けた。上田村の五蔵という男とは親しかったが、不思議な唐団扇《とううちわ》のようなものを家に置き忘れ、それを隠された際には、何度も家に火をつけた。村人たちは狸を退治しようとしたが上手くいかず、恐れをなして魔法宮を建て、神として祀ることにした。するとキュウモウは人々や牛馬の守護を誓い、信仰を集めたという。

その後、頬四郎という美男が遊里で豪遊したが、彼が払った金子はみな小石や木の葉に変わっていた。彼はキュウモウと妻の狢との間に生まれた子で、親に似てよく災いをなし、あちこちに放火をして人々を恐怖に陥れた。そこで細田村の妙見山に第二の魔法宮を建て、火災の守護神として崇め奉った。頬四郎には頬赤介、背四郎、四ツ四郎という子がいて、三者三様の悪行をなしたが、いずれも退治か供養をされて鎮められた。(『吉備文庫　第二輯』)

魔法様は牛馬や集落の守り神として備中や美作の各地で祀られた。上房《じょうぼう》郡有漢町(現・高梁《たかはし》市)では魔法と神通力があるとして畏敬され、正月には山中の魔法風呂《ぶろ》という場所に注連《しめ》飾りや幣が奉納された。(『有漢町の民俗』)小田郡美星町《びせいちょう》(現・井原《いばら》市)の烏頭《うとう》地区では、峠の路傍に牛の守護神として魔法様が祀られた。これは慶応二年(一八六六)に魔法宮から勧請《かんじょう》されたもので、人々は旧正月一一日に牛を連れて参拝した。(『宇治・宇戸の民俗』)

みこ神 [みこがみ]

岡山県西美作地方などで信仰される神。同地域では、ミコ神という名の神ができものを司るとされ、子供の顔に生じるできものやかさぶたをミコガミガサ(みこ神瘡)と呼んだ。家の娘が結婚すると、嫁ぎ先にもミコ神がついていくと考えられたが、他地方における憑物筋《つきものすじ》の家系のように忌み嫌われることは少なかったらしい。

川上村(現・真庭市)大蛇《おろち》では、ミコガミサマはナンド(夫婦の寝室)に寝るとされ、棚に御幣を飾った。株内(親類)の家々を巡る神様で、子供にカサが出ると「ミコガミサマが客に来た」と考え、甘酒を供えて平癒を願った。ここでいうミコガミガサとはストロフルスとみられている。他村でも甘酒やぼた餅を供えることが多く、湯原町社では薬などつけてもカサは余計に広がるといった。(和歌森太郎編『美作の民俗』)

備中以南や備後地方にもミコ神の信仰は

みられるが、美作とは違い先祖の神（同族神）として祀られている。（『中国地方における民俗の地域性』）

三腰の幽霊［みこしのゆうれい］

岡山県津山市の高田地区に伝わる。

大篠《おおささ》の樋《ひ》の内池《うちいけ》の入口の森あたりには三腰の幽霊が出るという。ぱっと男が出たかと思うと、見ているうちにカタンコトンと三段に腰が伸び、異様に大きな姿に変じるもので、見続けているとカタンコトンと小さくなるという。（『つやまの民話』）

背丈が伸びる見越入道《みこしにゅうどう》の怪を、腰が三段に折りたたまれた三腰と解釈したようだ。

神子山狐［みこやまぎつね］

岡山県上房《じょうぼう》郡有漢町（現・高梁《たかはし》市有漢地域）に伝わる化け狐。

神子山には狐が棲みつき、竹之荘と有漢を結ぶ郷の坂で通行人を騙《だま》しては食い物をかすめ取っていた。あるときは里近くで狐火を灯《とも》して人を惑わせ、作物などを奪ったという。込山嘉助という人が竹之荘の親類宅から帰る際にも神子山狐がまとわりつき、土産の寿司や魚を取ろうとした。だが嘉助は大男だったので、狐が飛びついてもなかなかご馳走を奪えない。剛毅な嘉助は「これ狐め何をするか」と怒って帰宅したが、いつの間にか重箱の中の食べ物はなくなっていたという。（『有漢町の民俗』）

みさき摩利支天［みさきまりしてん］

武威の強い高位の**みさき**。

岡山県真庭郡美川村余河内《よごうち》（現・真庭市）、西本株のミサキ摩利支天は石塚の上の祠《ほこら》に祀られていた。昭和初期、法印から「ミサキの勢いが強くなって摩利支天の位に上っている」と告げられて以降こう呼ばれているという。家の後神《うしろがみ》（守護神）として禍《わざわい》や外道を退ける威力があり、この神を祀れば、他人がその勢いを恐れ立ち向かってこないという。湯原町大庭皿、森本株の摩利支天ミサキは、胴切りの丸太の先を尖らせ、中をくり抜いたもので、集落の背後の山麓に祀られた。これはかつて武士が祀ったミサキであるため位が高く、摩利支天の威光がついている。そのため祀る者には狐や魔物が近づかないという。（三浦秀宥『荒神とミサキ』）

戦いを司る摩利支天は武家でよく信仰されたが、祀り方が難しく、祟りやすい神と考えられていた。

水島合戦の霊［みずしまかっせんのれい］

岡山県笠岡市の北木島に伝わる。

水島合戦は平安末期の治承・寿永の乱の戦いのひとつに数えられるもので、備中水島で源義仲と平家の軍が争った。打たせ網漁に出ると、この合戦の死者の霊が出てきて「杓《しゃく》（柄杓）を貸してくれ」と言ってくることがよくあるという。肥料となる藻葉《もば》を水島に採りに行くと幽霊が杓を欲しがる

ともいう。（『笠岡諸島の民俗』）

広域の**船幽霊**《ふなゆうれい》、**平家の亡霊**も参照。

見たことのない獣［みたことのないけもの］

岡山県久米郡久米南町別所で目撃された正体不明の獣。

昭和一四、五年（一九三九～四〇）頃、当時一二、三歳の少年が見たもの。松陰地の山に登る道を牛の子よりもちょっと小さな黒い獣が駆け上がっていたといい、目撃者の少年は恐ろしくて当分そこには行けなかったという。（『久米南町の民話』）

三田天王［みたてんのう］

岡山県邑久郡牛窓町（現・瀬戸内市牛窓地域）に伝わる。

前島の網代崎には**川獺**《かわうそ》が棲んでいて、付近の漁場で網を破り、魚を盗んで人々を困らせていた。あるとき網代崎の網に黒い大川獺がかかり、水竿で叩き殺された。殺した者は熱病に罹り、全身が川獺のように黒くなって死んだ。その後も漁師の疫病罹患や家族の死が続き、巫女に占ってもらうことになった。巫女に降りた川獺の霊は網代崎の主でミタテンノウだと名乗り「永久にお前たちに祟りを与えるであろうぞ」と脅した。恐れをなした漁師たちは祠を建てようとしたが、いざとなると誰も関わりたがらない。やむなく一部の者が独断で三田天王、御多天王、光大明神などの名で霊を祭祀し、難を逃れようとしたという。（刈屋栄昌『牛窓夜話　前編』）

大虬［みっち］

みつち（みずち）は水を司る神霊・龍蛇の一種で、虬、蛟、螭などと表記される。

『日本書紀』には、仁徳天皇六七年（三七九）、吉備の中国《なかつくに》の川島河にいた大虬（龍）を県守《あがたもり》が退治したとある。大虬は淵に棲みつき、毒を吐いて人々を殺害していた。県守は水面に三つの瓠《ひさご》を浮かべ、それを沈めることができなければお前を斬ると宣言した。大虬は鹿に化けて瓠を沈めようとしたが失敗し、斬り捨てられた。淵の底の洞穴に潜んでいた同族たちもことごとく退治され、水は血に染まった。以来、この淵は県《あがた》守淵《もりのふち》と呼ばれたという。

大虬のいた川は岡山県西部の高梁川、または浅口郡の河部川と推定されている。（『総社市史　古代・中世史料編』、『上代説話事典』、『日本未確認生物事典』、宇治谷孟訳『日本書紀』）

夫婦はんざき［めおとはんざき］

岡山県真庭郡八束村栃の木（現・真庭市蒜山下長田）に伝わる。

中和村には夫婦のはんざき（山椒魚《さんしょううお》）がいた。ある者が夫のはんざきを捕まえて家に帰ったところ、女房のはんざきが夜に迎えにきて「おとぉ、おとぉ」と呼んだという。（『蒜山の民話・民謡』）

鳥取県の**もろが淵の山椒魚**も参照。

目裂金剛王［めさきこんごうおう］

岡山県苫田郡郷村下原（現・鏡野町下原）に伝わる。

昔、下原の目崎城に目裂金剛王なる者がいた。身の丈一丈あまり、四臂八足で身は鉄のように堅く、毛髪は針のように鋭い。性質は暴戻《ぼうれい》にして淫僻《いんぺき》で、美貌の婦女を略奪しては妻妾にしていた。国司の軍勢は討伐を試みたが成功せず、高野神社に戦勝を祈願して再戦を挑んだ。鉄甲を着けた金剛王には弓矢も効かなかったが、突然現れた朱馬に目を噛まれ、倒れた隙に斬られて死んだ。その後、祟りをなす金剛王の霊を祠に祀ったのが女志良世神社（珍敷《めずらしき》神社）の始まりだという。（『苫田郡誌』）

桃太郎［ももたろう］

昔話「桃太郎」の主人公。川より「どんぶらこ」と流れてきた桃から誕生して爺と婆に育てられると、きび団子を与えた犬・猿・雉をお供にして鬼が島の悪い鬼たちを退治し、故郷に宝物を持ち帰る英雄。

日本中で語られている有名な昔話だが、俗に岡山県、香川県高松市鬼無町、愛知県犬山市が三大伝承地とされている。岡山を有力な桃太郎伝説の地とするのは、原型と目される**温羅**《うら》退治の伝説があること、きび団子（吉備団子）発祥の地であることが理由に挙げられる。温羅との関連は昭和五年（一九三〇）に難波金之助が『桃太郎の史實』で指摘したもので、以後岡山では地域のシンボルとして桃太郎が積極的に活用されている。現在では桃も岡山の名産品として知られているが、これは明治後半頃から県内での栽培が拡大したものである。（岡山県立美術館『描かれた「桃太郎」』）

ＪＲ岡山駅の駅前広場には昭和四六年（一九七一）に岡本錦朋作の桃太郎像が設置され、今日に至るまで地元の人々に親しまれている。桃太郎の前身とされる吉備津彦命を祀る吉備津彦神社（岡山市北区）にも、中山森造による桃太郎のセメント像が設置されている。（青柳健二『全国の犬像をめぐる』）平成三〇年（二〇一八）には、文化庁が認定する「日本遺産」として「「桃太郎伝説」の生まれたまち　おかやま」の関連文化財が選出された。（日本遺産ポータルサイト）二〇〇六年から岡山県のマスコットとして活躍している「ももっち」も、桃太郎がモデルのキャラクターである。

現在一般的に知られているのは桃太郎が鬼退治をする型の話だが、これは明治期に国定教科書の教材となって内容が画一化した結果ともいわれ、元は地域ごとに異なった型で語られていたと考えられている。桃太郎が臼・蜂・栗・牛糞などをお供にする「猿蟹合戦」との混合型、ものぐさな桃太郎が登場する「山入り型」といった類型がみられ、全国各地でさまざまな差異をともないつつ伝承されていたようだ。中には桃太郎の実母**うきき**の来歴から語りはじめるものもある。実は川から桃が流れてくる時の擬音も「どんぶらこ」に限らない。岡山県

で採集された例だけでもドンブリコンブリスッポッポ（落合町）、ドンブリカッシリスッパイポー、ウッカリウッカリ（ともに哲西町）、ブクブク（笠岡市）など多様なのである。（『日本昔話事典』、『桃太郎話　みんな違って面白い』）

桃の木の怪［もものきのかい］

はやせやすひろ・寺井広樹『岡山の怖い話』にある、岡山県を舞台とする怪談。

ある男性は小学生の頃、近所の地主の屋敷にある桃の木の実を盗み、秘密基地で友人たちと食べようとした。しかし、いざ齧ろうとすると桃は気の抜けたゴム鞠《まり》のような感触に変容し、小猿のような顔の凹凸が現れはじめた。そして桃の実は血まみれの赤子の生首になったため、子供たちは悲鳴を上げて逃げ出した。地主の家では代々、二男以降の男子や女の子は中絶させていたという噂があり、その子たちの怨念が桃を実らせたのではないかといわれた。

【や】

厄災消除のアマビエ［やくさいしょうじょのあまびえ］

令和二年（二〇二〇）の新型コロナウイルス感染症流行に関連して、寺社の御朱印や護符・御守の類に「疫病退散のご利益がある」とみなされた妖怪・アマビエの絵柄が用いられる例が全国的に発生した。

岡山市北区石関町にある岡山神社では、同年五月から「厄災消除」の文字と共にアマビエの絵姿が描かれた護符と茅《ち》の輪《わ》をセットにして参拝者に授与した。アマビエのデザインは原作たる瓦版の図をさらに簡素化したようなもの。（「参拝者にアマビエ護符、岡山神社　茅の輪とセットで配布」『山陽新聞』二〇二〇年五月二二日）

属性別索引【アマビエ二〇二〇】も参照。

役場の古狸［やくばのふるだぬき］

明治三七年（一九〇四）四月の『中国』で報じられたもの。

美作国勝田郡植月村（現・勝央町）の役場が移転して間もなく使丁（用務員）が突然死し、植月清村長も病気に罹った。占いによってこれらは年経た狸の仕業であると判明、しかも狸は村長をはじめ何人をも取り殺すつもりでいるという。植月氏の病状はただちに村長を辞すると回復したが、後任の酒本武輔は二ヶ月足らずで脳充血により死亡した。補欠選挙で竹久治作が次なる村長となったが、祟りを恐れて出勤を固辞していたという。（『明治期怪異妖怪記事資料集成』）

やしゃらまんがん

岡山県真庭郡八束村上長田（現・真庭市蒜山上長田）に伝わる。

花園地区の四塚、古い桜の木があるあたりに何やら鳥がいて「やしゃらまんがん」と鳴く。その下の土を掘ると無尽蔵の金が出てくるという。大正の初め頃から花園では珪藻土《けいそうど》を掘り出すようになり、鳥の噂はその暗示だったように思われたという。

（『蒜山の民話・民謡』）

痩ごせ ［やせごせ］

岡山県英田郡や真庭郡における民間信仰にみられるもの。

『東作誌』間山《はしたやま》の条には、四月八日の誕生《たんじょう》会《え》にこの山へ参詣する貧しい者たちは、裸になってヤセゴセの像を背負い、薬師堂の周囲を三度回るとある。このとき観衆は手を叩いて「おかしいかヤセゴセ」と大笑いし、像を負う者は少しも笑わなければ福を授かるという。間山の堂とは英田郡美作町上相《かみや》（現・美作市）の薬師堂のことだという。地元ではかつて四月八日に丸裸《フリチン》になって「眠たいがこうじて恥ずかしうないわいな」と唱えて堂を三周すれば、朝寝をしなくなるといわれていた。

真庭郡勝山町神庭（現・真庭市）の東福寺にはヤソウジ（八十慈）という木像があり、これを背負って堂を三周すると意中の人と結婚できるという。見ている人は「おかしけりゃ笑え、神庭のヤソウジ」と囃すことになっていた。

ヤセゴセ、ヤソウジの像は共にかなり摩耗しているが、いずれも僧もしくは地蔵のような形をしている。あるときヤセゴセの像を新しく造った人がいたが、それは太った恰好だったので「ヤセゴセじゃのうて太りゴセじゃ」と皆に言われたとか。（三浦秀宥『岡山の民間信仰』、松浦円明「ヤソージとヤセゴセ」『岡山民俗』第三九号）

弥太郎様 ［やたろうさま］

岡山県苫田郡阿波村（現・津山市阿波地域）に伝わる。

尾所の「弥太郎様」は弥太郎という落人を祀ったもので、使いしめ（神使）は**とうびょう**だという。この神様は境内の木の葉を取っただけでも祟るといわれている。

（『阿波・梶並の民俗』）

矢取明神 ［やとりみょうじん］

温羅《うら》配下の鬼。

『備中誌』所収「吉備津宮縁起」によれば、矢取明神（矢取神）は温羅の召使いの鬼神で、吉備津彦命《きびつひこのみこと》との戦いの最中、敵方から飛んできた矢を摑み取り、踏みつけたという。また、敵兵が振るった刃を握り潰して湯にしたともいう。戦いの後、仁徳天皇の時代に吉備津神社（岡山市）境内に矢取明神社が建てられ、桜矢明神とも称された。

温羅ではなく**吉備津冠者**が登場する『備中吉備津宮縁起』には、冠者が足守郷の的山で弓矢の稽古をするとき、矢を取って渡す鬼神がいたと記されている。この鬼は主が敗れると捕縛され、後に矢取御前《みさき》として祀られたという。（中山薫『温羅伝説』）

山おろう［やまおろう］

岡山県新見市千屋に伝わる。山童《やまわろ》の類。

山仕事をする者は、山で弁当を食べるときは山の木で箸を作った。食後に箸をそのままにしておくと「山オロウが来る」とか「狼が追う」といわれたため、食べ終わると箸は折って捨てるものとされていた。（『岡山県民俗資料調査報告書』）

八股の大蛇［やまたのおろち］

岡山県真庭郡美甘村（現・真庭市美甘地域）で語られた昔話に登場する**八岐大蛇**《やまたのおろち》。川上郡の日の川上という集落にコタン長者という、八人の娘をもつ長者の老夫婦がいた。ある大旱魃《かんばつ》の年、長者の田もすっかり水がなくなったため、嘆き悲しんで「田に水をあててくれる者があったら、娘を一人ぐらいはやってもええに」と話していると、八股の大蛇が大雨を降らせて千町の原を水で満たし、惣領娘を連れ去った。それから大蛇は長者の娘を毎年連れ去るようになり、ついに七人までが取られてしまった。そこへやってきたスサノオノ命《みこと》は、事情を知って長者夫婦を気の毒に思い、大蛇退治に乗り出した。スサノオは木名玉明神《きなたまみょうじん》と**松**《まつ》**尾**《のお》**明神**に作らせた八千石の酒を大蛇に飲ませ、酔ったところを退治した。その後、長者の末娘はスサノオに嫁として貰われていったという。（『砂鉄の村の民話』）

八岐大蛇退治の物語に「猿婿入」型の昔話や蘇民将来説話（広島県の**武塔神**《むとうのかみ》参照）のモチーフ、備中神楽の要素が加わり、舞台も出雲国簸川郡から備中国川上郡に置き換えられて、地域の民話としての特色を獲得している。

山姫［やまひめ］

『宿直草《とのいぐさ》』巻三にあるもの。

ある浪人が備前岡山の人から聞いた話。獣を狩ろうと深山へ入ったとき、年の頃二《は》十歳《たち》ほど、上等の小袖を着た艶やかな黒髪の美女と出会った。不気味に思い発砲すると、女は弾丸を右手で摑み取り、深見草のような赤い唇で爾乎《にこ》と笑ってみせた。再び発砲すると女は左手で弾を摑み、また笑った。その人はなす術もなく逃げ帰ったという。土地の年長者によれば、この女は山姫といい、気に入った者には宝をくれるという。（高田衛編『江戸怪談集　上』）

山姫という妖怪の伝承は九州地方でも複数確認されている。（『日本怪異妖怪事典　九州沖縄』）

夕闇の女［ゆうやみのおんな］

岡山県笠岡市の北木島に伝わる。

丸岩の人が大浦から帰ろうとして峠を越している最中、夕闇の中に立つ女に出会った。女は、あなたが丸岩に帰ったらどこそこの家に行って、部屋の箪笥《たんす》の何番目の引出しにこれこれの着物があるから着せてくれと頼んで姿を消した。その家を訪ねてみると女が息を引き取っており、箪笥の言われた通りの場所に着物が入っていたという。（『笠岡諸島の民俗』）

指くれえ［ゆびくれえ］

岡山県玉野市荘内に伝わる。

葛山の麓には大きな古松が一本あり、雨の晩には地の底から「指くれえ……指くれえ」と悲しく呻《うめ》くような声が聞こえたという。昔このあたりで戦があった時、若武者が斬り合いのすえ指を切断されて刀を落とし、その隙を突かれて殺されてしまった。「指さえあればむざむざ殺されはしなかったものを」と、無念を遺した亡魂が、雨の晩には悔しがって泣くのだといわれた。（『玉野市史続編』）

よこやん・たまやん

岡山県和気郡和気町大中山に伝わる。

昔、益原の竜徳を根城にするよこやんという雄狐と、矢田の竜ヶ鼻の観音様あたりに棲むたまやんという雌狐の夫婦《めおと》がいた。魚売りが日生《ひなせ》から矢田へ荷車を引いていくと、悪賢いよこやんが来て魚を食おうとするため、車の後ろが重くなるといわれた。そんなときは車の前方を押さえ、後ろを高く上げればよいとされた。竜ヶ鼻まで来ると車はころっと軽くなるが、それはよこやんが車から離れ、たまやんの所へ魚を持っていくからだという。（『ふるさと和気　民話編』）

【ら】

霊狐［りょうこ］

『今昔物語集』巻第十六にあるもの。

昔、備中国賀陽《かや》郡葦守郷（現・岡山市北区足守地域）に、賀陽良藤《かやのよしふじ》という両替商がいた。寛平八年（八九六）、妻の不在時に若い美女を見かけた良藤は、後を追って彼女の家に至り、一夜の情を交わした。それから良藤はこの女の虜《とりこ》となり、妻子のことも忘れて家に入り浸った。やがて女との間には子供が産まれ、ますます契りは深くなった。だがある日、杖を突いた男がやって来ると、家の者たちはみな恐れて逃げ、良藤

だけが背中を突かれてどこかへ追いやられた。気がつけば良藤は元いた屋敷に帰っていた。彼は女の家で一三年過ごしたと思っていたが、実際は一三日しか経過していなかった。蔵の下に棲みついていた霊狐（化け狐）に惑わされて、狭い巣穴を立派な屋敷だと思いこんで滞在していたのである。良藤を狐の巣から出した男は、屋敷の人々が主人のために祀った十一面観音の化身であったという。（小峯和明校注『今昔物語集 三』）

両頭の蟻［りょうとうのあり］

岡山県和気郡三石村（現・備前市）で発見された、頭が二つある蟻。

『紀伊毎日新聞』明治三二年（一八九九）八月一日の記事によると、三石村の某氏が捕らえたもので、その大きさは一尺あまりもあったという。記者曰く「こんな奇なのはあまり蟻ますまいよ」（『明治期怪異妖怪記事資料集成』）

【わ】

藁人形［わらにんぎょう］

岡山県備前地方に伝わる。

昔、備前と備中の間に立派なお宮を建てるため、殿様が優れた大工を募集した。どの大工も弟子を大勢引き連れてくるなか、ある大工だけはたった一人でやって来たため、殿様はその者にやらせてみることにした。大工は夜になると三〇人か五〇人ほどに増えてせっせと働いたため、たいへんな早さでお宮は完成した。工事が終わると一人を残して大工たちはみな谷に落ちて死んだ。その死体はみな藁人形に変わったという。また、このとき造られたお宮とは吉備津神社（備前か備中か不明）だともいう。（今村勝彦「備前の昔話」『旅と伝説』通巻第五六号）

名工が寺社を造営するため藁人形に命を吹きこみ働かせるという伝説や昔話は日本各地に伝わるもので、工事の指揮をしたのは左甚五郎だとする例がよくみられる。役目を終えて捨てられた藁人形は河童になったと語られることもある。

広島県の**睨み潮**も参照。

COLUMN

岡山の妖怪じてん 03

岡山県浅口郡里庄町《さとしょうちょう》出身の博物学者・佐藤清明《きよあき》（一九〇五～九八）は、動植物などの方言に大きな関心を寄せていた。その研究成果のひとつに『現行全国妖怪辞典』（一九三五）がある。これは全国から妖怪を表す語彙を集めて配列したもので、妖怪名の収録数は地元岡山県のものが最も多い。同書は「妖怪」の「じてん」と称する書物の魁《さきがけ》であり、柳田國男も「妖怪名彙」の参考にしたとみられる。朝里樹は「後世の妖怪事典や妖怪図鑑に大きな影響を与えた」と評している。ただし、方言の収集が主目的の辞典であったため、伝承の詳細が明らかにされる機会を逸した妖怪も多い。

また、岡山県の書店では「岡山文庫」というレーベルの書籍が流通している。日本文教出版から刊行され続けているもので、現在その巻数は三〇〇を超えている。『岡山の怪談』『岡山の民間信仰』『温羅《うら》伝説』『佐藤清明の世界』など、妖怪を調べるうえでも参考になるものが多々あり、二〇一四年には木下浩編著『岡山の妖怪事典』（妖怪編／鬼・天狗・河童編）という労作も出された。岡山の民俗誌上の妖怪はこの事典を読めば概観できる、コンパクトながら重大な資料となっている。

さて、このように妖怪じてん先進地域である岡山の怪異妖怪について、本事典でもわずかばかり取り上げてみたわけだが、多少なりとも先の二種とは違う読み味や視点を提供できるように心がけたつもりである。三種類のまとめ方があっても県ひとつぶん語り尽くせないのが、妖怪という概念の幅広さと魅力なのである。探る楽しみは永遠に尽きないだろう。

［参考文献］
・朝里樹（著）『歴史人物怪異談事典』
・木下浩（編著）『岡山の妖怪事典―妖怪編―』、『岡山の妖怪事典―鬼・天狗・河童編―』
・佐藤清明資料保存会（編）『博物学者佐藤清明の世界』

広島県

【あ】

赤毛牛の祟り［あかげうしのたたり］

広島県比婆《ひば》郡東城町帝釈宇山《たいしゃくうやま》（現・庄原市東城町帝釈宇山）に伝わる。

昔、帝釈宇山で突然湯が湧き出し、作物が枯れてしまった。行者の教えに従い赤毛牛の首を切って湯壺に浸けたところ、湯の湧出はぴたりと止まった。だがその後、疫病が流行して次々と死者が出た。再び行者に尋ねると、それは赤毛牛の祟りであるから牛を祀ればよいと言う。そこで牛の頭を埋めて堂を建立すると、疫病も収まった。この地は牛の頭で助かった村であるため、有頭《ありとう》と呼ばれた。旅の行者は弘法大師だったという。（土井卓治『吉備《きび》の伝説』）

悪皿っぽいの［あくさらっぽいの］

インターネット掲示板『2ちゃんねる』オカルト板の、赤い服をまとう長身の怪女・アクロバティックサラサラ（悪皿）について語るスレッド「ヤヴァイ奴に遭遇したかもしれん」（二〇〇八年）に書きこまれたもの。悪皿は同スレッドから報告が寄せられ始めた妖怪で、主に東北地方で目撃されていた。（『日本怪異妖怪事典　東北』）

「うちにも悪皿っぽいのが出たかもしれん」と語る投稿者は広島在住だという。彼は悪皿のスレッドを見ながら眠りに落ち、深夜三時頃、窓の外にいる「赤い人」を見て怖がる妻に叩き起こされた。夫婦が暮らすのは四階で、窓の外に人が立つはずもないが、そこには赤い服を着た長髪の女がいたという。女の目は空洞で、その奥がなんとも言えない色で光っていたという。

悪鼠［あくそ］

広島県大竹市の阿多田島《あたたじま》に発生した鼠。二〇〇年近く島民を悩ませた害獣で、『阿多田島悪鼠履歴取調書』などに事件の顛末《てんまつ》が記されている。

猫のように大きく、足に鴨《かも》のような水かきがあるため、海鼠とも呼ばれたという。この鼠は阿多田島の人々と周防《すおう》大島（山口県）の小泊村の人々の間で起きた、鰯《いわし》の漁獲を巡る諍《いさか》いで死んだ小泊村の茂左衛門の霊魂の化身だといわれた。正徳二年（一七一二）に南方沖から阿多田島へ数千匹の悪鼠が泳いで渡り、作物を食い、漁網や縄を切り、家を荒らして甚大な被害を出した。事件は広島城代にも伝わり、阿多田島神社や厳島神社で悪鼠退散の祈禱《きとう》が行われた。この効験で悪鼠は退散したが、その後も宝暦一二年（一七六二）、文化八年（一八一一）、文久三年（一八六三）、明治三〇年（一八九七）および三九年に大発生し、その都

度祈禱が行われた。明治以降は殺鼠剤が導入され、ようやく撲滅できたという。（「悪鼠騒動記」大竹市歴史研究会ウェブサイト）鼠の大きさは一尺ほどあり、駆り出された猫たちも窮鼠の反撃に恐れをなしたという。（『大竹市史　史料編2』）

痣坊主［あざぼうず］

広島県福山市山野町矢川に伝わる。『西備名区』に記されているもの。

照明寺（正明寺《しょうみょうじ》か）の開基は痣坊主と呼ばれ、善行を憎み修行をせず、飲酒肉食や狩猟を好む破戒僧だった。死後には自刻の像にも痣が現れ、厲鬼《れいき》となって世の人に仇をなした。厲鬼は縄で犬や鶏、馬の首を絞めて殺すばかりか、婦人を土蔵に押しこめ絞殺し、自殺を装うこともあった。また極端な大食いで、食べ物を供えなければ、客の前でひげもじゃの手が食物を乞うたともいう。厲鬼の形は鼬《いたち》のようで、殺した数十人の霊を眷族《けんぞく》として連れていた。大会《だいえ》や一向宗と禅宗を加味した修法の奥義により、次第にその霊威は衰えたという。（若杉慧・村岡浅夫『広島の伝説』）

足引の宮［あしびきのみや］

安芸国《あきのくに》厳島（広島県廿日市市）に祀られる厳島大明神の由来を説く御伽草子《おとぎぞうし》『厳島の本地《ほんじ》』（いつくしまのゑんぎ、厳島御本地とも）の登場人物。この物語は貞和二年（一三四六）の絵巻が確認できる最古の例だが、『平家物語（長門本）』巻五「厳島之次第事」の記述と共通点があり、元となる伝承が存在したとみられている。（徳田和夫編『お伽草紙事典』）慶應義塾図書館蔵の古写本に基づく物語の概要は次の通り。

天竺とうしょう国（東城国）を統べるとうせん王（東善王）には一〇〇〇人の妃がいたが、誰も子宝には恵まれなかった。仏神に祈りを捧げてついに誕生した王子・千《せん》才王《ざいおう》（善哉王とも）は、八二代にわたる王家の宝・五烏《ごがらす》（頭は白、羽は黒、身は青、嘴《くちばし》は赤、足は黄の五色の烏。**神烏《ごがらす》**も参照）の導きで、さいしょう国（西城国）の姫君・足引の宮と結ばれた。東善王の后たちは宮の美貌に圧倒され、主の心変わりを恐れるあまり、謀略をもって宮の殺害に及ぶ。足引の宮は斬首されたが、その直前に産まれた王子は山中に逃れ、虎狼射干《ころうやかん》といった獣たちに養育されて成長した。父母を知らず嘆く王子の夢には足引の宮が現れ、自分は死後も王子に寄り添い守護していること、やがて千才王と王子がが巡り会う日が来ることを告げた。千才王も夢告を受けて王子と再会すると、九九九人の后の首を刎《は》ね、生母から足引の宮の髪（または首）を奪還した。宮の肉体は上人の祈禱《きとう》で復活し、親子三人は神通の飛車《とびくるま》に乗って新天地を目指した。しかし千才王は足引の宮を慕って来た彼女の妹に心が移ってしまい、宮は憂いを覚えて飛車で去っていった。流浪の宮は衆生済度を志し、推古天皇が治める日本に渡り、安芸国《あきのくに》を訪れた。そして帝の宣旨を受けて「いつくしき島」に祀られる厳島大

明神となった。厳島大明神の本地（神々の仏としての本来の姿）は大日如来であるという。後には千才王や王子、宮を蘇生した上人、千才王の母、五鳥、案内人たちも島に移り住み、それぞれ本地が明かされ、厳島に祀られた。（横山重・松本隆信編『室町時代物語大成　第二』）

小豆取りの狸［あずきとりのたぬき］

広島県尾道市土堂に伝わる。

昔、船着場の蔵の近くでは毎晩シャリ、シャリと高く鋭い音が聞こえていた。この音を聞いたある若者は、その正体を確かめようと蔵に近付き「わぁー」と大声を出した。すると蔵の中から狸が飛び出し、千光寺山の方へ駆けていった。それからは、例の音は狸が蔵の中の小豆を狙って来ている時の音だと噂されるようになったという。（『尾道の民話・伝説』）

小豆とぎ（**小豆洗い**）が転訛《てんか》して、異なる伝承が生まれたものと思われる。

頭を割られた女房［あたまをわられたにょうぼう］

広島県安佐《あさ》郡鈴張村（現・広島市安佐北区鈴張）に伝わる。

昔、ある男のもとに綺麗な女《おなご》が訪ねて来て「妾《わし》を女房にしてくれェ」と言った。男は彼女を嫁にして、ある日「山に草を刈りに行くけん弁当をしてくれェ」と頼んだ。そして一生懸命むすびを作っている女房の頭を大手斧《おおちょうの》で真二つに割り、むすびを頭の中へ入れて山へ逃げた。その後、真赤な火の玉が男の寝床に現れ「うらめしやァ」と繰り返し声を発しては去るようになった。困った男は坊さんの助言を受け墓を作り、己の背に南無阿弥陀仏と書き、念仏を唱えながら墓を抱いて夜を明かした。すると火の玉は墓へ入り、二度と現れなくなったという。（磯貝勇『安芸国《あきのくに》昔話集』）

食わず女房の話が崩れた伝承例と考えられ、鳥取県の**いっちゃもんの嫁**と同様、後半にはよく知られた幽霊談の断片がある。

穴君の弟公［あなのきみのおとぎみ］

『日本霊異記』下巻第二十七「髑髏《ひとかしら》の目の穴の笋《たかんな》を掲《ぬ》き脱《はな》ちて以て祈《ねが》ひて霊《くす》しき表《しるし》を示しし縁」に登場する人物。

宝亀九年（七七八）の末頃、備後国葦田《あしだ》郡（広島県）大山の里の品知牧人《ほむちのまきひと》が深津の市へ向かう途中の竹藪《やぶ》で野宿をしていると「目痛し」と呻《うめ》くような声が聞こえた。翌朝調べてみると、そこには眼窩《がんか》を筍《たけのこ》に貫かれた髑髏《どくろ》があった。牧人は筍を抜き、干飯《ほしいい》を供えて「我に福《さいわい》を得させよ」と祈って市へ向かった。市では望み通りの買い物ができ、これが髑髏の報恩かと思われた。帰る際に再び竹藪へ寄ると、髑髏は生前の姿を現して、自分は葦田郡屋《や》穴国《なくに》の里の穴君の弟で、叔父で盗賊の秋丸《あきまろ》に殺されたのだと語った。死後に目を貫いた筍のせいで風が吹くたび痛みに苦しんでいたが、牧人に救われたうえ供え物まで貰い、喜びに満ちていると言う。霊は実家まで牧人を案内し、食事

を共にした後、消えた。牧人が弟公の死の真相を告げたため、彼の両親は秋丸を絶縁し追放したという。（中田祝夫訳注『日本霊異記』）

水木しげるの著書では、巨大な骸骨の妖怪「がしゃどくろ」について語るとき、この話が類話的に扱われることがある。（『日本妖怪大全』など）このような構成から混乱が生じたのか、『水木しげるの日本妖怪めぐり』のように、がしゃどくろ自体の棲《せい》息《そく》地を広島県と記載してしまう書籍もある。無論、当初のがしゃどくろにそのような設定はなかったはずである。

あまんじゃくの島［あまんじゃくのしま］

広島市佐伯《さえき》区の沖合に浮かぶ無人の小島・つくね島（津久根島、抓島）のこと。佐伯郡五日市海老山に住んでいた湯蓋道空《ゆぶたどうくう》の墓がここにあるといい、五日市地方などでは次のように伝えられている。

道空の息子・道裕は常に親の意に逆らう「あまんじゃく」だった。己の死期を悟った道空は、望み通り海老山に葬ってもらうために「自分が死んだら墓は必ず津久根島に建ててくれ」と遺言した。だが道裕は親不孝を反省し、せめて遺言だけは守って償いをしようと考え、本当に津久根島に墓を建ててしまった。親に逆らう子をあまんじゃく（天邪鬼）というのはこれが始まりだという。（『五日市町誌　上巻』）

厳島（宮島）でも沖合につくね島が見えるため、同様の伝説が語られ、親の言うことを聞かない子は「つくね島へ行かすぞッ！」と叱られた。こちらでは道空の息子が親の本当の遺志にまで反したため、父の霊を祀ることもできず、島には多数の蛇が生じて上陸できないと伝わる。宮島にいた湯蓋の親戚筋の者は、あるとき夢の中でお婆さんに「墓が海に落ちとるから、上げてくれぇ」と頼まれた。家族がみな同じ夢を見ており、つくね島に行ってみると本当に墓が落ちていたという。（栗原秀雄「宮島の伝説」『広島民俗』第六一号）

荒［あら］

広島県佐伯《さえき》郡大野町（現・廿日市市大野地域）に伝わる。中国、四国各地の神楽や神事に登場する**荒平**《あらひら》系統の鬼神の一種。

滝ノ下の大頭《おおがしら》神社では、古くから九月一五日に「アラ」の神事が行われていた。これは赤い袍衣《ほうい》と袴《はかま》を着け、鼻高面をかぶったアラ（荒）が、獅子舞の先払いとして町内を練り歩くもの。アラは「アラヒラ棒」を所持していて、途中で女性を見つけると追いかけ、この棒で尻をつつく。男の子たちはその光景を見て「荒やれ、荒やれ」と囃《はや》したてたものだという。先払いがすむと獅子舞が家々の厄を祓《はら》う。（『広島県史　民俗編』、『おおのの民俗』）

粟切火［あわきりび］

広島県因島市重井町（現・尾道市因島重井町）に伝わる。

昔、ある農家に酒好きな父親と太吉という一一歳の子がいた。ある晩、酔った父親は粟畑を見に行くと言って外出し、通りかかった侍に粟泥棒と間違えられて斬り殺された。それから太吉は回向《えこう》のため、毎晩粟畑で灯明をあげるようになった。父を斬った侍は元来臆病な性格で、己の過ちに心を痛めた。そして再び粟畑を通りかかったとき、太吉の灯明を見て幽霊の火だと思いこんで気が狂ってしまった。そして「粟切火が出る。一六日の晩に粟切火が出るぞ」と言いながら徘徊《はいかい》するようになったという。(『いんのしまの民話と伝説』)

安楽寺狸［あんらくじだぬき］

広島県福山市に伝わる。

小林亨斎という医師が安楽寺の洞穴で子狸を捕らえ、子供らにやって嬲《なぶ》り殺しにさせた。それから親狸の復讐《ふくしゅう》が始まり、小林家の天井から出刃包丁が落ちる、櫃《ひつ》の飯が庭に飛び出す、七輪が火と共に転げ回る、施錠した箪笥《たんす》の引出しが抜け出るなどの怪事が続発した。さらには赤子がさらわれて鶏の籠に入れられる、夜中に家が揺すられて誰も眠れないという危険な出来事もあった。やがて亨斎の妻の郷里である備中の大宝院を頼み、備中一円の山伏による大加持を実施したが、その際も経文や錫杖《しゃくじょう》が踊り出すなどして、みな怖気《おじけ》づいてしまった。ついには藩兵が警戒にあたるまでになったが、屯所までもが怪異に襲われ、とうとう洞穴もろとも安楽寺が焼き払われることになった。和尚は狸に好物を供えて説得し、亨斎の転居を条件に猶予を得た。その後、亨斎が狂気に陥ると狸もおとなしくなったが、祟《たた》りが終わったわけではなく、小林家には不幸が続いたという。(『広島県民俗資料6　伝説』)

魚切淵の蜘蛛［いおきりぶちのくも］

広島県比婆《ひば》郡西城町(現・庄原市西城地域)に伝わる。

比婆山麓の田鋤《たすき》に魚切淵という大きな淵があった。そこで魚釣りをする者がいると蜘蛛が糸をかけて水中に引きこみ、生血を吸ったという。人々が危難を避けるため六地蔵を建てると、蜘蛛は熊野灘《くまのなだ》という相撲取りに化けて大阪へ行き、たくさんの腕を活用して頭角を現した。これに頭を悩ませた大阪の相撲組合は、禁じ手の素首《そっくび》落としを熊野灘相手に限り解禁した。困った熊野灘は帰郷を決意、弟子の八角に行き先を伝えて去った。後に八角が淵を訪ねて熊野灘を呼ぶと、彼が履いていた八つ緒の雪駄《せった》が水面に浮かび上がったという。(『採訪記録ひろしまの民話(昔話編)第二集』)

池の草の大蛇［いけのくさのだいじゃ］

広島県佐伯《さえき》郡湯来町伏谷《ゆきちょうふしだに》(現・広島市佐伯区湯来町伏谷)に伝わる。

阿弥陀峯の池の草という沼にいた雌の大蛇で、砂谷村の観音山の池に棲む雄の大蛇と夫婦だった。池の草では人がたびたび食

われ、大蛇が昇天すれば麓の村々は野原になると噂されていた。また、雄はいつも三頭の白鹿に化けて雌のもとに通っていたが、田村某という猟師に射殺されてしまった。この時の弓矢は他家に譲られたが、所有する家には異変が起きるため、持ち主を転々としたあと田村家に戻されたという。（『広島県民俗資料6』）

厳島三鬼坊 ［いつくしまさんきぼう］

広島県廿日市市の厳島（宮島）の弥山《みせん》に祀られる神または天狗。

宮島の弥山には三鬼坊を祀る三鬼堂がある。『弥山三鬼大権現縁起』によれば、三鬼堂は大同元年（八〇六）に当地へ修行に来た弘法大師が勧請《かんじょう》したもので、時眉《じび》鬼神・追帳《ついちょう》鬼神・摩羅《まら》鬼神という智恵・福徳・降伏の三徳を司る霊験顕著な神だとされる。江戸時代中頃の諦忍《たいにん》『天狗名義考』では、鞍馬山僧正坊《くらまやまそうじょうぼう》、愛宕山太郎坊《あたごやまたろうぼう》らと共に日本古来の大天狗として厳島三鬼坊の名が挙げられている。『厳島道芝記』には、弥山は三鬼擁護の地であり、厳島に盗賊や懈怠《けたい》の心をもつ者などがあれば怪異を示し戒める旨が記されている。（『広島県史　民俗編』）

『陰徳太平記』巻二十七には、厳島合戦の際、海面におびただしい水海月《みずくらげ》が出現し、陶晴賢の軍勢を動揺させたとある。これも弥山の三鬼が荒れているがための怪異と解されている。（『陰徳太平記　合本二』）

宮島では天狗にまつわる伝承が非常に多く採集されているが、それらは三鬼坊と同一視され、時に天狗自体を三鬼さんなどと呼ぶ場合もある。三鬼さんは氷砂糖、金平《こんぺい》糖《とう》、豆腐が好きで、豆腐屋が休みだったとき、堂守を背に乗せて京都南禅寺まで買い物に行った話がよく知られている。（栗原秀雄「宮島の「世間話」（2）」『広島民俗』第六三号）

三鬼坊が人の信心に報いた話もある。弥山の展望台あたりで茶店を営む女性は毎朝近くの**荒神**《こうじん》さんへ茶を供えていた。ある年の一二月三〇日の晩、外が騒がしいので覗《のぞ》いてみると、大きな人の足が見え「我はこの山の三鬼なるぞ」と声が聞こえた。三鬼坊は女がいつも茶を供えてくれることを喜び、元旦に売れる酒とうどんの数を教えたうえ、求聞持堂《ぐもんじどう》へ風呂をもらいに行くときは見守っていてやるから安心して夜道を歩けと言った。言われた通りに酒とうどんを仕入れると、元旦に残らず売れたという。（『厳島民俗資料緊急調査報告書』）

一本角の怪 ［いっぽんづののかい］

広島県佐伯郡五日市町（現・広島市佐伯区五日市）に伝わる。

昔、五日市に貧しい夫婦がいて、いつも海で貝や魚を獲っていた。大晦日の寒い晩も海へ出ると、メラメラと気味の悪い音がして、一本角の生えた牛のようないびせえ（怖い）ものが現れた。それが眼をキラキラ光らせて迫ってきたので、夫婦は慌てて駆け出した。土手まで逃げて一息ついた時には、夫の髷が切り落とされていた。それ以

来、五日市の人は大晦日には海に出なくなったという。（儀貝勇『安芸国昔話集』）

特定の日に現れる恐ろしい牛のような怪物という点から、中国地方広域に伝承される**牛鬼**《うしおに》に類似した存在と考えられる。

犬神行歩狸［いぬがみぎょうぶだぬき］

広島県山県《やまがた》郡豊平町西宗《にしむね》（現・北広島町西宗）に伝わる。

西宗の四万津の某家には、毎夜狸が餌をあさりに来ていた。そのうち狸は家族によく馴れて同家に棲みつき、夜なべの綿引きを手伝ったり、他家で粉挽《こなひ》きを手伝ったりもした。時には山の砂を散らして子供を驚かせた。狸は次第に行動範囲を広げ、隣県や四国まで渡り歩き、やがて松山で犬神行歩狸として祀られるようになったという。（『豊平町の伝説と民話　第一集』）

隠神刑部《いぬがみぎょうぶ》は伊予松山（愛媛県）の八百八狸の頭目で、講談を通じて広く知られている。（『日本怪異妖怪事典　四国』）

浮鯛［うきだい］

広島県三原市幸崎能地《さいざきのうじ》に伝わる。

能地の浮幣社《うっぺい》（浮鯛神社）の前の海では春先の二ヶ月、鯛が波間に浮かび上がるため、漁師は労せず獲ることができる。かつて神功皇后がこの地を訪れた際、船の周囲に鯛が寄り集まった。皇后が酒をふるまうと鯛は酔って浮上し、それを漁師が獲って献上した。これが浮鯛の起源だとされる。（藤井昭『安芸《あき》の伝説』）『日本書紀』では神功皇后が鯛に酒を与えた場所は渟田門《ぬたのみなと》と記され、『芸藩通志』はこれを能地の沖の青木瀬戸のことだとしている。（『芸藩通志　巻四』）ただし、渟田門は福井県の沖に比定される場合もある。

浮幣社境内にはマナイタ石という大きな石があり、神事の際はこの上で浮鯛を調理する。普段はマナイタ石に触れることは禁忌とされてきた。（『広島県史　民俗編』）

浮鯛は、実際には海流に乗ってきた鯛が岩礁に突き当たって急上昇し、昏睡状態になり海面を漂う現象とされている。能地の漁民は、浮鯛の由緒、神功皇后が能地の浦人に各地での漁業権を認めた件などが記された『浮鯛抄』の巻物を秘蔵し、自分たちが漁業の自由を認められた証としていた。（『家船民俗資料緊急調査報告書』）

鶯姫［うぐいすひめ］

広島県備北地方の昔話に登場するもの。

ある村に心優しいお爺さんとお婆さんが住んでいた。二人は山で見つけた光り輝く鶯の卵から生まれた女の子を鶯姫と名付けて育てていた。美しい娘に成長した鶯姫は村中の評判となり、噂を聞きつけた都の大臣がお爺さんとお婆さんに褒美を与え、鶯姫を妃として連れて帰ってしまった。姫は都で豪奢《ごうしゃ》な生活を送ったが、望郷の念は抑え難く、育ての親を恋しく思って痩せ衰えていった。八月一五日の夜、白い雲が迎えに来たかと思うと、姫は鶯に変化して昇天

し、故郷へ飛び去ったという。（池峠繁治『ひろしま備北の民話と伝説』）

宇治の一つ目［うじのひとつめ］

広島県東端の島・宇治島（福山市）にいたという妖怪。

宇治島の西の峰には人かけ松と呼ばれる老松があった。一つ目の怪物はこの木に捕らえた人をかけていたという。この松は人恋松とも呼ばれ、臭くて近寄ることができなかったという。

舟人が宇治島で水を汲《く》んだとき、杓を置いて帰らなければ、一つ目の怪物がその人を捕らえるという。漁師が宇治島で水を汲もうとすると、どんだ（厚着）を着て寝ていた怪物が現れて「誰が水を汲むか」と威嚇し、腰を抜かした漁師の肉を食っては骨を松にかけたともいう。また、夜に島の近くに舟を停めて休むと、怪物に襲われる夢を見て苦しくなるともいう。

人かけ松のある山は火事で焼失したが、一つ目は下の宇治、または鞆《とも》の要害稲荷神社付近の岩穴に逃れたという。（『広島県の民話と伝説』）

唸り鳥［うなりどり］

進藤寿伯『耳の垢《あか》後編』にあるもの。

嘉永五年（一八五二）四月中旬、比治山《ひじやま》に異鳥が現れた。その声は病人が苦悩に耐えかね唸る声、あるいは病人がにおう（呻《うめ》く）声のようで、俗に唸り鳥、におい鳥と呼ばれた。鳩に似て嘴《くちばし》や羽は短かったというが、その姿を見た者は稀《まれ》だった。後に鳥は長尾山へ移動してまた鳴いたという。宝暦八年（一七五八）の大火の前、天祐院（八代広島藩主・浅野斉賢）が死去した天保元年（一八三〇）にも同じ鳥が出現していたとされ、その飛来は善事とはいえないだろうと考えられた。ある人はこの鳥の正体を朝鮮ゴイというものだと語ったという。（『近世風聞・耳の垢』）

栄作峠の狸［えいさくとうげのたぬき］

広島県豊田郡木江町《きのえちょう》木江（現・大崎上島《かみじま》町木江）に伝わる。

昔、峠（栄作峠）の上に栄作という剽軽《ひょうきん》者がいて、狸と一緒に暮らしていた。この狸は人をよく騙《だま》す悪戯《いたずら》者だった。あるときは綺麗な女に化け「栄作の家で一緒に遊びましょう」と旅人を誘惑して連れ出し、風呂に見せかけた古池に浸からせた。他の通行人が声をかけるまで、旅人は気味悪い池の泥水で楽しげに体を洗っていたという。

（稲田浩二監修『西瀬戸内の昔話』）

覆い掛かり［おいがかり］

広島県比婆郡地方に伝わる。

歩いていると後ろから覆いかかってくるという化物。柳田國男「妖怪名彙《めいい》」ではカタカナで表記されている。「覆（い）掛かり」の用字は『綜合日本民俗語彙』や村上

健司『妖怪事典』で用いられているもの。旧仮名遣いの時代にはオヒガカリと表記され、そこから「おひあがり」と誤った名で紹介されることもあった。その他の**おひあがり**を参照。

大鰻［おおうなぎ］

広島県高田郡美土里町《みどりちょう》（現・安芸《あき》高田市美土里地域）に伝わる妖怪。

大草田沼に牛馬を連れていくと、沼の大鰻に水中へ引きこまれるといわれていた。高橋城の殿様は鰻を退治しようと馬に乗って出かけたが、沼から大鰻が飛び出してきたため城へ退却した。鰻は勢い余って城の大手門に乗り上げてしまい、そのとき殿様が放った矢に射止められた。鰻の死骸は切り分けて馬に運ばせたが、その総量は七駄片荷あったという。鰻退治の際に殿様が休んで鞍《くら》をかけた岩をクラカケ岩、大鰻が乗り上げた道をウナギ道と呼んでいる。（『民俗採訪』昭和五四年度号）

大鬼・小鬼［おおおに・こおに］

広島県三原市新倉《しんくら》の大須賀《おおすか》神社（牛神社）で八月に行われる「ちんこんかん」の行事に登場する鬼。

大鬼は一体で、赤衣に赤手甲、赤脚絆《きゃはん》、頭に赤熊《しゃぐま》を被り鼻高鬼面の扮装で破魔弓を持つ。小鬼は二体で、大鬼と同じ衣装で鬼面は着けず、六尺棒を持つ。大鬼は囃子《はやし》に乗せ破魔弓を振るって悪魔悪霊を祓《はら》い、小鬼は試合をするように棒を打ち合う。

ちんこんかんは竹根幹《ちっこんかん》とも呼ばれ、楽器の音色が名の由来とされる。牛神社に各村が奉納していた雨乞い踊りが原型であるらしい。（『広島県文化財調査報告　六』）

大蝙蝠［おおこうもり］

広島県福山市に伝わる。

佐藤清明『現行全国妖怪辞典』に「備後の福山城の主と云はれる」と記されている他に資料は確認されておらず、詳細不明。

福山城の城山は元来「蝙蝠山《こうもりやま》」と呼ばれていたことが知られるが、これと関連した伝承があったのだろうか。縁起物の蝙蝠《へんぷく》が福山という地名の由来で、現在の福山市章も山と蝙蝠を図案化したものである。

大鹿［おおしか］

広島県佐伯《さえき》郡地方に伝わる。

昔、能美島《のうみじま》の西の浜に住む猟師が見たこともない大鹿を矢で仕留めた。大猟を喜んで日頃信仰している大日如来を参拝すると、鹿の眉間を射たはずの矢が如来像の眉間に突き立っていた。鹿は如来の分神だったのである。猟師が狩りをやめると夢告げがあり、次は筑前の入鹿《いるか》神の分神である大鹿が島に訪れると分かった。翌日、猟師が浜に行くと、頭に御幣《ごへい》と榊《さかき》をくくりつけた大鹿が海を渡ってきた。そこで浜に社を建て、入鹿神を祀った。その後は能美島で殺生をする者は病気になったり、身体の自由

がきかなくなったりしたという。（垣内稔編『安芸《あき》・備後の民話　第一集』）

狩人の名は善久で、渡海した大鹿の背に降りた天人が入鹿明神社の建立を勧めたともいう。（『広島県民俗資料6　伝説』）

大竹村庄屋の怪［おおたけむらしょうやのかい］

進藤寿伯『耳の垢《あか》後編』に、明和二年（一七六五）の出来事として記されたもの。

五月上旬のある日、大竹村（現・広島県大竹市）の庄屋の家に、縞《しま》の単衣《ひとえ》を着た大男が現れた。奉公人だと思った庄屋が、主に尻を向け煙管《きせる》を咥《くわ》えているという非礼を咎《とが》めたところ、返答もなく振り向いた様子はおよそ人間とも思えなかった。刀を持って追いかけると、大男はずしずしと大股で逃げ去ったが、その夜には寝床に神子《みこ》の姿をした化物が出て鈴を振った。脇差で斬りつけても手応えはなく、手燭をともしてみると何もいなかった。次の夜も化物が現れたが、前夜に胴を両断されたためか下半身だけが歩いてきた。無二無三に斬るとまたも姿を消した。これより後も、宮島から来た僧の祈禱《きとう》中に灯火が異様に高くなる、鈴《りん》や独鈷《とっこ》が宙に上がる、いつの間にか袈裟《けさ》や衣を脱がされるなどの怪異が続発した。やがて怪異は昼夜を問わず発生するようになったが、庄屋が朝夕に真言を唱えると何も起こらなくなったという。（『近世風聞・耳の垢』）

大天狗・小天狗［おおてんぐ・こてんぐ］

毛利元就の軍勢を襲った天狗たち。広島県府中市目崎町の安楽寺上の多聞屋敷に伝えられていた話に登場する。

父石城主・和知豊郷は元就の姉婿だったが、尼子氏と通じているとの風聞が立ち、事実究明のため大膳太夫・隆元が派遣された。対話の結果豊郷の疑いは晴れたが、その晩に隆元は急な腹痛を起こし死亡した。これを豊郷が毒殺したものと思いこんだ元就は、三原から五〇〇余騎の兵を差し向けた。兵は東へ逃げた豊郷の一族郎党に追撃をかけたが、目崎のお宮あたりに来ると、突如発せられた電光に立ち眩《くら》んだ。宮の大杉の上には、目が爛々《らんらん》と輝き、頭の上から黒煙を吐き、顔は真赤で鼻は大きく、両脇に大きな羽根があり、鳶《とび》のように長い觜《くちばし》をもつ大天狗がいて、毛利勢めがけて飛び降りるや縦横無尽に暴れ回った。天狗に眼をくりぬかれた者、転倒する者は数知れず、安楽寺まで進んだ者も藪《やぶ》から出た小天狗に翻弄されるばかり。父石城の面々は、この隙に伊予路へ逃れることができたという。（桑田仁乗『郷土府中のはなし』）

大児子［おおにご］

広島県山県郡大朝町田原（現・北広島町田原）に伝わる。

田原川の上流、灰谷川一帯は大児子原《おちごはら》、通称「おおにご」と呼ばれている。昔、田原川を渡るための飛び石のあたりで武士の子が死んだ。親は大いに悲しみ落胆し、泣

く泣く子供を葬った。その後、侍が馬に乗ってこの場所を通ると、落馬して怪我をしたり死んだりするようになり、村人にも長患いする者などが出た。死んだ子の祟《たた》りといわれ、祠《ほこら》を建て大児子明神（降子《おちこ》神社）を祀ったという。一説には、身籠った女が死んでいたので祀ったのが大児子明神だともいう。（『あぜみち放談』第四集）

大番狐［おおばんぎつね］

広島県高田郡八千代町土師《はじ》（現・安芸《あき》高田市八千代町土師）に伝わる。

大番さん（黄幡神《おうばんしん》）を祀ってある所には昔から大番狐がいて、よく人を化かした。化かされて死んだ人もいたという。この狐の仕業なのか、ある男が津々羅《つづら》へ行ったきり行方不明になり、村人が「出しやれ、出しやれ」と言って太鼓を叩いて探し回ったことがあるという。明治の中頃には大番狐の巣穴に小便をかけてしまった男が報復を受けて発狂し、死亡した。その後も大番狐のせいで狂気に陥る者が三人も現れ、いずれも狂死もしくは焼死したという。

黄幡神は牛馬の神として中国地方で広く信仰されて、荒々しい性格の神と考えられていた。土師地区でもこの神の領域を冒すと祟《たた》りがあるといわれていた。（『土師民俗資料緊急調査報告書』）

大古狸［おおふるだぬき］

広島県尾道市に伝わる。

鎌倉時代の出来事。備後国八尾《やお》城主・杉原光平の曽孫・杉原胤平と、執権・北条高時の末姫が雪の山道を歩いていた。姫は胤平の子を身籠っていたが、高時が二人の仲を許さなかったため、備後の地に身を潜めようとしていた。道中、姫は急に産気づいて、通りかかった白髪の婆に助けられ、岩穴で男の子を出産した。だが婆の正体は大きな古狸で、胤平が村人を呼びに行った隙に取り上げた赤子を食らおうとしていた。その時、姫が母親から授けられていた太刀がひとりでに鞘《さや》から抜け、古狸を一突きにした。胤平が村人を連れて戻ってくると、大古狸の死骸の横で姫が赤子を抱いて震えていた。赤子は長じて鷲尾山城主・杉原信平となり、太刀は家宝「狸切」として伝えられたという。（『尾道の民話・伝説』）

お菊［おきく］

広島県呉市吉浦町に伝わる。

昔、吉浦にお菊という美しい娘がいて、若い漁師の大二郎と恋仲となり、海辺の岩場で逢瀬《おうせ》を重ねていた。だが、あるとき大二郎たちは荒れ模様の海へ船を出し、能美《のうみ》島《じま》沖の早瀬の瀬戸で帰らぬ人となった。お菊は岩場で何日も死んだ恋人の名を呼び続け、自身も海に落ちて死んだ。村人は二人の最期を哀れみ、お菊の亡骸《なきがら》を懇《ねんご》ろに葬った。お菊が死んだ場所はお菊岩と呼ばれ、近くの洞窟からお菊の亡霊が抜け出たという。浦はお菊のカマの口と呼ばれ、水死人がよく流れ着くのもお菊の亡霊が招くから

だという。（『広島県の民話と伝説』）

おこん狐 ［おこんぎつね］

広島県安芸《あき》郡地方に伝わる。

おこん狐はある稲荷神社の森に棲む狐の一匹で、他の狐に術を教えるほどの化け上手だった。狐たちは山伏を化かそうとしたが、逆に山伏に騙《だま》され、彼を稲荷大明神と思いこみ「化けの皮」を差し出した。その後、おこんは庄屋に化けて山伏を訪ね、一度は皮を取り返す。しかし山伏が法螺貝《ほらがい》を吹き鳴らすと、狐どもは驚いて逃げ去り、おこんは再び化けの皮を剥《は》ぎ取られた。こうして狐は神通力を失い、盗み食いばかりして生きるようになったという。（垣内稔編『安芸・備後の民話　第一集』）

おさん狐 ［おさんぎつね］

広島市中区の江波《えば》に棲んでいた化け狐。

「おさん」という呼び名をもつ化け狐の伝承は中国地方のみならず日本中にあるが、江波のおさん狐は特に名高い。広島電鉄が運行する路面電車の江波電停付近には、おさん狐の像が建てられている。

おさん狐は江波に人家が建ち並ぶ以前、まだ藤茶屋という茶店がぽつりとあるだけの頃から人を化かしていたという。妙齢の美女に化けるのが得意で、江波方面へ釣りにでも出かけ、日が暮れてから帰ろうものならば、これに騙《だま》されない人はほとんどいなかったという。あるとき、おさん狐は厳島神社から広島へ帰る途中の能役者を見つけ、彼を騙そうと美女に化けた。おさんの噂を知っていた役者はこれに対抗し、面を着けて女形になってみせた。そこからおさんが他の姿に化けると役者も他の役を演じるといった調子で化け比べが続き、とうとうおさん狐が負けを認めた。すっかり自信を失いふさぎこんだおさんだったが、都に上って位を取り、奥義を修得して帰ろうと一念発起、広島の港から大坂行きの船に忍びこんだ。しかし海上で船頭に正体を見破られ、哀れにもその場で殺された。大阪の築港あたりにはおさんの墓が建てられたという。（及川儀右衛門『藝備今昔話』）

可部町三入《みいり》（現・広島市安佐《あさ》北区）では、おさんは同地区出身で、江波に行ってから白狐になったといわれている。（『広島県民俗資料6　伝説』）

おさんは江波の者が京へ行くとき同じ船に乗りこみ、たびたび京上りをした偉い狐だともいう。女に化け、我が子だと言って通行人に大石を抱かせる、笹藪《ささやぶ》で泣き声を響かせ、赤子に見せかけた南瓜《かぼちゃ》を抱き上げさせるなどの悪戯《いたずら》もしたという。（『広島県民俗資料2　昔話』）垣内稔編『安芸《あき》・備後の民話　第一集』には「おさん狐話」として、江波のおさんが阿波の藤兵衛狸と化け比べをして勝つ話、車引きを化かして神社や竹藪《やぶ》まで送ってもらう話などが収められている。また、江波のおさん狐は比治山《ひじやま》のおさん狐の子孫だともいう。比治山のおさんは大坂へ行く船に乗って、積荷の鯛の目玉を食って叱られるも、魚屋の若者に化け

「瀬戸内の目出鯛《めでたい》」という縁起物として目のない鯛を売り捌《さば》いた逸話がある。

おさん狐［おさんぎつね］

広島県佐伯郡吉和村（現・廿日市市吉和地域）に伝わる。

さきの瀬という所に棲む化け狐で、あるおごうさん（女性）が好いている男に化けて夜這いをかけた。おごうさんは狐の子を孕み、いなげな（普通ではない）子を産んだという。（『吉和村誌　第二集』）

おさん狐［おさんぎつね］

広島県双三《ふたみ》郡作木《さくぎ》村《そん》（現・三次《みよし》市）に伝わる化け狐。三次地区に棲むといわれた。

作木の「さい吉」という人が祭の準備のため三次へ買い物に出かけた。食材を入れた行李を背負って帰路に就くと、途中で急に荷物が重くなった。おさん狐に狙われていると思ったさい吉は「お前にだまされるようなさい吉じゃないけ、ついてくるならどこまでもついてこい」と啖呵《たんか》を切った。すると荷が軽くなったが、しばらくするとまた重くなった。さい吉が油揚げを二、三枚投げ与えると、ようやくおさん狐は離れたという。（『作木の民俗』）

おさん狐［おさんぎつね］

広島県佐伯《さえき》郡五日市町（現・広島市佐伯区）に伝わる。

可部にはおさんという狐がいて、娘に化けて江波《えば》へ通っていた。人に化けた狐は江波へ向かう馬子たちの馬に乗って移動し、馬から飛び降りる時は「こん、こん、ぎゃあ」と言って、金を払わずに逃げる。そして江波の沖が引き潮になると蛸《たこ》やなまこを獲るという。人を茶化す言い回しに「おさん狐じゃあなあが、ただじゃなあんで」というものがあるのは、おさん狐が馬にただ乗りすることが由来だという。（『いつかいちの民話とくらし』）

おさん狐［おさんぎつね］

広島県安芸《あき》郡江田島町（現・江田島市）に伝わる。

昔、江田島切串《きりくし》の狐岩に棲むオサン狐、広島の比治山《ひじやま》に棲むオギン狸という化け術の二大名手が技を競うことになった。オサンは命がけで比治山へ渡ると、オギンに「御幸橋《みゆきばし》で大名行列を見せるから、立派にできていれば声をかけてくれ」と頼んだ。しばらくすると見事な行列がやって来て、感嘆したオギンは駕籠《かご》に首を突っこみ「オサン、ようできたのう」と賞賛した。しかしそれは本物の浅野公の大名行列で、オギンは警固の武士に首を斬られた。こうしてオサンは安芸の狐たちの英雄になったという。（角増渉『ふるさと江田島』）

おさん狐［おさんぎつね］

広島県高田郡甲田町下小原《しもおばら》（現・安芸《あき》高

田市）に伝わる。

法恩地《ほうおんじ》と井才田の境にある勇山《いさみやま》という小山には、昔からおさん狐が棲んでいるといって、通行する人々は恐れていた。山を三周してコンコンと呼べば、この狐が出てくるという。（『甲田町誌』）

尾三狐［おさんぎつね］

広島県佐伯《さえき》郡湯来《ゆき》町《ちょう》（現・広島市佐伯区）に伝わる。

越峠《こえたお》には尻尾が三本に分かれた知恵ある狐がいて、食物を背負って通る人は大抵これに化かされた。ある時、麦谷村の善さんという男が、峠で若い女に出会った。善さんは女の後ろを歩くうち、次第にその腰が蠢いているように思われて妙に気になり、どうにか触ってみたくなった。だが、いくら手を伸ばしても触れない。善さんは一晩中、夢中で女を追い回した。疲れ果てて我に返ると、釜滝山の岩の上にいて、荷物から油揚げ一〇枚ばかりがなくなっていた。女は越峠の尾三狐で、腰で揺れていたのは尻尾だったという。（『湯来の民話』）

各地に伝わる「おさん狐」の一種で、名前の意味を尾が三本と解釈している。

おさん山の狐［おさんやまのきつね］

広島県甲奴《こうぬ》郡上下町《じょうげちょう》（現・府中市）に伝わる。各地でいうおさん狐の類。

おさん山という峠にしごんならん（手に負えない）狐がいて、人を化かしては髪を食っていた。ある若者は食われるものかと威勢よく出かけ、峠で泣きながら歩く女に出会った。女は嫁ぎ先から無断で実家へ帰る途中だと言い、その後をドスを持った夫が追いかけてきた。若者を浮気相手と思った夫が「殺しちゃる」と怒りだしたとき、山寺の和尚が現れて仲裁し、若者を寺に連れ帰った。若者は命の恩に報いるため寺の小僧になると決意し、剃髪《ていはつ》してもらう。そして和尚の求めるまま、朝まで唄いながら臼を挽《ひ》いたという。これらはすべて狐の術で、若者はまんまと坊主頭にされたのだった。（『広島県上下町昔話集』）

おしん

広島県山県《やまがた》郡芸北町（現・北広島町芸北地域）に伝わる。蛇女房譚《たん》の一種。

ある小さな村の医者の所に、肩を痛めたおしんという女が訪ねてきた。おしんは回復後も医者のもとに居ついて女房となり、懸命に働いて可愛い息子も産んだ。その正体は八畳間いっぱいになるほどの大蛇で、眠るときは本性を現し、とぐろの中に子を抱いた。ある日おしんは寝姿を夫に見られてしまい、蛇体となって上《かみ》の堤に去った。それ以来、息子は母の乳恋しさに泣くばかり。弱った夫は沼に行き、おしんに助けを求めた。おしんが己の左目を抜いて与えると、子はそれをおしゃぶりにして静かに過ごした。だが、この噂が知れ渡ると、お上の者が来て不思議な目玉を取り上げてしまった。再び助けを求めると、おしんは右目

を与えて夫と子供を逃がし、村の者がみな死ぬほどの大水を起こしたという。（『採訪記録ひろしまの民話（昔話編）』）

おしん狐［おしんぎつね］

広島県高田郡吉田町吉田（現・安芸《あき》高田市吉田町吉田）に伝わる。

吉田郡山城に近い難波谷にはおしんという女狐が一〇〇匹の子分と共に暮らしていた。城主・毛利元就が尼子との決戦を迎えると、おしんたちは日頃の恩返しとして元就に加勢した。昼は藁《わら》人形に化けて城の前に並び、夜が来ると狐火をともし、城内に軍勢が残っているように見せかけた。また、戦場では刀や兜《かぶと》を拾い集めたり、木の葉を揺すって俵の米がこぼれる音を立てたりして敵方を攪乱《かくらん》した。助けを得た毛利方は勝利したが、戦場には弓矢で傷ついた狐や、藁人形を抱いて斃れている狐の姿があったという。元就は狐たちを城の前の森山の番人に任じ、村人には狐の捕獲を固く禁じたという。なお、森山の狐は赤白の老狐だともいう。（『広島県民俗資料6　伝説』、『広島県の民話と伝説』）

おすま

広島県高田郡八千代町土師《はじ》（現・安芸《あき》高田市八千代土師）に伝わる。

昔、上石井におすまという娘がいて、家の下男と深い仲になり、子を孕《はら》んだ。おすまの母親は下男と逢引をする娘と、その大きくなった腹を見て驚き、激しく咎《とが》めたてた。するとおすまは淵へ身を投げ死んだ。以後、夜になると家の天井の長押《なげし》（部屋の天井四方に渡す横木）に蛇が現れたため、娘の追善供養をして墓を建てたという。（『土師民俗資料緊急調査報告書』）

お茶子の幽霊［おちゃこのゆうれい］

広島県尾道市に伝わる。

新開《しんがい》が花街として栄えていた頃、ある芝居小屋のお茶子（観客の接待役）が浜問屋の息子と恋に落ちた。問屋の主は身分違いの交際に反対したが、一度は会おうと考えて娘を呼び出した。貧しいなりに精一杯着飾って浜問屋を訪ねた娘だったが、主人に「今時の娘さんが簪《かんざし》ひとつ持たんとはどういうことじゃろう」と嫌味を言われ、望みをなくして井戸に身を投げた。その日から、明神の銀杏《いちょう》の木の下にはお茶子の幽霊が出て「簪を下さい」とか細い声で願うようになった。人々は娘に同情し、簪のような形の石灯籠を造って供養した。これが尾道八坂神社の「かんざし灯籠」の由来だという。（『尾道の民話・伝説』）

鬼橋［おにはし］

『諸国里人談』巻一にあるもの。

備後国（広島県）の帝釈山の谷川には、鬼橋という長さ二〇間の石の反橋がある。これは神代に梵天《ぼんてん》と帝釈天《たいしゃくてん》が降臨し、眷属《けんぞく》である数万の鬼が一夜のうちに造ったもの

といわれている。この橋を渡った者は浄土に至り、渡れなかった者は地獄に堕ちるという。（『随筆辞典　奇談異聞編』）

尾道のＵＦＯ［おのみちのゆーえふおー］

広島県尾道市で目撃されたという未確認飛行物体。

昭和四九年（一九七四）一〇月一一日早朝、尾道市栗原町のある男子高校生が胸騒ぎを覚えて起床すると、千光寺山上空に長さ約四〇メートルで黒褐色の葉巻《はまき》型の物体が浮いていた。それが北西に消えると、今度は北西から帽子のような形の物体が飛来した。無音のままゆっくり飛行しているところを撮影していると、それもまた北西の空に消えた。「えらいものを見たのう！」と恐怖に駆られたが、八日後には友人と共に再び同様の飛行物体を目撃したという。この時期の尾道では未確認飛行物体の目撃が相次いでおり、ある会社員は千光寺山頂上付近を飛ぶオレンジ色の発光体を見たという。このＵＦＯ騒動には中国新聞ほか報道各社も関心を寄せたという。（久保田八郎『ＵＦＯ・遭遇と真実』）

鉄漿つけなんせ［おはぐろつけなんせ］

広島県大崎下島《しもじま》の御手洗町（現・呉市）に伝わる。

御手洗の遊女屋が全盛を極めた時代のこと。若胡屋《わかえびすや》の花魁《おいらん》は、上客にとって一夜の妻であることを示す鉄漿をつけようとしていた。禿《かむろ》が「おいらんえ、おはぐろつけなんせ」と鉄漿壺を持ってきたが、その夜に限って上手く歯が染まらない。壺を換えて何度やり直しても思うようにならない。花魁は苛立《いらだ》つあまり、そばにいた禿の口に煮えたぎる鉄漿を注ぎこみ死なせてしまった。壁には鉄漿を浴びた禿の黒い手形が残され、死に顔には深い恨みが籠っていた。その夜から花魁のもとには影のような禿の亡霊が現れ「モーシおいらんえ、おはぐろつきなんしたか」と問いかけるようになった。時には足の長い大蜘蛛《くも》が部屋の壁にへばりつく幻覚にも襲われた。心身消耗した花魁は前非を悔い、禿の霊を弔うために四国遍路をする決意を固めた。今治《いまばり》へ行く船に乗ったとき、禿の霊は「ここから一人で行きなんせ」と言い残して消え去った。以後、若胡屋では遊女が一〇〇人になると、必ず一人が死んだ。白壁に残された黒い手形は、幾度塗り替えても滲《し》み出て消えなかったという。（『瀬戸内御手洗港の歴史』、『瀬戸内　中国・四国の海路』）鉄漿を飲まされ死んだのは遊女の千代鶴、殺したのは御職《おしょく》の九重とする異伝もある。九重は罪業の祟《たた》りで狂死したという。（日本伝説拾遺会監修『日本の伝説　中国』）

重軽さん［おもかるさん］

広島県尾道市西久保町に伝わる。

金剛院に祀られている三つの天狗の石面は、重軽さんと呼ばれている。「願いを叶えてください」と祈りながらこの面を持ち上

げたとき、叶うならば軽く持ち上がり、叶わないならば重くて持ち上げられないという。（『尾道の民話・伝説』）

御曹子狐 ［おんぞうしぎつね］

広島県佐伯《さえき》郡五日市町（現・広島市佐伯区）に伝わる。おんどうし狐とも。

源範頼の墓がある土地の主で、捕まえたりすると祟《たた》られ、子供が騙《だま》されてどこかへ連れていかれる（神隠しに遭う）という。なお、墓地跡は広島工業大学やゴルフ場の敷地にされたという。（『広島県民俗資料伝説』、『いつかいちの民話とくらし』）

女酒売り ［おんなさけうり］

進藤寿伯『耳の垢《あか》後編』にあるもの。

宝暦九年（一七五九）七月下旬、一人の女が町中を巡り、酒を売る様子で家々を訪ねたという。この女を見ればただちに病気になり命に関わると噂され、人々はこれを邪病神として恐れた。難を除くまじないとして、南天、笹、松葉を吊るしたともいう。

同様の風聞は嘉永七年（一八五四）に再び流布したらしく、この時は酒売りに返事をすれば即死するといわれた。異国から持ちこまれた魔法だとも噂され、三次《みよし》では七〇人、廿日市では二〇人ほどが女酒売りのために死んだと騒ぎになった。この難を避けるには、線香を包んだ赤紙に「あまの岩戸の糸酒屋女酒売り入るべからず」と書きつけ、門前の柱に貼ればよいとされた。しかしお上より「虚説ゆえ赤紙貼る事無用、偽りて人の戸を叩き驚かす事無用」とのお触れが出されると、騒動はすぐ沈静化したという。（『近世風聞・耳の垢』）

及川儀右衛門『藝備今昔話』には、嘉永七年に毒酒売りの老婆の噂が流行ったとある。同様の噂は近世に各地で流行したらしく「甘酒婆」などの名でも知られていた。青森県や中部地方の複数地域でも類似の事例が確認されている。（『日本怪異妖怪事典 東北』、『日本怪異妖怪事典　中部』）

【か】

かいねほり

広島県廿日市市の厳島に出没するという獣。名前の意味は不明確だが、蟹《かに》や貝を掘って食う「貝ね掘り」あるいは「茅根《かやね》掘り」ではないかともいわれる。

カイネホリは夜な夜な道に出て通行人を困らせたというが、姿をはっきり見た人はいない。ある将校は夜道で丼鉢のような眼を光らせるカイネホリに出会った。下駄を眉間に投げつけると、それはギャーッと叫んで逃げたという。鳴き声は「ギャー、ギャー」または赤ん坊が泣くようだと形容さ

れ、正体は鷺《さぎ》の仲間ではないかともいわれる。子供が山へ行くのを戒めるため、山へ行くとカイネホリに騙《だま》される、道に迷わされると言った。（栗原秀雄「宮島の「世間話」（2）」『広島民俗』第六三号）

かわねこりも同様の存在と思われる。

かがら天狗［かがらてんぐ］

広島県三次《みよし》市三次町上里に伝わる。

上里の慈光院では千手観音、不動明王などと共にかがら天狗が祀られていた。夜、鼠色の大坊主が出たり、大風のときは山鳴りがして魔物に人がさらわれたりしたが、これらは天狗の仕業だったという。裏山の岩の上の古松は天狗の休み場所といわれ、夜は誰も山に登らなかった。（『広島県民俗資料6　伝説』）

かがら山の仙人［かがらやまのせんにん］

広島県御調《みつぎ》郡御調町（現・尾道市御調町）に伝わる。

昔、諸原のかがら山には仙人が住んでいた。この噂が広まると遠方からも大勢の見物人が来て、諸原の農地はひどく踏み荒らされてしまった。土地の人々は怒りを募らせ、仙人を殺すことにした。仙人は「殺さないなら、諸原を都にしてやる」と命乞いしたが、人々は耳を貸さずに殺してしまった。そのため諸原は都にならず、後々まで山里のままだったという。仙人の死体を埋めた場所は仙人塚と呼ばれた。（土井卓治『吉備《きび》の伝説』）塚のそばにある石には、仙人の足跡とされる窪《くぼ》みがある。（日本伝説拾遺会監修『日本の伝説　中国』）

蟹の化物［かにのばけもの］

広島県芦品《あしな》郡新市町《しんいちちょう》（現・福山市新市町）に伝わる。

宮内の吉備津《きびつ》神社が寺院だった頃、新しい住職が来るたび何者かに食われてしまうという事件が続いていた。そのため寺は無住になってしまったが、ある僧が寺に泊まり、化物の正体を見届けようとした。真夜中、暗闇の中から化物が現れて「オーソクニソクコソクハツソクメテンツキ」と謎をかけてきた。僧はこの言葉の意味を「大足二足、小足二足、目天付」と読み解いて、「お前はカニじゃろう」と喝破して化物を退散させた。僧と村人たちが境内の池を浚って蟹をことごとく駆除すると、化物は出なくなった。この地方で蟹味噌を食べるようになったのは、この出来事がきっかけだという。（土井卓治『吉備の伝説』）

蟹の化物や蟹坊主と呼ばれる伝承の一例。問答をしかける化物の正体を智勇兼備の僧が見破って退治し、寺を再興するという内容で、日本各地に伝わっている。

可部峠の天狗［かべとうげのてんぐ］

広島県安佐《あさ》郡可部町（現・広島市安佐北区）と山県《やまがた》郡千代田町（現・北広島町）の境にある可部峠に出る天狗。南面五合目あ

たりには天狗が昼寝をする天狗松や人間と力比べをした天狗岩があった。岸壁には天狗がよじ登った足跡もあったという。

可部峠を行く老夫婦の片方が足を痛め、村に帰れず困っていると、大男が来て「おれが送ってやろう」と言い、二人の首筋を摑《つか》んで空高く放り投げた。そして麓に落ちてきた二人を、同じ大男が両手で受け止めた。この男が可部山の天狗だったとわかり、二人は天狗信者になったという。

また、昔は峠の千代田町本地《ほんじ》側の「一の坂」に牛が寝ており、黙って前を通ると異変が起きたという。これは冠山に棲む天狗の仕業とされる。天狗を敬って「狗院《くいん》さん、ごくろうさんです」と声をかけると何事もなかったという。（下野岩太「峠の民俗」『広島民俗』第一三号）

上根の大蛇［かみねのおろち］

広島県高田郡八千代町（現・安芸《あき》高田市八千代町）に伝わる。

神代の頃、若い男神が出雲国（島根県）から可愛川《えのかわ》沿いに上根の地に至り、庵《いおり》を結んだ。そして同じく出雲から来たという若く美しい女神と夫婦になり、上根の開墾に努めた。あるとき女神は井戸に落とした銀の簪《かんざし》を取るため、大蛇の正体を現して水に飛びこんだ。女神はその姿を夫に見られたと知ると、彼が肌身離さず持っていた剣を飲みこみ、火炎を吐きながら出雲に去った。これが後に素戔嗚尊《すさのおのみこと》に退治された**八岐大蛇**《やまたのおろち》で、剣は天叢雲剣《あめのむらくものつるぎ》だったという。大蛇が火を吐き通った跡は火の川（簸《ひ》の川）になったという。（『広島県の民話と伝説』、藤井昭『安芸の伝説』）

霹靂木［かむとけのき］

『日本書紀』推古天皇二六年（六一八）の条に記されているもの。「霹靂」は落雷の意で、へきれき、かむとけと読まれる。

この年、推古天皇は河辺臣《かわべのおみ》を安芸国《あきのくに》（広島県）に派遣して船を造らせようとした。臣は山で良い木材を見つけたが、ある者から「それは霹靂の木（雷神の宿る木）ですから伐ってはなりません」と反対された。臣は「雷神とはいえ、どうして天皇の命令に逆らうことができるだろうか」と言い、数多の幣帛《みてぐら》を捧げ、人夫に木の伐採を命じた。すると大雨が降って雷が落ちたが、臣は「雷神よ、人夫を犯してはならぬ。却《かえ》って我が身を損なうぞ」と咎《とが》めた。その後も一〇回あまり落雷があったが、河辺臣の身を犯すことはできなかった。やがて雷は小さな魚に化して木の股に挟まった。臣は魚を焼き、船を完成させたという。（『上代説話事典』、宇治谷孟訳『日本書紀』）

川崎さん家の牛［かわさきさんちのうし］

広島県安芸《あき》郡吉浦村（現・呉市吉浦町）に伝わる。

まだ吉浦村の道に自動車がほとんど走っていない時代の話。村では誓光寺へ奉納する経典を運ぶため、立派な牛を十数頭選び

出す習わしがあった。東上の川崎家の牛は大切に育てられ、黒々とした毛並に立派な体つきだったため、行列をなす一頭として選ばれた。牛は大無量寿経の経典を無事に運んで帰宅した後、だんだん体毛が白くなり、一ヶ月ほどで全身真白になった。川崎家のおじさんは、これは尊い経典を運んだおかげで仏様の使者に選ばれたしるしではないかと考えた。噂はたちまち広まり、遠方からも多くの見物人が押しかけ、たくさんの賽銭《さいせん》が投げこまれた。牛は晩年には臍《へそ》まわり以外は元の黒い毛に戻っていたという。（『吉浦の昔ばなし集（続編）』）

かわねこり

進藤寿伯『耳の垢《あか》後編』に記されているもの。**かいねほり**。

嘉永七年（一八五四）五月、宮島（広島県廿日市市の厳島）の町にて、毎夜丑《うし》の刻から寅の刻の間に「かわねこり」という獣《けだもの》が出て鳴いた。その声は人の叫びに似ていたという。正体は鹿とも猿ともいわれていたが、姿を見た人はなく、真相は分からなかった。（『近世風聞・耳の垢』）

奇形の獣 [きけいのけもの]

『本朝故事因縁集』にあるもの。

天正元年（一五七三）春、備後国三原（広島県三原市）の奥山に、人面で熊のような身体の獣が現れた。樹上を棲《す》み処《か》としており、その姿を見ようと人々が集まってくると、獣は山が震えるほどの大声で「我を見るより己を見よ」と言ったという。『本朝故事因縁集』の編者は、これは神仏が迷える衆生を救うために姿を変えたものであると解釈している。（『医聖堂叢書』）

喜助 [きすけ]

広島県神石《じんせき》郡神石高原町に伝わる。及川儀右衛門『藝備今昔話』によれば、この話は昭和八年（一九三三）に『中国新聞』で紹介されたのが初出であるという。

明治初期、油木が小田県に属していた頃のこと。竹川内《たけがわうち》集落では大畑の惣二郎・岡蔵・二郎という三兄弟が平和に暮らしていた。ある年、備中の方から来た漆かきの喜助という男が大畑の家付近で仕事をしていて、その姿を猿と見間違えた猟師に撃たれて重傷を負った。大畑の面々は関わり合うのが厄介だと見向きもせず、喜助は大畑の一家を恨みながら死んだ。以後、大畑家には小石の雨が降る、悲鳴が毎日聞こえる、囲炉裏《いろり》の茶釜の湯が急に沸騰し薪が天井へ舞い上がるなど、数々の怪異が発生した。ある日は惣二郎の妻が切っていた大根が消失し、天井から急に大根が落ちてきた。別の日には大石が裏山から転がり落ちてきたが、翌朝には跡形もなかった。力自慢の若者たちが泊まりこんだ夜もあったが、天井から水を浴びせられてみな逃げ帰った。見物人や家人にも危害が及び、山伏の祈禱《きとう》も効果はなく、村人が難儀を申し出て県庁の役人が調査に来たこともあったという。大

畑一家は祠《ほこら》を建てて喜助の霊を祀ったが、後にその血統は途絶えたという。

狐の妻［きつねのつま］

広島県双三《ふたみ》郡川地村行友（現・三次《みよし》市）に伝わる。

　ある年の祭りの夜、村の娘が狐に騙《だま》されて消息を絶った。いくら捜しても見つからなかったが、数年後に坂木村の大槌山で狐の子を抱いている行友の娘が目撃された。家に帰るよう勧めても帰らなかったが、法事の際にはふらりと帰宅し、また山へ去ったという。娘は百幾歳の年を重ね、一三の狐の子を産んだ。天気の良い日には岩の上で寝転んでいるのを見かけることもあったという。（及川儀右衛門『藝備今昔話』）

狐の妖怪［きつねのようかい］

『近代百物語』巻二「矢つぼを遁《のが》れし狐の妖怪」に登場するもの。

　足利尊氏が新田・楠《くすのき》の軍勢に大敗を喫し備後鞆《とも》の浦（広島県福山市）に滞在していた時のこと。足利方の和田伴内は主命で蔀《しとみ》山《やま》へ狩りに入った。そこで身の丈八尺ばかりの女と出会い「ここで殺生すれば主人に災難がある」と下山を促された。怪しんで斬ろうとすれば女は姿を消し、離れた岩場にまた現れて伴内をあざ笑う。矢を射かけても投げ返され、伴内は結局女を見失ってしまった。話を聞いた主・栗塚景綱は旅路の憂さ晴らしも兼ね、手勢を引き連れ山へ妖怪退治に出かけた。山奥で狐を見かけて矢を射ると、雲霧と共に例の女が現れて、景綱らを逆賊に属する重罪人だと激しく罵《ののし》り、身の破滅を予告した。霧の中では伴内ほか四天王と呼ばれた有力な部下四人がことごとく微塵《みじん》に砕かれて死んでいた。景綱は驚いて逃げ帰ったが、女の言葉通り、湊《みなと》川《がわ》の戦で首を取られて滅びたという。（『続百物語怪談集成』）

　話中では女の正体は明かされないが、題名で狐の変化であると暗示されている。

切支丹灯籠［きりしたんどうろう］

　いわゆる隠れキリシタンが弾圧を逃れるため、秘かに信仰対象である十字架や尊像の装飾を施したとされる石灯籠。古田織部が創案した織部灯籠の様式が切支丹灯籠だとされることがある。

　切支丹灯籠は信者以外の者がみだりに近寄らないよう、祟《たた》りやお化けの噂を伴う場合があるという。広島県庄原市の某家には椿《つばき》氏の築山から掘り出された灯籠があり、縁起の悪い灯籠だと言い伝えられていた。また、竹原市の某家には夜中に入道が出るという灯籠が伝わっていた。（滝谷章「切支丹灯籠について」『広島民俗』第七号）

銀毛の古狸［ぎんもうのふるだぬき］

　広島県庄原市高町に伝わる。

　小場谷に住んでいた年頃の美しい娘が、何者かに恋をした。夜に外出した娘を家人

がつけると、美しい月光の下、野原で銀毛の古狸とさも楽しげに恋を語らっていた。その数日後、娘は行方不明となり、近くの松の木で首を吊っているのが発見された。一方、古狸は池で水死していたという。（『広島県の民話と伝説』）

クイゴン

昭和五七年（一九八二）、広島県御調《みつぎ》郡久《く》井町《いちょう》（現・三原市）で目撃された怪生物。**ヒバゴン**、**ヤマゴン**に続く広島県第三の怪類人猿として知られる。

久井町在住の一〇歳と七歳の兄弟が自宅近くの山道で遭遇したもので、茶褐色の体毛に覆われた体長二メートルほどの猿のようだったという。また、尻に尾やタコ（毛のない部分）はなく、左手に石斧《いしおの》、右手に石を握っていた。兄弟が恐怖で固まっていると、怪物は「ホー、ホー」と叫んで崖上に跳び上がり、山中へ消えたという。（宇留島進『日本の怪獣・幻獣を探せ！』）

朝里樹『山の怪異大事典』には、インターネット掲示板に書きこまれたクイゴンとの遭遇談として、握り飯や作物を盗られた、「馬鹿」と言うと追いかけてきたなどの例もあると記されている。

刻し面［くしめん］

広島県三原市中之町に伝わる。賀羅加波《からかわ》神社の宝物庫に保管される古い二つの鬼面で、同じ容器に入れておくと争い始める。面が傷つくのを避けるため、別の箱に納められるようになったという。（『式内社調査報告　第二十二巻』）

くそ石［くそいし］

広島県安芸郡安芸町（現・広島市東区）に伝わる。

県道端にあるという石で、触れると腹痛を起こすといわれていた。福田の大名屋という所には触ると頭が痛くなる「毒石」もあったという。（『安芸町史　第一巻』）

国兼池の鯉［くにかねいけのこい］

広島県庄原市上原《かみはら》町に伝わる。

上原の国兼池《くにかねいけ》は周囲三里の大池で、かつては梅雨になるたび堤防が決壊し災害を起こした。村人は人柱を立てて災いを鎮めようと考え、お国という二〇歳の娘とお兼という一九歳の娘が人柱として埋められた。二人が手にしていた線香の煙は、空気穴として地面に挿した竹筒から七日七夜立ちのぼっていたという。この出来事から池は犠牲になった二人の名をとって「国兼池」と呼ばれた。池には赤黒二匹の大きな鯉が棲んでいて、二人の生まれ変わりといわれている。（土井卓治『吉備《きび》の伝説』）

首無しライダー［くびなしらいだー］

首のない人間がバイクを運転するという怪異。広島県では呉市の野呂山《のろさん》に首無しラ

イダーが出没するという噂がある。

寺井広樹・村神徳子『広島の怖い話』によれば、野呂山の首無しライダーは手を上げながらバイクで追いかけてくるという。また、野呂山の峠道には人を事故死に誘うような行動をとるセダン車も出没するといわれ、目撃した人によればその運転手も首なしだったような気がしたという。

蜘蛛の入道［くものにゅうどう］

広島県因島市椋浦《むくのうら》（現・尾道市因島椋浦町）に伝わる。

芸予諸島の走島《はしりじま》には蜘蛛の入道がいて、近くを航行する者を大声で呼びつけて餌食にするという。ある日、釣り人が島に上がると、砂浜の上の崖から次々に石が転がり落ちてきた。逃げようとすると坊主が来て「ここへ漂着して困っとるんじゃ」と、釣り人の舟に乗ろうとした。化物に違いないと思い、無視して櫓《ろ》を漕ぎだすと、坊主は本性を現してえば（蜘蛛の糸）をぷーっと吹き出した。すぐ舟を出したので糸に囚《とら》われず、釣り人は家に帰ることができたという。

（稲田浩二監修『西瀬戸内の昔話』）

黒い人影［くろいひとかげ］

広島県佐伯《さえき》郡の某旅館で目撃されたというもの。『最新　日本の心霊恐怖スポット100』（二〇〇三）に、当時から二〇年ほど前の出来事として体験談が載る。

ある学校の生徒たちが修学旅行の際、海のそばの古い木造旅館に泊まった。深夜、部屋の窓にかかるカーテンに目をやると、薄明るい光がともり、黒い人影がススーッと現れた。人影はすぐその場からいなくなったが、窓の外は海に面した断崖で、人が立てる空間などなかったという。

くろ船の女［くろふねのおんな］

進藤寿伯『耳の垢《あか》後編』にあるもの。

寛政七年（一七九五）、尾道（広島県尾道市）に、びいどろ張りの「くろ船」が渡来した。中には女が一人乗っていて「前髪の首切りたる（若衆の生首の意か）」を所持していたという。しかし、これは怪しげな噂に過ぎず、その後の沙汰《さた》もなかったという。

（『近世風聞・耳の垢』）

「うつろ船の蛮女」「淀《よど》の成敗」に類する話のひとつ。このような奇談は舞台の異なる複数の類例が知られている。（『日本怪異妖怪事典　関東』、『江戸「うつろ舟」ミステリー』）くろ船は刳船《くりぶね》（一つの材木をくりぬいて造る船）か、うつろ船の誤記誤読、訛《か》伝《でん》の類と思われる。

黒仏［くろぼとけ］

広島県佐伯《さえき》郡五日市町（現・広島市佐伯区）に伝わる。

利松《としまつ》の法専寺にある黒仏は、江戸時代の初めに本願寺御用仏師の渡辺康雲が刻んだものという。明治中頃、法専寺の僧・頓朗は仲の良い井口村正順寺の了海と仏々交換

をしてしまった。その夜、虚空から頓朗に「ワシは法専寺に帰る。お前、迎えに来い。ワシは法専寺の黒仏じゃ」と呼びかける声がした。仰天した頓朗が正順寺に行くと、黒仏から「法専寺へ連れていけ」と言われた了海が法専寺へ向かおうとしていた。黒仏の威光に打たれ、二人はへたりこんだという。（『五日市町誌　下巻』）

　福山市鞆《とも》の安芸寺にも黒仏と称する尊像があり、夜な夜な町家の軒下を通って福禅寺に参詣したという。もしこれに行き逢えば必ず患いつくとされた。（『広島県民俗資料6　伝説』）

ぐんひんさん

　広島県安芸《あき》郡江田島町（現・江田島市）に伝わる。ぐんひんは狗賓《ぐひん》、すなわち天狗のこと。

　村の鎮守の秋祭りで太鼓を叩くと、物見岩から屋形岩まで千成提灯がぶら下がったことがあった。皆はぐんひんさんの仕業だと言って驚いたという。また、別の日にはぐんひんさんのともした一塊の火がパッと勢いよく四散したという。

　ぐんひんさんは戸の節穴から見られたり人差し指で差されたりするのをひどく嫌うとされ、覗《のぞ》いた者に砂をかけた話もある。ぐんひんさんに会ったときは草履を頭に乗せ地に伏して許しを乞えばよいとされる。ぐんひんさんは真昼などに熱鉄を飲まねばならず、その時に出会うとひどくやられるという。（角増渉『ふるさと江田島』）

こうもり岩の怪物［こうもりいわのかいぶつ］

　広島県佐伯《さえき》郡大柿町大君《おおきみ》（現・江田島市大柿町大君）に伝わる。

　王泊《おおどまり》の奥の宮山の麓にあるこうもり岩という洞穴には怪物がいた。ある男がここで夕飯を炊いて、食べようと蓋《ふた》を取ると飯がなくなっていた。同じことを七回繰り返したが、やはり飯はなくなる。恐ろしくなって逃げ出すと怪物が追いかけてきたが、男が芦河内川を渡ると「炊きも炊いたり、食いも食ったり、七鍋五合《なから》口惜しいぞ」と怒鳴りながら帰っていった。男は帰宅後死んだともいう。この怪物は**平家の亡霊**であるともいわれるほか、こうもり岩は**安徳天皇**を匿《かくま》った場所だとも伝えられている。（『広島県民俗資料6　伝説』）

神鳥［ごがらす］

　広島県廿日市市の厳島（宮島）の神鳥である烏《からす》。「こがらす」「おがらす」とも。厳島神社末社の養父崎《やぶさき》神社は霊鴉神《ごがらすのかみ》を祭神とし、養父崎森に棲む神鳥に粢《しとぎ》団子を捧げる御鳥喰式《おとぐいしき》の神事が行われる。

　神鳥は通常のカラスより小さく、色も黒い。カアカアと鳴く声も短く澄んでいるという。佐藤月二は宮島の神鳥とはミヤマガラスのことであろうと推測している。

　鳥が神または神の使いと扱われることの由来として、次のような伝説が語られている。推古天皇の時代、厳島神は生口島《いくちじま》の瀬

戸田に着いたが、そこにいた雉《きじ》を嫌って大崎上島の木ノ江に移った。この地では蛭《ひる》を厭《いと》い、次に大竹へ落ち着こうとするも水浴の際に神衣《かんみそ》を風に飛ばされてしまう。女神は衣を追って宮島を目指し、船旅をしていた佐伯鞍職《さえきのくらもと》に助力を乞うた。そして自身が尊い神であると帝に示すため、榊《さかき》を咥《くわ》えた烏を宮中に飛ばし、白昼に明るい星を輝かせた。この後、女神は厳島に鎮座したという。(『厳島民俗資料緊急調査報告書』)

御伽草紙《おとぎぞうし》『厳島の御本地』に登場する霊烏・五烏《ごがらす》も神烏に通じる存在のひとつである。**足引《あしびき》の宮**や山口県の**五烏**も参照。

日中戦争が始まった昭和一二年(一九三七)から三年間ほどは宮島に神烏が出なくなり、戦地に行っているのだろうと噂されていた。(栗原秀雄「宮島の「世間話」(2)」『広島民俗』第六三号)

廿日市市上平良《かみへら》にある速谷《はやたに》神社の祭神も五烏神という。これは厳島の神が鎮座する際に烏に化して導いた神だとされている。『厳島図会』には、神が厳島に鎮座した後に五烏神が平良郷に飛来したとある。(『式内社調査報告　第二十二巻』)

因島の箱崎では、箱崎八幡宮の神の使いの白い烏が降り立った海辺の岩場を聖地とみなし、オトグイさんと呼ぶ。この神の祭日は烏が飛来した九月一七日と定められている。これも宮島の神烏に類する伝承といえるだろう。(『広島県の民話と伝説』、『いんのしまの民話と伝説』)

黒闇［こくあん］

広島県高田郡甲田町下甲立《しもこうたち》(現・安芸高《あき》田市甲田町下甲立)に伝わる。

下甲立の旧道のある場所は、昔から月夜の晩でも晴れた空の晩でも、通りかかると必ず急に一瞬暗黒になるといわれている。

(『甲田町誌』)

黒雲の大喝［こくうんのだいかつ］

明治八年(一八七五)六月三〇日に『東京日日新聞』にて報じられた事件で、後に錦絵新聞の題材にもなった。

安芸国沼田郡楠木村(現・広島市西区)の木挽・佐次郎は美しい女房を大切にする一方、両親を軽んじていた。女房も増長して気ままにふるまうので、心労から患いついた父親が死亡、母も病床についた。ある朝、女房は手水場で叫び声を上げて気を失い、夫らの介抱で息を吹き返した。女房によれば、にわかに下がってきた黒雲の中から怪物が現れて「憎い奴め」と彼女をかっさらったという。悪しき行いの数々を懺悔《ざんげ》し「きっと心を改めて母様を大切にいたしますからどうぞお許し下され」と平伏して詫《わ》びたところ、誰かが助けてくれたような心地がして目が覚めたという。女房はこれを神の戒めと捉えて改心し、老母に孝行する心優しい女になった。村ではこの出来事を、邪険な女房を牛頭馬頭《ごずめず》の鬼が**火車**で迎えに来たのだろうと噂したという。(『明治期怪異妖怪記事資料集成』)

錦絵版は内容が少し省略され、黒雲から

の「不孝の女覚悟せよ。いで引き攫《さら》い連れ行かん」という大喝一声で女房が気絶し改心したことになっている。芳幾《よしいく》が描いた黒雲の中には、複数の異形の怪物の姿が見える。（『文明開化の錦絵新聞』）

小笹［こささ］

広島県山県《やまがた》郡豊平町海応寺《かいおうじ》（現・北広島町海応寺）に伝わる。

戦国時代、吉川家またはその家臣の宍戸《ししど》家に仕えていた小笹という美女が、主の食事中におならをして罪に問われ、それを苦に自殺した。小笹を妬《ねた》んだ他の女が畳の下に笛を仕込み、放屁《ほうひ》したように見せかけたのが真相だともいう。あるいは家の大切な什器《じゅうき》を壊したことが自死の理由ともいう。ともかく、下石の淵に身を投げた小笹は、龍（大蛇）に化身して淵で暮らすようになった。龍はときどき海応寺の青鹿毛淵に往来して暴れたり、水を吹き上げ雨を降らせたりした。大正一三年（一九二四）の旱魃《かんばつ》の折は、この淵を干して雨乞いをしたが、龍は出てこなかったとのことである。（『豊平町の伝説と民話　第一集』）

小菅［こすげ］

広島県山県《やまがた》郡豊平町志路原《しじはら》（現・北広島町志路原）に伝わる。

関ヶ原の合戦後に豪農となった元武士の深井という者がいた。あるとき深井は下女の小菅を伴って山に登り、谷間に穴を掘り大金を埋めさせた。小菅は埋蔵金のことを口外しないと約束したが、深井は疑心を拭えず彼女を斬り殺した。すると、小菅の妖怪が現れて荒れ狂うようになり、恐れた村人たちは昼でさえ外出しなくなった。尾道の浄土寺から当地に立ち寄った了恩という僧が一〇〇〇日間の読経供養を行うと妖怪は鎮まり、人々は再び安心して仕事ができるようになった。了恩はその後、志路原の浄土寺の開祖になったという。（『豊平町の伝説と民話　第一集』）

子取り婆［ことりばあ］

広島県山県《やまがた》郡地方に伝わる。山姥の類。

ある時、子取り婆が子供を捕らえ、桶《おけ》に入れ背負って帰ろうとした。途中、婆が小便をしている間に子供は逃げて木に登ったが、婆は「小便ばったら軽うなった」と勘違いして家に帰った。だが、桶の蓋《ふた》を取ると子供がいないので「明日の晩、蜘蛛《くも》になって行ってやる」と言った。これを聞いていた子供が大人たちに話したので、次の晩ぶら下がってきた蜘蛛を煮え湯の中へ叩き落として殺したという。（『広島県民俗資料2　昔話』）

碁盤の縞の大男［ごばんのしまのおおおとこ］

広島県呉市の大崎下島《しもじま》に出た妖怪。

ある男が大長《おおちょう》の磯前神社近くの海辺に行き牡蠣《かき》を採っていると、目の前にゴバンの縞（碁盤縞の着物）の大男が突っ立ってい

たので驚いて逃げ帰った。途中で振り返ると大男がついて来ていたが、人家のある所まで逃げてくると助かった。しかし、彼は間もなく死んでしまったという。（『海村生活の研究』）

虚無僧淵［こむそうぶち］

広島県山県《やまがた》郡大朝町（現・北広島町大朝地域）に伝わる。

江《ごう》の川最上流に近い淵で、一人の虚無僧が入水して死んだ。僧は検視後に葬られ、淵は虚無僧淵と呼ばれるようになった。虚無僧の正体はお上の隠密で、諸藩の内情を探っていたが、がしん（飢饉《ききん》）に喘《あえ》ぐ石州浜田藩（島根県）で抜荷《ぬけに》を暴くなど職務ゆえの不人情を気に病み、身を投げたのだろうと噂された。虚無僧が身を投げたのと同じ節分の夜には、淵から尺八の音が聞こえるという。（『あぜみち放談　第三集』）

【さ】

茶園太郎［さえんたろう］

広島県山県《やまがた》郡大朝町（現・北広島町大朝地域）に伝わる。

茶園太郎は魔術を使う義賊で、裕福な家から金品を盗み、貧しい人に分け与えていたが、最後は村役人に捕まり牛の子淵に沈められた。太郎の行動は、年貢に苦しむ新庄村の状況を顧みない村役人や、小作人の働きで裕福な生活を送れる者たちへの抵抗でもあったという。唐丸籠《とうまるかご》に入れられ水死した太郎が流されていくのを見て、ある者が「さすがの太郎も死んでしまっては人並に下流に流されていくんだのォ」と言った瞬間、籠は可愛川《えのかわ》を逆流していった。遺体が川上の脇原集落に埋葬された後、村役人ら藩の意向に従っていた者は火災や洪水、変死などの不幸に見舞われたという。

昭和一四年（一九三九）の末、新庄学園が出火し、短時間で全焼した。火災の前、舎監の若い教師の前に太郎の霊が現れて自身の正義を語り、泥棒や義賊でなく、義民として扱われたいと訴えた。しかし多忙な教師は太郎のために何事もできず、結局祟りで学園が燃えてしまったのだという。燃え盛る炎の中には太郎の笑う姿が見えたという噂もある。その後も人々は茶園太郎の祟《たた》りを恐れ、慰霊のために茶園神社を建立したという。（植田吾郎「新説　茶園太郎」『あぜみち放談』第四集）

作木の東光坊［さくぎのとうこうぼう］

広島県双三《ふたみ》郡作木村《さくぎそん》（現・三次《みよし》市作木地域）に伝わる。

ある時、東光坊（下作木にある寺）の三代目住職はひどく餓えた様子のお姫様風の娘に出会った。住職は即座にその正体が狐だと見破ると、狐が変化の術に用いる「化けの皮」と交換に油揚げを与えた。さらに僧衣も貸してやり「わしは作木の東光坊、人参、ごぼう大嫌い。小豆飯は大好きで」と言いながら村々を回ればよいと教えた。狐はその通りにして村人たちから小豆飯を恵んでもらったが、同じ言葉ばかり繰り返すので怪しまれ、ついには正体を知られ追い払われた。そこで友達の狐に化けの皮を貸してもらい、今度はしっかりと僧に化けて自分の化けの皮を取り戻した。東光坊には化けの皮を収めていた入れ物が残されているという。（『作木の民俗』）

砂谷村の怪獣 ［さごたにむらのかいじゅう］

広島県佐伯《さえき》郡砂谷村（現・広島市佐伯区湯来町）に出たという謎の獣。明治三四年（一九〇一）三月三一日付の『芸備日日新聞』にて報じられている。

同年月二五日、雑木伐採のため山へ入っていた森島米三郎が傷だらけの死体となって発見された。両目は火箸《ひばし》を刺されたように潰れ、左手首は切断されていた。豺《やまいぬ》か狼の仕業とみられ、恐怖した村人たちは一〇〇〇人規模の山狩りを実施した。その後、米三郎の家の前に謎の獣が来て、遺体運搬に使った担架に付着した血を舐《な》めているのが目撃された。そこで米三郎の衣類を外へ出しておくと、例の獣が血におびき寄せられてまた現れ、四人の猟師に撃たれて息絶えた。その姿は犬に似て、舌は薄く牙は鋭利、前足には蹴爪《けづめ》が生えていたという。（『明治期怪異妖怪記事資料集成』）

佐太夫虫 ［さだゆうむし］

広島県安芸《あき》郡熊野町に伝わる。

高利貸の佐太夫から金を借りていた庄屋は、神社の杉に呪い釘を打ちこんで佐太夫を呪ったばかりか、代官と結託して彼を殺害した。佐太夫の霊は螟虫《めいちゅう》（メイガ）と化したうえ、神社の杉に触れた者には怪異が起きて変死するようになった。よって、螟虫を佐太夫虫と呼び、藁《わら》人形を作って虫送りをすることになったという。（『広島県民俗資料1　民間暦と俗信』）

広域の**実盛虫《さねもりむし》**や岡山県の**あまこ**も参照。

座頭の怨霊 ［ざとうのおんりょう］

『怪談登志男《としおとこ》』巻二にあるもの。

安芸国《あきのくに》（広島県）の厳島の座頭が、官位を得るため三〇〇両を携えて田澤屋という商人の船に乗った。だが座頭は船上で金が失くなっていると気づき、あちこち捜した挙句、そばにいた船頭もろとも海へ落ちた。実はこの船頭こそ盗みの下手人で、座頭を海へ沈めると、田澤屋の放蕩《ほうとう》息子・伝三郎と合流して金を分け合った。座頭の霊は摂津（大阪府）にいる田澤屋の隠居・洞春のもとに現れ息子たちへの怨念を語った。罪を知られた伝三郎と船頭が宮島領の田舎へ

逃げると、洞春ら一家の者九人が七日のうちに死に絶えた。逃げた二人も両眼が潰れて狂乱し、罪を自白し死んだ。田澤屋は化物屋敷と恐れられたが、旅僧が亡魂を得脱させたという。（『徳川文芸類聚《るいじゅう》 四』）

猿神さん［さるがみさん］

広島県沼隈《ぬまくま》郡神村《かむら》（現・福山市）の今伊《いまい》勢宮《せぐう》に祀られる猿の霊。

永禄年間（一五五八～一五七〇）、下総《しもうさ》さんという領主がいて、今伊勢宮の神主・寺岡道信と狩りに出かけるのを好んでいた。ある日、領主は伊勢宮山の内宮近くで一匹の猿を発見し、道信に撃つよう命じた。猿が合掌して助命を乞うので道信は躊躇《ちゅうちょ》したが、領主に急《せ》かされてついに発砲した。絶命した猿は子を身籠っていた。以後、夫と思しき雄猿が毎年今伊勢宮に来ては、悪戯《いたずら》をして去るようになった。神主の代替わり後も飼牛の変死が三度続いたので、猿の霊を弔って祟《たた》りを鎮めようと、宮の境内に小さな祠《ほこら》を建てて末社としたという。（及川儀右衛門『藝備今昔話』）

狩猟に関する俗信や因果話では、孕んでいる獣を殺せば酷い祟りがあると恐れられた。山口県の**孕み熊の祟り**なども参照。

三尺乳の幽霊［さんじゃくちちのゆうれい］

広島県安芸《あき》郡下蒲刈町《しもかまがりちょう》（現・呉市下蒲刈町）に伝わる。

乳の出が悪い母親が祈願し、間引きをして乳が張ったままの母親が懺悔《ざんげ》のため参拝する「乳地蔵さん」付近には、三尺チチの幽霊が出て、通りかかった若い男に抱きつくという。（『下蒲刈町のお地蔵さん』）

爺おじゃるかい［じいおじゃるかい］

広島県比婆《ひば》郡口和町（現・庄原市）に伝わる。**爺さんおるかい**の類話。

昔、年老いた爺と婆がいて、どちらかが先に死んだら、骸《むくろ》を箱に入れて納戸の奥に置こうと約束していた。やがて婆が先立ったので、爺は骸を箱に入れ家に置いた。死体は夜ごと「じい、じい。そこにおじゃるかい」と呼びかけ、爺は「おう、おう。ここにおり候《そうろう》」と返事をした。ところが爺が用事で出かけ、商人が留守居をしている時にも、婆は「そこにおじゃるかい」と呼びかけてきた。商人は爺をまねて返事をしていたが、何度も問われるので腹が立って無視するようになった。すると「黙っとりゃあ、出るぞ」と声がして、死装束の婆さんが納戸から出てきた。婆は逃げる商人を追いかけたが、寺の小僧に箒《ほうき》で叩かれるとチンカラリンノチンと再び死んだという。（『採訪記録ひろしまの民話（昔話編）』）

爺さんおるかい［じいさんおるかい］

日本各地に伝わる昔話で、老夫婦の一方が先立った伴侶の屍《しかばね》を家に置いておくと「爺さんおるかい」「婆いるか」などと声を発するというもの。広島県内でもこの種の

話が採集されており、高田郡地方では次のような内容となっている。

　昔ある所に爺と婆がいて、婆は「わしが死んだら、納戸の棺《かん》に納めてくれえ」というのが口癖だった。やがて婆は死に、望み通り死体を棺に入れて納戸に置いていたところ「爺さんおるかい、爺さんおるかい」と毎晩呼びかけてくるようになった。爺は恐ろしくなって他の家に匿《かくま》ってもらい、居合わせた人々と一緒に芋を食った。すると婆が来て「爺さんいもくさい、爺さんいもくさい」と言ったので、皆も気味悪がって爺を追い出した。爺さんは気絶して死んだという。（『広島県民俗資料2　昔話』）

　鳥取県の**婆さんいるかいや**、島根県の**べべの皮**も参照。

司箭明神［しせんみょうじん］

安芸国《あきのくに》高田郡（広島県）の宍戸《ししど》家の武将・宍戸家俊（司箭院興仙）を神として祀ったもの。山伏となって修行を重ねた家俊は、修験道に傾倒した管領・細川政元に側近として仕えたという。

　『芸藩通志』には、宍戸元家の三男・家俊は愛宕《あたご》の神に祈誓して、修行の末に飛行自由の術を会得したとある。彼は後にその法を河野大蔵に伝え、元亀元年（一五七〇）四月四日に深瀬の犬飼が原より飛び去り、山城の愛宕山に入ったという。宍戸の故郷には小祠《しょうし》が建てられ、司箭明神として祀られた。その神像は天狗の形をしているという。また、薙刀《なぎなた》の司箭流と剣術の貫心《かんしん》流は宍戸司箭を祖とするものだという。（『芸藩通志　巻三』）安芸高田市甲田町上甲立《かみこうたち》には宍戸司箭神社が現存する。

　『後太平記』には、京都の愛宕山太郎坊や安芸の**厳島三鬼坊**など諸国の大天狗が集まる鞍馬山の天狗評定に招かれた家俊が、太郎坊の眷族《けんぞく》に加えられて神通自在の力を獲得し、司箭と改名したとある。『雑説嚢話』にも、宍戸家俊が太郎坊の箭取《やと》り役を務めていたとある。（『校訂後太平記』、『日本随筆大成第二期8』）

七人の后［しちにんのきさき］

広島県尾道市の因島に伝わる。

　漁師が夜の暗い海に船を出すと、突然、船首《みよし》の先に七人の古風な衣裳《いしょう》の女が姿を現すことがある。このようなときには急いで船を停め、早く立ち去ってくれるよう一心に念じ祈り続けなければ、安全に進むことができないという。この女たちは「七人の后」と呼ばれているが、何者かは分からないらしい。（『中国の民間信仰』）

　広域の**七人みさき**や**船幽霊《ふなゆうれい》**も参照。

篠田の森の古狐様［しのだのもりのふるぎつねさま］

広島県安佐《あさ》郡高陽町（現・広島市安佐北区）などに伝わる。

　子供の夜泣きを止めるためには「篠田の森の古狐さまよ、昼鳴いて夜鳴くな」と書いた紙を枕の下に入れると良いという。

特定の狐の名（猿沢の池の狐、篠田の森

の狐、**ごんずの山の白狐**など）を呼ぶ、書くなどして子供の夜泣きを封じる呪《まじな》いは日本各地にみられる。深安郡神辺町《かんなべちょう》（現・福山市）では「葦原《あしはら》や千里のさとの古狐、昼は鳴くとも夜はな泣きそ」と唱えながら、男の子なら左耳、女の子なら右耳から息を吹き入れると夜泣き封じになるといわれた。（『中国・四国の民間療法』）

十兵衛狸［じゅうべえだぬき］

広島県広島市に伝わる。江波《えば》の**おさん狐**の昔話に登場するもの。

いつも江波で人を化かしていたおさん狐は、讃岐《さぬき》（香川県）に騙《だま》し上手の十兵衛狸がいると聞いて対抗心を燃やし、化け比べの挑戦状を叩きつけた。これを受けて江波皿山にやって来た十兵衛狸は、山のような巨体を誇る大狸で、さっそく一つ目小僧に変じておさんを仰天させた。翌日、本番の化け比べが行われたが、十兵衛はおさんに騙され、本物の大名行列をおさんの術だと信じて話しかけ、先払いの侍に斬り殺された。木の上でこの様子を見ていたおさんは喜んだ拍子に転落し、神通力を失ってただの老いぼれ狐になってしまったという。（『読みがたり広島のむかし話』）

十万［じゅうまん］

広島県因島市田熊（現・尾道市因島田熊町）に伝わる。

昔、十万石の福山藩を追放されたことから「十万」と渾名《あだな》される男が田熊の村に住んでいた。彼は博奕《ばくち》が上手く、村の博徒と勝負をしては金を巻き上げていた。負け続きの男たちは十万に恨みを抱き、酔った勢いで彼を斬り殺し、死体を谷に捨てた。村役人は十万が誤って転落したものと考えたが、その後、下手人の男たちは次々と奇妙な死を遂げた。土地の人々は近くのお大師様に参拝し、十万の霊を弔ったという。（『いんのしまの民話と伝説』）

朱の壺［しゅのつぼ］

広島県呉市広町に伝わる。

ある晩、広村の小坪に住むみよ吉という男が、一本松の根元に黄金の入った壺があるという夢を見た。その後も同じ夢を何度も見るので松の根元を掘ってみたところ、金ではなく朱の入った壺が埋まっていた。「つまらんのう」と思い小泊の浜で壺の中身を洗い流すと、海一面が朱に染まった。次の晩から壺はしゃんしゃん音を立てたという。（『広島県民俗資料6　伝説』）

土地の豪族などが遺した朱入りの壺や瓶にまつわる伝説の一種。

寿命星［じゅみょうぼし］

広島県呉市の倉橋島に伝わる。

正月に寿命星が見えない者はその年のうちに死ぬという。これはおおぐま座の恒星アルコルを指したものだという。（北尾浩

一『日本の星名事典』）

しょーだーの垣内狐

［しょーだーのかきうちぎつね］

広島県比婆《ひば》郡峰田村（現・庄原市峰田町）に伝わる化け狐。

峰田村付近では岡奥のショーダー垣内という所の狐の群れや若宮狐という狐の群れが勢力を誇っていた。ショーダー垣内には多くの狐がいて、遊びに出る姿がよく見られたという。この狐に騙《だま》された人はそう多くなかったといい、人々は恐れるだけでなく親近感も覚えていた。ただし作物や鶏を害されることは頻繁にあったため、肥桶《タゴ》の上に天秤《オク》を置き、音を立てて狐を追い払っていたという。また、狐に騙されるのを防ぐには、草履に鍋墨をつけて履く、山で狐と出会っても「誰かと思いや狐かい」などと、知人のようにふるまうものとされた。

この他、狐の中にはミョーハチと呼ばれるものがいて、寺のミョーハチ（鐃鈸《にょうはち》。仏事に用いるシンバル状の金属製打楽器）を鳴らすような声で鳴いたという。（山田次三『奥備後の民俗』）

白い鰻

［しろいうなぎ］

広島県三次《みよし》市上里原《あがりはら》に伝わる。

深川堤の外にいる鰻で、食べた者は血を吐くという。（『広島県民俗資料6』）

白い狸

［しろいたぬき］

広島県廿日市市の厳島（宮島）に数匹生息しているという白い体毛のタヌキ。ユキミちゃんと呼ばれる個体は、茶色のタヌキ・モミジちゃんとよく一緒にいる。

宮島の白狸は「神様のお使い」「見た人に幸福が訪れる」と噂されている。新型コロナウィルス感染症が流行すると、観光業者から「厄払いのためにも出てきて」との声も聞かれた。（「神様のお使い？　広島・宮島に白いタヌキ」『毎日新聞デジタル』二〇二〇年三月六日、三國屋ウェブサイト）

新庄でならぬ西条柿

［しんじょうでならぬさいじょうがき］

広島県山県《やまがた》郡大朝町（現・北広島町）に伝わる。西条柿は西条地域（東広島市）原産の柿で、古くから食べられてきた。

昔、新庄の日野山《ひのやま》の殿様の姫が新庄産の西条柿を食べたところ、とたんに腹痛に襲われひどく難儀した。殿様は大変立腹して「今後一切、新庄では西条柿はならさん」と言った。それ以来、新庄ではいくら西条柿を植えても実らなくなったという。（『広島県の民話と伝説』）

神木の祟り

［しんぼくのたたり］

広島県高田郡八千代町土師《はじ》（現・安芸《あき》高田市八千代町土師）に伝わる。

戦後の木材価格が高騰していた時期、ある人が高杉神社の神木であった大欅《けやき》を広島の材木商に売る約束を取り付けた。手付金を貰って帰った夜、その人は「エビが咽《のど》に

来る、咽に来る」と言って錯乱した。神木の祟りを恐れた周囲の者が売買の件を破談にすると、その人も元に戻ったという。(『土師民俗資料緊急調査報告書』)

鱸のような魚 [すずきのようなうお]

進藤寿伯『耳の垢《あか》後編』明和二年(一七六五)の条に記されているもの。

三月の市の頃に草津(広島県佐伯《さえき》郡)を訪れていた人形芝居の一座が船に乗って帰る時のこと。鱸のような魚が船から離れずつきまとうので、豊竹菊之丞という人形遣いがこれを突いて獲った。さっそく刺身《つくり》にしたが、その肉はいつまでも動いているので気味悪がって誰も食べなかった。ただ一人これを食した菊之丞は即死したという。(『近世風聞・耳の垢』)

砂ばらき [すなばらき]

広島県広島市安佐《あさ》南区沼田町の戸山地区に伝わる。

戸山の川には**川獺**《かわうそ》(**太夫淵**《たゆうぶち》**の川獺**など)がいて、山には砂ばらきがいた。木々が鬱《うっ》蒼《そう》と茂る山の中腹、大きな杉と祠《ほこら》がある寂しい場所を夜に通ると、砂ばらきがバラバラと砂をばらく(ばらまく)。藤田橋あたりにも砂ばらきがいて、人に砂をぶちかけたという。これらは粘り気のない山の真砂土《まさど》がひとりでに崩れ落ちるのを妖怪視したものだとされる。(『戸山ものがたり』)

砂をかける妖怪は奈良県などに伝わる砂かけ婆を筆頭に、広い範囲で語られていたもの。(『日本怪異妖怪事典　近畿』)

砂滑鯨 [すなめりくじら]

スナメリ。ネズミイルカ科スナメリ属に属する小型のイルカ。

広島県安芸《あき》地方では、スナメリクジラを食えば七代貧乏するといわれていた。スナメリは小魚を追って回遊し、追われた魚を狙って鯛《たい》も集まってくる。このことから、瀬戸内地域では「スナメリの下にはタイがいる」といってスナメリも大切に扱うことがあり、食すのは禁忌になったようだ。(神田三亀男「広島県下独自の俚諺採集メモ」『広島民俗』第七号、『中国の生業2　漁業・諸職』)

炭焼女房 [すみやきにょうぼう]

広島県山県《やまがた》郡大朝町岩戸(現・北広島町岩戸)に伝わる。

昔、戸河内《とごうち》の山奥で暮らす炭焼きの男のもとに、紀州から「おろち」という女が訪れて、女房にしてくれと頼んできた。占いで「添うべき人は安芸国《あきのくに》の奥にいる」と告げられ、はるばるやって来たのだという。

二人は夫婦となり、家の裏に金脈を見つけ裕福になった。ある時、男は女房が家を抜け出して淵《ふち》へ入っていくのを目撃した。淵からはがやがや話し声が聞こえ、男は女房の正体が蛇であることを悟った。すると女房は簸《ひ》の川の「やがたが池」に行くと告げ

て出ていった。おろちの本性は、九州日向《ひゅうが》から紀州へ行き、そこから安芸の戸河内にやって来た**八岐大蛇《やまたのおろち》**だったという。（『広島県民俗資料6　伝説』）

雪舟蟹［せっしゅうかに］

広島県世羅《せら》郡世羅町に伝わる。

青近《あおぢか》村（世羅町別迫《べつさこ》）の長者が無地の金《きん》屏風《びょうぶ》を手に入れ、円満寺の雪舟に絵を描いてほしいと依頼した。だが雪舟は長者の素行を快く思っておらず、馬のクツに墨をつけて金屏風に押しつけた。屏風を台無しにされた長者が詰め寄ると、雪舟は「シッシッ」と追うように手を振った。馬のクツ跡と思ったのは見事な蟹の絵で、それらはゴソゴソと畳の上に這《は》い出すと、円満寺の前の谷川へと去ってしまった。人々は谷川に棲みついた蟹たちを雪舟カニと呼び、捕らえぬようにしたという。（はしだ製餡所ウエブサイト「大田庄の伝説・民話」）

戦艦大和の亡霊［せんかんやまとのぼうれい］

広島県呉市を舞台とする怪談に登場するもの。寺井広樹・村神徳子『広島の怖い話』にある。

戦後のある年、港近くに暮らす男性が夜中に汽笛の音を聞いた。しかし船が入港する様子はない。その時、沈没した戦艦大和の乗組員だった弟の遺影が不意に傾いた。母と共に駆けだすと、海軍のラッパが鳴り響き、白い靄《もや》と共に大和が入港してきた。やがて海軍服の兵士たちが港に降り立ち、その中に弟の姿もあった。しかし兵士はみな幽霊で、大和が再び靄に包まれると姿が消えた。翌朝、仏壇に置かれた遺品の海軍帽が濡れており、近所でも戦死した乗組員が枕元に立ったなどの噂が流れたという。

仙養狐［せんようぎつね］

広島県神石《じんせき》郡油木町《ゆきちょう》（現・神石高原町油木）に伝わる。仙養ヶ原に棲む化け狐で、旅人に牡丹餅《ぼたもち》に見せかけた馬糞《ばふん》を食わせるなどの悪戯《いたずら》をしていた。

明治三〇年（一八九七）頃の夏の夜、町医者の平岡良哲のもとに往診依頼が来た。良哲は駕籠《かご》に乗せられてある新築の家に連れていかれ、そこで初産の苦痛に呻《うめ》く女房を助けて安産に導いた。家の主人は大喜びし、良哲をもてなして礼金の猪《い》の子（一〇円紙幣）を差し出した。同じ夜、市場の三上店《みせ》で一円札一〇枚と一〇円札の両替を頼みに来た者がいたが、受け取った一円札は翌朝木の葉になっていたという。仙養狐が謝礼のために金を調達したようだった。

また、仙養の高橋家に居候していた元芸州藩医に助けを求めた話も伝わる。腹痛に苦しむ妻のため、夫の狐は農夫に化けて医師に往診を乞うた。医師が鎮痛丸《ちんつうがん》を処方してやると、農夫は頭を垂れて返礼を約束した。翌日、医師には五升樽《だる》の清酒が届けられた。それは四日市の酒屋から紛失したものだったという。（『油木町民話集』）

大仙池の大蛇［だいせんいけのだいじゃ］

広島県神石《じんせき》郡油木町《ゆきちょう》（現・神石高原町油木）に伝わる。

上野の森堂と土地木の境にある大仙池の近くに桜戸という分限者の家があった。桜戸の親方大婦には子がなく、いつも暁の明星に子が授かるよう祈っていた。ある晩、女房は銀砂《ぎんさ》が天空から懐に飛び入る夢を見て懐妊し、やがて女児を出産した。娘は大切に育てられて絶世の美女に成長したが、一八歳の頃から夜中に家を抜け出し、濡れた身体で戻ってくるようになった。心配した両親が後を追うと、娘は真裸になって大仙池に飛びこみ、大蛇の姿になった。娘は帰らず、翌朝には池一面が真紅に染まっていたという。（『油木町民話集』）

多賀谷の亡霊［たがやのぼうれい］

広島県廿日市市の厳島（宮島）に伝わる。毎年八月一七、一八日に行われる「宮島踊り」の由来として語られるもの。

伊予北条氏の地頭であった多賀谷氏は、天正六年（一五七八）に安芸国《あきのくに》に攻め入り、厳島神社で狼藉《ろうぜき》を働いた末に溺死した。その亡霊が付近を通る船に禍《わざわい》をなすようになったので、人々は霊を慰めるために鳥居の洲、御笠浜《みかさのはま》で念仏供養をした。これが宮島踊り（多賀谷念仏）の始まりだという。地頭の名は多賀江某で、神罰で船が沈んで死んだともいう。（『広島県史　民俗編』、『厳島民俗資料緊急調査報告書』）

亡霊となったのは伊予の北条伊左衛門なる船乗りだという伝承もある。彼は宮島で博奕《ばくち》の胴元をしていたが、時化《しけ》のため上陸できない間に縄張りを奪われ、怒って島で乱暴を働いた。その後、船上で酒盛りをしていると台風が来て伊左衛門連中は死亡、夜な夜な鬼火が燃えるようになった。この祟《たた》りを鎮めるための盆踊りが宮島踊りの起源だという。（栗原秀雄「宮島の伝説」『広島民俗』第六一号）

たくろう火［たくろうび］

備後国御調《みつぎ》郡糸崎（広島県三原市糸崎）にて見られたという怪火。

『三原志稿』は焚朗火と表記する。木梨荘三原の糸崎沖の長井浦から柄鎌《えがま》瀬戸にかけての海域にて、夜明けの頃になると波間で光が輝き、火が燃えているように見える現象のことで、隠岐《おき》に流された**後鳥羽院**が詠んだ「沖の国焼火《たくひ》の里に焼《た》かぬ火の備後の木梨に今ぞたくろう」という歌は、たくろう火と隠岐の焼火の里を重ねたものだという（島根県の**焼火の神火**も参照）。また、波

間で二つの陰火が燃え、戦っているように見える現象も同じくたくろう火と呼ばれているが、こちらは筑紫の不知火《しらぬい》の類で、糸崎八幡宮の龍燈だとも考えられた。（『三原市史』）『芸藩通志』巻九十九にも「多久良不火」として同様の記述がある。（『芸藩通志　巻四』）

たくろう火は柳田國男の「妖怪名彙《めいい》」でも取り上げられ「火の数はふたつであるから起りは『比べ火』であろう」という評釈が付された。また、柳田は同じ項で備後の海上にある京女郎・筑紫女郎という岩の伝説にもふれている。この記述が誤読された結果、現代の書籍においてはたくろう火の別名が比べ火だとされたり、二人の女郎の怨霊が火になったなどと解説されることがある。水木しげるによる妖怪画では、たくろう火には髑髏《どくろ》のような不気味な顔が浮かんでいるが、これは原典の記述から離れた絵画表現上のアレンジである。（『日本妖怪大全』）

竹［たけ］

『太平百物語』巻之四「女の執心永く恨みを報ひし事」の登場人物。

備後国尾道（現・広島県尾道市）に富裕な家があり、その先々代当主は竹という召使いの女に無実の罪を着せ、食物を与えず嬲《なぶ》り殺しにした。竹は「この家がある限りは恨みを思い知らせてやる」と告げて息絶え、その言葉通り、竹の死霊のために当主も死亡した。次代当主の観勇《かんゆう》も死霊に憑《つ》かれて苦しみ、死期を悟って子の小左衛門に家を相続させた。観勇の一周忌が過ぎたある日、家の畳から壁、柱に至るまでが多量の血に染まった。小左衛門はひそかに血を拭い取り、この出来事を黙っていたが、次の日も部屋が血まみれになっていたため、ついに家人に掃除を命じた。だが、彼以外の目には一滴の血も見えなかった。主人の言動を不審に思い、使用人は次々に家を去り、やがて小左衛門ひとりが家に残され、狂乱の度合いを増していった。小左衛門には日ごとに邸内の血の量が増えていくように見え、衣服も汚れ、食事も血潮の飯となって喉を通らず、ついには痩せ衰えて死に、家は断絶した。ある人は、播磨（兵庫県）の「皿屋敷」はこの家の出来事が元だと語ったという。（『百物語怪談集成』）

龍の落とし子［たつのおとしご］

広島県府中市荒谷町《あらたにちょう》に伝わる。

昔、荒谷の高倉に心優しい老夫婦が住んでいた。盆過ぎのある日、老夫婦の田に雷と共にかわいらしい男の子が落ちてきた。子供のいない二人は大いに喜び、この子を連れ帰って大切に育てた。子はやがて心優しい若者に成長したが、ある年の盆過ぎ、激しい雨と落雷の直後、急に龍の姿になって昇天した。土地の人々は、あの若人は龍の落とし子だったのだろうと考え、龍神の偉大さを崇《あが》め、竜田神社を建立したという。（桑田仁乗『郷土府中のはなし』）

狸の親子［たぬきのおやこ］

広島県神石《じんせき》郡豊松村（現・神石高原町）に伝わる昔話に登場するもの。

ある所に親子の狸がいて、子狸が「お父さん、負うていんどくれぇ」と頼んだ。父狸は子の横着を咎《とが》めて先に行ってしまったが、しばらく行くと一升徳利があったので「ええ徳利があるのう」と提げて帰った。実は徳利は子狸が化けたもので、そのことを知ると「はあ、わが子ながら、よう化けとったのう」と褒めたという。（稲田浩二監修『備後の昔話』）

狸の学校［たぬきのがっこう］

明治一〇年（一八七七）三月の『東京絵入新聞』で報じられた事件。広島からの投書を元に書かれた記事だという。

広島県第一大区三小区（現・広島市中区）の幟町《のぼりちょう》小学校では、生徒がいない夕暮れ時に「アイウエオ」を音読する声や、それを指導する教員らしき声が聞こえることがあった。不思議に思った人が見に行くと、校内に数十匹の狸が集まり、生徒のように各々が椅子に腰かけて勉強をしている様子だったという。（『明治期怪異妖怪記事資料集成』）

太夫淵の川獺［たゆうぶちのかわうそ］

広島県広島市安佐《あさ》南区沼田町の戸山地区に伝わる。

戸山の「太夫ぶち」には、大きな岩の奥を棲《す》み処《か》にする親子二匹の**川獺**がいて、満月や新月の晩には人を化かしていた。この親子は人間の子供が大好きで、夏休みなどに子供たちが泳ぎに来ると足を引っぱったり、自分も子供に化けて一緒に泳いだりしていたという。しかし、あるとき豪雨により洪水が発生し、棲み処が潰れてからは川獺も出なくなったという。（『戸山ものがたり』）

弾鼓ぶつぶつ［たんこぶつぶつ］

広島県呉市吉浦町に伝わる。

吉浦の磯浜には洞穴があり、そこに波が寄せると、呟《つぶや》くように、または喚《わめ》くようにブツブツと白い泡が出てくる。嵐の夜、老いた漁師たちは子供らに「今夜もまた弾鼓ぶつぶつが出てらっしゃる」と言って聞かせた。かつてこの洞穴には壇ノ浦の戦から落ち延びた平家の残党が潜んでいたが、やがて悲憤の最期を遂げたという。ぶつぶつと泡を吐くのは**平家蟹**《へいけがに》だともいわれた。

吉浦には平家ゆかりの地が多く、夜討ヶ谷や百銭平には夜な夜な人魂《ひとだま》が出たという。（『呉・郷土史料』）

血染のお地蔵さん［ちぞめのおじぞうさん］

広島県安芸《あき》郡下蒲刈《しもかまがり》町（現・呉市下蒲刈町）に伝わる。

昔、山番の男が大地蔵山で仕事をしてい

る最中に空腹を覚え、お地蔵さんの供え物を食べようとした。近所の人に注意されると、男は「こんなもの、そこらへんにある石と同じじゃあ」と、鎌で地蔵の額を切りつけた。それ以来、この地蔵の額からはいつも血が流れているという。また、山番の男は不幸な一生を送ったという。（『下蒲刈町のお地蔵さん』）

忠左衛門蛇 ［ちゅうざえもんへび］

広島県比婆《ひば》郡東城町（現・庄原市東城地域）に伝わる。

昔、戸宇《とう》に忠左衛門というならず者がいた。酒を飲んでは乱暴、博奕《ばくち》、泥棒に手を染め、強盗や放火の罪まで犯したので、ついに捕らえられて村内引き回しのうえ磔《はりつけ》の仕置を受けることになった。処刑当日、忠左衛門は母親に会いたいと役人衆に哀願した。必死に頼みこむさまに同情し、役人は老母との面会を許した。忠左衛門は最期の頼みとして、母の乳を吸わせてほしいと言った。母が涙ながらに胸元を開くと、忠左衛門はそのしぼんだ乳房を嚙《か》み切って吐き捨てた。母に会ったのは惜別ではなく、復《ふく》讐《しゅう》のためだったのである。幼い頃、出来心で下駄を盗んだ忠左衛門は母親から叱られるどころか「ようやった」と褒められたという。それからは母に褒められたい一心で盗みを繰り返し、いつしか無類の悪党になってしまい、母憎さから自暴自棄になりまた悪事を繰り返したのだという。独白を終えた忠左衛門は磔刑に処され、母親も出血多量で死亡した。その後、刑場のある千駄瓦には、二人の業が形をなしたような双頭の蛇が現れ、忠左衛門蛇と呼ばれたという。（『広島県の民話と伝説』）

鼓岩 ［つづみいわ］

広島県尾道市に伝わる。

千光寺山の権現山城に近い山道には大岩があり、城の姫君や若君の遊び場となっていた。大岩は優しい奥方や姫様が好きで、彼女らが打ち鳴らす琴や鼓の音を聴いては心を和ませていた。やがて自分も真似をして鼓の音を出すようになり、姫様たちに披露したので「鼓岩」の名がついた。城が攻め落とされた後も、鼓を打てば岩は優しい音を返してくれたという。

鼓岩は人が姿を変えたものだという話もある。千光寺山の心優しい姫君は若い漁師に想いを寄せ、雷雨のなか漁に出た彼を案じ、その身代わりとなって雷に打たれた。漁師は姫が最期に打ち鳴らしていた鼓を抱いて泣き、岩と化した。その岩は鼓岩と呼ばれ、小石で叩けばポンポンと音を響かせたという。（『尾道の民話・伝説』）

天井からぶら下がる足 ［てんじょうからぶさがるあし］

田中貢太郎『日本怪談実話』にあるもの。小説家の山中峯太郎（一八八五〜一九六六）が広島県広島市の幟町《のぼりちょう》にいた幼少期に体験した怪異。

ある夜、女学校で火事が起き、家人が見

物に出るなか、当時九歳の山中は一人で台所にいた。その時ふと悪寒を感じて見上げると、天井から人間の足がぶら下がってきた。肉の色も毛もはっきり見え、指は大人の腕ほどもあった。呆気《あっけ》にとられ見ていると、足は数分後に煙のように消えてしまったという。

天女姫［てんにょひめ］

広島県広島市南区向洋《むかいなだ》地域に伝わる。

平清盛と源義朝の妾・常盤《ときわ》御前との間に生まれた天女姫は、一四歳の時に疱瘡《ほうそう》に罹《かか》って死んでしまった。清盛は姫の冥福を願って厳島明神に祈りを捧げ、埋葬について占った。すると「これより東方七里の所に赤旗が立っている。そこを墓地とすれば、姫は死してなお疱瘡神となって万民の守疫をする」との託宣が下った。よって清盛は赤旗の翻っている場所へ姫の遺骸と副葬品を埋め、極楽山の観音を拝して帰京した。観音は天女姫と協力して衆生《しゅじょう》を済度《さいど》すると誓い、向洋の岩鼻巌頭に菩薩の姿を現し、やがて真紅の炎となって消滅したという。赤田、湯灌《ゆかん》川などの地名は天女姫埋葬の伝説に由来するといわれ、姫の乳母がいた「婆《おば》の寝床」は作物を植えても育たないとも伝わる。（『広島県史　民俗編』）

でんべい・はちべい

広島県高田郡美土里町《みどりちょう》北（現・安芸《あき》高田市美土里町北）に伝わる。

昔、デンベイ・ハチベイという悪賢い者が村人たちと争い、裁判でも悪知恵を弄して村人たちを不利な立場に追いやった。そこで村人は村の八幡神に願をかけ、神力によってデンベイ・ハチベイの口を封じた。そのため二人は敗訴し、斬首の刑に処された。デンベイ・ハチベイの霊は成仏せず、祟《たた》りで雨を降らせた。以後、北地区では八幡祭りの日になると必ず雨が降るのだという。（『民俗採訪』昭和五四年度号）

とうばんさん

広島県山県郡南方村（現・北広島町南方）に伝わる。

南方村の田原にある石橋付近を牛馬が通ると、必ず不思議な石につまづいて川に落ち死んだ。集落の人々はこの石に霊が宿っているに違いないと考え、トウバンサンという山の神として祀り、盛大な祭を行うようになったという。（合田洋文「安芸の山の神」『民間伝承』第一五巻第二号）

とかげ

広島県安芸《あき》高田市のダムに出たもの。

ある女性がダムの上で休憩をとっていた時、見知らぬ女がダムの下から突然トカゲのように登ってきて「なんか用？」と尋ねてきた。懸命に首を横に振ると去ったが、ダムの下を覗《のぞ》くとまた顔を出して「やっぱり用があるんでしょ！」と凄《すさ》まじい形相で

言ってきた。謎の女の手の爪は割れて血だらけだったという。女性は無我夢中で自動車に乗って逃げたが、車体には血で「どうして」と書かれていたという。（『中国・四国怨念地図　平成17年度』）

土瓶転がし［どびんころがし］

広島県賀茂郡八本松町原（現・東広島市八本松町原）に伝わる。

下見村と原村の境に竹や雑木が繁る藪《やぶ》があり、夜遅くにそこを通ると「ガチャ、ガチャ」と音を立てて土瓶が転がるという。子供たちは藪には土瓶転がしがいると気味悪がり、夕方になると通るのを恐れた。これは瀬戸物の捨て場に巣を作った鼬《いたち》が、人の足音に驚いて逃げる時の音ではないかといわれている。（『広島県の民話と伝説』）

とまりがんぎ

農作業に関する俗信の一種。

広島県山県《やまがた》郡筒賀村（現・安芸《あき》太田町）では、畑に種を蒔《ま》く際に土に掘る溝をがんぎと呼ぶ。がんぎの切り方は作物ごとに適した幅や、忌まれる作法があった。そして「がんぎの切りおきは不幸を招く」または「とまりがんぎは切るな」といって、がんぎを切ったのに種を蒔かずにいることを戒めた。（『筒賀のことわざ言い伝え』）

虎の子［とらのこ］

広島県比婆《ひば》郡敷信村（現・庄原市）に伝わる。島根県の**金の犬こ**などと同類の話。

昔、ある男が虎の子を買ってきた。一日につき大豆を三合食べさせると、日々三合ずつ金《きん》を産んだので、男は大金持ちになった。これを知った隣の男が虎の子を借り、大豆一升を食べさせたところ、虎の子は死んでしまった。飼主の男は捨てられた虎の骸《むくろ》を埋めて弔い、榎《えのき》を植えた。すると榎はずんずん大きくなり、金が生《な》ったという。（『広島県民俗資料2　昔話』）

【な】

流れる黒髪［ながれるくろかみ］

広島県広島市の中心部を流れる川のひとつである太田川にまつわる現代の怪異。

ある男性が趣味の写真撮影のために太田川を訪れた。この時、彼は川面を等間隔で流れてゆく幾筋もの黒髪の束を目撃し、それに誘われるように川に飛びこんでしまった。彼は数時間後に救助されたが「精神的な外傷」を負っており、川底で何を見たのかは分からなかったという。（『中国・四国怨念地図　平成17年度』）

『中国・四国怨念地図』では、広島に原子

爆弾が投下された際に川面を遺体が流れていった光景にもふれ、流れる黒髪がそれと関連するかのような記述がある。広島にまつわる現代の怪談では、しばしば原爆の犠牲者の霊や、それとの関わりを想起させる怪異が語られる。（『新耳袋　第三夜』、『広島のこわい話』、『一〇八怪談　鬼姫』、『闇塗怪談　瞑レナイ恐怖』など）

七つ池の大蛇 ［ななついけのだいじゃ］

広島県府中市本山町に伝わる。

昔、火呑山《ひのみやま》の頂上の七つ池と柏山《かしわやま》には雌雄の大蛇が棲んでいて、互いの棲《す》み処《か》へ行き来していた。柏山の大蛇は七つ池に往来する途中で人を飲むなど悪いことをしたので、ある武士に斬り殺された。すると七つ池の大蛇が寂しくなったのか、腹立ちまぎれに青目寺《しょうもくじ》に現れて小僧を飲むようになった。和尚は火薬を仕込んだ藁《わら》人形を作り、それに小僧の衣を着せて寺に設置した。大蛇は藁人形を小僧と思って飲みこみ、七つ池で凄《すさ》まじい火柱を上げて爆死した。人々は大蛇の頭を切り落とし、青目寺の観世音の仏前に供え、犠牲者たちを供養したという。（『広島県の民話と伝説』）

青目寺には長さ約四〇センチの大蛇の頭骨とされるものが保存されており、一七年に一度の周期で開帳法要が行われている。（『日本妖怪ミイラ大全』）

南原トンネルの怪 ［なばらとんねるのかい］

広島市安佐《あさ》北区可部町の山林を通り抜ける南原トンネルに出没するという霊たち。

幽霊がよく出るのは三つあるトンネルのうち一つだとされ、中で自動車のエンジンを切り、ライトを消してクラクションを三回鳴らすと女の幽霊が落ちてくるという。女の幽霊がトンネル入口に立っていた、作業服を着た男の霊を見たなどの目撃談もある。また、付近のキャンプ場のトイレにも霊が出ると噂されている。（並木伸一郎『47都道府県　あなたの県の怖い話』）

蛞蝓息子 ［なめくじむすこ］

広島県賀茂郡大和町和木《わき》（現・三原市大和町和木）に伝わる。

昔、あるお爺さんが山で木を伐っていると、ままこじる（蛞蝓）が出てきて「子になろう」と言った。子がいないお爺さんは大喜びし、お婆さんと共に蛞蝓を大切に育てた。すると蛞蝓は立派な男の子に成長した。ある日、男の子は泊まりに行きたい所があると言って池に飛びこみ、数日後に光る斧《おの》を持って家に帰ってきた。これで木を伐ると欲しい物がなんでも出てくるので、お爺さんは大分限者《ぶげんしゃ》になった。隣の欲深爺さんも真似をして山で木を伐り、鎌で傷ついた蛞蝓を育てて子供にした。どこかへ泊まりに行くよう促すと、子供は斧を持ち帰ってきたが、それは何も出ないただの斧。地団駄を踏むと地面が割れ、欲深爺さんは地の底へ落ちたという。（『採訪記録ひろしまの民話（昔話編）第三集』）

新屋の婆 ［にいやのばば］

広島県広島市安佐《あさ》北区に伝わる。

昔、飛脚が江戸へ向かう途中、可部冠山の麓で猫（狼とも）の群れに襲われ、七つぎ松に登って難を逃れようとした。猫はつぎつぎをして樹上の飛脚に迫ったが、あと少しのところで届かず、新屋の婆という首領を呼んできて登らせた。だが飛脚は新屋の婆の手を斬り落として撃退し、江戸からの帰りに新屋という宿屋に泊まった。宿には手に大怪我をして寝ている婆がいたので即座に斬り殺した。すると婆はみるみる怪猫の姿に戻り、本物の婆は既に食い殺されていたことが分かったという。（若杉慧・村岡浅夫『広島の伝説』）

如意宝珠 ［にょいほうじゅ］

諸願を叶える不思議な玉（宝珠）。梵語《ぼんご》のचिन्तामणि《チンターマニ》の訳で、仏の霊験を象徴する。

広島県尾道市の玉の浦を望む千光寺山には烏帽子《えぼし》岩と呼ばれる岩がある。大同元年（八〇六）に空海がこの岩の上で霊光を発する如意宝珠を発見したといい、これが大宝山権現院千光寺の由来とされる。『西備名区』によれば、烏帽子岩の宝珠から出る霊光は夜な夜な海面を照らしていたが、異国人が岩を穿《うが》ち玉を持ち去ったという。世《せ》羅《ら》郡神田村（現・三原市）に伝えられていた文書には、この宝珠は鳳皇石といい、唐土の天文者が持ち帰り楚の文王に献上したと記されている。また、玉は国宝玉璽《ぎょくじ》に加工され、後には海上の悪風を鎮める霊験をみせたともいう。（『生きている伝説』、『備後叢書　第八巻』）

睨み潮 ［にらみしお］

広島県呉市の海峡・音戸《おんど》の瀬戸と平清盛にまつわる伝説。

清盛は厳島神社で見た女神の美貌に強く惹かれて結ばれたいと願い、女神は神社を一日で建て替えたなら清盛の願いを叶えると約束した。清盛は手斧《ちょうな》で削り出した木屑《きくず》を何千人もの大工に変え、彼らを動員したうえ**日招き**をして社殿を建て替えた。しかし妻になるべく降臨した女神が大蛇の正体を現すと、清盛は驚いて舟で逃げ出してしまう。音戸の瀬戸で舟は潮に呑まれ転覆しそうになったが、清盛が一睨みすると潮が逆流し、追ってきた大蛇を押し流した。こうして清盛は大蛇から逃れたという。（『瀬戸内　中国・四国の海路』）

盗人岩の大蛇 ［ぬすっといわ］

広島県比婆《ひば》郡本村（現・庄原市本村町）に伝わる。

奴《ぬ》可《か》・三上・神石《じんせき》の三郡に跨《またが》る三郡岩の麓には巨石が群集している。神武天皇はここに宝玉を収め、砂の兵衛という者に守護をさせた。丸嶽にある盗人岩の岩穴に潜む大蛇は宝玉を得ようとしてたびたび襲撃をかけた。兵衛は蟇《ひき》の皮で作った笛を吹き鳴

らし、おびき寄せた蛇に矢を放って射止めた。この大蛇は雄で、巣に残された雌蛇は悲しみのあまり、姫に化けて兵衛を訪ねては殺そうとした。しかしこちらも兵衛の矢を受け息絶えた。蛇の鱗《うろこ》で作った茶托と、神武天皇が使った茶碗が本村の柚木家に伝わっていたが、家が絶えて所在不明になったという。（『神武天皇聖蹟誌』）

猫胡瓜 「ねこきゅうり」

広島県三原市沼田東に伝わる。各地で語られる「猫南瓜《かぼちゃ》」の類話。筆者命名。

旅の六部がある温泉に入ると、湯治をしている猫に出会った。わけを訊《き》けば、けちな主人に下駄で蹴られて怪我をしたと答え「今度いんだら主人を食い殺しちゃる」と息巻いた。六部にそのことを教えられた主人は、戻ってきて昼寝をしていた猫を竹槍で突き殺した。死骸を背戸の隅に埋めたところ、そこから二本の胡瓜が生えてきた。土を掘り返すと猫の目から芽が出ていたという。（『広島県民俗資料2　昔話』）

猫の怨霊 「ねこのおんりょう」

広島県府中市栗柄町《くりがらちょう》に伝わる。

明治一〇年（一八七七）晩秋、栗柄村役場の書記が、自分で獲ったという兎を料理して同僚にふるまった。だが実は料理したのは兎ではなく猫の肉で、皆は食後に真実を知らされて帰宅した。翌日、猫肉を食べた者たちの頭は重く、書記に至っては話す声が猫のようになっていた。猫の怨霊の祟《たた》りだということになり、神宮寺の和尚に事情を話し、怨霊を供養してもらった。和尚の真言秘密の修法のおかげか書記の声は戻り、皆の気分もさわやかになったという。（桑田仁乗『郷土府中のはなし』）

猫山の化け猫 「ねこやまのばけねこ」

広島県比婆《ひば》郡東城町小奴可《おぬか》と西城町（共に現・庄原市）の境にある猫山には化け猫が棲むといわれ、様々な話が伝わる。

猫山の麓にある坂井谷の踏鞴場《たたらば》では、盛んに銑《ずく》鉄を作っていた。ある晩、番子《ばんご》（鞴《ふいご》で風を起こす労働者）が小便に行くと、猫山から化け猫が出て迫ってきた。番子が慌てて中へ入り、**金屋子神**《かなやごがみ》の下に隠れると、猫は屋根の上から黒く大きな手を差し入れて、踏鞴場の中をかき混ぜながら捜した。しかし番子たちを捕まえられず「金屋子《かないご》が隠しゃあがった。わからんのう」と捨て台詞を吐いて去っていったという。

東城の川東にいた地子給《じしきゅう》さんという鉄砲の名人が猫山の化け猫と戦った話もある。化け猫は彼の息子に化け近付いてきたが、鉄砲で撃たれると退散した。後を追うと下引地という家に逃げ、その家で婆さんに化けて寝こんでいた。地子給さんが老婆を鉄砲で撃ち殺すと村は大騒ぎになったが、一昼夜を経て死体が大きな山猫に変化したので、みな彼の勘と度胸に感心した。床下には化け猫に殺された本物の婆さんの骨が散らばっていたという。

西城の大佐《おおさ》にいた山芋掘りが得意な老人は、猫山へ芋を掘りに行った時、大きな山猫に身体をペロリペロリ舐《な》め回された。しばらくすると猫は「なにかが邪魔しゃあがった」と言い、老人を食わずに去った。老人がふと見ると、我が身には白い御幣がかかっていた。天戸《あまと》神社の神が助けてくれたのだという。（『広島県の民話と伝説』）

ふじ猫や鳥取県の**蹈鞴入道**《たたらにゅうどう》も参照。

ねんねん岩［ねんねんいわ］

広島県賀茂郡河内町《こうちちょう》小田（現・東広島市河内町小田）に伝わる。

椋梨《むくなし》川の小田橋下流に大きな一枚岩がある。ある時、子守りの者が幼子を背負って「ねんねんよう」とあやしながら岩の上で遊んでいたが、足を滑らせて転落死した。よって岩にはねんねん岩と名がついたが、亡魂のなせる業か、それからは岩で足を滑らせ死ぬ人が絶えないという。（『椋梨水没地域民俗資料緊急調査概報』）

野衾［のぶすま］

広島県広島市に伝わる。

藩政時代、非番の侍二人が己斐《こい》の茶臼山に登ると、地面に渋紙のようなものが敷いてあったので、その上で休憩をした。敷物は風が吹くとがわがわ、ぐるぐると音を出し、上でくつろいでいた二人を柏餅のごとく包みこもうとしたが、刀で斬りつけると凧《たこ》のように飛び去った。後日、それは野衾という一〇〇〇歳を経た蝙蝠《こうもり》の化物で、人を包んで血を吸うものだと分かったという。（及川儀右衛門『芸備の伝承』）

野間の火［のまのひ］

広島県安芸《あき》郡矢野町（現・広島市安芸区矢野）に伝わる。

盆の頃に海田湾の沖で飛ぶ怪火で、矢野の山中の天神堂から出て、また天神堂に戻るという。山中には毛利氏に敗れた野間氏の保木《ほぎ》城があったため、野間の火と呼ばれる。（若杉慧・村岡浅夫『広島の伝説』）

野間氏は大屋（現・呉市）の天狗城山で毛利勢に敗れたという。江田島地域の伝承では、敗走した野間氏はすけさという男に江田島へ渡してくれるように頼んだとされる。すけさは餅つきの最中だったので頼みを断ってしまい、それ以来彼の家では正月に餅つきをすると野間氏の霊が祟ったという。（『広島県民俗資料6　伝説』）

呑池［のみいけ］

木原浩勝・中山市朗『新耳袋　第七夜』にあるもの。

広島県のN高原で貯水池を造る工事が行われた時のこと。池の端に停めていたパワーショベルが斜面を滑落し、ズブズブと泥濘《ぬかるみ》に沈んでいった。ワイヤーで繋《つな》いで引き揚げようとしたもう一台の車両も、一台目に引っぱられてあっという間に沈んだ。二台は昨日まで池だったごく浅い池に完全

に沈んでしまい、作業員たちはただ呆然とした。その後、池を掘って捜しても二台の車両は見つからなかったという。

野呂山のひひ 「のろさんのひひ」

広島県賀茂郡黒瀬町（現・東広島市黒瀬地域）に伝わる。

ある家に寝つきの悪い子がいて、晩に駄々をこねるので、母親は「ヒヒ（**猅々**）にこの子をやる」と言って子を外に出した。泣き声がやんだ頃に様子を見に行くと、そこに子供の姿はなかった。数年後、猟師が野呂山でヒヒを見つけて撃つと、ヒヒは子供を置いて逃げていった。それはヒヒの子ではなく、以前いなくなった人間の子だった。木の皮や葉をつづった衣服を着ていたが、行方不明になった際に着ていた着物の切れ端も縫いつけられていた。ヒヒが母親の声を聞き、本当に子をもらったと思って大事に育てていたのだろうとのことだった。（『広島県の民話・伝説・民謡』）

【は】

ばたばた

広島県広島市に伝わる。

菅茶山《かんちゃざん》『筆のすさび』には「芸州広島の辺にバタバタという異物あり」とある。これは夜中に屋根の上や庭先で、ばたばたと畳を杖で叩くかのような音が聞こえるものだという。音の出所へ行くと、次は七、八間ほど離れた場所で音がして、結局正体を見極めることができない。これは城南六丁目でよく発生したという。狐狸《こり》のせいかとも思われたが、どうやらそうでもないらしい。（『日本随筆大成第一期　1』）

『碌々雑話』は婆多婆多《バタバタ》を「天下未曽有、中国第一の奇事」と評して、六丁目にある「ばたばた石」の精が音を出すという説も示している。この石は触ると瘧《おこり》に罹《かか》るともいわれていた。柳田國男は「妖怪名彙《めいい》」のタタミタタキの項で類例としてバタバタも紹介している。（『新訂　妖怪談義』）

バタバタ出没地とされる広島市中区・鷹野橋地区のタカノ橋商店街振興組合では、平成四年（一九九二）から「バタバタ祭」という催しを毎年開いていたが、金銭的負担が大きく一〇年で途絶した。（「妖怪バタバタ」広島市タカノ橋商店街振興組合ブログ、二〇二〇年九月一三日）商店街入口には二人の子供の姿を彫りこんだバタバタ石の像が設置されている。

八反坊 「はったんぼう」

広島県比婆《ひば》郡東城町粟田《あわた》（現・庄原市東城町粟田）に伝わる。

八反坊は粟田に住む公事人《くじにん》（訴訟の代行

者。公事師）で、貧しい人の味方として慕われていた。だが分限者や庄屋は八反坊を快く思わず、無実の罪をでっち上げた。八反坊は捕まって打ち首にされ、百姓たちは遺言に従って、その遺体を庄屋の次郎丸家を見下ろせる丘に埋めた。それから庄屋には不幸が続き、ついに家は絶えてしまったという。沢田集落の人々は八反坊の埋葬地に祠《ほこら》が建てて祭祀を続けた。この話が他村にも広まると、人に呪いをかけようとする者がここへ来て、傍らの杉の木に呪い釘を打つようになったという。また、祠に安置された木像を拝み屋が持ち出し、祈禱《きとう》に使っていたとも噂された。（『広島県の民話と伝説』、『生きている伝説』）

八頭の大蛇［はっとうのだいじゃ］

広島県高田郡根野村（現・安芸《あき》高田市）に伝わる。

遠い神代の昔、とある女神が根野村へ降り立った。女神は美貌の持ち主であったが心根が悪く、高天原《たかまがはら》の花園や果物の園を荒らし回るなどの悪戯《いたずら》を繰り返したため、八百万の神の怒りに触れて下界に追放されたのだった。下界の女神は深い仲だった男神が他の女神と結婚したと知り、憂愁に心を蝕《むしば》まれた。そして根野谷の池に母の形見である瑠璃《るり》の耳飾りを落としてしまい、失意のうちに自身も水中に姿を消した。やがて水面に奇怪な八頭の大蛇が姿を現したが、その頭部には美しい瑠璃の飾りがあった。女神は蛇体に変じたのである。大蛇は恨みと情熱と生への執着で眼を爛々《らんらん》と輝かせつつ、可愛川《えのかわ》を下って消息を絶ったという。（及川儀右衛門『藝備今昔話』）

この話の他にも**上根《かみね》の大蛇**、**炭焼女房**など、広島県には**八岐大蛇《やまたのおろち》**の前身を語る伝承が散見される。その他の**岩長姫**も参照。

埴土丸［はにつちまる］

広島県比婆《ひば》郡高野町（現・庄原市高野地域）に伝わる。

上高野村南の奥にある鬼城山には埴土丸という鬼神が棲み、大磐石を積み重ねた築地を造っていた。鬼ヶ池と呼ばれる沢の中洲に居を構え、数多《あまた》の眷族《けんぞく》を養っていた一方、里人にはたびたび害をなした。神武天皇は剛風彦という者を先導にこの鬼神を退治し、戦利品として多くの武器を得たという。（『神武天皇聖蹟誌』）鬼の名は埴土彦で、退治したのは豊玉根という将軍だともされる。（『広島県の民話と伝説』）

婆の尻［ばばのしり］

広島県甲奴《こうぬ》郡上下町《じょうげちょう》（現・府中市）などに伝わる。

昔、お爺さんとお婆さんが山で「取りつこうか、引っつこうか」と繰り返す声を聞いた。爺さんが「取りつきゃあ取っつけ、引っつきゃあ引っつけ」と応じると、金や小判がいっぱい来て取りついた。この話を聞いた隣の爺婆が山で同じことをすると、今度は杉や松の根ばかりが引っついた。婆

さんは体中についた脂《やに》を燃やそうと焚火《たきび》の上を転がったが、失敗して自分も家ごと焼けて死んだ。爺さんは燃え残った婆の尻を持って宿を探したが、尻を持っているのでどこでも宿泊を断られてしまう。仕方なく尻を竹藪《やぶ》に結いつけ、爺さんだけが宿で夜を明かすと、婆の尻は翌朝あけびになっていたという。(『広島県上下町昔話集』)

「とりつくひっつく」と「女房の首」の要素が混合した昔話。他の採話例では悪い婆さんに取りつきばばあ(ひっつきむし)の実が大量につき、それを焼き払おうと火をつけたせいで尻だけになってしまうものもある。(池峠繁治『ひろしま備北の民話と伝説』)なお、岡山県・新見市などでは、婆の性器がアケビになる結末の類話が採集されている。(『民話集三室峡』)

はんざき荒神［はんざきこうじん］

広島県比婆《ひば》郡東城町(現・庄原市東城地域)に伝わる。

帝釈川の犬瀬の谷の火の首には、大きな女の山椒魚《はんざき》が棲んでいた。彼女は村の美青年に恋をして、毎夜彼の家の庭先にある山椒の木の下で逢瀬《おうせ》を楽しんだ。青年が衰弱していくのを心配した家族は、彼に擬した藁《わら》人形をくくりつけた山椒の木を底なしの淵に沈めた。青年は難を逃れたが、祟《たた》りを恐れて山椒魚を**荒神**《こうじん》として祀った。それ以来、この土地では家の近くで山椒の木が育つのを嫌い、生えていれば伐って捨てたという。(『広島県民俗資料6　伝説』)

柊求女之丞［ひいらぎもとめのじょう］

広島県庄原市新庄町などに伝わる化け狐。柊狐とも呼ばれる。

西原山のあたりに柊求女之丞という古狐がいて、これに悪戯《いたずら》をすると後の祟《たた》りが恐ろしいといわれていた。柊狐は狐一族の統領で、京に上って依宮をもらっているという。ある夜中、西原山から戸郷園兼山にかけて提灯行列が見られたが、その日は何も行事はなかったので、きっと柊狐の一族の祝言があったのだと噂された。岩倉屋の女中が裏山へ茸《なば》採りに行って行方不明となり、翌日袂《たもと》に馬糞《ばふん》をいっぱい入れた姿で見つかったり、新庄の人が買い物帰りに一晩中歩かされ、やっと帰宅できた頃には持っていた魚がなくなっていたりしたのも柊狐の仕業だといわれた。しかし、ある頃を境に狐の悪戯がぴたりと止んだので、人々は求女之丞が再び京へ上ったのだろうと噂し合ったという。(『広島県の民話と伝説』)

聖岩［ひじりいわ］

広島県山県《やまがた》郡豊平町志路原《しじばら》(現・北広島町)に伝わる。

船峠付近の岩山にある高さ五メートルほどの仏像のような巨岩。これが一年間に一文銭の直径分にじり下り、道まで下りてくると世界が壊れると噂されていた。(『豊平町の伝説と民話　第一集』)

島根県の**婆石**・**爺石**も参照。

火の御子［ひのみこ］

広島県甲奴《こうぬ》郡甲奴町（現・三次《みよし》市甲奴町）に伝わる。

昔、出雲国（島根県）から美しい母娘が本郷を訪れ、若者たちは挙《こぞ》って娘に求婚した。これに応じなかった娘は焼き殺され、怨霊となって祟《たた》りをなした。そのため、俗に「可愛い娘を本郷にやるな。火の御子祟りが恐ろしい」と言った。娘を祀る「ひのみこ稲荷」の大木に呪い釘を打つと憎い相手が苦しむといわれ、呪われた者はその釘を抜いて油揚げを供えると治るとされる。（若杉慧・村岡浅夫『広島の伝説』）

ヒバゴン

広島県の比婆山《ひばやま》連峰にて目撃された謎の類人猿。一九七〇年代に話題となり、現在も日本の未確認動物（ＵＭＡ）の代表格として有名。

昭和四五年（一九七〇）七月、西城町油木（現・庄原市）の比婆山麓付近で怪物の目撃が相次いだ。身長約一六〇センチ、体は毛に覆われ、顔面は逆三角形、猿にしては体が大きすぎ、ゴリラにそっくりだともいう。庄原警察署もパトロールを実施、付近の小中学生は集団下校をするなどの騒ぎとなり、住民のもとには取材陣が押しかけた。西城町役場は混乱を避けるため類人猿相談係を設置（翌年には類人猿係に改組）し、マスコミ対応の窓口とした。その後、工事現場で長さ約三〇センチの足跡が発見されるも、正体は特定できなかった。昭和四九年（一九七四）頃までは近隣市町でも目撃証言が相次ぎ、庄原市濁川《にごりかわ》では怪物が写真に収められた。怪物にはヒバゴンの愛称が定着し、たびたびマスコミにも取り上げられた。児童向けメディアにおいても、ヒマラヤ山脈の雪男《イエティ》を念頭において「日本にもいる雪男？」と紹介される（『なぜなに世界の大怪獣』）など、充分な存在感があった。しかし約五年を経て情報や問合せは減少。昭和五〇年にはヒバゴン騒動終息宣言が出され、類人猿係も廃止された。だが、その後もヒバゴンはキャラクターとして命脈を保ち、現在も地域のマスコットとして多用されている。（『ＨＩＢＡＧＯＮ　ＢＯＯＫ』、『ＵＭＡ事件クロニクル』、『未確認生物ＵＭＡ大全』）

亜種に**ヤマゴン**、**クイゴン**がいる。

飛鉢［ひはつ］

広島県三原市糸崎町に伝わる。

鉢ヶ峰の堂は天竺《てんじく》から来た法道上人が開いたといわれる。この僧が祈りをこめると、鉄の鉢《はち》が飛行して海上に行き、船を巡って米を乞うて回ったという。ある船人が邪心を抱いて鉢に鰯《いわし》を入れたところ、鉢は海底に沈み、船までもが沈没したという。法道上人は千手空鉢の法を会得し、天龍・鬼神を従え、鉢を飛ばして供物を得ていたとされる。（『備後叢書　第八巻』）

法道（空鉢《からはち》仙人）が鉢を飛ばして食を乞

う伝説は瀬戸内地域に点在している。（『法道仙人飛鉢伝説と海の道』）

白衣の騎士［びゃくえのきし］

広島県高田郡地方に伝わる。

かつて佐々部には佐々部《ささべ》若狭守の面山《おもてやま》城と龍尾《たつお》高之助の龍尾城があり、二人の城主は友好関係を築いていた。若狭守は龍尾の玉手姫と結婚し、高之助死後は二つの城を治めた。しかし龍尾の奸臣《かんしん》・但馬守《たじまのかみ》の罠《わな》にかかり、若狭守は殺害されてしまう。追われる身となった玉手姫は但馬守を恨んで生田川に身を投げた。但馬守は面山城の武士に即刻討ち取られたが、その後は小雨の夕暮れや狭霧《さぎり》たちこめる黄昏《たそがれ》などに、白い烏《え》帽子《ぼし》、白い狩衣《かりぎぬ》の武士が白い馬に乗り、影のように行く手に浮いて見えるようになった。この白衣の騎士こそ騙《だま》し討ちに遭った佐々部若狭守の亡霊で、妻を求めて往来しているのだろうと噂された。（垣内稔編『安《あ》芸《き》・備後の民話　第二集』）

日和玉［ひよりだま］

広島県佐伯《さえき》郡五日市町（現・広島市佐伯区）に伝わる。

夏の暑い日の、まだ明るい夕方に、土手へ上がって涼んだりしていると、海老山のあたりから火の玉がすうっと出て、観音山の方へ行くことがあったという。幽霊ではなく、日和が続くと出るものと考えられていた。（『いつかいちの民話とくらし』）

蛭ヶ崎の火玉［ひるがさきのひだま］

広島県佐伯《さえき》郡大野町（現・廿日市市大野地域）に伝わる。

夜中の海上では火玉が出て、人を見ると「ほい、ほい」と声をかけながら追ってきたり、数丈の高さまで飛び上がったりするという。また、宮島と大野の海上一面に火が出て飛び交い、散り乱れて数万の火になるともいう。これは厳島合戦で毛利軍に敗れた陶《すえ》氏の魂がさまよっているものだという。（『広島県の民話・伝説・民謡』）

備後の火の玉［びんごのひのたま］

井上円了『おばけの正体』にあるもの。

備後福山（広島県福山市）近在にて、数日続けて火の玉が出たとの噂が立った。福山の教育家たちが探検に出かけると、果たして評判のごとく遠くの山腹に火の玉がかかっていた。実に妖怪だ、狐狸《こり》か天狗の仕業か見届けてやろう——と、現場まで行ってみれば、地元のある一家が野外で夜業をするために、大木の枝に大提灯《ちょうちん》を吊るしているだけだったという。

円了博士の妖怪分類における誤怪《ごかい》（人の見間違いなどによって妖怪だと誤解されたもの）にあたる事例である。

鱶［ふか］

広島県佐伯《さえき》郡大柿町（現・江田島市大柿

町）に伝わる。

ある時、海上を行く船が鱶（鮫《さめ》）に影を呑まれて動かなくなった。そこで鱶に捧げる者を選ぶため、乗船していた人々は己の手拭を海に浮かべた。すると「やまとのやぎ屋」の娘の手拭が一番に沈んだため、彼女が鱶への生贄《いけにえ》に決まった。娘は呑まれる前に「わたしゃやまとのやぎやのむすめ　やまとこいしや　やさみたい」と唄ったという。（『広島県民俗資料2　昔話』）

鮫が船を止め、乗員から人身御供が選ばれるという伝説は各地で知られ、寺社縁起や神仏の霊験譚《たん》、英雄の武勇を語る話として展開していく例も多い。（『日本怪異妖怪事典　東北』）影を呑んで船を停めるという性質は、島根県の**影鰐**《かげわに》の伝承とも関連する要素と思われる。広域の**鰐**も参照。

不気味な転校生［ぶきみなてんこうせい］

実業之日本社刊『ビビる！都市伝説&怪談スペシャル』に広島県の読者からの投稿として載るもの。

卒業式も間近に迫った二月、ある学校にFくんという男子が転校してきた。彼が来てからというもの、授業中にパキパキという音が聞こえてきたり、天井に人の顔のような染みが浮かんだり、女の子の泣き声が聞こえたりと、学校では奇妙な出来事が続いた。やがてF君自身についても「カバンに沢山の虫の死骸を入れている」という噂が広まって気味悪がられた。卒業式前日、数人の男子児童が下校するFくんを尾行したが、そのことに気づいた彼が目を赤く光らせて「お前たちも虫にするぞ」と告げたので、男子たちは慌てて逃げ帰った。Fくんは急に外国へ引越し、翌日の卒業式には来なかったという。

福盛寺の狸［ふくじょうじのたぬき］

広島県福山市に伝わる。

福山の福盛寺はその昔、古狸が住僧を殺したせいで廃寺になりかけたことがあるという。ある時、一人の僧が夜間に寺の本堂を訪れると、本尊の前で大坊主が毛氈《もうせん》を敷いて寝ていた。「狸が人を取るときは広げた陰嚢に巻きこむ」と聞いていたため、僧は大坊主に火鉢を投げつけた。大坊主は大声を上げてのたくり回り、姿を消した。翌朝、床下で大きな狸が死んでいたという。（『広島県民俗資料6　伝説』）

ふじ猫［ふじねこ］

広島県比婆《ひば》郡西城町（現・庄原市西城地域）に伝わる。

東城町小奴可《おぬか》の見性寺《けんしょうじ》の和尚に長年飼われていたふじ猫（三毛猫）は恩返しのため、近日中に死人が出て、屍をまどう（魔物）が奪いに来ると教えた。魔物とは猫自身のことで、それを和尚が退治すればよいと言う。そして予告通りの日に人が死に、野辺送りの最中に大雨が降り雷が響き渡って、大きな猫の化物が現れた。和尚は事前に教えられた通り、払子《ほっす》の紐で猫を縛り

「ふじ、往生」と言った。すると猫はコロリと死に、和尚は払子一本で猫を退治したと讃《たた》えられ、寺も栄えたという。（『採訪記録ひろしまの民話（昔話編）』）

小奴可の猫山には大きな猫がいるといわれ（**猫山の化け猫**）、本話もその化け猫と関連付けて語られている。鳥取県の**おふじ猫**も共通した要素を持っている。

婦人の亡霊［ふじんのぼうれい］

昭和三年（一九二八）、広島県三原市の小学校教師のもとに現れたという幽霊。

教師の松田氏の夢枕に現れたのは、幼い子供を抱いた年齢四〇歳前後の婦人の亡霊だった。誰かと問うと、亡霊は丁寧な口調で、自分は鳥取の士族生まれの女で、三原に移ってから病死した者だと答えた。彼女は墓所を壊されてしまい、安住の地を求めていた。松田氏は元の墓所が三原女学校長の住宅敷地にあったことに気付き、女学校の方へ相談へ行くよう勧めた。が、亡霊はあくまで松田氏に助力を頼むので、懇《ねんご》ろに供養をしてやった。亡霊は松田氏に感謝したが、その後も二〇日ほど、新しい墓に慣れるまでは話をしに来ていたという。（及川儀右衛門『芸備の伝承』）

二股の狐［ふたまたのきつね］

広島県府中市栗柄町《くりがらちょう》に伝わる。

昔、ある若者が芦田川のほとり、扇橋の上の大土手・小土手の間に田のある二股にさしかかり、そこで長い傘をさした大入道に出会った。うろたえていると入道は消えて、派手な浴衣を着流した別嬪《べっぴん》さんが来て「わたしがお供してあぎゃんす」と歩きだした。しばらく行くと別嬪さんは見えなくなり、婆さんが来て「何をぐずぐずしとるんじゃ」と先導を交代した。その婆さんもやがて姿を消し、次は白髭の爺さんが「早う来んかい」と促してきた。こうして延々歩かされるうちに夜が明け、我に返った若者は家に引き返した。このように二股で狐に化かさる人は多かったという。（桑田仁乗『郷土府中のはなし』）

二渡りの川獺［ふたわたりのかわうそ］

広島県山県《やまがた》郡豊平町吉木（現・北広島町吉木）に伝わる。

日浦から大筒に行く途中にある二渡りという場所には**川獺**が多く棲んでいた。月夜にここを通ると、前方に川獺が何匹も積み重なって、みるみるうちに高い塔のようになり、倒れかかって驚かせたという。（『豊平町の伝説と民話　第一集』）

淵猿［ふちざる］

安芸国《あきのくに》高田郡吉田村（広島県安芸高田市）の釜淵《かまがふち》にいたというもの。『老媼茶話《ろうおうさわ》』には次のようにある。

天文八年（一五三四）、吉田村の釜淵に化生の者が出て、近辺の人々を淵に引きずりこむと恐れられていた。毛利元就に仕える

荒源三郎元重が淵の瀬から「荒源三郎来たり。出て勝負をせよ」と呼びかけると、何者かが淵の底から現れ、元重を水中に引き入れようとした。この時、元重は相手が淵猿、俗にいう川太郎だと悟った。そこで淵猿を水から揚げて頭を揺さぶり、頭部の窪《くぼ》みから水がこぼれて弱ったところを縛り上げ、生け捕りにしたという。(『近世奇談集成　一』)

『芸藩通志』吉田村の釜淵の項目には「荒源三郎元茂、猳玃《かわたろう》を獲せし所」と記されている。猳玃《かこく》は大陸の想像上の寓類《さる》の一種で、人間の女を攫《さら》って子を産ませると考えられていた。(『芸藩通志　巻三』)

古屋の妖怪［ふるやのようかい］

『怪談登志男《としおとこ》』巻一にあるもの。

備後鞆《とも》の浦(広島県福山市)に金屋嘉平治という富裕な酒屋がいて、彼の家の一室では怪事が起きると評判だった。ある時は勝手に調度品が散らかされ、ある時は見知らぬ美しい童子が文などに見入っており、ある時は飾り並べられた武具や馬具で数人の小法師が戯れていた。嘉平治はこの家を取り壊そうとしたが、仕事にかかった大工たちは目が開かなくなったり、足がすくんで動けなくなったりした。禰宜《ねぎ》や山伏に祈《き》禱《とう》を頼むと貴僧高僧が現れて彼らよりはるかに厳重に法を修するので、みな気恥ずかしくなり逃げてしまう。放っておけば害もないので、家人は怪異を恐れなくなった。評判を知った領主が金屋に侍を大勢派遣した時には、化物は茶の湯に興ずる領主の姿を座敷に現して侍たちを困惑させた。後に金屋は転居し、古屋の跡地は荒れ果てていったという。(『徳川文芸類聚《るいじゅう》　四』)

幣竹［へいたけ］

広島県佐伯《さえき》郡廿日市町(現・廿日市市)に伝わる。

昔、柿本人麻呂が宮内の山から美しい風景を眺め、歌を詠んだ。村人はそれに因んで祠《ほこら》を建て、その前に幣串《へいぐし》(御幣を挟んだ竹の串)を刺して帰った。すると串から根が生えて竹が生い茂ったので、それを幣竹と呼んで神と崇《あが》め、伐採を禁じた。宮内の竹藪《やぶ》の中で一間四方の一部分だけは、昔から他の竹とは枝葉の様子が異なっているという。(藤井昭『安芸《あき》の伝説』)

べっちゃー

広島県尾道市における年中行事。

土堂《つちどう》の宝上寺境内にある吉備津彦《きびつひこ》神社では一一月三日に祭礼があり、そのとき天狗面(ショーキー)・武悪面(ベッチャー、ベタ)・大蛇面(ソバ)の三人組が神輿《みこし》の先導役となる。子供たちはこの三人に向かって「ベッチャー」と囃《はや》したて、三人は男根型の祝い棒やささらを手に子供たちを追いかけ、つつきまわす。この習俗は近世末期からみられ、尾道の子供の楽しみだったという。(『広島県史　民俗編』)

江戸時代末に尾道で疫病が流行した際、

病床に臥《ふ》した奉行の夢に吉備津彦の神が現れ、病魔と戦う三人の鬼と一匹の獅子《しし》を遣わしたという。彼らは夢の中で奉行の病を祓《はら》って快癒へ導き、これを再現してベッチャー祭りが始められたという。(『尾道の民話・伝説』)

紅岩［べにいわ］

広島県尾道市久山田町《ひさやまだちょう》に伝わる。

盛武の紅石という山にある紅岩には戦にまつわる伝説が残されている。応永三〇年(一四二三)、木頃経兼《つねかね》の襲撃を受けた鳴滝城主・宮地恒躬《つねみ》がこの巨岩までたどり着いて血のついた槍を立てかけると、岩がみるみる紅色に染まったという。人々は恒躬の怨念が岩を染めたと考え、紅岩と呼んだ。(『尾道の民話・伝説』)

蛍合戦［ほたるがっせん］

数多くの蛍が入り乱れ飛ぶ様子をいうもので、源氏と平家など武将たちの霊魂が蛍に化身して争っている光景と考えられた。

広島県賀茂郡河内町《こうちちょう》小田(現・東広島市)には千人塚と呼ばれる祟《たた》り地が複数あったが、これらは源平合戦の死者を埋めた場所だといわれている。毎年、蛍の出る時期になると、この付近では源氏蛍と平家蛍が合戦をしているかのように乱舞したという。(『広島県史　民俗編』)東広島市西条町賀長では、賀茂川の清流沿いの竹藪を中心に数万の蛍が飛び交って合戦をするといわれていた。(藤井昭『安芸の伝説』)

高田郡吉田町(現・安芸《あき》高田市)では、毛利元就の軍と尼子勢が蛍となって合戦を繰り広げるといわれた。尼子久幸や三澤為幸が戦死した光井山《みついやま》麓の満能河原では、尼子の亡霊のような蛍が毎年飛び交い、郡山の大通院谷《だいつういんだに》からは毛利蛍が飛び出して、尼子の蛍と合戦をするという。里の子たちは旧暦五月五日になると、捕らえていた蛍を放して毛利蛍に加勢させたという。(及川儀右衛門『藝備今昔話』)

【ま】

魔女［まじょ］

広島県呉市の山中にある廃墟の洋館は俗に「魔女の館」と呼ばれ、心霊スポットだとの噂がある。(『心霊スポット【畏怖】』、朝里樹『山の怪異大事典』)

岡利昌『広島岡山の怖い話』には、この館で怪しいものを目撃した人の話がある。館に足を踏み入れた語り手と友人の二人組は、中を調べるうちに真白な人の形をした得体の知れない何かに遭遇する。危険を感じた二人は屋上から非常階段に飛び降りて逃げ、事なきを得た。友人はこの館につい

て「近づくと不幸が起こる」と聞いたことがあったらしく「やっぱり、魔女はいたんだ」と怯《おび》えたという。

松山の猿［まつやまのさる］

疫病流行や豊作の予言をしたとされる存在の一種。広島周辺の風聞を書き留めた進藤寿伯『耳の垢《あか》後編』に記されている。

明和五年（一七六八）に伊予松山（愛媛県）でものを言う猿が「天が下みたまなりけりこの人につく事なかれ疫病の神」という歌を広め、今年は豊年だと告げたという。（『近世風聞・耳の垢』）

魔の池［まのいけ］

広島県山県《やまがた》郡芸北町（現・北広島町芸北地域）に伝わる。

砥石郷《といしごう》の山麓にある魔の池に杓子《しゃくし》を投げこむと、波が騒いで吸い取られ、一五〇日後に島根県益田市の「酒屋の池」に杓子が浮かび上がるという。（『広島県民俗資料6伝説』）

狸六［まみろく］

広島県神石《じんせき》郡油木町《ゆきちょう》（現・神石高原町油木）に伝わる。

鍋谷の洞窟に一匹の狸が棲んでおり、村人たちから狸六と呼ばれてかわいがられていた。狸六はとても利口で、田植えや薪運びの手伝いをして村人を助けた。村長《むらおさ》の長兵衛が病気で寝こんでいると、白衣の巡礼が訪ねてきて厄除の祈禱《きとう》をし、山奥の洞窟に棲む山霊に麦団子を供えれば病は癒えると教えて立ち去った。女房のよねがさっそく洞窟に団子を供えて祈願すると、その夜の夢に狸を先導にして仙人が現れ、大仙《だいせん》の麓に生える白い花の根を煎《せん》じて飲ませると良いと告げた。よねは大仙へ赴いて白い花を見つけ出し、煎じて主人に飲ませた。主人はみるみる回復し、その後も末永く夫婦仲良く暮らしたという。

鍋谷山の狸は浪速（大阪府）へ出て医者になったが、毎年春になると帰ってくるともいわれていた。（『油木町民話集』）

丸滝山の大蛇［まるたきやまのだいじゃ］

広島県比婆《ひば》郡峰田村（現・庄原市峰田町）に伝わる。**盗人岩の大蛇**の類話。

五箇《ごか》の前ズナという家には武芸達者な兵衛という者がいた。兵衛は五箇の奥の丸滝山の大蛇を殺そうと思い、蟇《ひき》の生皮で笛を作った。笛の音に誘われて出てきた大蛇は兵衛の矢が喉元に命中し、滝の下に落ちて死んだ。しかし家に帰った兵衛も患いついて死んだ。それ以来、人々は滝に近づかなくなった。数年後に里の呉服屋が様子を見に行ったが、それきり帰ってこなかった。呉服屋は滝で大蛇の鱗《うろこ》を拾い、それを持ってどこかへ行ったともいわれている。大蛇の鱗は鎧《よろい》に使えば弓も鉄砲も通さぬ頑強さであるため、非常に値打ちがあるという。また、兵衛に殺された蟇も祟《たた》りをなしたの

で、地蔵を建てて供養したという。（山田次三著『奥備後の民俗』）

まんまんきび

広島県高田郡八千代町土師《はじ》（現・安芸《あき》高田市八千代町土師）に伝わる。とうもろこしのことで、南蛮黍《なんばんきび》が訛《なま》った呼び名。

土師のまんまんきびの木は、安清《やすけ》八左衛門という秀吉の朝鮮出兵に従軍した侍が持ち帰ったものという。この木に近づくと祟《たた》りがあるといわれていたが、子供たちは実を取って食べていた。祟りはなかったという。（『土師民俗資料緊急調査報告書』）

とうもろこしを不吉な植物とみる俗信は各地にみられ、自宅の敷地で栽培することを忌避する地域も多かった。

水を乞う亡魂［みずをこうぼうこん］

『義残後覚《ぎざんこうかく》』巻二「亡魂水を所望する事」に登場する幽霊。

備州谷野（広島県甲奴郡《こうぬ》）での出来事。石浜勘左衛門という者が夜間に墓地を通りかかると、白帷子《しろかたびら》を着た二十歳《はたち》ほどの女が「水を一口ください」と乞うてきた。迷い者（幽霊）が誑《たぶら》かそうとしているのだと思い、刀を抜いて追い払ったところ、勘左衛門は病みついて一〇〇日後に死んだ。この話を聞いた介市太夫という者は、幽霊を供養するため例の墓地へ向かった。そして女が臨終の際に髪を剃《そ》らなかったことから迷い続けていると聞き出すと、次の夜に剃刀《かみそり》を持参すると約束し、谷で掬《すく》った水を与えて帰った。次の日、太夫は女を剃髪《ていはつ》し成仏へ導いた。傍目には太夫が五輪塔にまとわりついていた蔦葛《つたかずら》を剃り落としたようにしか見えなかったが、人々は菩提《ぼだい》心を深めたという。（『江戸怪談集　上』）

弥山の松明［みせんのたいまつ］

広島県廿日市市の厳島（宮島）に伝わる。宮島中央部の弥山から出る霊火。

『芸藩通志』によれば、弥山からは松明のような火が出ることがあるという。色は人が持つ松明よりも赤く、多くは弥山の上に出るが、本地堂の前の岡や牛王観音周辺にともることもある。この火が木々を照らせば枝葉まで細かくはっきり見えたという。（『広島県民俗資料6　伝説』）

弥山の拍子木［みせんのひょうしぎ］

広島県廿日市市の厳島（宮島）に伝わる。宮島の弥山では、時として大きな拍子木を打つような音が聞こえる。これは島の守護神が打つもので、島民からは恐れられていた。ある樵《きこり》は耳元で拍子木を打たれ、狼《ろう》狽《ばい》して下山する途中でまた打たれ、魂も消えるばかりに恐れて逃げ帰ったという。（藤井昭『安芸《あき》の伝説』）

弥山の拍子木は、同じく宮島内に伝わる曼荼羅岩《まんだらいわ》、消えずの火、錫杖《しゃくじょう》の梅、干満岩、時雨《しぐれ》桜、龍灯の杉と合わせて「弥山の七不思議」と称される。これは古来伝承されて

きたくりではなく、『芸藩通志』に記される厳島の祥異や『厳島図会』にある不思議の記述を元に、昭和三〇年代に宮島町観光協会が整えたものとされる。（栗原秀雄「宮島の伝説」『広島民俗』第六一号）

三津の毒龍［みつのどくりゅう］

広島県安芸《あき》郡安芸津町三津（現・東広島市安芸津町）に伝わる。

昔、風早浦《かざはやのうら》に劫《こう》を経た龍がいて、美しい娘に化けて農夫の花嫁になった。夜には本来の姿に戻り海で水浴びをしていたが、やがて夫にそのことを知られてしまった。龍は正体を見られた怒りのあまり、煙霧を湧き起こし、暴風雨と雷を呼んで三尾山の岩窟に隠れた。山の清水は龍の毒気に冒されて飲めなくなり、折からの日照りも相俟《ま》って村人たちは困窮した。そこに通りかかった伝教大師が毒龍退散の加持祈禱《きとう》を行ったところ、龍は海に沈んで龍王島と化したという。（『広島県の民話・伝説・民謡』）

龍王島になったのは三尾をもつ毒龍または毒蛇とされているが、別伝では蛟龍《かりゅう》なるものだったともいわれている。安芸津の奥にいた蛟龍は多くの蚊を部下にして人に迷惑をかけていた。蛟龍は己を退治しようと読経する弘法大師のもとに蚊の大群を引き連れ来襲したが、手をもぎ取られて安芸津灘に身を投げ、龍王島に化したという。（『広島県民俗資料6　伝説』）

緑色の顔［みどりいろのかお］

木原浩勝・中山市朗『新耳袋　第七夜』にあるもの。

ある人が広島県福山市の実家に帰った際の体験。客間で眠っていると誰かに布団から摑《つか》み出され、押入の中に引きずりこまれたかと思うと、暗闇の中から髪の毛も何もない緑色の顔が出てきた。体はおろか瞼《まぶた》も動かせず、緑の顔を長時間見つめ続けた挙句、汗にまみれて悪夢から目覚めた。母親にこの夢のことを話すと、今は亡き父が描いたという油絵を押入《おしいれ》から出してきた。真黒に塗りこめられたキャンバスには、ぽつんと緑色の顔が描かれていたという。

宮写貝［みやうつしがい］

広島県廿日市市の厳島（宮島）に伝わる。『芸藩通志』には、宮島の海浜には殻の表に宮殿や堂塔、鳥居などの形を写した貝があり、これを宮写貝と呼び、島第一の奇品として珍重すると記されている。貝殻に宮殿などを描いて売るのは、この天然の宮写貝をまねたものだという。（『厳島民俗資料緊急調査報告書』）

宮島の鹿［みやじまのしか］

広島県廿日市市の厳島（宮島）に棲息《せいそく》している鹿。神聖な動物として古くから敬われ、保護されてきた。

『芸藩通志』巻十七によれば、宮島には猿と鹿が多く棲息し、よく人家に入っては食

物を取るが、これを罰することはないという。ただし、神への供物に触れた場合は捕獲して、能美島や黒神島へ放ったという。鹿を殺すことは罪とされ、犬も鹿に危害を加えるので宮島では飼育されなかった。もし鹿を殺した者があれば、その死骸を背負わせて市中を引き回したという。また、鹿の袋角（骨質が形成される前の若い角）を拾えば福があると考えられていた。（『芸藩通史　巻一』）

『陰徳太平記』巻二十七の厳島合戦のくだりでは、島に上陸した毛利元就の前に一頭の小さな牡鹿が現れる。元就はこれを厳島の明神が出迎えに現れたものと捉え「神明應護疑いなし」と、自軍の勝利を確信したという。（『陰徳太平記　合本二』）

双三《ふたみ》郡三和町（現・三次市）では、論新の山中の池に玉姫さんが住んでいたが、雉《きじ》が鳴くのが怖いため、鹿に跨《また》りチキリを持って宮島に飛んだと伝わる。宮島の鹿は大《おお》土山《づちやま》の鹿の子だという。（『三和町誌』）

宣教師ガスパル・ヴィレラは宮島の噂を聞き、一五五七年の書簡に「彼（悪魔）は鹿の姿をして自分を崇《あが》めさせます。（略）悪魔は、鹿を殺す人は病気になって、非常にみじめになるという彼のやり方で影響を与えます」と記している。異教の神を悪魔と捉えた記述だが、宮島の鹿が神に近い存在で、危害を加えれば祟《たた》りがあると認識されていたことがわかる。（『イエズス会宣教師が見た日本の神々』）

宮島の山姥 ［みやじまのやまうば］

広島県廿日市市の厳島（宮島）に出るといわれた山姥。

厳島神社の裏あたりには山姥が出て人を引っぱるため、遅い時間には通らない方が良いという。山姥は六本松の付近にいて、通る人に声をかけて追ってくるとも噂された。海岸通りの筋違《すじか》い橋の真ん中まで逃げてくると、山姥は「しもうたあ！」と声を上げ、もう追いかけてこないという。この山姥は裸足《はだし》で爪が長いともいわれる。三笠の浜の大だんぽという下水溝のあたりに出るともいわれたが、やはり筋違い橋を渡れば追ってこないとされた。

厳島神社宝物館には、長沢芦雪が描いた山姥と金太郎の図が収められている。これは寛政九年（一七九七）に神社へ奉納されたもので、かつては回廊や千畳閣に掲げられていたという。この山姥は醜怪な形相で描かれており、栗原秀雄は、山に出ず神社周辺で子供を脅かす山姥のイメージは、この図の影響があるのではないかと推測している。（「宮島の「世間話」（2）」『広島民俗』第六三号）

むっつうじ狐 ［むっつうじぎつね］

広島県佐伯《さえき》郡五日市町（現・広島市佐伯区）に伝わる。

ある人が馬を連れて河内《こうち》の野登呂《のとろ》から帰るときのこと。「むっつうじ」という峠《たお》にさしかかると、急に馬が歩みを止めてしまった。無理に引っぱって前進させると、馬は

尾を振り、足踏みをして虻《あぶ》を払うようなしぐさをとり、急にもと来た道を戻っていった。土地の老人にこのことを話すと、馬に何か背負わせていなかったかと訊かれた。弁当のめざしを残して背負わせていたと答えると、むっつうじの狐がそれを狙って馬の背に上がろうとしていたのだろうと言われた。数日後、山では大きな白狐が尾を振り横切っていくのが目撃されたという。(『いつかいちの民話とくらし』)

武塔神 [むとうのかみ]

蘇民将来《そみんしょうらい》の説話に登場する神。初期の祇《ぎ》園《おん》信仰における祭神とみられ、牛頭天王《ごずてんのう》と同一視されている。

『釈日本紀』巻七に『備後国風土記』逸文として載る疫隅国社《えのくまのくにつやしろ》の縁起が最古の蘇民将来説話の記述とされる。昔、武塔神が南海の神の女子に求婚する旅の途中、蘇民将来兄弟の家に宿を求めた。裕福な弟将来は宿泊を拒んだが、兄の蘇民将来はひどく貧しい生活ながら宿を提供し、粟飯《あわめし》などで饗応した。数年後、八柱の子を連れて戻ってきた武塔神は、蘇民将来と妻子の腰に茅《ち》の輪《わ》をつけさせ、茅の輪をつけていない弟の将来たちを皆殺しにした。武塔神は「私は速須佐雄《はやすさのお》の神(素戔嗚尊《すさのおのみこと》)だ。後の世に疫病が流行ったならば、蘇民将来の子孫だと言って、茅の輪を腰に着けた人は免れるだろう」と告げて去ったという。(吉野裕訳『風土記』)

疫病除けの茅の輪の神事や「蘇民将来子孫」と書いた護符など、蘇民将来の名を用いた魔除けは全国的にみられる信仰で、武塔神の説話はその起源譚《たん》的な位置にあり、祇園信仰の流布と共に広く知られた。広島県福山市新市町《しんいちちょう》の素盞嗚《すさのお》神社が疫隅国社とされ、祇園祭発祥の地として名高い。(『上代説話事典』、『牛頭天王《ごずてんのう》と蘇民将来』、『魔除け百科』、『まじないの文化史』)

なお、蘇民将来説話は『簠簋《ほき》内伝』では舞台を変えて更に大きなスケールで語られている。こちらでは中天竺《ちゅうてんじく》の吉祥天源王舎城の牛頭天王が、夜叉《やしゃ》国の鬼王・巨旦《こたん》大王の妨害に苦しみながら、蘇民将来に助けられて后《きさき》を娶《めと》る筋となっている。(藤巻一保『簠簋内伝　現代語訳総解説』)

もの言う山椒魚 [ものいうさんしょううお]

広島県三次《みよし》地方に伝わる。

ある雪の日、百姓が山椒魚を見つけて生け捕りにした。その山椒魚は「ぎぎゅう(ギバチ)のやつは、こういうやつだ。こっぱあ(鮒《ふな》などの小魚)のやつは……」といった調子で、問わず語りで自分たち魚の世界について語り始めた。その様子は百姓の暮らす村と同じように思われ、つい「黙っておれ」と声を上げたが、山椒魚のしわがれ声の語りはやまない。家に持ち帰り盥《たらい》に移すと、山椒魚は「ばかたれ、ばかたれ」と言いだした。いよいよ恐ろしくなって、百姓は山椒魚を捌《さば》くことができなかったという。(『広島県民俗資料2　昔話』)

森源左衛門 「もりげんざえもん」

安芸国山県郡《あきのくにやまがたぐん》（広島県）に現れたという河童。加賀の森田良郷編『続咄《はなし》随筆』には次のように記されている。

寛政（一七八九〜一八〇一）の初め頃、羽生村の庄屋・六右衛門の家に森源左衛門と名乗る生臭い侍がやって来た。彼はこの地の山川に年久しく棲む者だといい「近頃の洪水で淵《ふち》に光あるものが流れてきて、眷《けん》属《ぞく》たちが恐れているので何卒《なにとぞ》取り除けてほしい」と助けを求めてきた。庄屋は侍の正体が河童だと悟ったが、懸命に助力を乞う姿を見て、泳ぎが達者な者を淵に潜らせてみた。その者は水中の岩に挟まっていた犂《すき》を取って帰ってきた。源左衛門は大いに喜び、礼としてコクという謎の鳥の卵を六つ差し出した。この卵は甚だ得難いもので奇効があるという。庄屋が試しに服用してみると、胸から腹が清涼でとてもすこやかな心持ちになった。その後も源左衛門は訪ねてきたが、臭いので家の中には入れてやらなかった。なお、彼の眷属は三〇〇ほどいるという。（日置謙校訂『咄随筆』）

小寺清之『老牛余喘《よぜん》』では、コクの卵とは甲州（山梨県）あたりでコクノユと呼ばれる蔓草《つるくさ》の塊ではないかとの考察が加えられている。（『続日本随筆大成10』）

もろんどー

広島県比婆《ひば》郡峰田村（現・庄原市峰田町）に伝わる。モモンドーとも。

泣く子や言うことをきかない子に対し、大人たちは「コトリゾー（**子取りぞ**）が来るぞ」または「モロンドーが来るぞ」と言っておどかした。モロンドーとは昔話の**ふるやのもり**に由来する化物の名らしい。

ちなみに子供がこれら化物を恐れて親の言うことを聞くのは暗くなってからで、昼間はそんなものよりも「学校の先生が来るぞ」と言った方が効果があったとのこと。（山田次三『奥備後の民俗』）

【や】

薬缶転がし 「やかんころがし」

広島県比婆《ひば》郡峰田村（現・庄原市峰田町）に伝わる。

峰田村ではヤカンコロガシまたはヤカンコカシという妖怪が出る場所が二ヶ所あった。一つは石神さんと呼ばれる社《やしろ》の藪《やぶ》で、夜になるとヤカンコロガシが出て大きな音をたて人を驚かせた。もう一つは井出之上小路という所で、夕方のまだ薄明るい頃、暗がりでやかんを転がすような音をさせたという。（山田次三『奥備後の民俗』）

山口県の**薬缶転がし**も参照。

八つ頭［やつがしら］

広島県山県《やまがた》郡豊平町西宗《にしむね》（現・北広島町西宗）に伝わる。

西宗の山麓にある勇ヶ松という神木は、鎌倉時代の儒者・管清記が祭祀を始めたもので、元は八つ頭と名づけられていたという。清記は出雲（島根県）の簸《ひ》の川を訪ねた際、**八岐大蛇**《やまたのおろち》の伝承を探り、それがかつて出雲を支配した八部族だと解釈した。滅ぼされ、忘れ去られた八岐族に同情した清記は、郷里西宗に帰ると山中の松を八岐の霊体、我が家の守り神と決めて祭事を執り行うようになった。松は成長して枝分かれし、八岐八幹の大松になったという。（『豊平町の伝説と民話　第一集』）

昭和七年（一九三二）の『史蹟名勝天然記念物調査報告　第三輯』には、勇ヶ松の樹齢は推定五〇〇年、高さは約一六五尺と記録されている。源頼朝が愛馬・池月《いけづき》をこの木につなぎとめたという伝説もある。

八面［やつもて］

広島県廿日市市地御前《じごぜん》に伝わる。

昔、篠尾山《ささおざん》（極楽寺山）にいた八面の大蛇（**八岐大蛇**《やまたのおろち》）が麓の人々に害をなすので素戔嗚尊《すさのおのみこと》が下平良《しもへら》の可愛窪におびき出して斬った。大蛇の頭は塩谷の池まで飛ばされたので、そこに八面神社を祀ったという。明治初めの大旱魃《かんばつ》の年にも、この池にだけは**甘露**《かんろ》が降り、村人はこれを舐《な》めて飢渇をしのいだという。（若杉慧・村岡浅夫『広島の伝説』）

屋根の鬼［やねのおに］

広島県安芸《あき》郡江田島町大須《おおず》（現・江田島市江田島町大須）に伝わる。

家族の仲が良い家と仲が悪い家があり、仲の良い家の屋根には仏様がいて家をいつも守ってくれていた。一方、仲の悪い家では赤鬼と黒鬼が屋根の両縁にいて「食い合え、食い合え」と言っていたという。（稲田浩二監修『西瀬戸内の昔話』）

山芋鰻［やまいもうなぎ］

山芋は鰻に変化するという俗信。

広島県廿日市市の厳島では、上川《かみがわ》の井戸に頭が鰻になった山芋があったが、山仕事をする人に発見され、食べられてしまったという。この話は宮島の七不思議に数えられる場合もある。（栗原秀雄「宮島の伝説」『広島民俗』第六一号）

安佐町《あさちょう》小河内《おがうち》（現・広島市安佐北区）でも山芋掘りに行った男が頭から芋の蔓《つる》が出ている鰻を掘り出したという。（『広島県民俗資料6　伝説』）

ヤマゴン

昭和五五年（一九八〇）に広島県福山市山野町で目撃された謎の生物。

一〇月、地域住民の男性が山野町田原の

県道にて、筋骨隆々のゴリラ似の怪物を目撃。顔は黒く、全身は灰褐色の毛に覆われていたという。怪物は目撃者と一分ほどにらみ合って立ち去った。正体が判明せず、怪物には**ヒバゴン**の再来よろしくヤマゴンの愛称が与えられた。その後も足跡が発見され、消息の途絶えていたヒバゴン自身が移住したものとの説も唱えられた。

上迫錠二は一九八二年に山野峡探索を実施、ヤマゴンのものかもしれない足跡や貝の食べかす、糞《ふん》を発見したという。（宇留島進『日本の怪獣・幻獣を探せ！』）

やむしろ

広島県三原市中之町に伝わる。

昔、光谷に五兵衛という人がいて、家の背戸に悦び神という祠《ほこら》を祀っていた。そこにはやむしろという蛇が棲んでいて、時々姿を現した。やむしろは家の人の言うことは素直に聞いたが、他所《よそ》の人の言うことは決して聞かなかった。やむしろが通った場所は栄えるといわれていたため、人々は神楽と**藁蛇**《わらへび》を奉納し、神を喜ばせようとしたという。（『広島県の民話と伝説』）

やや

広島県備後地方に伝わる。非業の死を遂げたやや（阿良《おやや》）という娘が鬼火をともすもので、舞台となる地名など細部が異なる伝説が複数知られている。

尾道市では、ややは沼田本郷出身の娘とされる。神村の石井石見守に見初められて召し出されたが、恋人に会いたい一心で屋敷から脱走し、激怒した石見守から非道な折檻《せっかん》を受ける。最後には蛇を満たした穴に裸で埋められ、首を鋸《のこぎり》挽きにされて死亡した。その際、山伏に扮した恋人がややの血を法螺貝《ほらがい》で吹き上げて石見守を呪うと、怨念が鬼火となって夜ごと屋敷に現れ、一門の者を悉く取り殺した。人々は伊勢宮のほとりにややの墓を建て、大明神として祀ったが、怨念は消えず、火の玉は長い間さまよって方々に飛来したという。『沼隈《ぬまくま》郡誌』では阿良の出身地は新庄本郷とされ、『西備名区』では山伏と共に生き埋めにされたとある。（『尾道の伝説と民話』）

福山市神村町の阿良は庄屋の女中で、山伏との交際に怒った庄屋によって狂死させられる。それ以来、祭礼前夜の「ひんよう踊り」が終わり、静寂が訪れる頃には、必ず阿良の幽霊火が出るといわれた。このほか、女の名を竹原の娼妓《しょうぎ》・八重菊、またはお良久とする類話もある。

ややの怨霊話は明治頃まで芝居としても人気を博し、地芝居でも佐倉惣五郎かややの物語を打てば、必ず大入りになったという。ただし興行前には祭壇を設けて餅撒《ま》きをしなければ怪我人が出るとされた。（若杉慧・村岡浅夫『広島の伝説』）

夜泣観音〔よなきかんのん〕

広島県呉市二河峡町《にこうきょうちょう》に伝わる。

二河峡の男滝・女滝の観音堂に祀られる

十一面観音で、火事で堂が焼けたとき自ら滝壺に飛びこみ、一時行方不明となった。数年後、呉の港で焼け焦げた観音像が網にかかったが、漁師は酒代欲しさに油屋長九郎という古物商に売り飛ばした。すると観音像は「帰ろう、帰ろう」と毎夜泣いて長九郎を疲弊させ、頃を同じくして堂守の喜太郎も魘《うな》される始末。やがて油屋の像こそが二河峡の観音様だと判明し、喜太郎が引き取って堂に持ち帰ると夜泣きはぴたりとやんだ。このことから、子供の夜泣きに霊験あらたかな夜泣観音として信仰を集めるようになったという。（『広島県の民話・伝説・民謡』）

よはかり

広島県豊田郡大崎上島町《かみじまちょう》に伝わる。

神峰山《かんのみねさん》にいるもので、山の上から島中の様子を見渡しているという。時には子供の姿になって里へ下り、輪になって遊んでいる子らに混じったり、背戸口から家々の台所を覗《のぞ》いたりする。貧乏や病気で困っている家を見て涙を流すこともある。よはかりはそのような家に天の運気の針が向くよう懸命になっているが、なかなか思うようにはいかない。それでも生涯のうち運の良い時が巡って来るのは、よはかりが運気の針を動かすからだという。（『大崎町史』）

名前は「世計り」などの意か。

夜の虹［よるのにじ］

広島県尾道市梶山田に伝わる。

日本に仏教が伝来した年に日蝕が起き、今の摩訶衍寺《まかえんじ》上空に大きな虹がかかった。真黒な空で輝く虹の美しさはえも言われぬもので、人々が空を仰いでいると、八人の天狗が黒雲に乗って飛来し、後方の山へ降りた。このことから山は天狗山または黒雲山と呼ばれたという。その後も「夜の虹」は一〇〇年に一回程度発生したといい、昭和二四年（一九五九）にも見られたという。（『尾道の民話・伝説』）

【ら】

藍婆［らんば］

広島県比婆《ひば》郡東城町菅《すげ》（現・庄原市東城町菅）に伝わる。

猪《いのしし》、鹿、狼、熊などを常食とする鬼で、時には樵《きこり》や里の女まで捕らえ、大きな石臼ですり潰して食っていたという。このことを知った覚隠《かくいん》禅師は山に籠って藍婆を教化した。藍婆は悪事を懺悔《ざんげ》し、断食座禅に入って遷化（死亡）したという。この山に徳雲寺が開かれ、山号は鬼無山とされた。（『広島県民俗資料6　伝説』）

藍婆とは法華経を守護する十羅刹女《じゅうらせつにょ》のひ

とりで、衆生を繋縛《けいばく》し殺害する鬼神であるためか、伝承や説話において人に害をなす悪鬼としてその名が用いられていることもある。（『新纂《しんさん》仏像図鑑　上巻』、『日本怪異妖怪事典　近畿』）

龍王社の蟻［りゅうおうしゃのあり］

広島県三次《みよし》市上川立町に伝わる。

蟻は龍王の使いであるという。龍王社にいる蟻は赤く、背に剣があるという。（『広島県民俗資料6　伝説』）

龍軍さん［りゅうぐんさん］

広島県因島市土生町《はぶちょう》箱崎（現・尾道市因島土生町箱崎）に伝わる。

龍軍さんは海の神の大将で、**船玉《ふなだま》様**は龍軍さんに頼んで魚を釣らせてもらっているという。龍宮の門が開くと魚たちは海へ遊びに出るが、何が通っても決して拾うなと言い聞かされている。それでも美味《うま》い餌が鼻先へ来ると、つい戒めを忘れて食いついてしまうのだという。霜月三日は龍軍さんの祭りで、船玉さんの祭りより先に行う。（『広島県民俗資料6　伝説』）

中国地方では龍宮様（龍神、海や漁業の神として信仰される）のことを「りゅうぐんさん」と発音する地域は多いが、ここでは「龍軍」の字があてられている。

料亭の怪異［りょうていのかいい］

広島県尾道市の料亭で起きた怪異。明治三八年（一九〇五）八月一八日の『中国』で報じられている。

尾道の海に面したある料亭では、酔って寝た客が深夜にふと目を覚ますと、天井から白い女の手がぶら下がっていることがある。驚いて立ち上がると手は消えるが、客はとても寝ていられず逃げ出してしまう。このようなことは何度かあり「料亭の怪異」と呼ばれたが、原因は不明だったという。（『明治期怪異妖怪記事資料集成』）

禄扶地蔵［ろくふじぞう］

広島県因島市中庄《なかのしょう》（現・尾道市因島中庄町）に伝わる。

中庄の釜田には、行き倒れの老人の霊を祀った禄扶地蔵という二つの墓石がある。明治頃、ある人の家の建て替え工事がきっかけで、墓石は時森という場所に移された。すると付近の家々で火事が続発した後、ある婦人が激しい腹痛に襲われた。医者も原因が分からず、祈禱《きとう》師に拝んでもらったところ、禄扶地蔵の祟《たた》りだと分かった。森に追いやられ花も水も供えられなくなった地蔵は、火事を起こせば水を欲していることに気づいてもらえると考えたが、誰も顧みる者がいないので、今度は婦人に腹痛を起こさせたのだという。地蔵を元の場所あたりに戻すと、火事は起こらなくなったという。（『いんのしまの民話と伝説』）

【わ】

わかの

広島県御調《みつぎ》郡久井町《くいちょう》（現・三原市久井地域）に伝わる。

昔、尾道のある商家には尾道小町と賞されるわかのという一人娘がいた。わかのは恵助という手代を気に入り、いつも彼を連れて寺参りに出かけていた。やがて二人は恋仲となり、恵助は店の者たちから嫉妬を向けられて、店を追われる羽目になった。わかのは塞《ふさ》ぎこみ、激しい熱情に身悶えした挙句、狂える大蛇と化して田打峠（世羅《せら》町《ちょう》）の三つの池に出入りし、その身を冷やそうとした。しかし大蛇は疲れ果てて息絶え、その場に葬られたという。蛇になったわかのは久井の下津村から江木村にかけて恵助の名を呼び探し求めていたといい、田打の峠はわかの峠とも呼ばれるようになった。（『広島県の民話と伝説』、『広島県の民話・伝説・民謡　第二集』）

框繰り岩

「わくくりいわ」

広島県広島市に伝わる。広島市東区と安佐北区の境、木ノ宗山の奴田ヶ峠にある。

昔、奴田ヶ峠の岩の上で老婆が機を織っていると、旅僧が来て水を求めた。老婆が谷から清水を汲んでくると僧は喜び「これからあなたが織る管《くだ》からは、框繰りをしなくてもいくらでも糸が出るだろう。しかし、穴を覗いて見てはいけない」と告げて去った。それから老婆の織機の糸はまったく途切れなくなり、たくさんの反物を織ることができた。しかし、老婆はあまりの不思議さに、大晦日につい管を覗いてしまった。それからは框を繰っても糸が出なくなり、婆は降り積もった雪に埋もれて死んだ。それ以来、除夜には岩の上でカラカラと框繰りの音が聞こえるようになったという。（若杉慧・村岡浅夫『広島の伝説』）村の娘たちは機織りの上達を願い、この「わくくり岩」の上で糸を紡いだともいう。（垣内稔編『安芸・備後の民話　第一集』）

わくくり岩は現存しており、由来を記した看板も設置されている。ここでは旅僧は弘法大師とされ、除夜には人の声が聞こえると記されている。

和知の火

「わちんのひ」

広島県佐伯《さえき》郡大野町（現・廿日市市）に伝わる。

吉見の追門《せと》の海中からは時折おびただしく火が出て空中へ上がり、あるいは海上を走るという。これは毛利氏に疑義をかけられ死んだ和知弾正の霊火であるという。（藤井昭『安芸《あき》の伝説』）

COLUMN 04 愉しき狐狸の世界

まず、五十音索引の「お」のあたりを眺めてみてほしい。おわかりいただけただろうか――この事典、「おさん狐」の項目がやたらに多いのである。これは各地に伝わるおさんという名の化け狐の伝承を網羅したというわけでは決してなく、ごくごく一部、氷山の一角をちょっと削り取ってみただけに過ぎない。村の近所の山や峠に棲みついて人を化かす名物狐には、しばしば個体名や種族名がつけられている。その代表格が「おさん」なのだが、それらは伝承ごとに棲み処《か》や性格が違っている。いわば別キャラクターなのである。おさんだけでも無数にいるわけだから、**お春狐**、**お種さん**、**おとん女郎**、**仲間のお姫**、**長尾の善太郎**など、他のネームド狐を含めると総数は計り知れない。それらは憎たらしい悪戯《いたずら》者であったり、恐るべき破壊者であったり、愛される共存者であったり、頼もしい守護者であったりする。同じ感覚で狸や狢《むじな》にパーソナリティが付与されている例も多い（この傾向は四国や新潟県の佐渡島で顕著である）。

　このような化ける動物たちは、どんな化かし方をするとか、誰に懲らしめられたかといった人との関わり合いだけでなく、覇権を争う他の狐狸《こり》と化け比べをしたという逸話や、稲荷神から位階を授けてもらうためになした修行のこと、他の有名狐狸との上下関係・親族関係が語られることもある。狐狸には狐狸の社会があるのである。時に滑稽、時に残酷な狐狸の世界は、実に愉《たの》しい。伝承は個々独立したものだが、我々は情報を集めて比較したり、つなげて遊ぶことができる。たとえば物語を創る人、キャラものの創作をする人にとっては、狐狸の世界が素晴らしいヒントになることもあるだろう。ぜひ全国の狐狸を集めてみてほしい。玉藻前《たまものまえ》を偏愛する朝里樹氏のように「推し」の狐狸を見つけるのも一興かもしれない。

山口県

【あ】

赤い空気［あかいくうき］

山口県玖珂《くが》郡美川町（現・岩国市）に伝わる。死体を奪う**火車**《かしゃ》の類らしきもの。

大正の初め頃に行われた葬式で、棺桶に赤い空気がまとわりついた。それは追い払うと壁に逃げるが、油断するとまた棺桶に戻ってくる。寺の僧に連絡したが、浄土真宗だったため取り合ってもらえなかった。次に禅宗の僧に頼んで読経してもらうと、赤い空気の魔物は消えたという。（迫中融『周東地方の伝説と伝承』）

赤い三本足の烏［あかいさんぼんあしのからす］

山口県柳井市伊保庄《いほのしょう》に伝わる。

天武天皇の時代、この地に赤い三本足の烏が生まれた。それが朝廷に献上された結果、瑞兆《ずいちょう》に違いないとされ、元号が朱鳥と定められた（六八六年）。素晴らしい烏の出生地ということで、この地は烏王庄と呼ばれ、それが転じて伊保庄になったという。天皇崩御と共に赤い烏も死んだため、その霊を祀るために東高須に小烏《こがらす》神社が建立されたと伝わる。（『柳井昔ばなし』）

『扶桑《ふそう》略記』では、朱鳥改元は大和国（奈良県）から赤い雉《きじ》が献上されたためと記されている。また、小烏神社は**五烏**《ごがらす》を祀った社だともいわれている。

赤鬼・青鬼［あかおに・あおおに］

山口県防府市牟礼《むれ》の春日神社で毎年一〇月に行われる例祭に登場するもの。

祭の日、青年たちが赤鬼や青鬼の扮装で現れると、互いの面の出来具合を競い合ったり、子供や娘をからかったりしながら親しい家に立ち寄る。子供は恐れて逃げまどい、鬼は家の主のとりなしで去っていく。もとは厄払いの意味があったが、いつしか若い住民の娯楽としての面が強まっていった行事だという。（『山口県のまつり』）

赤人間［あかにんげん］

岩国藩士の広瀬喜尚による岩国地域の怪談集『岩邑怪談録』にあるもの。

十河某という人が夜更けに関戸のつき回し（山口県岩国市関戸）という所へ川狩りに出た。川岸から「エイエイ」という人の声がしたので不思議に思って見やると、赤い人間が赤く焼けた鉄棒《かなぼう》を担いで宙を歩いていたという。挿絵には棒を担ぐ二人組の褌《ふんどし》姿の男が描かれている。（岩国徴古館編『岩邑怪談録』）

赤間関の幽鬼［あかまがせきのゆうき］

『御伽厚化粧《おとぎあつげしょう》』にあるもの。

長州赤間関（山口県下関）に鶴都《つるいち》という琵琶法師がいた。ある夜、都上臈《みやこじょうろう》と思しき一七、八歳の女が訪ね来て、主の前で琵琶を弾いてほしいと頼んできた。鶴都は御殿のような場所での酒宴に連れ出され、平家物語を披露した。座の人々は平家の滅ぶさまに聴き入り、涙さえ流している様子だった。だが、実際はその場に人はおらず、鶴都は山中の古い塚の前で声高々と平曲を吟じていた。塚は赤間関で入水した**安徳天皇**の仮の御陵《ごりょう》で、周囲には二位の尼たち平家の人々の供養塚もあった。**平家の亡霊**がいまだに残って怪異をなしたものと思われたので、我に返った鶴都は僧に供養を頼み、一七日間の大施餓鬼を実施した。すると、その後は何事もなかったという。（『徳川文芸類聚　怪談小説』）

壇ノ浦周辺を舞台とする琵琶法師の怪談の一種。本話や**小宰相《こざいしょう》の局**の話は、小泉八雲の「耳なし芳一」の原型である『臥遊《がゆう》奇談』所載の話よりも先に世に出ている。

厚狭弾正［あつさのだんじょう］

浅井了意による仮名草子『伽婢子《おとぎぼうこ》』巻之十二「厚狭応報」の登場人物。

戦国時代、周防国（山口県）の大名・大内義隆に家老として仕えていた陶《すえ》晴賢は謀反を起こして城を乗っ取り、周防・長門の諸将を次々と降伏させていった。そのうち長門の厚狭弾正某という武士について、義隆に恩義があるため、晴賢に反抗する機会をうかがっていると讒言《ざんげん》する者が現れた。それを信じた晴賢は弾正を捕らえ、鎖で柱に縛りつけると、四方に炭火を熾《おこ》して彼を焼き殺した。無実の罪で火炙《あぶ》りにされた弾正は、死後に仇を報いると誓って息絶えたが、死体は野にうち捨てられた。それから半年ほど経つと、死んだはずの弾正が晴賢の傍らに姿を現すようになった。宮島の合戦では甲冑《かっちゅう》を着た弾正が鹿毛《かげ》の馬に乗り、晴賢を馬から突き落とす様子が目撃されたという。以後、晴賢の軍は劣勢に傾き、ついには毛利の軍勢に打ち破られた。（『浅井了意全集5』）

天邪鬼［あまんじゃく］

他者の思惑に背く性悪《しょうわる》な鬼神。山口県柳井市には次のような昔話が伝わる。

大昔、まだ人間が誕生したばかりの頃。偉い神様たちが世界の中心に聳《そび》える須弥山《しゅみせん》に集まり、人間の道具を体のどこにつけるか相談を始めた。目鼻口の位置は決まったが「ちんちん」の場所がなかなか定まらない。それは天邪鬼が「出し入れが面倒。顔の真ん中へつけたがええ」と譲らないためだった。神々は天邪鬼の離席中に口裏を合わせ「あんたの考えがいちばんええ」と賛同してみせた。すると天邪鬼は「そんなげさくなことはできん。よう考えてみい。だれからも見えん、またぐらがええ」と怒っ

た。こうして、めでたくちんちんは股に収まったという。（『柳井昔ばなし』）

同様の話は各地に伝わっている。『日本怪異妖怪事典　関東』にも、千葉県の例が収録されている。

雨降りの六尺［あめふりのろくしゃく］

山口県厚狭《あさ》郡に伝わる。

雨の降る晩に現れる大男。六尺は力者《りきしゃ》の転訛《てんか》だという。（『日本妖怪変化語彙』）

あやかし

海の怪。山口県では**海坊主**、**船幽霊**《ふなゆうれい》、幻影や怪光など、海上における諸々の怪異を「あやかし」と呼ぶ例が多くみられる。

萩市の見島《みしま》ではアヤカシは全て水死人の亡魂だと考えていた。水死人の寄りそうな場所のことを「あそこはおさえる（魘《うな》される）」と称し、そのような場所に船を停泊させれば恐ろしくおさえられるといった。風が西から吹くと下手から亡魂の船がついてくるといい、これもアヤカシ、バケモノの類とされた。生者の船と同じように火をともして近づいてくるもので、どれほど暗くとも着物の縞《しま》柄まではっきり見てとれるという。（瀬川清子著『見島聞書』）

角島《つのしま》では、あやかしはおかまさま（竈《かまど》。広域の**竈神**も参照）の灰や苫《とま》を嫌うとされた。ただし、魚の骨などが散らかった不潔な竈の灰は効果がないという。また、苫は天の羽衣の剣なのだという。（桜田勝徳「船幽霊など」『旅と伝説』通巻第五六号）

下関市の離島・六連島《むつれじま》やその周辺の島々の近海は濃霧の難所であり、漁師からは海坊主やあやかしといった魔物に襲われる場所と恐れられていた。ある霧深い夜、漁師の舟がクルクルと、目がくらむほどの速さで輪を描いて回りだしたが、夢中で念仏を唱えているうち止まった。これはあやかしに襲われていたのだという。他にも暗闇のなか舟を進めていると、向こうからも舟が驀進《ばくしん》してきて、あわや衝突というところで相手の舟が消えることがある。または誰かが空から「水をくれ。水をくれ」と叫んで舟を追ってきたり、海底から大きな網で舟をグイグイ引っぱってきたりすることもある。これらも全てあやかしの仕業と考えられた。（佐藤治『ながとの民話』）

安徳天皇［あんとくてんのう］

第八一代天皇。父は高倉天皇、母は平清盛の娘・徳子（建礼門院）。三歳で天皇に即位したが、政治を主導していた清盛の死、平家の敗戦などを経て都落ちした。寿永四年（一一八五）に壇ノ浦（山口県下関市）で二位の尼に連れられて三種の神器もろとも入水し、わずか八歳で崩御した。『平家物語』における入水の場面では、二位の尼から悪縁に引かれ命運が尽きたと教えられ、「波の底にも都はございます」と慰められて水底深く沈んでいく。（『日本伝奇伝説大辞典』、佐藤謙三校注『平家物語』）

壇ノ浦の戦いで天叢雲剣《あめのむらくものつるぎ》が所在不明と

なったことから、安徳天皇の出自は**八岐大蛇**《やまたのおろち》や龍宮と結びつけられる。『平家物語』巻十一「剣」では、ある陰陽博士の占いにより、安徳天皇はかつて出雲国（島根県）の簸《ひ》の川で素盞嗚尊《すさのおのみこと》に退治された八岐大蛇の化身であることが示唆される。素戔嗚に奪われた霊剣を惜しむ大蛇の心は強く、八つの頭・八つの尾を象徴し、人皇八十代の後に八歳の帝となって剣を取り返し、海底に没したのだという。『源平盛衰記』巻四十四では、剣を捜索していた海士《あま》が龍宮に到達し、剣を咥《くわ》えた大蛇（龍王）に抱かれた安徳天皇の姿を見る。八岐大蛇は龍宮の次郎王子で、転生して安徳天皇となって源平の争乱を起こし、剣を海底に取り返したのだという。清盛入道ら平家一門も龍宮に行き着いていたと語られ、龍宮には気高い上《じょう》臈《ろう》たちが居並ぶ姿もあった。『愚管抄』巻五では、安徳天皇は清盛の祈願により厳島明神が化身したものと語られる。厳島明神は龍王の娘（龍女）で、天皇は龍女と同じ八歳で海に還《かえ》ったのだという。これは『法華経』提婆達多品《だいばだったぼん》の龍女成仏譚《たん》に基づく解釈である。（『荒ぶるスサノヲ、七変化』、『日本文学大系　第十六巻』）

　下関市豊田町には安徳天皇御陵《ごりょう》と伝えられる陵墓がある。北浦の海まで流されていた天皇の遺骸を運搬中、豊浦郡の地吉《じよし》で駕《か》籠《ご》が急に重くなり動かなくなった。これは霊のなせる業であろうと、その地に御陵を築き葬ったという。安徳天皇が壇ノ浦を脱出し、隠棲の後崩御したという伝説は数多く、四国や九州にも陵墓伝説地がある。

　阿武川沿いの高瀬の里の対岸（清宗《きよむね》）の山中には、安徳天皇の侍僧・俊円僧都《しゅんえんそうず》の怨霊が天狗となり、それがまた変化したという天狗岩がある。雨水と呼ばれる場所にも安徳天皇の祈禱《きとう》僧の怨霊が岩となった小天狗岩がある。長門市の二位ノ浜は安徳天皇と二位の尼の遺骸が流れ着いた場所といわれ、ここに自生する浜木綿《はまゆう》は二位の尼の霊魂が花を咲かせるものだという。（『歴代天皇・年号事典』、松岡利夫『周防長門の伝説』、吉岡一生『山口伝説散歩』）

岩国の白蛇
［いわくにのしろへび］

山口県岩国市に棲息する白いアオダイショウ。国指定天然記念物。突然変異で生まれた白化《アルビノ》個体の蛇を神の使い・縁起物として大切に守ってきた結果、その生存率が向上し、岩国市一帯のアオダイショウには白い個体が多くなったと考えられている。

　白蛇は開運・金運の御利益があるとされて尊ばれている。今津町の白蛇資料館に隣接する白蛇神社は弁財天を祀っており、毎年八月には館内で死んだシロヘビの供養祭が行われる。同社には諸願成就を祈る白蛇の絵馬も奉納される。

　岩国の白蛇の文献上の初見は『岩邑年代記』元文三年（一七三八）六月の条とみられている。月初に岩国で大洪水が起き、水が引くと横山の千石原御門付近で五尺の白蛇が捕獲された。これは人々が見物したあと、医師により薬の材料にされたという。『享保増補村記』には岸根村や六呂師《ろくろし》村に

白蛇がいて、**梅雨左衛門**《つゆざえもん》と呼ばれていたことが記されている。『錦川志《きんせんし》』には、今洲の米倉に長さ四尺あまりの白蛇が二匹いて、時折人前に現れたとある。（『週刊日本の天然記念物　動物編』第30号、岩国シロヘビの館ウェブサイト、『岩邑年代記（三）』、『改訂錦川志』）

うしもり様［うしもりさま］

山口県熊毛郡平生町《ひらおちょう》に伝わる。

昔、西原の焼田《やけでん》に平田さんという分限者の家があった。この家では立派な黒牛を飼っていたが、ある時の火事で屋敷もろとも焼けて死んでしまった。平田さんは牛の骸《むくろ》を西の山に埋め、祠《ほこら》を建てて供養を怠らないようにした。すると子供が患っていた皮膚病が不思議と癒えたので、牛の霊が主人の家の不幸を救ってくれたと評判になり、祠は「うしもり様」と呼ばれるようになった。この祠にひご（大豆など豆類の皮で、牛が好んで食べるものとされた）と水を供え、お下がりの水を患部に塗るとできものが治るといわれ、広く信仰を集めた。（『ふるさと平生町の民話と伝説』）

丑森明神［うしもりみょうじん］

山口県光市の牛島に伝わる。

牛島の甚兵衛は情け深い人で、田から帰るときは海で牛を洗い、一日の労をねぎらっていた。ある日、いつものように海へ寄ると、牛は頑《かたく》なに帰ろうとしなかった。どうにか連れ戻し帰宅したが、その晩に火事が起こり、小屋にいた牛は焼け死んだ。牛は何かを察していたのだと思い至り、甚兵衛は深く嘆き悲しんだ。数年後、島の上空を牛の形をした黒雲が覆った。これを火事の予兆と信じた甚兵衛は村の者に用心を呼びかけたが、みなは彼が狂ったと思って相手にしなかった。しかし、それから不審火が続いて島は丸焼けになり、牛の祟《たた》りの噂が広まって供養塔が建てられた。それが丑森明神として祀られると、島から大きな火災はなくなったという。（『光市史』）

嘘つき観音［うそつきかんのん］

山口県宇部市に伝わる。

あるとき、長門の領主・厚東武実《ことうたけざね》が家来たちに宝比べをもちかけた。武実が自慢の**金鶏**《きんけい》の番《つがい》を出すと、家来の兼村は裃《かみしも》を着せた我が子を自分の宝だと言って出した。これを見た武実は己に子がないのを残念がって、中山の広福寺の観音様に子授けの祈願をした。観音様は「子供は一八歳になると死んでしまうがそれでもよいか」と言い、武実はそれを承諾して女の子に恵まれた。娘は中将姫と名付けられてすくすくと成長し、一八歳になっても死ななかった。武実は観音様に嘘をつかれたと言って怒り、家来に命じて観音様の腰に釘を打たせた。そのせいで観音様の腰は曲がってしまい、厚東氏の一族は祟《たた》りで病気に罹《かか》って死に絶えたという。（『宇部市史』）

海猩々［うみしょうじょう］

山口県の周防大島などに伝わる。

海猩々というものは殊に岩国の新湊沖あたりに多かったという。酒を好み、夜半に船で通ると、必ず「樽《たる》をくれえ」と恐ろしげな声が海底から聞こえた。このとき樽を海に投げこまねば恐ろしい祟《たた》りがあるが、投げこめば海猩々がその樽を使い、船に水を入れて沈めてしまう。そのため船には必ず底を抜いた樽を積んでいたという。

周防大島出身の宮本常一は子供の頃、実際に船に積まれた底抜けの樽を見たことがあり、老船頭から海猩々の話を聞かされたという。同様の話は大島対岸の玖珂《くが》郡の漁師や広島の佐伯郡から来る船頭からも聞いたという。（宮本常一「周防大島（一）」『旅と伝説』通巻二五号）

酒を好むとされた寓類《さる》の一種・猩々と、船に水を汲《く》み入れ沈没させる**船幽霊**《ふなゆうれい》の伝承が混淆《こんこう》したもののようだ。

うるめ

山口県阿武郡阿東町《あとうちょう》（現・山口市阿東地域）に伝わる。産女《うぶめ》。

天子《あまご》の洗川のほとりには毎晩のように嬰《えい》児《じ》を抱いた女（うるめ）が出ると噂され、夜間の通行人はいなかった。権吉という気丈な男が夜にうるめの出現を待つと、やはり子を抱いた女が出てきて「おむつを洗う間この子を抱いていてくだされ」と頼んできた。権吉は頼みを聞いて子を抱いていたが、女は帰ってこなかったという。

篠目《しのめ》中郷の八蔵という男はうるめの子を抱いてやった礼に力を授けられ「長門の八蔵は八人力」と讃えられる怪力の持ち主になったという。（『阿東町誌』）

永福寺の幽霊［えいふくじのゆうれい］

山口県下関市観音崎に伝わる。

昔、永福寺の近くに夫婦が住んでいた。夫婦仲は悪く喧嘩が絶えなかったため、年頃の娘は心を痛め、思い詰めた挙句に首を縊《くく》って死んでしまった。その幽霊が永福寺の和尚の枕元に現れて事情を語り、両親を諭してくれるよう頼んだ。和尚は娘の意を汲《く》み、その姿を写し絵にした。これを見た夫婦はさすがに悔悟し、その後は娘の冥福を祈りつつ円満に暮らしたという。掛軸は髑髏《どくろ》の上に浮かび上がる女の幽霊を描いたもので、娘の命日かつ十七夜観音の縁日である七月一七日の「幽霊まつり」で開帳される。（松岡利夫『周防長門の伝説』）

疫病退散のアマビエ［えきびょうたいさんのあまびえ］

令和二年（二〇二〇）、疫病退散を願って山口県防府市松崎町の防府天満宮に奉納されたアマビエの像。

チェーンソーアートによる柱状の木像（御柱）で、作者は**ネコビエ**と同じく防府市の林隆雄。瓦版のアマビエ図をもとにしつつも細身に作られ、鰭《ひれ》状の手で合掌してい

る。（防府天満宮ウェブサイト、「防府天満宮にアマビエ奉納」『山口新聞』二〇二〇年七月七日）

合掌するアマビエ像の作例は、新型コロナウイルス感染症の流行に伴い、アマビエが疫病避けの妖怪として注目されて以降、各地でみられるようになった。本書および『日本怪異妖怪事典　東北』の属性別索引【アマビエ二〇二〇】も参照。

江尻の奇火 ［えじりのきか］

山口県岩国市青木町に伝わる。

江尻の沖合には珍しい火が出現するという。それは提灯のように賑やかな火が波の上に集まったり離れたりするもので、やがて海面から飛び上がると青木村の松の木めがけて尾を引きながら飛び、消えるという。火が飛んだ次の朝、村人が松の木を調べてみたところ、一握りの海藻がくっついていたという。（『岩国の文化と教育資料　第二集』）

大内桜 ［おおうちざくら］

山口県山口市に伝わる。

大内畑には大内桜と呼ばれる桜の木がある。大内畑は大内氏が滅んだ際に一族の者が落ち延びてきた場所とされ、姫を連れた乳母は山奥に逃れ、庵《いおり》を結んで暮らしていたという。しかし陶《すえ》氏の兵が姫を捜して攻めてきたため、姫と乳母は刺し違えて自害した。この主従の怨霊が化けて、姫の魂が雌蕊《めしべ》、乳母の魂が雄蕊となったものが大内桜で、花の色や形が普通の桜とは少々違うといわれている。（松岡利夫『長門周防の伝説』）

大亀 ［おおがめ］

山口県山口市に伝わる。

亀山の主は幾千年の劫《こう》を経た大亀で、神通不可思議の力を発揮して付近の山を伸縮・回転させて敵を追い散らしていた。そのため亀山の上に築かれた城は決して落城しなかった。ところが隣の小山（春日山）との間に道を開こうと工事をしたところ、亀は死んでしまい、亀山の力も消えた。だが春日山の方は相変わらず回転して敵軍を悩ませたという。（『趣味の山口』）

佐藤有文『日本妖怪図鑑』には山口県の妖怪として、背に城を載せた「化けがめ」が載る。侍の血を吸って魔力を得た亀などと説明されているが、これも亀山の伝説をもとにしたものではないかと思われる。

大川獺 ［おおかわうそ］

山口県山口市の長門峡《ちょうもんきょう》近辺に伝わる。

ある若い狩人が龍宮淵のそばを通ると、龍宮の姫に仕える美女に呼び止められ、近くに出る人食いの化物を退治してほしいと頼まれた。狩人は化物を探し歩き、あるとき、ついに淵で得体の知れないものに遭遇した。襲いくる化物を矢で射殺すと、それが千年の功を経たかと思うほどの大川獺だ

ったとわかった。その死骸を淵に投げこむと、例の美女が現れて狩人を龍宮にいざない、宝を授けて帰したという。**川獺**を投げた淵は獺淵《うそぶち》と呼ばた。(朝日新聞山口支局編『民話の里』)龍宮淵に現れたのは大亀が変化した乙女で、正体は龍王だとも伝わる。(『伝説を主とした長門峡案内記』)

大きなもぐら [おおきなもぐら]

山口県厚狭《あさ》郡や豊浦郡に伝わる。

昔、ある村では正月一四日になると大きなもぐらが出て、人身御供の娘を要求していた。断れば必ず年内に大きな災難があったので、村人はいつもやむなく生贄《いけにえ》を差し出した。ある年、旅の若侍がもぐら退治を引き受け、娘の身代わりとなって大もぐらの前に出た。侍は藁《わら》を蔓《つる》で巻きつけた棒を出すと、それをもぐらに向かってうち振るった。するともぐらはもんどり打って倒れ、やがて死んでしまった。こうして村は平和になり、人々は正月一四日には藁を藤蔓で巻いた棒を使って「もぐら打ち」の行事をするようになったという。(松岡利夫『周防長門の昔話』)

猿神《さるがみ》退治型の話が年中行事の由来として語られているもの。

大杉の主 [おおすぎのぬし]

山口県柳井市新庄に伝わる。

土穂石《つつぼいし》八幡宮前の大杉には、中に五、六人の子供が入れるほどの大きな洞《うろ》があり、人々に長年親しまれてきた。しかし昭和三三年(一九五八)の台風で木は傷み、安全を考慮して伐採された。横倒しにされた木の洞からは大量の蛇の卵と、とぐろを巻き鎌首をもたげた蛇のミイラが発見された。人々はこの蛇こそ大杉を守り続けた主に違いない、あるいは神の使いかもしれないと考え、杉材で神殿を作ってミイラを納めた。すると社運はどんどん上向き、大いに繁昌したという。(『柳井昔ばなし』)

大入道蛸 [おおにゅうどうだこ]

山口県新南陽市福川(現・周南市福川)に伝わる。

昔、江戸行きの船が瀬戸内海へさしかかる頃、船べりに一匹の傷ついた**大蛸**がへばりついた。船頭たちはこれを捕らえようとしたが、船に乗り合わせていた福田大和守《やまとのかみ》は彼らの乱暴な行いを諫《いさ》めた。慈悲深い大和守は己の所持金を船頭らに渡し、それと引き換えに蛸を逃がしてやった。その後、大荒れの海で船が転覆したが、大和守は沖合の小島の漁民に助けられ一命を取り留め、海辺の小屋で生活するようになった。ある月夜、その小屋に大入道蛸がやってきて、地に頭をすりつけながら話しかけてきた。大和守が海上で救ったのは大入道蛸の子供だったのである。親蛸はその礼に大和守を己《おの》が頭に乗せ、海を渡って彼を本土まで運んだ。大和守は蛸に感謝し、恩に報いるため以後代々蛸は食べないと誓った。普

段は誓いを守っていたが、どうしても食べたいときだけは蛸をイカだと思って食べたという。（『新南陽市の民話と伝説』）

大鼠［おおねずみ］

山口県大島郡周防大島町の浮島《うかしま》に大量発生した鼠。

天和元年（一六八一）以前の浮島は長らく無人島の状態で、人を送って開墾を始めたところ、長さ二丈あまりの蟒蛇《うわばみ》が出て住居が襲われた。森村の宝王大明神の神官・高田左近が農民たちに守り札を与えると蟒蛇は退散したが、その一〇日ほど後からは体長一尺ほどの鼠が幾千万と出て人家や作物を荒らし回った。神官の助言で神社建立の場所を定め、三日三晩の祈禱《きとう》を行うと、ようやく一切の邪魔が退散したという。神は岩尾大明神と呼ばれ、鼠害を除くため五年ごとに神楽舞と祈禱が行われた。しかし文政一〇年（一八二七）には金色の鼠がおびただしく湧いて海を渡り、作物はおろか海藻・貝類まで食い荒らした。大般若経の転読も効果がなく、樽見《たるみ》の五社大明神で二夜三日の祈禱をしてやっと騒ぎが鎮まったという。（『東和町誌』）

お亀銀杏［おかめいちょう］

山口県下関市中之町に伝わる。

離れ小島だった亀山を陸続きにするための埋立工事の際、疱瘡《ほうそう》を煩い痘痕面《あばたづら》になった遊女おかめは人柱として身を沈めた。町の人々は彼女を供養するために銀杏の木を植えたが、その実の表面には痘痕のような斑点がついていた。お亀銀杏は第二次世界大戦の時代に焼けてしまったが、残った新芽がまた成長して、二代目お亀銀杏となった。二代目の実にも斑点がついているという。（吉岡一生『山口伝説散歩』）

沖田の鶴［おきたのつる］

山口県宇部市に伝わる。

長門国厚狭《あさ》郡宇部村に暮らす大鳥方（鳥を獲って領主に献上する役職）の片岡又十郎は、沖田の原で雌雄の鶴を見つけて発砲し、雄の方を仕留めた。だが細首を撃ち抜いてしまったため、落ちてきた鶴には頭がなかった。結局頭部は見つからず、首なしでは不吉なので殿様にも献上しなかった。翌年、又十郎は沖田原で雌の鶴を発見し、今度は上手く撃ち落とした。斃《たお》れた鶴を持ち上げると、羽の間から乾ききった雄鶴の首が落ちてきた。雌はちぎれた首を素早く持ち去り、夫の形見として持っていたのである。又十郎は夫婦の鶴を共に我が手で殺したことに因縁を感じて悲しみに沈み、やがて大鳥方の職を辞したという。

この伝説は高等女学校の国語教科書にも掲載され、よく知られていたという。（『郷土宇部』、『防長風土記』）

夫を殺された雌鳥の行動で人が殺生の因縁を悟る話には、福島県や千葉県の鴛鴦《おしどり》の伝説などもある。（『日本怪異妖怪事典　東北』、『日本怪異妖怪事典　関東』）

翁面［おきなめん］

山口県山口市に伝わる。

氷上山《ひかみさん》興隆寺境内の妙見宮の二月例祭では能狂言が奉納される。その際には藩主秘蔵の翁面が萩の宝物庫から持ち出され、これを着けて舞うのが慣例となっていた。この面は神秘な霊力を持った稀代の名作だという。どのような炎天下、旱魃《かんばつ》の日であっても、この面を取り出せばたちまち雨が降った。また飛行の霊能もあり、面を地面に置けばひとりでに空高く舞い上がるといわれていた。ある年の例祭、面は楽屋から飛び立って行方不明になった。捜索の結果、下小鯖《しもおさば》の柊《ひいらぎ》にある延命寺山で光を発していた面が発見され、山は面貌山《めんぼうやま》と呼ばれるようになったという。（『趣味の山口』）

尾崎四郎左衛門［おざきしろうざえもん］

山口県阿武郡福栄村《ふくえそん》（現・萩市福栄地域）に伝わる。

狐は箸を一〇〇〇本拾うと京都で位を受けられるという。大井の七重《ななえ》奥に棲む尾崎四郎左衛門という名の狐も箸を一〇〇〇本拾い、仮館《かりやかた》八幡宮の神主・金田淡路守に連れられて京へ位を授かりに行ったという。（『福栄村史』）

お佐津狐［おさつぎつね］

山口県美祢《みね》市の秋吉台周辺を舞台とする話に登場する。

奥秋吉台の稲荷山に棲む男の狐で、狐政役所の下級役人として鶏や犬がいる人家の数を調査していた。日清・日露の戦争期に青春を過ごした老狐で、化けるのが苦手な正直者だったため、犬に吠《ほ》えつかれるなど危ない目に遭うことも多かった。人間に化けて女を抱くことが長年の唯一の夢で、ある時ついに実行に移したが、相手は隣に住むおたね狐が人間に化けたものだったという。（光谷清『秋吉台いろいろ話』）

おさん狐［おさんぎつね］

山口県阿武郡川上村および福栄村《ふくえそん》（共に現・萩市）に伝えられていた化け狐。

あるとき人に化けたオサン狐が佐々並《ささなみ》の豆腐屋という宿へ泊まり、女中に「飯を食べるところを見るな」と言いつけた。だが女中は部屋を覗いてしまい、食事中の狐を見てキャッと叫びをあげた。以後、この宿屋には誰も泊まらなくなってしまったという。（『阿武川の民俗』）

おさん狐［おさんぎつね］

山口県熊毛郡平生町《ひらおちょう》などに伝わる。おさんという名の化け狐、または狐がおさんどん（女中）に化けた話、あるいはおさんという娘が狐呼ばわりされたという話などが伝えられる。

平生近くの曽根の山には通行人を騙《だま》す狐たちが棲みついており、その中でも特に人

を化かすのが上手いのがおさんだった。ある日おさん狐は若い浜子《はまこ》（塩浜で製塩作業に従事する者）をからかうつもりで樵《きこり》や女に化けたが、浜子はまるで動じなかった。おさんはどうにか彼を化かそうと仕事場までついていったが、浜引き（塩田の土を均《なら》す作業）の様子を見て、浜子は自分の足跡を消す術まで心得ていると勘違いし、驚いて逃げ帰った。それ以来、狐どもは塩浜で働く人々を化かさなくなったという。

平生の浜子たちの威勢のよさを指して「平生の浜子にゃ狐は勝てぬ」という言い回しがある。昔、平生に釜焚《た》きの名人がいると聞いた岩国の浜子たちが、その技術を手に入れるための相談をしていた。そこへ奥の横山あたりに棲む狐がおさんどんに化けて現れ、自分が平生の釜焚きの様子を見てくると申し出た。岩国の浜子の期待を背負って出発した狐だったが「狐は勝てぬ」の噂を思い出して怖気《おじけ》づき、平生の浜小屋を素通りしてしまったという。

また、おさんという器量良しの娘が平生の塩浜見物に出かけた際、女っ気のない浜子たちが「狐じゃあるまいの」などと口々に囃《はや》したため、娘が辟易《へきえき》して逃げ帰ったという。人々は浜子の言動を非難して「浜子口にはおさんも負けた。ほんとに浜子は狐か狸」という歌までできたという。（『ふるさと平生町の民話と伝説』）

徳山市（現・周南市）の櫛《くし》ヶ浜を舞台とする話でも、威勢の良い浜子に「尾が見えらあ」と囃したてられて、女に化けていたおさん狐がうろたえる話がある。（向谷喜久江『とくやま昔話』）

おさん狐 ［おさんぎつね］

山口県下松市と光市の境にある大谷山あたりに伝わる化け狐。

寺迫《てらさこ》の松ヶ坪から茶臼山へ行く途中の狐穴におさん狐が棲んでいた。おさんは恋ヶ浜の王子ヶ森周辺で器量の良い女に化け、田んぼ道で通行人を騙《だま》したり、夜中に青白い光を出して驚かせたりしていた。とうじ屋なる醬油屋の力《りき》という男が犬を連れていき、人々を困らせるおさん狐を捕らえて殺した。その後、力は風呂場で死亡し、人々はおさん狐の祟《たた》りだろうと噂をした。このようなことがあってから、王子ヶ森のあたりは「おさんヶ浴《さこ》」と呼ばれるようになった。（『下松市の民話・伝説と民謡』）

おさん狐 ［おさんぎつね］

山口県徳山市須金《すがね》（現・周南市須金地域）に伝わる。

須万《すま》の某家に岩国から来たおさんと名乗る娘が訪ねてきて、紙漉《す》きの仕事をするので雇ってほしいと言った。おさんは朝早くから夜遅くまで働き、誰も寝姿を見たことがないほどだった。ある夜中、主が厠《かわや》へ行くと、庭の隅に置いてあるはべ（楮《こうぞ》を削った屑《くず》を干したもの）の上で狐が丸まって寝ていた。主人は気にもかけなかったが、翌日からおさんが姿を消してしまったので、岩国のおさん狐が須万の紙漉きの手伝いに

来ていたのだと評判になったという。（向谷喜久江『とくやま昔話』）

おさん狐［おさんぎつね］

『岩邑怪談録追加』にあるもの。

久津摩家の小者が今津（山口県岩国市）から帰る途中、夜道で女に出会った。女は夫婦喧嘩をして家を飛び出し、錦見《にしみ》の実家に帰るところだと言い、小者に同道を求めた。道中、女はしきりに小者を先に歩かせようとし、その不審な言動から正体は狐であろうと思われた。小者が脇差を抜いて女を斬り殺すと、その死体は翌朝になって狐の正体を現した。これこそ近在で名高いおさん狐だったという。

おさん狐の名の由来は、かつて今津に来た伊予（愛媛県）の商人が狐に誑《たぶら》かされ、おさんという馴染みの女の幻を見たためだという。後には今津付近の山道で提灯を持った女が目撃され、おさん狐の曽孫と噂された。（岩国徴古館編『岩邑怪談録』）

おさん狐［おさんぎつね］

山口県宇部市車地《くるまじ》に伝わる。

昔、割坂におさんという孝行狐がいた。松の根元に穴を掘って棲んでいたが、親が病気になったときに一生懸命看病したので、人々はこのことを語り伝えた。これは車地の七不思議のひとつに数えられている。（『宇部市史　自然環境・民俗方言篇』）

和尚鯰［おしょうなまず］

山口県防府市に伝わる。

かつて井上山の北麓には清水沼と呼ばれる沼があった。ある日照りの年、農民たちは残った清水沼の水を田に使おうと考え、みなで水を汲《く》み出した。水かさが減るにつれ魚も獲れ、一同は思わぬ授かりものに喜んだ。そこへ旅の僧が通りかかり、信心深い農民たちは昼食の小豆飯でもてなした。僧は「沼の主を獲れば祟《たた》りがある」と忠告して去ったが、その後も魚獲りは続行され、やがて六尺もある大鯰が捕らえられた。蒲《かば》焼にするため鯰の腹を裂くと、中から多量の小豆飯がこぼれ出てきた。先の僧は沼の主が姿を変えて命乞いに来たものだったのである。大鯰は桑山《くわのやま》の天徳寺の和尚に供養され、祟りをなすことはなかったという。

ただし別伝では、沼の水汲みを主導した毛利藩士の井上氏が祟られ、不幸が続いて家族も消息を絶ったとされる。（松岡利夫『ふるさと叢書　周防長門の伝説』）

同様の伝説（魚王行乞譚）は福島県の岩《いわ》魚《な》の怪など、複数の例が知られている。（『日本怪異妖怪事典　東北』）

お玉［おたま］

山口県佐波《さば》郡徳地町《とくぢちょう》（現・山口市徳地地域）に伝わる。

猿岡の川にあるお玉淵にはお玉が出るといわれていた。昔、猿岡の村のお玉という娘が、大工の太作に想いを寄せていた。や

がて二人は相思相愛となったが、太作は庄屋の娘から夫婦になってほしいと頼まれ、欲に目がくらんでお玉を捨てた。死ぬほど恋い焦がれていた太作に裏切られ、お玉は泣き通した挙句、雨の日に淵へ身を投げて死んだ。それ以来、雨が降ると淵にお玉の霊が出るという。（『徳地の昔ばなし』）

お使いひめの烏［おつかいひめのからす］

山口県佐波《さば》郡徳地町《とくぢちょう》（現・山口市徳地地域）に伝わる。

堀・須路《すろ》・伏野の人々に信仰される熊野神社（井出山権現）の神は、かつて井出山から渡ってきた神で、社の後ろの森には数多くの烏が住んでいる。その中に白い羽根を数本もつものがいて、それが神社の「おつかいひめ（神使）」だという。烏たちは時に農作物にも害をなすが、村人は「おつかいひめ」を大切にし、苛《いじ》めたり殺したりするのを避けた。また、烏が死んだのを見るとよくないことが起こるとも考えた。（『徳地の昔ばなし』）

お夏蛸［おなつだこ］

山口県下関市の彦島に伝わる。

彦島の西山にいたお夏という娘が、あるとき海岸の岩場で人間よりも大きな蛸に遭遇した。お夏は病気がちな両親を喜ばせたい一心で、すばやく蛸の足を一本切り取って帰った。これを両親や近所の人に食べさせると非常に評判が良く、お夏は再び蛸の足を得ようと岩場に行った。すると蛸の足がお夏に巻きつき、彼女を海中へ引きこんだ。お夏の亡骸《なきがら》は見つからず、大蛸も二度と現れなかったが、人々はこの海岸の小さな蛸をも「お夏だこ」と呼んで祟《たた》りを恐れた。お夏は大食で気丈な女、あるいは老婆として語られることもある。（佐藤治『ながとの民話』、冨田義弘『彦島の民話』）

話の展開はよくあるもので、他の地域にも伝わっている。広域の**大蛸**も参照。

おなるばあさん

山口県萩市の見島《みしま》に伝わる。

海岸に「おなる」と呼ばれる丘があり、子供がそこでいつまでも遊んでいると、親たちは「おなるばあさんが出るぞ」「おなるばあさんに連れていかれるぞ」と言って脅かした。おなるばあさんがどのような存在かについては特に語られていなかったという。（中村隆子「おなるばあさんは何者か」『広島民俗』第二号）

鬼の首［おにのくび］

山口県豊浦郡豊田町（現・下関市豊田地域）に伝わる。

昔、蒙古《もうこ》軍が襲来した際、田耕《たすき》のゴセンバラで五〇〇〇人の蒙古兵を殺した。そのとき杢路子《むくろうじ》に飛んできた鬼の首を埋めたのが、豊田町の伊勢神社裏にある庚申《こうしん》様だという。（『民俗採訪』昭和四九年度号）

鬼と蒙古の軍勢が半ば同一視されていたものと思われる。

鬼揚子 ［おにようず］

山口県萩市の見島《みしま》に伝わる郷土玩具の一種。鬼の顔を描いた大きな凧《たこ》で、悪霊を追い払うと考えられたほか、家の玄関や店先に飾って家運や商売の繁盛を願った。

鬼揚子の大きさは畳六枚から八枚分ほどで、下部には紅白の縞《しま》模様の飾りがついている。目の部分からは赤い紙が垂れ下がっているが、これは「鬼の目にも涙」を表現したものといわれ、強くとも情けを忘れていない鬼であることを示している。見島の人々は毎年正月に長男出生のお祝いとして鬼揚子を大勢で空高く揚げ、子のすこやかな成長を祈った。凧糸は迷魔《めいま》と呼ばれ、凧が高く揚がるほど子供も魔に迷わされず、運気も高まるとされる。（中村浩訳『全国厄除け郷土玩具』）

おひな

山口県新南陽市（現・周南市）に伝わる化け狐。嶽山《だけやま》中腹の花河原付近に棲みついていた女狐だという。

ある夏の蒸し暑い夜、ノブという若者は綺麗な女中にいざなわれ、嶽山を登って踊りを見に行った。山の宮で美しい舞踊に見とれているうち、ノブは女中を見失い、やがて深い眠りに落ちた。翌朝、村ではノブがおひな狐に化かされ行方不明になったと騒ぎになり、村人総出で捜索に出て「ノブをかえせ、もどせ」と狐に呼びかけた。日暮れまで捜しても見つからなかったが、ノブは夜更けに一人で帰ってきたという。（『新南陽市の民話と伝説』）

【か】

柿の葉の化物 ［かきのはのばけもの］

広瀬喜尚『岩邑怪談録』にあるもの。

ある夜更け、岩国（現・山口県岩国市）の目加田某氏の下女が使いから帰ろうとしていた時、石橋の上で怪しい二、三歳の女の子に出会った。その女の子は長い髪を引きずりながら柿の葉を拾っており、これを見た下女は恐ろしくなって足早に家に帰った。この話を聞いた人々も化物を恐れ、夜間の外出をしなくなったという。（岩国徴古館編『岩邑怪談録』）

霞隠鬼［かすみがくれおに］

山口県豊浦郡豊浦町（現・下関市豊浦地域）に伝わる。

霞隠鬼は丹波国大江山の酒呑童子《しゅてんどうじ》第一の配下で、霞に隠れる術を使う。この鬼は主が倒されると西国に逃げ下り、白橘山に石の城を築いて里人を悩ますようになった。郡司・安濃津三郎平貞衛は川棚《かわたな》の三恵寺《さんねじ》に願をかけ、三〇〇〇騎あまりの軍勢で攻めこみ鬼を討ち取った。鬼の首は鉄の串に刺されて黒井の里で晒《さら》された。それ以来、白橘山は鬼ヶ城山と呼ばれるようになったという。（松岡利夫『周防長門の伝説』）

片目の蠅［かためのはえ］

山口県豊浦郡豊浦町黒井（現・下関市豊浦町黒井）に伝わる。

その昔、杜屋《もりや》神社宮司家の娘が鬼ヶ城の**牛鬼**《うしおに》に山神の生贄《いけにえ》として狙われたため、父親は牛鬼殺しを決断した。夜間、娘のもとへ牛鬼が迫ったとき、宮司は狙いを定めて矢を放った。牛鬼は左眼を射抜かれ、鬼ヶ城山頂の洞窟に逃げて息絶えた。死骸の左目の周りには不気味なほど多くの蠅が舞っていた。それ以来、牛鬼の怨霊が乗り移ったのか、この山の蠅はみな片目になったという。（佐藤治『ながとの民話』）

河童の娘［かっぱのむすめ］

山口県美祢《みね》市の秋吉台周辺を舞台とする話に登場するもの。

秋吉台西側の瀬戸ノ淵に利口で優しい河童の娘が棲んでいた。彼女は人間に化け洗濯をしている時に領主の息子と知り合い、やがて結ばれて男の子を産んだ。だが、領主一族は隣国から攻めてきた兵に殺され、河童は幼子を抱いて厚東川《ことうがわ》へ逃げこんだ。河童は夫との死別や国同士で争う人間世界の醜さを悲しみ、水中に戻って子を育てたという。（光谷清『秋吉台いろいろ話』）

鉦打ち小僧［かねうちこぞう］

『岩邑怪談録追加』にあるもの。

ある人が夜更けに横山（現・山口県岩国市）へ帰ろうとした時のこと。横町で一二歳から一六歳ほどの雛僧《すうそう》が二、三〇人ばかり、鉦を打ち鳴らしながらこちらへ向かってきた。小僧たちはそのまま乗越《のりこし》の方へ歩いていったが、どこの寺の者か、なぜ鉦を打っていたのか、まるでわからなかったという。（岩国徴古館編『岩邑怪談録』）

金の網［かねのあみ］

広瀬喜尚『岩邑怪談録』にあるもの。

芥川《あくたがわ》某という者が用事で小瀬に向かうため、夜更けに関戸峠（山口県岩国市）を通ろうとした。すると暗闇の中に金の網が現れ、前後左右空中まで張り巡らされて行く手を阻んだ。ただ事ではないと思った芥川は、その場に腰を下ろして目を閉じ、心を

鎮めてしばらく待った。目を開けたときにはどこにも網はなく、無事に通行できたという。（岩国徴古館編『岩邑怪談録』）

亀山の翁 ［かめやまのおきな］

山口県下関市に伝わる。同市中之町の亀山八幡宮で奉納される亀山能にまつわる伝説に登場するもの。

亀山能は豊臣秀吉が文禄の役の戦勝感謝と、毛利秀元たち武将の労をねぎらうために奉納した能が起源とされ、舞には秀元が寄進した翁面を用いる。元禄三年（一六九〇）、長府藩三代藩主・毛利綱元が参勤交替の途中、周防灘《なだ》で暴風雨に遭って船が転覆しそうになった。綱元や藩士が「八大龍王雨やめさせ給ふ　風やめさせ給へ」と天神《てんじん》地祇《ちぎ》に加護を祈ると、忽然《こつぜん》と亀山の翁が海上に現れ、その導きに従って舵《かじ》をとり、危うく遭難を免れたという。綱元はその報恩感謝のために能舞台を寄進したという。（亀山八幡宮ウェブサイト）

烏貝 ［からすがい］

山口県徳山市櫛《くし》ヶ浜（現・周南市）では、次のような烏貝の由来譚《たん》が伝わる。

市杵島姫《いちきしまひめ》明神が安芸《あき》の厳島に鎮座する前のこと。姫は「浦は七浦、囲《まわ》りは七里」の土地を求めて櫛ヶ浜を船で通りかかった。そのとき姫が落とした玉の櫛《くし》を、海中にいた大きな貝が咥《くわ》えこんだ。姫の供の者が返却を求めても貝は決して口を開けなかったが、その話を聞いて激怒した龍神によって尻無沼《しんなしぬま》（新梨沼）に閉じこめられた。事の重大さに気づいた貝は沼の底で血の涙を流して懺悔《ざんげ》するうち真黒になり、沼の土は血の涙で赤土と化した。この赤土はよく効く傷薬になった。弁天山の弁天様は貝を哀れみ、龍神をなだめ、貝の子孫には海に近い弁天沼までの通行を許したという。人々はこの貝のことを烏貝と呼び、食べると罰《ばち》が当たると考えた。（向谷喜久江『とくやま昔話』）

かれえ

山口県岩国市通津《つづ》に伝わる。

昔、海から大きなカレエ（鱏《えい》）が登ってきて、畑《はた》集落の田に棲みついた。よってこの田をカレエ田またはオオエイ田と呼ぶようになったという。このカレエが地下で動くため地盤が狂うという。（迫中融『周東地方の伝説と伝承』）

『防長地下上申』には、長門の油谷町伊上の大江は、八幡神が鱏に乗って海から上陸したことが地名の由来と記されている。

川餓鬼 ［かわがき］

山口県阿武郡阿東町《あとうちょう》（現・山口市阿東地域）に伝わる。

長門峡暗淵《くらがりぶち》の付近には川餓鬼という化物がいた。それは一、二歳の小児のような姿をしているという。（『阿東町誌』）

小児の霊か餓鬼憑《つ》きの類と思われる。

干珠・満珠「かんじゅ・まんじゅ」

潮の満ち引きを自在に操ることができる二つの宝珠。

神功皇后は三韓征伐のための出兵に際して、住吉明神のお告げを受けて海底の龍神のもとへ安曇《あずみ》の磯良《いそら》という海士《あま》を派遣し、二つの珠《たま》を借り受けた。皇后はこれを駆使して勝利を納め、凱旋《がいせん》したのち龍神に返却すべく珠を海に沈めた。しばらくすると、海面に緑が美しい二つの島が浮かび上がった。山口県下関市長府の満珠島と干珠島がその二島で、忌宮《いみのみや》神社の飛地境内とされている。（松岡利夫『周防長門の伝説』）

『日本書紀』仲哀天皇二年の条には、豊浦津に泊まった神功皇后が海から如意珠（全ての願いを叶える宝珠）を拾ったとあり、干珠満珠の伝説はここから発展したものとも考えられている。（『山口伝説散歩』）

『水鏡』『八幡愚童訓（甲本）』では、豊玉姫が龍宮に派遣されて沙竭羅《しゃがつら》龍王から干珠満珠をもらい受ける。『金玉要集』では摩那志龍王が仲哀天皇に珠を贈ったとされる。『八幡宮寺巡拝記』などでは河上大明神が応神天皇を龍宮へ婿にやることを約して珠を入手している。（吉岡貴子「『金玉要集』巻第八」『唱導文学研究　第六集』）

鑵子転げ「かんすころげ」

山口県阿武郡阿東町《あとうちょう》（現・山口市阿東地域）に伝わる。

生雲《いくも》の中村や天子《あまご》の辻には「かんすころげ」という鑵子のような化物が夜な夜な出て人を誑《たぶら》かしたため、夜に通行する人はいなくなってしまった。しかし、村人たちが石の地蔵様を建てると化物は出なくなったという。（『阿東町誌』）

黄色い光の怪「きいろいひかりのかい」

山口県下関市の壇ノ浦で目撃されたという不思議な光。

ある人が壇ノ浦古戦場址の碑の前で写真を撮っていると、海の方からぼんやり光る何かが移動してきた。その黄色い光はフリスビーのような円盤状で、クルクルと円を描きながら門司の方へ飛んでいった。同行していた彼の妹には、その光は見えなかったという。（山岸和彦『最新　日本の心霊恐怖スポット１００』）

狐女房「きつねにょうぼう」

山口県都濃《つの》郡鹿野町《かのちょう》（現・周南市鹿野地域）の昔話に登場する。

昔、山深い里の一軒家に暮らす太郎兵衛という若者のもとに、熱を出した娘が宿を求めてきた。太郎兵衛の懸命な看病で回復した娘は、恩返しに彼の身の回りの世話をするようになった。やがて二人は夫婦となり、子宝にも恵まれて仲良く暮らした。荒れた田の耕作が捗《はかど》らず困っている太郎兵衛を見た女房は、一夜のうちにその田を耕し水を張り、苗まで植えてみせた。しかし苗

を全て逆さに植えてしまったと気づくと、女房は白狐の姿になり再び田へと走った。「つんつん、田んぼに苗を植え、我が子に食わしょう、早よう稔《みの》れ、早よう稔れ」と狐が唄うと、苗は次々にひっくり返って正しく植わった。女房が正体を明かして白狐に戻り、夫に別れを告げて山奥へと走り出したとき、その着物は葛《くず》の葉に変わった。その後も狐の助けがあったのか、太郎兵衛の田植えは毎年一晩で終わったという。（倉冨良枝『鹿野の昔話』）

狐が人間の男に嫁いで子をなす「狐女房」の昔話は全国に分布する。中国地方ではこの話や鳥取県の**種《たね》の藤助の嬶《かかあ》**のように、狐女房が一夜で田植えを行う展開がみられる。また、女房の着物が葛の葉に変わるのは、この種の話の原型である「葛葉狐」の要素が形を変えて残ったものだろう。

金毛九尾 ［きんもうきゅうび］

山口県大島郡東和町長崎（現・周防大島町）に伝わる昔話に登場する九尾の狐。

昔、阿部の保名《やすな》という人が流刑に処されて和泉に来た。保名に命を救われた狐は奥方に化けて彼と仲睦《むつ》まじく暮らし、童子丸という子を産んだ。後に本物の妻が都から来訪すると、狐は童子丸に何でも見通すことができる玉を授けて去った。童子丸は獣の言葉を理解できる能力と見透しの玉のおかげで名高い易者となった。ある時、童子丸は天子様を悩ます病気について、小鳥が「支那《しな》の金毛九尾というコウをした（年功を経た）狐が日本へ渡ってきて、お妃《きさき》に化けて天子様の傍《そば》にいるせいだ」と話す声を聞いた。妃は童子丸の玉で大狐の正体を暴かれると、黒雲に乗って飛び去った。天子様は快癒したが、狐は那須野（栃木県）で石と化して通りかかる人を殺したため、玄能和尚に金鎚で打ち砕かれた。粉微塵になった石は日本中に飛散し、その小さな石の粉を踏むとそこまめができるという。（宮本常一『周防大島昔話集』）

鯨の霊 ［くじらのれい］

捕鯨により命を落とした鯨の霊。

山口県長門市の通浦《かよいうら》は捕鯨が盛んな地だった。向岸寺の清月庵の五代住職・讃誉は元禄五年（一六九二）に鯨墓を建て、旧暦六月二九日から三日三晩行う鯨回向を始めた。境内は鯨の白子（胎児）の埋葬の場であり、七五頭の白子が埋めてあると伝えられている。寺には捕殺された鯨の過去帳が保管されており「円覚大然　ザトウ　十一ヒロ　天保五年十二月　ヲキ浦」というふうに、一頭ごとの戒名、捕獲年月日、種別が記録されていた。この風習は元禄から昭和四〇年（一九六五）まで行われていたといい、記録総数は一〇〇〇頭以上にのぼると見られる。また、萩市の見島《みしま》でも捕鯨者（鯨組）が活動しており、宝永から正徳の頃に建てられたと思しき二〇以上の鯨塚跡が確認されている。

これ以外にも全国の捕鯨が盛んな地方、

鯨が漂着した土地には供養の塚や墓が設けられている。寺院で鯨の過去帳が作られた例は大分県臼杵《うすき》や新潟県佐渡島でも確認されているが、向岸寺のように全ての鯨に戒名をつける例は稀《まれ》であるという。（伊藤彰ほか『中国の生業　漁業・諸職』、吉原友吉「鯨の墓」『鯨・イルカの民俗』）

クノの亡霊［くののぼうれい］

山口県光市の室積《むろつみ》地域に伝わる。

享保一八年（一七三三）、室積東ノ庄と市《いち》延《のべ》の境あたりに住むクノという一九歳の娘が、米倉から種籾《たねもみ》一升を盗んだ疑いで激しい折檻《せっかん》を受けて殺され、顔の皮を剝がされて路傍の石の上に晒《さら》された。殺害したのは御米目付を務める新門の由造という男で、クノの祟《たた》りか彼の家の牛馬は得体の知れない死に方をして、同じ日に身内の老人が忽《こつ》然《ぜん》と息を引き取った。他の村人の家でも牛馬の頓死が続発し、クノが殺された辻には夜な夜な幽霊が出ると噂された。クノの両親の面倒をみていた留蔵も、山道でクノの霊に出会った。クノは涙ながらに留蔵への感謝を述べたうえで、由造への復讐《ふくしゅう》をほのめかした。由造は幽霊によって山中におびき出され、風呂だと思いこんで近づいた溜池へ突き落とされた。留蔵はクノを諫《いさ》めて凶行を思い留まらせ、由造を池から助け上げた。由造が非道を詫《わ》び、留蔵が九ノ辻に墓を建ててやったことで、クノは成仏できたという。（『光市史』）

黒船［くろふね］

山口県柳井市の平郡島《へいぐんとう》に伝わる。

昔、平郡島沖合一里ほどの場所で大阪号（大阪丸とも）という御用船が沈んだ。船は軍用品や金銀を満載していたが、船長が御用金を横領し使いこんだのを隠蔽するため、水夫もろとも三島崎沖で沈没させられた。船長だけが生き残って島に逃れたが、それ以後この沖では大時化《しけ》の夜になると、必ず真暗な海にポカリと黒船が浮くようになった。どれほど暗い夜でも船の姿ははっきりと見え、マストの上にともる火は次第に増えていく。やがて船の灯火で海が真赤に照らし出されるほどになる。この話は漁夫たちをひどく恐れさせたという。

平郡島では、この他にも漁船と幽霊船が衝突した話が語られている。（『柳井昔ばなし』、宮本常一「周防大島（一）」『旅と伝説』通巻二五号）

下界の天人［げかいのてんにん］

『万世百物語』巻五「下界の天人」に登場するもの。

周防国室積《むろつみ》（山口県光市）の某寺に柳本小三郎という浪人の子が身を寄せていた。水無月のある日、年の頃一六ほど、鄙《ひな》には稀《まれ》な美しい姫が小三郎の前に現れて「わが思い叶えさせたまえ」と歩み寄ってきた。小三郎はその美貌に心奪われ、誘われるまま枕を交わし、それ以後も毎夜通ってくる彼女の相手をした。このことは寺の住職ら

の知るところとなり「そのようなものは人間ではない」と兄からも説得されて、小三郎はやむなく姫を斬った。兄弟は逃げ出した姫を追ううちに、まるで浄土のような宮殿に着いた。血痕を辿ると、御簾《みす》の奥の部屋で姫が臥《ふ》せっていた。一度引き返し、人を呼んで再び出かけたが、その時には宮殿は跡形もなくなっていた。人々は、小三郎を訪ねたのは天人だったのだろうと語り合った。（『続百物語怪談集成』）

こうきち来い［こうきちこい］

小島の前世を語る昔話の一種。山口県佐《さ》波《ば》郡徳地町《とくぢちょう》（現・山口市）では、八坂の「こうじろう淵」の由来譚《たん》として語られる。

昔、八坂にこうじろうとこうきちろうという親子がいた。釣り好きのこうじろうは息子を連れてよく釣り場に出かけたが、ある日、絡まった釣り糸をほどこうとした拍子に川へ転落した。「こうきちろう、助けてくれ」と助けを求めたが、幼いこうきちろうにはどうにもできず、こうじろうは死亡した。それ以来、こうじろうの命日が近づくと、淵のあたりでは「コウキチコイ、コウキチコイ」と鳥が鳴く声が聞こえた。人々は供養のため淵の岸辺に地蔵を祀ったという。（『徳地の昔ばなし』）

耕作稲荷［こうさくいなり］

山口県下松市にある笠戸島の本浦地区に伝わる。

寿永四年（一一八五）、壇ノ浦合戦に敗れた平家の残党が笠戸島に落ち延びた。世を忍ぶ身で飲食もままならず疲れ果てていると、一匹の白狐が水のある東風浦《こちがうら》まで案内してくれた。残党はその水で田の耕作を始め、この地へ定住した。後世の人々は白狐の恩に感じ入り、耕作稲荷として祀った。霊験あらたかな稲荷は「耕白様《こうはく》」とも呼ばれ、島外からも参詣者が訪れた。社の奥には白狐が棲んでいたという洞穴がある。畑に種芋を埋めてもすぐ荒らされるので困っていた時、耕作稲荷の祭を行い、祈禱《きとう》を済ませた札を立てたところ、畑は荒らされなくなったという。（『下松市の民話・伝説と民謡』）

ごう様［ごうさま］

山口県吉敷《よしき》郡宮野村（現・山口市宮野地域）に伝わる。

初瀬原にはごう様（お嬢さん、娘さん）の墓と呼ばれる五輪塔がある。昔、あるごう様が悪性の腫物《はれもの》で醜い顔貌になり、家にいられず各地を放浪するようになった。そしてこの地でついに倒れ、最期の苦しみの中で「後の世の人たちにこのような悪因縁をつけさせたくない」と願い、人々の守護を誓いながら悶死《もんし》した。人々はごう様をこの地に祀り、生年や性別を書いた小さな紙の幟《のぼり》を立てて祈願した。時には若い娘が豆腐を供えることもあったという。

一説には、これは元来ごう様ではなく、ゆうか様という情死した僧侶を祀ったもの

ともいわれている。（小川五郎「防長伝説民譚集　一」『ドルメン』第二巻第十号）

楮狐［こうぞぎつね］

山口県玖珂《くが》郡本郷村（現・岩国市本郷町）に伝わる。

周防山代地域で製紙業が盛んだった頃、波野村に与五郎という紙漉《す》きの男がいた。ある冬、山へ楮を伐りに行った彼は、罠《わな》にかかって衰弱している狐を助け、傷が癒えるまで家で世話をしてやった。すると狐は元気になっても山へ戻らず、家に棲みついて仕事を見守るようになった。それから与五郎の紙漉きの評判が良くなり、家はたちまち栄えていった。人々の間では、与五郎が富を得たのは化性《けしょう》の楮狐を使っているからだとの風聞が立ち、いずれ代官所の調べが入るとの噂まで流れた。お咎《とが》めを恐れた下女が餌を出さなくなると、狐はどこかへ去り、家は没落したという。（松岡利夫『ふるさと叢書　周防長門の伝説』）

光明岩［こうみょういわ］

山口県美祢《みね》市伊佐町に伝わる。同町南原の南原寺《なんばらじ》の縁起に登場するもの。

神功皇后による三韓征伐の折、艮《うしとら》の方角から毎夜赫然《かくぜん》たる一条の光明が輝き渡った。武内宿祢はこの光を異国征伐の大願成就の瑞相《ずいそう》であろうと奏上し、皇后を喜ばせた。光を発していたのは霊山（桜山）八合目あたりの岩窟にあった自然石で、皇后自身もこれを拝して勝利を願った。さらにこの霊地の岩（評定岩）の上で軍議が開かれ、凱旋《がいせん》の際には岩の下に宝鉾を収め、永く夷敵の難が払われるよう祈願したという。（末岡祐雄『美祢の歴史と伝説』、南原寺ウエブサイト）

黄金馬［こがねうま］

山口県山口市に伝わる。

方便山《ほうべんざん》で金掘りをしていたある坑夫たちが、本来は山入りを忌む「とき」の日に作業をした。すると坑内の岩が崩れ、黄金に輝く馬が現れた。欲心を起こした坑夫たちは我先に黄金の馬を得ようとしたが、直後に恐ろしい山鳴りと震動が起こり、坑夫たちは落石で脳を粉砕され、あるいは肋骨をへし折られ、体を押し潰された。生き残った者たちは、方便山の黄金の精霊が馬に姿を変えて現れたのだと考えたという。

方便山には黄金の馬が埋まっていて、足の一本だけは以前に誰かが掘り取っていったともいわれている。（『趣味の山口』）

五烏［ごがらす］

厳島《いつくしま》弥山《みせん》の信仰とその縁起譚《たん》である「厳島の本地」や五烏（**神烏**）の伝承は周防・長門地方（山口県）にも伝播しており、土地の神社の縁起として受容されていた。

『防長風土注進案』によれば、子授けの神「ごんぜん様」として親しまれている龍王山の子持御前社（山陽小野田市小野田）の

縁起も「厳島の御本地」の物語であるという。（伊藤芳枝「山口県地神盲僧ききがき」『巫覡・盲僧の伝承世界　第一集』）

柳井市伊保庄《いほのしょう》には、市杵島姫《いちきしまひめ》大明神が西域の国から五烏（青黄赤白黒の五色の烏）が引く車で来臨したとの伝説がある。姫が伊保庄に滞在中、五烏は重病となって死期を悟ると、霊魂を人の世に留めて命根長寿の守護神となることを望んだ。姫は烏の亡《なき》骸《がら》を錦の打掛で包み、艮《うしとら》の方角にある清浄な地に葬った。すると大風が亡骸を砂に埋《うず》めて高州が形成され、後の高須村となった。姫が墓標として立てた笄《こうがい》は大木に成長し、人々は小烏神社（五烏大明神）を建てたという。（『柳井昔ばなし』）

虚空太鼓［こくうだいこ］

山口県の周防大島などに伝わる。

昔、宮島様の祭日に船が難破して軽業師の一行が死んで以来、旧暦六月頃には、どこからか太鼓の音が聞こえるという。（柳田國男「妖怪名彙」『妖怪談義』）

水前寺清子の楽曲「虚空太鼓」は、この伝説に取材したもので、作詞者の星野哲郎は周防大島町出身である。

柳井市では、盆の前後に柳井湾の沖から太鼓の音が聞こえるという。誰が鳴らすのか不明で、全く虚空な（正体のない）ことであったため、池之浦の合戦に負けて死んだ**平家の亡霊**の仕業か、**般若姫**《はんにゃひめ》供養の幻の太鼓の音だと噂された。一説には渦潮の音ともいわれる。（『柳井昔ばなし』）

大畠瀬戸方面にも海から聞こえる太鼓の伝説がある。伊保庄《いほのしょう》の女長者が龍神の化身である公達《きんだち》と恋に落ちて結婚したところ、祝宴のため浮かべた船が大風でことごとく転覆した。その後、海底からポコンポコンと鼓《つづみ》の音が聞こえるようになったという。宮本常一はこれを伊保庄の港が栄えていた頃に遊女らが広めた話と推測し、対岸の周防大島に伝わる虚空太鼓に類似するものとみている。（『周防大島を中心としたる海の生活誌』）

小五郎山の龍［こごろうさんのりゅう］

山口県岩国市錦町に伝わる。

讃井雅楽之助という者が宇佐郷の名山・小五郎山の「蛇の池」に棲む龍を退治しようと考えた。夜中に鉄砲弾を鋳造していると、その様子を家の年経た飼猫がじっと見ていた。翌日、山で龍に発砲したが弾は全く当たらない。最後に猫が見ていない間に作っていた隠し矢を放つと命中、龍は谷から滑落して深谷川で死んだ。銃弾が当たらなかったのは猫が鑵子《かんす》（茶の湯に用いる茶釜）の蓋を盾にして龍を守っていたためだった。帰宅した雅楽之助が床下を調べると、猫が食らった人々の骨が見つかったという。（宮本常一『中国山地民俗採訪録』）

猫に矢や弾の数を読まれ窮地に陥るも、最後は隠し弾、隠し矢で勝利する展開は化猫退治譚《たん》の典型例。小五郎山の話は猫が龍に協力する変化形のほか、古猫だけが登場するパターンも伝わる。（『錦町散歩』）

小宰相の局［こざいしょうのつぼね］

『宿直草《とのいぐさ》』巻二「小宰相の局ゆうれいの事」に登場するもの。

団都《だんいち》という清貧の座頭が筑紫を目指す途中、赤間関《あかまがせき》（山口県下関市）のとある寺を宿とした。寺には平家一門を弔う卒塔婆、石塔、墓がいくつもあったが、訪ねる人もなく苔生《こけむ》し朽ちていた。夜、さる御方の使いと称する女が来て団都を御殿らしき場所へ連れ出した。そこにいた上臈《じょうろう》は平家物語の第九巻・小宰相の局の段を所望した。団都が琵琶を奏で、平家物語を語ると、座の人々はいたく感じ入った様子だった。だが実はかれらは寺に葬られていた**平家の亡霊**で、曲目を指定した上臈こそ小宰相の局その人だった。亡霊に魅入られた団都を解放するために、寺の長老は降魔《ごうま》の呪《じゅ》、般若の経文を団都の全身に書きつけた。しかし左耳だけは書き忘れてしまい、亡霊は次に現れた時に「ここに座頭の耳がある」と言って、団都の耳を引きちぎって去った。霊の目には左耳だけが見えていたのである。ともあれ、耳を得たことで霊の執着は失せ、団都の命は助かった。彼はその後「耳切れ団都」と呼ばれたという。（高田衛編『江戸怪談集　上』）

「耳なし芳一」の類話の一種。小宰相の局は平通盛《たいらのみちもり》の妻で、一の谷の戦いで死んだ夫の後を追い、船から身を投げるという悲劇が『平家物語』で語られている。

琴石山の天女［こといしやまのてんにょ］

山口県柳井市に伝わる。

琴石山の頂上には天女が舞い降り、琴石という岩の上で琴を弾いていた。あるいは敗残の若武者がこの山中で琴の上手な姫と契ったが、一夜明ければ全てが幻で、琴の形をした石を枕に寝ていただけだったともいう。若武者は幻の姫を追い求めるうち、山中で石に化したという。（松岡利夫『山口の伝説』）

五年神［ごねんがみ］

山口県下関市内日《うつい》の赤田代で祀られる山の神。五年ごとに神事が行われる。

この神は耳が遠く、かつて氏子たちが神事を何年ごとに行うのがよいか相談していたところ、神は「五年目ごと?」と聞き返した。人々は神の言葉に逆らって祟《たた》りに遭うことを恐れ、五年周期で霜月初申の日に神事を営むようになったという。

五年神は「五年神流れ」と呼ばれる家の人々によって祭祀されてきた。神を祀る森の中央にあるトリモチの巨木が御神体で、根元には壺が埋められている。かつてこの壺を盗んだ男が吉見峠で死んだという。また、神事を忘れていると猿が近くの山を渡り、それとなく警告する。神事では神酒や五穀、ドロバエ（コイ科の淡水魚）を供物として捧げる。なお、森へ入ることや神事の手伝いは女人禁制とされてきた。（吉村美広「内日の五年神」『郷土』第二集）

小人〔こびと〕

山口県豊浦郡豊田町（現・下関市豊田地域）に伝わる。

村一番の怠け者が、道端で小人が入っている壺を見つけた。小人が「わしはお前のように遊んでばっかりいる家に行っていっしょに暮らしたい」と言うので、怠け者は小人を連れ帰り、夜通し一緒に遊んだ。次の日、小人は大人と同じ大きさになっていた。その翌日には見上げるほどの大男となり、翌々日には家から頭や手足がはみ出すまでになった。なぜこんなに大きくなったのか問えば「わしは怠け者の家にいて、遊んでいればいくらでも大きくなる」との返答。怠け者が仕方なく働きに出ると、大男はだんだん小さくなり、数日で元の小人に戻った。面白くなくなった小人は家を出ていき、怠け者だった男はそれからもよく働き続けたという。（佐藤治『ながとの民話』）

古墳の主の霊〔こふんのぬしのれい〕

山口県山口市に伝わる。

昔、ある人が大内長野の古墳（大塚古墳群のことか）を発掘した時、安富某という人の母親に古墳の主の霊が憑《つ》いて、あらぬことを口走った。発掘した者も気味が悪くなったので古墳を埋め戻し、それを神として祀ったという。（小川五郎「防長伝説民譚集 一」『ドルメン』第二巻第十号）

島根県の**古墳の霊**も参照。

小平家〔こべけ〕

山口県下関市に伝わる。

関門海峡で獲れる小さな美しい鯛の一種で、壇ノ浦の合戦において入水した官女たちが生まれ変わったものといわれている。（松岡利夫『周防長門の伝説』）

平家蟹や広域の**平家の亡霊**も参照。

駒繋ぎの絵馬〔こまつなぎのえま〕

山口県山口市吉敷《よしき》の龍蔵寺に伝わる絵馬。繋馬図《けいばず》、雪舟《せっしゅう》の絵馬とも。

画聖として名高い雪舟が描いたとされる絵馬で、黒馬が額《がく》から抜け出して夜な夜な吉敷の田畑を荒らしていた。村人の頼みで雪舟が手綱を描き足してからは、馬は抜け出さなくなったという。寺には観音菩薩が馬を探しに出た際の草鞋《わらじ》の跡も残されている。（『山口の伝説』、『山口県の絵馬』、『中国三十三所観音巡礼』）

五輪塔の祟り〔ごりんとうのたたり〕

山口県熊毛郡平生町《ひらおちょう》に伝わる。

ある寺に賢いが暴れん坊の小僧がいて、墓地を遊び場にして近所の子供と戦争ごっこなどに明け暮れていた。ある時、小僧が墓地の五輪塔に触れると、頭にいくつもの銅貨大の腫れ物ができた。その腫れ物は痛

みも熱もなく、和尚による読経と「五輪塔を粗末にするでないぞ」との説教を受けるとみな消えた。小僧は五輪塔の祟りの恐ろしさを思い知り、長じて他郷の寺で立派な和尚になったという。（『ふるさと平生町の民話と伝説』）

権現山の白狐［ごんげんやまのびゃっこ］

山口県山口市に伝わる。

大内氏が西国の大名として栄えていた時代、権現山の麓には一つの寺があった。ある頃から、足を傷めた白狐が夜ごと境内に現れ、池に身を浸しては明け方に権現山へと帰っていった。同じことが七夜続くと白狐の傷はすっかり癒え、その後は池にも来なくなった。寺の和尚は池の水に薬湯が混じっていると気づき、村人と共に温泉を掘り当てた。そればかりか地中から薬師如来の金像が発掘されたので、出湯の守護仏として祀った。この仏像を拝んでから温泉に入るとどのような難病も癒えると評判になり、「白狐の湯」と呼ばれた。これが現在の湯田温泉だという。（松岡利夫『ふるさと叢書　周防長門の伝説』）

白い動物との邂逅《かいこう》と神仏の霊験が温泉発見のきっかけになる伝説はしばしばみられるもので、他には鳥取県の**白狼**《びゃくろう》などの例がある。

ごんごじい

山口県地方において恐ろしい妖怪を意味する言葉。子供をしつける際にこの名前を使うほか、水辺に現れる化物とする場合もある。ごんごちい、ごんごしい、ごんごうなどとも呼ぶ。岡山県でいう**ごんご**と同類の呼び名と思われる。（友定賢治『全国幼児語辞典』、村上健司『妖怪事典』）

徳山市櫛《くし》ヶ浜（現・周南市）を流れる鍛冶屋川の長尾淵にはゴンゴチイが棲んでいるといわれ、近寄ると引きずりこまれるといって子供を怖がらせていた。（向谷喜久江『とくやま昔話』）

【さ】

西念寺の龍［さいねんじのりゅう］

山口県下松市河内《こうち》に伝わる。

ある嵐の晩、河内の村人が八丈から切戸川にかけて、龍が地を這《は》うように飛ぶのを目撃した。この噂は他村にも広まり不安をかき立てたが、西念寺の住職は「龍は仏法守護の神で、その出現は大吉である」と諭して、みなを安堵させようとした。やがて住職たちが龍を捕獲すると、その正体は寺の欄間《らんま》から抜け出した彫刻の龍だったと判明した。そこで彫刻作者の名工・長五郎を呼び、龍の口のあたりに釘を打ってもらい、

動きを封じたという。（『下松市の民話・伝説と民謡』）

猿娘 〔さるむすめ〕

山口県佐波《さば》郡徳地町《とくぢちょう》（現・山口市徳地地域）に伝わる。

昔、下八坂の神社から引谷《ひくたに》の夏焼《なつやけ》の神社までの神様に仕える雌猿がいた。ある日、猿は神様からの使いの途中、夏焼の樹上で休んでいたところ、通りかかった猟師に撃ち殺されてしまった。後に猟師の女房は女の子を産んだが、その子はまるで猿のように体中毛に覆われ、足も曲がっていた。着物を着せてもみな引き裂き、眠るときも布団ではなく納屋《なや》の藁《わら》の上。いくら教えても人間らしいことは一切できなかった。ただ家の前のしゃこんた（水流を利用して米を搗《つ》く道具）には異常な興味を示し、水が汲《く》み上げられる様子をじっと見つめていたという。これは妊娠中の雌猿を殺した祟《たた》りと噂された。（『徳地の昔ばなし』）

爺様の幽霊 〔じいさまのゆうれい〕

山口県宇部市に伝わる。

ある爺様は息子夫婦から邪険に扱われ、大事な雨漏りのする古い家に住まわされ、大事な祖先の位牌も隠されてしまった。爺様はいよいよ嫁が憎くなり、機を見計らい殺してやろうと布団に包丁を隠していた。だが寄る年波には勝てず、仕返しをする前に爺様は死んだ。息子夫婦はろくな葬式も挙げず、仏壇だけ作って体裁を繕った。その仏壇のガラスには、時折爺様のような人影が映りこんだ。気味が悪くなって夫婦がお経をあげてもらうと人影は消えたが、それからこの家にはあまり良いことがなかったという。（杉本繁『ふるさとのつたえ話』）

しいだか

山口県大島郡久賀町《くかちょう》（現・周防大島町）に伝わる。**次第高**《しだいだか》や**船幽霊**《ふなゆうれい》の類。

沖へ漁に出ると、シイダカという**海坊主**が「杓《しゃく》をくれ」と言って寄ってくる。杓を渡すと水を汲《く》み入れられて船が沈むため、必ず底を抜いたものを渡すという。その正体は**川獺**《かわうそ》とされる。（迫中融『周東地方の伝説と伝承』）

四熊の面様 〔しくまのめんさま〕

山口県徳山市四熊と新南陽市（共に現・周南市）に伝わる。

奥四熊二反田の又右衛門という農夫が、天から降りてきて石の上で舞う夫婦の面を見つけて持ち帰った。面は彼の家でも騒がしい音を立て、やがて家が揺れて壊れんばかりの大騒ぎとなった。たまらず又右衛門は面を餅臼の中に閉じこめ、翌朝には富田の四熊久左衛門に献上した。久左衛門は毛利の殿様の許しを得て屋敷の一角に社を建立し、そこに夫婦の面様を祀ったという。（向谷喜久江『とくやま昔話』）

面様は雨乞いの霊験あらたかな宝物とし

て富田土井の四熊家に秘蔵された。大正頃までは、旱魃《かんばつ》になると面様を持って四熊権現に参詣するのが習わしだったという。天明元年（一七八一）の由緒書『四熊氏仮面記』によれば、理由なく面の箱を開けば晴天でもたちまち風雨晦冥《かいめい》、雷電霹靂《へきれき》し、その霊異を崇敬せぬ者はいないという。四熊家には一九の仮面が伝えられており、そのうちの二つが天から降ってきた品とされている。（『新南陽市の民話と伝説』、松岡利夫『ふるさと叢書　周防長門の伝説』）

猪火事［ししかじ］

山口県新南陽市福川（現・周南市福川地域）に伝わる。

昔、福川の東に力が強く気の荒い若者がいた。彼は黒髪島で負傷し弱っていた猪を見つけ、魚獲りの金突き（ヤス）で殺して持ち帰った。若者は獣肉食の禁を破り、猪をひそかに調理して平らげた。満腹になり眠りに落ちると、囲炉裏《いろり》の火が家屋に燃え移り、強風の影響で集落全体に燃え広がって手が付けられなくなった。若者は逃げ延びたが、人々に「猪の祟《たた》りじゃ」と噂され、村にはいられなくなったという。（『新南陽市の民話と伝説』）

七億婆［しちおくばば］

「としくらべ」の昔話に登場する老婆。山口県吉敷《よしき》郡では次のように伝わる。

昔ある所に三浦大介という一〇六歳の爺《じい》さんがいた。世の中に自分ほどの年寄りはもういないと思っていたが、八〇〇〇歳の浦島太郎、九〇〇〇歳の東坊作（**東方朔**《とうぼうさく》）と知り合い、その年齢に驚き、やがて打ち解けた。三人は一人の老婆と行き会い「お若いの三人して、どこへ行ってかの」と声をかけられ、若い者扱いに憤慨して年齢を明かした。すると老婆は「わたしゃぁ、七億婆でござります」と応じた。三人は恐れ入って老婆に謝ったという。（松岡利夫編『周防・長門の民話　第一集』）

この種の昔話では、老婆の正体は質屋《しちや》に物品を預けている「質置く婆」だったという結末が多い。ところが吉敷郡の例ではそのような種明かしがないため、老婆は本当に七〇〇〇〇〇〇〇〇歳かもしれない。

七人畔［しちにんぐろ］

山口県玖珂《くが》郡高根村（現・岩国市錦町）に伝わる。

天正（一五七三〜九二）の頃、宇佐に大倉左衛門尉という強欲な刀禰職《とねしょく》（役人）がいて、土地の人々を苦しめていた。大倉はある時、広兼兵衛助という者と諍《いさか》いを起こし、彼を斬殺した。兵衛助の子である松之助は広民部大夫、恒国藤左衛門、国本孫太郎という者たちに加勢を頼み、大倉とその子である道満・智源および配下の者たちを討ち果たした。討たれた大倉家の七人は平という地に葬られ、そこは七人畔と呼ばれるようになった。後に大倉氏の霊が村人に祟《たた》ったため、黄幡社《おうばんしゃ》を建てて霊を神として

祀ったという。（宮本常一『中国山地民俗採訪録』）

七人の女郎［しちにんのじょろう］

山口県阿武郡阿東町《あとうちょう》蔵目喜《ぞうめき》（現・山口市阿東蔵目喜）に伝わる。

元治元年（一八六四）八月七日、当時栄えていた蔵目喜の町を大火が焼いた。ある女郎屋では施錠された部屋に押しこめられていた七人の女郎が逃げられずに非業の最期を遂げ、無縁墓地に葬られた。その後、明治三年（一八七〇）と八年の盆七日にも火災が発生し、町は丸焼けになった。ホトケ教え（霊媒師）に占ってもらうと、明治の火事は七人の女郎の怨霊の祟《たた》りだと判明した。女郎を町が一望できる白坂の丘の上に改葬し、毎年追善供養を行うことにすると、大火はやんだという。（『史跡と民話の町　合本版』）

七人みさきの類を女性の霊の集団とする伝承は、他にも広島県の**七人の后**《きさき》がある。

七人のみさき［しちにんのみさき］

山口県徳山市西辻（現・周南市西辻）に伝わる。**七人みさき**の類。

昔、徳山には日が暮れるとどこからか七人のみさき（僧）がやってきたという。七人のみさきは黒衣を着て、鉦《かね》をチーン、チーンと鳴らして歩く。その姿を見た者は死んでしまう、あるいは攫《さら》われてしまうといわれ、女子供の夜間外出は戒められた。どうしても外へ出なければならないときは親指をぐっと握りしめて行けばよいという。（向谷喜久江『とくやま昔話』）

七人岬［しちにんみさき］

山口県岩国市通津《つづ》に伝わる。**七人みさき**の「みさき」を「岬」と解釈した例。

白崎に七人岬という小さな岬があり、通津の漁師たちがミサキ祭をしていた。かつて大島の久賀《くか》浦と通津浦の漁船がこの岬の沖で争い、死者が七人出た。久賀の者は通津の漁場への侵入者だったともいう。彼らを殺して埋めると魚が獲れなくなったが、賀屋の神主に祀ってもらうと大漁になったという。（迫中融『通津の伝承と伝説』）

島遊び［しまあそび］

防州岩国地方（山口県岩国市）でいう蜃《しん》気楼《きろう》。司馬江漢『西遊旅譚《さいゆうりょだん》』に記される。

春夏の頃に尾津《おづ》・海土路《みどろ》の沖合に現れるもので、海上に高く聳《そび》える城、店が並ぶ様子、人馬の往来などが見えるという。それは霞中《かちゅう》に淡墨《うすずみ》で描いた絵のごとく、海土路村から見れば像《かたち》よく、尾津側からは斜めに見えるという。（『岩国の文化と教育資料第二集』）

島ノ谷明神［しまのたにみょうじん］

山口県玖珂《くが》郡高根村大原（現・岩国市錦町大原）に伝わる。

高倉天皇の時代、安芸《あき》宮島（広島県）の有ノ浦沖から車輪のごとき神光が出現し、大暴風雨を巻き起こして大原の羅漢山《らかんざん》に飛んだ。驚いた里人が見に行くと山腹が光り輝いており、大岩に巻きついて眠る大蛇の姿があった。その後一〇日間は毎晩宮島から龍灯《りゅうとう》が飛来し、岩の上で燃えた。またこの山中の岩には貝殻や海藻が付着していたという。人々は厳島明神の影向《ようごう》であろうと考えて岩のそばに楠《くすのき》を植え、注連縄《しめなわ》を張って崇《あが》めた。長門の江太景国《えのたかげくに》は岩を御神体として、この地に社を建立した。この御神体に上ると、周囲一面が海のように見えて下りられなくなってしまうという。（宮本常一『中国山地民俗採訪録』）

しめし洗い［しめしあらい］

山口県新南陽市和田（現・周南市和田）に伝わる。産女《うぶめ》の類。

大谷の桂の浴《えき》から流れ出る谷川には、乳飲み子を残して死んだ若い母親の霊が出て、丑《うし》三つ時にしめし（おしめ）を洗うという。夜道を通る村人たちは「パッシャー、パッシャー」という水音を聞けばとても恐ろしくなり、どんなに気の強い男でも身の毛のよだつ思いに駆られたという。『新南陽市の民話と伝説』）

お産で死んだ母親の霊（産女）が子のおしめや衣類を洗うという伝承は山口県東部や広島県西部にみられるもの。岩国市周東町でも、子を背負った女の幽霊が島田川の河原に出て、シクシク泣きながらシメシを洗っていたという。（迫中融『周東地方の伝説と伝承』）

寂地山の大蛇［じゃくちさんのだいじゃ］

山口県玖珂《くが》郡錦町（現・岩国市錦町）に伝わる。

昔、寂地山の頂上には稀代の悪大蛇が棲み、山の主と恐れられていた。大蛇が一たび動けば七つの山と谷が揺れ動き、毒気を吐けば山麓の宇佐の人々が作った農作物は全て枯死した。宇佐を訪ねた旅僧は大蛇を退散させるために寂林院という寺を建て、自身は寂仙坊と称して大祈禱《きとう》を決行した。二一日間にわたる苦行のすえ、大蛇はついに寂仙坊の法力に屈して臥龍山《がりゅうざん》に移ったという。（『錦町散歩』、松岡利夫『ふるさと叢書　周防長門の伝説』）

女王竜胆［じょおうりんどう］

山口県美祢《みね》市の秋吉台周辺を舞台とする話に登場する。

明治の中頃、秋吉台の麓に病身の母と暮らす若者がいた。彼は大きな竜胆の花を見つけ、母の薬にしようと持ち帰った。だがそれは竜胆の女王様で、祟《たた》りのためか母の病状も悪化した。そこで若者は竜胆を亡父の墓へ供えようとした。すると秋吉台の秋の七草模様の衣をまとった美女が現れ、竜胆の苗を一〇〇〇本植えると母の病は治ると教えた。翌日、若者は竜胆の女王の化身らしき美女に手伝ってもらい、竜胆の苗を

植えた。母は神の助けに感激し、病は快方に向かった。実は美女は秋吉台北麓の豪農の娘で、後に若者と結ばれたという。（光谷清『秋吉台いろいろ話』）

白雀［しろすずめ］

山口県柳井市に伝わる。

ある貧しい男が「早起きして働くと白雀を見て、たいへんな金持ちになれる」と近所の人に教えられ、毎日、夜明け前から田仕事に精を出すようになった。だが、いくら田畑を開墾し、作物を実らせても、白雀は現れなかった。白雀など本当はおらず、人一倍働けば豊かになれるという喩《たと》えに過ぎなかったのである。何はともあれ、男は村一番の金持ちになり、嫁を迎え幸せに暮らしたという。（『柳井昔ばなし』）

真紅の雑煮［しんくのぞうに］

『岩邑怪談録追加』にあるもの。

岩国藩（山口県）の中老を務めた某家では、正月三が日に雑煮餅を煮ると必ず真紅に染まるため、焼餅だけで儀式をする。かつて正月の早朝に主の鬚《ひげ》を剃《そ》るよう命じられた下僕が、指示が気に食わず舌を出したのを見られて怒りを買い、台所で斬り殺された。その下僕の血が雑煮に混じり、怨霊のために雑煮が赤く染まるのだという。（岩国徴古館編『岩邑怪談録』）

杉小次郎［すぎこじろう］

山口県徳山市一ノ井出（現・周南市徳山一ノ井出）に伝わる。

毛利氏広島在城の時代。都濃《つの》郡野上の豪族である杉家の嫡男・小次郎に嫁いだ姫に懸想した広島の殿は、小次郎の留守に彼女を己の城へ連れ去った。筑前にいた小次郎は急ぎ広島を目指したが、野上の大島沖で追手に討たれ非業の死を遂げた。以後、吹雪の夜などには一ノ井出の興元寺（杉家の菩提寺）から白馬に乗った小次郎の霊が現れて領地を馳せ巡るとか、毛利の船が大島沖を通ると必ず海が荒れるといって恐れられた。毛利殿の側室になった姫は終生これを苦にして、美人の業の深さを嘆き「せめて山口だけでも美人は生まれさせたくないものよ」と願ったという。

小次郎は斬り殺されたとも、狂人に仕立てられ簀《す》巻《ま》きにされて海へ投げこまれたともいう。後に毛利就隆《なりたか》が徳山藩主となったが、城下で杉小次郎の一件を語るのは禁忌とされたという。（『生きている伝説』、松岡利夫・古川薫『山口の伝説』）

細男［せいのう］

神事芸能に用いられる人形で、祭の時には神として扱われる。清能、誓能、聖能などとも表記される。

山口県では山口市徳地町堀の出雲神社の九月例祭で細男人形が現れる。神輿《みこし》が巡るのを見届けるように拝殿から人形が出されると、集まった人々がこれを取り囲んで拝

む。人形は尉《じょう》（翁）の姿で、普段は神殿深く収められている。祭り以外には登場せず、神事でも長く姿を見せてはならないものとされている。細男に痛いところをさすってもらえば治るとも信じられている。

萩市見島《みしま》の見島神社でもセイノウサマ（青農様）という神が祀られている。ここでは九月の例祭の宵宮に「セイノウ詣り」が行われた。祭りの一〇〇日以前に産まれた子もセイノウと呼び、晴れ着を着せて神社に詣で、神前で厄払いを受ける。この行事は見島の過疎化により廃れてしまった。（『山口県の民俗芸能』）

禅師河童［ぜんじかっぱ］

山口県美祢《みね》市秋芳町に伝わる。

南北朝時代、自在寺の開祖・寿円禅師は秋芳洞で雨乞祈願を行い、自身の命と引き換えに村を旱魃《かんばつ》から救った。禅師が入洞した時、洞口の竜が淵に棲んでいた河童は、寺の放生池の鯉を食べた己を呪詛《じゅそ》するために僧が来たと思いこんでいた。だが懸命に降雨を祈る気高い姿を見て心打たれ、満願成就の後に禅師が淵へ身を投じると、その骸《むくろ》を寺まで届ける役目を果たした。激流に揉《も》まれ傷だらけになった河童は、村人に禅師を託すと波に呑まれて消えた。この河童を誰いうとなく禅師河童と呼ぶようになったという。（佐藤治『ながとの民話』）

全裸の女の幽霊［ぜんらのおんなのゆうれい］

山口県阿武郡の話として『中国・四国怨念地図　平成17年度』に載るもの。

ある車道のカーブが連続する場所には、全裸の美女の幽霊が出るという。その幽霊はブレーキを踏まずカーブに突っこむと姿を現すといわれていた。噂を聞いた若い男たちが車を走らせたところ、最後のカーブでブレーキが効かず減速不能となり、車体が横転する事故を起こした。事故直前、一瞬ミラーに女の足が映っているのが見えたという。また、若者たちは全治二週間ほどの軽傷ですんだという。

竈怪［そうかい］

石川鴻斎《こうさい》『夜窓鬼談』にあるもの。名前の読み方は、明治二二年（一八八九）刊行の原著では「ソウクワイ／カマドノバケモノ」で、平成一五年（二〇〇三）の小倉斉・高柴慎治による訳注版では「かまどのかい」となっている。

嘉永（一八四八〜五四）の頃、長州萩（現・山口県萩市）での出来事。戎町《えびすまち》で身寄りのない年老いた尼が亡くなり、近所の者たちは家財道具を売って彼女の葬式代に充てた。ある古道具屋が竈《かまど》を買い取って家に持ち帰ったところ、夜間に竈の中から皺《しわ》だらけの老尼が顔を出して周囲をうかがうようになった。竈はそれから何度も転売されたが、行く先々で尼が顔を出した。ある男が竈の土を砕いてみると、中から尼が生前に蓄えたと思しき金が出てきた。僧に読経を頼み、金を布施として納めると、怪異は

起こらなくなったという。

竃に隠していた貯蓄への未練から幽霊が出るという怪談は、各地の民話や古典落語「へっつい幽霊」などとも共通する、よく知られた内容のもの。

早乙女の霊［そうとめのれい］

山口県佐波《さば》郡徳地町《とくぢちょう》（現・山口市徳地地域）に伝わる。

八坂の上河内《うわごうち》と奥河内《おくごうち》が争いをしていた時代のこと。屋敷集落に住む三人の娘が田植えをしているところに侍が通りかかり、何事かに立腹して彼女らの首を斬り落とした。集落の人々は小さな墓を建てて娘たちを弔ったが、その後たびたび災難がふりかかった。墓は田植えの時期になると水に浸かる場所にあったため、人々は墓を動かして供養しようと考えた。すると早乙女たちの霊が出てきて「私たち三人はここで首を斬られたのですから、ここを動きたくありません」と言った。よって墓は移されず、以後何百年もその場に置かれたという。

（『徳地の昔ばなし』）

罪のない早乙女が殺され、供養の塚などを築く話は数多い。玖珂《くが》郡周東町桧余地《ひよじ》（現・岩国市）や徳山市五月町（現・周南市）などにも類似の伝説が残されている。

（『山口伝説散歩』、『とくやま昔話』）

宋の御前［そうのごぜん］

山口県豊浦郡豊田町（現・下関市豊田地域）に伝わる。
専学寺前の竹藪《たけやぶ》の中には「宋の御前」の墓がある。かつて蒙古《もうこ》が攻めてきた時に宋から渡ってきた人が当地で行き倒れ、それを葬ったものと伝わっている。この竹藪に行くと気分が悪くなるといわれ、女性は避けて通った。また、祟《たた》りがあるといけないので、祠《ほこら》には毎月御神酒《おみき》が捧げられたという。（『民俗採訪』昭和四九年度号）
鬼の首も参照。

素観［そかん］

『新説百物語』巻之四「沢田源四郎化物をとぶらふ事」の登場人物。

周防国（山口県）山口城下の寺で修行する素観は、沢田源四郎という美少年に想いを寄せていた。しかし源四郎には鈴木某という念友《ねんゆう》がいると知り、素観は断食の果てに死んでしまった。彼の臨終前から様々な恐ろしいことが起き、死ぬ間際にはその顔を見ようとする者もいなかったという。死後一月ほどすると源四郎の寝間に家鳴《やなり》がして、縁の下から大坊主が出るなどの怪異が起こるようになった。高僧たちが死霊を弔おうとしたが効果はなく、怪異は毎夜続いて源四郎は衰弱していった。ある晩、恐ろしい顔つきの霊が現れて枕元に迫ったが、夜伽《よとぎ》に来た若侍が火鉢で焼いていた栗が爆《は》ぜた瞬間、はっと姿を消した。それから一切の怪異は止み、源四郎も回復したという。

（『続百物語怪談集成』）

空かける化物［そらかけるばけもの］

山口県阿武郡川上村（現・萩市川上地域）に伝わる。

昔、ある若者が突然腹を押さえて苦しみはじめ、あっという間に死んでしまった。同時刻、若者の家からは怪しい煙が立ちのぼり、恐ろしい化物が現れた。化物は夜通し暴れ、不気味な鳴き声が村の上空をかけめぐった。夜が明けると、村のあちこちに体を引き裂かれた牛馬の死骸が転がっており、人々は病気に罹《かか》って次々と死んでいったという。（「川上地域昔話」萩・阿西商工会ウェブサイト）

【た】

大寧寺の泣き声［たいねいじのなきごえ］

浅井了意『狗張子《いぬはりこ》』巻之三「大内義隆の歌」にて語られる怪異。

周防国（山口県）山口の城主・大内義隆は七ヶ国を従える戦国大名だったが、佞臣《ねいしん》に惑わされ酒食にふけり、陶《すえ》晴賢に国を奪われてしまった。義隆主従は長門深川の大寧寺にて切腹、御台所《みだいどころ》や召使いの女房たちも互いに刺し違え、大内家は滅亡した。それからしばらくの間は、寺の境内から夜ごとに女の泣き声が聞こえた。僧たちが法会を執り行うと、その泣き声は聞こえなくなったという。（『浅井了意全集5』）

高壺山の鬼［たかつぼやまのおに］

山口県下関市豊北町《ほうほくちょう》の角島《つのしま》に伝わる。

島戸の高壺山に棲む鬼どもは、里に出ては悪事をはたらき、対岸の島にも歩いて渡れる道を造ろうと企《たくら》んでいた。住吉大神は鬼の大将を呼びつけ、一晩で作業を終えれば望み通りにさせるが、できなければ命はないぞと言いつけた。だが鬼たちは石を積み上げて早々に島を陸続きにしそうだったため、慌てた住吉大神は樹上で蓑笠《みのがさ》をはばたかせ、一番鶏の鳴き声を真似て鬼を退散させた。この時に鬼が積んだ大石が鳩島になり、小石が天ヶ瀬になったという。また鬼が地団駄踏んだ足跡はいつまでも草が生えなかったともいう。（佐藤治『ながとの民話』吉岡一生『山口伝説散歩』）

鬼や天邪鬼《あまのじゃく》が夜明けと共に作業を中断したことが地形の起源になったと語る伝説は各地に残されている。

武十虫［たけじゅうむし］

山口県阿武郡地福村《じふくそん》（現・山口市阿東《あとう》地福）に伝わる。

明治頃の出来事。広島県沼隈《ぬまくま》郡出身の原武十は道路工事の人夫として地福村を訪れて、その実直さを信用されて小作人として定住した。ある年の五月、武十が植えた田にばかり得体の知れない虫が発生し、稲を食い荒らして枯らした。この虫はたちまち村中に広がり大損害を出した。腕っぷしの強い武十は広い田でも熊手ひとつで打ち起こしたため「牛で田作りをしないから豊神の罰が当たったのだ」と陰口を叩かれた。村人は様々な祈禱《きとう》に頼ったが効果はなく、虫は年々蔓延《まんえん》した。役場の勧業係主任・有井宜治が武十虫を執念深く調査し、その防除策を確立したため、虫は有井虫とも呼ばれた。（『史跡と民話の町　合本版』）

武十虫とは稲の害虫であるドロオイムシの一種だったようだ。

崖童［たけわろ］

山口県大津郡地方や萩市の見島《みしま》、大島などに伝わる。河童、山童の類。タケワリ、タキワロ、タキワロウとも発音される。タキとは断崖のことであるため「崖童」の漢字をあてるものと考えられる。

川尻岬（現・長門市）のタキでタキワロに会った人は長患いをしたという。萩市の大島では、タキワロウが茱萸《ぐみ》だといってコガの実をいっぱいくれたことがあるという。タキワロウは山に三年、川に三年いて、海に入るとエンコ（**猿猴**《えんこう》）になるという。（『綜合日本民俗語彙』）

見島では魚釣りや磯もの獲りに行くと、姿は見えず、波も立たないがグツグツと音が聞こえることがある。そのとき「しっかりなげえ」と声をかけるとゴツゴツと音が鳴るという。これはタケワロの仕業であるとされている。また、子供が牛を連れて牧《まき》場《ば》に行くと、顔の赤い小さな童（タケワリ）が出てきて相撲を挑んでくることがあるという。タケワリは負けてくれるように頼むが、言うとおり負けて倒れてやると決して起き上がることができない。他にも海岸の崖などで石を投げて人を驚かせることもあるという。タケワリの正体は牛の亡魂だともいわれた。（瀬川清子『見島聞書』）

龍の駒［たつのこま］

山口県岩国市錦町に伝わる。

仁安元年（一一六六）、周防山城庄阿賀村の佐伯大夫重氏が、石州吉賀《よしか》（島根県）の初見が原から子馬を連れ帰り、龍の駒と名付けた。この馬は元は荒々しい性格で、田畑の作物を食い荒らし、口からは火を吹く乱暴者だったが、重氏に可愛がられ、稀代の駿馬《しゅんめ》に成長した。その名声は朝廷にまで聞こえ、龍の駒を差し出すように勅命が下った。重氏は悩んだ末に龍の駒に乗って逐電したが、勅命違背の罪で追手が差し向けられ、愛児の小五郎が処刑されてしまった。

重氏は龍の駒を駆って宇佐が嶽（後の小五郎山）を馳《は》せ登ったが、神託により息子の死を知って愕然《がくぜん》とし、観念して下山しようとした。そのとき龍の駒は谷に転落し重傷を負い、再び歩き出すも梅の小枝で胸を突き息絶えた。重氏は龍の駒を葬ると、郷里の人々の祈りあらば諸願を叶えると誓い、自ら命を絶った。重氏と馬の霊を慰めるため、人々は毎年の祭をするようになったという。（光貞源一『錦町散歩』）

田螺の姉妹［たにしのしまい］

山口県都濃《つの》郡鹿野町《かのちょう》（現・周南市鹿野地域）に伝わる。

昔、山里に住む身寄りのない兄弟が、田んぼで二つの田螺を見つけた。なんともいえない色艶《いろつや》のよさだったので、二人はその田螺を飼うことにした。兄弟が田螺を大切に育ててかわいがっていると、二人の留守中に誰かが夕飯の支度をしてくれるようになった。気味が悪くなった兄弟がひそかに家の様子をうかがうと、驚いたことに二匹の田螺が美しい人間の姉妹の姿に変じて、仲良く夕飯の支度をしていた。二匹の田螺はもともと人間の姉妹で、夕方だけ元に戻ることができるのだった。その身の上を哀れに思った兄弟が恵比寿様と大黒様に願掛けをすると、姉妹は元の人間に戻ることができた。兄弟と姉妹はそれぞれ結ばれて夫婦になり、末永く仲睦まじく暮らしたという。（倉富良枝著『鹿野の昔話』）

田村の怪［たむらのかい］

山口県山口市に伝わる。

山口では謡曲「田村」を謡《うた》ってはならないという。それは大内義隆が陶《すえ》晴賢に襲撃を受ける前夜、豊後大友氏の使者を迎えて饗宴《きょうえん》を開き、田村の能舞を演じていたからだという。大内氏滅亡後、築山館《つきやまだて》址で「田村」を謡うと、月見の松の陰にある古井戸から白馬に乗った武士（大内義隆の霊）が出てくるといわれていた。（松岡利夫『周防長門の伝説』、『趣味の山口』）

城郭と謡曲の禁忌にまつわる怪異の一種。島根県の**小豆《あずき》磨《と》ぎ橋の幽霊**も参照。

壇ノ浦の海豚［だんのうらのいるか］

『平家物語』巻十一にて語られる怪異。

壇ノ浦（山口県下関市）の合戦の最中、劣勢におかれていた源氏の船に、虚空から舞い下がった白い旗がかかった。源義経はこれを八幡大菩薩の現した奇瑞《きずい》だと喜び、源氏方一同で拝んだ。また、沖の方からは二〇〇〇頭あまりの海豚の大群が泳ぎ寄せてきた。平家の大将平宗盛は、この現象の意味を陰陽師の安倍晴信に占わせた。晴信は海豚の進行方向にいる軍勢が滅びると判じたが、その言葉が終わる前に海豚の群れは平家の船を潜り抜けていった。晴信が今の世の趨勢《すうせい》を悟った時、この予兆を裏付けるかのように源氏は攻勢に転じた。そして**安徳天皇**らが入水して、平家は滅亡に至った。（佐藤謙三校注『平家物語』）

血の池地獄の女［ちのいけじごくのおんな］

山口県徳山市中須《なかず》（現・周南市中須）に伝わる。産女《うぶめ》の類。

夕方、寂しい谷で女の泣き声が聞こえることがある。難産で死んだ女が血の池地獄に落ち、産みそこなった子を洗うため、血の入った盥《たらい》を持って泣いているのだという。（迫中融『周東地方の伝説と伝承』）

血の池プール［ちのいけぷーる］

実業之日本社刊『こわーい！　都市伝説&怪談ＤＸ』に山口県の読者からの投稿として載るもの。

ある女児が夏休み中に学校のプールへ水泳練習に行った。まずシャワーを浴びようとして蛇口をひねると、水ではない赤い液体が噴き出してきた。プールでも水中に血のように真赤なもやが広がっていくのが見えた。怖くなって監視員のおばさんを呼んでくると、赤いもやは消えていた。しかし帰りに目を洗う水道の蛇口をひねると、またしても赤い液体が噴き出してきた。女児はこの液体は血だと確信したという。

茶瓶転がし［ちゃびんころがし］

山口県下松市末武《すえたけ》に伝わる。

昔、平田川沿いの花岡道には悪い狐が棲んでいた。深夜、祝い事のあった家から帰る途中にここを通ると、急に酔いが回って水を飲みたくなる。すると目の前に茶瓶が出てくるが、やれありがたやと手を伸ばすと、茶瓶はころころと転がっていく。思わず土産物を置いて追いかけると茶瓶はフッと消え、引き返すと土産のごちそうは狐に食われてしまっているという。（『下松市の民話・伝説と民謡』）

鎮火白菊稲荷［ちんかしらぎくいなり］

山口県下松市末武《すえたけ》に伝わる。

昔、ある森に一〇〇年の功を経て、銀色に輝く毛並を得た神々しい白狐の夫婦が棲んでいた。夫婦は京都伏見稲荷で位を授かり、神通力を得ようと考え、牡狐が先に出発した。だが末武村の浜子（入浜塩田の労働者）たちに捕まり、無慈悲にも食材にされてしまった。眷属《けんぞく》からの報告で夫の死を知った牝狐は昼夜の別なく嘆き悲しみ、西《にし》市《いち》あたりでは毎夜のように原因不明の火事が起こるようになった。村人たちは浄財を集め、正福寺境内に白狐を祀るお宮を建てた。以後は火事もなくなり、宮は霊験あらたかな鎮火白菊稲荷（鎮火稲荷）として信仰を集めたという。（『下松市の民話・伝説と民謡』）

ちんちろり

広瀬喜尚『岩邑怪談録』にあるもの。

岩国（山口県岩国市）の加藤某という人が西宇治からの帰宅途中に道祖峠《さいのたお》にさしかかったとき、小坊主が跡をつけてきて「加

藤殿はちんちろり、、、、」とからかってきた。加藤氏は「そう言う者こそちんちんちろり」と言い返し、以後互いに張り合いながら自宅の門口まで帰ってきた。加藤氏が門を閉ざすと、小坊主は門の屋根でにこにこと笑って「さても強い者じゃ」と言ったという。（岩国徴古館編『岩邑怪談録』）

原題は「加藤氏変化に逢ふ事」で、妖怪も「小坊主」としか呼ばれず、固有の名前はないが、水木しげるの著書では「ちんちろり」の名で紹介されている。また、妖怪の姿は『岩邑怪談録』では門の屋根に腰かける異相の小坊主だが、水木は赤い頭巾をかぶった小僧として描いている。

人と妖怪（狐狸など）が同じ言葉の応酬を続けて勝負する話は各地でみられる。属性別索引【言い負け】も参照。

つうぼ貝［つうぼがい］

山口県下関市の彦島に伝わる。

昔、舟島（巌流島）に一人の若者がいてコウボ貝（ミルガイ）やツウボ貝（イガイ）ほか、各種の貝を採っては売っていた。ある夏の日、美しい娘が彼を訪ね、嫁にしてほしいと頼んできた。若者は娘と想いを通じて甘いひと時を過ごしたが、朝になると娘はいなくなっていた。その日から娘は若者が床に就く頃になるたび戻ってきて、彼と抱擁を重ねた。若者は娘の魅力に没頭して漁にも出なくなり、やがて体を壊して寝こんでしまった。すると娘は自分が浜のツウボ貝の化身であることを明かした。契りを交わしたコウボ貝が若者に鍬《くわ》で叩き殺され、復讐《ふくしゅう》のために若者の生気を衰えさせたのだった。若者は身動きもとれず、何ヶ月も臥《ふ》せった挙句に飢え死にしたという。（冨田義弘『彦島の民話』）

点かずの灯籠［つかずのとうろう］

山口県下関市細江町に伝わる。

幕末の頃、ある報国隊士が灯籠を運んでいる途中、民家の一部を壊してしまった。怒った家主は抗議したが、逆上した隊士に斬り殺された。家主は「その灯籠には絶対に火を灯させない」と言い残して死んだ。彼の言葉通り、その灯籠はどうしても火が点かなかったため、世間では点かずの灯籠と呼ばれたという。（松岡利夫・古川薫『山口の伝説』）

塚の火［つかのひ］

浅井了意『狗張子《いぬはりこ》』巻之四「非道に人を殺す報」にて語られる怪異。

周防国野上庄（山口県）に、関《せき》久兵衛という武勇を誇る侍がいた。ある時、彼は下人の夫婦に難癖をつけ、無理に手討ちにした。首を刎《は》ねられた夫婦の死体は野に埋められたが、初七日の夜、そこから火が燃え出した。火は子の刻には鞠《まり》のようになり、野道を通って関の屋敷へ向かった。以後、怪火の訪問は毎夜続き、当初は青く弱い光だったものが、一〇〇日を過ぎる頃には赤く盛んに燃える火となった。塚から火が来

ると関の子供はひどく恐れて狂乱し、火が去ると正気に返った。様々な祈禱《きとう》や魔除けも効果はなく、関家は次第に疲弊していった。やがて子供らが同日に病死し、妻も嘆き悲しむうちに狂気にとらわれ死亡した。久兵衛は僧を頼んで塚に卒塔婆を立て、亡魂を弔った。すると火は出なくなったが、久兵衛も間もなく死んで家名は断絶したという。（『浅井了意全集5』）

妻の夢 ［つまのゆめ］

浅井了意『伽婢子《おとぎぼうこ》』巻之三「妻の夢を夫面《まのあたり》に見る」にて語られる怪異。

周防国（山口県）の領主・大内義隆の家臣である浜田与兵衛の妻は、もと室泊《むろのとまり》の遊女だった。優れた美貌と風流心の持ち主で、情け深く、歌の道にも秀で、夫とは固い絆で結ばれていた。ある年の八月十五夜、都に長逗留《とうりゅう》していた与兵衛が久しぶりに帰郷した。家に帰る途中、十数人の男女が月見の酒宴を開いているのに出くわした与兵衛は、座の中に己の妻を見つけた。妻は宴《うたげ》の参加者に求められるまま和歌や今様《いまよう》を吟じたが、それらには恋い慕う夫の帰りを待ちわびる心が詠みこまれており、物陰で聴いていた与兵衛は思わず涙する。やがて妻も感極まって泣き出したが、それが座の不興を買い、盃を投げつけられてしまった。妻が怒って石を投げ返し、宴席が騒然となった瞬間、全ては消え失せ、虫の声が聞こえるばかりとなった。妻たちは幽霊だったのだろうかと与兵衛は悲しんだが、帰宅してみれば妻はまだ生きていた。妻は「宴の夢を見ていた」と言い、与兵衛が垣間見たのと同じ光景や歌について話した。与兵衛が見たのは、妻の夢の中の出来事だったのである。（『浅井了意全集5』）

津和野のお稲荷さん ［つわののおいなりさん］

木原浩勝・中山市朗『新耳袋　第九夜』にあるもの。

ある女性の実家は山口県にあり、信心深い母と祖母はいつも神棚の「津和野のお稲荷さん」に手を合わせていた。この神様を拝めば、なくしたものは必ず出てくるという。あるとき、この女性の携帯電話のデータが全て消えてしまい、母に勧められて半信半疑で津和野のお稲荷さんに願掛けした。その後、消えたはずのデータがいつの間にか全て復活していたという。

この話は島根県の津和野町にある太皷谷《たいこだに》稲成《いなり》神社を信仰する家庭での出来事と思われる。この稲荷神は失せ物探しに霊験あらたかだという。**狐の失せ物探し**を参照。

手打の大坊主 ［てうちのおおぼうず］

広瀬喜尚『岩邑怪談録』にあるもの。筆者命名。

長某氏という剛強の人が置座で涼んでいると、風の音がざわざわと凄《すさ》まじくなり、大坊主が来て手打（互いの手を打ち合って勝敗を決する遊び）をしようと言いだした。結果、長氏は大坊主に散々に負けてしまい、

次の晩は金槌《かなづち》を持って再戦に臨んだ。将棋盤の上に出した手を金槌で強《したた》かに打たれると、大坊主の化物は消え失せたという。（岩国徴古館編『岩邑怪談録』）

テントの顔［てんとのかお］

山口県大津郡油谷町《ゆやちょう》（現・長門市）の川尻岬で起こった怪異。筆者命名。

ある旅行者が川尻岬にテントを張って野宿をした。夜中に「ううっ、くふっ、くくっ」という、笑い声とも呻《うめ》き声ともつかない声を聞いて目を覚ますと、テントの一部がへこみ、一瞬その形が人の顔のように見えた。彼は恐ろしくなって、急いでその場から立ち去ったという。（山岸和彦『最新日本の心霊恐怖スポット100』）

天養果［てんようか］

山口県柳井市に伝わる。

応永年間（一三九四～一四二七）は飢饉《ききん》が多発して、余田村《よたそん》（柳井市余田）でも数百人の餓死者が出た。村人たちが天に向かって悲嘆の声を上げていると、天から松露《しょうろ》ほどの大きさのものが降り注ぐようになった。それは薫り高く、食せば甘味があり、汁気も多かった。その後、この「天養果」は飢饉のたびに余田村に降り注ぎ、村人の命を救ったという。（『柳井昔ばなし』）

道一坊［どういちぼう］

山口県山口市に伝わる天狗。小鯖《おさば》の泰雲寺の山に棲んで仏法を守護しているといわれる存在で、道護法神とも呼ばれる。

ある日、道一坊が下駄に化けていると、賢い小僧がその正体を見抜き、悪戯心《いたずら》から緒の穴に焼け火箸を挿しこんだ。不意を突かれた道一坊は対処できず、隻眼《せきがん》の天狗になってしまったという。

天明三年（一七八三）には秋穂二島村《あいおふたじまそん》の一實藤左衛門という石工が、山伏姿の道一坊に出会い、彼に背負われて諸国の寺社参拝に旅立った。旅を終えて別れる際、道一坊は「危急のことが差し迫ったら必ずこれに告げるがよい」と言って、石工に葛笠《つづらがさ》と杖を授けた。石工はこれを祠《ほこら》に祀ったという。（小川五郎「防長伝説民譚集　一」『ドルメン』第二巻第十号）

十の森［とおのもり］

山口県大津郡日置町《へきちょう》（現・長門市日置地域）に伝わる。

昔、大雨が降って洪水となり、草添山《くさぞえやま》の大きな寺が僧もろとも流されてしまった。僧の死体は各所の田に点々と流れ着き、村人はそこに塚を築いた。塚には木が茂って「モリサン（森神）」となり、全部で一〇ヶ所あることから十の森と呼ばれた。

伝承では一〇ヶ所とされる森様だが、徳丸亞木「森神と洪水伝承」（『地域文化研究』第六号）によれば、存在が確認できるのは六ヶ所だという。そのうち新市《しんいち》にある「コノツモリ」は怨霊の塚といわれ、非常に

祟《たた》るため触ることは禁忌となっている。小野地のトウノモリも祟りやすい森神だといわれ、僧が流れ着いた場所というだけでなく、寺院から塔が流れてきた「塔の森」の意味もあると伝えられている。（『山口県史　資料編　民俗1』）

泥鰌森様［どじょうもりさま］

山口県美祢郡《みねぐん》美東町《みとうちょう》綾木《あやぎ》（現・美祢市）に伝わる。

かつて綾木の里は蛭《ひる》が非常に多く、人々は困っていた。そんな折、宇佐八幡宮の霊水と神池の泥鰌を持ち帰ればよいとの神託があり、それに従うと蛭が出なくなった。よって、神への感謝をこめて「どじょう森様」こと河内神社が祀られたという。数百年後、大隅国（鹿児島県）に流されていた和気清麻呂が帰還する道中、周防国多々良付近で道鏡の手下に毒を飲まされ、足腰が萎《な》えて動けなくなってしまった。そのときどじょう森様の冷水を浴び、満願の日に泥鰌を飲むと元通りに回復した。以来、どじょう森様は足腰の病の神として知られ、祭日には泥鰌を池に放したり、歳の数だけ泥鰌を描いた絵馬を奉納するようになったという。（『山口県のまつり』、松岡利夫『周防長門の伝説』）

とぼう

山口県阿武郡阿東町《あとうちょう》（現・山口市阿東地域）などでいう怪蛇。**槌《つち》の子**の類。

とぼうは蛇の一種で、太さの割に胴が短く、ピンコピンコ飛ぶように移動する。外見が斗枡《とます》に入れた米を均《なら》す際に使う斗棒《とぼう》に似ているためこう呼ばれるともいう。ヨコロ（藁《わら》打ち棒）と呼ばれることもある。ある人は土居の奥の山田へゼンマイ採りに行き、太さ一升瓶ほど、長さ約六〇センチのトボウを見た。それは蝮《はみ》とは色も形も異なっていたという。トボウの子供が寝ているのを何度か見た人もいる。また、入戸のあたりにトボウが棲んでいるとも噂されたという。（『史跡と民話の町　合本版』）

虎［とら］

山口県大島郡周防大島町油良《ゆら》に伝わる。

昔、あるお婆さんとその子、孫の三人が八幡様参詣に出かけた。道中、橋のかかっていない川があったが、子は孫と共に川を渡り、お婆さんは置き去りにした。仕方なくお婆さんが一人で川を渡り八幡様に参ると、孫だけが待っていて「黄色な足の四本あるものが、お父さんを竹藪《たけやぶ》の方へ連れていった」と言った。不審に思ったお婆さんが竹藪を見に行くと、大きな虎が子を喰い殺していたという。

油良の八幡宮では秋祭に和藤内《わとうない》神事という虎舞《とらまい》の一種が行われていた。村の若者が虎に扮して境内から現れ、村内を巡って暴れる様子を演じるもので、最後は和藤内役の者に竹藪に見立てた神域に封じこめられる。（宮本常一「周防の大島（四）」『旅と伝説』通巻第五七号）

とんべえ狐［とんべえぎつね］

山口県防府市田島中浦に伝わる。

中の浦と中の関の間にある田島山には昔から悪戯《いたずら》狐がいて、夜に峠を通る人を化かしていた。とうべえという若者がこの峠を通った時、狐が若い娘に化けて親しげに話しかけてきた。とうべえは騙《だま》されたふりで娘についていくと、隙を突いて力任せに尻尾を引き抜いた。狐は逃げ出し、後にとうべえの伯母に化けて尻尾を取り返そうとした。だがそれも失敗し、ついに捕らえられてしまった。狐は「自分がいなければ五匹の子が餓《う》えてしまう」と涙ながらに助命を乞い、同情したとうべえに尻尾を返してもらった。それからは狐の家族がとうべえの田植えや芋掘りを手伝ったり、山の果物を届けたりして尽くした。この狐たちはとうべえ狐と呼ばれ、それがいつしか訛《なま》ってとんべえ狐になったという。（白井江鷗『周防中の浦のななふしぎ』）

【な】

長門普明鬼宿坊［ながとふみょうきしゅくぼう］

『天狗経』にて名前が挙げられている全国代表の四八天狗の一体。

名前に「長門」を冠することから山口県に縁ある天狗とみられているが、詳細は不明。天狗を研究していた知切光歳も「見当がつかない」として、自作の天狗番付でも休場扱いにしている。（『天狗の研究』）

長登峠の女狐［ながのぼりだおのめぎつね］

山口県美祢《みね》市の秋吉台周辺を舞台とする話に登場するもの。

秋吉台と権現山の間にある長登峠には狐がよく出て人を化かすと噂されていた。金造という男は婚礼に呼ばれた帰り、狐に騙《だま》されて土産の天ぷらや寿司を泥団子や木の葉にすり替えられた。これを見た女房のタミさんは激怒して夫を散々罵《ののし》った。実は金造は峠を下った所に住む昔の恋人の家に立ち寄っており、浮気を隠すため狐に騙されたことにしていたのだった。タミさんはそれも承知のうえで嫌味を言っていたとのこと。（光谷清『秋吉台いろいろ話』）

中山忠光［なかやまただみつ］

幕末期の公家。権大納言《ごんだいなごん》・中山忠能《ただやす》の子で、尊王攘夷派の武装集団・天誅組（天忠組）の主将を務めた。やがて諸藩から逆賊として追われる身となり、長門国豊浦郡田《た》耕村《すきそん》（現・山口県下関市）で暗殺された。

暗殺を主導した長府藩は村の五人の庄屋を計画に加担させ、最年少で家格の低い山

田幸八が暗殺隊の手引き役になった。事件後、長州は倒幕に傾き、独断で暗殺を実行した長府藩は事件の隠蔽を図った。幸八は村人から白眼視されて狂気にとらわれ、明治四年（一八七一）に何日も「もったいない」と叫び続け、吐血して死んだ。長女も精神を病み、他の家族も病に罹《かか》るなどしたため、村では中山忠光卿《きょう》の祟《たた》りが噂された。殺害現場となった長瀬の田は、事件後とかく実りが悪くなった。耕作に使った牛は病死し、田の所有者の家は火事で焼け、家人は病気になったともいう。人々は因縁を感じて祠《ほこら》を建て、忠光卿の霊を祀った。これが本宮中山神社の起こりだという。

綾羅木《あやらぎ》にも藩が鎮魂のため建てた中山神社がある。忠光の遺児・仲子の娘で、満州国皇帝・愛新覚羅溥儀《あいしんかくらふぎ》の弟・溥傑《ふけつ》に嫁した浩《ひろ》と、その娘であり、大学同級の男子と心中した慧生《えいせい》も、中山神社摂社の愛新覚羅社に祀られている。（『ドキュメント中国百年第一部』、川崎又次郎編『中山忠光卿』、上島敏明『魔界と妖界の日本史』）

謎の球体［なぞのきゅうたい］

令和三年（二〇二一）四月一七日、朝日新聞から「透明に光る謎の球体、１００個超民家の敷地から発見」と題する記事が配信され、一時は短文投稿サイト・Ｔｗｉｔｔｅｒにて「謎の球体」がトレンドワードになるなど話題を呼んだ。これは山口県光市で起きた次のような事件である。

一七日午後、三輪《みわ》のある民家の敷地で直径一・五センチほどの無色透明、または緑がかった球体が一〇〇個以上見つかった。球体はビー玉のような外見で弾力があり、ゼリー状で押すと潰れるが無臭だった。一時間ほど前までこのような球体はなかったという。午前中は雨だったが、気象庁によると自然現象ではないらしく、記事は「正体は謎だ」との一言で結ばれている。

掲載された写真を見る限り、球体の正体は消臭剤や観葉植物生育用の保水材として市販されている高吸水性ポリマーのビーズである可能性が高い。乾燥して縮んだ球体が何らかの理由で民家敷地内に散らばり、それが水を吸収し再び大きくなったのが真相ではないだろうか。ネット上の反応も、正体がほぼ明らかなものが「謎」扱いで報じられたことを面白がるものが多かった。

においのお化け［においのおばけ］

「水木しげるの妖怪目撃画談」で山口県の投稿者の体験として紹介された妖怪。初出は二〇〇三年発行の『怪』第一五号。

体験者はある時から異常に体臭が強くなり、風邪薬などを飲むと全身からその臭いが噴き出すという。そのため「においのお化け」のようなものの仕業を疑い、退散させる方法を求めているという。体質が変化したのは、水木の講演を聴いた日の晩に怖い夢を見てから、もしくはその後に強烈な体臭の人に触れてからではないかという。

この話を元に、透明な幽霊のような姿で臭気を吐き出す「においのお化け」が描か

れた。また水木は投稿への回答として「においは凡《すべ》てお化けかもしれない」と述べたうえで、大便に関する談議に興じている。

二宮佐渡守の画像 ［にのみやさどのかみのがぞう］

山口県岩国市藤生町《ふじゅうまち》に伝わる。二宮佐渡守は安芸《あき》（広島県）の吉川氏に仕え、厳島合戦などで武功を挙げた二宮俊実のこと。

俊実の墓がある藤生町の松巌院《しょうがんいん》には、俊実と筑後守元実、杢之助経実、杢之助春実、兵庫介長実の五名を描いた肖像画も残されている。これは俗に二宮佐渡守の画像と呼ばれ、虫干しは必ず男が行うしきたりだった。女に触れさせるのは禁忌とされ、もし女が虫干しをすると祟《たた》りがあるという。（『岩国の文化と教育資料　第二集』）

人形石 ［にんぎょういし］

山口県岩国市岩国に伝わる。錦帯橋《きんたいきょう》周辺で見つかる、人のような形をした小石。

錦帯橋架設は難工事で、川の増水で何度も橋台が流され、ついに人柱を立てることになった。だが人選が決まらず、ある役人が「袴《はかま》に横つぎのある者を人柱にしよう」と提案した。調べてみると言い出した本人の袴に横つぎが見つかり、人柱になることが決まったが、彼の二人の娘が身代わりを願い出た。親思いの姉妹の犠牲で錦川は鎮まり、橋は完成した。その後、橋の下の流れからは、姉妹の姿を写したような形の石が見つかるようになり、人形石と呼ばれたという。（松岡利夫『長門周防の伝説』）

これはニンギョウトビケラという昆虫が小石や砂を集めて作る巣で、錦帯橋の石垣や敷石から採取したものが加工され、民芸品の「石人形」として販売される。（吉岡一生『山口伝説散歩』）

鵺 ［ぬえ］

山口県佐波《さば》郡徳地町《とくぢちょう》（現・山口市徳地地域）に伝わる。

昔、ある山に老人が来て、高さ五尺の石の五重塔を建て、弓型の田を開いたため、その地は祖父《そぶ》と呼ばれた。老人の正体は大和国（奈良県）の石川次郎秀康という弓の名人だといわれている。彼は将軍から鵺という怪物を射るよう命じられたが、老いた自分にはできないと断ったせいで流罪に処され、周防まで旅してきたのだという。佐波川を遡《さかのぼ》り山にたどり着いた石川老人は、ひとりでに動く不思議な石を掘り出し、それを御神体として祀ったという。

石川は大和城の殿様から全身真白の鶴を射落とすよう命じられ、失敗して追放されたとも伝わる。（『徳地の昔ばなし』）

抜け首 ［ぬけくび］

山口県徳山市栗屋（現・周南市栗屋）に伝わる。轆轤首《ろくろくび》の類。

昔、徳山のある所に年老いた夫婦と年頃の娘がいた。夫婦は別嬪《べっぴん》の娘に悪い男が近づくのを心配し、娘の外出を許さなかった。

しかし娘は外に出たい。誰かと話もしてみたい。何度頼んでも許されなかったが、外に出たい一心から夜中に首が伸び、戸の隙間から頭だけ出すことができるようになった。娘はとても嬉しくなり、それからは毎晩丑《うし》三つ時に首を伸ばして、顔だけを外に出した。この噂はすぐ村の若い衆に広まって「ぬけ首」を見ると早死にするといわれた。（向谷喜久江『とくやま昔話』）

『岩邑怪談録追加』には、岩国新小路の某家の妻が飛頭蛮《ぬけくび》だったという話がある。首が抜け出ている様子を見た夫は驚き、胴と首とを繋《つな》いでいる糸筋のようなものを断ち切ってしまった。そのため妻は死亡し、夫は罪もない妻を殺《あや》めたと大いに悔やんだという。（岩国徴古館編『岩邑怪談録』）

ネコビエ

令和二年（二〇二〇）に疫病退散の象徴として「アマビエ」が流行した際に生まれた派生形アマビエの一種。「猫寺」として親しまれている山口県萩市吉部上《きべかみ》の雲林寺に像が置かれ、その姿を描いた御朱印が配布された。すっかり世間に知られたアマビエの顔だけがネコになっていて、その全身像は猫面ビエ体とでもいった趣。

ネコビエは通称で、木像はチェーンソーアート作家・林隆雄氏が寄贈したもの、御朱印の図像は住職によるデザインだという。（「コロナから人や猫を守って　山口・萩の猫寺でアマビエならぬ猫ビエ木像」『毎日新聞デジタル』二〇二〇年四月二一日、「アマビエじゃないよネコビエだよ　萩の雲林寺で御朱印に」『朝日新聞デジタル』二〇二〇年五月一七日）

なお、ネコをモチーフとするアマビエのアレンジは、他にも様々なクリエイターによって試みられている。ペット供養を行う三重県鈴鹿市の宣隆寺にも、二〇二二年にはネコビエと称するネコ型アマビエの看板が設置された。

【は】

白雉［はくち］

白い雉《きじ》。吉兆とされる。

『日本書紀』には、大化六年（六五〇）に長門国（山口県）の国司・草壁連醜経《くさかべのむらじしこぶ》が麻《お》山《やま》で捕らえられた白い雉を朝廷に献上したとある。百済君豊璋《くだらのきみほうしょう》は、大陸では後漢の時代に白雉が見られたと語り、道登《どうとう》法師は高麗の白鹿薗寺の由来となった白鹿出現、寺領で白雀の出現が吉祥とみなされたことなどを例に挙げ、白雉もめでたいものだと言った。僧旻《そうみん》も王者の徳が行き渡る時代などに白雉が出現すると知見を語り、大きな瑞《ずい》

祥《しょう》と位置付けた。よって元号は白雉に改められ、白い雉は外に放たれた。天皇の詔《みことのり》により、長門国では鷹を使った狩りが禁じられたが、三年間は調役（繊維製品や特産品の納入賦課）が免除された。白雉改元は日本初の改元にして、日本初の瑞祥による改元でもある。（『歴代天皇・年号事典』、宇治谷孟『日本書紀　全現代語訳』）

白雉の捕獲地は長門国美祢《みね》郡赤郷《あかごう》（現・美祢市）の東山、あるいは真木の里（現・長門市）の花尾山の麻山と伝わる。（松岡利夫『周防長門の伝説』）

化け雛［ばけびな］

『岩邑年代記』や『岩邑怪談録追加』にあるもの。

岩国（山口県岩国市）の白銀屋万三郎の妻は広島某町の和泉屋の娘で、嫁入りの際には先祖伝来の豪華な雛人形を持参した。妻の死後、人形一式は鍛冶屋町の長谷屋助右ヱ門に売り払われたが、大きな品物ゆえ買い手がつかず、体は人形芝居の一座に、衣装は仕立て直して袋物にといった具合で分売することにした。すると雛櫃《ひなびつ》から泣き声や笙《しょう》の笛の音が聞こえ始め、蓋を開けると、女雛が額から汗を流していた。この噂を聞いた人々が群集をなしたため、人形は白銀屋に返却された後、金正院《こんしょういん》に奉納された。文化一一年（一八一四）の出来事という。（岩国徴古館編『岩邑怪談録』）

原典では「金正院内裏雛」などと呼ばれているが、水木しげるの著書では「化け雛」の名で紹介されている。（『決定版　日本妖怪大全』）

端島の大蛇［はしまのだいじゃ］

山口県岩国市の端島に伝わる。

端島の村外れにある底なしの池には大きな蛇が棲んでいた。寛政元年（一七八九）頃、島の住民・杉本与惣左衛門は、真赤な目を爛々《らんらん》と輝かせ、長さは一〇〇メートルはあろうかという威容の大蛇に遭遇した。与惣左衛門は短刀を投げて蛇の頭に傷をつけたが、そのせいで蛇に恨まれて「お前の家代々の与の字のつく者を絶やしたら、再びここに現れて島民をみんな食い殺してやる」と宣告された。島民は神を篤《あつ》く信仰し、大蛇の祟《たた》りを逃れるようと苦心した。蛇退治に用いた大小二振りの刀は家宝とされて杉本家を守り、当主の名は与二左衛門、与三左衛門、与四左衛門、与惣一と、与の字が継承されたという。蛇が潜む池は「蛇の池」と呼ばれ、聖地とされた。（『岩国の文化と教育資料　第一集・第二集』）

波多野［はたの］

山口県柳井市の平郡島《へいぐんとう》に伝わる。

波多野とは明治二八年（一八九五）に没した医師で、咳《せき》が出て止まらないなど、一切の喉の病は彼の墓に一束線香を供えて祈れば治るという。波多野は自宅の風呂場で犬が子を生んでいるのを見て、子供らにこれを殺させたところ、気が狂って自分も犬

のように鳴き、四つん這《ば》いで歩きだした挙句、誰にも看取られずに死んだ人物だという。（伊藤彰ほか『中国の祝事』）

破多破多［ばたばた］

『岩邑怪談録追加』にあるもの。

文久（一八六一〜六四）の頃、秋から冬にかけて錦見《にしみ》（山口県岩国市）各所で渋紙を打つような、あるいは大きな団扇《うちわ》で激しくあおぐようなばたばたという音が聞こえた。山県仙二という人たちは音の出所を数夜にわたって探し続けたが、音に近づくと別の場所から聞こえるようになり、また近づけば遠くなるという繰り返しで、ついに正体はわからないままだったという。（岩国徴古館編『岩邑怪談録』）

広島県の**ばたばた**も参照。

八の字狸［はちのじだぬき］

山口県大島郡大島町（現・周防大島町）に伝わる。

周防大島が伊予河野氏の領分であった時代、河野家の奥方に化けた狐を三蒲松尾寺の基燈和尚が追い払った。それ以来大島に狐はいなくなったが、後の時代には狸の悪戯《いたずら》が横行した。松尾寺住職の前にも小僧に化けた狸が現れ、法事でもらった重箱のご馳走を食べてしまった。和尚は狸の小僧をうまく騙《だま》して寺に連れ帰り、真赤に焼けた火箸を近づけておどかした。びっくりした狸は二度と悪戯をしないと誓ったが、懲罰の証として背中に火箸で八の字を焼きつけられた。以後、この狸は人々から八の字狸の愛称でかわいがられたという。（松岡利夫『ふるさと叢書　周防長門の伝説』）

八面稲荷［はちめんいなり］

山口県長門市東深川《ふかわ》正明市《しょうみょういち》に伝わる。

飯山八幡宮に合祀されている八面稲荷は殺生石《せっしょうせき》の破片を祀ったものだとされる。美女・玉藻前《たまものまえ》に化けて帝を誑《たぶら》かしていた金毛九尾の狐は、正体を見破られると下野国那須野（栃木県）で討たれ、毒気を発する殺生石と化して人畜を害した。播磨国書写山《しょしゃざん》（兵庫県）の性空《しょうくう》上人は那須野の原に赴くと、殺生石に十念を授け加持を行い、手にした如意で石を打った。法力により石は八つに砕け散ったが、破片の一つは長門国正明市の八面に飛来し、そこでまた通行する人々を悩ませた。永和三年（一三七七）、深川八幡宮の宮司・上田織部久章が石を祀って八面稲荷神社として崇《あが》めると、ようやく妖狐の精も散滅したという。（松岡利夫『ふるさと叢書　周防長門の伝説』）

鼻紙の化物［はながみのばけもの］

広瀬喜尚『岩邑怪談録』にあるもの。

御庄《みしょう》（山口県岩国市）の鼻紙という所には多くの川魚が棲む淵があった。ある男が暮れ六つ頃にここで釣りをしていると、持つ人もいないのに提灯《ちょうちん》だけが道を横切り、続いて袈裟《けさ》を着た禅僧が通り過ぎては消え

た。怪訝《けげん》に思いながらも釣りを続けていると、夜半に何かが釣り糸を引っぱった。喜んで手繰り寄せると殊のほか重く、引き上げて見れば魚ではなく二歳ほどの裸の子供だった。子供は男の膝元まで這《は》い上がってくると、忽然《こつぜん》と消えてしまったという。（岩国徴古館編『岩邑怪談録』）

孕み熊の祟り［はらみぐまのたたり］

山口県玖珂《くが》郡和木町《わきちょう》瀬田に伝わる。

江戸時代、清左衛門という弓の名手の夢に赤茶色の毛の母熊が現れた。熊は「あなたの弓矢が怖くて眠れない」と訴え、子を産むため見逃してくれと涙を流した。しかし清左衛門は翌朝山で熊を射殺し、村人と酒盛りを開いて熊肉を食した。その後、村では腹が膨れて目からは涙がこぼれる奇病が流行し、多くの人が死んだ。母熊の怨念のなせる業だと考えられ、祠《ほこら》を建てて霊を慰めると、奇病はぴたりと止んだという。

（朝日新聞山口支局編『民話の里』）

般若姫［はんにゃひめ］

山口県熊毛郡平生町《ひらおちょう》に伝わる。

豊後国（大分県）の炭焼きから身を立てた満野《まんの》長者には、般若姫という美しい娘がいた。皇子・橘豊日尊《たちばなのとよひのみこと》は牛飼いに身をやつして豊後へ下ると、苦労の末に姫と結ばれた。しかし皇子は一人で先に都へ帰ることになり、姫は女の子を出産した後に都へ向けて出発した。船が柳井湾から大畠《おおばたけ》瀬戸へ差しかかると海は大いに荒れ、多くの伴船が沈没した。姫はこれを龍神の祟《たた》りと確信し「かりの世に何なげくらん浮船のいづこを宿とさだめおかねば」の辞世を残して海に身を投げ、一九年の生涯を閉じた。その後、用明天皇となった皇子は姫の死を深く悲しみ、般若寺を建てて菩提《ぼだい》を弔った。以来、大晦日の真夜中には姫の霊が三つの火の玉となり、大畠瀬戸から舞い上がって海上を走り、般若寺の松、瀬戸の神社、三蒲の勝尾寺《かつおじ》の龍灯《りゅうとう》松へ飛ぶようになった。般若姫の龍灯を見た者は大漁、豊作、富裕に恵まれるという。般若姫は海底で金龍神ほか諸龍神を鎮めているため、大畠瀬戸を往来する船は舳先《へさき》を般若寺に向け、無事に通行できるよう般若姫を拝んだともいう。

この他にも、般若姫の旅路に関する様々な伝説が残されている。また、姫は長者夫婦が龍神に祈願して生まれた子で、その美貌は唐天竺まで評判が届くほどだったとも伝わる。皇子が豊後を訪ねた後、長者の家は不幸続きで姫も病に冒された。皇子はこれを神の祟りと捉え、祟りを解く儀式を行い姫と結ばれたという。（『平生町史』、松岡利夫『周防長門の伝説』、『山口の伝説』、下尾善太『列伝体防長女性史』、般若寺ウェブサイト）

引き船玉［ひきふなだま］

山口県下関市の角島《つのしま》に伝わる。

夜ごとに海面が白くなることを引き船玉といい、出会った際には燃えさしを海に投

げこめば逃げていくという。(桜田勝徳「船幽霊など」『旅と伝説』通巻五六号)

夜光虫などによる発光現象を妖怪視したものと思われる。島根県の**むらさ**も類似の怪異。広域の**船玉様《ふなだま》**も参照。

髭手の女 [ひげてのおんな]

広瀬喜尚『岩邑怪談録』にあるもの。

藪《やぶ》医者の志賀又右ヱ門が往診の帰りに城山という崖を通りかかると、上の方から身長五、六丈の女が現れて、脈をとってほしいと頼んできた。豪胆な又右ヱ門は、その女の髭手(毛むくじゃらの手)を取り、風気だと診断を下した。すると女は「血の道だろう」と誤診を咎《とが》めて彼を崖下に突き落とした。だが気がつくと又右ヱ門はそのまま桟道に立っていたので、日頃信仰していた薬師如来の助けだと思い、普済寺《ふさいじ》(岩国市錦見《にしみ》)の東方に堂を建立した。これが志賀薬師の始まりだという。(岩国徴古館編『岩邑怪談録』)

美女杉 [びじょすぎ]

山口県阿武郡阿東町《あとうちょう》(現・山口市阿東地域)に伝わる。

昔、周防・長門で東大寺再建の材木調達のための伐木が実施され、地福村《じふくそん》の我河内《わんごうち》の林にも多くの樵《きこり》が入りこんだ。彼らの仕事場には見目麗しい娘が訪ねてくるようになり、喜んだ樵は世間話に花を咲かせた。だが娘の素性は明らかでなく、帰り道をつけても杉の木立でいつも見失ってしまう。ある寒い日、いつものようにみなが世間話に興じていると、焚火《たきび》から炭火が跳ねて娘に当たった。その途端、娘は「私ゃ火が大嫌いじゃ」と言って逃げ出し、他より一段と高く聳《そび》える杉の木の辺で姿を消した。この杉は美女杉と呼ばれ、伐採しようと何度斧《おの》を入れても、木屑《きくず》が戻って切り口を塞ぐため、伐り倒すことができなかった。木屑を燃やすと杉は再生せず、数日がかりで倒すことができたという。例の美女は杉の精だろうといわれた。(『阿東町誌』)

一つ目大蛇 [ひとつめだいじゃ]

山口県防府市田島中浦に伝わる。

伯耆《ほうき》大山(鳥取県)出身の夫婦の蛇が、三〇〇〇年の歳月を経て龍となり、昇天して天宮の守り役に任じられた。しかし、二匹は宴のための酒を盗み飲みして神々の怒りを買い、元の姿に戻されたうえ天界を追放された。そして周防の佐波《さば》島から中の浦へ渡ろうとした時に人間に見つかり、村長で弓の名手である工藤修理光《くどうしゅりみつ》によって、それぞれ片目を潰された。一つ目となった大蛇の夫婦は西の山と東の山に棲んで人々を恐れさせたが、修理光の説得に応じ、地蔵鼻の洞穴にて二匹仲良く暮らすようになった。これ以降、人々は大蛇のために洞窟の前へ御神酒《おみき》を供えたという。その数百年後には、大蛇は豊後から来た大竜巻に乗って姿を消したという。(白井江鷗『周防中の浦のななふしぎ』)

人の頭のようなもの〔ひとのあたまのようなもの〕

山口県美祢《みね》市で目撃されたというもの。ある一家が観光で秋吉台を訪れ、日が暮れてきた頃に秋芳洞《あきよしどう》周辺に至った。そのとき、岩場のところどころに人の頭のようなものが現れて、まるでモグラ叩きのように地面から上下にゆっくり動くのが見えた。それらは顔立ちもはっきりしない黒い影のようだったが、次第に明るく白くなり、二分ほど経つとみな消えてしまったという。（山岸和彦『最新　日本の心霊恐怖スポット100』）

姫岩〔ひめいわ〕

山口県都濃《つの》郡鹿野町《かのちょう》（現・周南市鹿野地域）に伝わる。

鞍掛山城主・吉見氏の姫は家臣の浦見主計に想いを寄せていたが、主計は主君の悪政を憎み、村人と共に蜂起して争いを始めた。なす術のない姫は、思い余って城を抜け出し、両軍の中間にある田の大石に座って終戦を待った。そして、それを不審な人影と見た兵の矢に射られ、姫は絶命した。里人は、この石に座ると祟《たた》りがあるといって恐れた。中国自動車道は姫岩から離れた場所に開通したので、鹿野町の人々は安堵したという。（鷲見貞雄・片柳庸史『鳥取の伝説』、吉岡一生『山口伝説散歩』）

ひもじい様〔ひもじいさま〕

山口県の周防大島に伝わる。

安下庄町《あげのしょうちょう》と屋代村《やしろそん》（共に現・周防大島町）の境にある源明《げんめい》峠に「ひもじい様」と呼ばれる墓がある。昔、餓えた旅人が安下庄を目指していたが、難所の峠を下る前に精魂尽きて息絶えた。その後、峠を越えようとする者が、頂上でひとたび「ああ腹が減った」と思えば、たちまち足腰が立たなくなるほどの空腹感に襲われるようになった。人々が旅人の墓に線香や食べ物を供えるようになってからは、そのようなことも少なくなったという。もしもひもじい様に身体の自由を奪われたら、一口の握り飯を差し上げれば良いという。（山崎善圀「山口県大島郡の伝説と方言」『旅と伝説』通巻二九号、宮本常一「周防の大島（四）」『旅と伝説』通巻第三〇号）

源明峠は「ひだる峠」とも呼ばれる。源平合戦の時代、敗走した平家の姫様たちがここに身を潜めたが餓死してしまった。そのため、ひだるい、ひもじいなどと言えば罰が当たって一歩も歩けなくなるという。大島へ逃げ延びた平家の者は兄夫婦とその弟、妹の四人だといい、兄弟は後に四国へ渡ったが、病床の兄嫁とその看護にあたった妹は同行叶わず死亡し、伊予灘《なだ》を望むことのできる峠に葬られたという。（松岡利夫『ふるさと叢書　周防長門の伝説』）

これらの伝承との関連は薄いと思われるが、兵庫県の小学校でもひもじい様という**ひだる神**系の妖怪の噂があったとされる。（『日本現代怪異事典』）

白狐の祟り［びゃっこのたたり］

山口県佐波《さば》郡徳地町《とくぢちょう》（現・山口市徳地地域）に伝わる。

昔、ある猟師が罠《わな》を作って西が原の山に仕掛けると、その日から高熱が出て寝こんでしまった。罠にはとてつもなく大きな白狐がかかっており、悲しげな鳴き声は山々に気味悪くこだました。猟師が回復した頃には、狐は猟師の家の方角を睨《にら》みつけて死んでいた。山から猟師の家にかけては狐火が出てとろとろ燃え続け、ついには家を丸焼けにした。狐の死骸を見に行った他の者の家にも飛び火して燃え狂い、村の人家は大半が焼け落ちた。その後も狐火は村の中心にある杉の木で明滅を続け、火の粉を落として村人の小屋掛けを阻んだ。火除けの神様に願をかけて白狐の祟りを鎮めてもらうと火はぱったり消えたので、村人は神様への礼として獅子舞を毎年奉納するようになったという。（『徳地の昔ばなし』）

白狐の老翁［びゃっこのろうおう］

宮負定雄『奇談雑史』巻七にあるもの。

長州萩城下（現・山口県萩市）に松尾甚太郎という横笛の名手がいた。彼は笛に現《うつつ》を抜かして家業さえ疎《おろそ》かにしたので、身内からは演奏を止められていた。そのため密かに夜更けの山中で笛を吹くのが日々の楽しみだった。ある頃から山に白衣の老翁が現れ、その笛の音に聴き入るようになった。翁の正体は山で数千年の星霜を経た野狐で、甚太郎の笛を誉め、彼と打ち解けていった。甚太郎が古《いにしえ》の源平合戦の様子を訊けば、翁はかつて己が見た壇ノ浦の合戦の有様を眼前に現してみせた。その光景に感じ入った甚太郎は、ぜひとも友人たちにも見せたいと思い、翁と眷族《けんぞく》のために数百匹の鼠の油揚げを贈った。翁は大いに喜び、再び幻を見せることも快諾したが、いざ約束の日が来ると一向に姿を見せない。皆で山中を捜すと、年老いた白狐の死体が見つかった。翁は好物の鼠を眷族に分け与えるのを惜しんで独り占めした結果、食あたりを起こして死んでしまったのだった。（佐藤正英・武田由紀子校注『奇談雑史』）

深川左近の亡霊［ふかがわさこんのぼうれい］

浅井了意『狗張子《いぬはりこ》』巻之三「深川左近亡霊」に登場するもの。

周防国山口（山口県）の大名・大内義隆の家臣である黒川市左衛門には深川左近という朋輩《ほうばい》がいた。二人は死後の世界に関心を寄せ、いずれかが先立った場合は必ず現世に戻って語らおうと約束していた。あるとき左近は病死し、数日後の夜に彼の亡霊が市左衛門の書斎を訪ねてきた。左近は生前と変わらぬ口ぶりで、人が死後に行く地獄や餓鬼道、修羅道のことなどを語った。だが語り合ううちに座中には悪臭がたちこめ、ふと左近の身を触ってみれば殊のほか冷たい。これは化物の仕業だと考えた市左衛門は、明かりを灯して相手の様子をよく

見てみた。面前にいたのは左近ではなく、見知らぬ大男の腐乱した屍《しかばね》だった。これはある人の兄で、死後まもなく屍の行方がわからなくなっていた者だったと後に判明したという。(『浅井了意全集5』)

鱶地蔵「ふかじぞう」

山口県大島郡周防大島町の沖家室島《おきかむろじま》に伝わる。

昔、沖家室島の漁師・善右衛門が、女房と間男に騙《だま》され、沖の千貝瀬に取り残されてしまった。観念し、日頃信心する泊清寺《はくせいじ》の地蔵尊に別れの念仏を捧げていると、波間から鱶が出現した。善右衛門は咄嗟《とっさ》に鱶に飛び乗ると、その背に包丁を打ちこんで掴《つか》まり、鱶と共に大島の地家室の上浦まで辿り着いた。その翌朝、泊清寺へ参拝すると、地蔵の背に包丁の傷と血の跡が残されていた。この噂が広まり、地蔵はいつしか鱶地蔵と呼ばれるようになったという。(松岡利夫『周防長門の伝説』)

鱶地蔵が娘を救ったという伝説もある。島の娘おつやは生来温厚で誠実で、菩薩を篤《あつ》く尊信していた。おつやを嫌う継母は、磯遊びを口実に彼女を海へ連れ出し、千貝瀬に置き去りにした。潮が満ちおつやの身が沈もうかという時、地蔵菩薩が鱶の姿で現れ、彼女を陸地へ運んだという。(周防大島町ウェブサイト)

福徳稲荷「ふくとくいなり」

山口県下松市に伝わる。

下松の法静寺《ほうしょうじ》の住職が出先で数珠《じゅず》を紛失した日の晩、夫婦の白狐が住職の夢枕に立ち、数珠を届けに来たと告げた。そして、自分たちは白見ヶ森(周南市譲羽《ゆずりは》)で死んでいるので、亡骸《なきがら》を人と同様に弔ってくれたならば人々を災難から守ると約束した。目覚めた住職の枕元には、なくしたはずの数珠が置かれていた。住職はすぐに森から狐の亡骸を引き取り、供養をしてやった。それから法静寺は失せ物探しに霊験あらたかな寺として信仰を集めた。夫婦狐は福徳稲荷として寺の境内に祀られ、毎年一一月の稲穂祭では「狐の嫁入り」の行列が演じられるようになった。雄狐には日誉休信居士、雌狐には白誉妙信大姉という戒名が与えられたという。(松岡利夫『山口の伝説』、『下松市の民話・伝説と民謡』)

参加者が狐の夫婦などの仮装をして御神幸行列をなす「狐の嫁入り」行事は昭和二五年(一九五〇)に開始された。狐の夫婦の演者は住職と髪結い以外には知らされないが、選ばれると良縁に恵まれるといわれている。(山口県観光連盟ウェブサイト『やまぐちお散歩日和』)

福鼠「ふくねずみ」

山口県玖珂《くが》郡や熊毛郡に伝わる。

働き者の爺さんが大晦日に夢を見た。それは金神さんの使いと名乗る老人からどぶ掃除をするように言いつけられるというもので、正月に言われた通り掃除をすると、

黒いどぶ鼠がつきまとうようになった。それは家の神棚に上ると白鼠になって重ね餅を授け、夜には爺さんの体をさすり、昼には畑に潜って土を耕す手伝いをした。このことを知った隣の欲ど（欲張り）爺さんは白鼠を奪って帰ったが、鼠は暴れて神棚を荒らすと姿を消した。その後、欲ど爺さんの家にも大量の白い鼠が現れたが、それらは家の餅を食い尽くすと黒いどぶ鼠になった。その正体は餅の粉で白くなっていただけの普通のどぶ鼠で、本物の福を授ける白鼠は既に元の家に帰っていたという。（松岡利夫『周防長門の昔話』）

二鹿［ふたしか］

山口県岩国市に伝わる。

平安時代、京の比叡山には双頭の悪鹿がいて、梅津中将という人に山陰路まで追われ、玖珂《くが》郡で彼の矢により仕留められた。武勇の中将も鹿を倒すと精魂尽き果てて斃《たお》れ、その後に鹿の悪霊が人畜に害をなしたので、角と中将の箙《えびら》を祠《ほこら》に納め、二鹿大明神として祀った。鹿が死んだ場所が後の二鹿村だという。（『改訂錦川志』、『趣味の山口』、松岡利夫『長門周防の伝説』）

島根県の**八畔鹿《やぐろじか》**も参照。

二又杉［ふたまたすぎ］

山口県阿武郡阿東町《あとうちょう》生雲（現・山口市阿東生雲）に伝わる。

法田寺《ほうでんじ》には立派な楼門があったが、大嵐に遭って三度倒壊した。事問いの婆さんの占いにより、これが地神の祟《たた》りで、神に北東の方角にいる娘を捧げればよいとわかった。藤目谷の山中で老婆と暮らしていた娘は、老婆に大金を与えるのと引き換えに人柱になることを承諾した。地神を喜ばせるために娘は逆さ吊りで生き埋めにされ、その上に立派な楼門が建てられた。だがこれも七年後に不審火で消失し、焼け残った柱からはいつまでも肉を焼いたような臭いが漂っていた。人々は人柱の祟りを恐れて逃げ帰り、その後、楼門が再建されることはなかった。門柱跡には杉の木が生え、成長すると幹が二股に分かれた。何度植え替えても杉は同じ高さで二股になり、娘が埋められた六月一六日の雨の晩には、杉の下からヒイヒイと悲しい泣き声が聞こえたという。（『史跡と民話の町　合本版』）

古屋敷の大蛇［ふるやしきのだいじゃ］

山口県新南陽市福川（現・周南市福川）に伝わる。

昔、上迫《かみさこ》の奥の豪農屋敷があるあたりを古屋敷と呼んだ。ある時、市助という農民が古屋敷の山へ薪集めに出かけ、大きな松の木と見紛うほどの大蛇に遭遇した。眼光鋭く、今にも飛びかかってきそうな大蛇に恐れをなして逃げ帰った市助は、しばらく「松の木が蛇になった」とうわごとを言い続けた。それから何年も経ったある日、市助の息子も古屋敷の岩山で黒茶色の大蛇を見た。彼は父の体験を思い出し、何もかも

投げ捨てて逃げ帰ったという。村人がこの大蛇を見た年は、決まって豊作になるという。(『新南陽市の民話と伝説』)

平家蟹［へいけがに］

壇ノ浦の合戦で滅びた**平家の亡霊**が蟹に化したとされるもの。甲羅の凹凸が怒りの表情を浮かべた人の顔のように見えるもので、関門海峡ほか中国・九州・四国地方の海に生息する蟹として古くから知られる。

『本朝故事因縁集』には、赤間関《あかまがせき》の戦いに敗れ海中に没した平家の兵が蟹になったと記され、怨念を抱いて死んだため、このような蟹に化すのも道理であろうと解されている。兵庫県の島村《しまむら》蟹や愛知県の長田《おさだ》蟹など、武将の怨念が人面の甲羅をもつ蟹に化したという伝説は各地に残るもので、本草書や辞書では、これらの蟹は同一種の生物とみなされてきた。『本草綱目啓蒙』では平家蟹の他に島村蟹、武文《たけぶん》蟹、清経蟹、治部《じぶの》少《しょう》輔蟹、長田《おさだ》蟹、鬼蟹、蛭子《えびす》蟹の名が挙げられ、全国に同類のものがいることが示されている。この種の蟹は『大和本草』『物類称呼』では鬼蟹、『和漢三才図会』では鬼鱟の名でくくられており、その記述から鱟《かぶとがに》と混同されていたこともわかる。小泉八雲『骨董《こっとう》』には、平家蟹の中でも大きなものは大将蟹または龍頭《たつがしら》と呼ばれていたとある。(『日本怪異妖怪事典 近畿』、『日本怪異妖怪事典 中部』、『医聖堂叢書』、『歴史の中のカブトガニ』、『小泉八雲全集 第七巻』、蛸島直「蟹に化した人間たち(1)」『人間文化』第二七号)

『塵塚《ちりづか》物語』巻二には、足利義満が長門国の阿弥陀寺に参詣した際に平家蟹を献上されたと記されている。義満は源平合戦の悲劇を痛ましく思い「嗚呼悲哉、三界流転の修羅の業は、跋提河《ばつだいが》の流れに落とされて、苦海の浪に沈み、かかる蟹の姿と化生《けしょう》せしものか」云々と追悼の文をしたためたうえ「よるべなき身は今かにと生れきて浪のあはれにしづむはかなさ」と歌を詠んだという。(国民文庫刊行会編『雑史集』)

イギリスの生物学者ジュリアン・ハクスレーは、ヘイケガニの甲羅が人面であることや平家の亡霊の伝説のせいで捕獲が忌避された結果、日本近海で同種が繁栄したのではないかという説を唱えた。この件につき意見を求められた水産動物学者の酒井恒や大島廣は、人面の類似がそれほどまでに漁獲や生息数に影響を与えたとは考えず、否定的な態度を示した。(「平家蟹のこと」「平家蟹雑報」『民間伝承』通巻第一五巻第一〇号、『世界大博物図鑑1』)

近世以降の創作に用いられた例として、その他の**玉蟲《たまむし》**や**平気蟹《へいきがに》**も参照。

平家倒し［へいけだおし］

山口県柳井市に伝わる。

池の浦の源平合戦において、劣勢の平家方は潟に隠していた船を源氏に襲撃されて大敗を喫した。これは「こよ、こよ」と鳴きながら飛来した鳥の群れが潟の方へ飛んでいき、敵を見失っていた源氏の船団を導

いたためだという。池の浦では平家滅亡の日が来るたび、「平家倒し」の鳥が悲しげな声を上げて空を渡るという。平家倒しは鷗《かもめ》、あるいは鷗に似た海鳥とされている。

戦時に血の池のようになった場所はやがて荒れ果て、耕作しても実るものがなく、怪異が続く場所となった。そこで埋まっていた鏃《やじり》や刀剣を集め、平家大明神として祀ると祟《たた》りは止み、五穀が実ったという。（『柳井昔ばなし』、松岡利夫・古川薫『山口の伝説』）

平家の一杯水［へいけのいっぱいみず］

山口県下関市に伝わる。

御裳川《みもすそがわ》のほとり、小瀬戸の外れの筋ヶ浜には、平家の落武者たちが末期《まつご》の水として飲んだという井戸がある。これを俗に平家の一杯水と呼び、一杯目はただの水だが、二杯目からは塩辛い水になるという。（松岡利夫・古川薫『山口の伝説』）

亡魂［ぼうこん］

亡魂とは読んで字のごとく亡者の霊魂であるが、特に水死者の霊や**船幽霊**《ふなゆうれい》のような怪をなす存在を亡魂と呼ぶ例もある。

山口県下関市豊北町《ほうほくちょう》の角島《つのしま》では、海で死んだ者の魂をボウコンと呼ぶ。これに憑《つ》かれたときはクド（竈《かまど》）の灰を撒《ま》くと消えるといわれている。（『傳承文化』第六号）

阿武郡川上村（現・萩市）には次のような話が伝わる。ある時、立野の藤井という元気な先生が子供たちを連れて「亀次の淵」へ泳ぎに出かけた。子供たちは「亡魂が出る」と言って途中で引き返した。そのまま泳いでいった先生は沈んでいき、やがて淵のほとりで死んでいるのが見つかったという。（『阿武川の民俗』）

北辰の精［ほくしんのせい］

山口県下松市に伝わる。

下松妙見の旧記によれば、推古天皇三年（五九五）九月一八日、青柳浦の松の木に大きな星が下り、七日七夜にわたり目も眩《くら》むほどに光り輝いていたという。占ってみると北辰（北極星）の精のお告げがあり、三年後に来朝する百済の王子を守護するため星が天下ったことがわかった。人々は社を建てて星を崇《あが》め、青柳浦は降松と名を改め、後の下松になったという。百済の王子は名を琳聖《りんしょう》太子といい、大内氏の祖先であるともいう。（『下松の民話・伝説と民謡』、『山口伝説散歩』）

ポスト幽霊［ぽすとゆうれい］

山口県山口市鰐石《わにいし》橋に出たという幽霊。明治三三年（一九〇〇）の『愛媛新報』には次のようにある。

鰐石橋付近に住む郵便切手販売業の男は、八〇歳になる継母をひどく虐待していた。やがて継母は恨みを呑んで死に、その夜から橋際のポストには老母の幽霊が現れ

るようになった。そのため、ポストの周辺には通行人もいなくなったという。（『明治期怪異妖怪記事資料集成』）

仏岩［ほとけいわ］

山口県下関市の彦島に伝わる。

源平合戦の頃、壇ノ浦で戦っていた平知盛の軍船が小戸の瀬戸まで押し流され、平家の武士たちが次々と海へ身を投げた。死にきれなかった者は彦島に身を潜め、小戸の浜に立つ岩を位牌に見立てて一門の霊を弔った。これを仏岩と呼び、小戸や海士郷《あまのごう》の漁師たちは怪談めいた話を数多く伝えていたという。仏の瀬と呼ばれる周囲の岩礁付近を通る船から少しでも白いものが見えると、急に潮が渦を巻き荒れ狂うという。ゆえに漁師たちは船に赤旗を立てて海峡を渡り、大漁旗を立てるのはこの風習の名残だとされる。（冨田義弘『彦島の民話』）

【ま】

迷いカナリア［まよいかなりあ］

鳥のカナリアに関する俗信の一種。

山口県宇部市では、迷いカナリアを飼うと病人が出るといわれていた。（『宇部市史　自然環境・民俗方言篇』）

麻羅観音［まらかんのん］

山口県長門市俵山にある観音堂。大内義隆の遺児を祀り、子孫繁栄、精力増強、良縁、恋愛成就、夫婦円満などに利益があるとされる。その本尊は男性器の像である。

大内義隆は大寧寺《たいねいじ》の変で自害し、義尊《よしたか》ら子供たちは近くの山里に逃れた。義尊の弟は女装して身を隠していたため、追手に捕まり殺される時に男性器が切り取られた。人々は残酷な仕打ちに憤り、遺体を懇《ねんご》ろに葬ると共に「まら」を本尊として祀って追善供養をした。若君の供養や病気平癒、子孫繁栄の願掛けのため、観音堂には木彫りの男根を供えることが習わしとなった。（松岡利夫『周防長門の伝説』、末岡祐雄『山口県の歴史と伝説民話』）

明治期の太政官令で淫祠邪教《いんしじゃきょう》の類が排除された頃、麻羅観音も撤去されそうになったという。しかし実行役の駐在は下腹部に急な激痛を覚えて、死ぬような苦しさを味わったため、本尊をもとに戻し取締を免除したという。（『生きている伝説』）

万作の怨霊［まんさくのおんりょう］

山口県新南陽市和田（現・周南市和田地域）に伝わる。

昔、千石嶽の刈草山では毎日のように野《の》火《び》が起き、麓の民家にも飛び火して被害を出していた。山裾に住む万作という独り者の男は、失火により刈草山まで延焼させてしまい、村人たちに厳しく責められた。やがて頻発する野火まで万作の仕業と決めつけられ、彼は集落から追放された。だが、その後も野火や家の類焼は後を絶たず、村人も万作を疑ったことに心を痛めた。その一方で万作の怨霊が火を咥《くわ》えて飛ぶのを見た人もいた。また、村を追われた万作をひそかに援助していた西迫尾上の亀屋という家だけは、降りかかってきた火の粉が自然に消えたという。村人たちは野火を鎮めるため、亀屋の近くに置いた高さ三尺ほどの石に「日出」という字を彫って朝夕拝んだという。（『新南陽市の民話と伝説』）

御汗観音［みあせかんのん］

山口県熊毛郡上関町《かみのせきちょう》に伝わる。

上関海峡を見下ろす高台の堂に祀られる観音像で、いつも胸元が湿って濡れているため御汗観音と呼ばれる。昔、中島屋太郎右衛門という者が夢のお告げを受けて掘り出したもので、霊験あらたかな御汗は万病に効くとされる。（松岡利夫・古川薫『山口の伝説』）

見えない棒［みえないぼう］

山口県岩国市通津《つづ》に伝わる。

午《うま》の日には天から目に見えない棒が降ってきて早乙女《さおとめ》の命を取るため、田植えを休むことになっている。岩国の長野や由宇《ゆう》では午の日には三本の棒が降りてきて、うち一本に当たると死ぬといわれた。（迫中融『通津の伝承と伝説』）

みぐちの前［みぐちのまえ］

山口県玖珂《くが》郡高根村（現・岩国市錦町高根地域）に伝わる。

向峠《むかたお》の耕地の中に竹藪《たけやぶ》があり、かつてその中で恐ろしいことがあった。が、それがどのようなことであったか、体験した人は何も語らなかったという。また、この地の**藪神**《やぶがみ》を「ミグチの前」と呼んで土地の人々は恐れていたという。（宮本常一『中国山地民俗採訪録』）

みさき風［みさきかぜ］

山口県阿武郡福栄村《ふくえそん》（現・萩市福栄地域）に伝わる。**みさき**による怪異の一種。

二釜では風で柴がくるくる舞い上がったりするのをミサキ風と呼び、これに触ると皮が切れたり血が出たりするといった。死霊や神霊によって鎌鼬《かまいたち》のような現象が起きることをいったものだろう。また、福栄村ではミサキには神ミサキ・死霊ミサキ、川ミサキ・山ミサキなどの種類があると考えられていた。（大島建彦「ミサキ資料断片」『西郊民俗』第三八号）

身投げ岩の火［みなげいわのひ］

山口県下関市の彦島に伝わる。

大坂の豪商の娘・お米は評判の美人で、将来を約束した男もいた。だが男は他の女と駆け落ちし、お米は彼を追って諸国をめぐった。彦島を訪れたお米は小戸の大岩に腰をかけた際、思い余って身を投げた。お米の死を知った男も彦島を訪ね、先非を悔いたのか同じ場所で身を投げた。以来、七日ごとの命日の夜には、二つの大きな青い火が小戸の空を追いつ追われつ飛んでは海に落ちた。西楽寺の和尚の読経で怪火は出なくなり、岩の上に供養塔が建てられたという。(冨田義弘『彦島の民話』)

身投げ岩の霊［みなげいわのれい］

山口県下関市の彦島沿岸部には「身投げ岩」などと呼ばれる岩場があり、壇ノ浦敗戦後の平家の女や夫を亡くした女が身を投げたという伝説が残る。このことから、現代では身投げ岩周辺に死者の霊が出ると噂されることもあったようだ。

身投げ岩付近では女のすすり泣く声が聞こえたり、風もないのに石や岩が転がる音が聞こえたりするという。他にも岩がぼんやり光る、波間が一瞬赤く染まる、刀を握った何本もの腕が現れる、どこからか琵琶法師の琵琶の音が聞こえるともいう。身投げ岩に一人で行くと引っぱられるが、二人で行っても恨みを受けて片方が不幸になるため、絶対にカップルで行ってはならないとも噂されたという。(『中国・四国怨念地図　平成17年度』)

宮ほうほう［みやほうほう］

山口県の周防大島に伝わる。

周防大島出身の民俗学者・宮本常一は子供の頃、祖父から「宮の森にミヤホウホウという化物がいる」と聞かされ、ミヤホウホウが出てくる夢を見たという。それは四二段ある宮の石段の二段目に腰かけ、白い着物を着てニタニタ笑っていた。また、左の足は石段の下の方まで伸びていたという。(「山口県大島郡の子供行事」『近畿民俗』第一巻第五号)

澤田四郎作『五倍子雑筆』第六号の「雑記帳」には、宮ホーホは夕方にお宮から出る化物で、白い衣を着ていつもニタニタ笑っていると記されている。これは宮本常一の夢の記述と一致する内容であるため、宮ほうほうに対する一般的説明として妥当なのかは明確ではない。

麦熟らし［むぎうらし］

山口県吉敷《よしき》郡などに伝わる。麦の熟する頃に出るもので、カッコウを妖怪視したものとされる。(『現行全国妖怪辞典』)

柳井市では麦の穂が色づく頃、夕方から夜にかけて麦うらしという妖怪が出るといった。麦うらしは子供を隠すとされ、新庄の子が一里離れた馬皿《ばさら》で見つかることもよ

くあったという。実際には麦うらしとは鷭《ばん》に似た中型の鳥のことだったという。（『柳井昔ばなし』）

麦谷の鷹神［むぎだにのたかがみ］

山口県阿武郡福栄村《ふくえそん》（現・萩市福栄地域）に伝わる。

麦谷の里で二人の狩人が鷹を射落としたところ、祟《たた》りを受けて大病に悶《もだ》え苦しんで死んだ。恐れおののいた里人たちは鷹を神に祀り、その後は二、三年ごとに大祭を執り行い、神職が夜を徹して鷹の舞を奉納するようになったという。（『福栄村史』）

もーもーどき

山口県地方で妖怪を意味する幼児語。

入江貫一が『民間伝承』第六巻第八号の会員通信に寄せた報告文中で紹介されているもの。幼少期の入江は山口県育ちの祖母から「モーモードキが来るぞ」とよく言われたといい、夕闇に乗じて人の子を取って食う怪物を想像していたという。

島根県の**もうもう**も参照。

茂作・おさん・お玉［もさく・おさん・おたま］

山口県豊浦郡豊浦町黒井（現・下関市豊浦町黒井）に伝わる。

黒井の法事川には雄狐の茂作、青山には雌狐のおさん、越藤《こえとう》には雌猫のお玉が棲んでいて、それぞれ人を化かしていた。茂作は豆絞りの手拭をかぶった若い男に化けて辻で人をからかったが、義理堅い正直者でもあった。田の壺に落ちた息子を助けてくれた老人に礼として鶏を届けたこともあるという。一方おさんは盗みをよくはたらく悪賢い狐で、甚九郎という大工の家に盗みに入って見つかりそうになると、木に化けてやり過ごそうとした。しかし甚九郎に囲《い》炉《ろ》裏《り》へ放りこまれ、大火傷を負って逃げたという。お玉は目立って悪いことをするものではなかったが、茂作・おさんとは仲が良く、明月の夜には三匹で踊り狂っていたという。（佐藤治『ながとの民話』）

もゆら

山口県萩市の見島《みしま》に伝わる。

盆月にはモユラといって、海で死んだ古い仏（死人）が祭祀をしてもらいたい一念で人を刺すことがあるという。目には見えないが刺されると気分が悪くなるので、祈《き》禱《とう》やミズマツリをしてもらう。ミズマツリとは寺で拝んでもらい、水に米の入ったオゴク（供え物）を食べること。残ったオゴクは海岸の人の見ない場所に供え、線香を焚《た》いて後ろを振り向かず帰るのが作法だった。（瀬川清子『見島聞書』）

クラゲなど海中の有毒生物を妖怪視したものかと思われる。似た例では三重県志摩の海女たちが伝える山椒びらしが挙げられる。（『日本怪異妖怪事典　近畿』）

【や】

薬缶転がし［やかんころがし］

山口県新南陽市（現・周南市）に伝わる。

和田林には「おどろき」と呼ばれる場所があり、幽霊が出るといわれている。昔、西の山から山潮（山崩れ）が噴き出し、村まで泥水が押し寄せたことがあった。ある家のお婆さんは逃げる際に家財道具を持ち出そうとしたが、大切なやかんが見つからずに家に戻り、泥水に押し流されて哀れな最期を遂げた。この世に未練を残したおばあさんの霊が「おどろき」に出てやかんを転がすのだという。

山潮の死者の埋葬地の上に釜をかぶせたため、霊が釜を押し上げ出てくるといって「釜転がし」という地名も伝えられている。（『新南陽市の民話と伝説』）

厄神舞［やくじんまい］

山口県山口市の嘉年下《かねしも》地区の須賀社（吉《き》部《べ》野《の》の厄神さん）に伝承される民俗芸能。毎年一一月初旬に奉納される神楽舞で、病気平癒や家内安全を祈るもの。この行事の際、舞っている者が時として神がかり状態になることが知られている。

寛永年間（一六二四〜四四）、地域一帯に疫病が流行し、村にも多数の死者が出た。その時、厄神ヶ迫と呼ばれる場所に一振りの太刀が降り、村に来訪した老人が、疫病を鎮めるため神を祀り神楽を奏上すべしと告げた。よって村人は須賀社に素戔嗚尊《すさのおのみこと》を祀り、神楽を奉納するようになったという。舞の所作は単調なもので、太鼓の音と手拍子に乗せてだんだん激しい動きになる。舞い手は次第に異常な興奮状態となって舞台を飛び出すが、複数の男性に取り押さえられ、御幣を押しつけられると神が移った状態が解けるという。「移る」状態を経験したある人は、その最中の意識はなく、夢から醒めるように我に返ったと話している。（『山口県の民俗芸能』）

吉部野の厄神様はものをひどく惜しむ神様で、境内の落ち葉や竹の皮一枚を取っても祟《たた》ると考えられていた。耳の病に霊験があるともいわれ、願掛けをして治った場合には吹竹（火吹竹か）を奉納したという。（橋浦泰雄「山村採集手帳」『山口県史資料編　民俗1』）

八目［やつめ］

広瀬喜尚『岩邑怪談録』にあるもの。

今田某氏が通津《つづ》（山口県岩国市）の某家に逗留《とうりゅう》していた際、雪隠《せっちん》で首が四本あり、八つの目を光らせた化物に遭遇した。今田氏は家に駆け戻り、水をたくさん飲んでか

ら人々にこのことを語ったという。本文では四つ首八つ目と記されているが、挿絵では二本首の大入道として描かれている。（岩国徴古館編『岩邑怪談録』）

山口物怪［やまぐちもっけ］

周防・長門（山口県）の武将・大内義隆を見舞った数々の怪異。

『陰徳太平記』巻十八「山口物怪之事」には、大内氏滅亡を予告する凶相が次々現れたと記されている。まず大内氏別邸のある築山に植えられ、大内氏繁栄の象徴とされていた二葉の松が一夜にして枯れた。次いで、長門国俵山のある人に**荒神**《こうじん》が乗り移って、「大内家は断絶し、防長豊筑の貴賤僧俗が路頭に迷う」と語った。さらに築山から傘ほどの大きさの光物《ひかりもの》が出て鯖山に飛び、築山上空に赤い雲が漂い来て燃えるように輝き、夜明けとともに消えるという怪事も発生した。（『陰徳太平記　合本一』）

同様の記述は『大内義隆記』にもあり、「国の乱れの瑞相《ずいそう》（前兆）」と扱われている。（米原正義校註『中国史料集』）

山の鬼どん［やまのおにどん］

山口県都濃《つの》郡鹿野《かの》町《ちょう》（現・周南市鹿野地域）に伝わる。

昔、周防国の山奥には一本角の鬼が棲んでいて、「山の鬼どん」と呼ばれていた。鬼は日照りに喘《あえ》ぐ山里の村に雨を降らせ、見返りに庄屋の娘・お福を欲しがった。お福は鬼の嫁として山奥で暮らしたが、鬼に大切に優しく扱われたので、何の不自由もなかった。しかし鬼はいつも日中は外出するため、留守番のお福は孤独だった。やがて嫁入りの際に落としていた菜種《なたね》が芽吹いて花を咲かせたため、お福はそれを辿って実家に帰ってしまった。鬼はすぐお福を連れ戻しに来たが、庄屋は「この豆に芽が出て花が咲いたら迎えに来ておくれ」と言って炒り豆を撒《ま》いた。いくら待てども芽が出るはずもなく、鬼は痺《しび》れを切らして庄屋宅を再訪するが、そのたび「鬼は外、福は内」と豆を投げつけられ、消沈して山へ帰るのだった。これが節分の豆まきの始まりだという。（倉冨良枝『鹿野の昔話』）

山蚯蚓［やまみみず］

山口県岩国市小瀬の持《もち》ヶ《が》峠《たお》地区に伝わる。蚯蚓に関する俗信の一種。

山みみず（大型の青みみず）に女が鍬《くわ》を打ちこむと、子供に禿《はげ》ができるという。（『岩国の文化と教育資料　第一集』）

幽霊の又五郎様［ゆうれいのまたごろうさま］

山口県柳井市に伝わる。

明け方三時を過ぎた黎明《れいめい》のなか、どこからともなく「ごっそん、ごっそん」と、幽霊の又五郎様が土を踏む音が響いてくる。これを聞くと、朝漁の支度で浜へ出ていた者はたちまち平伏し、音が通り過ぎるのを待つ。しばらくして顔を上げると、ごつい

草鞋《わらじ》を履き、大きな編笠をかぶり、大きな刀を差した又五郎様の姿が遠のいていくのが見えるという。（『柳井昔ばなし』）

好思案谷［よいしあんだに］

『岩邑怪談録追加』にあるもの。

ある時、猟師が関戸村（山口県岩国市）の谷で雉《きじ》が来るのを待っていた。ふと見れば蚯蚓《みみず》が鳥居の前を這《は》っており、それを蝦《が》蟇《ま》が食らおうとした矢先、蛇が現れて蝦蟇を呑んでしまった。さらにそこへ雉《きじ》が飛び来て蛇を捕らえて啄《ついば》んだ。猟師はこれぞ好機とみて銃を構えたが、先の流れを思い返して、いま撃てば次に自分が何者かの獲物になると悟って立ち去ろうとした。すると「よい思案、よい思案」と、山も崩れんばかりの大声が響きわたった。この話を聞いた他の猟師たちは、例の谷を「好思案谷」と呼んで立ち入らなくなったという。（岩国徴古館編『岩邑怪談録』）

鳥取県の**樹蔭《じゅいん》に叫ぶもの**も参照。

楊貴妃［ようきひ］

山口県長門市の二尊院には楊貴妃の墓とされる五輪塔が残されている。これは大陸から日本に亡命してきた楊貴妃の霊を弔うものだと伝わる。

安禄山《あんろくざん》が玄宗《げんそう》皇帝に反乱を起こした際、楊貴妃は難を逃れて国外に脱出すると、油《ゆ》谷町《やちょう》の向津具《むかつく》に漂着し、同地に庵《いおり》を結んで生活した。しかし楊貴妃の身は次第に痩せ細り、間もなく世を去った。その魂は紅色の鳥と化し、恋しい長安を目指して飛んでいったという。鳥の知らせにより妃の最期を知った皇帝は、配下の者に釈迦如来・阿弥陀如来の二像と宝塔を持たせ、向津具の地に遣わして霊を懇《ねんご》ろに弔わせたという。仏像は妃の生前中に贈られ、妃も日本から皇帝へ簪《かんざし》を贈ったともいわれている。

身籠《みごも》った女性は楊貴妃の墓へ参り、美しい子が産まれるようにと願掛けをする。大正頃までは他人に見られると功徳がないと考えられ、深夜ひそかに参拝するのが習わしだったという。

また、この墓は被葬者の身分を隠すため楊貴妃の墓と偽ったのであって、実際は**安徳天皇**の墓ではないかとも考えられた。あるいは楊貴妃とはヤギヒメと読むのが正しく、当地の美女の家系である八柢《やぎ》氏の娘の墓だとする説もある。（向津具半島の民俗』、松岡利夫『周防長門の伝説』、加藤蕙『楊貴妃の墓』、『生きている伝説』）

よーつくよーつく

山口県豊浦郡豊田上村（現・下関市豊田町）に伝わる。

一人で山歩きをしていると、ヨーツクヨーツクと声をかけるものがいる。これには返事をするものではないという。（『民俗採訪』昭和四七年度号）

梟《ふくろう》などの鳴き声を表したものと思われる。島根県の**よぞく**も参照。

与助蚋 ［よすけぶと］

山口県宇部市に伝わる。

天保二年（一八三一）、防長では飢饉《ききん》が発端で一揆が起きた。稔小野《うつぎおの》の与助という若者は一揆の先頭に立って仲間を鼓舞し、騒動の収束後に処刑され、猿王子《さるおうじ》橋の東の山中で晒《さら》し首にされた。それ以来、稔小野では夏が来るたびに大量のブヨが湧くようになった。ブヨは与助の恨みが化したものと考えられ「与助ぶと」と呼ばれた。（杉本繁「ふるさとのつたえ話」）

夜走り ［よばしり］

山口県萩市の相島《あいしま》に伝わる。

海上の化生《けしょう》のもので、船が白帆を捲《ま》いて走ると、同じように走ってきて惑わすという。ドバイ（灰）を撒《ま》いて音を立てると逃げて消えるという。（瀬川清子「相島日記」『旅と伝説』通巻一三〇号）

【ら】

龍王 ［りゅうおう］

山口県大津郡三隅町（現・長門市三隅地域）に伝わる。

昔、三隅の中村に老婆が暮らしていた。この老婆は赤子の取り上げに長《た》け、どんな難産でもたやすく産ませるので「中村の取り上げ婆様」として知られていた。ある真夜中、男が訪ねてきて老婆を連れ出すと、三隅の里を遠く離れて海中の宮殿へと導いた。老婆は龍王の前に召し出され、龍王直々に姫の出産介助を依頼された。老婆は早速お産に苦しむ姫の所に行き、無事に王子を誕生させた。龍王は褒美に数々の宝物を与えようとしたが、老婆はそれを望まず、ただ村のために田から水がなくならないようにしてほしいと言った。その思いやりに心を打たれた龍王は、村人が豊年踊りを踊れば必ず雨を降らせると約束した。龍宮城から帰ってきた老婆は村人に豊年踊りの雨乞いを伝授し、「龍王ばあさま」と呼ばれるようになった。雨乞いをすれば必ず大雨が降り注いだといい、それが後の世に続く三隅の楽踊《がくおどり》になったという。（松岡利夫『ふるさと叢書　周防長門の伝説』）

霊馬神 ［れいばしん］

山口県豊浦郡豊浦町川棚《かわたな》（現・下関市豊浦町川棚）に伝わる。

天文年間（一五三二〜五五）、室津《むろつ》岬で雲雀毛《ひばりげ》の子馬が生まれた。母馬は産後まもなく死亡し、子馬は毎日母を探し求めた。ある日、沖合の蓋井島《ふたおいじま》からかすかに母馬のような嘶《いなな》きが聞こえ、子馬は思わず海に飛

びこみ島へ渡った。しかしそこに母の姿はなく、今度は岬から母馬の声がした。こだまを追って渡海を繰り返すうち、子馬はたくましい名馬に育ち、青山城主黒井判官の乗馬として活躍した。やがて馬は戦死し、川棚の楠《くすのき》の根元に埋められたが、霊馬となって夜な夜な現れ禍《わざわい》をなした。霊馬を鎮めるために祭が始まり、人々は霊馬神に厄払いの祈願をするようになったという。（朝日新聞山口支局編『民話の里』）

レーダーサイトの幽霊 ［れーだーさいとのゆうれい］

山口県萩市にある自衛隊駐屯地に出るとされる幽霊。

萩市の沖合にあるＭ島（見島《みしま》か）には航空自衛隊のレーダーサイトがあり、約四〇〇人の隊員が配属されている。ある時、家庭の悩みを抱えていた隊員が官舎で首を吊って自殺した。それ以来、夜になると官舎の中で隊員がすすり泣く声が聞こえるようになった。レーダーサイトの幹部たちは当初この噂を否定していたが、後には彼ら自身も実際に泣き声を聞いたり、官舎にぼんやり立つ隊員の幽霊を見たりしたという。やがて全隊員を集めて高野山の修験者による祈禱《きとう》を受けさせたが、その甲斐もなく幽霊は現れ続けたという。（三木孝祐『幽霊がいる場所、教えます。』）

六人ばら ［ろくにんばら］

山口県新南陽市福川（現・周南市福川）に伝わる。

昔、福川の室尾《むろお》の海岸に、小舟に体を縛りつけた六人の漁夫の遺体が打ち上げられた。室尾の人々は遺体を金胡《かなご》の山の手に丁重に埋葬し、その場所を「六人ばら」または「六人ばな」と呼んだ。室尾の沖で夜に漁をすると、遠方から六個の火の玉が近づき、やがて大きな火の玉となって六人ばらに上った後、すうーっと消えるという。飛来した火の玉が夜釣りの舟に衝突したこともあるといい、この際に舟にいた漁夫は大病に罹《かか》り、ついには死んでしまったという。（『新南陽市の民話と伝説』）

ろくろ首 ［ろくろくび］

『続向燈吐話』巻之九にあるもの。

長門国萩（山口県）城下での出来事。ある夜、一人の藩士が散歩していると、鉄漿《かね》を黒々つけた美婦人の首が、青い糸を二、三尺引いて、ばたばたと音を立てながら飛んでいった。驚いて斬ろうとすると、首は流星のように飛んで町家に逃げこんだ。侍が様子をうかがうと、家の奥方が「知らない侍が刀を抜いて追いかけてくる夢を見た」と怯《おび》えながら話す声が聞こえた。侍はこの奥方が世にいうろくろ首かと合点し、親しい友にこのことを語ったという。（勝又基・木越俊介校訂『諸国奇談集』）

近世の轆轤首譚《ろくろくびたん》の典型例で、同じ型の話は諸書にみえる。轆轤首は本人の知らない間に魂（首）が遊離する病と考えられた。部類別索引【轆轤首・離魂病】も参照。

【わ】

脇差の祟り 「わきざしのたたり」

山口県柳井市新庄に伝わる。

ある時、大倉の某家の当主が連日のように高熱を出して苦しむようになり、医者が手を尽くしても一向に良くならなかった。ある夜更け、この家の囲炉裏の周りで白衣を着た猿が踊っていた。猿の手には抜身の脇差が握られていたため、何かあると思い家の中を調べると、押入の奥から一振りの脇差が出てきた。それは以前この地で落命した武士の持ち物で、土穂石八幡宮で祈禱《きとう》してもらうと、当主の高熱も治まった。猿の舞はめでたい舞として家に継承されたという。（『柳井昔ばなし』）

割鍾馗 「わりしょうき」

山口県美祢《みね》市伊佐の南原寺に伝えられている鍾馗の護符の版木で、縦二つに割れているためこう呼ばれる。雪舟《せっしゅう》が南原寺に滞在していた時、寺の俎板《まないた》に彫った鍾馗像と伝えられ、真板《まないた》鍾馗の別名もある。

村人と共に鰻《うなぎ》を食べようとした雪舟は、鰻が獲れるまでの退屈しのぎに俎板に鍾馗を彫った。雪舟が寺を去った後にこれを祀ると、参拝者に不幸や病気があったり、夜な夜な鍾馗像が音を立てて動いていたりした。住職は鍾馗の力が強すぎるためだろうと考え、俎板を二つに割った。それからは御利益の大きな効験が出て多くの参詣者を集め、参詣できない病人や老人のため摺《す》り絵も配布されるようになったという。南原寺には、江戸在勤の萩藩主が疱瘡《ほうそう》除けの護符として鍾馗の札を求めた際の書状と礼状も残されている。（南原寺ウェブサイト）

鍾馗の札は昭和一四年（一九三九）の天然痘流行時にも版木が摩耗するほど摺られたという。（吉岡一生『山口伝説散歩』）

和霊神様 「われいじんさま」

山口県新南陽市和田（現・周南市和田地域）に伝わる。

昔、和田のある家には、夜になると奇妙な幽霊が出た。それは長袖の着物か白装束、あるいは蓑《みの》をまとったようなわけのわからない姿で、床柱などを何度も駆け上がったり下りたりして住民を恐れさせた。相談を受けた太夫（神職）は先祖の祟《たた》りかもしれないと考え、懇《ねんご》ろに葬ってやることを勧めた。村人が祠《ほこら》を建てると幽霊は出なくなり、心地よい眠りが戻ってきたという。

和霊神様と呼ばれるこの祠は明治初頭頃に建てられたらしく、中には刀と鏡が入れてあると伝わっている。（『新南陽市の民話と伝説』）

COLUMN

動物の碑《いしぶみ》 05

獣が死後に祟《たた》る話は多い。牛も馬も狐も狸も猿も、人間に酷《ひど》い仕打ちを受ければ相応の報いを与え、丁重に扱われたなら恩に報いる。人間は種々の生き物にも霊魂の存在を感じ、家畜や狩猟・駆除対象の動物をも供養することがある。このような弔《とむら》いの形は、各地の動物供養の碑や塚からうかがい知ることができる。

山口県の章で挙げた**鯨の霊**は、捕鯨により命を落としたクジラを供養する際に想定された存在である。ニホンアシカが絶滅する以前、島根県の隠《お》岐《き》諸島や竹島《たけしま》ではアシカ猟が行われており、アシカのことはトドやメチと呼んでいた。西ノ島の三《み》度《たべ》地区にある地福寺境内にはアシカの供養塔「登々《とど》塚」が建てられている。広島市南区向洋《むかいなだ》大原町には、一九七九年に建立された牡蠣《かき》供養碑がある。供養される生き物の種類からは、地域産業の違いなども見えてくるようだ。

岡山県岡山市の「鼻ぐり塚」は全国の家畜供養の塚の中でも異彩を放っている。ここには牛に着けられていた鼻ぐりが集められ、うずたかく積み上げられている。その総数は二〇一八年時点で六八〇万個以上あったという。大正期に福田海《ふくでんかい》という宗教団体の開祖が発願したもので、特撮テレビ番組『ウルトラマンA』のあるエピソードのロケ地となったことでも有名である。同じく岡山県の備前市吉永町にある田倉牛神社《たくらうしがみしゃ》は飼牛の病気平癒に霊験あらたかな神で、現在ではそれ以外の事柄も祈願される。願い事のある人は境内にある備前焼の小さな牛像を持ち帰り、願いが叶うと同じ像を二つ奉納する。そのため、境内には無数の牛像が積まれているのである。

[参考文献]
・依田賢太郎（著）『いきものをとむらう歴史』
・藤井弘章「聞き書き　隠岐・竹島のアシカ猟」『民俗文化』第二三号
・小嶋独観（著）『奉納百景』

稲生物怪録

稲生物怪録

［いのうもののけろく］

【『稲生物怪録』の概要と系統】

現在「稲生物怪録」または「稲生怪談」といった呼称で広く知られているのは、備後三次（広島県三次市）の稲生家を舞台とする妖怪譚である。寛延二年（一七四九）七月、三次に住まう武家の少年・稲生平太《へいた》郎《ろう》のもとに多種多様な怪異が一ヶ月にわたって連夜発生する。しかし豪胆な平太郎は妖怪たちの来訪に心折れることなく日々を過ごし、ついに怪異の黒幕たる魔王が負けを認め、木槌《きづち》を授けて去っていくという物語だ。主人公である稲生平太郎は実在人物で、元服して武太夫《ぶだゆう》と名乗り、広島藩士として御広敷御錠口《おじょうぐち》を務めた時期もある。

稲生家の怪談を語る文献・資料は数多く、その内容も微妙に異なっており、題名も必ずしも『稲生物怪録』とはされていなかった。これらの作品は文章主体、絵画主体に大別でき、さらにそれぞれをいくつかの系統に分けることができる。ひとつは武太夫の同僚であった柏正甫《かしわせいほ》が、天明三年（一七八三）に武太夫本人から騒動の顛末《てんまつ》を聞き取り『稲生物怪録』として纏《まと》めたとされるもの。この聞書は便宜上「柏本」と呼ばれ、写本も数多く残されている。また武太夫自身が書き残したものとして一人称で展開される『三次実録物語』、国学者の平田篤胤《ひらたあつたね》と門人たちが柏本などを比較校訂し、出版を企図して整理した「平田本」。この三つが文章を中心とした作品の主たる系統となる。これらとは別に随筆類に断片的に収められた情報もいくつか確認されている。

絵画主体の作品は絵巻または絵本の形式をとる。最もよく知られているのが「堀田家本」と呼ばれる絵巻だろう。三次市の堀田克己氏が入手、以後同家が所有し、三次市教育委員会が保管しているこの絵巻は、数々の書籍に掲載され、現代における『稲生物怪録』のビジュアルイメージを決定づけたといえるだろう。

『稲生物怪録』は近現代においても小説、講談、漫画、絵本などの題材として名だたる作家たちに用いられており、創作者にとってもその魅力が色褪《あ》せないものであることが窺《うかが》える。「個人の想像力の域を超絶した化物たちの饗宴《きょうえん》」また「日本の妖怪譚の白眉」（谷川健一）と評されるほどに、一種独特の妖気が人を惹きつけているようだ。妖怪たちが出現した三次市は、今や「日本妖怪博物館」を擁する地となり、妖怪重要スポットとしての存在感をなお増している。

本章は『稲生物怪録』諸作に登場する怪異妖怪を個別の項目に切り分けて解説を試みたものである。各々の性質を吟味する際の一助となれば幸いである。

［参考文献］
・谷川健一（編）『稲生物怪録絵巻』
・東雅夫（編）『稲生モノノケ大全　陰の巻』
・広島県立歴史民俗資料館（編）『稲生物怪録と妖怪の世界』
・三次市教育委員会（編）『改訂版　妖怪　いま甦る』
・荒俣宏（編）『平田篤胤が解く稲生物怪録』
・杉本好伸（編）『稲生物怪録絵巻集成』

【あ】

青入道
［あおにゅうどう］

稲生屋敷に出現した怪異妖怪の一種。「柏本」では、七月二八日夜の出来事とされる。便所へ行こうとした平太郎が縁側の踏石《ふみいし》に足を下ろすと、それは氷のように冷たく、鳥餅《とりもち》のようにねばねばしていた。見れば、踏石は手足の短い死人のようなものに変化し、ぱちぱちと瞬きをしていた。

絵巻「堀田家本」では「青入道」と称されており、足をつけると泥田へ踏みこんだように粘りついたとある。名前の通り真青な死体で、丸い目を大きく見開いている。

絵本『稲生妖怪実記』ではさらに誇張され、不気味な笑みを浮かべ横たわる死体は平太郎の何倍もの体軀《たいく》となっている。

青瓢箪
［あおびょうたん］

稲生屋敷に出現した怪異妖怪の一種。「実録」や絵画系作品に登場する。「堀田家本」では、七月三日夜、天井から青々とした瓢箪がぶら下がってきたとある。絵巻には、いくつもの瓢箪が下がる中、少しも気にせず眠る平太郎の姿が描かれている。

赤い石
［あかいいし］

稲生屋敷付近で発生した怪異の一種。「実録」や絵画系作品に登場する。「堀田家本」には、七月一三日夜、西江寺《せいごうじ》の魔除けの宝物を借りに出かけた平太郎たちが藪《やぶ》の近くまで来ると、赤い石が雷電のごとく落下してきたとある。石は同行していた平五郎の腰骨に当たり、彼を気絶させた。

頭割れ
［あたまわれ］

稲生屋敷に出現した怪異妖怪の一種。「実録」や絵画系作品にみられ、絵巻「堀田家本」では、七月一〇日の出来事とされる。定八《さだはち》という馴染みの者が稲生家を訪問し、話をしているうちに、だんだん頭が膨れ上がり、ついには穴が開き、二、三人の赤子が這い出して平太郎にすがりついてきた。捕まえようとするとみな消えた。

倉本四郎はこれを「頭割れの怪」と称している。（『妖怪の肖像』）

網顔
［あみがお］

稲生屋敷に出現した怪異妖怪の一種。「柏本」では、七月二七日の出来事とされる。平太郎が訪ねて来た陰山金左衛門と話しているうちに眠ってしまうと、菱形《ひしがた》の人面がびっしりと並んで網目のようになった化物が現れた。金左衛門に起こされた平太

郎が観察してみると、その顔は以前の**輪違**《わちがい》よりも不気味で、縦横に動きながら口を開閉し、息を吹き出すような様子だった。うろたえた金左衛門が抜刀し斬りつけたが手応えはなく、まるで煙を斬るようだった。金左衛門は逃げ帰り、平太郎も寝ることにすると、化物はいつのまにか消えていた。

　柏本・平田本系統の絵本では特に強い印象を残す妖怪の一つ。広島県立歴史民俗資料館蔵の絵本『稲亭物怪録』などでは、網目ごとに色と顔つきが異なり、カラフルでユーモラスである。荒俣宏は網顔を「稲生物怪録に登場するすべての妖怪のうちで最もユニーク」と評している。（『平田篤胤が解く稲生物怪録』）

行灯の火［あんどんのひ］

　稲生屋敷に出現した怪異妖怪の一種。「実録」や絵画系作品に登場する。「堀田家本」では、七月二日夜、行灯の火が天井に届くほど長く伸びて燃えたとある。平太郎は動じることなく眠りにつき、翌朝見れば天井は何事もなかったという。

　これとは別に、七月二四日には行灯が急に石塔に変化して燃え上がったという。

石川悪四郎［いしかわあくしろう］

『耳嚢《みみぶくろ》』巻十「怪棒の事」にある魔王。

　芸州（広島県）浅野家の家臣、五太夫は齢《よわい》七〇を過ぎても至って健康で、文化五年（一八〇八）頃には江戸勤番へ出ていた。この五太夫が一五歳の時、三左衛門という若者に「当国の真定山には石川悪四郎なる化物が住むという。だが、高山の悪所ゆえ見届ける者もない。ぜひ行って化物の正体を見届けたいものだ」と誘われ、共に山に登った。頂上では異様な嵐や地震に見舞われながら無事下山したが、それ以後、五太夫宅には妖怪が度々現れた。ある時は鬼の姿、またある時は山伏の姿というように、化物は様々な形で彼を脅かした。しかし豪胆な五太夫は少しも恐れず、化物を罵《ののし》り、あるいは笑い飛ばして日々を過ごした。数日後、化物は出家の姿で現れると「強勇な人だ。この上は我等も真定山を立ち去るべし」と告げた。五太夫が妖怪と話した証拠を求めると、出家は姿を消し、外から何かが投げこまれた。それは何の木で作ったか不明な三尺余りのねじ棒だった。この棒は化物の姿を描いた絵巻と共に広島慈光寺へ納めた、と五太夫は語ったという。

　地名人名など細部は異なるが『稲生物怪録』に酷似した妖怪談である。『耳嚢』ではこれ以前に**三ッ本五郎左衛門**の話題も取り上げられている。

　水木しげるの著書においては、一連の怪異は「悪四郎妖怪」と呼ばれている。その妖怪画は『絵本小夜時雨《さよしぐれ》』にある図の模写で、本来は石川悪四郎とは無関係。

出雲国五郎左衛門［いずものくにごろうざえもん］

　広島の藩医・進藤寿伯による風聞集『耳の垢《あか》後編』にあるもので、他の諸本におけ

る**山ン本五郎左衛門**に相当する存在。

三次の御徒衆《おかちしゅう》・稲生某の屋敷に現れたという化物。同家の兄弟が外出先で化物の話をして帰宅した夜半、四方の障子や土塀が一斉に鳴動し、七、八人の足音が聞こえるという怪事が起きた。以後、屋敷では毎晩同じ時刻に様々な怪異が発生したが、弟の武太夫がはひとり屋敷に残って顛末《てんまつ》を見届けた。逆さになって飛ぶ女の抜け首（**逆さ首**）が出る、蚊帳《かや》の上にもう一つ蚊帳が吊られ、その中の布団で何者かが寝起きするなど、怪異は日ごとに異なる姿を見せた。やがて化物は稲生の弟が青蛙と蚯蚓《みみず》を嫌っていることを知った。ある晩、夜食をとろうとしたところ、器の中で青蛙と香の物が混じり合っていた。次いで背後に身の丈八尺、目のない大坊主が立ちはだかり、耳鼻口からおびただしい蚯蚓をぞろぞろと出した。蚯蚓は弟に纏《まと》わりつこうとしたが、目を閉じ心を鎮めていると消え失せた。その後も怪異は毎夜続き、およそ三〇日に及んだ頃、竈《かまど》の辺りから「貴殿様ほど大胆不敵の人いまだ見ず」と声が聞こえた。声の主は姿を見せないまま「出雲国五郎左衛門」と名乗り、一八歳になる血気盛んな日本の男子一〇〇〇人を誑《たぶら》かすと、この上もない位に昇ることができると語った。そして稲生の弟が一向に降参しないことを嘆き、当地から長門国に移り、九州へ下ると宣言して去った。その後はいかなる化物も現れなかったという。（『近世風聞・耳の垢』）

稲生武太夫 ［いのうぶだゆう］

『稲生物怪録』諸作の主人公。

備後三次に暮らす武家の子で、幼名を平太郎という。寛延二年（一七四九）、一六歳の時に物怪に狙われ、種々の怪異を体験するが、それらに心折れることなく日々を過ごし、ついに魔王を感服させ、不思議な木《き》槌《づち》を授けられる。作品上では父母とは既に死別しており、勝弥《かつや》という幼い弟がいるが、屋敷に怪異が頻発したため叔父の家に預けている。平太郎自身は至って冷静かつ豪胆で、連夜妖怪が手を変え品を変え現れても、少々のことでは驚かず、よく眠る。ただし蚯蚓《みみず》は嫌いである。

稲生武太夫は実在の人物で、『稲生武左衛門正信先祖由緒書』によれば、稲生家の跡目を継ぎ、武太夫の後に忠左衛門正令と名乗り、享和三年（一八〇三）に七〇歳で病没したという。広島市中区の本照寺には武太夫を含む稲生家代々の合塔碑がある。『三次実録物語』は作者を稲生武太夫に仮託した一人称形式の作品で、現存する写本は稲生家に伝わっていたものである。

三次市三次町にある「稲生武太夫碑」は昭和三年（一九二八）に建立されたもので、農民の子であったが怪力の持ち主であったために浅野公から禄《ろく》を与えられ、武士の身分に取り立てられたと記されている。その後、武太夫は諸国を遍歴して武術修行に励み、幾度となく妖怪を鎮め、あるいは懲らしめた。そして明和八年（一七七一）に三次の比熊山《ひぐまやま》でも化物を退治し、山麓に屋敷を賜ったという。このような英雄・豪傑的

な稲生武太夫像は明治頃から流布した「松山騒動」ものの講談における設定に基づくもので、一般的な『稲生物怪録』系の作品内容とはあまり接点がない。（『妖怪　いま甦る』、『日本怪異妖怪事典　四国』）

広島市中区の稲生《いなり》神社では、稲生武太夫が霊神武太夫公として祀られている。ただし、原爆投下によって古い史料や宝物の類はすべて焼失し、武太夫が祀られるに至った経緯はよくわかっていないという。（東雅夫『妖怪伝説奇聞』）

えいえい声［えいえいごえ］

稲生屋敷に出現した怪異妖怪の一種。

「柏本」では、七月一五日夜の出来事とされる。家の裏からエイエイと大勢の声が聞こえ、重い荷物を持ち出すような気配がした。声の主は次第に近づき、裏の物置に置いていた漬物桶《おけ》を内庭へ落としていった。せっかくなので漬けていた茄子《なす》を出し、訪れていた朋輩《ほうばい》たちにふるまったが、みな気味悪がって食べなかったという。

大足跡［おおあしあと］

稲生屋敷に出現した怪異妖怪の一種。

「柏本」によれば、七月一〇日、化物騒動を聞きつけた上田治郎右衛門という者が訪ねてきて「これは狐狸《こり》か**猫又**の仕業だ」と主張し、翌日には獣を捕える跳《は》ね罠《わな》を調達してきたという。彼は餌の油鼠をつけた罠を仕掛けたが収穫はなく、一二日の朝には餌だけが消え失せていた。治郎右衛門は鼠を取るからには狐狸に違いないと確信し、今度は縁側や板の間に糠《ぬか》を撒《ま》き、足跡がつくか確かめようとした。翌日、糠の上には犬か狐のような大小の足跡があったが、なぜか大きな人間の足跡も混ざっていた。

大臼［おおうす］

稲生屋敷に出現した怪異妖怪の一種。

「柏本」では、七月二六日夜の出来事とされる。台所から雷でも落ちたような音が響いたので見に行くと、物置に入れていたはずの大きな搗臼《つきうす》があった。稲生家訪問中の真木善六がこの臼を軽々と持ち上げて外へ出したので、平太郎は臼が落ちた音より彼の大力に驚いたという。翌日見れば、善六が置いた場所に臼はなく、律儀にもひとりでに物置の中に戻っていた。

大風［おおかぜ］

稲生屋敷に出現した怪異妖怪の一種。

「柏本」では、七月四日夜の出来事とされる。平太郎と数人の朋輩《ほうばい》が家にいると、大風が吹きつけてきたかのように家が鳴り始めた。朋輩たちは気味悪がって一人また一人と帰っていったが、この晩は**家鳴**《やなり》以外には何事も起こらなかったという。

大きな蜂の巣［おおきなはちのす］

稲生屋敷に出現した怪異妖怪の一種。

「実録」や絵画系作品に登場する。「堀田家本」では、七月二三日夜の出来事とされる。屋敷の天井に大きな蜂の巣が生じ、赤や黄色の泡を吹き出していたという。

「実録」では大きさに関する描写はなく、天井から数多くの蜂の巣が下がり、黄色い泡を吹き出したと記されている。平太郎はやはりこれも放置して寝たという。

大地震［おおじしん］

稲生屋敷に出現した怪異妖怪の一種。

「柏本」では七月三日の夜に発生する。九つ時、どこからともなくドウドウと音が鳴りだし、次第に**家鳴**《やなり》が強まった。稲生家に集まっていた近所の者たちは「大地震だ」と驚き逃げ出したが、平太郎が庭へ出て見ればどこも揺れておらず、ただ我が家の中がめきめき騒がしいばかりだった。放置して寝たところ、家鳴は鎮まった。しかし、この出来事が評判を呼び、翌日の稲生家見物人はさらに増えてしまったのだった。

大盥［おおだらい］

稲生屋敷に出現した怪異妖怪の一種。

「柏本」では、七月二三日の出来事とされる。松浦市太夫や陰山彦之丞《ひこのじょう》たちが稲生家を訪ねた時、大きな盥がごろごろと音を轟《とどろ》かせながら転がってきた。それは風呂場の盥だったので、平太郎が元の場所へ片付けた。轟音《ごうおん》に驚き逃げ帰った平野屋市右衛門は、後に化物の正体が盥だったと聞かされて拍子抜けしたという。

「実録」では、同様の怪異が七月一七日に発生する。石川文左衛門の女房おくうが稲生家に見舞いに来たところ、棚から行水盥が転げ落ちて彼女を追い回した。おくうは裸足で逃げ出した。絵巻「堀田家本」では、盥に追われる婦人を眺める平太郎がどことなく怪しい笑みを浮かべている。しかも婦人は平太郎が盥をけしかけたと思っていたというので、おかしみがある。

倉本四郎は香川県に伝わるタゴマクリ（肥桶《こえおけ》が転がる怪異）に倣《なら》い、この怪をタライマクリと名付けている。（『妖怪の肖像』）だが、本来は見かけが似ているだけで特に関係ない。寮美千子『へいきの平太郎』では「ころころたらい」と呼ばれる。

女の首［おんなのくび］

稲生屋敷に出現した怪異妖怪の一種。

宙を飛ぶ女の生首で「女の血首」（阿部正路『日本の妖怪たち』）、「のんきな生首の怪」（稲生物怪録トランプ）などの呼称例もみられる。**逆さ首**の怪とは別物。

『三次実録物語』では、七月二六日夜に木《き》遣《やり》歌とともに現れて飛び回り、首の断面からぶら下がる長さ二間ほどの冷たい臓物をまといつかせて平太郎を閉口させた。平太郎はもちろん相手にせず寝た。『武太夫物語』などでは顔色は青白く、室内を飛び回るさまは鳥のようだったと語られている。

絵巻・絵本系の作品では血や臓腑《ぞうふ》がぶら下がっているのではなく、首の下から一本

の腕が伸び出ているという奇抜な姿で描写されている場合もある。絵巻「堀田家本」の詞書《ことばがき》には、首が手になって平太郎を撫《な》でたとある。この腕つき形態にも目立った固有の名はなく、各作家によりキャッチーな命名がなされている。倉本四郎は『鬼の宇宙誌』や『妖怪の肖像』で「片腕《かたうで》小町《こまち》」と呼び、他の地域に伝承される一本だたらや片足上臈《じょうろう》との近縁性を想像豊かに語っている。また、寮美千子の『へいきの平太郎』では「なでなで女」、氷厘亭氷泉《こおりんていひょーせん》の作品では「パンキッシュ女」（『和漢百魅缶』）という呼び名が与えられている。三次もののけミュージアムのプロモーション用にデザインされた石黒亜矢子の「撫《な》ぜ花魁《おいらん》」やオリシゲシュウジの「おててちゃん」も同じ妖怪がモデル。

もののけ妖怪も参照。

【か】

柿の怪 ［かきのかい］

稲生屋敷に出現した怪異妖怪の一種。「柏本」では、七月二六日夜の出来事とされる。南部角之進、影山正太夫、真木善六は二十六夜の月見をしようと稲生家に集まり、差し向かって歓談していた。この時、角之進は持参した柿の実を器に出しておき、後で食べようと考えた。しかし、ふと見るとすべて誰かに食べられ、種だけが器に残されていた。座の一同は大方化物に食われたのだろうと話し合ったという。

陰山正太夫 ［かげやましょうだゆう］

稲生屋敷に出現した怪異妖怪の一種。「柏本」では、七月二二日夜の出来事とされる。平太郎の知人・陰山正太夫は、化物騒ぎを聞きつけると、兄の家から先祖伝来の名刀を借り出して稲生家に持参した。やがて**逆さ首**が現れると、正太夫はそれを刀で両断した。だが首は真っ二つになりながら正太夫めがけて飛び、驚いた彼は刀を柱にぶつけて刃を折ってしまった。正太夫は狼狽《ろうばい》し、あろうことか平太郎の前で切腹して果てた。自害を止められなかった平太郎は、無用な詮議を受けて恥を晒《さら》し、身内に世話をかけることを不本意に感じ、夜が明けたら己も腹を切ろうと覚悟した。しかし時が経つと正太夫の死体や血痕は跡形もなく消えた。今夜訪れた庄太夫は偽者で、全ては化物が見せた幻だったのである。

「実録」では七月九日、化物に騙《だま》されて石臼を斬りつけ、家宝の刀に刃毀《はこぼ》れを生じさ

せた影山庄太夫が自害する。その後、庄太夫は幽霊となって稲生家を訪問すると、平太郎を逆恨みして詰《なじ》り、彼にも命を絶つよう強いる。一方的な言い分に怒った平太郎が反論し、摑みかかろうとした時に夜明けの半鐘が鳴り、幽霊も死体も消え失せた。絵画系の作品では、この記述に基づいて庄太夫の幽霊の姿を描くものもある。絵巻「堀田家本」では、武士の名は陰山亮太夫となっている。

平太郎をきわめて緊迫した状況に追いやり、苦悩させた相手であり、一ヶ月にわたる怪異の中でも異彩を放っている。

笠袋の怪［かさぶくろのかい］

稲生屋敷付近で発生した怪異の一種。「柏本」では、七月一三日の出来事とされる。平太郎の知人で鉄砲撃ちの長倉という男が、平太郎に代わって西江寺《せいごうじ》に魔除けの仏影を借りに行くことになり、提灯を持って出かけていった。津田家の屋敷近くを通りかかると、藪《やぶ》から笠袋ほどの黒いものが飛び出し、長倉の首に巻きついた。長倉は窒息して気を失い、異変に気づいた津田市郎右衛門に介抱されて息を吹き返した。提灯もどこかへ失せており、さすがの長倉も恐ろしくなって、寺には行かずに稲生家へ戻ってきたという。

海童［かっぱ］

笹間良彦『日本未確認生物事典』で紹介されている妖怪。海に棲む河童。

挿図として稲生物怪録の絵巻・絵本系の作品にある一目（**髭手《ひげて》の化物**）の場面が掲載され「一ツ目の妖怪として現れた海童を退治する小平太」とのキャプションが付されている。おそらく化物は海童でもなければ主人公の名は小平太でもないと思われ、なぜこの化物を海童扱いしたのかもよくわからないが、図版が二次利用されるなかで特殊な変質を遂げた例として面白い。

蟹石［かにいし］

稲生屋敷に出現した怪異妖怪の一種。「実録」や絵画系作品に登場するもので、絵巻「堀田家本」では七月五日夜に現れる。平太郎と権八が話していると、指のような脚を八方に伸ばし、蟹のような目がついた化物が、がさがさと走り寄ってきた。権八は刀で化物を斬ろうとしたが、平太郎に制止されて帰った。翌朝見れば、台所に近所の漬物石があり、夜の化物の正体はこれであろうと思われた。「実録」では新道石橋の脇にある赤い石が目と指が多数ある化物になり、稲生家にやって来る。これを蹴飛ばすと一面に煙がたちこめたという。

作品により描写に振れ幅があるのが特徴的な妖怪。「堀田家本」では実際の蟹のように目が飛び出しているが、吉田家所蔵の絵巻『稲生武太夫一代記』では逆に目がない。絵本系の作品でも「実録」に準拠して目が無数にあるものもあれば、人の顔のように

二つの目と口を具《そな》えるものもある。

阿部正路『日本の妖怪たち』では指目石蟹と呼ばれている。さこやん『図鑑・日本の妖怪』では牛車の車輪止めの石や漬物石が化した妖怪として「石ガニ」が紹介されているが、明らかに稲生屋敷の蟹石をモデルにしたものである。岡田日出子『にゃんたんのゲームブック ゾクゾクッようかいやしき』に登場する「石目ガニ」も同様。この他、寮美千子『へいきの平太郎』では「カニ目石」と呼ばれている。

壁の顔［かべのかお］

稲生屋敷に出現した怪異妖怪の一種。

絵巻・絵本系の作品に登場するもので、七月三〇日夜、魔王参上の直前に現れる。平太郎が**蚯蚓《みみず》の怪**にうろたえていると、眼前の壁に大きな目口が現れ、困る平太郎を見てけらけら笑った。壁の目は蜻蛉《とんぼ》の目のように飛び出してしばらく平太郎を睨《にら》んでいたが、しばらくすると消えた。

学研『妖怪の本』では、福岡県に伝わる塗壁《ぬりかべ》の解説箇所に平田神社蔵『稲生平太郎物語』にある壁の顔が掲載され「塗壁の祖型か」と記されている。単に「壁」という共通項しかなく、『ゲゲゲの鬼太郎』に登場するような「ぬりかべ」のビジュアルとも似ておらず、苦しい見立てである。

竃の火［かまどのひ］

稲生屋敷に出現した怪異妖怪の一種。

「柏本」では、七月二四日夜の出来事とされる。平太郎が夜中に厠《かわや》へ行くと、竃から火が出て、手前の板敷のあたりまで一気に燃え上がった。驚いて水をかけると火は消えたが、明かりを灯すと板敷は焼けておらず、いつもの化物が見せた幻とわかった。竃の中まで水浸しにしてしまったので、平太郎は掃除に難儀したという。

柏本系の『稲生妖怪実記』や『稲亭物怪録』といった絵本では、竃から出た異様な猛火が燃え盛る様子が描かれている。

紙舞［かみまい］

稲生屋敷に出現した怪異妖怪の一種。

「実録」では七月四日夜に発生する。茶を沸かそうとしたところ、瓶《かめ》や手桶《ておけ》の水がみな凍りついていた。ともかく火を起こそうと火吹き竹に口をつけたが、なぜか息が通らない。仕方なく飯だけ食べて寝ると、枕元の鼻紙一五枚が飛び散り、部屋のあちこちに貼りついた。絵巻「堀田家本」では、違い棚に入れていた紙が蝶《ちょう》のように舞い散ったと表現されている。

藤澤衛彦『妖怪画談全集 日本篇上』では、絵巻・絵本系作品の当該場面に「紙舞（風なきに自ら紙一枚一枚づつ舞ひ歩く神無月の怪）」という説明が付されているが、なぜ文月（七月）ではないのか不明。山田野理夫の著書にも「紙舞」という妖怪が登場することがあり、藤澤の解説に着想を得たものではないかとみられている。『信濃化けもの秘録』では、紙舞は長野県に現れ

た妖怪となっている。（『日本怪異妖怪事典　中部』）

唐臼の怪［からうすのかい］

稲生屋敷に出現した怪異妖怪の一種。「実録」では、七月一四日の昼間に発生する。小屋にしまっていた唐臼がひとりでに動きだしたので、平太郎は試しに玄米を搗《つ》かせてみた。しかし杵《きね》はいつまでも止まらず、なかなか米を取り出せない。やむなく棹《さお》を外して米を取ってみると、あれほど搗いていたのに糠《ぬか》だらけだったという。

串刺し首坊主［くしざしくびぼうず］

稲生屋敷に出現した怪異妖怪の一種。「実録」では、七月一七日夜に出現する。鴫《しぎ》焼きのように串刺しになった小坊主の頭が一〇ばかりやって来て、串から抜けたりまた刺さったり、一本の串に二つの頭が刺さるなど、奇妙な動きを繰り返した。最後には全ての頭が一つになって、大きな鯰《なまず》に変わったという。絵巻系の作品では、串刺しの坊主頭の群れが寝所を囲む様子が描かれている。「堀田家本」によれば、田楽刺しの首は一三、四ほど現れ、枕元でぴょいぴょいとやかましく跳ねていたという。

阿部正路は『日本の妖怪たち』で、この妖怪を「串ざし首坊主」と呼んだ。同書での使用図版は平田本系の上木用『稲生物怪録』のもの。倉本四郎『妖怪の肖像』ではタカアシ、寮美千子『へいきの平太郎』では「目玉おでん」と命名されている。

さこやん『図鑑・日本の妖怪』では「串刺し坊主」が紹介されている。これは寝ている人の周りを跳びはねるが、無視しているとつまらなそうな顔で消えるという。リリパット『日本妖怪図鑑』にある「串刺首坊主」も寝室で跳ね回り、人の睡眠を妨害する妖怪と説明されている。漫画『新編ゲゲゲの鬼太郎』には、串刺しの頭部が分離する「串刺し入道」が登場する。これらは稲生屋敷の妖怪がモデルと思われる。

講釈師［こうしゃくし］

稲生屋敷に出現した怪異妖怪の一種。「実録」では、七月二一日夜に現れる。平太郎が行灯《あんどん》に火を入れると、行灯に人の姿が映り、書見台に置いた本をめくりながら講釈をするように動いた。しかし平太郎が眠るまで声は一切聞こえなかったという。

虚無僧［こむそう］

稲生屋敷に出現した怪異妖怪の一種。「実録」では、七月二八日に現れる。暮六つ時、三人の虚無僧が宙に現れて尺八を吹く様子だったが、音は聞こえてこなかった。平太郎が蚊帳《かや》を吊って寝ると、虚無僧も蚊帳を手繰って枕元に来たという。

絵巻「堀田家本」では最初に尺八の音が聞こえて、その後に何人もの虚無僧が居間にやって来る。彼らの尺八は耳を貫くようにうるさかったという。

【さ】

逆さ首 ［さかさくび］

稲生屋敷に出現した怪異妖怪の一種。

「柏本」では、七月二一日の出来事とされる。夜、逆さになった女の生首が現れ、長い髪を円座《わろうだ》のように巻き、柘榴《ざくろ》の実のような首の断面を見せ、黒く染めた歯を覗かせながらにこにこ笑いつつ飛来した。きわめて不気味なもので、次第に数が増えてあちこち飛び回った。平太郎は首どもを打ち落とそうとしたが、どうにも相手はとらえどころがない。結局、追い回しているうちに夜が明け、首は勝手に消え失せた。その後も逆さ首はたびたび現れたが、平太郎は**家《や》鳴《なり》**同様に無視することに決めたのだった。

「実録」では、七月三日に同様の妖怪が現れて平太郎と対決している。夜、畳の隙間から髪の毛が伸びたかと思うと、逆さになった女の首が出てきた。首は三束に分けた髪を脚のように動かし、平太郎に迫った。女の顎《おとがい》は長く反り返り、目は三角で黒目が下にある不気味な面相だったという。捕まえようとすると首は消え、また別の場所に現れては平太郎に近寄ってきた。放っておくと首は平太郎の膝や肩に乗ってきて、彼の全身を舐《な》め回した後で消えた。

『稲生物怪録』で特に印象的な妖怪で、阿部正路『日本の妖怪たち』では「『稲生物怪録』の中でもっとも怖ろしい」と評されている。絵巻「堀田家本」での逆さ首は通常の人間の頭部よりもかなり大きく描写されている。下唇は黄緑色をしているため、笹《ささ》紅《べに》を塗っているものと思われる。雪湖が描いた『稲生妖怪実記』の逆さ首も、艶然《えんぜん》と微笑みながら平太郎に迫る様子が実に妖しげで魅力的である。

漫画『新編ゲゲゲの鬼太郎』に登場する「逆さ首」も、稲生家の逆さ首をモデルに創作された妖怪と思われる。

下がる天井 ［さがるてんじょう］

稲生屋敷に出現した怪異妖怪の一種。

「柏本」では、まず七月一六日夜に発生する。叔父から他家への逗留《とうりゅう》を勧められた平太郎だったが、彼は最後まで化物に付き合い、その正体を見届ける気でいた。その晩はある若者が稲生家を訪問したが、居間にいたところ天井がめきめき鳴り、次第に低くなり迫ってきた。若者は恐ろしくなって逃げ出したが、平太郎は構わず蚊帳《かや》に入って寝た。一九日には平太郎も似た体験をした。彼の頭は下がってきた天井板をすり抜け、天井裏の様子まで見えたが、一向に構わずにいたところ、天井は元の位置まで上がっていったという。

サトリ

「松山騒動」ものの講談に登場する妖怪。

昭和二五年（一九五〇）、冨士屋書店刊の講談本『稲生武太夫　八百八狸』には、比《ひ》熊山《ぐまやま》の**天狗杉**を見に行った稲生平太郎が怪鳥に襲われるくだりがある。嵐の中、杉の大樹から降りてきた怪鳥は、平太郎を捕らえて虚空はるかに飛び上がった。平太郎は怪鳥の口に刀を突き刺して殺し、その首を斬り落として持ち帰った。鳥の正体は南蛮国に生息するサトリというもので、日本に渡ってきたものが天狗杉を棲み処《か》にしていたのだった。この一件をきっかけに、平太郎の武勇は世間で大評判となった。

山本小左衛門
［さんもとこざえもん］

稲生怪談ものの講談に登場する魔王。

錦城斎貞玉演『妖怪退治稲生平太郎』では、稲生平太郎は大熊山の頂に灯る怪光を調べに行ったのを契機に、様々な妖怪に襲われるようになる。やがて平太郎の前には山本小左衛門と名乗る魔王が現れて、これまで妖怪を差し向けていたのは自分だと明かした。小左衛門は平太郎の豪傑ぶりを讃《たた》え、病者を治す「蒼生神経術《そうせいしんけいじゅつ》」の秘伝が記された巻物を授けて消えた。ところが巻物はいつのまにか木の根に変わっており、小左衛門もまた妖怪が平太郎を誑《たぶら》かすために化けた姿に過ぎないと判明した。妖怪の真の正体は大熊山に潜んでいた大猫だった。この猫はもと三次若狭守の愛猫だったが、家が改易の憂き目に遭った頃に若狭守のもとを去り、人を化かす怪物になり果てたものだった。大猫は平太郎や三井権八郎たちとの熾烈《しれつ》な戦いの末に退治され、山麓の念仏寺で供養されたという。

山ン本五郎左衛門の派生キャラクターながら、怪事件の黒幕ではない点が意表を突く。魔王が平太郎に神経術の秘伝を授けるという趣向は『備後土産稲生夜話』など、本作以前の講談にもみられるようである。

山ン本五郎左衛門
［さんもとごろうざえもん］

稲生屋敷に種々の怪異を起こした魔王。一ヶ月にわたって稲生平太郎の周囲に妖怪を出現させていた黒幕である。

「柏本」は、七月晦日《みそか》の様子を次のように語る。夜、平太郎が「いつまで化物どものお守りをしていればいいのだろう」などと考えていると、裃《かみしも》を着て、腰に大小二本の刀を差した大男が現れた。平太郎はこれこそ化物の正体かと思い脇差で斬りかかったが、手応えはなく、男は「その方の手に討たれる我にはあらず」と笑った。男は平太郎の気丈さを讃《たた》え、「我は山ン本五郎左衛門なり」と名乗った。その正体は魔王の類で、**神ン野悪五郎**という同類の魔王と共に「難に逢う月日」を迎えた人間を恐れさせることを業としており、その月日を迎えた平太郎を脅かしていたのだという。ところが平太郎は恐れを抱かずに難をやり過ごしてしまったため、五郎左衛門は稲生家を離

れることにしたという。五郎左衛門は平太郎に「この後もし怪しきことあらば、北を向き『山ン本五郎左衛門来たれり』と申すべし。長々の逗留《とうりゅう》かたじけなし」と別れを告げると駕籠《かご》に乗り、大勢の**手下の魔**と共に雲に飛び入り、九州を目指し旅立っていった。それ以来、稲生家で怪異が発生することはなくなった。後の平太郎は、この魔王から妙薬か呪術でも伝授してもらえばよかったと悔やんでいたという。

山ン本の「ン」は「やまもと」ではなく「さんもと」と読ませるための捨て仮名である。現代ではこの点が充分に理解されず「山《やま》ン本」と読みがなをふっている書籍もある。（『続日本妖怪大全』など）『三次実録物語』では、最後に現れる魔王の名は**山本太郎左衛門**となっている。

絵巻「堀田家本」などにおける五郎左衛門は世界の人を惑わすことを業とする魔物で、一〇〇人を誑《たぶら》かして魔国の頭領になろうと企《たくら》んでいる。しかし八六人目の標的にした平太郎が類稀なる豪胆さを持っていたため、野望は潰《つい》えてしまった。観念した五郎左衛門は同族の真野悪五郎から平太郎を守るため、自身を呼び出すことのできる槌《つち》（**化物槌**）を授けて去っていった。

絵画系の作品では、文章作品での描写に準じて大柄な武士の姿で描かれる。稲生家から飛び去る場面では、それまでとは異なる毛深い腕や巨大な脚だけを駕籠から出しており、本来の姿は人間とは異なる存在であることを示している。広島県立歴史民俗資料館蔵『稲亭物怪録』などでは、武家姿でも平太郎の倍以上はあろうかという巨軀《きょく》を誇り、不敵な笑みを浮かべている。雪湖画『稲生妖怪実記』では、武士の姿とは別に、三つ目の烏《からす》天狗のような姿で印《いん》を結ぶ五良左衛門も描かれている。他の作品で類例が確認されていない形態だが、魔王としての本来の姿を想定したものと思われる。

別系統の稲生怪談に登場する魔王には、山本太郎左衛門、**三ン本五郎左衛門**、**山本小左衛門**、**出雲国《いずものくに》五郎左衛門**、**山本《やまもと》五郎左衛門**、**石川悪四郎**などがいる。登場人物を兎に置き換えたせなけいこの絵本『うさたろうのばけもの日記』では、魔王の名義もウサンモトゴロザエモンになっている。

幕末から明治にかけて活動した神仙道家の宮地水位は、仙人の教えを受けて様々な異世界を往来していたという。彼が著した『異境備忘録』によれば、悪魔界の一二柱の魔王の中には、神野悪五郎月影、山本五郎左衛門百谷という名の者がいるという。『稲生物怪録』との関係は語られていないが、同作の魔王の名を参考にした可能性は高い。ちなみに、宮地水位の世界観において神野・山本よりはるかに強大な存在が、序列第一位の魔王「造物大女王」である。

また、二〇〇五年の映画『妖怪大戦争』では、水木しげる演じる妖怪界の実力者「妖怪大翁」に山ン本五郎左衛門（荒俣宏）と神ン野悪五郎（京極夏彦）が仕えているという序列が設定されている。その他にも、妖怪を題材とする現代の漫画作品などではしばしば重要・有力なキャラクターとして用いられている。

三ン本五郎左衛門［さんもとごろうざえもん］

『耳嚢《みみぶくろ》』巻五「芸州引馬山妖怪の事」にある魔王。**山ン本五郎左衛門**の亜種。

芸州（広島県）の引馬山（比熊山）には立ち入ってはならない魔所がある。そこには五輪塔が置かれていて、三ン本（三本）五郎左衛門なる妖怪がいると伝えられていた。剛毅の武士・稲生武太夫は親しい相撲取りの男と共に魔所へ行き、酒を飲んで帰ってきた。数日後、相撲取りは謎の死を遂げ、稲生家では一六日間にわたり毎夜怪異が発生した。しかし武太夫は惑わされず傑然と過ごしていたため、妖怪も退屈したのか、一六夜目に「さてさて気丈なる男かな。我は三ン本五郎左衛門なり」と言った後は、何事もしかけてこなかったという。武太夫は怪異に屈することはなかったが、座敷内に糞や土を巻き散らしたような悪臭が充満した時にはさすがに辟易《へきえき》したという。

山本太郎左衛門［さんもとたろうざえもん］

『三次実録物語』に登場する魔王。稲生家に一ヶ月にわたって怪異現象を発生させた黒幕で、「柏本」や「平田本」系統の作品などに登場する**山ン本五郎左衛門**と同じ立ち位置の存在。

七月晦日《みそか》、魔王は裃《かみしも》を着た武士の姿で平太郎の前に現れて狼藉《ろうぜき》を詫《わ》び、仮の名として「山本太郎左衛門」と名乗った。彼は対立する魔王・信野悪太郎（**神ン野悪五郎**参照）を従えるための賭けとして、万物の王たる人間の中でも特に気丈な青年一〇〇人を脅かし、正気を失わせようとしていた。既に唐、天竺《てんじく》、日本で一六歳の青年八五人を脅かしてきた太郎左衛門だったが、平太郎の勇気を挫《くじ》くことは叶わず、不本意ながら悪太郎の下につくことになった。太郎左衛門は今後五〇年の他言を禁じたうえで、自身を呼び出すための槌《つち》（**化物槌**）を平太郎に授けて去った。手下の魔を引き連れて退散する際、魔王を乗せた駕籠《かご》からは毛深く巨大な脚が飛び出していた。これをもって稲生屋敷の怪異は終わりを告げた。

「実録」の末尾では、作者とされる稲生武太夫自身が、己が気丈だったのではなく、法華経と日本の仏神の加護で難を免れたのだと述懐している。

塩俵［しおだわら］

稲生屋敷に出現した怪異妖怪の一種。

「柏本」では、七月六日夜に発生。**とんとさここに**の怪の後、夜半過ぎに一抱えもあるような白く丸いものがふわりふわりと室内を舞った。それは稲生家訪問中の堀場権右衛門、川田茂右衛門のもとへ来ると、不意に落ちかかって両名を驚かせた。よく見るとそれは古びた塩俵だった。二人が帰った後、平太郎は塩俵を捨てて寝た。

絵巻「堀田家本」では、塩をふりまく俵たちには目がついている。

棕櫚箒［しゅろぼうき］

稲生屋敷に出現した怪異妖怪の一種。「実録」では、七月二二日の出来事とされる。昼間、棕櫚箒が飛んできて、転んだり起きたりしながら座敷をくまなく掃いた。絵巻「堀田家本」などでは同日朝の出来事とされ、平太郎が「朝には相応の趣向」と面白がったことが記されている。

神ン野悪五郎［しんのあくごろう］

『稲生物怪録』諸作において名が語られる魔王。**山ン本五郎左衛門**の同族または対立する相手とされている。

「柏本」では、山ン本の口から神ン野悪五郎の名が語られる。日本では山ン本の同類は彼しかいないという。もはや神ン野が手を出すことはないだろうと言いながらも、山ン本は今後怪異があれば自分を呼べるようにと、平太郎に槌《つち》を授ける。

『三次実録物語』では、**山本太郎左衛門**と覇権を争っている魔王として信野悪太郎という名が語られる。平太郎の胆力に敵《かな》わなかった山本は、信野の配下となることをしぶしぶ受け入れて稲生家を去っていく。

絵巻「堀田家本」では山ン本五郎左衛門の友にして権力の座を争う魔の名は真野悪五郎とされている。同系統の絵巻『稲生武太夫一代記』などでの「真の悪五郎」、絵本系作品における「しんの悪五郎」といった表記もある。慶応義塾大学三田メディアセンター蔵『稲亭物怪録』では神野《じんの》悪五郎と呼ばれている。

基本的には作中に名前が出るだけで姿は描写されないが、先述の『稲生武太夫一代記』では、山ン本に連れられて衣冠束帯《いかんそくたい》姿の悪五郎が現れる。これは他の絵画作品では**太歳《だざい》大明神**の姿とされるものである。

煤掃［すすはき］

稲生屋敷に出現した怪異妖怪の一種。

「柏本」では、七月八日夜の出来事とされる。稲生家に集まった朋輩《ほうばい》たちや権八が話をしていると、畳がばたばた浮き上がっては落ち、まるで煤払《すすはら》いのような様相を呈した。畳は人が乗っていてもお構いなしに浮き上がり、灯火も消えて部屋中に埃《ほこり》が舞い上がった。平太郎もさすがに眠れず、朋輩たちが逃げ帰った後で、権八と共に畳を敷き直してから寝た。

擂木手［すりこぎて］

稲生屋敷に出現した怪異妖怪の一種。「柏本」では、七月七日夜に現れる。平太郎が蔵へ行こうとすると、入り口を塞ぐほどの大きな袖が現れ、擂木のような手が出てきた。やがてその手の先から小さな手が次々と生え出てきて、まるで仙人掌《さぼてん》のような有様となった。うじゃうじゃ動くさまは気味が悪かったが、平太郎は放置して寝ることにした。すると手は蚊帳《かや》の内にも入ってきて、平太郎の顔などをひやひやと触っ

た。はねのければ消えるが、時間が経つとまた触りにくる。夜明けまで眠れなかったが、構わず寝ると決めて無視していると、次第に手は消えていなくなった。このことを教訓として、平太郎は化物が出てもあまり相手をしないようになった。

「柏本」系統の絵本『稲亭物怪録』では、摺子木手、摺木手と呼ばれ、大きな手の指先が次々と分裂して手が増えていく様子が描かれている。平尾魯仙画『稲生物怪録』（弘前市立博物館蔵）には「擂木手形と為て英士《えいじ》に簇逼す」として、大きな擂木状のものが手の形になって平太郎に迫る図がある。雪湖画『稲生妖怪実記』では、畳から何本もの手が垂直に生えて枝分かれしており、非常に仙人掌然としている。岡田日出子『にゃんたんのゲームブック　ゾクゾクッようかいやしき』の「サボテン手」も、擂木手を参考に創作された妖怪だろう。

寮美千子『へいきの平太郎』では「ふえるお手々ちゃん」という珍妙な命名がなされている。

【た】

太歳大明神 [ださいだいみょうじん]

稲生家を守護する氏神。

『三次実録物語』では、**山本太郎左衛門**が出現した時、冠と直垂《ひたたれ》を着け、笏《しゃく》を持った人物も現れ、山本の言葉に耳を傾ける。同場面ではその正体は明言されないが、物語序盤で太歳大明神への言及があり、それがある種の伏線となっている。絵巻や絵本では、平太郎が魔王に相対する貴人の姿を見て「これこそ氏神だ」と思い至る描写が挿入されている例が多い。

「柏本」では、偽の**陰山正太夫**の騒動後、平太郎が思い余って切腹しなかったのは氏神の加護のおかげと感謝する描写がある。

三次の比熊山《ひぐまやま》の麓には太歳神社が現存する。祭神は木花咲弥姫命《このはなさくやひめのみこと》・迩迩芸命《ににぎのみこと》・大山《おおやま》津見神《つみのかみ》の三柱、須佐之男命《すさのおのみこと》を客神とする。

畳上げ [たたみあげ]

部屋に敷いてある畳が勝手に持ち上がる現象。**家鳴《やなり》**と並ぶ化物屋敷における怪異の典型例で、稲生屋敷でも発生している。

「柏本」では、七月一日夜、平太郎が床下に隠れた**髭手《ひげて》の化物**を刺し殺そうとしていると、弟の勝弥が寝ていた部分以外の全ての畳が一度に散乱する。「実録」でも、七月一八日に畳が糸のようなもので釣り上げられる怪異が発生している。

祟り石 [たたりいし]

広島県三次市の比熊山《ひぐまやま》にある石。

三次市教育委員会が設置した「たたり石

の伝説」と題する案内板によれば、これは神様が宿る「神籠石《こうごいし》」として崇敬されてきたもので、転じて触ると祟りがある石と伝えられたという。さらに『稲生物怪録』で稲生平太郎が肝試しとして木札を結びつけたのがこの石で、それ以後稲生家には怪異が続くようになったとされている。

　しかし、祟り石が怪異の発端だという記述は稲生怪談の主要作品である『稲生物怪録』柏本・平田本や『三次実録物語』、絵巻「堀田家本」などにはみられず、専《もっぱ》ら発端として明示されるのは**天狗杉**や**三次若狭守の塚**である。案内板の記述は何らかの異伝に基づくものか、誤解によるものではないかと疑われる。

　水木しげるの漫画『木槌《きづち》の誘い』など、現代の作品には祟り石の登場例もある。

蝶の怪［ちょうのかい］

　稲生屋敷に出現した怪異妖怪の一種。
「実録」では、七月二四日昼の出来事とされる。四尺ほどの蝶が室内に入って飛び回り、数多《あまた》の小さな蝶に変じたが、いつとはなしに消え失せたという。「堀田家本」などの絵巻や絵本では、色とりどりの小さな蝶が描かれている。

葛籠のどん蟇［つづらのどんびき］

　稲生屋敷に出現した怪異妖怪の一種。
「実録」では、七月一二日夜に出現する。平太郎が寝ようと蚊帳《かや》に入ると、**陰山正太夫**の事件の際に出した葛籠に足が生えて、どん蟇（蝦蟇《がま》）になってあちこち歩いた。平太郎が葛籠の紐《ひも》を握って眠ると、翌朝には元の葛籠に戻っていたという。絵巻や絵本では、腹に赤い組紐を巻き、臀部《でんぶ》に葛籠の痕跡を留めた大蝦蟇が描かれている。足は前二本だけのものと、「堀田家本」のように後ろ足も描かれているものがある。

　石黒亜矢子の作品では「ガマつづら」、寮美千子『へいきの平太郎』でも「ガマつづら」、「稲生物怪録トランプ」では「葛蛙の怪」、京極夏彦訳『三次実録物語』では「葛籠の蟇蛙」と、おおむね見たままの命名がなされている。

手下の魔［てしたのま］

　山ン本五郎左衛門など、稲生平太郎の身辺を脅かした魔王の手下の魔物たち。

　魔王に数多くの手下がいることは、彼が稲生家を去る場面で明示される。「柏本」では、山ン本が家を出ると槍《やり》や挟箱《はさみばこ》を持つ者などが庭に並んでおり、主を駕籠《かご》に乗せると大名行列のように去っていった。化物の一団は奇妙に変幻しながら飛行し、やがて雲間に消えていったという。『稲生家妖怪伝巻物』（及川儀右衛門旧蔵本）など、柏本系の絵画作品では、幽霊のように下半身が長く伸びた武士たちの行列が空を行くさまが描かれている。

　「実録」でも魔王が駕籠に乗って去る点は同じだが、付き従う妖怪たちは四角い頭の者、長い頭の大きな獣など異形揃いであっ

たことが示されている。実録系統の絵画作品では、単眼の者や有角の者など、様々な姿で描かれている。なお、「手下の魔」とは絵巻「堀田家本」の詞書《ことばがき》にみられる表現。

貂［てん］

「松山騒動」ものの講談に登場する妖獣。

神田伯龍演『稲生武太夫』では、稲生平太郎は備後国の布野村《ふのそん》出身で、薩摩に渡って仙人から畳返しの秘術を伝授された後、広島の浅野家に召し抱えられた豪傑という設定で登場する。彼は比熊山《ひぐまやま》で怪鳥**サトリ**を退治し、武太夫と改名したが、その後から屋敷では不思議なことがたびたび起こった。それが評判となり、屋敷付近には見物客を当てこんだ「化物汁」の店まで出る始末。一年後、武太夫の夢に予州（愛媛県）松山の九谷熊山出身の貂が現れ、北辰《ほくしん》妙見の宝物・梅の古木の槌《つち》を授けた。この貂は狸に故郷を追われて以来、比熊山にある古塚（**三次若狭守の塚**）を守護していたという。稲生屋敷に怪異をなしたのは、彼の度胸を見極め、仇敵である狸（犬上刑部《いぬがみぎょうぶ》）の退治を頼むためだった。こうして武太夫は松山に赴き、狸も絡んだ御家騒動に関わることとなるのであった。

天狗杉［てんぐすぎ］

三次の比熊山《ひぐまやま》のにある大きな杉の木。

「柏本」には、比熊山の**三次若狭守の塚**の後ろに天狗杉があり、触った者にはたちまち祟《たた》りがあると恐れられていたと記されている。寛延二年五月末、稲生平太郎は隣家の角力《すもう》取り・権八と百物語をした後、肝試しとして比熊山に登り、天狗杉を三周した後、草の葉を結びつけて帰った。その時は何事もなかったが、七月に入ると稲生屋敷では怪異が頻発したため、実質的にこの肝試しが発端とされている。

「松山騒動」ものの講談においては、天狗杉が怪鳥**サトリ**の棲み処《か》として登場する。

天井の手［てんじょうのて］

稲生屋敷に出現した怪異妖怪の一種。

「柏本」では、七月二九日夜の出来事とされる。稲生家を訪れた中村平左衛門が、昨夜現れた踏石の怪（**青入道**）の話を熱心に聞いた。その最中に誰かが肩を叩いてきたので振り向くと、天井からぶらりと下がった手が引っこんでいくところだった。平左衛門は気絶し、目覚めた時には髷《まげ》の元結がほどけていたが、そそくさ帰っていった。

天井の婆［てんじょうのばば］

稲生屋敷に出現した怪異妖怪の一種。

「実録」では、七月一四日夜に出現する。平太郎が蚊帳《かや》を吊って横になり、天井を見上げると、天井一杯の大きな婆の顔があった。婆は舌を伸ばして平太郎の顔を舐《な》め回したが、平太郎は取り合わずに寝た。絵巻「堀田家本」では、平太郎が婆の長い舌を摑

んで観察する様子が描かれている。

戸口の婆と類似した婆の大首の怪。阿部正路『日本の妖怪たち』では「大老婆」と命名されている。倉本四郎は「舐《ねぶ》り婆」と名付け、何やら性的なイメージを読み取っている。(『妖怪の肖像』)

鬨の声［ときのこえ］

稲生屋敷に出現した怪異妖怪の一種。「柏本」では、七月一二日の出来事とされる。上田治郎右衛門が怪異の正体を摑もうと躍起になっている頃、いつもより激しい**家鳴《やなり》**が起きて、鯨波《げいは》のように大勢の声が聞こえてきた。治郎右衛門は「これは世にいう天狗倒しではないか」と気味悪がり帰宅した。一方、平太郎は心地よく寝た。

戸口の大坊主［とぐちのおおぼうず］

稲生屋敷に出現した怪異妖怪の一種。絵巻「堀田家本」では、七月七日夜に出現する。その夜、平太郎の馴染みの朋輩《ほうばい》たちが彼を助けるために武具持参で屋敷に来た。隣家の権八が戸口まで来ると、門の向こうに大きな坊主のようなものが現れた。権八は槍《やり》を突きこんだが、それは坊主に奪われてしまった。その槍は屋敷内に飛びこんできて、ある朋輩の鬢《びん》を掠《かす》めたという。

大坊主は戸口に浮かぶ人影のような絵姿で表現されている。国文学研究資料館蔵『稲生平太郎妖怪記』では丸い目を剝《む》き真赤な舌を出しているが、これは『異魔話武《いまわむ》可誌《かし》』にある「肥前の国　市坊主」の図の構図を模倣したものと思われる。

戸口の婆［とぐちのばば］

稲生屋敷に出現した怪異妖怪の一種。「実録」や絵巻「堀田家本」では、七月六日夜に出現する。平太郎が小屋へ行こうとすると、戸口一杯に大きな婆の顰《しか》め面が広がって出入りを妨げた。放置してもなかなか消えず、触ると人肌の温かさがある。眉間に小刀を打ちつけてみても一向に血は出なかった。翌朝見ると婆は消えており、小刀だけが浮いていたという。

「柏本」では「大首の怪」と呼ばれ、七月二九日の出来事とされる。平太郎は小屋にある炭を取りたかったが、以前の**青入道**に懲りていたため、これも無用な手出しをしない方が良いと考え、眉間に火箸《ひばし》を刺して帰った。翌朝、やはり火箸は宙に浮いていたが、取ろうとすると落ちたという。

巨大な婆の顔というインパクト抜群の外見で、**天井の婆**と共に絵巻・絵本系の作品では強い印象を残す存在といえる。

飛ぶ香炉［とぶこうろ］

稲生屋敷に出現した怪異妖怪の一種。「柏本」では、七月一四日の出来事とされる。先夜に**笠袋の怪**に怖気《おじけ》づいた長倉だったが、今度は無事に西江寺《せいごうじ》へ行き仏影を借り受けてきた。平太郎はその絵を床の間に飾り、香炉を据えて礼拝した。その後、仏

壇の戸が勝手に開き、床の間にあった卓や香炉は畳から飛び上がり、ひとりでに仏壇へ収まった。平太郎はこれなら世話要らずだと思って寝た。仏影は物怪には特に効果がなかった。翌一五日、**えいえい声**の怪の後にも卓と香炉が舞い歩いた。香炉は平太郎の朋輩《ほうばい》たちに灰をふりかけて怖がらせ、また仏壇に戻っていった。

飛ぶ木履［とぶぼくり］

稲生屋敷に出現した怪異妖怪の一種。「柏本」では、七月五日夜の出来事とされる。平太郎が様子を見に来た兄の新八と話をしていると、彼の木履が鴨居の穴から屋敷内へ飛び入り、ひとりでに歩き回った。人の訪問があると怪事が起きるとわかり、兄にはひとまず帰ってもらった。

稲生家では香炉、木履のみならず、槍《やり》、錫《しゃく》杖《じょう》、畳、茶碗、紙など、様々な物体が飛んだり散ったりしている。

とんとさここに

稲生屋敷に出現した怪異妖怪の一種。「柏本」では、七月六日の夜に発生する。稲生家に訪問者が殺到するのを問題視し、村役所の者がみだりに見物へ行かぬよう触れを出した。そのことを知らせようと新八が稲生家へ行くと、抜身の脇差が宙を飛んで袖を掠《かす》め、背後の唐紙に鍔元《つばもと》まで刺さった。脇差を抜いて調べると、それは家来に貸していた品だとわかった。鞘《さや》を探していると「トントココニ」と言う声が聞こえてきた。座敷の額《がく》を調べてみると、その後ろから鞘が落ちてきた。あまりに探すので化物が在り処《か》を教えてくれたのだろうか、と平太郎はおかしく思ったという。

「実録」では一六日昼の出来事とされ、額から「とんとここに」と声が聞こえる。絵巻「堀田家本」などでは一五日昼で、呼び声は「とんとさここに」とされている。

【な】

糊の怪［のりのかい］

稲生屋敷に出現した怪異妖怪の一種。「実録」では、七月一五日夜の出来事とされる。平太郎が寝ようとすると、吊っていた蚊帳《かや》が白くなり、波打つように動いた。それから畳、布団、寝莚《ねむしろ》まで白くなり、蒟《こん》蒻《にゃく》をほじくったような有様だったという。

絵巻「堀田家本」には、一五日の夜は室内が昼のように白くなり、何もかもが糊を塗ったように粘りついたとある。恐ろしくはないが布団も敷くことができないので、柱に寄りかかり寝るしかなかったという。

化物槌［ばけものつち］

三〇日間にわたる怪異に耐え抜いた稲生平太郎に感服した魔王が、彼に授けたという木槌。広島市の国前寺《こくぜんじ》が所蔵する。

『三次実録物語』では、**山本太郎左衛門**が後難に備えて平太郎に槌を与える。これで西南の部屋の垂木《たるき》を叩けば、即座に山本が現れるという。この槌のことは五〇年間は口外禁止とされたため、平太郎は由緒を書きつけた後、槌を小屋の隅に埋めた。「実録」には「槌之次第覚」という文書も付されており、槌が国前寺へ納められたのは享和二年（一八〇二）だと記されている。

絵巻「堀田家本」などでは、槌で北の柱を叩けば**山ン本五郎左衛門**が駆けつけるとされている。山ン本は平太郎と力を合わせて、たちまち真野悪五郎（**神ン野悪五郎**）を引き裂いてみせると豪語している。

「松山騒動」ものの講談では、稲生武太夫が**貂**《てん》などから槌を授かり、それが後に広島の国泰寺《こくたいじ》に納められたと語られる場合がある。国泰寺も広島市に実在する寺院だが、槌の奉納に関しては講釈の上での誤りか、意図的な脚色と考えられる。

日清戦争の折、明治天皇もこの槌に興味を抱き、旧広島藩主・浅野長勲《ながこと》が使者となり、槌を天覧に供するに至ったという。天皇は槌を科学的に解明したらどうかと述べたが、後日調査を実施しても材質や目的は判明しなかったとされる。

国前寺では毎年一月七日の「稲生祭」で化物槌の開帳を行う。槌は門外不出の寺宝とされ、開帳時も写真撮影は許されない。また、撮ろうとしてもなぜか写らないと住職は語る。ある年の稲生際で槌にカメラを向けた若者は、地元住民から「そんなことすると、あんた、命がないよ！」と窘《たしな》められたという。（東雅夫『妖怪伝説奇聞』）

なお、水木しげるは国前寺住職の不意を突いて化物槌を振ったことがあるもよう。（『妖怪旅日記』）水木の漫画『木槌の誘い』では、霊体と化した水木たちを現世に戻す重要なアイテムとして槌が活躍する。

ちなみに筆者は広島在住の頃、稲生祭に行こうとするたび急用で取りやめになっていたので、恐らく魔王に嫌われている。

髭手の化物［ひげてのばけもの］

稲生屋敷に出現した怪異妖怪の一種。

『稲生物怪録』諸作品において、稲生屋敷における怪異の一番手として登場する。

「柏本」では、七月一日の夜、平太郎が家で休んでいるところに出現する。折からの雨がいっそう激しくなり、吹きこんだ風が灯火を消した後、障子の向こうが急に明る

くなった。不審に思い障子に手をかけたがびくともしない。両手を使って力任せに引き開けると、毛深い丸太のような大腕が平太郎の身体を摑《つか》んだ。先ほどの光はこの化物の眼光だったのである。平太郎が睨《にら》み返すと化物は姿を消し、周囲は再び暗闇に包まれた。

「実録」でも七月一日夜に同様の化物が現れ、平太郎を襲っている。その大きさは牛五、六頭分あり、縦長の目と髭手（毛深い手）の持ち主だったという。化物は平太郎を取り逃がすと平たくなって縁の下に逃げこみ、そのまま姿を消したという。

「堀田家本」などの絵巻や絵本では、この化物は一つ目で描かれることが多い。塀から半身を乗り出し、強烈な眼光を浴びせかけながら、平太郎の胴体を鷲摑《わしづか》みにするのが定番の構図のようだ。

一つ目の小坊主［ひとつめのこぼうず］

三井権八の家に出現した妖怪。「実録」や絵巻・絵本系統の作品に登場する。七月一日の夜、稲生平太郎が**髭手の化物**に襲われている頃に隣家の権八のもとに現れたもの。「実録」では、一〇歳ほどの小坊主で、目は一つ、白い天目《てんもく》茶碗を手にして権八の周囲を歩いていたとある。「堀田家本」などでは赤子のようなものと記されており、全裸の一つ目小僧が茶碗を持って権八に迫る姿が描かれている。

拍子木の怪［ひょうしぎのかい］

稲生屋敷に出現した怪異妖怪の一種。

「実録」では、七月二七日夜の出来事とされる。空から拍子木の音が聞こえ、それが床下まで響いてきた。その後は女の長い溜《ため》息《いき》が聞こえ、また床下まで響いたという。

絵巻「堀田家本」には、三つ目の青白い化物が拍子木を叩く姿が描かれている。

吹きこむ星［ふきこむほし］

稲生屋敷に出現した怪異妖怪の一種。

「実録」では、七月二九日の出来事とされる。その日は朝から風が強く、どの方角からも屋内に風が吹きこんできた。夕暮れ時になると風と共に星までが次々と吹きこんできた。その星は下界から見るのと同じ大きさだったという。絵巻や絵本では、無数の小さな星が平太郎のもとに降り注ぐ様子が描かれている。

踏落とし罠の怪［ふみおとしわなのかい］

稲生屋敷に出現した怪異妖怪の一種。

「柏本」では、七月二〇日夜の出来事とされる。**鳳源寺の古狸**を退治した功績のある十兵衛は、稲生家の怪異も獣の仕業と睨《にら》んで、秘伝の「踏落とし罠」を仕掛け、雪隠《せっちん》に隠れて獲物を待った。ところが、罠の方からは大きな手が出てきて、雪隠の戸ごと

十兵衛を摑《つか》んで外へ引きずり出した。叫ぼうにも声が出ず、十兵衛は気絶した。介抱された十兵衛は「天狗の仕業だ」と恐れ、罠もそのままにして去っていった。

鳳源寺の古狸 ［ほうげんじのふるだぬき］

罠師の十兵衛が退治した化け狸。「柏本」によれば、稲生家に怪異が発生する前年、三次の鳳源寺では経典が勝手に巻き上がる怪異がたびたび起きたという。罠の扱いに長《た》けた十兵衛という男はこれを狐《こ》狸《り》の仕業と睨《にら》み、裏の森に特製の踏み落とし罠を仕掛けた。予想通り罠には年経た狸がかかったので、寺には知らせずに打ち殺した。すると寺の怪異もやんだため、狸の仕業だったと明らかになったという。この成功体験が、後の稲生屋敷における十兵衛の失態に繫がるのだった。

鳳源寺は比熊山《ひぐまやま》南麓にある寺院で、三次藩主の菩提寺《ぼだいじ》だった。

【ま】

曲尺手 ［まがりかねて］

稲生屋敷に出現した怪異妖怪の一種。「柏本」では、七月一八日の出来事とされる。その夜もいつものごとく三人の仲間が平太郎の夜伽《よとぎ》にやってきたが、さすがに話も途絶えがちになる。そんな折、誰かが三人の背を叩いた。見れば、蔵の方から曲尺（まがりがね、かねじゃく）のように折れ曲がった手が伸びていた。手はぎくぎくと幾度も折れ、稲妻のように伸び縮みした。驚いた三人組はワッと叫んで逃げ出した。

広島県立歴史民俗資料館蔵の絵巻『稲亭物怪録』などには、異様に折れ曲がりつつ三人に迫る二本の曲尺手が描かれている。雪湖画『稲生妖怪実記』や、上木用「平田本」では無数の腕が描かれ、より不気味な構図になっている。阿部正路『日本の妖怪たち』では後者の曲尺手が「雷光手」という名で紹介されている。同書を参照したらしい岡田日出子『にゃんたんのゲームブック ゾクゾクッようかいやしき』にも「らいこう手」という妖怪が登場する。

蚯蚓の怪 ［みみずのかい］

稲生屋敷に出現した怪異妖怪の一種。七月晦日《みそか》、平太郎と**山ン本五郎左衛門**など魔王との対面中に発生するもの。作中で最も平太郎を苦しめた怪異と思われる。

「柏本」では、平太郎が山ン本と対峙《たいじ》していると、炬燵《こたつ》の炭櫃《すみびつ》から灰が盛り上がってぐつぐつ煮えるような様子となり、やがて大量の蚯蚓が吹きこぼれてくる。実は平太郎は大の蚯蚓嫌いで、道端で蚯蚓が死んで

いるとそこを通れないほどだった。そのため、灰から出てきた蚯蚓が膝や肩にまで這《は》い上ってきた時も大いに弱ったが、覚悟を決めて耐え続けた。一時ほど経つと蚯蚓は炬燵の方に戻って消え、山ッ本は改めて平太郎の胆力に感心して笑い声を上げた。

「実録」でも、**山本太郎左衛門**が現れた後に同様の怪異が発生する。炬燵から出た灰が部屋一杯になるほど膨れ上がって坊主の頭になったかと思うと、その頭が赤熱し、瘤《こぶ》が煮え立って蚯蚓が吹きこぼれてきた。平太郎は這い寄る蚯蚓を爪で弾こうとしたが、蚯蚓はあっという間に彼の全身にたかった。歯を食いしばって耐えていると、間もなく蚯蚓も灰の坊主頭も消え失せた。「実録」と似通った内容の絵巻や絵本においては、同時に**壁の顔**も発生している。

阿部正路『日本の妖怪たち』では「妖怪蚯蚓」と称される。小沢正文・宇野亜喜良画の絵本『ぼくはへいたろう』では、蚯蚓ではなくかたつむりの大群が平太郎の苦手な生き物として終盤に登場する。

三次若狭守の塚〔みよしわかさのかみのつか〕

比熊山《ひぐまやま》にあったとされる塚。三次の領主で、かつて比熊山に城を築いていた三吉《みよし》氏を供養する塚と思われる。『稲生物怪録』諸作の冒頭において、このような墳墓の存在が語られている。

『三次実録物語』によれば、比熊山の頂には千畳敷と呼ばれる岩場があり、そこに三次殿御墓とされる岩があるという。この墳墓に触れると即死し、指差しただけでも悪心か吐血に苦しむと恐れられ、立ち入りが禁じられていた。稲生平太郎は肝試しとして嵐のなか比熊山に登り、苔《こけ》に埋もれていた石塔らしきものに縄を結びつけて帰ってきた。その後、平太郎は隣人の権八たちと百物語の怪談会を催したが、何も怪しいことは起きないまま朝になった。稲生家に怪異が頻発するようになるのは、その少し後のことだった。

比熊山には**祟《たた》り石**と呼ばれる神籠石《こうごいし》があり、現在ではこれが三次若狭守の塚と同一視されている場合がある。しかし「実録」の記述からは両者が同一と断定できず、他の作品でも、「千畳敷の石の塚（井丸家本『怪談由来併画』）」や「古き墓（吉田家本『稲生武太夫一代記』）」とあるのみで祟り石や神籠石といった呼び名はみられない。「柏本」では怪異の発端は**天狗杉**で、絵巻「堀田家本」ではそもそも発端に関する序盤の詞書《ことばがき》が欠落している。

講談では、三次若狭守の飼猫が変化の術を会得し、**山本小左衛門**などの妖怪となって現れる展開になるものもある。

餅菓子の女〔もちがしのおんな〕

稲生屋敷に出現した怪異妖怪の一種。「実録」や絵画系作品に登場する。「堀田家本」では七月二〇日の出来事とされる。中村平右衛門の家から美しい下女が餅菓子（牡丹餅《ぼたもち》）を届けに来たが、去りゆく姿を見ていると門口あたりで消えてしまった。

女が持ってきた重箱は、法事を営んでいた隣家から消え失せていたものだった。

もののけ妖怪 ［もののけようかい］

寺井広樹・村神徳子『広島の怖い話』「もののけ妖怪に憑り（ママ）つかれた子供」に登場する妖怪。この話は稲生物怪録の後日譚《たん》的な現代の怪談となっている。

小学五年生の優太は夏休みに三次市の祖母の家に行った。その家で寝ていると、首から下は一本足だけの日本髪の女が現れ声をかけてきた。祖母はこの女に胸を踏まれてうなされ、心臓発作を起こした。祖母は一月前に比熊山《ひぐまやま》に登り、神社で誰かにぶつかって以来体調を崩していた。そこで稲生武太夫が追い払った魔王との関連が見出され、二人はお祓《はら》いを受けて、魔王の槌《つち》を祀る国前寺にも参った。その後は何事もなく、祖母も健康に天寿を全《まっと》うしたという。

祖母を悩ませていた妖怪の姿は、平太郎の前に現れた**女の首**の怪を彷彿《ほうふつ》とさせる。

【や】

家鳴 ［やなり］

稲生屋敷に出現した怪異妖怪の一種。家屋などが鳴動する現象で、七月に入ってからの稲生屋敷ではたびたび発生していた。

毎夜特異な怪異が発生するため、平太郎は家鳴には早々に慣れてしまった。そのため、普段は家鳴についてはあえて詳細に語られない。たとえば「柏本」には、七月九日の家鳴はいつもより激しかったが、夜遅くなると次第に弱まり、静かになったので快眠できたとある。翌一〇日は家鳴がなくいたって静かだったという。

山本五郎左衛門 ［やまもとごろうざえもん］

稲生家で様々な怪異を発生させた魔王。**山ン本五郎左衛門**の姓を「やまもと」と読ませている例。現代の書籍において子供向けの再話で使われている場合や、書き手が「さんもと」読みを知らなかったため発生している場合などがある名称。

『読みがたり　広島のむかし話』「平太郎の化けもの退治」では「やまもと」読みが採用されている。平太郎という少年が一六歳になった頃から、三次の里を化物が襲いはじめた。平太郎の家にも一ヶ月にわたり様々な化物が出たが、彼は気丈に日々を過ごした。七月三〇日、平太郎の前に四〇歳ほどの武士の姿をした魔王・山本五郎左衛門が現れた。彼は魔王の頭になるため一六歳の少年一〇〇人を惑わさねばならなかったと明かし、もしも競争相手の「悪五郎」が来たら加勢すると約束して、平太郎に魔王を呼ぶ小槌《こづち》を授けて去ったという。

【ら】

老女の首［ろうじょのくび］

稲生屋敷に出現した怪異妖怪の一種。

「柏本」では、七月一八日夜の出来事とされる。訪問者たちが**曲尺《まがりかね》手《て》**に怯《おび》えて帰った後、平太郎は就寝したが、寝苦しさを覚えて目を開けた。見れば、胸の上に老女の首が載っている。手ではねのけようとすると蚊帳《かや》の隅に移り、また隙あらば飛びかかろうとする。無視して寝ようとすると、また胸の上に来る。首は夜明け頃に消えたが、結局平太郎はそれまで眠れなかった。

似た怪異に「実録」系の**女の首**がある。

【わ】

湧き出る水［わきでるみず］

稲生屋敷に出現した怪異妖怪の一種。

「実録」では七月二日夜に発生する。平太郎が寝ているとひどく腥《なまぐさ》い臭いがして、室内に水が湧き出て布団や畳が水浸しになった。翌朝、臭いは消えたが、部屋は濡れたままだったという。絵巻や絵本では、部屋中を満たした水が波打つ様子が描かれる。

輪違［わちがい］

稲生屋敷に出現した怪異妖怪の一種。

「柏本」では、七月一七日の出来事とされる。野狐除けの札を持参してきた上田治郎右衛門と平太郎が縁側で話していると、彼《かな》方《た》の空から、くるくると輪違（複数の輪が交差して半ば重なっている形）のようなものが数多く飛来した。それは二人の近くまで迫り、蔵の方からもさらにやって来る。よく見れば輪の内側には目鼻口があり、睨《にら》むものや笑うものなどが盛んに入れ替わっている。たまらず治郎右衛門が逃げると化物たちは一斉に笑ったので、平太郎もおかしくなって笑った後、寝た。

笑い声の怪［わらいごえのかい］

稲生屋敷に出現した怪異妖怪の一種。

「柏本」では、七月二五日夜に発生する。稲生家で朋輩《ほうばい》衆が魔除けの鳴弦《めいげん》を行っていると、突如として槍《やり》が飛んできて弦を断ち切り、天井からは笑い声が聞こえてきた。

この段において、隣家の権八は怪異の心労から後に病死したことが語られている。

COLUMN 06

憑物と差別

「あらゆる俗信のなかで、その社会的弊害の最も大きいのは憑物《つきもの》である」と石塚尊俊《たかとし》は断言する。憑物の俗信は全国にあるが、かつては山陰地方、特に島根県下で顕著にみられたとされる。人々は特定の家筋（家系）に**犬神**、**外道**、**人狐**、**とうびょう**などの憑物が宿って利益をもたらし、他者を害していると語り伝えた。憑物を飼う家＝憑物筋の者から恨みや妬《ねた》みを買うと憑物をけしかけられ、憑物筋の娘が他家へ嫁《とつ》げばそこでまた憑物が増えるといって、交流や婚姻が忌避され、社会的緊張が生じた。これらには村の新参者や異端者を疎外排斥する目的があったとみなされている。近代的な教育の普及で迷信は薄れたが、憑物の命脈が直《ただ》ちに絶たれたわけではない。たとえば、昭和三三年（一九五八）に島根県の人権擁護課が発表した人権侵犯事件の内訳は、名誉信用に関する事例一五件のうち五件が憑物関連だったという。

速水保孝（一九二〇年生）は、島根県の「狐持ち」の家に生まれ、婚姻差別に苦しむ家族の姿を目の当たりにし、自身も幼い頃から中傷を浴びたという。やがて憑物の調査に着手し、問題の根深さや自説への批判に挫折を味わいながらも「書かずにはおれない」の一念で成ったのが『出雲の迷信』である。

怪異や妖怪を見つめるとき、往々にして差別や因習の問題に直面することがある。妖怪は面白いキャラクターの宝庫であり、現代では差別的意味が失われていることも少なくないのだが、実生活と直結する暗い面もあった事実には注意を払わねばならない。

［参考文献］
・石塚尊俊（著）『日本の民俗32　島根』
・今野圓輔（著）『日本迷信集』
・速水保孝（著）『出雲の迷信　「狐持ち」迷信の民俗と謎』
・永島大輝「犬神系の一族」伊藤慎吾（編）『妖怪・憑依・擬人化の文化史』

中国広域

【あ】

朝蜘蛛・夜蜘蛛［あさぐも・よるぐも］

朝に家に出てくる蜘蛛は縁起が良く、夜（宵、晩）の蜘蛛は縁起が悪いため「親に似ていても殺せ」「親が死んでも殺せ」「親の仇」「鬼と思え」と忌避する俗信。「朝の蜘蛛は福の神、夜の蜘蛛は化生《けしょう》もの」などの言い回しもみられる。朝蜘蛛は来客の前兆ともいわれる。中国地方では**食わず女房**系の昔話の結末が、この俗信の由来説明として機能している例が多い。（『日本俗信辞典　動植物編』、『日本昔話事典』、『広島県民俗資料1　民間暦と俗信』、常光徹「蜘蛛の俗信」『民話と文学』第七号）

島根県安来市大塚では、夜の蜘蛛は化け蜘蛛であるため「親に似ちょっても殺せ」といった。朝の蜘蛛は福の神で、獲って懐へ入れると良いという。また、脚を広げた蜘蛛と窄《すぼ》めている蜘蛛では、後者の方が良いとされた。（『島根県安来市民話集』）

隠岐《おき》地方の**岳山《だけさん》の蜘蛛**や食わず女房の話では「おとせこせいちこ」と言いながら夜蜘蛛を退治する習慣について語られる。

岡山県真庭郡美甘村《みかもそん》（現・真庭市）では大蜘蛛が赤い小蜘蛛に化け、夜間に家々の赤子を攫《さら》っていたため、夜の蜘蛛が忌まれると伝わる。（『砂鉄の村の民話』）

鳥取県日野郡日野町の昔話では、宿屋の牡丹餅《ぼたもち》をたいそう気に入った座頭が、帯を伸ばして下階にぶら下がり、戸棚の牡丹餅を盗み食いしようとする。この様子を宿の主に見られ、座頭は「朝験《あさげん》祝うての下がり蜘蛛でござります」と言いつくろったという。これも朝蜘蛛の俗信を前提とした展開である。（『鳥取・日野地方昔話集』）

足王様［あしおうさま］

足の疲労や病気を治す神で、各地で信仰された。路傍に祀られる場合も社殿や祠《ほこら》を有する場合もあり、履物や足を象《かたど》った板などを供えて健康や安全を祈る。

足王様の名で特に知られているのは、岡山県赤磐《あかいわ》市和田にある足王神社である。幕末頃、梶浦勘助が自宅に足名椎命《あしなづちのみこと》・手名椎《てなづちの》命《みこと》を祀ると御利益があり、近所の人も参拝するようになったのがこの社の起源とされる。境内の鎌殿という建物には大量の鎌が奉納される。これは神社移転時に勘助が境内の草を鎌で払い、それを奉納したからとも、病の根を切るためともいわれる。また、鳥居脇には黒御影石製の足像が安置されている。（小嶋独観『奉納百景』）

山口県山口市阿東《あとう》地福上にも足王神社がある。祭神は恵比寿様で祭日は五月一日。願掛けをして足が良くなると草鞋《わらじ》を奉納する。笠石の足谷山に鎮座していた神が、あ

る年の大水で流されて現在地に祀られたという。(『史跡と民話の町　合本版』)

鳥取県米子市の足尾神社は、素戔嗚尊《すさのおのみこと》を祀る妙剣大明神に岡山から迎えた足の病を救う神を合祀したもので、往来の人々は道中安全を祈願し草鞋をかけた。足尾明神は久延毘古《くえびこ》(案山子《かかし》の神)で、人の知らない間に歩き回り、世の中をよく知っているともいう。(『米子のふるさと散歩』)

小豆洗い [あずきあらい]

全国各地に伝承される。水辺で小豆を洗う音や怪しい声を発する妖怪。伝承事例や類似の怪異はまさに小豆粒のごとく日本中に存在しており、枚挙に暇《いとま》がない。

皆川淇園《きえん》『有斐斎剳記』には、因州御留守居役寺尾氏の談として、因幡《いなば》(鳥取県)の赤小豆磨《あずきとぎ》の記述がある。夜、江崎の小溝の水中から小豆を磨ぐ音が聞こえることがあり、音の出所を探っていると必ず水中に落ちてしまうという。(柳田國男「小豆洗ひに就て」『郷土研究』第四巻第二号)

東伯郡赤碕町箆津《のつ》(現・琴浦町)では、夕方になると西の村外れの小川に小豆とぎという化物が出るといわれた。下を向いているため顔を見た人はいないが「小豆三合に米一升　ザックザックザックザック」と言いながら米を磨ぐ音を立てて驚かせたという。(『大山北麓の民俗』)米子市新山《にいやま》の白《はく》山《さん》神社付近の川に出た小豆とぎは狸で、老婆に化けてシャラッシャラ、シャラッシャラと音を立てたという。(酒井董美『米子の妖怪』)日野郡日野町門谷《かどたに》の「小豆とき」はサワラレたり、ぼろの杓子《しゃくし》で当てられたりするとコブが出るといわれていた。そうすると品が悪くなるため「嫁にも行けん」と嫌がられたという。(小林光一郎『鳥取県の妖怪』)鳥取県の伝承は**小豆とぎとぎ**、**幽霊の小豆磨ぎ**も参照。

島根県出雲地方では、物寂しい町外れの森から小豆とぎという魔物が出たという。これは小豆を混ぜ返すようにザクザクと音を立てるもので、人を取るともいわれた。(大藤時彦「小豆とぎ」『民間伝承』通巻第九五号)那賀《なか》郡弥栄村(現・浜田市)では小豆とぎが毎晩出る大きな池があり、小豆とぎに追いかけられ気絶した通行人もいたという。(『続やさかの民話』)大田市三瓶町《さんべちょう》志学の小豆とぎの正体は弔う者がいない幽霊で、法要をすると出なくなったという。(『島根県三瓶山麓民話集』)

岡山県邑久《おく》郡玉津村尻海《しりみ》(現・瀬戸内市尻海)では、戸根家付近の大井戸に小豆洗いが出るといわれていた。(大藤時彦「小豆とぎ」『民間伝承』第九巻第五号)久米郡地方では暗渠《あんきょ》溝の奥にアヅイアライが出るという。これは狐の一種に似た形だともいわれた。(『現行全国妖怪辞典』)

広島県庄原市敷信《しのう》の小川にかかる土橋には「豆とぎ」が棲んでいて、夕方に豆をとぐような音をさせたという。(『広島県民俗資料6　伝説』)**小豆取りの狸**も参照。

山口県宇部市では、雨の晩、新川小学校の付近で小豆とぎの音がすると噂された。(『宇部市史　自然環境・民俗方言篇』)

鼬の道切り［いたちのみちきり］

鼬が道を横切るのを見ると縁起がよくない、火事になるなどとする俗信。日本各地に伝わる。（『日本俗信辞典 動植物編』）

広島市東区馬木《うまき》などでは、鼬が道を横切るとき着物の懐に入る、すなわち右から左の方向に通り過ぎていくと縁起《まん》が良いといった。（『うまきの昔４』）

鼬の道切りによる難を避けるための呪文が伝わる地域もある。山口県では、旅行しようという矢先に鼬が横切ると、縁起が悪いので中止する人さえいたが「行先をイタチ道きる、血道きる、南無阿弥陀仏」と三度唱えるとよいともいわれた。島根県鹿足《かのあし》郡柿木村（現・吉賀町）では、鼬が横切ったとき「イタチ道切る、血道切る、われが行く先、神の道」「イタチ道切り、血道切り、天切り、地切り、四方切り」「イタチ道切る、血道切る、われが行く先ゃ日御碕《ひのみさき》、おれが行く先ゃ花の都」などと唱えていた。（山口県老人クラブ連合会編『ふるさとの知恵』、『柿木村誌 第一巻』）

犬神［いぬがみ］

憑物《つきもの》の一種。特定の家系の者に飼われて繁殖し、その意思を汲《く》んで他者に憑依《ひょうい》して危害・損害を加える霊的な動物とされることが多い。類似する**外道《げどう》**、**とうびょう**、**人《ひと》狐《ぎつね》**なども含めて、中国地方には憑物に関する迷信が広く根強く残っていた。犬神という名称は、島根県石見地方から山陽地方一帯、四国や九州でよくみられるという。（石塚尊俊『日本の憑きもの』）

及川儀右衛門『藝備今昔話』は、広島県北部の山県郡、高田郡、比婆《ひば》郡あたりでいう犬神または外道について、モグラとイタチの中間ほどの大きさで、足の短い茶色の毛の動物だと説明している。普段は人家の床下などに潜んでいるが、春先ともなれば群れをなして畑などで遊び、時折、蛙《かえる》に似た声で鳴くという。この犬神は七五匹で一団をなし、殺したときは焼いてしまわなければ蘇生して仇をなすという。犬神または外道に憑《つ》かれると精神に異常を来し、時には死に至るといわれた。これを飼う家筋は「外道筋」と忌み嫌われ、婚姻や縁組は外道筋同士の間だけで行われていたという。

広島県佐伯郡吉和村（現・廿日市市）では、犬神筋の家と親子の杯を交わして七五日が経過すると、その家の者とひとつになるといって、婚姻が忌避された。（『吉和村誌 第二集』）このような憑物筋への結婚差別は、かつては普遍的にみられた根深い迷信だった。

島根県邇摩《にま》郡温泉津町《ゆのつまち》（現・大田市）では犬神をイヌガメと発音し、鼬《いたち》や鼠に似て非なる形の獣と伝えていた。時折これが便所に落ちて死んでいるのを見た人もいたという。こちらも七五匹が一眷族《けんぞく》の単位とされ、犬神と言わずとも「七五匹」で通じたという。そして、やはり使役者の婚姻や家財の移動と共に伝播し繁殖すると考えられた。犬神持ちは飯櫃《めしびつ》の内底を杓子《しゃくし》で叩いて

犬神を呼び集め、子細を話して憎い相手に向かわせるとされたため、飯櫃を杓子で叩く行為はひどく忌み嫌われた。犬神に咬まれると様々な心身症状が出て、酷《ひど》い場合は激烈な腹痛に苦しむという。（山崎里雨「影わに・犬神・牛鬼・河童」『郷土研究』第七巻四号）美濃郡安田村では「いのがみ」と発音し、専ら婦人の間で行われる呪術と認識されていた。憑かれると全身が硬直して目が据わり、異様な言動をとる。憑依状態は二〇分程度で終わり「往《い》のうか」と言葉を発して昏睡《こんすい》状態に陥るという。（『安田村発展史 上』）島根県浜田市長見地区では、犬神に憑かれた人は犬のような言葉を吐いて狂い回り、犬神が逃げると付近にはいくつもの犬の足跡が残っているという。また犬神とはヤマネのことだとも考えられた。（『長見の民俗・十和の民俗』）

山口県地方では、犬神の正体は「つらぬき」という小動物だともいわれた。犬神憑きの家にはつらぬきが七匹いるとも、家族の数だけいるともいわれ、それが指図を受けて憎い相手の口・鼻・耳・目・尿道・陰門・肛門・毛穴などから体内に入りこみ、苦痛や狂気をもたらすと考えられた。（松岡利夫ほか『中国の民間信仰』）宇部市などではもぐらを玄関前に埋めておくと犬神が憑かなくなるともいわれていた。（『宇部市史 自然環境・民俗方言篇』）

山口県最北端の島である見島《みしま》にも犬神やとうびょうは伝承されている。ここでも犬神は七五匹の鼠のような獣だという。餅を搗《つ》こうとしている所へ犬神持ちが通りかかった場合、餅を与えなければ犬神が憑き、粘り気の弱い糊のような餅ができる。そのため水気の多すぎる餅を「犬神つきの餅のよう」といった。このように犬神は食べ物に憑いて食べられなくしてしまうこともあるとされる。もちろん人にも憑くので、お稲荷様の祈禱《きとう》で落とすという。（瀬川清子『見島聞書』）犬神が餅や赤飯を害する伝承は他県でも確認できるもので、島根県益田市では、犬神のせいで六時間火にかけてももち米が上手く炊けなかったという話が採集されている。（『島根県益田市民話集』）

亥の子［いのこ］

主に西日本に広く伝わる。亥の子の神様は田の神、農業の神と考えられ、旧暦一〇月（亥の月）の亥の日に豊穣《ほうじょう》や健康を祈る行事や儀式を実施する。

亥の子の行事は、亥の子餅を食べる、縄をつけた石（亥の子石）で地面を搗《つ》き、歌と共に繁盛を祈願するといった形式の地域が多い。大抵は地域の子供が行事の主たる担い手となる。亥の子の祭りの日、祝儀や餅をくれない家の前では「亥の子、亥の子、亥の子餅搗いて、祝わん者は、鬼生め、蛇生め、角の生えた子生め」などと囃《はや》す地域が多く、他には「亥の子さんの晩に祝わぬ者は、蛇御子を生み、後悔す、後悔す」（島根県出雲市）といったものもある。（『島根県出雲市大塚町民俗調査報告書』）「となりのかかあの面《つら》ぁ見い、人は使うてもものはくれん」（山口県新南陽市）と、直接的な罵《ば》

倒《とう》の例もある。（『新南陽市の民俗』）祝った場合は「亥の子の宵に祝うたものは西東繁昌、繁昌」（岡山県川上郡備中町）などと寿《ことほ》ぐ。（『岡山県の民俗芸能』）亥の子石のことを「ごうりん様」と呼ぶ地域もあるが、これは「降臨」が語源だという。（『山口県のまつり』）

亥の子は神様が大根畑にやってくる日とされ、その期間中に大根畑に入ると不幸や災難、娘の不縁などにつながるという。島根県鹿足《かのあし》郡津和野町吹野《ふきの》では、神様は一〇月の初亥に大根畑に来て、中亥には藁《わら》打ちの石に来て、乙亥《きのとい》には神棚に入るといい、住民は餅搗きをし、大根を三本神棚へ供える。長安《ながやす》本郷では歳徳神《としとくじん》の足を切ることになるため、亥の子には大根畑に入ってはならないという。田野原でも亥の子に大根畑に入るのは禁忌とされた。ここでは亥の子の神様は二月の亥の日に外へ出て、一〇月の初亥の日に家の臼に帰ってくるため、臼に注連縄《しめなわ》を張って亥の子餅を搗く。（『島根県下30地区の民俗』）広島県比婆《ひば》郡峰田村（現・庄原市）では、亥の子の日は大根が太る日であり、太る音を聞けば死ぬので、菜畑へ入ることは禁忌とされた。（山田次三『奥備後の民俗』）岡山県新見市の千屋《ちや》地方でも亥の子の日に大根のはじける音を聞くとじきに死ぬという。（『岡山県民俗資料調査』）このような大根の音に関する俗信は非常に広い範囲に分布しているもので、ここに例示した地域以外でも、かなりの数の伝承が記録されている。

島根県の隠岐《おき》諸島などでは、亥の子の日までに茄子《なす》を抜いておかないと「床《とこ》なす」といって、寝たきりの病人が出るという。（『布施村の民話と民謡』）また広島県の因島では、亥の子には歳徳《としとく》さんという農業の神が野から帰ってくるため、この日は戸口も炬燵《こたつ》も開けておくものとされていた。（『広島県史　民俗編』）鳥取県因幡《いなば》地方などでは、子供の股にできる腫れ物をいんのこと呼び、炬燵の灰を取り「亥の子さん、亥の子さん」と言って撫でると治るとされた。（田中新次郎「因幡と伯耆《ほうき》の亥の子の祭り」『伝承』創刊号）これら作物や生活の作法と亥の子に関する俗信も多くの土地でいわれるものである。

岡山県久米郡美咲町塚角《つかつの》の上山《じょうざん》天王は亥の子神を祀る社として有名で、百姓の神、あかぎれの神などとして信仰されてきた。この神は神無月でも出雲には行かないという。（和歌森太郎編『美作の民俗』）

猪婿［いのししむこ］

中国・四国地方に広く伝承される異類婚姻譚《たん》の一種。亥の子婿とも。その骨子は「猿婿」として全国的に語られる昔話と同じもので、猪が人間に代わって田畑を耕し、見返りに村人の娘との結婚を要求するも、娘の機知によって退治されるというもの。

広島県比婆《ひば》郡敷信《しのう》村（現・庄原市）では次のように伝わる。昔、爺さんが荒れた畑を耕そうとしていると猪が現れ、娘をくれるなら畑を耕してやると言った。爺さんが安請け合いすると、猪は鼻を使ってあっと

いう間に畑の土を起こしてしまい、親思いの末娘が猪の嫁に行くことになった。末娘は火打石、火口《ほくち》、二しめの茅《かや》、牛の鞍《くら》を用意してもらうと、猪に鞍をかけ、その背に乗って山へ向かった。道中、娘が火打石をこちこち鳴らすと、猪は「こちこちいうなあ、何なら」と問う。娘は「こちこち鳥ともないことよ」などと答えつつ、猪の背に積んだ茅に火をつけ逃げた。背中が燃え上がった猪は狂い回って死に、娘は無事に帰宅した。(『広島県民俗資料1　昔話』)

このように猪婿の話は「猿婿」と「かちかち山」の要素が合体したような展開をみせる。岡山県新見市下熊谷《しもくまたに》の「いのこ婿入り」の話でも同様の経過でいのこが死亡するが、その後は祟《たた》りで**亥の子**の日に暴風雨が吹き荒れるようになってしまう。そこで一〇月の一の亥の日には侍が、二の亥には百姓、三の亥には商人が猪を祀ると、天気は荒れなくなったという。(岡山民話の会編『なんと昔があったげな　上巻』)鳥取県岩美郡福部村(現・鳥取市)でも、焼け死んだ猪婿の弔いとして亥の子の行事が始まったという昔話が伝わる。(渡辺光正『因幡伝説民話　第六集』)

広島県庄原市の金ヶ峠にある猪子田《いのこだ》という地名の由来も猪婿型の話である。老人が耕作していた山畑を猪が耕してくれたので、礼として老人の末娘が嫁入りすることになった。棲み処《か》に連れていかれる途中、娘は猪の背負う藁《わら》に火をつけ焼き殺して帰還する。老人は猪の霊を祀り、耕してくれた田は猪子田と呼ばれるようになったという。(土井卓治『吉備の伝説』)

牛鬼［うしおに］

山中や水辺から現れる恐ろしい妖怪。西日本各地に牛鬼または類似する名の妖怪の伝承があり、様々な性質が語られている。

岡田建文「石見牛鬼譚《たん》」(『郷土研究』第七巻五号)によれば、島根県石見地方の牛鬼は濡女《ぬれおんな》という妖怪を斥候《せっこう》として用い、その報告を受けて海から現れ人間を襲うという。濡女は赤子を抱いた婦人の姿で、海辺で出会った人に子を抱いてほしいと頼みこむ。子を抱かせるとすぐ海に戻り、入れ替わりに牛鬼が出てくる。その時点で赤子は重い石と化して手に吸いついており、人は逃げられず牛鬼に突き殺されてしまうという。ゆえに濡女から赤子を受け取る際には手袋をはめておき、いざというときは手袋ごと赤子を捨てればよいとされた。石見では安濃郡大田町の政五郎という人物が天保(一八三一〜四五)頃に牛鬼の難に遭った話がよく知られていたという。政五郎は濡女の赤ん坊を前垂れに包んで捨て、七町ばかり走ってある農家に逃げこんだ。牛鬼も凄《すさ》まじい勢いで追いかけてきたが、屋内には入れず「アア取り逃がして残念だ」と言い残して去った。その声は濡女と同じだったといい、牛鬼と濡女が同一の存在であることが示唆されている。

邑智《おおち》郡桜江町(現・江津《ごうつ》市)には、牛鬼と**送り狼**の話が伝わる。ある男が狼に捕まり食われそうになっていたとき、牛鬼が

「人臭い、人臭い」と言いながら現れた。次いで牛鬼がもう一体現れ、男を食おうとしたが「守りがついているからつまらん」と言って波子《はし》の浜へ去った。狼は男の袖を咥《くわ》えて家まで送ってくれた。助けに感謝しながら足を洗った盥《たらい》を伏せると、狼も山へ去ったという。（森脇太一編『石見昔話集』）

江津市波積《はづみ》では、牛鬼が淵から頭を出しているときに本賀戸家の人が通りかかると、伝家の名剣・ムカデがひとりでに鞘《さや》から抜けて牛鬼を斬ったという。同市渡津《わたづ》では、潮を噴きながら上陸した牛鬼が大きなホダ（丸太）に化けた。これを猟師が持ち帰ると「どうもありがとうございます」と声を発した。驚いて斬りつけると「キャッ」と叫んだという。（『江津市誌　下巻』）

邇摩《にま》郡温泉津《ゆのつ》（現・大田市）でも数種の伝承が採集されている。温泉津湾内の大浜村の波路浦《はじうら》集落で、鯖《さば》釣りの漁師たちが「行こうか、行こうか」と誰かが岸から呼びかける声を聞いた。からかい半分に「来たけりゃ来いやー」と応じると、波を蹴立てて牛鬼が迫ってきた。みなは慌てて逃げ帰ったが、牛鬼は怒号を上げ村に近づいてくる。男たちは疲れ果てて身動きが取れず、ある家の妻女が果敢にも牛鬼に立ち向かい、その目に焼火箸《やけひばし》を突き立てた。負傷した牛鬼は家の柱に貼られていた出雲大社の護符に恐れをなして退散した。以来、漁師はみな家の入口に出雲大社の護符を貼るようになったという。他にも日祖《ひそ》集落の老漁師が櫓《ろ》で牛鬼の頭を殴ったところ古い椿の根に変じたという話や、ある者が海上で牛鬼と遭遇したが「お前は仏飯を食っているから近寄れない」と言われ難を逃れた話もある。（山崎里雨「影わに・犬神・牛鬼・河童」『郷土研究』七巻四号）

佐藤有文は児童書『日本妖怪図鑑』などで牛鬼を温泉津の妖怪として紹介し、その挿図として大映映画『妖怪百物語』（一九六八）ほかに登場する三つ目の牛鬼の宣材写真を使っている。だが温泉津の牛鬼と映画の造形物は無関係で、両者を結びつけたのは佐藤の創意によるものと思われる。

鳥取の地誌『勝見名跡誌』には、牛鬼と呼ばれる怪火の記述があり、気多郡湯村（現・鳥取市）の医師・和田柳軒が霙《みぞれ》の降る冬の夜道で遭遇したとされている。それは蛍の火のように蓑《みの》や笠にむらむら集《たか》り、先も見えないほど隙間なく粘りついてきたが、松明《たいまつ》を持つ者が近づいてくると消えたという。寒い雨夜などに澤田村から湯村の間の縄手を通ると、必ず牛鬼に出会うといわれていた。（荻原直正『因伯伝説集』）

水木しげるの著書で「鳥取の牛鬼」と題されている妖怪画はこの話をもとにしたもので、図鑑などでは「石見の牛鬼」とは別個に紹介されている。石見の牛鬼は鬼の顔に蜘蛛《くも》のような体というデザインだが、これは狩野派の化物尽くし絵巻に描かれている牛鬼を参照したもので、石見地方の伝承における牛鬼がこのような形態をしていたわけではない。

山口県各地にも牛鬼の伝承がある。光市の牛島には頭が鬼、体が牛の牛鬼がいて、老人や子供を餌食にしていたという。藤内

道信・御旗信重という二人の侍が退治を試みたが、存外強かったため弓の名手の城高経・明兼兄弟に協力を頼んで仕留めたという。（松岡利夫『周防長門の伝説』）

岡山県新見市哲西町大野部には、山間に棲んで人を害していた牛鬼が武士に退治された話が伝わる。武士は何日も牛鬼の動静を探り、ついに眠っている隙を突き首を刎《は》ねた。斬られた首は棲み処《か》へ飛び去り、祟《たた》りを恐れた人々は堂を建て牛鬼を祀ったという。ただし、この牛鬼堂は現存しないとされる。（土井卓治『吉備の伝説』）英田《あいだ》郡英田町福本（現・美作《みまさか》市）では、滝宮境内の滝壺から吽々《うんうん》と吠《ほ》える黄牛が出現するとされ、牛鬼あるいは**件**《くだん》と呼ばれたという。この黄牛は夜な夜な近隣住民を苦しめたので、渋谷金王丸《こんのうまる》という武者が薙刀《なぎなた》で退治したという。（『英田町の民俗』）

広島県廿日市市大野では、夜中に四十八坂を通ると大きな石が転げ落ちてくるという。厳島合戦で敗死した武将の魂が牛鬼と化し、石を動かすためという。（広島県小学校図書館協議会編『広島の伝説』）

広域の**塵輪**《じんりん》、島根県の**乳飲ませ**、鳥取県の**牛鬼**《ぎゅうき》、岡山県の**闇夜**《あんや》**の牛鬼**、広島県の**一本角の怪**、山口県の**片目の蠅**なども参照。

厩猿 ［うまやざる］

猿を牛馬の守護神と考え、病気除け・魔除けとして生きた猿や猿の頭蓋骨、手の干物、猿の仮面、絵馬、護符などを馬小屋・牛小屋で祀るもの。「さるまや」とも。馬具に猿を模した装飾を施すのも同様の発想によるものとみられる。

猿の頭骨を置く習俗は岡山の県北で盛んに行われたことが知られている。これらは軒下や小屋内部の御厨に納められるか、藁《わら》苞《づと》に包んで吊るされるなどしていた。猿の頭骨は牛神《うしがみ》様とも呼ばれ、岩手県や山形県あたりから来たという者から買う、あるいは鹿の骨と交換して入手したという。（三浦秀宥『岡山の民間信仰』、広瀬鎮『猿と日本人』、柳田國男『山東民譚集』）

調教した猿を操る「猿回し」も牛馬の魔除けから発生した芸能と考えられており、興行は厩での祈禱《きとう》や守り札の配布を伴うこともあった。岡山県や広島県では猿回しが来ると馬小屋の前で猿を遊ばせ、芸人に祝儀をはずんだという。明治以降に各地を巡業していた猿回したちの多くが周防（山口県）出身者とされていたが、この頃には祈禱の要素は薄れていたという。筒井功は猿引（猿回し）など猿に関わる人々につき、信仰の零落とともに賤視《せんし》が進んだと分析している。（『猿と日本人』筒井功『猿まわし被差別の民俗学』）

岡山県津山市東一宮の中山神社の奥宮は牛馬を守護する猿宮（**猿神**）として信仰が篤《あつ》い。農家は牛の息災、病気平癒、安産を祈って奥宮に参拝し、赤い布製の猿のぬいぐるみ（くくり猿）を持ち帰る。これは牛のお守りとなり、次に参拝する際は倍の数のくくり猿を奉納することになっている。また、同社で配られる猿神社守護の札もよく厩に貼られている。（和歌森太郎編『美作

の民俗』）

海坊主［うみぼうず］

各地の海に出現する妖怪。船の前に現れて沈めようとするなど、危険な存在とされていることが多い。

広島県の大崎上島では、夜の海上の靄《もや》の中で出現する大入道として語られる。衝突を避けようと船の方向を変えても、また前方に現れるという繰り返しで、船は岩礁にぶつかってしまう。遠慮せずまっすぐ進んでいけば去るという。（『大崎町史』）

山口県の周防大島では島の東部にある伊《い》保田《ほた》の港に向かう船が海坊主に遭遇した話が伝わる。逆風を受けて進む船が不意に停まったかと思うと、一つ目の怪異な顔の男が海から現れ、船に乗ろうとしてきた。一つ目は「船頭にあいたい」と言い、船頭が返事をすると「お前はこの世の中で何が一番恐ろしい」と問いかけてきた。船頭が「それは生業《なりわい》だ」と答えると、一つ目は「そうか」と言って海に沈み、船は再び動き出した。これが海坊主なるものだろうとのことであった。（宮本常一「周防大島（一）」『旅と伝説』通巻二五号）「何が恐ろしい」と問いかけてくる海坊主は大坂の船頭・桑名屋徳蔵の逸話に登場するもので、各地の民話や伝承にも同様の場面がみられる。島根県の**よぞく**も参照。

海坊主と**船幽霊**《ふなゆうれい》の性質は共通している部分が多い。島根県益田市小浜町では、海坊主は船の後部に上がり「杓《しゃく》をくれ、杓をくれ」と言うものだとされる。杓（柄杓《ひしゃく》）をやれば水を汲《く》みこまれて船は沈むという。（田中榮一『伝承怪異譚』）隠岐《おき》の島前地方では漁に出ていると、海坊主が突然「ながい（長柄杓）くれぇ！」と言って船縁に手をかけることがあるという。海で死んだ者の霊が友を求めているのだという。（「島前物語」『民話と文学』創刊号）

『因幡《いなば》怪談集』には、中海に出た海坊主の話があり、水木しげるの著書では**ぬるぬる坊主**として紹介されている。

猿猴［えんこう］

水辺の妖怪。人を捕まえて尻や内臓を抜いたり、牛馬を水中に引きこんだりする。「猿猴」の本来の字義はテナガザルだが、中国地方一帯では河童にあたる存在の呼称として通用している。一般的に想像される河童と同じく、頭に皿があり、溜まっている水がこぼれると力を失うとされる場合も多い。人間や神仏によって懲罰されることも多々ある。呼び名は「えんこ」と短く発音する場合もあり、広島県では猿猴坊主という呼称も採集されている。鳥取県の**えんこそう**や岡山県の**いえんこう**も猿猴系の名称である。（『河童伝承大事典』）

広島市の猿猴川、また猿猴橋町という地名も猿猴が出たことに由来するもので、現地には河童の伝説を紹介する看板や石像が設置されている。

毛利元就は安芸《あき》吉田城にいた頃、可愛川《えのかわ》の釜ヶ淵にいた猿猴を退治したという。こ

の時、元就は猿猴の頭を摑《つか》んで振り回し、頭の皿から水をなくして弱らせたという。この猿猴は広島県内の類話では**淵猿**《ふちざる》とも呼ばれる。（『広島県民俗資料2　昔話』）

山県郡加計町坪野（現・安芸太田市）では、太田川の三つ石岩の下に昔から猿猴が棲んでいたという。これを退治した際の刀は「猿猴切」と呼ばれたが、後に盗難に遭い所在不明になったという。（『広島県民俗資料6　伝説』）

高田郡八千代町土師《はじ》（現・安芸高田市）の苅屋という家は猿猴屋敷とも呼ばれた。かつてこの家の馬を猿猴が狙うも、捕らえ損ねて頭の皿から水がこぼれ、力を失って馬に引きずり回された。苅屋の主人が猿猴を助けてやると、猿猴は礼として毎晩魚を届けたという。（藤井昭『安芸の伝説』）

このような猿猴の失敗譚《たん》は各地にみられる典型的なものである。島根県邑智《おおち》郡邑南《おおなん》町《ちょう》井原樋口谷では、ある家の下男が川で馬を洗ったところ、その尾に猿猴がくっついてきた。主人は猿猴を厳しく叱りつけ、家で仕事をさせた。困った猿猴は「放免してください」としきりに願い、今後井原川で人に危害を加えないことを条件に逃がしてもらった。そのため井原地区で猿猴の害はなくなったという。なお、島根県では猿猴と**川獺**《かわうそ》が同一視される傾向があるようだ。（久長興仁「郷土の伝説より」『旅と伝説』通巻第一二号）山口県山口市の小鯖川、仁保川、天神川、一の坂川が合流する出合にも悪い猿猴が棲んでいたが、捕らえようとした馬に抵抗されて皿が割れてしまった。農民たちは猿猴を殺そうとしたが、命乞いをする様子を見て哀れに思い、見逃すことにした。その代わり、犠牲者供養のための地蔵の尻が腐るまで悪さをすることを禁じた。この猿猴は関東の河童の総元締の配下で、中国地方の河童の大将だったという。（朝日新聞山口支局編『民話の里』）

熊毛郡平生町《ひらおちょう》小郡《おぐに》などでは、六月晦日の牛の節句には猿猴が牛のダニを拾いに来るため、子供は海に入ってはいけないといわれた。（『平生町史』）

網玉様［おうだまさま］

漁業に関連する神霊の一種。おうだま、おおだま、もうだま等と発音される。大漁を司る神、恵比須様とされ、漁網の中央にある浮子《うき》などに宿るものと考えられた。中国・四国地方の瀬戸内海沿岸地域に多くみられ、漁民にとっては**船玉**《ふなだま》**様**と並んで重要な信仰とされる。（須川邦彦『海の信仰　上』、三浦秀宥『ミサキと荒神』）

岡山県の漁村では、漁に出る時や網を入れる時には「こりゃオウダマ」「エベスオウダマ」と叫ぶ習慣がみられる。日生《ひなせ》諸島では「オウダマ勝負」という掛け声もあり、地域や島により微妙に異なるようである。（『岡山県漁業民俗断片録』、『岡山県の民間信仰』）倉敷市下津井の松島では網玉と恵比寿様は別物ともされる。玉野市の石島では天照大神、稲荷神、**金神**《こんじん》などと共に網玉様も自宅の神棚に祀った。（『児島諸島及び石島の民俗』）広島県三原市の能地《のうじ》では、オ

オダマサマは網に宿る神と考えた。不漁のときなどは「ごめんなせえよ」と言って網に酒をかけてオオダマサマを拝み、船玉様にご飯を供えるときも「オオダマサマも御一同に」と声をかけていた。（『家船民俗資料緊急調査報告書』）

大食い女房［おおぐいにょうぼう］

各地の民話にみられる**食わず女房**の類。

島根県松江市島根町瀬崎では次のように伝わる。昔、ある所に若者がいて、いつか嫁を迎えるために金を貯めていた。やがて若者は結婚したが、その嫁がなぜか少しも食事を摂らない。心配して声をかけても、決して一緒に食べようとしない。にも拘らず、貯蓄は少しずつ減っていった。不思議に思い隠れて監視していると、嫁は大変な大物食いの山婆《やまんば》の正体を現し、米三升、小豆三升を一度に炊いて、遊んでいた鶏やふらふらしていた猫までも料理して食い尽くしてしまった。しかも食べるのは常の口からではなく、頭のてんこつに開いた大口からだった。夫は嫁の食後に姿を現し「小豆三升に米三升　ぽんぽん　隣のうしろの鶏三羽　とんとん　猫なます　でこでん」と食事の様子を歌にして囃《はや》した。秘密を知れたと悟った嫁は「親父とどめが　何処《どこ》で見たやら　ここは居《お》られの　去《い》なねばなるまい」と歌いながら出ていってしまった。（田中瑩一『伝承怪異譚』）

安来市の話では、物を食わぬ娘との触れこみで貰った女房が、留守番中に豆腐や鱸《すずき》を買って飯を食っていたので、夫が「小豆三升に米三升、豆腐三丁に鱸三本食べた。腹がつっぱり申したテテンコテンコ……」と囃したてる。この話では女房は異類であるとは明示されていない。別の話では、ものを食わない婆さんが、家で一人になると食材を大量に買い、頭頂部に隠し持つ口でそれらを食らう。居候の若者は婆さんの秘密を知ると、腰痛を治す祈禱《きとう》だと言って「魚三匹、豆腐が三丁、小豆三合に芹《せり》三把、米三升、腹も張らぞな、スッテコテン」と唱えた。すると婆さんは「こんなおやじは油断のならぬおやじだ、どこから見たやらスッテコテン」と唱え返したという。（『島根県浜田市民話集』）

夫が歌で女房の大食いを諷刺《ふうし》する展開に主眼をおいた話のため、女房は化物ではなく、単に怠惰な人間の場合もある。岡山県苫田《とまた》郡上齋原《かみさいばら》村（現・鏡野町）で採集された話では、「えらい（疲れた）、えらい」と言って寝てばかりいる女房が、夫の仕事中に大飯を食っていた。このことを知った夫が「鯛を二枚にネブカを三枚、白米三升も食ったる者に、腹も張らいじゃ屁も出えじゃ、デコデンデン」と囃すと、女房は「くやしや、くやしや、どこの小陰で見られただやらあ」と返し、留守中の大食いをやめたという。（『民話集人形峠』）

大蛸［おおだこ］

大きな蛸。各地の海辺や岩礁にまつわる伝説・昔話によく登場する。

岡山県浅口郡寄島町早崎（現・浅口市）には姫岩の話が伝わる。昔、都から来たお姫様が海辺で岩に巻きつく大蛸の足を見つけ、うち一本を切り取り、ご馳走にして食べてしまった。次の日も一本、その次の日もまた一本と、蛸の足を切っては食べる日が続いたが、八日目には最後の足が姫君に巻きつき、彼女を海底に引きこんだ。その後は姫の泣き声が岩の近くで聞こえるようになったという。俗に「蛸の足八本、その手は食わん」という諺《ことわざ》は、この出来事が由来だという。また、この大蛸は寄島東端の「釜の口」と呼ばれる深い海に棲んでいたものという。（土井卓治『吉備の伝説』）

広島県尾道市の弁天小島にある「おまんが穴」も大蛸が棲んでいた穴だと伝わる。おまんという名の老婆が大蛸の足を毎日一本ずつ切り取り、最後の一本を切ろうとしたとき蛸に海へ引きこまれたという。因島の重井町に伝わる婆岩の伝説なども同内容のもの。このような話型は日本各地の島や沿岸地域に伝承されている。（稲田浩二監修『西瀬戸内の昔話』、土井卓司『吉備の伝説』）

鳥取砂丘の沖合にある海士島《あもう》の蛸穴にも大蛸が棲んでいたといい、やはり一本ずつ足を切り取っていた海女が最後に連れ去られる話が伝わる。この話では、海女が日々切り取っていたのは足先三分の一ほどに過ぎず、実はまだ八本足が全て揃っていたというどんでん返しがある。（渡辺光正『因幡《いなば》伝説民話　第五集』）このような「大蛸の脚」にまつわる伝説は、山口県の**お夏蛸**などのように、大蛸に犠牲者の名を冠した呼び名がつくものもある。

鳥取県気高《けたか》郡青谷町（現・鳥取市）には「蛸わんど（湾）」と呼ばれる場所に大蛸がいたと伝わる。昔、海女がここで見たこともない大蛸に襲われたが、腰巻を脱いで囮《おとり》にして逃げ、命拾いしたことがあったという。（『青谷町の伝承』）

鳥取県日野郡溝口町（現・伯耆町《ほうきちょう》）福岡の福岡神社は俗に「蛸大明神」「蛸さん」と呼ばれる。これは祭神の速玉男《はやたまお》神が熊野浦から当地へ来臨する途中、吉備《きび》の海で暴風雨に見舞われ遭難しそうになった時、無数の大蛸が神の乗る船を持ち上げ周囲を警護したという伝説に由来する。秋祭りでは、藁《わら》製の蛸を持った男をみなで持ち上げる神事「蛸舞式」が演じられる。（野津龍『生きている民俗探訪　鳥取』）

大人［おおひと］

巨人。各地の山や窪地、岩場などが、巨人の行動の痕跡だと説明される。このような伝承の事例は無数にある。

島根県邑智《おおち》郡邑南町《おおなんちょう》井原では、大人が「日本の国は狭いからもう少し百姓する土地を拡げたい」と土地改良に乗り出したと伝わる。関東から当地までの土を牛で鋤《す》き起こし、二度鋤きをしようと大阪あたりまで来たときに鋤が壊れ、計画は頓挫《とんざ》した。山に高低差があるのはこれが原因だという。（田中瑩一『伝承怪異譚』）

岡山県真庭郡八束村《やつかそん》（現・真庭市）にあ

る「おおひとがなる」は大人が住んでいた場所と伝わる。あるとき大人は蒜山《ひるぜん》を跨《また》いで伯耆《ほうき》へ行こうと思い立った。このとき中蒜山と下蒜山の間の鞍部《あんぶ》に陰嚢《ふぐり》が擦《こす》れたので、その部分を「ふんぐりこすり」と呼んだ。(『八束村史』)

広島県尾道市の室身谷《もろみだに》には三坪ほど草木も生えない場所があったが、これは大人どんが伊予国から瀬戸内海を跨いできた時の足跡だという。(『尾道の民話・伝説』)

山口県阿武郡川上村(現・萩市)では、仮館《かりやかた》の「飯の山」は大人が担いできた握り飯がもとになってできた山だという。このほか平蕨台《ひらわらびだい》や紫福《しぶき》には大人の足跡が残され、生雲《いくも》や小川には大人が乗った馬の足跡がある。大井は大人の小便によってできたといわれ、小便がよく染みているため、この土地では作物がよく実るという。(『阿武川の民俗』)

鳥取県の諸鹿《もろが》の山中にいたという**不々岐《ふぶき》**や、岡山県の**三穂太郎《さんぶたろう》**のように、固有の名をもつ鬼神・巨人でも大人と呼ばれている例もある。諸鹿の大人は陣鉢山と扇の山の間に棲む老猿を退治して、村人を安心させたという伝説もある。(福田茂男「弁財天外一篇」『因伯民談』第一巻第六号)

送り狼［おくりおおかみ］

夜道などで人の後をつけてくる狼。人が転べば食おうと襲いかかってくるといわれるが、道中の危難から守護してくれると考えられている場合もある。実際の狼の習性や遭遇体験に基づく部分も大きい伝承とみられ、日本の広い範囲に分布している。

鳥取砂丘周辺の送り狼は、つけ狙った人に飛びかかって驚かせ、家の鶏や猫を食うのが目的だともいわれる。浜坂の金兵衛という大工は狼が飛びかかってきた瞬間に鑿《のみ》を出し、その腹を切り裂いて退治した。それ以来、砂丘には狼が出没しなくなったという。(『因伯昔ばなし一〇〇選』)

岡山県津山市では、送り狼に狙われた男が「わしの体がほしいんなら、わしが死んだときやろう」と約束し、七年後に病死すると狼が死体を掘り起こして食ったと伝わる。(『つやまの民話』)

広島県山県郡大朝地域では、帰宅すると盆に水を入れて脚を洗い、終わると盆を戸口の棚に置き「無事に戻ってきた」と言う。この音と声を聞くと送り狼は去っていくという。道中で狼の姿を見た場合は、自分の周囲に輪を描き「この中はわしの土地だ」と言えば、狼はその中に入れず逃げていくという。(『広島県の民話と伝説』)

送り狼の対処法や、実際に逃げ延びた体験談が語り継がれていることもある。岡山県久米郡久米町(現・津山市)では、狼が背後に迫ったときには煙草を出して火をつけると、狼がパッと横道に逸れていなくなるとされた。和気《わけ》郡吉永町(現・備前市)では、狼につけられた時に六尺褌《ふんどし》を引きずって歩いたところ、狼は褌より先には近づかなかったという。また、送り狼がいるときは屈《かが》んで草鞋《わらじ》を脱いではならないともいわれた。(菱川晶子『狼の民俗学』)

【か】

火車［かしゃ］

地獄の鬼が引く火炎の車。現世の罪人を召し捕り、地獄へ連行するために現れる。仏教説話や各地の民話に登場する。

『近代百物語』「巡るむくひの車の轍」は備中国（岡山県）が舞台の話。山城屋善左衛門の妻は出産を機に不調となり、医薬や湯治など手を尽くすも症状は回復しなかった。そのため、善左衛門はいまという妾《めかけ》を迎えて妻の代わりを務めさせた。いまは家のためよく働いたが、名実共に山城屋の妻となるべく、本妻の写し絵に釘を打ち、死の呪いをこめ続けた。その効果か、一〇〇口ほどで妻は死去したが、いまの寝床には夜ごとに妻の幽霊が現れ、手足に食らいついて痛めつけるようになった。いまはたまらず暇《いとま》乞いして寺に助けを求め、和尚に諭されて日々山城屋の妻の供養に努めるようになった。ある晩、いまの夢に牛頭馬頭の鬼が現れた。鬼たちはいまの罪を責めたて、彼女を火の車に乗せてあの世へと連れ去ろうとした。いまは猛火に苦しみ悶《もだ》え、家族に介抱されてやっと目を覚ましたが、自分の罪を懺悔《ざんげ》し、父母に別れを告げたあと再び苦しんで息絶えたという。（『続百物語怪談集成』）

信暁《しんぎょう》『山海里』には、安芸国《あきのくに》大崎下島の御手洗《みたらい》（現・広島県呉市）における火車の説話が載る。宝暦（一七五一〜六四）のある夜、遊女屋の若胡屋《わかえびすや》と富田屋の主人たちが荒神堂山で月待ちの宴を開いた。話に花を咲かせるうち、空から車を引くような異様な轟音《ごうおん》が聞こえ始め、やがて矢のような速さで火の車が走り抜けていった。車に乗せられていた男は髪結の和助そっくりで、人々が家を訪ねると、彼は櫛《くし》を握ったまま頓死していた。和助は近所の者や遊女からも評判のよい好人物で、いかなる前世の宿《しゅく》業《ごう》で火車に連れ去られたのかと人々は恐れ、仏教に深く帰依したという。（江藤教道校『山海里』）若胡屋と富田屋が和助のために建てた供養塔は、火の車の塔と呼ばれた。（『瀬戸内御手洗港の歴史』）

火車［かしゃ］

葬列を襲って死体を奪い去る妖怪。年経た猫の変化と考えられる場合が多く、火車猫などとも呼ばれる。名称は罪人を地獄へ連れ去る**火車**から連想されたもの。

死体を奪う性質から魍魎と同一視する向きもあり、茅原虚斎『茅窓漫録』には、西国の雲州（島根県）や薩州（鹿児島県）に多い火車とは魍魎《もうりょう》という獣の仕業だとある。この記述から、現代の書籍でも火車は西国に多い妖怪と説明されることがあるが

（『日本妖怪大全』など）、たとえば東北地方だけでも多数の事例が確認でき、実際の伝承分布を基に考えるなら適切な説明ではない。（『日本怪異妖怪事典　東北』）

岡山県阿哲郡神郷町（現・新見市）では、猫が年をとると火車になるという。本村の影という家の葬式があった時、にわかに空が曇り、大雨・大雪になった。葬列を出せないので棺を家に戻そうとすると、既に屍《しかばね》が火車に取られて棺が軽くなっていた。山探しをすると、死人の着物や手足が発見されたという。（土井卓治『吉備の伝説』）

吹屋（岡山県高梁市《たかはし》）の広金家の祖先はいかなる天変地異があっても家の身代が尽きぬように祈願し、小夜《さよ》の中山無間の鐘を撞いてもらった。その代償として同家が葬式を出したときには、どんな晴天であってもにわかに曇り、雲に乗ってきた火車が棺を軽くしてしまうという。智徳の優れた僧が払子《ほっす》を振らない限り、この難を逃れえなかったという。（土井卓治「川上郡の民俗（一二）」『岡山民俗』第一五号）

岡山県久米郡久米町（現・津山市）あたりでは、美甘村《みかもそん》（現・真庭市）の方で火車が葬式中に大雨を降らせ棺から死体を取ったと噂されたことがあった。（『正志と長の民話』）美甘村では明治頃、鉄山のある爺さんの葬式中に大夕立が起きて、大地が割れんばかりの雷鳴が轟き、火車が死体を取ったとも伝わる。（『砂鉄の村の民話』）

広島県山県郡八幡村（現・芸北町）の火車は、葬儀中に人目につかないように死体を盗み出すと空山まで飛び、天杉に死体をかけて食っていたという。火車が死体を取りに来た場合、師匠寺の住職が修多羅《しゅたら》（七条袈裟《けさ》を着用する際につける組紐）で追い払うものとされる。（『八幡村史』）

鳥取県日野郡溝口町（現・伯耆町《ほうきちょう》）の二部にも「かしゃ」がいて、晩にここへ行く者は用心して刀を携えていたという。しかし、かしゃが出たとき刀を縦に振るうと必ず胸元に飛びついてくるので、刀は横に振らなければならない。その正体は山猫で、伯耆大山から二部に来ているといわれていた。（『伯耆溝口町昔話集』）

山口県玖珂郡《くが》の美川町や錦町（現・岩国市）では、火車は死体を攫《さら》う目に見えない鬼とされ、侵入を防ぐために土葬の穴の北側には白い幕を張ったという。また狼と同様に藁灰《わらばい》や穀物を嫌うとも考えられていた。（迫中融『周東地方の伝説と伝承』）

鳥取県の**化者**や**おふじ猫**、広島県の**ふじ猫**なども火車の要素をもつ伝承。

金屋子神［かなやごがみ］

中国山地一帯で信仰されるもので、鑪《たたら》や鋳物・鍛冶職の守護神として篤《あつ》く崇敬されてきた。製鉄に恩恵をもたらす一方、非常に気難しいため禁忌が多く、祟《たた》りも激しい神とされる。一般的には女神とされているが、素戔嗚尊《すさのおのみこと》や天目一箇神《あめのまひとつのかみ》、金山彦《かなやまびこ》などと同一視される場合もあり、金屋**荒神**と呼ばれる例もある。また金屋子はかなえご、かないごとも発音される。

島根県安来市広瀬町西比田の金屋子神社

は金屋子神信仰の中核をなす社である。播磨国宍粟《しそう》郡岩鍋（現・兵庫県宍粟市）から白鷺《しらさぎ》に乗って飛来した金屋子神をこの地で迎えたことが神社創建の由来とされる。奥比田の地に着いた神は桂の木の枝で休んでいるところを宮司安部家の先祖である安部政重に発見された。そして当地で製鉄について教えを授け、信仰されるようになったという。この縁起は『鉄山必用記事』にみえるもので、石見国那賀《なか》郡の石田春律による『金屋子縁記抄』では、金屋子神は浅利村で鑪を操業し各地で指導にあたり、老年に達してから能義《のぎ》郡黒田郷西比田村に降り立ったとされている。美濃郡匹見町に伝わる『金屋子神秘録伝』は、金屋子神の父は山神護王、母は海竜王で、生誕地は大和国三笠山麓とする。西比田では金屋子神は男女一組の神で、男神は製鉄、女神は製炭を教えたとも伝わる。（『金屋子神信仰の基礎的研究』、安部正哉『玉鋼の杜』）

祭祀にあたっては様々な禁忌があり、多くの地域で金屋子神は女人、犬、蔦《つた》などをひどく嫌うと信じられていた。島根県の菅谷鑪（雲南市吉田町吉田）では、金屋子さんは女神であるため人間の女を嫌うといわれた。女房が出産をすると夫はたたら作業を休むことになっており、たたら場に乳児を抱いて入ることも忌まれた。（『島根県下30地区の民俗』）月経や出産も忌避の対象で、妻に月の障りや出産があった鑪師は一定の日数仕事を休む、または帰宅を禁じて鑪場に籠《こも》るという地区は数多い。女性が鑪の仕事場へ入ることも禁忌とされた。島根県仁多《にた》郡鳥上村（現・奥出雲町）の靖国鑪では、金屋子さんは女が大嫌いなので絶対に仕事場へ入れることができず、間違って入れれば必ず鑪の穴が詰まるとされた。出産があった際は、男の子なら五日、女の子なら三日の間は鑪を休むことになっていた。

その一方で金屋子さんは死を嫌うことはなく、むしろ死を喜ぶとさえいわれる。鳥上村などでは鉄がどうしても沸かないときは、仕事場の四本柱に死体を立てかけておくと良いといわれた。邑智《おおち》郡矢上村（現・邑南町《おおなんちょう》）では、金屋子さんは死人が好きなので、鉄が沸かないときには死人を背負って歩けば良いとされた。広島県山県郡山《やま》廻《もうり》村（現・北広島町）の金屋子さんも死んだものが大好きで、誰かの死を知ると「なに死んだ？」と、根掘り葉掘り訊いてきたものだという。反対に子が生まれた話などをすれば怒鳴られたという。庄原市の伝承では、金屋子さんが宿を求めていたとき、ある家ではお産があったことを理由に断られたが、別の家では死人があったのに快く泊めてもらえた。そのため金屋子さんは産を嫌い、死を好むようになったと伝わる。

犬嫌いについては、鳥上村の靖国鑪では金屋子さんが天降《あまくだ》った際、犬に吠《ほ》えかかられたことが始まりと伝わる。逃げる途中で金屋子さんが摑《つか》んだ蔦は切れてしまい、次に摑んだ藤は丈夫だったので助かった。そのため金屋子さんは犬と蔦を嫌い、藤を好むという。（石塚隆俊『鑪と刳舟』、「鑪における禁忌と呪術」『民間伝承』第一一巻一〇・一一合併号）島根県能義郡広瀬町（現・

安来市）などでは、このような降臨の経緯から狐（金屋子さんの眷族《けんぞく》）と犬は仲が悪いとされる。（『ふるさとの昔語り第2集』）岡山県真庭郡湯原町種《ゆばらちょうたね》（現・真庭市）では、犬に吠えられた金屋子神は白狸に乗って逃げたが、そのとき狸に経血が付着して現在のような毛色になったと伝わる。狸を汚してしまった神は月経や出産の血を嫌うようになり、その原因を作った犬も特に嫌った。よって鍛冶職人は朝に犬を見かけると仕事を休み、刃物の焼入れの際に犬を見たらその刃物を捨てたという。（『玉鋼の杜』）**四つ目の犬**も参照。

　掛軸などに描かれた金屋子神は、眷族である白狐に騎乗し、剣や如意を握った女神として描かれている例が多くみられる。岡山県で鍛冶屋の憑物《つきもの》として**金屋子《かなえご》狐**という存在が語られていたのも、白狐が眷族であることに起因するとみられる。金屋子神は自身を信仰する者を魔物の害からも守護するため、島根県の**野馬《のうま》**、広島県の**猫山《ねこやま》の化け猫**のように、金屋子神に退けられた妖怪の伝承もある。

　金屋子神は気難しく、禁忌を犯した場合には激しい祟りがあると考えられた。この点は**竈神《かまどがみ》**、荒神《こうじん》、**金神《こんじん》**、**藪神《やぶがみ》**、その他多くの民間神と共通する気性である。島根県飯《い》石《いし》郡掛《かけ》合《や》町《まち》（現・雲南市）では、井原谷の奥の道端に祀られている金屋子様がよく祟る神だといわれていた。神域で小便をしたり枝を折ったりすると機嫌を損ね、誰がしたことでも一番近くにある山口家に祟ったという。（『民俗採訪』昭和五八年度号）岡山県では金屋子神は金恵護神、金屋護神、金屋児神とも呼ばれた。この神の血の禁忌を冒せば鑪の穴が詰まるなどの祟りがあるとされた。（『岡山県史　民俗Ⅰ』）金屋子神は製鉄の神、すなわち鞴《ふいご》で起こす風をも司る神と考えられたためか、鳥取県東伯郡三《み》朝《ささ》町《ちょう》では強風が山を吹き渡ると「金屋子さんが荒れてござる」と言った。同町神倉では白蛇を金屋子神の使者だと伝えていた。（『三朝のたたら』）

　属性別索引【**金屋子神**】も参照。

竈神［かまどがみ］

竈に宿る神。竈や囲炉裏《いろり》の神、または火の神、農作の神、牛の神、家の神などとして各家庭で信仰された。

　この種の神にはいくつかの呼び名があり、陰陽道に由来する「土公神」は「どくじん」や「どこうしん」と読む。中国地方、特に美作《みまさか》・備中・備後地域（岡山県・広島県）では竈神を「ろっくうさん」「おどっくさん」と呼んで篤《あつ》く信仰した。竈の神は農家に恩恵をもたらすありがたい神様だが、気性が激しく祟《たた》りやすい「むつかしい」神様であるため、祭祀には注意が払われた。多くは竈の近くの大黒柱などに祀り、稲穂や収穫物を供物として捧げる。（鶴藤鹿忠ほか『中国の民間信仰』）岡山県勝田郡奈義町では、オドクウ様はいつも威厳ある顔をして怒っている神様で、賊が出たり内輪が悪いときは笑うという。（『那岐山麓の民俗』）陰陽道系の宗教者の活動が盛んだっ

た山陽地方では土公神系、周防・長門地方（山口県）など修験者が活動した地域では**荒神**《こうじん》系の呼び方がなされ、島根・鳥取方面ではオカマサマなど、竈に敬称をつけた呼び方が多い傾向にある。（『中国地方における民俗の地域性』）岡山県の法華宗の家では、竈神にあたる存在をお普賢《ふげん》様と呼ぶこともあった。これは土公神の本地仏が普賢菩薩だと説かれていたことに由来する呼び名らしい。（『岡山県史　民俗Ⅰ』）

太夫などの宗教者が竈神の祭祀や清めの儀式を担う例も多い。家に災難や不幸などがあったとき、竈神や**金神**《こんじん》などの障りだと判断されて、特別な祈禱《きとう》を実施することもある。土公神の祭祀のための祭文においては、五龍王（**五郎王子**）という神名が語られることがある。これは太郎王子から五郎王子までの五柱の神で、それぞれ異なる方位を司り、職掌が決まっている。近世の安《あ》芸《き》・備後地方（広島県）で用いられていた土公祭文の数々にも五龍王の名がみえる。（岩田勝『中国地方神楽祭文集』）その他の**万古**《ばんご》**大王**も参照。

広島県備後地方などに伝わる比婆《ひば》荒神神楽の行程には「土公神迎え」や「土公神遊び」と呼ばれる祭儀が組みこまれている。これらは各戸の土公神の降臨を仰ぎ、家々の吉凶禍福を占う神事である。台所の土公神棚の下で繁栄を祈願し激しく舞い踊るうち、舞い手には土公神が乗り移って倒れこんでしまうという。（三村泰臣『中国地方民間神楽祭祀の研究』、広島県東城町教育委員会編『比婆荒神神楽』）

牛が土公神の使いしめ（神使）の動物とされたほか、カマドウマなども関わりがある生物とみられていたようで、岡山県都窪《つくぼ》郡山手村《やまてそん》（現・総社市）では、カマドウマが多い家は金持ちになる、カマドウマが多いのはオドクウ様のご機嫌が良いからだといった俗信が記録されている。（『総社市旧山手村　くらし・民話・俗信』）岡山県久米郡久米町宇和上（現・津山市）では、庚申《こうしん》様とオドック様は仲が悪く、あるとき喧嘩をしてオドック様は片足を折られたといい、正月のナイゾメ（綯い初め）には草鞋《わらじ》を片方だけ作って供えていた。（和歌森太郎編『美作の民俗』）

川獺［かわうそ］

川獺は各地で化ける動物と伝えられ、河童同様の存在として人や牛馬に悪戯《いたずら》をしかけると語られることも多かった。

島根県八束《やつか》郡西川津村（現・松江市）には次のような話が伝わる。馬の手綱を引いて水中に引きこもうとした川獺が、驚いた馬に力負けして綿畑まで引きずられ、村人に見つかり「**川子**《かわこ》だ」と撲殺されかけた。川獺は手を合わせて命乞いし、許されると村の田畑で奉公するようになった。しかし元来人の生き肝を取るのが好きな獣であるため、つい人の臀部《でんぶ》に手を出す癖が直らなかった。よって人々は証文と引き換えに川獺に暇を出すことにした。川獺は喜び、川で溺れても「雲州西川津村」と三唱すれば命は取らないと誓って帰ったという。（高

木敏雄編『日本伝説集』）
　小さな人の姿で通行人の前に現れ、みるみるうちに大きくなって驚かせ、見上げている人の喉元に食らいつく（血を吸う）という伝承も各地でみられる。そのため、広島県の厳島では「小《こ》まい坊主がいたら見るな」と子供に言い聞かせた。また、厳島のある駄菓子屋は、子牛ほどの川獺が夜道に寝そべっているのを見たという。「通れんじゃないかーッ！　退《の》けやーッ！　お前はそんなに大きいことはないんだーッ」と言うと、川獺が小さくなって通行できたという。（栗原秀雄「宮島の「世間話」（２）」『広島民俗』第六三号）
　広島県双三《ふたみ》郡作木村《さくぎそん》（現・三次市）では川獺は空を飛ぶこともできるという。一二月の川獺は一二の肝があり、サバ舟を襲ってはサバを食べるともいわれていた。川獺に騙《だま》されるのを防ぐには舟から小便をすればよいという。（『作木の民俗』）
『防長地下上申』によれば、周防国玖珂《くが》郡獺越《おそごえ》村（現・岩国市周東町獺越）は、川上村に棲む古い川獺が子供を化かし、この地まで追い越してきたことが村名の由来だという。（山口県地方史学会編『防長地下上申第一巻』）日本酒「獺祭《だっさい》」を製造販売する旭酒造は、この獺越に本社がある。

甘露［かんろ］

瑞祥《ずいしょう》の一種。天から降る甘い露《つゆ》で、脂のように凝《こご》ったもので、飴《あめ》のように甘いといわれ、古くから大陸や日本では吉兆や為政者の徳の象徴として扱われてきた。
　歴史書の中にはいくつもの甘露の例を見出すことができる。『続日本紀』には和同元年（七〇八）に長門国（山口県）で、霊亀元年（七一五）に伯耆国《ほうきのくに》（鳥取県）で甘露が降り、嘉祥三年（八五〇）には石見国（島根県）から朝廷に甘露が献上されたとある。『文徳実録』によれば仁寿二年（八五二）に諸国で甘露が降ったといい、その中には因《いな》幡《ば》（鳥取県）・伯耆・隠岐《おき》（島根県隠岐地方）・長門の各国も含まれている。（日野巌『植物怪異伝説新考』）
　仁寿二年の甘露は因幡地方に次のような伝説もある。病中の文徳天皇は夢中で春日大明神から「因幡国岩井郡陸上《くがみ》の産土神《うぶすながみ》を訪ねよ」とのお告げを受け、同地に勅使を派遣した。勅使が探索したところ、氏神山の峰の大岩の脇に生える笹には甘露が溜まっていた。これを服した天皇はたちまち平癒し、産土社は甘露神社と号を改めたという。（荻原直正『因伯伝説集』）

金鶏［きんけい］

日本各地に伝わる。地下に埋まっていたり、山中に潜んでいたりするとされる黄金製の鶏で、得た者に富をもたらす存在とされる。生きた鶏であるとも、滅びた長者や武将が埋蔵した家宝であるともいわれる。中国地方では、金鶏の棲み処《か》と同じ場所に白南天《しろなんてん》が生えているという伝承も多い。

　鳥取県岩美郡福部村蔵見（現・鳥取市）の谷川ほとりの鶏岩の中には金鶏がいて、

年に一度たった一声だけ鳴くという。これを聞いた者には思うまま福が来るといい、岩は村人から崇敬された。かつて鶏岩は二つあり、うち一つは破壊されたという。そのときから地主の一家は零落していき、祟《たた》りで悲惨な死に方をしたという。（荻原直正『因伯伝説集』、鷲見貞雄・片柳庸史『鳥取の伝説』）東伯郡三朝町《みささちょう》の木地山の長者の伝説にも金鶏が登場する。あるとき長者の下男が淵の底で鳴いている金の鶏を発見した。それは東郷の羽衣石城《うえしじょう》落城の折に投げこまれた、城主一族の執念がこもる金鶏だった。しかし、いざ淵に潜ってみると金鶏はどこにもいない。長者が調べると、本物の金鶏は山の中腹にいて、その光が水面に反射していたのだった。金鶏を得た長者はますます栄えたという。（渡辺光正『東伯耆内伝説民話集』）

鳥取市洞谷《ほらだに》では、尾木原山城が羽柴秀吉に攻め落とされた時、城主が鶏山に財宝を埋めたと伝わる。ここには金の鶏もいて、節分の夜に穴から出て鳴く。この声を聞いた者は長者になるといわれた。八頭《やず》郡河原町中井（現・鳥取市）の羽黒山も秀吉に焼き討ちにされた山で、節分の夜には金鶏が財宝の在り処《か》を告げるといわれた。（野津龍『鳥取県伝説集　因幡編』）

島根県出雲市乙立町《おったちちょう》では、大晦日《おおつごもり》の晩には兜《かぶと》岩に金の鶏が出て歌うといい、声を聞いた者は長者になれるとされた。ある大酒飲みの親方は大晦日に二羽の金の鶏を見たが、その鶏が「おったたいたのう」「ほんにほんだのう」と言葉を交わすのを聞いてからは家運が傾き、身代もおったたいて（使い果たして）しまったという。（『島根県出雲市民話集』）簸川《ひかわ》郡佐田町（現・出雲市）では、朝原《あざばら》の大黒山の麓には岩を隙間なく積み重ねて秘匿された隠し倉があり、そこに宝物（金の鶏）がしまってあるという。付近の家で鶏が鳴くと金の鶏も鳴き、その所在が知れてしまうため、昔から鶏を飼わないことにしているという。（『佐田町の民話と民謡』）能義《のぎ》郡伯太町（現・安来市）では東母里《もり》福頼の三ツ岩や井尻の横屋にある粟餅山に金鶏がいたと伝わる。粟餅山は粟倉長者が伊邪那美命《いざなみのみこと》に献じた供物が岩山に化したもので、金の鶏が棲み白い南天がある。金鶏の声を聞き、白南天を見つけた者は開運の福を得るという。（前田黙耕『城下町之傳承』）雲南市掛谷町《かけやちょう》入間の八重山には、岩窟を棲み処として金鶏を操り住民に悪さをしていた魔神がいて、素戔嗚命《すさのおのみこと》に退治されたという。八重山神社本殿後ろの巨岩には「金鶏の岩屋」と呼ばれる部分があり、この岩自体もかつては御神体と扱われていたという。（山陰中央新報社『石神さんを訪ねて』）

岡山県倉敷市水島にある亀島山の山頂には、金の鶏あるいは金の茶釜が埋められているといわれていた。（森脇正之編『倉敷の民話・伝説』）久米郡久米南町松あたりには「長者が成《なる》」という所があり、昔そこで長者が金の鶏を飼っていたという。ここには金の鶏の糞《ふん》が落ちていて、近所の子供たちが拾いに行ったという。これは黄鉄鉱だったのではないかといわれている。この糞を財

布に入れておくとお金が貯まるともいわれていた。（『久米南町の民話』）邑久《おく》郡長船《おさふね》町牛文《ちょううしふみ》（現・瀬戸内市）の茶臼山には百済の大王を葬った塚があり、ここに金の鶏がいて鳴くとか、塚を弄《いら》うと罰が当たるといわれた。（『風呂場ばなし』）

広島県高田郡美土里町《みどりちょう》篠原（現・安芸《あき》高田市）では、寺屋敷の付近に金鶏の雌雄がいたという。大晦日の晩に必ず時告げの声を発し、これを聞いた者は福運が授かるとされた。（藤井昭『安芸の伝説』）山県郡北広島町都志見《つしみ》の駒ヶ滝周辺は龍駒の生誕地、眼病を癒す目洗水など様々な伝説地があり、元旦には滝の上で金鶏が時を報せるという。（『広島県民俗資料6　伝説』）

山口県光市の三丘ヶ岳《みつおがだけ》にいるのは金鶏ではなく金の鵄《とび》だという。京都を追われ西に下る途中の平家の一隊がこの山で夜を明かし、持っていた金の鵄を埋めて隠した。それ以来、金鵄《きんし》は年に一度、平家の者が山を去った日に出てきては、彼らを慕って鳴くという。（松岡利夫『長門周防の伝説』）

金鶏は全国的に実在の土地と結びついて語られた伝承であり、ここに示したものも中国地方の事例のごく一部でしかない。

件［くだん］

牛から生まれる怪物で、生後間もなく戦争や天災にまつわる予言をして死ぬものとして広く知られている。その予言に外れがないことが「依《よ》って件の如し」という言葉の由来だとも語られる。件の伝承は、中国地方では殊に多く確認されている。

広島県民俗学同好会は、件を「人面牛身の想像獣で稀《まれ》に牛の仔として生れ、数日しか生きていないがその間に飢饉《ききん》・旱魃《かんばつ》・戦争などの重要な出来事を予言するが必ず的中する」と説明している。鳥取県では関東大震災を予言した件の噂が囁《ささや》かれ、広島県では満州事変の頃に、件が「来年は大戦争と悪疫で国民の大半が死ぬ、免れようと思うなら豆を煎って七つの鳥居をくぐれ」と告げたといわれていた。（「クダン」『民間伝承』第二巻第六号）慶応三年（一八六七）の「件獣之写真」と称する錦絵（歌川芳盛画）は、雲州（島根県）某所で件が産まれ、今後の豊作と悪病流行を予言して三日で死んだことを伝えるもので、災難除けのためこの図が作られたと記されている。（湯本豪一『日本の幻獣図譜』）萩藩の密用方の日記『密局日乗』文政二年（一八一九）の記事には、防州上関《かみのせき》（現・山口県熊毛郡上関町）の民家で牛が人面牛身の子を産んだとある。それは家の主人に対し、人語で「我が名を件と名付けたまわるべし、かならず異形を憎んで殺すことなかれ」と頼み、今後七年は豊作が続き、八年目には兵乱が起きると予言したという。（山口県文書館「よって件のごとし～予言する正直な怪物～（展示資料解説）」）

広島県山県郡八幡村（現・芸北町）では明治元年（一八六八）に唐鐘《とうがね》方面（島根県浜田市）で件が産まれ、浜田地震（一八七二）発生の予言をしたと伝わる。（『八幡村史』）岡山県新見市の千屋《ちや》地方では田治村

に件が出たと噂された。この件も予言をするもので、その内容は的中するという。（『岡山県民俗資料調査報告書』）苫田《とまた》郡奥津町（現・鏡野町）では件が産まれたとき、すぐオドクウ様（**竈神**《かまどがみ》）の前に連れていき予言に耳を傾けた。件は戦争の勝敗を語ったという。（『奥津町の民俗』）

件が今後の難を逃れるために小豆飯などを食ったり供えたりするよう指示するという例もたびたびみられる。島根県益田市では、件が年の数だけ大豆を炒って宮参りをしなければ病気になる、ぼた餅を作って食べねばならないなどと告げたという話が伝わる。（『島根県益田市民話集』）昭和六年（一九三一）の『中国民報』の「グロ流言」と題された記事では、岡山県赤磐《あかいわ》郡西部の村々で「くだんが生まれて男の子を取り殺す」という噂が広まって「氏神へ黒豆を持って参れば難を逃れられる」と神仏へ参詣する者が増えたと報じられている。（東雅夫『クダン狩り』）

牛が異様な姿の子を産んだという事柄を説明するために「件」の語が用いられ、予言に関する性質は特に言及されない場合もよくある。岡山大学附属図書館所蔵の池田家文庫の絵図や、兵庫県立博物館蔵「件之図」は、安政七年（一八六〇）に備前国和《わ》気《け》郡井田村の農家が飼っていた牛から産まれた畸形《きけい》の子牛を描いたもので、身体各部の寸法が詳細に書きこまれている。このほか大正一四年（一九二五）頃には、岡山市高松の高松農学校で牛が件を死産したという噂が流れた。この件は丸い顔で、耳は長くなかったという。（『風呂場ばなし　岡山県長船町の民話』）同じく大正頃、島根県益田市の多田あたりには件のミイラがあったらしい。当時の子供は悪いことをしたり大人の言うことを聞かなかったりすると「件のとこ入れるぞ」とおどかされたという。（『島根県益田市民話集』）佐藤清明『現行全国妖怪辞典』には、かつて岡山市の珍品展覧会にて件が展示されていたとある。木下浩『岡山の妖怪事典　妖怪編』には著者聞き取り事例として、ある人が小学生時代に見た件の記述がある。それはガラスに入っていて「牛の頭で、上面が牛で、目の間に人間があった」というもので、やはり一種の畸形の牛に関する言及ではないかと思われる。畸形牛としての件は人間と牛の性交により誕生するという認識もあった。岡山県阿哲郡神郷町（現・新見市）の民話集『民話集三室峡』には、若者が牛を相手にして事に及んでいる様子を見かけたお婆さんが「あがえなざまぁするけえ件いうもんができたんじゃろう」と語っていたという思い出話がある。広島県でも牛姦で件が生まれるという俗信があったようだ。（『広島県民俗資料1　民間暦と俗信』）

小泉八雲『知られぬ日本の面影』には、八雲が聞いた件の噂が記されている。大阪から旅の見世物師が汽船で美保関（島根県松江市）に来た時、不意に突風が吹きつけた。これは見世物師が持っていた品の中に件の剝製《はくせい》があり、そのような不浄な物（動物の死体）を持ちこむことに美保関の神が怒ったからだという。見世物師は上陸を許

されず、そのまま船で帰っていった。すると天候は回復したという。（『小泉八雲全集第三巻』）笹方正紀は、畸形の仔牛など動物の死体の見世物には死穢《しえ》の観念が付きまとうため、その印象を秘匿する目的を含んで「件」の名が使われた可能性を指摘している。（「クダンと見世物」『怪異を媒介するもの』）談一恥は予言・除災の性質を持つ神獣型の件から見世物に供される畸形型の件への推移に伴って件観が変化し、予言の能力が重視されなくなったと推測している。（「妖怪「クダン」の変化から見るクダンを語る人々を取り巻く環境やその変化」『怪魅型』第弐号）

熊王子［くまおうじ］

「くまおうじ」（熊王子、隈王子、熊王神）という邪神が司る方角で、これを冒せば災厄があると考えられた。各地に関連する俗信や伝説が残されている。

　岡山県苫田《とまた》郡阿波村（現・津山市）ではクマオウジの方に向かって旅立つことが忌まれた。（『阿波・梶並の民俗』）阿哲郡哲西町（現・新見市）ではくまおうじを知っていて出かけ、くまおうじに出会うと死ぬとされた。くまおうじの方角を知らない場合、その者は人間ではなく犬だということにして通らせてくれるという。（稲田浩二・立石憲利編『中国山地の昔話』）倉敷市下津井の松島ではクマオウジとは陸でいう**金神**《こんじん》のことで、初漁の際はこの方位を忌む。六口島ではクマと呼び、旅に出る際この方角を向くのは忌避された。（『児島諸島及び石島の民俗』）備前市日生《ひなせ》諸島の大多府島《おおたぶじま》ではホンクマ・サカグマの二方向を忌み、この方角に出初をする場合は出発日を前倒しにした。（『日生諸島の民俗』）

　広島県三原市能地《のうじ》では、陸地である北を除いた海側三方に十二支を重ね、辰・申にあたる方角をクマオと呼んで忌み嫌った。漁場がクマオにあたるとき、漁船はあえてそれを迂回する航路をとる。もしクマオに向かって直進すると、不漁や怪我といったよくないことが起こるとされた。かつて順化丸やとうか丸など五〇〇トン級の漁船の遭難事故が発生したが、いずれもクマオに向けて船を出したためだといわれた。ここから転じて、訪問先で冷遇されたときなどは「クマオ向いて来たかしらん、茶も飲ましてくれん」などと皮肉を言った。（『家船民俗資料緊急調査報告書』）

　山口県地方でも、くまおうじの禁忌は漁村でよく信じられていた。徳山市の黒髪島では、岩場で働く石工たちが殊に強く信じていたという。（藤原覚一ほか『中国の民間信仰』）

食わず女房［くわずにょうぼう］

　日本各地に伝わる昔話に登場する妖怪。けちな男が「飯を食わない嫁が欲しい」と望むと、どこからか女が訪ねてきて嫁入りする。その女房は飯を食わずによく働いたが、なぜか家では米や貯蓄の減りが早くなった。怪しんだ夫が物陰から覗くと、留

守番中の女房が髪を解き、頭にあるもう一つの口で大飯を食らっていた。女房の正体が化物だと知った男は離縁するか、あるいは本性を現した女房によって命の危機にさらされる。以上が全国的に共通する展開。

女房の正体は鬼婆、大蛇、蜘蛛《くも》などの異類とされ、西日本では蜘蛛のパターンが多いといわれている。（『決定版　日本の民話事典』）食わず女房の話の結末にはいくつかの類型があり、その一つとして、男を食い損ねた化物が小さな蜘蛛の姿で家に侵入し、仕返しをしようと狙うも、その企てを察知していた男に退治されるというものがある。中国地方ではこの形で伝わっている例がよくみられ、この出来事が**朝蜘蛛・夜蜘蛛**の俗信の由来になったと語られる。

島根県鹿足《かのあし》郡柿木村（現・六日市町）の例では、食わず女房の正体は大蜘蛛で、夫の留守中には額から口を出してムガムガムガとご飯を食っていた。正体を知られると糸で夫を絡め取ろうとしたが、鉄砲で撃たれて息絶えたという。（『小野寺賀智媼の昔話』）鳥取県八頭《やず》郡地方には、河童が化けた口のない女房がやってくる話が伝わるが、これも正体が露見した後は蜘蛛になって復《ふく》讐《しゅう》を企《たくら》む。（渡辺光正『因幡伝説民話　第三集』）その他の一風変わった例では、岡山県阿哲郡哲西町（現・新見市）に、男の唾《つば》を舐《な》めた蜘蛛がその味の虜《とりこ》となり、飯を食わない嫁に化けて同居を始める話がある。（稲田浩二、立石憲利編『中国山地の昔話』）鳥取県の**いっちゃもんの嫁**、広島県の**頭を割られた女房**も食わず女房系統の話だが、これらには別種の昔話の要素も混合している。同系列の昔話だが、展開の主眼が一般的な食わず女房とは異なる**大食い女房**も各地に伝承されている。

外道［げどう］

中国地方では憑物《つきもの》のことを「げどう」または「げど」すなわち「外道」と呼んでいる例が多くみられる。その正体は鼬《いたち》のような小動物とされることが多く、**犬神**や**人狐《ひとぎつね》**などと同様の存在とみられている。

広島県比婆《ひば》郡峰田村（現・庄原市）出身の民俗研究者・山田次三（一九一一年生）は、「私の子ども時代には、なかなかゲドーが跋扈《ばっこ》したのを覚えている」と述懐している。曰く、ゲドーは七五匹を一群として特定の家に憑いているもので、その家の娘が嫁に行くと婚家で増えるため、婚姻にあたってはこの「外道蔓《げどうづる》」が警戒されたという。だが、系譜を遡《さかのぼ》れば大抵の家は多少なりとも外道蔓の家とつながりがあるものだともいわれていた。外道は野外道《のげどう》とも称され、鼬よりも赤みがかった色をしているという。外道を持つ家はみるみる繁盛するが、一旦家運が傾くと田畑の収穫や財産を失うのもまた早い。盛んに外道が出て歩き回るようになると不作、不運が続くという。外道に憑かれた人は高熱や激しい疼痛《とうつう》に襲われ錯乱状態となる。その悪事を封じるためには太夫を頼んで稲荷様の祭祀を行うのがよいとされた。かつて峰田村中の外道をみな引き受けて祀った家があったが、その家

の者がハワイに移住すると、祭祀者のいなくなった外道がまた他人に食いつくようになったという。（『奥備後の民俗』）

広島県高田郡美土里町《みどりちょう》北（現・安芸《あき》高田市）では、外道は特定の家系に七五匹で群棲するもので「くうくう」と鳴き、人に憑く際は毛穴から入って臓物を食らうといった。一人の人間に複数の外道がとり憑くこともあり、酷《ひど》い場合には憑かれた者は狂死してしまうという。この他、外道には蛇外道、犬外道、狐外道、野外道といった種別があるともいわれ、やはり鼬のような形態のものが野外道だとされていた。（『民俗採訪』昭和五四年度号）

岡山県阿哲郡神郷町釜村（現・新見市）でも外道は七五匹一組の小獣で、外道藪《やぶ》と呼ばれる椿林などにいるとされた。これも憑いた家の娘が結婚すると、嫁入り道具の簞笥《たんす》に乗り婚家へ移って繁殖するという。広島県の三次地方では、外道に憑かれた場合は外道の黒焼きを食べると追い出すことができるとされた。ただし外道は感覚が鋭いため、他の食べ物に混ぜておいても悟ってしまうという。万一に備えて外道の黒焼きを保存している家もあり、それはイモリの黒焼きのようなものだったという。（石田萩穂『山陰の俗信』）

岡山県新見市の千屋《ちや》地区で行われていた法印による外道落としの祈禱《きとう》では、憑かれた者に針を刺してゲドウを追い払った。ゲドウは小さな鼬のような動物で「クッ、クッ」と鳴き、ゲドウ持ちの家が恨む相手や喧嘩相手に憑いて大病にする。このゲドウには貧乏ゲドウと分限者ゲドウの二種があるという。（『岡山県民俗資料調査報告書』、鶴藤鹿忠ほか『中国の民間信仰』）

島根県大田市三瓶町《さんべちょう》では、げどは尻尾を咥《くわ》えて何匹も連なって移動し、他所《よそ》の家の田から水を盗むといわれた。げどは一つの家に七五匹いるものという。（『石見大田昔話集』）飯石《いいし》郡赤来町《あかぎちょう》（現・飯南町）では、外道は祈禱師の憑物落としで祓《はら》えるが、蛇が憑いた場合は祈禱や治療もなかなか効果がないという。この憑物落としも患者を棒で叩いて怒鳴りつけるなど、暴力を伴う場合がままあるという。（『赤来町史』）

荒神 [こうじん]

民間信仰における神の一種。

中国地方は荒神信仰が特に濃厚な地域とされている。荒神の名は民間に影響を及ぼす修験者や陰陽師によって唱えられ始めたと推定されており、荒ぶる神・祟《たた》り神としての面を強調して語られることが多い。信仰形態はきわめて複雑多岐で解明が難しいが、屋内の竈《かまど》などで祀られ、火の神の性質が強い三宝《さんぽう》荒神と、屋外で各種共同体の神とされる地荒神の二系統に大別される。さらに地荒神の祭祀のあり方は大きく三つに分けられるという。まず本家の荒神を一族ともども祀る同族荒神、次に本家・分家の別なく家ごとに祀る各戸荒神、そして、集落、共同体単位で同じ荒神を祀る地区共同荒神である。概して荒神は開拓宗家などの祖先神・屋敷神が起源であることが多く、

荒神社を氏神とする地域は、外部から著名な神を迎えることが少なかった地域とも考えられる。集落単位で祀られる荒神は産土《うぶすな》荒神、臍《へそ》の緒《お》荒神などと呼ばれ、子供の名付けの際に参拝し、籤《くじ》で神意を問うて名を決めるといった習俗がみられる。その性質から**竈神**《かまどがみ》や**みさき**も荒神の一態とみなされることがあり、祭祀される存在・祟りをなす霊としての境界は曖昧である。広島県備後地方などでは荒神を素戔嗚尊《すさのおのみこと》とする場合も多い。八大荒神（八大龍王）、ダサイ荒神（大歳神）、車戸荒神（車戸明神）など、他の神と結びついている例も各地でよくみられる。（『民俗学辞典』、『ミサキと荒神』、『中国地方における民俗の地域性』、『美作の民俗』、『岡山の民間信仰』）

荒神の祭祀行事の一環として各地で神楽の奉納や**藁蛇**《わらへび》の供養などが実施され、現在も継承される民俗行事や芸能に発展した例も多い。

気性の荒い神とされているため、激しい祟りをなしたという事例も無数にある。島根県簸川《ひかわ》郡佐田町大呂《おおろ》（現・出雲市）では、昔から荒神風呂に荒神様を祀っていた。駒太郎という木挽《こび》きは荒神を軽んじて、伐り倒した大木が荒神の藪《やぶ》にかかっても「いかな荒神さんでも木挽きにはかなうまい」と豪語した。するとたちまち彼の両目は見えなくなり、山の持ち主も両手が折れた。早速お祭りをして詫《わ》び、荒神様の祟りを鎮めたという。（『佐田町の民話と民謡』）

岡山県浅口郡金光町（現・浅口市）では佐方《さがた》に六荒神、須恵に二荒神があった。明治時代に県の訓令に基づきこれら八荒神を合祀したところ、祟りがあったので元に戻したという。（『岡山県金光町の民話』）

広島県高田郡甲田町高田原（現・安芸《あき》高田市）の荒神岩は、山上の社の荒神が休んだ場所と伝わっており、悪戯《いたずら》すれば祟りがあると信じられていた。（『甲田町誌』）

山口県阿武郡阿東町《あとうちょう》（現・山口市）のある家では、荒神様の桜という山桜の近くに柵を立てて牛を放牧していた。だが、なぜか親牛の気性が荒くなり、乳を求める子牛や飼主さえ寄せつけなくなってしまった。荒神様の桜に「乳を飲ませてもらえるようになったら、柵をどけますから」と願掛けすると、親牛は元通りおとなしくなった。柵を取り除いてからは何の障りもなかったという。（『史跡と民話の町　合本版』）

山口県宇部市厚南では、餅つきの日にある男が竈《かまど》に向かって着物をまくり「荒神様などいるものか」と尻をピチャピチャ叩いた。男はその途端に足腰が立たなくなり、僧に読経してもらいやっと治ったという。（『宇部市史　自然環境・民俗方言篇』）

これらは祟りのほんの一例にすぎない。荒神はよく祟るが、場合によっては寛容になることもある。島根県八束《やつか》郡八雲村岩坂地区（現・松江市）の別所では、荒神の神木である椎《しい》の木を伐ると病気になるとか死んでしまうといわれていたが、神木を伐って売った人もいた。これは得た金を公民館の畳代に充てたため、公のために使ったとみなされ罰が当たらなかったのだという。（『民俗採訪』平成三年度号）

子育て幽霊［こそだてゆうれい］

墓中で産まれた子を育てるため、産婦の幽霊が夜な夜な飴《あめ》などを買いに出かけるもの。全国に伝わるもので、その土地の高僧の出生を語る伝説である場合も多い。

島根県松江市中原町の大雄寺には水飴幽霊の話が伝わる。夜ごと水飴を買い求める白無垢《しろむく》の女を追うと大雄寺の墓場に行き着き、土中から泣き声が聞こえてきた。そこで墓を掘り起こすと、死体のそばで生まれたばかりの赤ん坊が笑っていた。死体は例の白無垢の女で、近くには水飴を入れる椀があった。赤子は北堀町の某家にもらわれ、よい娘に成長したという。（酒井董美・萩坂昇『出雲・石見の伝説』）この話は小泉八雲も『知られぬ日本の面影』にて取り上げている。（『小泉八雲全集　第三巻』）

広島県尾道市久保町の丹花《たんが》小路にあった飴屋にも、毎夜女の幽霊が丹花飴を買いに来ていたという。後をつけると墓場で泣いている赤子が見つかり、臨月で死んだ母親が執念で子を産み、飴で養育していたとわかった。赤子が心優しい人に引き取られると幽霊は出なくなったという。（『尾道の民話・伝説』）

山口県阿武郡田万川町《たまがわちょう》（現・萩市）の飴女房の話は、江崎の教専寺の大厳《だいごん》和上の出生伝として語られており、産婦の幽霊は高津（島根県益田市）の店で飴を買っていたとされる。（『山口伝説散歩』）

鳥取県八頭《やず》郡船岡町（現・八頭町）の和田土居の外れには赤子屋敷という場所があった。ここでは丑《うし》三つ時になると壺を持った女の幽霊が出て、水を汲《く》む音を立てたという。妊婦が死んで埋葬されたが墓中で子が産まれたため、幽霊となって飲み水を汲んでいたのだという。（『船岡町誌』）

子取りぞ［ことりぞ］

子脅しの妖怪。遅くまで遊んでいる子供などを戒めるため名前が用いられる存在。ことりぞ、ことりぞうなどと発音する。**血取り**、油取りなども類似した存在。

島根県出雲地方では、泣く子供には「子取りぞが来る」と言っておどかし、泣き止ませていたという。また、夕方まで外で遊んでいた子供がいなくなると「子取りぞが奪った」などといった。子取りぞは子供の油を搾り取って南京皿《なんきんざら》を焼くという。（『綜合日本民俗語彙』）

広島県三次市十日町では、ことりぞうは大きなほぼろ（籠《かご》）を背負って「泣く子はおらんか、親の言うことを聞かぬ子はおらんか」と叫《おら》んで通るなどと言って子供を怖がらせた。（樫木静子「民話について」『広島民俗』創刊号）岡山県の蒜山《ひるぜん》地方でも、夕方遅くまで外で遊ぶ子供に「早う帰らんと子取りぞが来るぞ」と注意したという。（『蒜山の民話・民謡』）

水木しげるは幼少期にコートバーズ（子取坊主）という妖怪の名でおどかされたという。『ねぼけ人生』では、近所に住んでいたのんのんばあ（景山ふさ）という老女か

ら、川岸の病院小屋という廃屋に子取坊主《ことりぼうず》がいると教えられたとある。

島根県の**子取り蔵**、広島県の**子取り婆**、**もろんどー**なども参照。

小盲［こめくら］

「打出《うちで》の小槌《こづち》」系の昔話の結末に登場する小さな盲人たち。全国各地で語られる。

ある正直な貧乏人が、望むものは何でも出せる打出の小槌（臼や杓子《しゃくし》、下駄などの場合もある）を授かって裕福になる。欲深い隣人がその道具を借り受け、米倉をいくつも出そうとして「こめくら出ろ、こめくら出ろ」と繰り返し唱えると、米倉ではなく小盲が何人も出てきて困ってしまうというもの。宝の道具は神仏や鬼から授けられることが多い。小盲の出現は欲張りの失敗譚《たん》をしめくくるもので、単に「望みとは違うものがいっぱい出てきた」という滑稽な結末の演出である場合と、これが原因で欲張りが死などの報いを受ける場合がある。

小盲たちの挙動はいろいろと表現され、岡山県苫田《とまた》郡上齋原村《かみさいばらそん》（現・鏡野町）の例では「まっ白い小盲がうじうじ出て、二軒の家をうずめてしもうた」と語られ、川上郡成羽町《なりわちょう》（現・高梁《たかはし》市）では、臼から小さい盲の子がぎょうさん出てきて「食おう、食おう」と声を上げたという。（『なんと昔があったげな　下巻』）『御津《みつ》郡昔話集』にある話では、娘が鬼からもらった打出の小槌を継母が奪って「こめくら出ろ」と唱えると、小さい盲がうじゃうじゃ出てきて継母を取り殺してしまう。『大山をめぐる昔』にある鳥取県倉吉市上小鴨の例でも、欲張りな兄貴が不思議な箱に「米、倉、出え出、きゅっきゅ、ぽんぽん」と願った結果、うようよ出てきた小盲たちに埋もれて死んでしまう。

金神［こんじん］

陰陽道における方位の神の一種。金神が巡る方位を冒すと苛烈な祟《たた》りがあると信じられ、近世末期頃から各地で金神除けの祈《き》禱《とう》が盛んに行われた。年ごとに方位を回るため「まわり金神」とも呼ばれる。『簠簋《ほき》内《ない》伝《でん》』は、金神とは巨旦《こたん》大王（広島県の**武塔《むとうの》神《かみ》**参照）の精魂で、その七魄《はく》が人間世界を遊行し、衆生《しゅじょう》を殺戮《さつりく》するものと説く。金神の在する方角は万事に凶とされ、その祟りは縁者七人にまで累が及ぶ「金神七殺《しちせつ》」である。（藤巻一保『簠簋内伝　現代語訳総解説』）島根県の**こんねもん**のような民話における金神由来譚《たん》も伝わっている。

金神信仰は中国地方全体にみられるが、修験者の活動が盛んな地域、特に岡山県で根強いものだった。戦後に文部省が全国調査した結果では、金神の祟りを信じる人の割合は全国平均二一パーセント、広島県三七パーセントに対し、岡山県は七五パーセントで非常に高かったという。（『広島県民俗資料8　民間信仰』）岡山県阿哲郡哲西町（現・新見市）では、金神は何にでも障《さわ》るので障り金神とも呼ばれた。障りがあることを「イキアイコンジンにあう」または

「クマオオジのコンジンに行きあう」とも表現した。（『奥備中の民俗』）

金神の方位を知っているか否かにより祟りの程度が異なる場合もある。山口県宇部市東岐波では、土地をいじる際には金神の矛先を避けるが、この方位を知っていてあえて冒した場合は命を取られる、七代祟るなどという。知らずに冒した場合には目を取られるという。（『宇部市史　自然環境・民俗方言篇』）このような性質は**熊王子**《くまおうじ》や六三《ろくさん》といった方位・暦《こよみ》の信仰についてもいわれる。下関市の角島《つのしま》でも、金神のいる方角に家を建てることについて「承知のうえでは命をとる。知らないうえでは目をとる」と言い習わしていた。金神除けには八幡神社の神主に祝詞《のりと》をあげてもらい、竹の皮に包んだ謝礼を竹竿に挟み、家の近くに置くとよいといわれた。金神のいる方角の家から嫁をもらうと「縁が破れる」とか「嫁さんが病気になる」ともいわれた。（『傳承文化』第六号）

鳥取県八頭郡八頭《やず》町郡家《こおげ》では、ある人の母親が桑の木から落ちて肋骨を二本折ったことがあった。そのとき、母の肩甲骨のあたりには一寸三分ほどの足跡がついていた。それは梅干しのように赤く、指の跡まではっきりわかった。これは回り金神に蹴られたのだろうといわれた。（蓮佛重壽「山村を行く（六）」『因伯民談』第四巻第五号）

岡山県上房《じょうぼう》郡北房町（現・真庭市）では、子供が夜泣きをするとヘイシ金神に罹《かか》っているなどと言って、ヘイショケの祈禱《きとう》をしてもらったり、夜泣き貝を身に着けたりした。（『北房町史　民俗編』）玉野市の石島でもヘイシに罹った子は金神様の祟りを受けた子とされ、祈禱師に拝んでもらい、蠟燭《ろうそく》を海に流してヘイシを消してもらう。（『児島諸島及び石島の民俗』）ヘイシ（斃死）とは妊娠出産に関する俗信で、親の年齢や子の生まれ年により、産褥《さんじょく》死や子の早逝が予見されるというもの。

出雲大社で地鎮祭をしてもらえば金神の祟りを免れるともいい、家に大国主など出雲の神を祀り「出雲屋敷」として、祟りから守ってもらおうとする信仰もあった。この場合は家で金神を祀らないが、家の神棚に金神を祀る例もみられ、岡山県笠岡市では土間に庭金神を祀る家もあった。屋敷に祀る金神は、艮《うしとら》金神か坤《ひつじさる》金神とされる。勝田郡などでは金神は他の神様と馴染まない異質な神であるため、神棚とは別の場所に祀るものとされた。（鶴藤鹿忠ほか『中国地方の民家』、『岡山県史　民俗Ⅰ』）

備中国浅口郡占見村（現・岡山県浅口市金光町）の農家出身の川《かわ》手《て》文《ぶん》治《じ》郎《ろう》は金神を非常に恐れ、祟りを受けぬよう心を砕いたが、その甲斐なく数々の不幸に見舞われて肉親や飼牛を失い、自身も生死に関わる大病を患った。万策尽きた文治郎が捨て身の覚悟で金神に縋《すが》ると、執念深い祟り神が神徳で人を助ける神に転じた。文治郎は信仰を深め、後には自身も神号を授かって金光《こんこう》教《きょう》が成立した。金光教では天地金乃神（金神）と人が相互親愛の関係を築くことを範とし、それにより神に守られ暮らせると説く。（柴田一『吉備の歴史に輝く人々』）

【さ】

座敷わらし［ざしきわらし］

特定の家に宿り、その家に繁栄や幸福をもたらすとされる子供姿の妖怪または霊。元来は岩手県を中心に東北地方一帯に伝承されるものだったが、柳田國男、佐々木喜善らによる報告、これらを元にした二次資料への記載や創作物への登用（キャラクター化）を経て、全国的な知名度を得るに至った。これにより座敷わらし概念は外来種的に日本中へ波及し、各地の「家に出る童形の妖怪」が座敷わらしと同一視され、東北以外でも座敷わらしの体験談が聞かれるようになった。また、招福の性質から商業およびスピリチュアル方面での需要も高いのか、今日では座敷わらしがいると称する施設は各地方に点在している。（『日本怪異妖怪事典　東北』）

佐々木喜善は友人が周防国（山口県）で体験した怪異をザシキワラシに類する事例のひとつとして紹介している。それは某氏が山口市の高等学校にいた頃のこと。夜、下宿でドイツ語の書物を枕元に置いて寝ていると、夜半に一人の童が出てきて本をペラペラ捲《めく》って遊んでいた。やがて童は寝ている友人の懐や裾に潜りこんで腋《わき》などをくすぐったので、たまらず目を開けると、暗中にもかかわらず天窓板が一枚一枚節穴に至るまで明瞭に見えたという。（『遠野のザシキワラシとオシラサマ』）

岡山県和気《わけ》郡和気町日《ひ》笠下《かさしも》出身の女性（一九二六年生）は、幼い頃に父から「我が家には座敷童子が住んでいた」と聞かされたという。父は座敷童子がチョコチョコと座敷から出て去っていくのを目撃し、家運の衰えを察したという。（『ふるさと和気　民話編』）津山市のあるアパートにもいたずらっこの座敷童がいたといい、住民の看護婦さんは怖いとも思わず一緒に暮らしていたという。（『つやまの民話』）

広島県三次市甲奴町《こうぬちょう》小童《ひち》の飲食店「手打ちそば山菜料理わらべ」（二〇二二年閉店）の店舗は古民家を改装したもので、座敷わらしが宿っているという。開店準備中の時期、澤口則子店主はどこからともなく聞こえる囁《ささや》き声を耳にしたといい、開業後も人の歩く足音が聞こえたり電灯が消えたりと、奇妙なことが続いたという。店がテレビで紹介されると、「スピリチュアルの先生」が「ここは座敷童がいますね」と判定。それ以来、願いを叶えてほしい、一目見てみたいといった訪問客が増えたという。不思議な現象がよく起こる「座敷童の部屋」には、客から差し入れられた玩具やお菓子が所狭しと並んでいる。（「座敷童？　幸せを生む甲奴町のミステリースポット。」『三次観光推進機構　公式ウェブサイト』）

実盛虫［さねもりむし］

ウンカなど田の害虫のこと。稲株に足を取られて討死した武将・斎藤実盛《さねもり》の怨霊の化身と考えられ、西日本では害虫退散を願う「虫送り」の行事が広く行われている。『備後国沼隈《ぬまくま》郡浦崎村風俗問状答』には、浦崎村（現・広島県呉市）では虫送りの際に「実盛を送った故さかえて通れ」と唱えていたことが記されている。『芸藩通志』巻四には、安芸《あき》国（広島県）の送蝗《いなむしおくり》の儀式では、藁《わら》製の人形を草の馬に乗せたものを「さねもり」と呼んでいたとある。人々は幟《のぼり》を立て、鉦《かね》を打ち鳴らして「さばいさねもり送る」と唱えながら害虫を送り出したという。（『広島県民俗資料1　民間暦と俗信』、『芸藩通志　巻二』）さばい、さばえ、さばーなども稲の害虫で、虫送りでは実盛虫と共に人形に擬して名を呼ばれることがある。萩藩（山口県）編纂《へんさん》の地誌『防長風土注進案』に当時の周防・長門各地における虫送りの様子が記録されているが、ここにも実盛やさばいと呼ばれる人形を用いた例が多々ある。熊毛郡嶋田村（現・光市）では、人々は「さばい殿は陣立ち、実盛殿はお供《とも》し」と唱えながら村を巡り、烏帽子《えぼし》直垂《ひたたれ》姿で乗馬したさばえの藁人形と、鎧《よろい》兜《かぶと》を着した立ち姿の実盛人形を海へ流した。（吉留徹「山口県における「虫送り」行事に関する予備的考察」『土井ヶ浜遺跡・人類学ミュージアム研究紀要』第一号）

　山口県周防大島の久賀《くか》で半夏生《はんげしょう》の翌日に行われる「なむでん踊り」も、実盛人形を用いた虫送りの民俗芸能である。シカシカと呼ばれる口上役が、討死した実盛が亡魂となって農耕に禍《わざわい》をなすため、念仏施餓鬼《せがき》で鎮め、家来である様々な害虫と共に越後国に帰らせる旨を述べる。（『久賀のなむでん踊り』）島根県邑智《おおち》郡邑南町《おおなんちょう》矢上に伝わる「鹿子原《かねこはら》の虫送り踊り」も実盛人形を用いた行事で、虫送りの古態を残すものとして県無形民俗文化財に指定されている。（『しまね観光ナビ』ウェブサイト）

　岡山県の**あまこ**、広島県の**佐太夫虫**《さだゆうむし》、山口県の**武十虫**《たけじゅうむし》なども虫送りに関連する。

さんばい

中国地方などに広く伝わる田の守護神。三把結、三拝、三祓などと表記されることもあり、オサバイ様などとも呼ばれる。季節ごとに去来するものとされ、禁忌を冒せば祟《たた》りがあるとも考えられた。

　毎年の初田植では田の神を降ろすサンバイオロシの神事を行い、これがすまないと通常の田植を開始できないとする地域は多い。これは朝唄や田植唄という唄で神の徳を褒め称えて降臨を仰ぎ、食事を供えるなどして農業の成功を祈るもので、中国地方では飾り立てた牛を出して代掻《しろか》きをさせるなど、大々的に行う例もみられる。田植えに関する各種作法や禁忌も、さんばいと結びつけられているものが多い。（倉田一郎『農と民俗学』、『民俗とその資料』）

「さんばいの生まれを問えば天竺《てんじく》よ　天竺

の高天原《たかまがはら》の生まれなれ（広島県山県郡北広島町、壬生《みぶ》の花田植）」「さんばいのお宮の入りの楽打ちは七福神がなさる（広島県安《あ》芸《き》高田市、原田はやし田）」など、田植唄の中ではサンバイの来歴や周辺事情が語られることがある。島根県邑智《おおち》郡石見町（現・邑南町《おおなんちょう》）の田植唄や広島県佐伯郡五日市町（現・広島市佐伯区）に伝わる祭文は、サンバイが龍宮浄土の婿養子になろうとして、龍王が出す難題に姫の助けを得て挑む物語になっている。最終的にサンバイと姫は大洪水で引き離され、七夕にだけ逢えるようになる。（『中国地方における民俗の地域性』、『広島県文化財調査報告　第一二集』）

山口県岩国市錦町あたりではサンバイサーと呼ぶ。この神は田植えの日には臼の中にいるとされ、臼を綺麗に洗って飯を供える地区もあった。あるいは田の水口戸《みなくと》（用水の取入口）にいるともいわれて、そこに小便をしたり踏んだりすることは戒められた。田植中はたとえ田に石ころが落ちても拾わず、田植終了後に拾い出した。そうしなければ家の者が喧嘩をしたり病気になったりするという。（『生見川の民俗』）

黒眚［しい］

牛や馬に危害を加える獣。中国地方には様々な伝承がある。『大和本草』や『和漢三才図会』では「しい」には「黒眚」の字があてられている。元来の黒眚は中国明代の『震澤長語』などにあるもので、黒気を纏《まと》い素早く動く猛獣だという。

貝原益軒は『大和本草』で、黒眚は狸に似た獣で、日本では周防国（山口県）や九州に生息するものと説いている。たとえ戸締りをしていても、黒眚は夜中に人家に侵入し、飼っている牛馬に危害を加えて死に至らしめる。優れた猟犬も黒眚を捕らえることはできないが、鉦《かね》や太鼓の音を恐れるので、人々はこれらを打ち鳴らして黒眚を探し、駆除していたという。（『益軒全集巻之八』）

岩国藩（山口県）の学者・飯田道珊《どうちょう》らが編んだ『周防岩国産物目録』では、岩国地方の獣類の一種に「シイ」が挙げられ「ウシウチ」という別名も示されている。（岩国徴古館編『改訂柳井種痘日記・周防岩国産物目録』）四国地方にも「牛打ち坊」などと呼ばれる牛の害敵の伝承があり、黒眚に類似した性質が語られる。

寛文三年（一六六三）には萩付近の村々に数多くシイが出たという。これは貒《まみ》（アナグマ、タヌキ）の類の小獣で、水を求めて村里にさまよい出てきたものだったという。（『福栄村史』）

広島県備後地方の山間部でもシイという牛の天敵がいると考えられた。それは道路の真ん中にいるため、牛は必ず道の端を歩くのだという。また牛を追う際に「シイ、シイ」と声を立てるのも、シイを追い払うのと同時に牛に注意喚起する意味があったとされている。（小野茂樹「和牛飼育に関する伝承」『民間伝承』第一五巻第三号）

山県郡地方では牛に憑《つ》く悪魔として猿のような獣やシイの存在が想定されていた。

シイはヤマアラシの別名で、これが毛を逆立てると牛が非常に恐れるので「お前の後ろにシイがいるぞ」という意味で「シイ、シイ」と言って牛を前進させたという。（郷田洋文「牛聞書―安芸山県郡―」『民間伝承』第一六巻第二号）

しじゅうふぐ

山陰地方でいう河豚《ふぐ》の一種。ハリセンボンのような体に棘《とげ》のある種を指す。

鳥取県東伯郡大誠村（現・北栄町）では、旧暦一二月八日に「八日まち」「うそつき祝い」と称し、ご馳走をして神を祀る。神代、彦火々出見命《ひこほほでみのみこと》の釣針を河豚が盗み、体中が針の山になっているにもかかわらず、龍宮の乙姫様に「一向にそんなものは存じません」と白《しら》を切った。そのため河豚は龍宮を追放され、浜に打ち上げられるようになったという。因幡《いなば》地方ではこの日を八日吹きともいい、吹き荒れる寒風が四十河豚を打ち上げると考えられた。（萩原直正『因伯伝説集』）病気の乙姫様が猿の胃を食べたいと望んだが、使者の河豚は猿に密告したため針を刺して責められ、猿を呼び戻すべく再び浜へ打ち上げられるのだともいう。（山口貞夫「十二月八日と二月八日」『旅と伝説』通巻一〇八号）また、戸口にシジューフグを吊るしておくと始終福が来るともいう。（『因幡伝説民話　第九集』）

島根県隠岐《おき》の古海《うるみ》でも、一二月八日頃に海が荒れると、海岸に針のいっぱいある河豚が寄ってくるといわれた。これをシジューフクと呼び、捕らえて軒先に吊るしておくと魔除けになるという。牧山で牛がいなくなったときは、これを持参して牧の神さんに捧げると牛が出てくるという。（『隠岐島の民俗』）

次第高［しだいだか］

島根県を中心に中国地方各地に伝わる妖怪。見越入道《みこしにゅうどう》などの類で、次第に背丈が高くなって人をおどかしたり襲ったりする。

柳田國男は「妖怪名彙」で「阿波の高入道とよく似た怪物を、長門の各部では次第高という」と、山口県地方の妖怪として紹介している。これは人間の姿で、出会った人が高いと思えば背が高くなり、見下ろすと背が低くなるという。（『妖怪談義』）

島根県邑智《おおち》郡日貫《ひぬい》村青笹（現・邑南町《おおなんちょう》）には、中の村の「さかえの殿様」なる人物が神田の川いっぱいに広がっている妖怪を目撃した話が伝わる。これは「自然童子」ともシダイダカとも呼ばれるもので、人が見ていないと細くなり、見ているとずっと大きくなる。背が高くなっていくのにつられて上を向くとのどまめを取られてしまうという。シダイダカの出現を防ぐため、上田権十という人が地蔵を建立したという。（宮本常一『中国山地民俗採訪録』）

島根県益田市などでは次第高は**猿猴**《えんこう》（河童）が化けたものだともいわれていた。夜道を一人で歩いていて心細いときなどに化かされるもので、見上げると次第に背が高くなり、最後には人を取るという。（『島根

県益田市民話集』）邑智郡桜江町（現・浜田市）では、その正体について、古い榎《えのき》に棲む化物、狐が化けたもの、猫と狐と鼬《いたち》が集まったものなどといった。（『さくらえの民話 1』）邑智郡川本町の笹畑では次第高に悩まされた人々が六地蔵を安置すると出なくなったという。（酒井董美・萩坂昇『出雲・石見の伝説』）石見町（現・邑南町）では**川獺**《かわうそ》のおうぼうなった（年を経た）ものが次第高に化けて人を襲うと言われた。白く小さな姿で現れ、大きくなると思って見ているとだんだん大きくなり、人にのしかかってくる。だが、しっかり見据えてやれば消えるものだとされた。（『島根県邑智郡岩美町民話集（Ⅱ）』）

山口県玖珂《くが》郡美和町（現・岩国市）の太田原では、シダイダカに出会っても、足元に唾《つば》を吐きかければ消えるとされた。このような怪異は川獺がなすもので、油断すると川に引きこまれてしまうという。（迫中融『周東地方の伝説と伝承』）

名称が転訛《てんか》した例も多く「しだい坂《ざか》」などの名でも伝えられている。島根県大田市では三瓶山《さんべさん》周辺にしだい坂が出るとされ、次第高同様の性質が語られた。（『石見大田昔話集』、『島根県三瓶山麓昔話集』）

島根県出雲市には**しだれ坂**、山口県の周防大島には**しいだか**という妖怪の伝承もあった。広島県比婆《ひば》郡口和町《くちわちょう》（現・庄原市）の池津池の一本道にはシセイダカという大入道が出るという。（「資料だより（比婆・庄原地方）」『広島民俗』第一三号）

七人みさき［しちにんみさき］

中国地方や四国の各地に伝承され、あるいは祭祀される神霊（**みさき**）の一種。非業の死を遂げた七人の武者などの霊を祀ったもので、祟《たた》りがあるとされる例も多く、時に七殺**金神**《こんじん》とも習合して恐れられた。

岡山県上房《じょうぼう》郡有漢町《うかんちょう》（現・高梁市《たかはし》）今井の七人みさきは尼子の残兵の霊といわれている。保月山高雲寺を襲った尼子の兵たちは、財宝を奪い、住職を縛り上げて寺に火を放つという暴虐をはたらき、毛利の軍勢に見つかり斬首された。兵の屍《しかばね》は山に埋葬されて祠《ほこら》が建てられ、命日の旧七月三〇日には大石集落の人々が夜籠《ごも》りをした。この行事は昭和初期に廃止され、祠も朽ちていったという。（『有漢町の民俗』）久米郡美咲町中垪和《なかはが》の七人みさきもよく祟ると恐れられている。これは毛利勢に与した村上氏と竹内氏が宇喜多氏を相手に戦ったときに死亡した両軍の斥候《せっこう》を弔ったもの、または尼子の落武者が切腹した所だと伝わる。（立石憲利『おかやま石仏紀行』）現在の真庭市地域では、栗田城の城主ら自刃した主従七人を祀る湯原町《ゆばらちょう》福井の七人御崎、源平合戦の頃に逃げてきた七人の武士が自刃した芦沼を祭祀の場とした二川村塚原の七人御崎、水田村《みずたそん》山田で赤飯を奪い合って死んだ七人の男を祀る七人御崎などの例がある。七人みさきに憑《つ》かれて死んだ者がまた他の者に取り憑くため、トリジニのミサキとも呼ばれるという。（三浦秀宥『荒神とミサキ』、『岡山の民間信仰』）

広島県三原市では経塚（狂塚）に、ふじもりさんとも呼ばれる七人みさきが祀られる。横暴で人を困らせる山伏がいて、人々がその家族七人を殺したところ祟るようになったものという。絶えず七人でなくてはならないので、数が足りなくなるとその分だけ人を引きこむと恐れられた。（『広島県の民話と伝説』）能地《のうじ》のあたりでは海で死んだ者が七人みさきとなり、七人を海に引きこむと成仏できるという。海はどこでも仏になれない七人みさきの魂が迷っているもので、磯や海にいる霊をガキボトケ、岸近くにいる霊をナダボトケ、岬に引っかかっている霊をミサキボトケと呼んだ。（『家船民俗資料緊急調査報告書』）

山口県柳井市の七人陵《みさき》は、柳井が奈良の春日大社所領であった時代に役人の手で処刑された七人の百姓の怨霊だという。殺害に加担した者が次々と悪疫に倒れたため、五輪塔七基を立てて七人の冥福を祈ったという。（『柳井昔ばなし』）岩国市では通津《つづ》の漁師が密漁をしていた大島の漁師七人を殺して不漁になったため、その霊を祀って七人みさきの講を行うようになったという。（『岩国の民俗と俚諺』）

鳥取県の**七人神**、広島県の**七人の后**、山口県の**七人畔**《しちにんぐろ》、**七人の女郎**など、七人を単位とする類似概念は多数の例がある。

神札降下［しんさつこうか］

天から神の札が降ってくる現象。神札、神符の降臨は慶事の前触れだといって人々は歌い踊り、大きな騒ぎとなった。いわゆる「ええじゃないか」の発端として語られるもの。このような騒動は幕末期、上方から各地に波及したもので、世情不安に駆られ、世直しなどを期待した民衆運動の一種だったと解されている。

中国地方における例では、まず慶応三年（一八六七）一二月初旬から倉敷、連島《つらじま》や船《ふな》穂《お》（いずれも現・岡山県倉敷市）あたりで「ええじゃないか」が始まり、広島の尾道でも神札降下とそれに伴う踊りがあったという。最初に倉敷宮坂の明王院で札が降った時、倉敷代官所が禁令を発して乱舞は一旦やんだが、周辺地域の人々が再び踊り始め、翌月には倉敷でも運動が再発したという。尾道に滞在していた長州藩士の堀新五郎は、踊る人々の唱え言は「エジャナヒカ　長州サン御登りエジャナヒカ　長と薩エジャナヒカ」だったと記している。（『岡山県史　近世4』、『尾道市史』、西垣晴次『ええじゃないか』）

広島や竹原、大崎では富裕な家に神札が降りたのが発見されると、人々が乱舞しながら押しかけて酒食を要求した。時には札の代わりに手拭《てぬぐい》一本を投げこむだけで「ええじゃないか」の騒ぎになだれこむこともあったという。また、広島では神札降下の噂が広まった頃、菱形や剣型の紙に「天照皇大神」と書かれた紙が夜のうちに家々に投げこまれる事件もあったという。（『新修広島市史　政治史編』、『大崎町史』）大三島《おおみしま》（愛媛県）井口村の宮大工・藤井此蔵の『藤井此蔵一生記』には、広島の竹原で発生し

た神札降下について、伊勢の大祓《おおはらい》・三島の守札・出雲山・上蛭子・大国天・弘法大師など、神仏の別なく多種の札が降り、人々が「ヱ、じゃないか」と囃《はや》したてたと記されている。（『日本庶民生活資料集成　二』）このような西国筋における「ええじゃないか」騒動は広島が西限とされており、山陰の鳥取・島根や、討幕運動の拠点たる長州ではみられなかったようである。（『ええじゃないか』）

塵輪［じんりん］

　第一四代・仲哀天皇の時代に異国から攻めてきたという悪鬼。塵輪鬼《き》、塵倫とも。

『八幡愚童訓』は塵輪について、形は鬼神のごとく、身の色は赤く頭は八つ、黒雲に乗って日本に来襲し、数限りなく人民を殺したと説明している。遠くから射れば弓は折れ、近寄った者は心迷って命を失う。仲哀天皇と神功皇后は五万人の軍勢を率いて長門国豊浦郡（山口県）に向かい、攻め寄せた塵輪と対決した。そして帝は自ら弓を手にとって、塵輪の首を射切って頭と胴体を分断した。（『八幡愚童訓諸本研究』）

　下関市の忌宮《いみのみや》神社で八月に行われる数方《すほう》庭《てい》（スッポーティ、スッポーデンとも）は塵輪征伐の伝説に因《ちな》む神事である。塵輪の軍勢が帝の矢で四散すると、皇軍は矛を立て刀をかざして塵輪の死体の周囲で踊り狂い、首を埋葬し、大石（鬼石）を置いたという。神功皇后の三韓征伐の出陣および凱《がい》旋《せん》も鬼石のもとで行われ、幟《のぼり》や均《き》籠《りこ》を振る。う勇壮な舞踊の行事が根付いたという。なお、数方庭の由来は住吉大神が射落とした高麗国王の怨霊の祟《たた》りによる悪疫を鎮めるためとの異説もある。（『山口県のまつり』吉岡一生『山口伝説散歩』）

　『本朝神社考』には『備中国風土記』の引用という形で、牛窓（現・岡山県瀬戸内市牛窓地域）の由来が記されている。曰く、神功皇后の船が備前の海上を通った時、大きな牛（**牛鬼**《うしおに》）が出現して船を覆そうとした。老翁の姿で現れた住吉明神が大牛の角を摑《つか》んで投げ倒したので、この周辺は牛転《うしまろび》と呼ばれ、それが転じて牛窓となったという。（吉野裕訳『風土記』）この牛鬼は塵輪鬼の化身とされ、牛窓の伝承や『神功皇后縁起絵巻』でも同様に語られる。黒雲と雷雨を伴い、八つの頭に赤い体の怪物として現れた塵輪は、仲哀天皇の矢を受けて海に墜落した。塵輪の胴は牛窓沖の前島となり、首は黄島、尾は青島と化したという。天皇は流れ矢で重傷を負って崩御し、代わりに神功皇后が塵輪を従えていた異国の王子・唐琴《からこと》を倒し、三韓征伐を成し遂げた。その帰りの航路で牛鬼が現れ、住吉明神に倒されたのである。なお、唐琴《からこと》王子の恋人である瑠《る》璃《り》姫は王子を慕って牛窓に渡ってきたが、同地で悲しみに暮れつつ衰弱死した。その恨みは牛窓沖の唐琴の瀬戸に残って、静かな夜には海底から琴を弾く音と哀れな忍び泣きが幽《かす》かに聞こえたという。このような時に無理に海へ出ると、唐琴の化身である水魔に襲われるといわれた。（刈屋栄昌『牛窓夜話』）

塵輪の伝説は人口に膾炙《かいしゃ》し、島根県の石見神楽など、中国地方の諸神楽で主要演目の一つとされた。石見神楽の塵輪は有翼で飛行自在の悪鬼と設定され、数多くの人を殺したと語られる。天皇は臣下の高麻呂と共に立ち向かい、天《あめ》の鹿児弓《かごゆみ》、天の羽々矢《はばや》で塵輪を退治する。この神楽では男女二体の悪鬼が登場する場合も多い。（石塚尊俊監修『保存版　島根県の神楽』、『校訂石見神楽台本』）

千年比丘尼［せんねんびくに］

八百比丘尼《やおびくに》の異称。島根県や岡山県ではこの名前での伝承例も複数みられる。

岡山県浅口郡金光町（現・浅口市金光地域）では、千年比丘尼は同町占見《うらみ》の津熊出身の娘といわれている。娘は人魚を食べて不老不死となり、柳の杖を地に立て「この木が着くまでに戻る」と言って故郷を去った。それが津熊の地名の由来だというが、比丘尼は遠い若狭の地で終焉《しゅうえん》を迎えたとされる。（『岡山県金光町の民話』）

倉敷市玉島地域では、千年比丘尼は玉島北の亀山の漁夫の娘だったと伝わる。父親が祭から持ち帰った人魚の肉を食べた娘は老いもせず、死にもしない身となり、婿や子供にも先立たれて寂しく暮らした。やがて娘は髪を落として比丘尼となり、船に乗って旅に出た。出発前に岸辺に突き立てた杖は大樹に成長したという。（『倉敷の民話・伝説』）

島根県浜田市の唐鐘《とうがね》地域でも、千年比丘尼は父が龍宮の土産にもらってきた魚の肉を食べて不老を得たと伝わる。いつまでも一八歳の姿のままで、出家して諸国を巡った末にこの世が嫌になり、若狭国で入定《にゅうじょう》したという。比丘尼は江津《ごうつ》市都野津町《つのづちょう》にも来て「朝陽さし、夕陽あたるところに黄金千両のものがある」と告げたともいう。（酒井董美・萩坂昇『出雲・石見の伝説』）

浜田市下府町《しもこうちょう》では次のように伝わる。比丘尼は下府の池田という家の出身で、龍宮らしき場所から帰ってきた父の猿股に付着していた人間の刺身のようなものを食べると、みるみるうちに男に勝る逞《たくま》しい女の子となってしまった。家人はこのような娘を人前には出せないと考えて穴の中へ幽閉したという。これが後にいう千年比丘尼で、食べたのは人魚の肉だろうと噂された。あるいは千年比丘尼は海で一〇〇〇年、川で一〇〇〇年育って大きくなった者で、自ら掘った穴へ入ったともいう。（『ふるさとの民話　第二集　石見編』）

袖もぎ［そでもぎ］

路傍などにある特定の神仏に着物の片袖を供える習俗。祟《たた》りや怪異の伝承を伴う場合もある。『綜合日本民俗語彙』などでは中国・四国地方に多いとするが、類似する信仰はより広い範囲で確認されている。

岡山県勝田郡に伝わる袖もぎ地蔵は、転んだ者の袖をもぎ取るという。ある者がここを通ると石臼が転がってきた。避けようとして転倒し、帰宅すると着物の片袖がな

くなっていた。翌日見ると現場には石臼などなく、狐の仕業だったのだろうと噂された。川上郡備中町（現・高梁《たかはし》市）には袖切り地蔵と呼ばれる自然石があり、ここで転んだ場合は袖をちぎって供えないと祟られるという。（佐上静夫「袖もぎ信仰について」『岡山民俗』第一〇〇号）

広島県高田郡甲田町下甲立《しもこうたち》（現・安芸《あき》高田市）では、藤の森に袖もぎの神と呼ばれる岩があった。この岩は衆人結縁のため橋にせよとの霊夢があり、大道池往還のための石橋にされたという。（『甲田町誌』）

【た】

タクシー幽霊［たくしーゆうれい］

タクシーに乗る幽霊。乗せたはずの客が走行中に忽然《こつぜん》と姿を消し、シートが水で濡れていたりする。死者の霊が家などを目指しているものと説明されることが多い。この種の怪談は日本中に流布している。

山岸和彦『最新　日本の心霊恐怖スポット100』には、山口県山口市と防府市の境にある佐波《さば》山隧道《やまずいどう》の防府側出入口に女の幽霊が出るとある。この女をタクシーに乗せると、いつしか姿が消えているという。

鳥取県倉吉市関金町の東大山大橋周辺でもタクシー幽霊の噂があるという。客を乗せて走っていると、大橋の真ん中あたりで乗客が「もう、ここでいいです」と言っていきなり消えてしまう。ここは自殺の名所や心霊スポット扱いされて怖がる人もいるという。岡山県倉敷市某所で二人の女の幽霊をタクシーに乗せたという話もある。これはトラックと乗用車の衝突事故で死亡した若い女性二人の霊で、衝撃で弾き飛ばされ離れ離れになったため、タクシーを使い再会を果たしたのだと噂されたという。（『中国・四国怨念地図　平成17年度』）

鳥取県米子市では、日野川にかかる日野《ひの》橋《ばし》に若い娘の幽霊が出て、白い乗用車を呼び止めると噂されていた。普通の人間だと思い車に乗せ、しばらく走っていると、いつの間にかその姿は消え、シートがぐっしより濡れているという。（「米子の民話散歩」米子市ウェブサイト）なお、旧日野橋には**親子の霊**も出るといわれている。

岡山県新見市舞尾の九ノ坂トンネルあたりにも、夜間に自動車に乗せてくれと頼ん

でくる女の幽霊が出たという。この女は中国縦貫自動車道の作業員たちの寄宿舎に出た幽霊と同一人物だともいわれている。（立石憲利編著『しんごうの民話』）

島根県隠岐《おき》の島後《どうご》地域では、隠岐出身者が大阪で女の幽霊を車に乗せたという噂が語られていた。その人はハイヤーの運転手をしており、病院から出てきた女を乗せたが、その姿は鏡に映らなかったという。（『隠岐・島後民話集』）

実話系の怪談集などに収められているタクシーにまつわる幽霊体験談となると、内容はさらに多様化する。体験談集の体裁をとる『恐怖体験　タクシー・ドライバーは見た！』（一九九六）には、広島県の運転手が同僚から聞いたという話が収録されている。その同僚運転手はある時、女性の乗客と車内で情交したが、達した瞬間に彼女の姿は消え、それ以後勃起不全に陥ったという。この女は事故死者の幽霊だったとされている。

血取り［ちとり］

異人などが人の生き血を取ると考えられたもの。明治六年（一八七三）から各地で徴兵令などに反対する民衆運動（血税一《いっ》揆《き》）が起きたが、これらの発端にも血取りの風聞が関わっていた。これは前年の太政官告諭にある「西人之を称して血税といふ。その生血を以《もっ》て国に報ずるの謂《いい》なり」という文言から、西洋人が生血を取りに来るとの誤解が生じたものである。

北条県《ほくじょう》（現・岡山県東部）では、アメリカに連行される、石高一〇〇〇につき女一人・牛一匹を異人へ引き渡されるなどの噂にまで発展し、津山の県庁が強く否定するも県民の疑念は拭えなかった。貞永寺村（現・鏡野町）の卯太郎という者は「一〇歳から四〇歳までの人の生き血を絞るために白衣の者が来る」と噂を流して住民の不安を煽《あお》り、実際に白衣を着た人物の徘徊《はいかい》を見せて暴動を誘発し、大規模な一揆に発展させたという。（『岡山県史　近代1』）

鳥取県会見《あいみ》郡でも、異人は人間の生き血を飲む、徴兵で生き血を絞り外国に売るといった噂が流れていた。鉱山局が雇った外国人が検査に訪れた時は血を取るための調査と思いこみ、人々は門札を外して家族構成を隠したという。古市村（現・米子市）の農民の妻が不審な二人組を目撃すると、村人たちは血取りが来たと大騒ぎして半鐘を鳴らした。混乱は村から村へ急拡大、竹槍を持ち出す者、通行人に暴力をふるう者まで出た。集合した農民は一万人規模となり、戸長宅への襲撃などが始まった。（『鳥取県史　近代　第一巻』）

明治六年七月の『東京日日新聞』では、岸田銀二（吟香）が備前児島の田の浦を訪れた際、同地の住民が血取りの流言を信じて避難・武装していた様子が報じられている。人々は天朝（朝廷）が唐人に騙《だま》され、日本人の種を絶やすために、若い男の血を抜いて弱くし、女は外国にやってしまうものと信じていた。邑久《おく》郡では多くの者が血

を取られた、美作《みまさか》では夜中に役人と唐人が家々を検《あらた》め、娘を連れ去ったなどと具体的な噂まで飛び交い、政府への疑念が増大していたという。（杉浦正『新聞事始め』）

広島で武一《ぶいち》騒動が勃発した際にも、娘や牛馬が外人に売られる、お上が割庄屋にキリスト教の秘像を与えているなどと囁《ささや》かれていた。（『阿佐町史』）

島根県松江で暮らした小泉八雲（ラフカディオ・ハーン）も血取りの異人と勘違いされたことがある。かつて松江の人々は、ハーンが住む北堀町について「鬼が棲むから近付くな」と噂したという。ハーンが妻セツと旅行した鳥取県琴浦町八橋《やばせ》の中居旅館には、昔ヘルンという紅毛《こうもう》が来て海岸で血を飲んだという話が伝わっていたという。島根県隠岐《おき》の都万《つま》でも同様の話が残っていたというが、これらはハーンが赤ワインを飲んでいたことに起因するらしい。当時は国際結婚も珍しく、怪しい噂のもとになったようだ。（小泉凡『怪談四代記』）

梅雨左衛門［つゆざえもん］

梅雨の時期に岩場などに姿を見せる神蛇で、中国地方各地に伝承がみられる。

島根県出雲市佐田町佐津目《さつめ》では、下佐津目と中佐津目の間の岩窟に梅雨左衛門の祠《ほこら》があり、御神体の蛇に卵を供えていた。梅雨左衛門さんの蛇は首に白い輪をはめており目が赤いという。この神は下の病を治してくれるとされ、三瓶《さんべ》の北の原にも同じ神が祀られているという。（『佐田町の民話と民謡』）飯石《いいし》郡吉田村（現・雲南市）では川尻の岩の隙間にいるツユジンサンという蛇を敬った。これは可愛い蛇で、梅雨入りすると首元が見え、終わり頃には尾の方が見えるが、蛇体の両端だけは見えないという。サンバイ上り（半夏生《はんげしょう》）には、**さんばい**さんがこの蛇に乗って昇天すると考えられた。（倉田一郎『農と民俗学』）邑智《おおち》郡吾郷《あごう》村《むら》奥山（現・美郷町）の岩場には「ちゅうざいもん」という蛇の神の祠があり、淋病《りんびょう》や梅毒に効験があるといわれていた。（竹本健夫「石見より（二）」『民俗学』第一巻第五号）大田市水上町荻原にも山中の巨岩に梅雨左衛門さんを祀る祠があった。あらゆる下半身の病気に霊験あらたかで、女性の信仰も篤《あつ》い。この祠よりも上方の山中には霊龍社という祠もあり、梅雨左衛門とは夫婦神だといわれていた。なお、石見地方東部では性器の大きな男性のこともツユザエモンさんと呼んでいたという。（白石昭臣ほか『中国・四国の民間療法』）

山口県徳山市夜市《やじ》（現・周南市）では、畑の渡内《わたうち》という所に大人の背丈ほどの大岩があり、そこに梅雨左衛門または梅雨太郎と呼ばれる小さな金色の蛇がいたという。梅雨の間だけ岩の隙間から現れるもので、うっかり棒でつついたりすると一〇〇日間も雨が降り続けたという。（向谷喜久江『とくやま昔話』）**岩国の白蛇**にも梅雨左衛門と呼ばれたものがいる。

このほか、島根県の**ちゅう左衛門さん**や**ついじゃもんさん**と呼ばれる蛇も梅雨左衛

門の訛伝《かでん》と思われる。広島県府中市には入《にゅう》梅蛇《ばいじゃ》という、入梅の日に穴から出て、出梅の日に穴へ戻る無害な蛇の伝承がある。これも梅雨左衛門と同系統のものだろう。（『広島県の民話と伝説』）

　下の病に効験のある蛇神には、岡山県の**穴場様**《あなば》などもいる。**道通様**《どうつう》や**とうびょう**のように人に憑《つ》く蛇は首に輪があると語られることが多く、梅雨左衛門の一部伝承とも共通する。

てえてえ小法師［てえてえこぼし］

「化物寺《ばけものでら》」系統の昔話で古寺に集まってくる妖怪たちの首領として登場するもので、正体は椿《つばき》で作った木槌《きづち》などとされる。名前はてえてえこぼうし、てんてんこぼし、ちんちんこぼしなどともいう。

　典型的なパターンでは、化物が出る無住寺に旅の僧が泊まり、深夜に次々と訪ねてくる化物の名を聞き留めて、翌日その正体を突き止めて退治する。化物は「てえてえ小法師はお宿にか」と尋ねて東西南北から来訪するもので、とうやのばず（東野の馬頭）・さいちくりんのいっそくけい（西竹林の一足鶏）・なんちのりぎょ（南池の鯉魚）・ほくざんのびゃっこ（北山の白狐）など、意味不明な音を漢字に直すと正体と居場所が特定できる。そのため、旅僧の知徳が化物退治の鍵となる。

　立石憲利は、この種の話が全国的にみても岡山県で多く採集されていることを指摘している。化物の名前に含まれる「てい」「ちん」などの音は「椿」の音読みに由来し、小法師は槌の形をたとえたものではないかと推測するほか、「椿の槌は化ける」という俗信が背景にあるものとみている。（『やなはらの民話』）

　広島県比婆《ひば》郡口和町《くちわちょう》（現・庄原市）の話に登場するていてい小法師の正体は大工が寺の天井裏に置き忘れた椿《かたち》の木槌で、北山の牛《ぎゅう》・南池の緋鯉《ひごい》・西竹林の一足の鶏・東山の馬頭を呼び寄せる。（『採訪記録ひろしまの民話（昔話編）』）庄原市本町での採話例では欠落部分があり、テーテー小法師の正体は明らかではないが、寺の付近にいた大鯉や馬の頭を処分すると化物も出なくなる。（『広島県の民話と伝説』）

　島根県隠岐《おき》の西ノ島に伝わる例では、化物寺のテンテンコウシは寺の建築に使われたジョウバン（大木槌）だとされている。（酒井董美『ふるさとの民話　上巻』）

　鳥取県日野郡江府町《こうふちょう》尾上原《おのえはら》では信濃の善光寺での出来事と語られ、寺院創建の際に使われた椿の才槌《さいづち》・てんてん小法師のもとには東屋の馬頭一《ばずいち》、西竹林の鶏長坊一足一《けいちょうぼういっそくいち》、眼《がん》、南氷魚法印《なんしりぎょほうえん》、北山の小六《ころく》が訪問する。（『鳥取・日野地方昔話集』）島根県邑智《おおち》郡大和村高梨（現・美郷帳）の話では、たいのぼう（鯛の骨の化物）などが椿の槌のてえてえこうごしを訪ねる。（『大和村昔話集稿巻二』）隠岐島前地方には椿の横槌ゴーロゴロ、東池の鯉魚、西竹林の一足鶏、のんのん、しゃんしゃんが登場する話もある。（酒井董美・田中瑩一「隠岐・島前の昔話」『山陰文化研究紀要』一七号）

天から褌［てんからふんどし］

　天からぶら下がってくる長い長いふんどし。昔話をせがむ子供をはぐらかしたり、諦めさせたりするための小話（形式譚《たん》）に出てくるもので、全国的に流布している。「天から褌が一尋《ひろ》、二尋、三尋……」または「天から長い、長い、長い……（聞き手が止めるまで続く）ふんどしが下がった」と延々と語ってやることで、子供もとうとう諦めてしまう。あるいは「長い話」をせがまれて「天から長ーいふんどしが下りてきた」の一言で終わらせてしまい、子供を呆れさせる。ふんどしは天の雷様や鬼が下ろしてくるとされる場合もある。

「天からふんどし、長崎からおこわ（岡山県美咲町）」と対句で語られる例もある。（『やなはらの民話』）短い話を求められると「短いふんどし」が下がってくるパターンもある。「黒い黒い褌の短い褌が下がっとったげな（岡山県新見市）」や「天から赤《あか》褌《べこ》がぶらあっと下がった（島根県美郷町）」と、色つきの場合もある。（『民話集三室峡』、『大和村昔話集稿　巻二』）

　他にも「天道様からふんどしが下がった（岡山県備前市）」「天から長いふんどしが下がって、それで釣り上げられる（島根県大田市）」「昔々の大昔なあ、長崎の婆さんがなあ、天から長ゃあな、ふんどし下ろさっただてえや（鳥取県大山町）」「天から長ゃあーふんどしが落ちてきて、犬がくわえて長崎へいった（鳥取県日南町）」など、語りのバリエーションは非常に豊かである。（『風呂場ばなし』、『石見大田昔話集』、『大山北麓の昔話』）

　島根県簸川《ひかわ》郡佐田町（現・出雲市）など、天から下りてくるのは長い綱《つな》で、いくら手繰ってもきりがないという類例もある。（『島根県簸川郡佐田町民話集』）「天からゾロゾロ、ゾロゾロ、縄が落ちてくる。山からソロリ、ソロリと大蛇《おおくちなわ》が出てくる」なども同様のもの。（『出雲比田の民俗』）

唐土の鳥［とうどのとり］

　正月七日の七草粥《ななくさがゆ》に入れる菜を刻むときの歌（七草囃子《ばやし》）に登場するもの。その名の通り大陸から日本へ渡ってくる鳥で、疫病や災厄の象徴と考えられている。

　鳥取県では「唐土の鳥が日本の土地にわたらぬさきに七草そろえてホーイホーイ」と言って、俎板《まないた》や鍋の蓋《ふた》に載せた七草を包丁や火箸、擂粉木《すりこぎ》、杓子《しゃくし》などで叩いた。倉吉市などでは、これは正月六日の夜に行うこととされていた。（四宮守正『日本の民俗　鳥取』、『倉吉市史』）江府町《こうふちょう》では「日本の鳥と、タイドの鳥と、どこだかえ渡らんさきに七草そろえてホイ、ホイ」と唱えて歩いた。（『鳥取県史　近代　第四巻』）

　島根県出雲市大塚町では、一月六日の鳥追い行事（七草粥の準備）の際、床《とこ》の間の神様に供えた野菜を俎板に載せ「ニホンノトリト、トードノトリガテシヲタタイテ、ヤーホヤーホ」と唱えながら、杓子と擂粉

木でチャカポコと叩いた。（『島根県出雲市大塚町民俗調査報告書』）安来市植田では「唐土の鳥が日本の土地へ渡らぬうちに七草そろえてヤッホッホ」と唱えた。隠岐《おき》の島町の上那久《かみなぐ》では「唐土の鳥と日本の鳥と、渡らぬ先に、ナズナ七草すてとって、祝って、ほいほいほい」と唱えながら、二本のキャークソ（両端をけずりかけのようにした木の枝）で七草を叩く。（『島根県安来市民話集』、『隠岐島の民俗』）

山口県阿武郡の阿東町《あとうちょう》や福栄村《ふくえそん》では「唐土《もろこし》の鳥が日本の土地に渡らぬ先に、七草叩いてストトコトントン」と四九度唱えて七草を万遍なく叩いた。（『阿東町誌』、『福栄村史』）

鳥取県では唐土の鳥が訛《なま》って「ホウホの鳥」や「ホウオの鳥」となっている場合もあった。他にも「唐の鳥とロシヤの鳥が」と追加されている例も採集されている。また、鳥取市白兎《はくと》では、唐土の鳥とはイナゴのことで、蝗害《こうがい》を恐れて呪文の囃子を唱えるようになったと考えられていた。（近藤喜博「鳥取県年中行事の話（九）」『因伯民談』第四巻第二号）

とうびょう

中国・四国地方に広く分布している憑物《つきもの》の一種。トウビョウとは土瓶の意とされ、容器の中で多数の蛇などを飼育し、それによって幸福を得たり、他者に呪いをかけたりするものと考えられた。**犬神**や**外道**《げどう》などと同様に、狐か鼠のような小動物を指す場合もある。（石田萩穂『山陰の俗信』）

外見については、島根県石見地方で「首に白い輪がある」、岡山県真庭市落合町で「頸部《けいぶ》に淡黄の輪がある小蛇」、岡山県高梁《たかはし》市宇治町で「首にタマをかけた蛇」といわれるように、首周りに特徴的な模様があると伝わることが多い。（下村光「石見地方の憑物」『民族と歴史』第八巻第一号、三浦秀宥「美作・栗原村の憑きもの」『岡山民俗』通巻八一号、『宇治・宇戸の民俗』）

上野忠親『雪窓夜話』には、備前国（岡山県）のとうびょうに関する記述がある。それは煙管《きせる》ほどの小蛇で、先祖代々受け継がれるため、たとえ飼主が疎ましく思っても決してその家から離れない。飼主が他人を憎んだり羨《うらや》んだりすると、とうびょうは密かにその相手の皮と肉の間に入りこんで苦しめる。だが、主と相手が和解すればとうびょうは離れるという。家人を怨んで同様の苦痛を与えることもあるため、とうびょうを持つ家はそれを崇《あが》めるしかないという。（石塚尊俊『日本の憑きもの』）

広島県では七五匹で一団をなしているといわれており、犬神や外道などの憑物と共通している。庄原市に伝わる話では、ある旅人がトウビョウ持ちと噂される金持ちの家に立ち寄り、甕《かめ》の中で蠢《うごめ》くトウビョウを目撃する。旅人が甕に熱湯を注いだのでこの家のトウビョウは死滅し、他家の人々とも付き合うことができるようになったという。（及川儀右衛門『藝備今昔話』）三原市佐木島ではトウビョウさんを祀っておけば盗難除けになるといい、盗みをはたらいた

者はトウビョウ筋になるといわれていた。（藤原覚一ほか『中国の民間信仰』）岡山県の**道通様**《どうつう》もとうびょうの神格化が強まったものとみなされている。

他種の憑物と併存するものとして伝承されている例も多々ある。広島県比婆《ひば》郡峰田村（現・庄原市）では、トービョーが憑くと外道憑きよりも重症になりやすく、食い殺されることも多いといわれた。トービョーは**みさき**とも呼ばれ、口縄《くちなお》（蛇）または蚯蚓《みみず》のような形をしており、納戸で甕に入れて飼うものとされた。これに憑かれたときには祈禱《きとう》を行い、木の山の大神さんを迎えなければ助からないという。（山田次三『奥備後の民俗』）山口県萩市の見島《みしま》でも犬神ととうびょう（とびょう）が共に伝承されている。ここでは犬神の家筋は嫁のもらい手がないため、とうびょうの家と娶《めあ》わせるのがしきたりだったという。とうびょうの家は数多くの小蛇を壺や床下で飼っているといわれた。人に憑いた際の症状は犬神より荒々しいものとされ、祈禱師はとうびょうを落とすと紙袋に封じこめて竃《かまど》で焼いていた。（瀬川清子『見島聞書』）

虎狼［とらおおかみ］

ふるやのもりの昔話に登場する怖い獣。「虎、狼より漏る（雨漏り）が恐ろしい」という二種の猛獣を並立した言い回しを、「とらおおかみ」という名の獣がいるという理解のもと語ったために発生した架空の動物。全国的にみられるものだが、中国地方においては山陰側でトラオオカミの登場例が多い傾向にあるようだ。

岡山県小田郡矢掛町の話では「小さい隙間からでも下りてきて、家中いっぱいに広がる」という恐ろしいモロンドノの話を聞いた虎狼は、それが化物に違いないと恐怖し、盗人たちを巻きこんで騒動を起こす。（稲田浩二編『岡山の民話』）鳥取県東伯郡赤碕町（現・琴浦町）の例では、山奥に棲む虎狼が老夫婦を取って食おうと家に忍び寄るが、「むる」の話を聞いて「この家には何ちゅう恐《きょう》といもんがおるだらぁかい」と怯《おび》えて逃げる。（『あかさきむかし話』）

鳥取市佐治町加瀬木での採話例では、虎狼について語り手自身が「どんなもんだかわからんで」と言い添えている。（『佐治の民話と唄・遊び』）岡山県津山市高野本郷の話に登場する虎狼は「皆から恐れられとった狼」と説明される。これは馬泥棒を「モロンドウフルサンマル」だと勘違いして逃げ出す。（『つやまの民話』）

類似の例で、島根県隠岐《おき》郡都万村《つまむら》（現・沖の島町）の語りでは獅子狼《ししおおかみ》という獣が登場する。（『都万村の民話』）

とろへい

各地で行われてきた小正月《こしょうがつ》頃の習俗。集落の若者や子供が年神《としがみ》（福の神）に扮して「トロトロ」や「トロヘイ」と声を上げて来意を告げながら家々を巡り、新年を祝福するもの。出迎えた家の者は餅や菓子を供え、祝い水をかける。年神役は手拭で顔を覆っ

たり、蓑笠《みのかさ》を身にまとったりして本来の姿を隠す。行事中にその顔を見ることや、後を追いかけること、言葉を交わすことを忌む地域も多い。（平辰彦『来訪神事典』、稲雄次『ナマハゲを知る事典』）

　この種の行事を指す呼び名は数多く、たとえば岡山県内だけでもトロヘイ、トラヘイ、トラヘン、ホトホト、コトコト、ゴリゴリ、カイカイなどがある。（『岡山県の民俗芸能』）島根県仁多《にた》郡や鳥取県伯耆《ほうき》地方、広島県備後地方ではトロヘン、島根県飯石《いいし》郡から石見地方、広島県安芸《あき》地方、山口県ではトロヘイ、トノヘイ、トヘ、トイトイなどの呼び名が多い。（『日本の民俗　島根』）

　岡山県井原市高屋町では、トラヘンは小正月の朝早くにやって来る。これは土地の子供が扮するもので、家々を巡って鍬《くわ》型の槌《つち》で重箱を叩き、家人に食べ物を乞う。人々はトラヘンの重箱に餅や団子を入れてやるが、この時に言葉を交わすと旱魃《かんばつ》が来るといわれているため、互いに一切喋《しゃべ》らない。（『岡山県民俗資料調査報告書』）

　岡山県苫田《とまた》郡加茂町（現・津山市）では、昔はホトホトが「西宮のオフクが参りました」と言って家々を訪ねたという。これは「お福」というお多福《たふく》面をつけた旅芸人の要素が混ざったものとみられる。（和歌森太郎編『西美作の民俗』）広島県深安郡神辺《かんなべ》町《ちょう》（現・福山市）ではとろへんと呼ぶ。とろへんの餅を食べさせた牛は無病にしてよく育つという。ただ、とろへん役が喋ってしまった年は日照りになるという。（『広島県民俗資料1　民間暦と俗信』）

　島根県隠岐《おき》地方では、ホトホトに餅や酒をやらない家には「田の水が干上がるぞ」などと悪態をついた。（『隠岐島の民俗』）

　鳥取県船岡町のホトホトは蓑笠で身を覆って正体を隠し、家々を回る。餅をやって帰すときは、柄杓《ひしゃく》に水を汲《く》んでぶっかけないと、その年の夏の水田が干からびてしまうと考えられた。（『船岡町誌』）

【な】

七尋女房 ［ななひろにょうぼう］

山陰地方に伝わる。島根県東部と鳥取県中西部にて数多くの伝承例が確認されている。その名の通り背丈が七尋（一尋は両手を広げた長さ）もあるような巨大な姿になる女の怪。正体は狐などの獣や石仏の化けたものといわれる。七尋女《ななひろおんな》、七丈女《ななたけおんな》とも。

　島根県隠岐《おき》の中ノ島（海士町《あまちょう》）には七尋女房《にょうば》の化した岩がある。海士の中畑氏の祖先である七右衛門は織田信長の時代に当地に住みついた豪傑だった。ある時、七右衛門は御波《みなみ》の須賀へ向かう途中、ミダの奥山

から何者かに小石を投げつけられた。噂に聞く七尋女房の仕業だと思い、刀を取ったところ、雲つくばかりの大女が立っていて不気味に笑いかけてきた。一刀のもとに斬りつけられた七尋女房は顔に傷を負い、安国寺領の松山に飛んで大石に化した。現在も残る「女房が岩」は高さ約六メートル、達磨《だるま》型で目や口のような窪みがある。

七尋女房を斬ったのは布施村の庄屋で彦根浪人の子孫でもある前田某で、刀の名は千鳥丸だとも伝わる。この七尋女房の正体も海士町御波の山中にある石仏だったという。西郷町元屋では隠岐弁慶の異名をとる内田孫三郎という大男が七尋女房の腰を打ちのめした話が伝わる。このほか、隠岐では七尋女房は猫（**山猫**）が見せる怪異とも考えられた。海士町の坂道に出た七尋女房は挨拶をすると「オヨーン」と返事をしたが、これは猫化かしだったという。（野津龍『隠岐島の伝説』、酒井董美『山陰の口承文芸論』）都万《つまむら》村では十字路や橋の下に七尋女房がいて、小豆研ぎ（**小豆洗い**）をしていることがあるという。人が通るとガラガラザラザラと音を立てて飛んできて、追いかけてきたり噛みついたりするという。（大森郁之助「隠岐郡都万村聞書（承前）」『民間伝承』一五巻二号）

鳥取県東伯郡赤碕町（現・琴浦町）の梅田では、七尋女房は真暗な夜中に限って現れ「小豆三升に米三合、御れい様には米がない」と悲しげに唄いながら井戸端で米を研いでいたという。ある爺さんはこの七尋女房が首をつるつると七尋も伸ばすさまを見て、逃げ帰ってから寝こんでしまったという。（『あかさきむかし話』）日野郡江府町《こうふちょう》洲河崎《すがさき》でも、やんちゃな子供がいると七尋女房がシャクシャクと小豆を研ぐ音を聞かせるといわれた。（『鳥取・日野地方昔話集』）

島根県松江市島根町の加賀小学校付近でも、明治末頃に七尋女《ななふろにょば》が目撃された。子供が川に蛍を獲りに出かけると一メートルくらいの背丈の女によく出会ったといい、これが「あははは」と笑いながらたちまち七尋の大女になってみせた。後には小学校の中庭にお化けが出るという噂が立ち、これも七尋女ではないかと噂された。（『島根町誌　資料編』）

能義《のぎ》郡伯太町（現・安来市）では、鎧《よろい》ケ滝の淵で魚を獲ると七尋女房が出るといった。淵は魚群の宝庫だったが、次第に言い伝えは恐れられなくなり、魚は減少したという。（前田黙耕『城下町之傳承』）

鯰ぎつね ［なまずぎつね］

岡山県、広島県、山口県の農村などに伝わるとされる妖怪。

夜に人が小川のほとりを通ると「ガボ、ガボ」と、いかにも大きな魚が昇るような音が聞こえる。足を止め川を覗くと、川上でまた同じ音がする。急いでその方へ行くと、さらに川上へ誘われる。これは鯰ぎつね（年老いた鯰）の悪戯《いたずら》だという。

平川林木の「山陽路の妖怪」（『自然と文化』一九八四秋季号）にて紹介されている妖怪。広い伝承範囲が示されている割には

他の資料が知られていない。同じ記事にある備讃灘《なだ》の**ぬらりひょん**（岡山県）と共に、さらなる調査検討が必要な妖怪である。

肉付面［にくづきめん］

人の顔に貼りついて離れない鬼面。姑《しゅうとめ》が嫁を脅すために恐ろしげな面をつけるが、その悪心のために面が外れなくなり、改心へ至るという展開が多い。説話のモチーフとして広く用いられたもので、ゆかりの品を所蔵する寺院もある。昔話としても全国的に語られている。

広島県豊田郡大崎町（現・大崎上島町）では次のように伝わる。昔、仲の悪い嫁と姑がいて、姑は嫁が吉崎御坊という寺に毎晩参詣するのを憎く思い、恐ろしい面で脅してやろうと考えた。姑は面をかぶって藪《やぶ》の中から現れたが、嫁は怖がらずに去っていった。しかも面が顔から外れなくなってしまったため、姑は事情を話して嫁に詫《わ》びた。嫁が念仏を唱えると面が外れたので、吉崎御坊には二人で参るようになったという。（『ひろしまの民話　昔話編』）

岡山県井原市美星町《びせいちょう》星田の星尾神社に伝わる肉付面は天狗面で、日々神社に参拝していた信心深い嫁を脅すために姑がかぶったものと伝わる。嫁に嫌がらせをしたは良いが、面は姑の顔から外れなくなり、無理にむしり取ったので肉が付着したという。（太田忠久・水藤春夫『岡山の伝説』）

似せ本尊［にせほんぞん］

狐狸《こり》が仏像に化けて人間を欺《あざむ》くもの。各地の昔話の中にみられる展開で、悪戯《いたずら》者の狐や狸が寺や人家に祀られている仏像に化けるも、人間の口車に乗せられて自ら動いてしまい、正体がばれてしまう。

鳥取県日野郡溝口町（現・伯耆町《ほうきちょう》）の話では、すいとんという村医者に懲らしめられた悪戯狸が、仏間に逃げこんで本尊に化ける。本尊が二つ並んでいるのを見たすいとんが「うちの本尊さんはお経をあげると目をぱちぱちっとさせっさあ」と言うと、それを真に受けた狸の本尊が瞬きをした。正体がばれて捕まった狸は、すいとんに叱られて反省し、悪いことをしなくなったという。（『伯耆溝口町昔話集』）

島根県安来市の話でも、ずいとんという和尚が、寺の本堂で仏像に化けた狸を見つけ出すために「本の仏のあら鼻ぁフクフクな」と唱えて木魚を叩く。すると狸の本尊さんはフクフク、フクフクと鼻を動かしたため、棒切れで叩かれ追い出されてしまった。（『島根県安来市民話集』）

これらの話で主人公がすいとん、ずいとんという名前なのは、狐狸が尻尾で戸などをなぞって「ずい、とん」と音を出して呼びかける「ずいとん坊」という話の要素も入っているため。似せ本尊もずいとんも、悪戯者の狐狸を懲らしめる昔話には頻繁に登場する場面設定である。

人形峠の蜘蛛 ［にんぎょうとうげのくも］

鳥取県東伯郡三朝町《みささちょう》木地山と岡山県苫田《とまた》郡鏡野町上齋原の境にある人形峠に出たという蜘蛛の化物。

出現地は正確には現在の人形峠の西側にある人形仙（人形山）だが、かつてはこちらも人形峠と呼ばれることがあり、妖怪の名も「人形峠の蜘蛛」と称されるのが一般的。その内容は次のように語られる。

ある時、人形仙の峠道で男の死体が見つかった。男は異様な糸で体を縛られ、喉笛を噛み切られていた。この事件が解決しないうちに同じ手口で三朝の若者がまた殺され、人々は謎の殺人鬼に恐れおののいた。そんな折、木地師《きじし》の古老が男装の人形を囮《おとり》として峠に置くことを提案した。夜、峠道に人形を置き、若者たちが陰で様子を見ていると、鳥追《とりお》い姿の女が現れて「わたしの代わりに三味線を弾いてくださいな」などと声をかけた。しかし相手が応答しないことに腹を立て、女は口から糸を吐いて人形を縛り、その喉笛に食らいついた。若者たちが弓矢で怪女を射止めたところ、その正体は土蜘蛛だと判明したという。（鷲見貞雄編『因伯昔ばなし一〇〇選』）

このように人形で事件を解決したため、峠は人形仙または人形峠と呼ばれるようになったと説明される。また、人形峠の蜘蛛は琴や三味線に見せかけた糸の塊を手に取らせ、獲物の動きを封じて殺害するという手口を使う点は、おおむねどの語りでも一致している。（萩原直正『因伯伝説集』、野津龍『因幡伯耆の伝説』、山田てる子『むかしがたり』）

岡山県側の資料でも人形峠の蜘蛛について言及したものはある（『おかやま伝説紀行』）が、鳥取県側の民話などで語られることの方が比較的多いようだ。また、人形峠に出たのは人を化かす狐で、人形遣《つか》いとの化け比べに負けて降参したとも伝わる。（太田忠久・水藤春夫『岡山の伝説』）

鳥取県の**人形峠の霊**、岡山県の**人形峠の化物**、**蜂王**《はちおう》も参照。

猫又 ［ねこまた］

年を経た猫が化けた妖怪。猫股。

『太平百物語』には備中（岡山県）の松浦正太夫という侍が、妻に憑《つ》いた「猫また」と問答をする話がある。これは生駒八十介という知人の家の飼猫の霊で、正太夫に刺し殺されたのを恨んで現れたものだった。正太夫は猫が様々に変化して人を悩ませていたため殺したのであり、その証拠に生駒家の子猫たちは殺していないと主張し、妻を苦しめるなら子猫も殺すと脅した。すると猫またの態度は一変し、子の助命を乞うてきた。正太夫は「汝《なんじ》の得脱成仏のために法事を行う」と約束して猫と和解し、妻を救った。（『百物語怪談集成』）

因幡《いなば》地方（鳥取県）の武士の著作とみられる『因幡怪談集』にも、石河又太夫という者が一宮山（鳥取市国府町）で猫又を退治した話がある。この猫又は又太夫の老母

に化けて彼を惑わせたが、矢で射られて死ぬと本性を現した。その正体は石河家で年久しく飼われていた猫だったという。『因府夜話』にも、河合弥三兵衛という侍が八《や》上《かみ》郡最勝寺山に巣食う猫またを退治する話がある。（荻原正尚『因伯伝説集』、『近世民間異聞怪談集成』）

『耳の垢後編』には、白島《はくしま》（広島市中区）の佐々木主税の屋敷に夜な夜な猫股が襲い来たとある。待ち伏せして叩き殺したところ、それは三尺二股の尾をもつ赤猫だとわかったという。（『近世風聞・耳の垢』）

島根県大田市三瓶町《さんべちょう》の昔話では、猫又が女に化けて山小屋を訪ね、そこに泊まっていた一〇人の木挽《こびき》の舌を抜いて食う。この猫又は一人の木挽に鎌を投げつけられて負傷し、追ってきた猟師に撃たれて息絶える。このような舌を抜く女の怪談は各地で語られていたもので、正体は猫や狐狸《こり》とされることも多い。（稲田浩二監修、酒井董美編『石見の民話』）

【は】

白亀 ［はくき］

白い亀。白は瑞祥《ずいしょう》の色とされ、真白な生物が発見されると時の帝《みかど》に献上され、褒賞や改元につながることがあった。

『続日本紀』には、文武四年（七〇〇）に長門国（山口県）から白亀が献上されたとある。また『文徳天皇実録』には、嘉祥三年（八五〇）八月に備前国（岡山県）から白亀が献上されたとある。これは磐梨《いわなし》郡の上石生別公長貞という者が石生郷の雄神川（吉井川）で捕らえた亀だという。（『国史大系　第二巻』、『六国史　巻七』）

人狐 ［ひとぎつね］

主に鳥取県伯耆《ほうき》地方西部や島根県出雲地方、隠岐《おき》島前地方に伝わる憑物《つきもの》。「ひとぎつね」と訓読みすることもあれば、「にんこ」と音読みしている場合もある。**犬神・外《げ》道《どう》・とうびょう**などと同様に、特定の家筋に憑いて利益をもたらし、他家を害する存在とみなされていた。

小泉八雲は随筆『知られぬ日本の面影』「狐」にて、出雲地方における人狐の特徴を記している。曰く、これは狐持ちの家に七五匹棲みついているもので、普通は姿を見せないが、静かな水辺に近寄ると水に影が映りこむ。そのため狐持ちは川や池のほとりに行くのを避けるという。狐持ちは人狐に飯を与えて養い、その費用も多大ではあるが、主に忠実な人狐が家の繁栄に努めるため損失は少ないという。ただし人狐がもたらす財は全て盗品であるため、人狐を持っているのは不道徳で社会秩序を乱すこと

とみなされる。そのため狐持ち扱いされた人は、様々な理由をつけて忌避されたという。(『小泉八雲全集　第三巻』)

安芸国《あきのくに》(広島県)の地誌『芸藩通志』には、安芸国には淫祠《いんし》の類も多く、南には犬神、北には人狐《にんこ》の信仰があると記されている。これらを使役すると称して人々を惑わす姦巫《かんぶ》、妖婆《ようば》も横行しており、糺《ただ》すべきものとされている。(『芸藩通志　巻一』)

出雲国神門《かんど》郡中野村出身の山根興右衛門による『人狐物語』には、頭巾や金衣を身につけて錫杖《しゃくじょう》を持っていたり、烏帽子《えぼし》・狩《かり》衣《ぎぬ》姿で笏《しゃく》を持つ人狐を見たという者の話もある。この人狐は獣ではなく、天狗のような異相の妖物として描写されている。(石田萩穂『山陰の俗信』)伯耆国の医師である陶山尚迪は『人狐弁惑談』を著し、人狐が憑くという説を迷信と断じている。

岩田正俊『人狐―伝説とその正体―』には、大正頃の各地の人狐・狐持ちの噂の事例や、それらによる婚姻差別の存在が記されている。昔から狐持ちだといわれていた家筋が忌避されるばかりではなく、急に繁盛して栄えた家も周囲の嫉妬から狐持ち呼ばわりされて悪評を立てられた。人狐の迷信は根強く残っており、昭和二二年(一九四七)、岩田が人狐について論じた記事が新聞に載ると「人キツネは実在せずと主張されるならば、試みにキツネを博士宅へ追いかけて御覧に入れますが如何ですか」などと、強硬にその実在を信じる読者からの投書が寄せられたこともあった。一方でこの投書に対しては、別の若い読者たちから極めて批判的な意見も届いている。(『日本民俗文化資料集成　憑きもの』)

人狐の起源を説く民話には九尾の狐(玉《たま》藻前《ものまえ》)や殺生石《せっしょうせき》が登場することもある。島根県八束《やつか》郡八束村(現・松江市)の大根島では、人狐は「那賀野《なかの》が原」から各地へ砕け散った石の破片から生じたと伝わる。この石とは、国を滅ぼそうと企《たくら》んでいた化け狐「玉藻の前」が化したものである。美女に化身し殿の寵愛《ちょうあい》を受けていた玉藻の前は、和尚に正体を見破られると逃亡して石化したが、和尚が拝むと砕け散ってしまったという。(『出雲中海沿岸地区の民俗』)

岡山県真庭郡新庄村(現・真庭市)では、人狐は鼬《いたち》ほどの大きさで鼻が黒い獣で、普通の鼬と間違えて獲ってしまう猟師もいたという。その猟師が人狐を売って帰ってくると、家のお婆さんに人狐が憑いていて、繰り返し「たった一〇銭に売った」と文句を言った。だが「鉄砲で撃つぞ」と脅すと「鉄砲、怖い怖い」と言ってお婆さんから離れたという。(東京学芸大学民俗学研究会編『口承文芸調査報告書』通巻九号)

火の雨 [ひのあめ]

古墳の石室の由来を説く伝説において各地で語られるもの。第二五代・武烈天皇の時代に降ったとする例が多く、帝《みかど》の暴政の暗喩だという解釈もある。

島根県益田市の鵜《う》ノ鼻古墳群や和田古墳は、火の雨・火の風が発生した頃に古代人が住んだ場所といわれていた。古代の人々

は火に焼かれて死んだものと考えられていた。(『石見匹見町史』)

岡山県勝田郡奈義町中島西では、武烈天皇の治世に日本では火の雨が降ったため、天皇は人民に言いつけて「釜」を作らせ、自身も共にその中へ入ったという。あるいは横暴な天皇は人民を釜へ押しこめたともいう。(『那岐山麓の民俗』)

広島県賀茂郡八本松町(現・東広島市)の篠《ささ》にある「火の釜」も武烈天皇の苛性に天が怒り、火の雨を降らせた際の隠れ場所だという。火の雨の予報をしたのは鹿島大明神だともいう。神石《じんせき》郡神石高原町古川の火塚、安芸《あき》高田市高宮町の玉造の塚穴も火の雨が降っていた頃の住居跡とされる。(『広島県民俗資料6　伝説』)また、庄原市の比婆山《ひばやま》にある火避《よ》けの穴は、伊邪那美命《いざなみのみこと》が通りかかった際に急に降ってきた火の雨を避けるため身を隠した穴だと伝わる。(『広島県の民話と伝説』)

山口県山陽小野田市の塚の川古墳も、火の雨・火の風の吹き帰りがあったために造立された石室だといわれていた。(野村春畝『防長風土記』)

狒々［ひひ］

山中の獰猛《どうもう》な怪獣。猿の大きなもの、猿が劫《こう》を経たものなどと理解され、各種の伝説や昔話に登場する。

たとえば、鳥取県倉吉市には次のような話が伝わる。昔、貧乏な鉄砲撃ちがいて、借金取りから逃れるために山中の洞穴に隠れた。その穴を抜けると「泣き村」という所に行き着いたが、そこでは娘を神様の生《いけ》贄《にえ》に捧げる習わしがあった。鉄砲撃ちが身代わりになって山へ入ると、奥から大きな怪物が現れた。銃弾を浴びた怪物は悲鳴を上げて逃げ、その血痕を辿っていくと、岩の下で大きな「ひひ」が死んでいた。こうして鉄砲撃ちは化物を退治し、助けた娘と夫婦になったと思ったが、実は全て夢にすぎなかったという。(稲田浩二『昔話の年輪80選』)この話はいわゆる夢オチになっているが、狒々退治の主筋は「**猿神**《さるがみ》退治」の基本形に忠実である。

岡山県御津《みつ》郡では、備前様(池田新太郎少将)が江戸へ向かう途中、随行していた岡山紙屋町のジンゲンダ様なる人物が木曽の町で人身御供をとる狒々猿を退治し、土地の者から備前様以上に敬われたという話が伝わる。(『御津郡昔話集』)

部類別索引【狒々】も参照。

日招き［ひまねき］

沈みゆく夕日を扇子で招き返し、日暮れまでの時間を延ばして目的を達する呪術。

中国地方を舞台とする例では、平清盛による音戸《おんど》の瀬戸(広島県呉市の海峡)開削の伝説が有名。安芸《あき》守だった清盛は、船路の便を図って音戸の瀬戸の開削事業に着手した。しかし工事は停滞し、予定日の夕方になっても終わりそうになかった。そこで清盛は扇で沈みかけている太陽を招き返して、その日のうちに作業を終了させたとい

う。（藤井昭『安芸の伝説』）清盛の日招きは歌舞伎の『源平柱礎暦《はしらごよみ》』や『厳島招檜扇《まねくひおうぎ》』でも演じられた。清盛には音戸の瀬戸で潮を逆流させた**睨《にら》み潮**の逸話もある。

鳥取県の湖山長者《こやまちょうじゃ》も、『因幡志《いなばし》』『因幡民談記』などに記述があり、古くからこの種の伝説の主人公として広く知られている。湖山長者は気高《けたか》郡湖山の里に住んでいた長者で、幾多の蔵と金銀財宝を所有し、沢山の下男下女を使って何不自由ない暮らしを送っていた。長者は千町歩にも及ぶ広大な田を有し、その田植えは一日で終えることが代々のしきたりだった。だがある年、早《さ》乙女《おとめ》が向こうの山で猿が子を逆さに背負っているのを見つけ、皆でその様子を眺めていたせいで作業が遅延してしまった。一日で田植えが終わらないのを口惜しく思った長者は、秘蔵の金扇を手に取り、沈みかかっていた太陽を招き返した。人々は日輪の動きさえ自由にする長者の力に驚きつつも仕事を続け、再び日が沈む前に千町歩の田に苗を植えつけた。しかし長者には日の動きを変えた罰《ばち》があたり、田は一夜にして青々とした湖（湖山池）と化してしまったという。その後、最愛の娘も行方不明となり、長者は家も心も衰退して、ついには跡形もなく滅びてしまったという。（佐々木一雄編『湖山長者』）なお、湖山池にまつわる**干猫《ほしねこ》**の伝説は、長者没落後の物語とされている。

日招きをする長者の話は各地にある。広島県備北地方の昔話には、千町田を持つ長者が黄金の扇で日を招き戻した結果、天罰を受けて家運が衰え、子孫もみな絶えてしまったと語るものがある。（池峠繁治『ひろしま備北の民話と伝説』）

山口県山口市徳地《とくぢ》八坂の妙寿院には、檜《ひのき》製の「日戻しの扇子」が寺宝として伝わっている。東大寺再建用の木材調達のため徳地を訪ねた俊乗坊重源《しゅんじょうぼうちょうげん》上人は、日中に作業が終わらなかった樵《きこり》たちを助けるため、この扇子で沈みかけていた太陽を招き返したという。樵たちは上人に感謝して作業に打ちこみ、無事に仕事を終えたという。（『徳地の昔ばなし』）

船玉様 ［ふなだまさま］

船に宿る神。船魂様、船霊様とも。海で仕事をする人々が航海の安全や漁の成功を祈る存在で、船人たちにとっては特に重要な信仰対象となっている。船自体が女性に擬《なぞら》えられるため、船玉様も女神とみなされることが多い。御神体は骰子《さいころ》、人形、銭、女性の毛髪など。これらは船の重要な部位である胴木、筒関（帆柱を立てる筒を設けた場所）の付近に納められるのが一般的。船玉様の周辺は神聖な場所とみなされ、死などの穢《けが》れは遠ざけられ、不敬をはたらいた者には罰が当たると考えられた。（勝部正郊ほか『中国の生業 漁業・諸職』）

島根県石見地方では、船玉様の祭祀方法は漁船では比較的簡単だが、大きな商船になるほど儀式に注意を払っていたという。なお、御神体とする紙雛《かみびな》は、かつては初潮前の少女か閉経後の女性が作るものとされ

ていた。また、髪を御神体とする場合は妊婦のものを使うと「満腹」といって、商売繁盛につながると好まれた。

船玉様が不機嫌なときや時化《しけ》や海難などを警告するときはチンチン、リンリンなどと音を立てるものとされ、この現象を「いさむ（勇む）」と表現する。石見では海上で取舵《とりかじ》の方からリリン、リリンと銀鈴でも振るような冴《さ》えた音が聞こえることがあるといい、それが船霊様の勇む音とされた。大抵は船玉様の機嫌の良い時に鳴るもので吉兆とされるが、勇み方によっては暴風雨か凶事の予告とも考えられた。（千代延尚寿「石見海岸部の船魂さん」『旅と伝説』通巻第一八七号）岡山県では船玉様はチーチーチー、チャチャチャと勇むもので、特に人が船で寝るとよく勇むとされる。また、船玉様は蛇を怖がるので、漁船では蛇の話を慎んだ。（湯浅照弘『岡山県漁業民俗断片録』）年老いて耳が遠くなり、勇む音が聞こえなくなると船乗りを引退する年齢だと考えられた。（三浦秀宥『荒神とミサキ』）広島県尾道市の因島では、船玉様が勇む音はチリリンという秋の虫のような音で、強く勇んだときにはリンリンと鳴るとされた。この音は陸までついてくることもあるという。警告を無視して船を出すと、海の亡霊である**七人みさき**に出会って難に遭うともいう。（『因島市史』、『広島県の民話と伝説』）山口県では、船玉様が勇む音は並んでいる他の船には聞こえず、船頭の袂《たもと》に音が移ることもあるという。そのため、船頭は船玉様が入る左の袂には物を入れなかった。（伊藤作一「船霊様資料其他」『民間伝承』第五巻第七合）周防大島などでは、勇む音の吉凶を聴き分けられるのはその船の船頭だけとされた。（牧田茂「船霊様のおいさみ」『民間伝承』第一一巻第二号）

船玉様は梅干、牛肉、鶏、謡本《うたいぼん》、杓子《しゃくし》などを嫌うとされ、それらを船に持ちこむのは禁じられている場合もあった。杓子嫌いの理由については、石見では沖で死霊（**船**《ふな》**幽霊**《ゆうれい》）に襲われたとき、そもそも杓子がなければ水を汲《く》み入れられる危険もないためだと説明される。（「石見の船魂さん」）

新しい船に船玉様の御神体を納める儀式の執行は船大工の役目とされた。山口県では、造船儀礼を省略した注文者に腹を立てた船大工が「カヤレ（覆れ）カヤレ、陸でカヤラニャ沖でカヤレ」と唱えると、その船が瀬に乗り上げて大変難渋したことがあったという。（『現代民話考　三』）

船人たちが船玉様と並立して重要視した信仰には、龍宮様（龍神。属性別索引【龍宮】参照）や**網玉**《おうだま》**様**もある。

船幽霊〔ふなゆうれい〕

全国各地の海に出没するもの。水死者の幽霊で、沖合で生者の船に近づくと、柄杓《ひしゃく》などで水を汲《く》み入れ沈没させてしまう。山口県などでは**平家の亡霊**が船幽霊になったという伝承が知られている。

岡山県浅口郡大島（現・笠岡市）では、春の夜、はるか沖合に美しい明かりを灯し「ヤアンホイ、ヤアンホイ」と櫓《ろ》をこぐ哀れ

な声が夜通し聞こえるという。これは暴風に遭い水島灘《なだ》で難破した大名船の幽霊だとされる。（黒住清『増補大島伝説集』）

広島県の大崎上島では、船幽霊は溺死者のほか難産で死んだ者が化すといわれていた。後者は下半身を血に染め、赤子を抱いた姿で出るという。（『大崎町史』）

ふるやのもり

日本全国で語られる昔話に登場する。古い家の雨漏《あまも》りが「ふるやのもり」という恐ろしい存在（化物）と勘違いされたもの。ある家の爺婆を食おうとやって来た虎や狼などの獣が、爺婆が「**虎狼**《とらおおかみ》より、ふるやのもりが恐ろしい」と話しているのを聞き、自分よりも恐ろしい存在がいるのかと恐怖に駆られる。そして同時に家に忍びこんでいた泥棒を「ふるやのもり」だと勘違いして、大慌てで逃げ出す。この騒動の結果、猿の尻尾が短くなった、または虎が日本からいなくなったと語られることもある。

その名称はおおむね「古屋の漏り」を意味するものだが、地域によって呼び方は多種多様で、中国地方に限っても、もる、むる、むり、もりんどう、むりんど、もりどん、もぉどん、もるん、ぶりんどう、もろんどうふるさんまるなど、無数のパターンがある。（『大山北麓の民話』、『広島県民俗資料2　昔話』、『日本昔話名彙』、『日本昔話事典』）鳥取県因幡《いなば》地方の「モー殿」や山口県徳山市（現・周南市）の「もうり殿」などのように、雨漏りを明確に擬人化して呼んでいる場合もあり、獣が雨漏りを意思ある存在と勘違いする必然性が演出されている。（『因幡伝説民話　第十集』、『とくやま昔話』）島根県松江市玉湯町の採話例では山の家に住む「やまんば」が、「虎狼よりもうどんがおぞい（怖い）」と発言し、盗人を恐れさせる。（『島根県八束郡玉湯町民話集』）鳥取県日野郡日野町のように雨漏りを起こす存在を神に見立て「虎狼より漏りの神が恐《きょう》とい」と唱える例もある。（『鳥取・日野地方昔話集』）

広島県の**もろんどー**のように「ふるやのもり」由来の妖怪が実際に子供を怖がらせる言葉として使われた地域もある。

平家の亡霊 ［へいけのぼうれい］

壇ノ浦（山口県下関市）の合戦で死亡した平家の武士や女房たち、あるいは逃げ延びた先で非業の死を遂げた落人《おちうど》の亡霊。平家の亡霊や祟《たた》りにまつわる俗信、伝承は、落人の伝説と同様に各地に広まっている。

平家の亡霊の物語として現在もっとも知られているのは、小泉八雲『怪談』にある耳なし芳一の話だろう。

その昔、赤間関《あかまがせき》に芳一という琵琶法師がいた。彼が吟じる源平合戦の物語は見事なもので、特に壇ノ浦の場面を語れば鬼神でさえも涙を流すと賞されるほどだった。ある夏の夜、阿弥陀寺の縁側で涼んでいた芳一は、甲冑《かっちゅう》で身を固めた男に連れ出され、貴人の館らしき場所で平曲を披露すること

になった。女官頭と思しき女が壇ノ浦の段を所望し、芳一が琵琶を弾き語ると、座の人々はみな悲痛な声を上げ、むせび泣くようになった。館の主は芳一の腕前に満足して、六日間、毎夜館で吟弾することを求めた。その後、阿弥陀寺の和尚は深夜に外出する芳一を不審に思い、寺男たちに跡をつけさせた。芳一は**安徳天皇**と平家の人々を葬った阿弥陀寺の墓地へ向かい、鬼火が飛び交うなか琵琶を奏でていた。彼は平家の亡霊に魅入られ、墓場を屋敷と思って毎夜過ごしていたのである。和尚は芳一を救うため、彼の全身に経文を書きつけ、亡霊の目に映らないようにした。だが、両耳にだけは経文を書き忘れてしまった。いつも通り芳一を迎えに来た武者には、縁側に耳だけが浮かんで見えた。武者は主の言いつけに従った証拠とすべく、芳一の耳を引きちぎって持ち去った。芳一は重傷を負ったが亡霊の執着からは解放され、医者の療治で回復した。この出来事をきっかけに「耳なし芳一」の名が知れ渡ると、生きた貴人たちもその琵琶を聴きに集まるようになり、芳一は金品をもらい受けて裕福になったという。(『小泉八雲全集　第七巻』)

　耳なし芳一の話は『臥遊《がゆう》奇談』巻二「琵琶秘曲泣幽霊」が典拠とみられる。近世の怪談集には盲目の法師に執着する幽霊の話が他にもあり、赤間関を舞台とするものには**赤間関の幽鬼**や**小宰相《こざいしょう》の局《つぼね》**の話がある。

　この他にも、山口県には特に多くの平家の亡霊にまつわる伝承がある。壇ノ浦で滅んだ平家の男は**平家蟹**と化し、女は河童または**小平家《こべけ》**になったという俗信はよく知られる。また、平家滅亡の日に朝早く関門海峡を通ると、必ず海一面に霧が立ちこめ、人影らしきものが蠢《うごめ》くのが見えるという。話し声が聞こえると平家の亡霊が船をひっくり返すともいわれ、この日に船中で喋《しゃべ》るのは禁忌とされた。また、赤間神宮の平家七盛《ななもり》墓は亡霊の祟りで荒れ狂う関門海峡の波を鎮めるために築かれたものだという。

　長門峡の一帯にも様々な平家の伝説が残る。平家山の頂から出現する火の玉は数百数千の霊炎に分かれて舞い狂い、落人を追う源氏の討手を険しい阿武山中に誘い入れて、彼らを壊滅に導いた。また、海雲と呼ばれる場所では岩が武者の群れと化して源氏の兵を悩ませたといい、武者形岩の名で今に伝えられている。(松岡利夫『周防長門の伝説』)阿武郡川上村(現・萩市)の平家山は落ち延びた平家の者が身を潜めた洞窟があると伝えられる山である。白サギ(カモメ)は平家山を越えると腰が立たなくなるといわれ、河原などに落ちてくることがあった。かつて洞窟に隠れていた落人が水を汲《く》むため外に出ると、カモメが降りてきたのがきっかけで追討軍に発見されて滅ぼされたため、怨霊がカモメに祟るのだという。(『阿武川の民俗』)向津具《むかつく》半島の俵島には平氏の落人を供養した五輪塔があり、その付近の木を伐り出して家を建てた人は、間もなく火事に見舞われ全財産を失った。祟りだといわれたが、その後も懲りずに五輪塔近くの木を伐ったところ、落人が夢枕に立ち「自分を粗末に扱うと不幸が起こ

る」と警告したという。（『向津具半島の民俗』）下関市の彦島には平家の残党が流れ着いたといわれ、関連する伝説が数多く残る。ある落人は平家再興叶わぬままに年老いて腹を切り、その怨霊は大きな龍に化身して海峡を睨《にら》みつけ、大声で吠《ほ》えたてた。高僧の読経で龍は鎮まり、人々は山中に残された落人の墓石らしき「辰岩」に花を供えた。岩の下には財宝があるともいわれたが、掘ろうとした者は発狂したという。（『彦島の民話』）

平家の亡霊が**船幽霊**《ふなゆうれい》のような行動をとるという伝承も点在している。岡山県倉敷市沖の水島灘《なだ》では、海上に人の姿が現れて、「杓《しゃく》貸せ」と求めてくることがあり、それが平家の亡霊だと考えられた。もちろん、渡す柄杓は底を抜いたものでなければ、船内に水を入れられ沈没してしまう。（『児島諸島及び石島の民俗』）

広島県三原市の龍王山では、雨乞いが成就したとき鬼の踊りでお礼参りをしたが（**大鬼・小鬼**参照）、これは平家踊りとも呼ばれ、平清盛の霊を慰める行事だったともいわれる。（『広島県の民話と伝説』）

各県および芸能など創作分野での事例については、属性別索引**【平家】**も参照。

牡丹餅の怪 ［ぼたもちのかい］

日本各地の昔話にみられる話型。おいしい「ぼた餅」または「おはぎ」などを、恐ろしい化物と勘違いする笑い話。来客用に作ったぼたもちをつまみ食いしようとした子供や馬鹿婿《ばかむこ》が、親や嫁から「それは恐ろしいものだから近寄るな」と言われたのを真に受け、ぼたもちを化物と思いこんで怖がり、出先でぼたもちをふるまわれると大いに恐れて周囲を困惑させるといった展開が基本。鳥取県や岡山県あたりでは、佐治《さじ》谷《だに》話（鳥取の佐治谷の愚か者が登場する滑稽話）の一種として語られることも多い。

鳥取県東伯郡関金町（現・倉吉市）では、牡丹餅をおおそうという怖いものだと教えられた子供が、竿で牡丹餅を叩き潰して退治してしまう話が語られていた。（『鳥取県関金町の民話と唄・遊び』）広島県双三《ふたみ》郡吉舎町（現・三次市）の話では、子供の頃に母親から餅はおおそだと教えられた男が、嫁をもらう年齢になっても勘違いしたまま餅を恐れていたという結末になっている。（稲田浩二監修『備後の民話』）出された餅をおおそだと思いこんで食べずにいると、重箱に入れて土産に持たされたが、包みを背負って歩くうち首元に荷がかかり「おおそめ、首ゅう取ろう思やあがる」と勘違いする展開もある。（『広島県民俗資料2　昔話』）

これらの話に出てくる「おそ」「おおそ」「おおそう」「おおちょ」などの語は、その地域で怕鬼《おばけ》を表す幼児語であることが多い。島根県簸川《ひかわ》郡湖陵町（現・出雲市）の民話では「恐《お》ぞ恐ぞの外道」と呼ばれ、こぼれ落ちて小豆がはみ出てきたのを見た粗《そ》忽婿《こつむこ》が「小豆食い虫か」と誤解して、全て潰してしまう。（『湖陵町の民話』）

みさき

神の先触れとなる動物などの霊、転じて人に憑《つ》く動物の霊や、祟《たた》りをなす変死者の霊などを「ミサキ（御前、御先、御崎、身崎、魅碕、岬など）」と呼んで恐れ、祭祀の対象にした。音読みしてゴゼン、ゴンゼンと呼ぶ例もある。**荒神**《こうじん》などと同様に多義的な言葉であり、厳密な定義は難しい。

死に際に遺恨や強い思いを残した者はミサキになると考えられ、祟りやすく畏怖すべき霊である一方、祭祀すればその威力により外部の怨霊を退ける守護神にも転化すると捉えられていた。祟りを鎮めるためには巫女《みこ》や法印《ほういん》などによる祈禱《きとう》や地域での祭祀が有効とされる。みさき信仰が特に濃厚な岡山県では、天狗や**ごんご**など人間に害をなす存在や、**とうびょう**や狐のように人に憑依《ひょうい》する小動物もミサキの一種とみなされることがある。阿哲郡豊永村（現・新見市）のように、ミサキは神様ではなく**外道**《げどう》であると認識する地域もある。（三浦秀宥『ミサキと荒神』）

ミサキには死因や祟り方によって非常に多くの種類があり、各地で様々に呼び分けられていた。たとえば岡山県地方では古い木がミサキとなる木のミサキ、火事があった屋敷で祀るヤケミサキ、水難死者の水ミサキ、首吊りのツナミサキ、七人まで死者を出す**七人みさき**などがある。広島県地方では牛の霊を祀る牛ミサキ、蛇を祀る蛇ミサキなどのほか、白狐を祀る御霊様《みたまさま》もミサキの一種とされた。毛利氏に滅ぼされた神《じん》石《せき》郡豊松の城主に仕えた女中は落城の際に強姦のうえ殺害されたといい、怨霊が残ったために女中ミサキとして祀られたという。（鶴藤鹿忠ほか『中国の民間信仰』）

岡山県西部の成羽《なりわ》川流域では変死した人間や牛の霊がミサキになり、ミサキの仕業で不慮の災難や死がまた起きるとされた。人が死んだ場所や怪我をした場所、牛が負傷する危険な場所などにはミサキを祀って祟りを鎮める。高梁《たかはし》市備中町上布賀《ふか》では、祭祀されないミサキは悪いことをするもので、憑かれた者は首をくくってしまうという。平弟子に祀られていたツルギミサキは信仰対象で、参詣すると失せ物が必ず見つかるといわれた。ハットミサキ、テンドウミサキ、チミサキといった分類もなされており、これらが誘うために各種の事故が発生するとも考えられた。（『新成羽川ダム水没地区の民俗』）美川村余河内《よごうち》（現・真庭市）では、開墾中に掘り出された刀がツルギミサキとして祀られていた。上房《じょうぼう》郡呰部《あざえ》町《ちょう》下呰部（現・真庭市）には溺死した子を祀る川ミサキ、子守と負われていた子、落馬死者を祀る三人ミサキなどがあった。同

村では溺死者を川ミサキ・流れミサキ、焼死者を焼けミサキ、縊死《いし》者を綱ミサキ・縄ミサキとして祀る。このようなミサキは生者を死に誘うという。神職・僧・法者の墓をミサキとして祀り、長袖ミサキと呼ぶ例も多い。真庭郡川東村上田原（現・真庭市）の長袖ミサキは溺死した五流法印を祀るもので、祈れば憑物が落ち、災難を免れるという。湯原町《ゆばらちょう》本庄（現・真庭市）の某家にある伯楽天王《はくらくてんのう》は、旅先で死亡した伯楽（馬《ば》喰《くろう》）の霊を祀ったもので、やはりミサキの一種とみなされている。（『ミサキと荒神』、和歌森太郎編『美作《みまさか》の民俗』）勝田郡梶並村《かじなみむら》（現・美作市）では、墓の木を伐ったりすると墓ミサキが怒るといった。この地域でも多くのミサキは狐のようなものだという認識があり、ミサキを使う祈禱者は土地で一番古い狐を呼び出して尋ねごとをすると考えられた。真庭郡湯原町見明戸《みあけど》（現・真庭市）の七尾《ななお》のミサキは、尾が七本に分かれた狐だという。（『阿波・梶並の民俗』、『ミサキと荒神』）

岡山県上房郡有漢町《うかんちょう》（現・高梁市）には旅立ちのミサキと小人《しょうにん》ミサキを祀る場所があった。旅先で変死した人と事故死した子供の霊が仏の仲間に入れるよう祈りをこめたもので、毎年法印に供養してもらったという。（『有漢町の民俗』）

特定の人名が冠されるミサキも多い。岡山県小田郡美星町（現・井原市）宇戸の八幡神社内で祀られる藤内《とうない》ミサキは、矢掛の河原で処刑された一揆の指導者・川上藤内だという。（『宇治・宇戸の民俗』）真庭郡落合町野原（現・真庭市）の吉五郎ミサキは、入山禁止期間に山仕事に行き、グヒン（狗賓。天狗）に殺された吉五郎という男を祀ったもので、日名《ひな》の余次郎ミサキは無礼討ちにされた芦田家の下男・余次郎を祀ったものである。（『ミサキと荒神』）

笠岡諸島でも崇る霊などをミサキと呼んだ。北木島ではミサキは上半身が見えず、下駄を履いた下半身だけが後からついてくるものだという。火の玉をミサキと呼ぶこともあった。（『笠岡諸島の民俗』）

中国山地西部地域では**藁蛇《わらへび》**を神木に巻きつける「山巻き」と呼ばれる行事が古くから行われている。これらは「ミサキ鎮メ」とも呼ばれ、人間に害をなす悪魔や死霊を鎮め祓《はら》うことを大きな目的とした。たとえば山口県玖珂《くが》郡錦町（現・岩国市）の山巻き行事は、悪鬼やミサキ、亡霊の祟りを鎮めるために始まったと伝わっている。（三村泰臣『中国地方民間神楽祭祀の研究』）

広島県廿日市市の厳島（宮島）では、厳島合戦で死んだ陶《すえ》晴賢とその郎党の霊をミサキまたは**あやかし**と呼ぶ。日が暮れてから山に入ると霊魂に引っぱられて迷わされたり、金縛りに遭うと考えられた。ある人は子供時代、父に背負われて陶晴賢が死んだ場所へ行った時、不意に父の髪が逆立つのを見た。三鬼《さんき》さん（**厳島三鬼坊《いつくしまさんきぼう》**）の信者だった父が真言の秘法を唱えると髪は元に戻ったが、しばらくするとまた逆立ったという。（栗原秀雄「宮島の伝説」『広島民俗』第六一号）比婆《ひば》郡東城町川西（現・庄原市）の法恩寺にて一日がかりで大飯を食う「大

めし祭」は、祟りをなすみさき権現の供養のために始まった。法恩寺裏山の大山社は伯耆《ほうき》大山社の分霊ながら広く信仰を集め、これを妬んだ伯耆側は使者を送って分霊を奪還しようと考えたが、派遣された三人の使者は殺されてみさきになったのだという。(『広島県民俗資料6　伝説』)

　山口県ではミサキといえば水死者の霊を指す場合が多かった。玖珂郡本郷村波野原(現・岩国市)では、**猿猴**《えんこう》やミサキは淵で子供を引きこむといわれていた。徳山市中須《なかず》(現・周南市)では、急に頭が痛くなったり、川で泳いでいると急に痙攣《けいれん》して溺れるのはミサキに当たったからだとされた。(迫中融『周東地方の伝説と伝承』)

部類別索引【みさき】も参照。

【や】

八百比丘尼［やおびくに］

人魚の肉を食べて八〇〇歳の不老長寿を得たという尼。若狭国(福井県)の伝説がよく知られているが、他にも八百比丘尼の出生・入寂の地と伝わる場所、逸話を残す史跡は日本各地にある。(『日本怪異妖怪事典　中部』)

　鳥取県米子市粟嶋《あわしま》の八百比丘尼は一八歳で人魚の肉を食べ不老不死となったが、孤独に悠久の時を生き残ることを憂い、静の岩屋(八百姫宮)で命尽きる日を待った。八〇〇歳で入滅したため八百比丘《やおびく》さんと呼ばれ、延命長寿の守り神として祀られたという。(『米子のふるさと散歩』)鳥取市正蓮寺地区では面影山の中腹に八百比丘尼が住んでいたという。比丘尼は母が鼠の岩屋でもらってきた人魚の肉を食べて不老長寿となり、娘の姿のまま八〇〇年生きたという。卯垣《ぼうがき》に八百比丘尼が暮らしていたという伝説もあり、池田家の御頭料理人だった人物が邂逅《かいこう》したときは、はるか昔の爵山城があった時代を懐かしむ様子だったという。(野津龍『鳥取県伝説集　因幡編』)

　島根県益田市には八百比丘尼を祀った塚があり、参拝すれば下の病に効験があるとされていた。あるとき、この塚の石が誰かに倒されてしまったが、そのせいで疫病が流行したので元通りに直し、毎年八月一三日に法要を行うようになったという。(『島根県益田市民話集』)

　隠岐《おき》の総社・玉若酢命《たまわかすみこと》神社にある八百杉を植えたのは若狭から来た八百比丘尼で「八〇〇年経ったら再び訪れよう」と言ったという。この杉の根元の穴には大蛇が棲

みついており、暖かな日にはいびきが聞こえたという。（福田清人・諸田森二『離島の伝説』）また、五箇《ごか》の一宮の川畑という屋号の家は、八百比丘尼の子孫だといわれていた。（大森郁之助「隠岐郡都万村聞書（承前）」『民間伝承』二五巻二号）

千年《せんねん》比丘尼も参照。

藪神［やぶがみ］

集落の森や藪に祀られる神、または**荒神《こうじん》**などを祀る森や藪を崇敬したもの。祟《たた》りをなす荒々しい神とされることが多い。森神や森様などと呼ばれるのも同様の存在。

広島高田郡美土里町《みどりちょう》（現・安芸《あき》高田市）でいうヤブ神さんは、竹藪や山で個人が祠《ほこら》に祀るものとされる。神名の特定できない正体不明の神である場合も多く、憑物《つきもの》の一種のように語られることもあった。古木が御神体とされていた例もある。古い墓や五輪塔をヤブ神として祀る所もあり、周辺の藪を伐ると気が変になるといわれていた。ヤブ神が憑いたときは拝み屋に頼んで落としてもらう。憑かれた者の家では家族の人数分の卵を用意し、各自の名前を書いて外に置いておく。ヤブ神が憑いている者の卵だけは空になるので、その人を対象に祈禱《きとう》を行う。この憑物落としの際に拝み屋へ支払う報酬は高額だったという。（『民俗採訪』昭和五四年度号）

島根県浜田市の長見地区で藪神さんまたは森神さんと呼ばれる神は、激しい性格の祟りやすい神とされていた。某家の祀る森神さんは森の中の大木で、枝を切った人が祟りで血を吐いて死んだという。他にも山奥で死んで祀られなかった山伏の墓が藪神さんとなった場所もあった。（『長見の民俗・十和の民俗』）島根県邑智《おおち》郡口羽村《くちばむら》（現・邑南町《おおなんちょう》）に祀られていた藪神様は猫神様とも蛭《ひる》神様とも呼ばれ、地下に金が埋まっていると噂されていた。蛭神と呼ぶのは蛭が神様の威光を恐れ、この地域にあまり近寄らないためだという。（『口羽郷土誌』）

雪女［ゆきおんな］

雪や氷の精が女性の姿をとったもの、あるいは雪山に現れる女の妖怪。広い地域で知られたもので、中国地方でも積雪地域にて伝承が確認されている。

岡山県英田《あいだ》郡東粟倉村（現・美作市《みまさか》）では、兵庫県との境にある上乢《かみだわ》に雪女が出たといい、見た者は必ず命を取られるとされた。ある男は綿帽子をかぶった花嫁姿の雪女に出会い、この世のものとは思えない笑みに魅入られた。だが手招きされるままに歩を進めても、なぜか女に近づくことができない。それで相手が雪女だと気づいて逃げ出したので、どうにか助かったという。（『おかやま伝説紀行』）

苫田《とまた》郡上齋原村《かみさいばらそん》（現・鏡野町）では大雪が降ると雪女が出るという。これは吹雪の晩に「小豆一升、二升、三升、ゴショ、ゴショ」「水くれぃ水くれぃ」などと言うとされる。煮え湯をかければ逃げるが、水をか

けると大きくなって人を連れ去ってしまうという。（片田知弘『風と伝説の中の上斎原』）冬に下ノ郷の稲荷山が鳴ると雪女がやってくるともいわれた。それはざんばら髪で櫛《くし》を口に咥《くわ》えた、白い着物の女だという。（『民話集人形峠』）

鳥取県東伯郡小鹿村中津（現・三朝町《みささちょう》）の雪女も「氷ごせ湯ごせ」と言い、水をかけると膨れるが、湯をかけると消えるという。これは白幣を振り、淡雪に乗って現れるとされた。（『綜合日本民俗語彙』）

小泉八雲は島根県松江に滞在中、土地の者から雪女の話を聞いた。この雪女は真白なもので、雪の中でいろいろ変な顔をして人を驚かすという。昼間は顔を上げて一人旅の者を驚かせ、夜は樹よりも高くなり、あたりを見回してから急に雪になって降ってくるという。（「知られぬ日本の面影」『小泉八雲全集　第三巻』）

鳥取市鹿野町の鷲峰山《じゅうぼうさん》も雪女が出現する地とされる。渡辺光正『改版　因幡《いなば》伝説民話（第一集）』には、鷲峰山で茂作と蓑吉《みのきち》の親子が雪女に遭遇する話がある。これは小泉八雲『怪談』で武蔵国の話として語られているものと同じ内容である。また、鷲峰山近くの村に住む老夫婦のもとに雪娘が訪ねてきて、囲炉裏《いろり》の火にあたりながら、「春になるともっと北の国の方へ行くつもりなんです」などと語ったこともあるという。雪娘は火にあたると北風が迎えにくるもので、人間はその手に触れただけで凍死してしまうという。八頭《やず》郡若桜町では、三月末の牡丹《ぼたん》雪の夜、真白い着物で裸足《はだし》の雪女郎が人家を訪ねてきた話がある。女は江浪峠を越え播州を目指していると言い、火に当たって一休みしたあと礼を述べ去ったという。（『因幡伝説民話　第八集』）

四つ目の犬［よつめのいぬ］

金屋子神《かなやごがみ》などの降臨にまつわる伝説に登場するもの。金屋子神は地上に降りてきた時、犬に吠《ほ》えられて犬を嫌うようになったとされ、それゆえ製鉄や鍛冶の仕事場では犬に関する話題は禁忌とされた。このような由来譚《たん》において神に吠えかかった犬を「四つ目」と表現する例がある。

鳥取県日野郡多里村《たりそん》（現・日南町）では金屋子さんが吉備《きび》の中山へ天降《あまくだ》ったとき、四つ目の犬に吠えられたと伝わる。蔦《つた》に摑《つか》まって逃げようとしたところ、蔦が切れて逃げられず、神はそのまま犬に嚙まれて死んでしまったという。島根県飯石《いいし》郡吉田村（現・雲南市）の菅谷鑪《すがやたたら》でも、白狐に乗った金屋子さんが吉備の中山へ降りたときに四つ目の犬に吠えられたという。金屋子さんは驚き逃げようとした拍子に麻苧《あさお》に絡まり倒れて死んでしまったといい、そのため犬と麻を嫌っているという。（石塚尊俊『鑪と刳舟』、「鑪における禁忌と呪術」『民間伝承』第一一巻一〇・一一合併号）

山口県美祢《みね》郡別府村（現・美祢市）では金山《かなやま》さん（金山彦神）が人相の悪さゆえに四つ目の犬に吠えかかられたと伝わる。この時、金山さんは蜜柑《みかん》の木に登って助かったので、一一月八日の鞴祭《ふいごまつり》の日には蜜柑を

供えるのだという。（大藤時彦「犬飼はずなど」『民間伝承』第一三巻第一〇号）

目の上に眉のような斑点がある犬を俗に「四つ目」という。この犬は縁起が悪いものと考えられる場合があり、「四つ目の犬は主人を狙う」などの俗信があった。（『宇部市史　自然環境・民俗方言篇』）

【ら】

雷獣［らいじゅう］

雷と共に落下するという獣。

広島県比婆《ひば》郡峰田村（現・庄原市）ではドンドロ（雷）を起こすのは天神または雷獣だという。雷獣は伯耆《ほうき》大山（鳥取県）に数多く生息し、夕立《ゆうだち》雲に乗って諸国へ出ていくとされた。激しい夕立の後に米子の町外れに落ちてきた雷獣は、四肢の間に翅《はね》がある獣だったと噂されたという。（山田次三『奥備後の民俗』）広島藩医の進藤寿伯が記した『耳の垢後編』によれば、嘉永五年（一八五二）に奥州の者が山中で生け捕った雷鼠なる獣を見世物にしていたという。犬ほどの大きさで顔つきは鼠のごとく、爪は熊のようで体毛が逆立った恐ろしげなものだったという。雷獣が見世物に出された例は各地にみられ、これも類似する例と思われる。（『近世風聞・耳の垢』）

江戸時代頃に描かれた絵図には、寛政三年（一七九一）五月に因州（鳥取県）城下に落ちた「雷龍」を描いたものも確認されている。大きさは八尺、龍のような体に一本爪の生えた腕がついている。名称から、雷獣同様に天から降ってきたものの記録と思われるが、詳細は記されておらずわからない。芸州五日市村（現・広島市佐伯区）に落ちてきたという雷獣の図も複数確認されている。こちらは胴が毛に覆われた蟹《かに》か蜘蛛《くも》といった姿で、他の雷獣図と比べても特異な描かれ方となっている。（湯本豪一『日本の幻獣図譜』）

岡山県にも雷（雷獣）が落ちた、雷を捕らえたといった話が複数伝わっている。文化一一年（一八一四）六月には美作《みまさか》町田殿

で雷獣が生け捕りにされたといい、これを描いた絵図も残されている。(『岡山の妖怪事典　妖怪編』)

龍蛇［りゅうじゃ］

海蛇は出雲大社の使い、神々の先導役、または龍宮から神々への供物《くもつ》といわれ、島根県をはじめとして各地に関連する伝承が残る。龍蛇、または「龍蛇さん」と敬称をつけて呼ぶこともあった。

島根県出雲地方では一〇月、すなわち**神《かみ》在月《ありづき》**の大時化《しけ》に乗って海岸に龍蛇が漂着する。これは単なる海蛇ではなく、龍神からの使いとみなされ、拾った者は出雲大社、日御碕《ひのみさき》神社、佐陀《さだ》神社などに送り届けるのが習わしだった。(石塚尊俊『神話と祭りと芸能の山陰路』)諸事謹慎の期間に現れることから、出雲地方では海蛇をお忌《いみ》さん、おユミさんなどとも呼ぶ。(湯浅照弘「蛇神信仰」『岡山民俗』第四〇号)

邇摩《にま》郡馬路村《まじむら》(現・大田市)などでも、神無月に海岸に揚がる龍蛇を出雲大社や佐陀神社へ奉納する習慣があった。琴ヶ浜では海蛇が打ち揚げられると、発見者が桟俵《さんだわら》に載せて乙見神社に奉納した。この時とぐろを巻かないものは龍蛇ではないとして神社には持って行かなかったという。(『島根県下30地区の民俗』)隠岐《おき》地方でも神無月に龍蛇が流れ着くことがあり、発見した者は出雲へ持参して米一俵を貰ったりしたという。そのまま島内に祠《ほこら》を建てて祀る場合もあった。(『隠岐島の民俗』)

龍蛇さんは通常の海蛇と異なる外観をもつもので、背に錦紋があり、鱗《うろこ》には大社の神紋である亀甲紋があるなどといわれた。これらの伝承から、龍蛇とはウミヘビの中でも特にセグロウミヘビのことを指すと考えられる。江津《ごうつ》市の津門《つと》神社に保存されていた安政元年(一八五四)奉納の龍蛇はマダラウミヘビだったという。同社では龍蛇神の護符を発行しており、三方の上に置かれた龍蛇図の脇に「水火風難除縁結」「安産海運守護攸」の文字が並んでいる。近世に奉納された龍蛇は、美保関の美保神社、大田市仁摩町の乙見《おとみ》神社、五十猛町《いそたけちょう》の新羅《しらぎ》神社などでも保存されている。(藪信男「龍蛇考」『出雲信仰』)

鳥取県日野郡江府町《こうふちょう》では、出雲から龍蛇を貰い受け、朝夕清水を供えて拝むと家の主となって幸運をもたらすとされた。しかし粗末に扱うと八畳間いっぱいに大きくなるという。ある家は龍蛇を祀って資産家となったが、祭祀が厄介になり「海へお帰りなさい」と日野川へ流したという。(岡義重「鳥取民俗管見」『伝承』第六号)岡山県勝田郡奈義町柿では、旱魃《かんばつ》がひどい年には神主が出雲大社にお願いして龍の干物を借りてきた。水を張った新しい盥《たらい》に入れられると、干物は大きくなって盥の中で回りだす。勢いよく回るほど降雨の効果が強いという。ただしこの方法は一代で三度限り、略式を含めても五度までしか使ってはならないとされている。(『那岐山麓の民俗』)

山口県北端の見島《みしま》では海蛇をウジャ(龍蛇か)と呼び、尾には紫色のホウショウの

玉があるといった。ウジヤは出雲様（出雲大社）に上がるものとされ、これが獲れた場合は豊漁で運《まん》が良いといって喜ばれた。（瀬川清子『見島聞書』）

下関市豊北町《ほうほくちょう》阿川では、出雲の龍蛇神を映した水で死んだ人の唇を濡らすと、一度だけ蘇るという俗信が採集されている。（伊藤彰ほか『中国の葬送・墓制』）

レッサーパンダ

木登りが得意なレッサーパンダは、木から「落ちない」という性質から、合格祈願の験担《げんかつ》ぎで縁起物扱いされることがある。

岡山市北区京山の池田動物園では、二〇〇九年から受験シーズンの度に「合格祈願パンダ君」という、神主のような装束をまとい「合格」の字が刻まれた神木を抱くレッサーパンダ人形を展示している。訪れた受験生や家族連れがこの像に手を合わせる光景がみられるほか、レッサーパンダのイラストが入った紙のお守りも配布されている。（「池田動物園に合格祈願パンダ君『落ちない…』受験生を応援」『山陽新聞デジタル』二〇二一年一月二四日）

広島市安佐北区の安佐動物公園でも、飼育しているレッサーパンダの糞《ふん》を漉《す》きこんだ「合格祈願しおり」の販売が二〇〇八年から行われている。これも木から落ちないレッサーパンダの糞で「ウンがつく」ように、という趣向である。（「『ウンがつく』レッサーパンダのふんを紙にすき込んだ合格祈願しおりが人気　広島・安佐動物公園」『毎日新聞デジタル』二〇二〇年一〇月二五日）

レッサーパンダに合格への願いを託す企画は中国地方以外の動物園でも行われており、北海道札幌市の円山動物園、宮城県仙台市の八木山動物公園、福井県鯖江市の西山動物園などでの展開が例として挙げられる。

【わ】

鰐［わに］

「わに」または「わにざめ」とは山陰地方などでいうサメのこと。

『古事記』においては、**因幡《いなば》の白兎**の神話に鰐（和邇）が登場する。隠岐《おき》の島（島根県）から本州に渡ろうと考えた白兎は、海の鰐を「私たちとお前たちの一族ではどちらが多いか比べてみよう」とそそのかし、一族をみな呼び寄せて隠岐から気多《けた》の崎（現・鳥取県鳥取市）まで並ばせた。兎はその列を渡って気多に着いたが、陸に上がる瞬間に「お前たちは騙《だま》されたのだ」と口走

ってしまい、一番端に伏していた鰐に襲われ、着物（毛皮）を剝《は》ぎ取られて赤裸にされてしまった。

『出雲国風土記』にも鰐の話がある。天武天皇の甲戌の年（六七四）、語臣猪麻呂《かたりのおみいまろ》の娘が安来の毘売崎《ひめざき》で鰐に襲われ殺された。父の猪麻呂は娘を浜に埋葬し、深い痛憤に嘆き苦しんだすえ、神々に祈りを捧げて鰐への仇討を願った。すると百余匹の鰐が一匹の鰐を囲んで連れ出してきた。猪麻呂はその一匹に鉾《ほこ》を刺して殺し、腹を裂いた。腹中からは娘の脛《すね》が出てきたので、まさに娘の仇の個体だったとわかった。鰐の死骸は串刺しにされ路傍に立てられたという。

また、仁多《にた》郡の恋山《したいやま》は、玉日女命《たまひめのみこと》という女神が阿井村に来た時、彼女を恋《こ》い慕《した》う鰐が上ってきた場所だという。女神は石で川を塞いだので、鰐は会うことも叶わなかったという。（吉野裕訳『風土記』）

島根県松江市美保関町にある美保神社の信仰圏でも鰐にまつわる伝説が語られる。神代の昔、大国主《おおくにぬし》の子である事代主命《ことしろぬしのみこと》（恵比寿）は、毎晩舟で中海を渡り、対岸の揖《い》屋《や》の姫君のもとに通っていた。ある日、鶏が時を違えて鳴いたため、恵比寿様は慌てて帰ろうと舟に乗った。だが櫂《かい》を忘れ、足で水を蹴って沖を進もうとしていると、鰐に片足を食いちぎられてしまった。それ以来、美保関では鶏を飼うことも卵を食べることも忌まれたという。（酒井董美・萩坂昇『出雲・石見の伝説』）

島根県の**影鰐《かげわに》**、**もた**、岡山県の**渕《ふち》の鰐**、広島県の**鱶《ふか》**、その他の**鰐鮫《わにざめ》**なども参照。

藁蛇［わらへび］

藁で造られた蛇または龍。茅龍とも。山の神や**荒神《こうじん》**、大元神、黄幡神《おうばんしん》（大番神、王番神）を象徴するもの、あるいは神霊の依《より》代《しろ》として扱われる。中国地方の民間祭祀には藁蛇を祀る習俗が多く残っており、各種の祭礼や神事、神楽、年中行事の類で、その中核をなす重要な存在として現れる。

大元神（おおもとがみ、だいげんしん）とは村や農業、牛馬の守護神として信仰される霊格で、路傍や神社境内の木などに祀られる。山陰地方に広く分布しており、黄幡神などと同一視される場合もある。島根県では田の神である**さんばい**と同一視されることもあるが、こちらも蛇と関連する伝承のある存在である。（『日本の神様読み解き事典』、『決定版　日本妖怪大全』）

島根県の大元神楽では藁蛇は託綱《たくづな》とも呼ばれ、最初は祭壇にとぐろを巻いた状態で祀られているが、明け方の御綱祭《みつなまつり》の後に神木に巻きつけられて鎮まる。神事の際、注《し》連主《めぬし》（斎主）は村中の神々の名を呼んで残らず招き、藁蛇を揺らして神遊びさせ、時として神からの託宣を受ける。

山口県東北部に伝承される山代《やましろ》神楽では藁蛇と幣束《へいそく》を山の神の象徴として神憑《かみがか》りの舞を行う。神楽奉納の最後に「山之神」などと称される舞が演じられ、天大《てんだい》将軍と呼ばれる舞い手が狂乱状態で暴れ回ると、御棚の藁蛇を叩き落として神憑り状態になって、神木に幣束や藁蛇を巻きつける「山巻

き」という祭儀を執行する。これは古来、死霊を清め祓《はら》うために行われたものであるらしい。島根県鹿足《かのあし》郡吉賀町抜月《ぬくつき》に伝わる「山舞」も類似した手順を踏む神事で、こちらは貞享（一六八四〜八八）の頃、不遇な死を遂げた孫次という者の霊による祟《たた》りを免れるために始まった「孫次の舞」が起源ともいわれている。

広島県の比婆《ひば》荒神神楽でも約八尋《ひろ》（約一二メートル）もの巨大な藁製の「竜《たつ》」で龍の舞を演じ、最後にこれを祠《ほこら》や神木に巻きつける。このように藁蛇を用いた神楽祭祀は、荒神信仰の盛んな地域一帯では荒神神楽の中心的装置として使用されている。（『島根の神楽　芸能と祭儀』、『中国地方民間神楽祭祀の研究』、『里神楽の成立に関する研究』）

鳥取県米子市の八代荒神に奉納する藁の「くちなわさん」は全長約三〇メートルに及ぶ。一一月二八日の祭日には祠の裏側に置かれ、その後の虫送りの行事で焼かれる。（『米子のふるさと散歩』）

島根県八束《やつか》郡八雲村（現・松江市）は家ごとに荒神を祀る風潮の強い地域だった。桑並《くわなみ》地区の氏神である志多備《しだび》神社の総荒神送りの行事（毎年一一月九日頃）では、長さ約三八メートルの藁蛇が奉納される。藁蛇は庭前にとぐろを巻いた状態で据えられ、祝詞を上げ神酒を注がれた後は、神木である椎《しい》の木に巻きつけられ、一四四本の小幣を立てられ祀られる。

簸川《ひかわ》郡佐田町毛津《けづ》（現・出雲市）で一一月二日に行われる荒神祭では、斎主が剣を持ち、拝殿に上げられた藁蛇に立ち向かう様を演じる。この時、奏楽の者が「カンザキミサキ、カンザキミサキ」と唱えると、斎主は幣を取って「一月のミサキ（**みさき**＝神霊）」から「一二月のミサキ」そして「朔日《ついたち》のミサキ」から「晦日《みそか》のミサキ」まで名を呼びながら、藁蛇を祓い清める。その後は頭主が幣を貰い受け、氏子たちが各戸に祀るミサキを呼び出しながら藁蛇を祓う。こうして全てのミサキを呼んだ後、藁蛇を御崎荒神の森へ持っていき、神木に巻きつけて拝む。（『山陰の祭祀伝承』）

松江市東出雲町揖屋《いや》の揖夜《いや》神社境内に祀られる荒《こう》神社は素戔嗚尊《すさのおのみこと》が祭神で、依代となる神木には七巻き半の藁蛇が巻かれている。（本田不二雄『異界神社』）この藁蛇は大蛇神（チイナマイト）とも呼ばれる。

このように、一部の例を挙げるだけでも藁蛇が中国地方の祭祀行事において重視されていたことがわかる。信仰対象である荒神、またはそれに近しい**竈神**《かまどがみ》、**金屋子神**《かなやごがみ》、**藪神**《やぶがみ》、みさきなども、各項で繰り返し述べた通り祟りやすく、怪異というべき事象を引き起こす存在とみられていただけでなく、憑物《つきもの》や神憑りの俗信とも密接な関わりを持っている。神が宿る藁蛇自体も水神のイメージが根底にあると考察されており、広島県の**やむしろ**の伝承のように由来譚《たん》に大蛇が登場するもの、島根県の**頼太水**《よりたみず》のように藁蛇と洪水が関連する怪異もある。また、雨や水害にまつわる性質を持つ蛇神には、**八岐大蛇**《やまたのおろち》、**梅雨左衛門**《つゆざえもん》、**赤松池**《あかまついけ》**の大蛇**、出雲信仰における**龍蛇**などもある。

COLUMN

神楽世界のパラレル妖怪07

神に奉納するため奏される歌舞を「神楽《かぐら》」と呼ぶ。中国地方は神楽の盛んな土地で、出雲神楽・石見神楽・隠岐《おき》神楽・備中神楽・備後神楽・芸北神楽・比婆《ひば》荒神神楽・安芸《あき》十二神祇《じんぎ》など様々な系統がある。神社の祭礼行事の一環として行われ、郷土の伝統芸能、文化遺産として話題に上る機会も少なくない。

能舞（神楽舞）と呼ばれる形式の神楽は演劇性が強く、記紀神話や謡曲、神社の縁起、軍談を題材にしたものが多い。ここに鬼や魔王など様々な妖怪の姿を見つけることができるのである。次の「その他」の章で一部を紹介しているので、ぜひご覧いただきたい。

神楽の物語設定は、一般的に知られる神話などの内容とは少し違っていることも多く、その並列的な存在感にも面白さが感じられる。たとえば石見神楽「頼政《よりまさ》」の**鵺**《ぬえ》は猿の群れを従えているし、「黒塚《くろづか》」は二種の謡曲を合成した演目ゆえ、妖狐玉《たま》藻前《ものまえ》と黒塚の鬼女の性質を併せ持つ**金毛九尾**《きんもうきゅうび》が登場する。備中神楽では**松尾明神**《まつのおみょうじん》という神が八岐《やまたの》大蛇《おろち》退治の酒造りをしたり、**建御名方**《たけみなかた》**の命**《みこと》が荒鬼の出で立ちで現れたりする。他にも石見神楽では、俵藤太が琵琶湖周辺に害をなす大百足《むかで》の妖姫《ようき》と戦う「三上山《みかみやま》」、佐賀鍋島家の化け猫騒動を神楽化したもので、七尾の怪猫が化身した妖怪鬼が登場する「有明《ありあけ》」といった演目も生み出されている。備後神楽でも、平将門の娘で蟇《がま》の妖術を使う武夜叉《たけやしゃ》姫《ひめ》が卜部季武・碓井貞光と対決する「武夜叉姫」、北斗七星の気が宿る神剣を持った加藤清正が天竺《てんじく》の魔法使い・耶蘇瀬《やそせ》の局《つぼね》と戦う「南蛮寺」などの演目が確認されていて、知っているようで知らない世界が広がっている。

［参考文献］
・石塚尊俊（監修）『保存版　島根県の神楽』
・田中重雄（著）『備後神楽―甲奴郡・世羅郡を中心に―』

その他

（物語・芸能・神楽・絵画など）

【あ】

赤頭［あかあたま］

水木しげるの著書など、昭和期以降の妖怪図鑑の類で紹介される妖怪。

赤頭とは鳥取県に伝わる大力の人物で、自分以上の怪力をもつ謎の小僧に出会った逸話がある。水木しげるの妖怪画「赤頭」には赤頭と小僧の姿が描かれているが、これに添えられる解説では小僧こそ「赤頭」という妖怪だとされ、本来の赤頭が無名の力自慢の男にされている。（『日本妖怪大全』、『妖怪大図鑑Ⅱ』、『妖怪の森』）

これは出典たる『因伯伝説集』の内容を誤読した記述と思われ、後年の『決定版日本妖怪大全』では「赤頭と小僧の妖怪」と改題され、解説も本来の伝承にもとづいたものに変更されている。なお、小僧の妖怪は『The Netsuke Handbook of Ueda Reikichi』にある根付をもとにデザインされたものらしい。（御田鍬「水木しげる元絵まとめ」『うしみつのかね』）

各地の土産物店などで販売された豆本『日本妖怪図鑑』（リリパット）は赤頭を水木画の小僧に準じた姿で描き、「小がらで子供のようだが、たいへん力が強い。力自慢の人間がいると勝負をして、必ず勝つ。ほめると喜んで何もしない」と説明している。これには出現地に関する言及はない。

また『ゲゲゲの鬼太郎』テレビアニメ第三期には、人類文明を嫌って月に移住した妖怪・赤頭が登場するが、これも妖怪画の小僧をモデルとしたキャラクターである。（『アニメ版ゲゲゲの鬼太郎完全読本』）

悪神［あくじん］

素戔嗚尊《すさのおのみこと》に退治される悪《あ》しき神、妖怪の類。錦絵などに様々な姿で描かれる。

江戸川北輝による三枚続の錦絵『本朝振袖之始　素戔烏尊妖怪降伏之図』には、素戔嗚尊と神兵たちに平定され、出雲の女神である稲田姫《いなだひめ》の鏡に照らされる邪神と、いまだ闇の中で蠢《うごめ》く異形のものたちの姿がある。その頭部は鳥、銭、餅、達磨《だるま》、桶《おけ》など多種多様。嘉永四年（一八五一）の株仲間再興の混乱を諷刺《ふうし》したもので、邪神たちは明暗が分かれた商人たちを象徴している。（湯本豪一『江戸の妖怪絵巻』）

作者不詳の『進雄尊悪神退治図』には闇の中から異形の悪神たちが襲いかかり、進雄尊（素戔嗚尊）が稲田姫らしき女性を守りながら立ち向かう様子が描かれている。これは鳥羽伏見の合戦頃の情勢を諷刺したもので、進雄尊は徳川慶喜、悪神たちは新政府側についた諸藩を表しているとされ

る。画面端には大きな酒瓶が描かれ、出雲における**八岐大蛇**《やまたのおろち》退治の要素を織りこんでいることがわかる。（岡宏三「「八岐大蛇退治図」の図像的分析」『日本書紀と出雲観』）

悪霊［あくりょう］

岡山県倉敷市の上東遺跡から出土した弥生土器に描かれている紋様に対する解釈上にみられるもの。

甕《かめ》状の土器の四面には線刻が施され、二つは人の顔、残る二つは抽象化された細長い記号のように見える。調査担当者はこれを四つの場面を描いたものと捉え、黥面《げいめん》（入墨）の呪術者が、災いをもたらす悪霊を、**龍**に祈ることで遠ざけ、カマキリに象徴される豊穣《ほうじょう》と多産を祈ったものではないかと考察した。龍とカマキリとみられるものが極端に記号化されているのは、これらを対象とした祈りが吉備《きび》弥生人の中で普遍化していたことを示すとも考えられるという。（『吉備と邪馬台国』）

荒平［あらひら］

石見・安芸《あき》・周防など中国地方各地に伝承される神楽の演目、またはそれに登場する鬼の名。盗まれた宝を探して荒ぶるが、太夫などに宥《なだ》め賺《すか》されて宝物を授ける。

広島県安芸地方南部に伝承される神楽の安芸十二神祇《じんぎ》では「荒平舞」が代表曲目として挙げられる。天正一六年（一五八八）の舞詞によれば、荒平は人に似ぬ怪異な顔貌で、凄《すさ》まじい風を吹き出し、稲妻のごとく飛翔《ひしょう》する一丈五尺の怪物だという。唐土から渡ってきた山の大王から十二の山を賜って領地とするが、居眠りをしている間に御柴笹を盗まれてしまう。国々を巡り天竺《てんじく》まで探し回るも見つからず、日本に戻った荒平は、神を招く歌に誘われて姿を現し、人々に己の来歴を語るのだった。そして、隠れ蓑《みの》、隠れ笠、打ち出の小槌《こづち》、飛ぶ車、さらに「死繁昌《しはんじょう》（四半丈）の杖」という五つの宝を人に授ける。杖には再生の力があり、細い方で老人を撫《な》でれば若返り、太い方で死人を撫でれば蘇生して繁昌する。

広島県廿日市市の原《はら》神楽や広島市安佐南区沼田町の阿刀《あと》神楽では、榊《さかき》の守護神を命じられた荒平（阿羅比良）が、まどろんでいる隙に榊を盗まれ、東西南北の五天の空まで探し回る。この荒平は凡夫に外道をなす八万由旬《ゆじゅん》の鬼の大将と設定されており、「男子繁昌（死反生）の杖」を所持している。杖の細い方には天津神《あまつかみ》、太い方には国《くに》津神《つかみ》が籠《こも》っていて、四方を招くと万の宝が寄り、老人の額を撫でれば一七、八に若返るという。（三村泰臣『中国地方民間神楽祭祀の研究』浅沼政誌・中上明編『中国地方各地の神楽比較研究』）

石見神楽などに登場する悪鬼の類は、荒平のように棒状の道具を手にして立ち回ることが多い。山口県岩国市の下《しも》の神楽にみられる柴鬼神《しばきじん》も荒平と同質の存在である。広島県の**荒**《あら》のように、演劇的でない祭礼行事に登場する鬼も荒平と共通する要素を持つことがある。四国地方の神楽や祭礼に現

れるダイバ（ダイバン）や山王（やまおう、さんのう）も荒平の系譜に連なるものといえる。榊を盗まれて神楽の場に現れるという設定の鬼は九州地方にも分布している。（『山口県の民俗芸能』、『中国地方各地の神楽比較研究』）

荒振神の御祖［あらぶるかみのみおや］

島根県隠岐《おき》地方の神楽に登場する鬼。

島後久見神楽「湯立《ゆだて》（熊野《ゆや》）」では、まず探湯《くかたち》（湯立神事。沸かした湯で神意を問う儀式）の由来と功徳が述べられ、熊野《くまの》の巫《み》女《こ》が現れて探湯を行う。そこに荒振神の御祖が訪れて邪魔をするが、巫女は鬼に対して熊野権現と探湯の功徳を説く。すると鬼は改心し、巫女の榊《さかき》を取って自ら探湯を行う。（『島根の神楽　芸能と祭儀』）島後地域の神楽では鬼面もしくは鼻高の面を着用するが、島前では嘴《くちばし》の突き出た烏天狗《からすてんぐ》型の面が使われる。（『保存版　島根県の神楽』）

碇潜［いかりかづき］

壇ノ浦に沈んだ平家一門の戦いぶりや最期を描いた謡曲。**平家の亡霊**が登場する。

都の僧が平家の菩提《ぼだい》を弔おうと早鞆《はやとも》の浦（関門海峡の東端）を訪れ、漁師に壇ノ浦（山口県下関市）の合戦について尋ねた。平教経の最期を語る漁師は、やがて自分こそが教経の亡霊であると明かして姿を消す。そして海の中から船に乗った二位尼、大納言局、平知盛が現れ、合戦や**安徳天皇**の入水の場面を再現する。最期には知盛の霊が苦悶《くもん》の様子を見せ、碇を担いで海中に沈んでいった。（『謡曲通巻　第六巻』）

入水する平知盛が重い碇を担ぎ、二度と浮かび上がらないようにして水底に消える場面は、芝居や絵画を通してよく知られている。『平家物語』では、知盛は鎧《よろい》を二重に着たとあるだけで、碇のイメージは本作および人形浄瑠璃・歌舞伎の『義経千本桜』を経て定着したものとみられている。

異形の魚［いぎょうのうお］

長寛二年（一一六四）、平清盛をはじめとする平家一門が繁栄を願い安芸《あき》（広島県）の厳島神社に経典群を奉納した。これら平家納経はいずれも金銀の金具や美しい表紙絵で飾られた華美な工芸品で、平安時代に流行した装飾経の最高峰といわれ、当時の平家の栄華をものがたっている。

平家納経の「提婆品《だいばほん》」表紙には、波間から異形の魚たちが姿を現し牙をむくさまが描かれている。剣のように長く鋭い背鰭《せびれ》をもつもの、異様に下顎の突き出したもの、撞木《しゅもく》のように目の部分だけが伸び出ているものなど、その外見はどれも個性が光る。

これは経典の意を汲《く》んで絵画化した「経《きょう》意絵《いえ》」の一種である。『法華経』提婆品が説くのは龍宮の娑羯羅龍王《しゃがつらりゅうおう》の娘（龍女）の成仏で、描かれた異形の魚たちは大海の底に棲む巨魚・摩竭魚《まかつぎょ》（摩伽羅《まから》）に相当するものとみられる。小松茂美は、これを『源氏

物語』帚木《ははきぎ》の巻にある「荒海の怒れる魚《いほ》」という文言を借りて説明している。（小松茂美『平家納経　平清盛とその成立』、広島県立美術館編『平家納経と厳島の宝物』）『平家物語』諸本の記述からは、厳島神社自体が龍女を祭祀した場所とみなされていたことがわかる。

犬神［いぬがみ］

犬の霊が化した憑物《つきもの》。西国や四国に多いものと認識され、犬の首を切断し人為的に犬神を作る呪術が知られていた。近世の芝居や読本《よみほん》などには、呪物たる犬の頭を所持して妖術を駆使する悪役が登場することがある。中国地方の民間伝承上の存在については広域の**犬神**を参照。

明和七年（一七七〇）初演の歌舞伎『けいせい咬𠺕吧恋文《じゃがたらぶみ》』では、周防国（山口県）安芸国《あきのくに》（広島県）の国主である大内義弘が犬神の術を会得している設定で登場する。同作における義弘は足利家に滅ぼされた百済王を祖父にもち、将軍家に深い恨みを抱いている。毛利元就の計略に嵌《は》まって謀反《むほん》の企てを自白してしまい、切腹して果てるが、それは犬神の術を使った偽装だった。そこで切り落とされた義弘の首は犬の首となって火を吹き上げ、虚空へと消え失せる。その後、義弘は犬神の術こと咬𠺕吧国の秘法を用いて唐の使者・珍花慶《ちんかけい》に扮して毛利の館に現れる。だが義弘の生き別れの娘・園原《そのはら》の血によって術は効力を失い、邪神の籠《こも》る犬の頭は砕け散った。義弘は園原を「我が術を砕きし魔王め」と罵《ののし》り、山中鹿之介らに捕らえられると、死後も転生して日本に仇をなさんと呪詛《じゅそ》の言葉を吐くのだった。（『日本戯曲全集　第四十三巻』）

岩長姫［いわながひめ］

神話に登場する女神。近松門左衛門作の浄瑠璃『日本振袖始』においては、素戔嗚《すさのおの》尊《みこと》への愛憎が嵩じて**八岐大蛇《やまたのおろち》**に化身し、出雲国（島根県）で彼に退治される。

神代、醜い顔貌の岩長姫は美しい妹の木花咲耶姫《このはなさくやひめ》が天孫・瓊瓊杵尊《ににぎのみこと》の后《きさき》となったことに嫉妬し、殺害を企てたが失敗した。そこで岩長姫は木花咲耶姫に想いを寄せる素戔嗚尊を騙《だま》して、天の宝である十握《とつか》の剣を奪い取った。姫の本性は八色八面の悪蛇で、宝剣を奪うために大山祇神《おおやまつみのかみ》の娘に転生し、八万年ものあいだ機会をうかがっていたのだった。激昂した素戔嗚は悪鬼と化した姫の首を刎《は》ね、死体を八つに切り裂いたが、隠された剣は見つからなかった。悪鬼の死骸は宝剣と共に彼方へ飛び去り、八岐大蛇となって出雲国に棲みつき、土地の人々を脅かした。素戔嗚は生贄《いけにえ》に選ばれた稲田姫《いなだひめ》を救うべく大蛇と対決したが、怒る大蛇は姫を飲みこんでしまう。しかし稲田姫は大蛇の腹を斬り裂いて体内から脱出し、尾の中に隠されていた宝剣をも奪還した。大蛇の死骸は素戔嗚によって寸々に切り刻まれて滅び去り、出雲には平穏が訪れたのだった。（『近松世話浄瑠璃』）

備後神楽で演じられる「磐長姫」におい

ては、瓊瓊杵尊に選ばれなかった磐長姫は怨霊と化すが、猿田彦《さるたびこ》に鎮圧される。（田中茂雄『備後神楽』）同様の展開は東北地方の神楽でも見ることができる。（『日本怪異妖怪事典　東北』）

岩藤［いわふじ］

石見神楽「鏡山《かがみやま》」の登場人物。

石州浜田藩（島根県浜田市）第六代藩主の奥方に仕える局《つぼね》・岩藤は中老の尾上《おのえ》を妬み、策を弄して彼女を陥れて叱責し、自害へ追いやる。尾上の召使いであるお初は自害に使われた懐剣で主の仇を討ったが、岩藤の怨霊は野ざらしになっていた白骨に宿っており、髪を振り乱した悪鬼のような姿で復活してお初に仇をなす。しかし、再びの立ち回りを経て最後は成仏させられる。

歌舞伎『鏡山旧錦絵《かがみやまこきょうのにしきえ》』と『加賀見山再《かがみやまごにちの》岩藤《いわふじ》』を再構築して神楽に仕立てたもので、島根県浜田市の後野《うしろの》神楽社中が保持する創作演目。（『ガイドブック浜田の石見神楽』、広島神楽芸術研究所YouTube）お初のモデルとなった松田察《さつ》は浜田藩江戸屋敷奥女中岡本道の侍女。怨霊になった岩藤の活躍は『加賀見山再岩藤』などで描かれている。歌舞伎では骨から蘇った岩藤は元の姿に戻るが、神楽では鬼の姿で暴れ回り、活劇性が強調されている。（『日本怪異妖怪事典　関東』、松井俊諭『鏡山旧錦絵・加賀見山再岩藤』）

うしろ神［うしろがみ］

水木しげる『日本妖怪大全』などでは、「うしろ神」の項目で、岡山県に伝承されるという同名の妖怪への言及がある。

うしろ神とは背後から人の髪を引いたりするもので、地域によって性質が違い、岡山の方では首筋に熱いものをくっつけて驚かせるという。津山地方では臆病な女が夜道を歩いていると、うしろ神に髪をくしゃくしゃに乱された。この時、首筋には火のように熱い息を吹きかけられたという。

水木が手がけたうしろ神（後神）の妖怪画は、鳥山石燕《せきえん》の『今昔百鬼拾遺』にある「後神」を元にしたもの。この後神は「後ろ髪を引かれる」の慣用句などにかけて石燕が創作したものとみられ、図と一致する民間伝承があったわけではない。一方、解説文で言及される津山のうしろ神は、山田野理夫『おばけ文庫3　べとべとさん』にある話の引用だが、これも石燕の絵に着想を得て創作された怪談か、脚色された民話と思われる。修験者などが背後で自分を守護する特定の神をウシロ神と呼ぶ例は岡山県でも確認されているが、石燕が描いた後神、山田野理夫が書いたうしろ神との関連は薄いと思われる。

おとろし

鳥取県の妖怪とされることがあるもの。

妖怪探検隊編著『47都道府県!!　妖怪めぐり日本一周』（二〇一七）は、おとろしを鳥取県の妖怪に分類し、無人の古い家や忘

れ去られた神社に棲むと説明する。侵入者や悪戯者《いたずら》がいると、塀や鳥居の上からドサッと落ちてくるのだという。

鳥取県境港市出身の水木しげるによる、自身の少年期をモデルにした漫画作品『のんのんばあとオレ』などには、妖怪に詳しいのんのんばあという嫗《おうな》が、しげる少年に「おとろし」について教える場面がある。（『水木しげる漫画大全集０９３』）

これらに描かれたおとろしの姿は、近世の化物尽くし絵巻などに描かれているものが元になっており、民間伝承を元に描き起こされたのではないことに注意が必要である。**べとべとさん**、**天井なめ**も参照。

お化け人形［おばけにんぎょう］

各地の「お化け屋敷」の興行で使用される人形。「最後のお化け人形師」こと岡山県倉敷市呼松《よびまつ》の中田市男《なかたいちお》（一九二六年生）のお化け人形は、張子《はりこ》細工のような昔ながらの技術で長年にわたり制作されている。その活動は地元の新聞紙などでもたびたび取り上げられてきた。

中田が作るお化けには、顔の半分が骸骨の「骨女」や、長壁《おさかべ》の眷族《けんぞく》をイメージした狐の女官、口裂け女などがある。舌出し、角出しなど仕掛《ギミック》を施した人形もある。「お化けの人形はきれいじゃないと駄目だ」というポリシーのもと制作が続けられてきた。ただし四谷怪談のお岩の人形は作らないことにしているという。それは以前、北海道での興行用にお岩人形を作ったところ、興行師が「何か変だ」と例にない様子で返却してきたからだとのこと。平将門の人形を作った時もよくないことがあったため、人形の霊を祀ったという。（『立体妖怪図鑑　モノノケハイ』、「アウトサイドの隣人たち　最後のお化け人形師」『美術手帖（WEB）』二〇一八年五月二五日）

おひあがり

児童書などで紹介されていた妖怪。広島県に伝わる**覆《お》い掛《が》かり**の名の誤記が定着してしまったもの。

昭和四三年（一九六八）の『週刊少年マガジン増刊　日本妖怪大全』では、脇目もふらず山道を歩いていると後ろから覆いかぶさってくる正体不明の妖怪で、岡山県に現れると説明されている。（『水木しげる漫画大全集　補巻1』）『妖怪なんでも入門』でも、中国地方の妖怪の一体として名が挙げられるなど、おひあがりは何度も登場していたが、後年の水木の書籍では覆い掛かりに訂正されている。なお、水木画の覆い掛かりのデザインは柴田是真の幽霊画を元にしたものである。

聖咲奇監修『世界の妖怪全《オール》百科』でも岡山県の妖怪として紹介され、一つ目一本角の姿で描かれている。『悪魔・オカルト大全科』では出現地域への言及はないが、トカゲのような姿の「おひあがり」が掲載されている。これは『世界の妖怪全百科』における「のびあがり」と共通性を持たせたデザインであるらしい。

【か】

川赤子［かわあかご］

水木しげるが遭遇したとされる妖怪。

水木の著書では、川赤子は沼や池で「オギャー、オギャー」と泣き声を上げ、赤子だと思って助けに来た人が水に落ちるよう仕向ける妖怪と説明される。次いで、水木自身も海の近くに住んでいた時期（鳥取県境港市に居住していた少年時代）に、川赤子のような声をたびたび聞いものだという随想が入る。（『日本妖怪大全』）

水木自身の少年時代をモデルにした漫画『のんのんばあとオレ』などでは、のんのんばあが知る妖怪伝承のひとつとして川赤子への言及がある。川赤子という妖怪は鳥山石燕《せきえん》『今昔画図続百鬼』に描かれたもので、水木はこの知識を自伝的作品にフィードバックさせて「幼時に川赤子にまつわる体験をした」というエピソードを創り上げたようである。**天井なめ**、**べとべとさん**なども参照。

貴船［きぶね］

神楽に登場する鬼女。謡曲「鉄輪《かなわ》」を元にしたもので、石見（島根県）など各地の神楽にみられる。

下京あたりの男が呪いで顔が歪《ゆが》み、安倍晴明に助けを求める。呪いをかけたのは男に離縁された女で、赤い衣を着て、頭に鉄輪をかぶって貴船明神に願をかけていた。そして丑《うし》三時に宇治川へ入れば鬼か蛇体になるとのお告げを受けて喜び舞い、いつしか鬼女の姿となり、鬼神棒を手にしてさらに舞い狂う。鬼女は夫の面をつけた茅《かや》人形を手にして「夫の首を手ににぎり、ああ打つわ打つわ」と言って食らいつく。女は晴明の祈禱《きとう》で人形を本物の夫だと思いこみ、本懐を遂げた気になっているのだった。

鬼女への変身は二枚重ねにした面を素早く外すことで表現される。この演目は呪詛《じゅそ》を主題とする陰惨な舞であるためか、明治以降は上演が禁止されていた、または戦後はGHQによって禁止されたなどと噂された。しかし島根県美濃郡匹見町の三葛《みかずら》では上演が続けられ、三葛神楽の代表的演目となったとされる。（『校訂石見神楽台本』、島根県古代文化センター編『三葛神楽』）

旧鼠［きゅうそ］

「旧鼠」とは読んで字のごとく旧《ふる》い鼠《ねずみ》、すなわち年を経た鼠のこと。

安政二年（一八五五）八月の刊記がある「石州那賀《なか》郡濱田御城下旧鼠之一説」と題する瓦版には、巨大な旧鼠の群れが同年春に石見国（島根県）浜田藩を襲ったと記さ

れている。浜田城下には猫ほどの大きさの鼠が大量発生し、漁師が沖で網を打てば、鰯《いわし》の群れのように密集していた鼠がかかったという。この鼠たちは四足に水かきがあり、海を渡ることができるようだった。数十万の鼠の群れは田畑を荒らし、ややもすれば往来の人にも食いつこうとする始末。時の浜田城主は人々に命じて鼠の駆除にあたらせ、退治された大鼠の数は延べ五五万匹にものぼったという。

森田健司は『奇妙な瓦版の世界』で、これは当時の江戸などで広く使われていた「石見銀山ねずみ捕り」のような殺鼠剤の宣伝目的で創作された事件だろうと推測している。しかし、海を渡ってきた鼠が作物などに甚大な被害をもたらした事件そのものは各地の伝承や記録上にいくつもの例がみられるもので、中国地方でも島根県高島の**渡り鼠**、広島県の阿多田島の**悪鼠**、山口県大島郡の浮島《うかしま》の**大鼠**など多数の例が挙げられる。

漁夫の亡霊［ぎょふのぼうれい］

謡曲「藤戸《ふじと》」の登場人物。

源氏方の武将・佐々木盛綱は、備前国児島（岡山県倉敷市）における藤戸合戦で、海峡を馬で渡って敵地に攻め入り、先陣の功を挙げた。その後、盛綱が領地となった児島へ赴き、訴えのある者は申し出よと言うと、老婆が「殺された我が子を返してくれ」と盛綱を責めた。合戦の折、盛綱は浅瀬ができる場所を若い漁師から聞き出していた。だが、貴重な情報を味方にさえ知られたくない盛綱は、漁師を殺害して口を封じ、その骸《むくろ》を海に沈めたのだった。老母に息子の供養を約束した盛綱が藤戸の浜で般若経を読誦すると、波間から漁夫の亡霊が現れた。彼は罪なくして殺された無念を語り、妄執から水底で悪龍《あくりょう》の水神と化し、恨みを晴らそうとしていたと告げた。しかし意外にも回向《えこう》を賜ったため、この世の迷いから解き放たれて成仏していった。（『謡曲大観　第四巻』）

『平家物語』や『吾妻鏡』にみえる盛綱の逸話を基にした後日譚《たん》。

金毛九尾［きんもうきゅうび］

神楽「黒塚《くろづか》」などに登場する九尾の狐。この神楽は能の「黒塚（安達原《あだちがはら》）」「殺生石《せっしょうせき》」を合体させた演目で、島根県石見地方から広島県安芸《あき》地方北部に残るが、もとは江戸時代に広島県備後地方で創作されたものだという。（『島根の神楽　芸能と祭儀』）

島根県鹿足《かのあし》郡吉賀町に伝わる抜月《ぬくつき》神楽「那須野《なすの》」では、回国修行の折に下総国那須野ヶ原にやって来た祐慶《ゆうけい》大法印一行の前に、美女の玉藻《たまも》ノ前《まえ》が現れる。その正体は金毛九尾の狐で、祐慶の弟子の剛力兄弟は美貌に誑《たぶら》かされて食い殺されてしまう。玉藻ノ前は鳥羽天皇の御所に入りこむが、正体を暴かれ三浦ノ介・上総ノ介らに退治される。（島根県古代文化センター編『抜月神楽』）これらの舞に登場する剛力（強力）は

「茶利《ちゃり》」の役回りで、とぼけた動きや滑稽なアドリブで笑いを誘う。能「黒塚」の要素を継いで、舞台となる土地は奥州那須野が原と称される場合もある。

古画の怪［こがのかい］

山東京伝作、歌川豊広画の読本《よみほん》『浮牡丹《うきぼたん》全傳《ぜんでん》』に登場する妖怪。

足利義政の時代、伯耆国《ほうきのくに》（鳥取県）船上《ふねのうえ》山《やま》の拈華寺《ねんげじ》という無人の古寺に妖怪が棲みつき、人々を驚かせていた。妖怪退治に赴いた浪人・大鳥嵯峨右衛門《おおとりさがえもん》たちも、蝦蟇《がま》のような異相に変化する上臈《じょうろう》、灯台鬼《とうだいき》のごとき女、鉄槌《てっつい》を握った丑《うし》の時参りの女の化物などに脅かされた。博識の郷士・瑤島豹太夫《たましまひょうだゆう》は、寺を調査し、秘蔵されていた藤原信実《ふじわらののぶざね》作の百鬼夜行絵巻を発見し、怪異の正体は絵の精が具現化したものだと突き止めた。豹太夫と嵯峨右衛門が古画を焼き払うと、煙の中に百鬼夜行の異類異形が浮かび上がり、天高く消えていった。

作品序盤で語られる妖怪退治譚《たん》で、物語内ではこの出来事が後に起こる災いの発端と位置づけられている。（『山東京傳全集第十七巻』）

本作の妖怪図は昭和四八年（一九七三）刊行の粕三平『お化け図絵』などで紹介され、以後の妖怪創作文化に影響を与えた。水木しげるは「古画の怪烟《けむり》の裏にあらはれていづくともなく飛去」の場面を「がたがた橋」、「伯州船上山古寺怪」の図を「和尚の幽霊」の妖怪画の参考にした。粕三平は口絵に描かれた古寺の女妖怪（腹部にも顔面がある）を「はらだし」と称しているが、これは同時代の作家・佐藤有文の『日本妖怪図鑑』などに影響を受けたものとみられる。このほか、『悪魔・オカルト大全科』では、本作の図を元にした挿絵と共に「古画の怪」が紹介されている。

五種天魔鬼［ごしゅてんまき］

伝死病《でんしびょう》（伝尸病とも。結核などの肺病）を引き起こす鬼たち。伝死病鬼、五種天魔鬼と総称されるもので、文献上は鎌倉時代の仏教書『渓嵐拾葉集《けいらんしゅうようしゅう》』や『伝屍病肝心鈔』などにみえる。

岡山市北区の金山寺に伝えられていた『伝死病種事』には、五種天魔鬼の絵姿と特徴、灸治《きゅうじ》法が記されている。この書物は文明一一年（一四七九）に京都青蓮院の蔵本を転写したものとされ、金山寺の他には愛知県の真福寺にも断簡が残されている。鬼の内訳は伝屍病鬼（鳥頭人身、刀と尊勝陀《そんしょうだ》羅尼《らに》を持ち、一二三の病相をもたらす）、屍骸《しがい》鬼《き》（長髪長身の裸女。針で人の口を縫う）、天魔羅醯室陀鬼《てんまらけいしつだき》（鶏頭人身、虎皮の腰簑《こしみの》。槌《つち》で人の頭を打つ）、兜醯羅鬼《とけいらき》（上半身は僧、下半身は蛇、千手陀羅尼を持つ。右手で病人を打つ）、猫鬼《みょうき》（猫頭人身、左手に百《ひゃっ》光遍照王《こうへんじょうおう》を持ち、赤衣を纏う。病人の胸を打つ）の五種で、おおむね『渓嵐拾葉集』の記述と一致する。（美濃部重克ほか「伝尸「鬼」と「虫」」『唱導文学研究第六集』、『命を与ふ―医療の歴史―』）

古代出雲の霊［こだいいずものれい］

水木しげるの夢に現れた存在として漫画やエッセイにて言及されるもの。古代出雲王朝ゆかりの者の霊魂で、水木に出雲の興亡に関する作品を描くようにたびたび働きかけたとされる。出雲の古代霊、古代出雲の神々とも称される。

『日本妖怪大全』「オゴメ」の項目によれば、水木が出雲の古代霊のことを忘れると夢で「得体のしれない哀しみ（強い）」にとらわれ、霊が「出雲を忘れるな」という旨のことを告げるという。

水木は古代出雲への関心を惹起《じゃっき》する霊について「忙しくてそのことを忘れてると、夢の中で背中をどやしつけられて、それでびっくりして飛び起きるんです」などと繰り返し語っている。（足立倫行『妖怪と歩く』）そのような度重なる古代出雲の霊の「無念を晴らしてくれ！」の声に衝《つ》き動かされ、水木は古代出雲の真実を描く作品を構想する。そしてそれは後年、描き下ろし作品『水木しげるの古代出雲』として結実するのであった。この作品では出雲の霊は美しい青年の姿で描かれている。

ただし、村上健司らが『妖怪馬鹿』の鼎《てい》談《だん》で語ったところによると、実は水木が出雲の霊の夢を見たのはただの一度きりだったそうである。同書に載る京極夏彦による漫画にも古代出雲の霊が登場する。

後鳥羽法皇夢中の妖怪［ごとばほうおうむちゅうのようかい］

秀斎による『後鳥羽法皇の夢中に現れたる妖怪図』と呼ばれる六枚続の錦絵に描かれた妖怪の群れ。土佐派絵師の百鬼夜行絵巻系統の作品をベースにしつつも、昆虫や魚、巨大な象の化物、太陽を背に立つ尊像など、独自趣向と思しき要素も目立つ。

詞書《ことばがき》によれば、これは近衛天皇の在位中に、病床に臥《ふ》した後鳥羽法皇の夢に現れた妖怪を描いたものだという。夢から覚めると病は快癒していたため、法皇は夢の様子を画工に描かせ、魔除けにした。この錦絵は魔除けの図を写したもので、疫邪厄災の難を払い、子孫繁栄・家運長久を呼びこむめでたい品だと謳《うた》われている。

後鳥羽院は承久三年（一二二一）に落飾《らくしき》（出家）して法皇となり、直後に隠岐《おき》島へ配流され、帰京叶わぬまま一九年後に崩御した。対して近衛天皇の在位期間は永治元年（一一四二）から久寿二年（一一五五）で、時期は全く重ならない。考証の誤りか故意に改変したのかは不明だが、実際この時代に存命なのは近衛天皇の父の鳥羽法皇である。（湯本豪一『今昔妖怪大鑑』、妖怪仝友会『大佐用』第二四六号）

主要な記録や歴史書の中には、後鳥羽院が隠岐で患いついて妖怪の夢を見たという記述はみられないようである。（平田秀夫「隠岐の後鳥羽院」、長村祥知「後鳥羽院関係年譜」『後鳥羽院のすべて』）秀斎の図の設定に典拠があるのかは不明だが、何らかの含意をもって魔除けの妖怪図の形式を模して描かれたものと考えられる。

木の葉比等［このはびと］

隠岐国《おきのくに》（島根県隠岐諸島）の歴史書『伊《い》未《み》自《じ》由来記《ゆらいき》』に記述があるとされる、古代の隠岐に最初に定住したという民族。

船で海を渡って隠岐島後地域の役道《いみじ》に上陸した男女二人とその同族が始祖となった民族で、樹皮や木の葉で作った衣服を纏っていたため木の葉比等と呼ばれる。後世の伝説における木の葉爺・木の葉婆、あるいは箕爺・箕婆も木の葉比等だという。髪や髭は伸ばし放題で恐ろしげな外見だが、たいそう気の好い人々だったという。かれらの来島から長い年月を経て、阿麻《あま》人という穏やかな気質の漁業民族が島を訪れた。木の葉比等は阿麻人と交流して雑婚が進み、やがて同化していった。この後、阿麻人は隠岐で繁栄し、出雲地方から侵攻してくる製鉄民族の於漏知《おろち》（**八岐大蛇**《やまたのおろち》）とは数代にわたり闘争を続けたという。なお、阿麻人の指導者たちは「神」と称されている。

木の葉比等の出身地は遠く海を隔てた加《か》羅斯呂觸《らのしろぶる》または韓の徐羅《じょら》国だという。隠岐の島前では仲間の目印になるように山で火をともし、それを絶やさぬよう子々孫々守り続けた。この山が後の焼火山《たくひやま》だという。また、かれらは甘い団子を作って食べていたが、その様子は歌として各村の長の家に伝えられていたとされる。

『伊未自由来記』は金坂亮という人物により存在が示された史料である。金坂は明治期に穏地郡五箇村《ごかむら》（現・隠岐の島町）の安部廉一翁から古文書を見せられ、解読文を不要な電報用紙の裏に鉛筆で書き留めたという。このメモの存在は長らく忘れ去られていたが、昭和三二年（一九五七）の『隠岐郷土研究』誌上で初めて文章化された。『伊未自由来記』の成立は永享三年（一四三一）とされているが、原本の所在は不明で、現状では金坂の主張以外にその実在を裏付ける証拠もないため、偽書の一種と考えられている。（原田実『偽書が描いた日本の超古代史』）しかし、朴炳植『スサノオの来た道』（一九八八）で肯定的に解説されると、その影響を強く受けた『五箇村誌』でも真書扱いで掲載されてしまった。

このルートとは別に、横山弥四郎『隠岐の伝説』で由来記の内容が紹介されると、それを参考にして野津龍『隠岐島の伝説』、さらに福田清人・諸田森二『離島の伝説』にも木の葉比等の説話が掲載された。この種の地域の伝説集では、孫引きの過程で史料名が省略され、あたかも現地の一般的な伝承であるかのような記述になっている。

五郎王子［ごろうおうじ］

各地の神楽や土公神（**竈神**《かまどがみ》）の祭文（宗教的な儀礼や芸能の中で読み唱えられる詞章）、神事の掛唄などに登場する神々。五龍王、五神などとも呼ばれる。天地の創造神である**万古**《ばんご》**大王**（盤古大王、盤牛大王）を父とする兄弟神で、各自の職掌《しょくしょう》を巡って争う。『簠簋内伝《ほきないでん》』が語る創世神話を原型とする物語で、東北から九州まで各地に例があ

るものだが、中国地方では特に神楽祭祀の中核をなす重要な概念として扱われる場合も多く、地域の神楽の担い手に祭文が伝承された。文明九年（一四七七）の安芸国《あきのくに》佐伯郡（広島県）の五龍王祭文は現存最古の五郎王子の祭文とされる。（斎藤英喜・井上隆弘編『神楽と祭文の中世』）

備中や備後系統の神楽の五郎王子の舞や神事（五行祭）は、祭文語りや王子役の神職らによる陰陽道の議論を主体として、夜を徹して実施される古風な形態を残す例も多かった。王子たちの口論に擬した議論は非常に激烈で、演者の知識を総動員して行うものと捉えられていた。岡山県の備中町平川では、この神楽をするためには七駄片《しちだかた》馬《うま》の資料と七日七夜の時間を要するとされた。五柱の神は陰陽五行説に基づいた属性や方角を司る存在とされ、父なる神から、青（木・東）赤（火・南）黄（土・中）白（金・西）黒（水・北）の五色の幡《はた》を、各自の職掌の証として授けられる。（神崎宣武『備中神楽の研究』、田中重雄『備後神楽』、江草進「平川の神殿神楽」『備中神楽研究』第二集）

島根県の神楽における例を挙げると、簸《ひ》川《かわ》郡大社町（現・出雲市）の大土地《おおどち》神楽「五行」では、句句廼馳《くくのち》・軻遇突智《かぐつち》・金山彦《かなやまびこ》・罔象女《みずはのめ》の四神が末弟の埴安彦《はにやすひこ》と争い、仲裁に入った思兼神《おもいかねのかみ》が埴安彦に土用を割り当てる。（島根県古代文化センター編『大土地神楽』）出雲市見々久町《みみくちょう》の神楽における「五行之舞」では、東西南北をそれぞれ司る王一鳴の命、豊国主命、金山彦命、国狭槌《くにさつち》の命《みこと》が、中央の神を名乗る面足《おもだる》之命と争い、天の神（日の神）の裁定によって鎮められる。（島根県古代文化センター編『見々久神楽』）浜田市三隅町井野に伝わる神楽台本には、国昌隆王（国常立《くにのとこたち》王）の子である東方春青大王、南方夏赤大王、西方秋白大王、北方冬黒大王、土安大王からなる「五大王子」の名が記されている。（島根県古代文化センター編『井野神楽』）

【さ】

さがり

児童書などで紹介される妖怪。岡山県の**下がり**の伝承を基にしたもの。

伝承上の「下がり」は馬の首が下がってくる場所を指していたようだが、子供向けの妖怪図鑑における「さがり」は、おおむね馬の首の姿をした妖怪の名前として扱われる。水木しげるが描くさがりは馬の頭部から人間のような手が生えている奇怪な姿で、その手で木の枝に擱《つか》まっている。『日本妖怪大全』などの解説文では、岡山県邑久《おく》郡に現れたさがりは榎《えのき》からぶら下がって

「ヒン、ヒーン」と断《いなな》いたと記されているが、このような鳴き声の記述は先行する資料には見当たらず、脚色されたものと推察できる。『妖怪おもしろ大図解』におけるさがりは古い檜《ひのき》からぶら下がって通行人を驚かす妖怪とされ、出現地は明示されていない。檜の下で戦った馬と**大蛸**《おおだこ》と武士が勝敗がつかずに絡み合い、長い年月を経て妖怪化したものという設定も追加された。

佐藤有文『日本妖怪図鑑』に載るさがりは「昔から岡山県によくでた妖怪」で、木の枝から急にぶらりと下がると説明されている。石原豪人による挿絵のさがりも水木のデザインを踏襲し、馬の首に手が生えたスタイルとなっている。

鷺［さぎ］

八坂《やさか》信仰の神社での祭礼で演じられる「鷺舞《さぎまい》」は、人が白鷺の雌雄に扮して清楚典雅に舞う神事である。中国地方では山口県山口市の八坂神社および島根県鹿足《かのあし》郡津和野町の弥栄《やさか》神社で奉納される。京都・八坂神社の祇園会《ぎおんえ》における舞踊神事が山口に持ちこまれ、それが津和野にも伝えられたものとされている。

鷺舞における鷺とは本来「鵲《かささぎ》」だったらしく、「橋の上に下りた鳥は何鳥、かささぎの、（略）鷺が橋を渡した……」という舞歌の歌詞にも名残をみてとれる。ここに歌われているのは「鵲の橋」だといわれ、七夕に織女《しょくじょ》が牽牛《けんぎゅう》に逢いに行く際、鵲が天の川の上に群がり橋を作ったという伝説を表している。鵲の橋は男女の良縁を象徴する言葉としてよく歌題に用いられる。

『山口祇園鷺舞由来』では、祇園の神である須佐之男命《すさのおのみこと》が願掛けをしていた時、池の上を悠然と飛ぶ鷺を見てから不思議にも願いが叶ったため、神が鷺を寵愛《ちょうあい》したことが舞の由来とされている。『津和野町史』では、空也《くうや》上人が宮中に参内したとき雨に降られたが、鷺が翼を並べて傘の代わりとなったという縁起譚《たん》が由来ではないかとも語られている。（矢富巌夫『鷺舞と津和野踊り』、観光資源保護財団編『鷺舞神事』）

三宝鬼神［さんぼうきじん］

神楽の演目の一種に登場する三体の鬼神（**荒神**《こうじん》）。山口県地方の神楽でみられるもので、岩国市行波《ゆかば》の神舞などで演じられている。三宝神鬼または三鬼神と呼ばれることもある。（三村泰臣『中国地方民間神楽祭祀の研究』）

この舞は鬼面をつけた飢渇神・飢餓神・貪欲神の三鬼神が暴れているところを奉吏が祀り鎮め、災いを取り除こうとするさまが表現されている。鬼神は赤、白、黒の面をかぶり、黒羽織に黒袴《くろばかま》、腰には赤白の布を巻いて帯刀し、左手に短い竹、右手に長い鬼棒を持つ。鬼神は三人の奉吏と組になって舞い、祀り鎮められると貪欲・瞋恚《しんい》・愚痴の三毒が仏・法・僧の三宝に変化するとされる。（『山口県の民俗芸能』下畠信二「岩国行波の舞を拝見する」『広島民俗』第八〇号」）

蛇亡魂〔じゃぼうこん〕

各地の神楽における大蛇退治（八重垣《やえがき》）の演目に登場することがあるもの。素戔嗚尊《すさのおのみこと》に敗れた**八岐大蛇**《やまたのおろち》の魂が鬼の姿をとって復讐《ふくしゅう》をしかけるもので、蛇亡魂、大蛇霊魂などと呼ばれる。広島県の比婆《ひば》荒神神楽や岡山県の備中神楽、鳥取県の下蚊《さがりか》屋《や》荒神神楽などに登場例がある。

かつて備中神楽では大蛇退治の後に小蛇や亡魂が登場していたが、このくだりは後世省略されることが多くなった。素戔嗚が大蛇の霊を自身の眷属《けんぞく》に加え、祇園《ぎおん》三神の蛇頭鬼神（邪道鬼神）として祭祀を約束する場面を記した言立帳も残されている。

下蚊屋荒神神楽のものは大蛇族の残党の黒鬼と位置づけられる場合もある。（橋本春陵「備中神代神楽の教本」『民俗芸術』第四巻第三号、『備中神楽研究　第三集』、『重要無形民俗文化財　比婆荒神神楽』、『鳥取県文化財調査報告書　第八集』）

酒呑童子〔しゅてんどうじ〕

丹波国大江山（京都府）を拠点に人々に害をなしていた鬼の首領。源頼光とその配下である渡辺綱、坂田金時たちに退治される。（『日本怪異妖怪事典　近畿』）酒呑童子退治の物語は中国地方各地の神楽にも取り入れられて根付いている。

島根県に伝わる石見神楽の「大江山」は比較的新しい演目で、明治時代の成立とされる。『大江山絵詞』や御伽《おとぎ》草子、能を下敷きにしたものとみられ、よく知られた大江山の鬼退治の物語に沿った内容となっている。この神楽の酒呑童子は茨木《いばらき》童子、唐熊童子、伊吹童子、白熊童子、荒波童子といった配下を従えており、鬼の集団は絢爛《けんらん》な衣裳に身を包み、舞台狭しと立ち回る。（『保存版　島根県の神楽』、『ガイドブック浜田の石見神楽』）

広島県の備後神楽でも酒呑童子の演目は人気で、かつては頼光と家来たちが合計六名登場する豪勢な舞が披露されていた。鬼側は酒呑童子のほか、茨木童子と虎熊童子が手下として登場する。（田中茂雄『備後神楽』）山口県地方の神楽にも「大江山」があり、**八岐大蛇**《やまたのおろち》退治などと同様に広く受容されていたことがうかがえる。（御薗生翁甫『防長神楽の研究』）

人面蛇〔じんめんじゃ〕

岡山県の足守川《あしもりがわ》加茂A遺跡から発見された弥生時代の土器片に刻まれていた生物らしきものの図像。

ハート形の頭部に細い目と口、長い胴体がついたように見えるもので、人面の龍蛇類を表現したものの可能性があることから人面蛇、人面蛇体、人面獣などと称されてきた。（『足守川河川改修工事に伴う発掘調査』）胴と思しき部分の模様は雷の記号化とも推測されている。総社市宮山遺跡から出土した土器片にも類似の線刻絵画がみられ、こちらは頭部に角があるようにも見え

る。これらの図像は大陸の神話にみえる燭《しょく》陰《いん》や伏羲《ふっき》・女媧《じょか》のような人面蛇身の神を彷《ほう》彿《ふつ》とさせるとも評されている。（『倭人が見た龍』、『吉備と邪馬台国』）

香川雅信『図説　日本妖怪史』では、序章「妖怪の発生」の参考図版として人面蛇の土器片などが掲載され、これらを日本の妖怪図の古例とする見方を提示している。

悪霊、**龍**も参照。

周防の大蝦蟇［すおうのおおがま］

桃山人『絵本百物語』にあるもの。

周防国（山口県）の岩国山の奥には大きさ八尺ばかりの蝦蟇が棲んでいて、虚空を向いて口を開け、虹のような気を吐く。この気に触れた鳥や虫はみな蝦蟇の口に入ってしまうという。竹原春泉による挿画では三叉槍《みつまたやり》を持った大蝦蟇が鎌首をもたげる蛇と対峙《たいじ》するさまが描かれ「常に蛇をとりて食となす」などと書き添えられている。（多田克己編『絵本百物語』）

槍で人を襲うと説明されることもある（『幻想世界の住人たち　日本編』）が、これは絵からの想像であるらしい。

硯の魂［すずりのたましい］

鳥山石燕《せきえん》『今昔百鬼拾遺』にあるもの。

硯の周辺で小さな武者たちが武器を構えており、硯の海（墨が溜まる部分）では波が立つ様子が描かれている。赤間関《あかまがせき》（山口県下関市）産の石硯を所有する人が『平家物語』を読みながら寝てしまったところ、硯の海で波が逆立ち、源平の戦いがありありと再現されたと記されている。（高田衛監修『鳥山石燕　画図百鬼夜行』）

徐玄之《じょげんし》が甲冑《かっちゅう》を着た小人に導かれ、紫石《しせき》潭《たん》にて硯を入手したという逸話は『太平広記』に『纂異記《さんいき》』の引用として載るもの。（宮野直也「『纂異記』張生考証」）石燕はこの話と、下関が硯の産地であること、源平合戦終結の地であることに着目して「硯の魂」を創作したものと思われる。

すねこもり

岡山県に伝わる「すねこすり（**脛擦り**）」の誤植から生まれた妖怪。

大伴昌司が構成を担当した少年誌の記事などでみられるもの。唇を突き出した人魂のような形で描かれるが、これは水木しげるが初期の画報記事で用いていた「すねこすり」デザインの流用である。『ぼくら』昭和四三年（一九六八）七月号付録の冊子『妖怪事典』では、すねこもりは岡山県によく出る妖怪で、人の足に絡んで歩けなくすると紹介されている。（『水木しげる妖怪大画報』、妖怪仝友会『大佐用』第一一三号）

ずんべら

昭和期の児童書などで紹介された妖怪。全身真黒な妖怪で、地面から現れて人を引きこむなどと説明される。斎藤守弘、水木しげる、中岡俊哉など複数の作家が取り上

げた定番妖怪だったが、創作性の高さゆえか紹介される機会はなくなっていった。水木によるずんべらの妖怪画も、後年の書籍では「入道坊主」と改題収録された。

佐藤有文『日本妖怪図鑑』では、ずんべらは島根県の妖怪とされている。黒い影のようになり地面に這《は》いつくばっているが、人が近づくと足を捕らえ、長い舌でぐるぐる巻きにして地の底に引きずりこみ、窒息死させてゆっくり食べてしまうという。

関山 ［せきやま］

神楽に登場する怪僧。

島根県の石見神楽「関山」における関山は、天竺《てんじく》に生まれ提婆《だいば》の教えを学び、三千世界を巡ったが自分の相手になる法力行力の持ち主は誰もいなかったと称する自信家の術者で、日本へ渡ってあらゆる天神《てんじん》地祇《ちぎ》を服従させ、国家転覆を企《たくら》む。そこへ天津《あまつ》神《かみ》の狗《いぬ》（下僕）で、悪心欲心高慢我意の者どもを誅《ちゅう》する役目の大天狗が現れ、関山に降伏を勧告する。だが関山は決戦を望み、その結果大天狗に引き裂かれて殺されてしまうのだった。（『校訂石見神楽台本』）

広島県では山県郡北広島町の美和移原《みわうつのばら》神楽団で「関山」の演目が確認されている。関山坊主は真赤な法衣を着け、数珠《じゅず》と柴を持っており、舞の中では鬼的な存在と位置づけられる。（『芸北神楽と秋祭』）

尊神 ［そんじん］

島根県の石見神楽や広島県の芸北神楽の一部にみられる演目。大元《おおもと》信仰（広域の**藁《わら》蛇《へび》**参照）の地域で行われるもので、口上はなく、神が一人で舞う姿を表現する。

由来や趣旨は不詳の特異な舞だが、地域神である大元神の出現を表したものではないかと推測されている。神の面には主に素《す》戔嗚尊《さのおのみこと》系のものが用いられる。島根県浜田市の有福《ありふく》神楽では赤顔高鼻の猿田彦《さるたびこ》面が使われている。（『保存版　島根県の神楽』、『中国・四国地方の神楽探訪』）

【た】

大悪鬼 ［だいあっき］

各地の神楽における「鍾馗《しょうき》」の舞に登場する鬼。病気を司り、多数の眷族《けんぞく》を従える魔物で、五臓六腑に分け入り人間を害するとされる。大疫神《だいえきじん》などとも呼ばれる。

島根県鹿足《かのあし》郡六日市町に伝わる抜月《ぬくつき》神楽「鍾馗」では、春の疫病、夏の瘧癘《ぎゃくれい》、秋の血《ち》腹《はら》、冬の咳病《がいびょう》など一切の病を司るとされる大悪鬼が登場する。これは素戔嗚尊《すさのおのみこと》が唐国に渡って鍾馗大臣と名乗っていた頃に退治した「清原」の怨念または眷族とみなされ、手下を引き連れ日本を魔国になさんとする

が、鍾馗こと素戔嗚尊に茅《ち》の輪《わ》の霊力で退治される。（島根県古代文化センター編『抜月神楽』）美濃郡匹見町の三葛《みかずら》では「一切病の司となり、民の命を取り食らう大疫神」と名乗り、鐘馗大神こと須佐之男命と対決するが、首にかけられた茅の輪の霊力により敗れる。石見地方の「鍾馗」における大悪鬼は白い男鬼の面を用いることが多いが、三葛では昔から般若《はんにゃ》面を使っている。（島根県古代文化センター編『三葛神楽』）

これらの鬼は右手に扇子、左手に鬼神棒という棒を持って現れる点から、**荒平**《あらひら》の系譜にあるものではないかと思われる。茅の輪の霊力で退散する病魔という設定は蘇民将《そみんしょう》来《らい》説話に基づくもの（広島県の**武塔神**《むとうのかみ》参照）で、鍾馗が鬼を倒すという物語は謡曲「鍾馗」を原型としている。神楽の「鍾馗」はシンプルながら重厚な舞で、石見地方では花形演目として扱われることも多い。（『校訂石見神楽台本』、石塚尊俊監修『保存版　島根県の神楽』）

大悪鬼［だいあっき］

島根県の石見神楽などにおける「道返《ちがえ》し（鬼《き》返し）」の演目に登場する悪役。大悪鬼、魔王、物怪《もっけ》などと呼ばれる。

常陸国鹿島神宮の祭神・武甕槌命《たけみかづちのみこと》は、世界中を荒らし回った大悪鬼が日本に来て人々に危害をくわえていると知り、退治に向かう。互いに相手を言い伏せようと論戦を交わすも決着はつかず、神と鬼は激しい戦闘を開始する。結局、鬼は秘術を尽くしても神に敵わずに降参し、日本の人々はみな米を食べていると教えられると、稲穂を求めて九州高千穂を目指して立ち去った。このように、鬼を殺さず帰らせる物語であることから「道返し」と呼ばれる。（『保存版　島根県の神楽』、『ガイドブック浜田の石見神楽』）『校訂石見神楽台本』の台詞回しでは、神に退去を迫られた鬼は「唐天竺《てんじく》は申すに及ばず、アフリカ、韃靼《だったん》、ヨーロッパ、スマンダラ、三分才の塔の上までも、我が足の当たらざる処なし」と反抗する。このような現代的な語句の混入は、神楽では意図的に行われる場合がある（**松尾明神**《まつのおみょうじん》も参照）。

「道返し」は**荒平**《あらひら》の系統に連なる舞とみられ、鬼が不思議な力をもつ杖を所持しているとする地区も多い。島根県浜田市三隅町河内《こうち》では、鬼は杖について「持って三度撫《な》ずれば死したる者蘇ることあり。また持って三度撫ずれば七珍万宝《シッチンマンギョウ》 成熟するとかや」と語る。同市美都町《みとちょう》三谷の神楽でも「地を三度撫でれば、火災疫病逃れるべし」などと口上を述べる。（出雲古代文化センター編『井野神楽』）

大魚悪楼［たいぎょあくる］

水木しげるの著書などで紹介されている妖怪。吉備《きび》の穴海《あなうみ》に出たという。

日本武尊《やまとたけるのみこと》が九州の熊襲《くまそ》を平定した後、帰路にあたる吉備国（岡山県）の穴海で退治した悪神で、船を一呑みにしてしまうほど

の巨大魚だという。日本武尊は暴れ狂う大魚の背に乗って自慢の剣を振るったとされる。（『決定版　日本妖怪大全』）

この説話は『古事記』や『日本書紀』にあるとされており、実際これらには日本武尊が吉備の穴海で悪神を討った旨の記述がみられるが、それが大魚悪楼だとは書かれていない。水木が妖怪画の元にした「日本武尊悪魚を退治す」の図が載る『金比羅参詣名所図会』には、日本武尊が穴海に棲む呑舟《どんしゅう》の大魚を斬ったとあるが、これにも大魚の名が悪楼だとは記されていない。

このような情報の錯綜の元となったのは藤澤衛彦『図説日本民俗学全集　神話・伝説編』（一九五九）の記述と思われる。同書には『金比羅参詣名所図会』の図版が掲載され「ヤマトタケルは、吉備穴海で大魚悪楼を退治する（悪楼は東夷、王族をあらわす）」というキャプションが付されている。本来は、日本武尊が「大魚の悪楼（朝廷に服従しない存在）」あるいは「大魚および悪楼」を退治したという意味の文言だったものが「悪楼という名の大魚」を退治したと誤解され、その結果「大魚悪楼」として紹介されるようになったようだ。（妖怪全友会『大佐用』第一一六号）水木が悪楼を取り上げ始める前の一九六三年に公開されたアニメ映画『わんぱく王子の大蛇退治』には怪魚アクルやタイタン坊といったキャラクターが登場するが、これも藤澤の著書を参考にして創作されたものと推定できる。

第六天の悪魔王［だいろくてんのあくまおう］

神楽の演目「八幡《はちまん》」に登場する魔王。

悪魔王は中天竺《てんじく》他化自在天《たけじざいてん》の主で、日本に飛来して人民を滅ぼそうとする。九州の宇佐八幡宮の祭神・八幡麻呂《やはたまろ》（応神天皇）は、異国の悪魔王が人々を殺害していると聞き、神通の弓・方便の矢でこれを退治する。（『校訂石見神楽台本』）

「第六天」とは、仏教における欲界（欲望に囚われた衆生が住む世界）六天の最上位（他化自在天）で、仏道修行の妨げをなす悪魔の王が棲む場所とされる。「八幡」の舞は一神対一鬼の対決の様子を見せる、神楽における鬼退治の舞の基本形とみなされている。島根県石見・出雲の諸神楽にみられる**塵輪**《じんりん》の舞も、物語の構造や演技の構成は八幡が原型と考えられている。（『ガイドブック浜田の石見神楽』、島根県古代文化センター編『三葛神楽』）八幡信仰の盛んな広島県の神楽でも「八幡」は重要演目で、やはり第六天の魔王（大鬼）との対決場面がある。（田中茂雄『備後神楽』）

建御名方の命［たけみなかたのみこと］

『古事記』などの神話に登場する神で、長野県に総本社のある諏訪《すわ》神社の祭神。大国《おおくに》主神《ぬしのかみ》の御子神で、武甕槌神《たけみかづちのかみ》との力比べに敗れて諏訪の海に追い詰められ、天孫に葦原《あしはらの》中国《なかつくに》を譲ることを承諾した（国譲り）。

岡山県の備中神楽においても「国譲り」の舞の終盤に建御名方の命の登場場面がある。演者は厳めしい鬼面を着用して、黒い

しゃぐま（かつら）をかぶり、鎧《よろい》をまとい、鬼‖荒《すさぶ》る神としての建御名方の命を表現する。国譲りに反対する建御名方の命は、武甕槌・経津主《ふつぬし》の二神を相手に刀や長刀で大立ち回りを演じる。「国譲りの妨げを、あくまでもいたさんぞや」と何度も抵抗して、戦いを挑む建御名方の命だったが、とうとう力尽きて降参し、一切の邪魔外道を止めて皇孫に従うと誓った。そして武甕槌から信州諏訪の郷の神として祀ることを約束されると、国家安穏を寿《ことほ》いで去った。「岩戸開き」「国譲り」「大蛇退治」の三種の神代《じんだい》神楽は、江戸時代中期に西林国橋《にしばやしこっきょう》が創案し、彼が宮司を務めた上日名《かみひな》の御前《おんざき》神社から各地へ広まった。（山根堅一『備中神楽』、神崎宣武『備中神楽の研究』、川上由巳『出雲神話と備中神代神楽』）

田の神［たのかみ］

弥生時代の土器や銅鐸《どうたく》に施された絵画紋様の類には、当時の人々の世界観や信仰のかたちが表されていると考えられている。中国地方では伝伯耆国《ほうきのくに》（島根県）出土銅鐸や伝鳥取県泊 村《とまりそん》出土銅鐸を嚆矢《こうし》に、鳥取県妻木晩田《むきばんだ》遺跡、島根県神庭荒神谷《かんばこうじんだに》遺跡、島根県加茂岩倉遺跡などから弥生絵画の資料となる遺物が豊富に出土している。

これらを分析することにより、山陰の弥生人は近畿地方同様の思想・神話を有していたと推定できるという。弥生土器に描かれる動物は、**龍**のほか鹿・魚・鳥が特に多く、陸海空の三大神獣というべき主要なモチーフとみられている。（山田康弘「山陰地方の弥生絵画」『原始絵画の研究』）

弥生時代の自然崇拝社会では人々をとりまく万象が神格化されるため、大いなる自然そのものが神となり、鳥や虫や獣も精霊や神の使いとみなされたとする説がある。（『吉備と邪馬台国』）原始絵画、なかでも農耕や狩猟との関わりが深いとされている銅鐸のモチーフを読み解くうえでこのような発想を取り入れた結果、銅鐸上部に描かれている蜻蛉《とんぼ》を「田の神」と推定する見方などが生じる。また、上代の神話・説話に鹿や猪《いのしし》がよく登場することに関連づけ、銅鐸の鹿や猪も神・精霊やその使いと捉えることもある。（佐原真『銅鐸の絵を読み解く』『出雲の銅鐸』）

玉垂の妖猫［たまだれのようみょう］

鶴亭秀賀作（後に仮名書魯文が引継ぎ）の合巻《ごうかん》『金華《きんか》七変化』に登場する化け猫。

周防国（山口県）山口の城主・大内義弘は優れた武将だったが、猫間弾正《ねこまだんじょう》の持つ朝鮮伝来の白檀《びゃくだん》で作られた玉垂の碁盤《ごばん》を得てからは豹変《ひょうへん》し、数々の非道をはたらくようになった。猫間とその後家・烏羽玉《うばたま》の怨念は飼猫の玉垂に宿り、神通自在、七変化の妖猫が誕生し、種々の怪異を引き起こす。

黒猫の玉垂は尾が二股に分かれた恐ろしげな姿となり、後には他の化け猫さえ従えて幾度となく大内家の縁者に襲いかかる。同作には他にも、妖猫と共に現れる烏羽玉の怨念、烏羽玉の怒りを買って死んだ下女

小春の霊、猫間の遺児で大内義弘に殺害された瞽者《こしゃ》・緑之市《みどりのいち》の霊など、種々の亡霊が跋扈《ばっこ》する。（早稲田大学図書館古典籍総合データベース）

　本作では歌川国貞の筆により、玉垂の猛威や亡霊たちの怪異な場面が繰り返し描かれている。中岡俊哉の著書では、大内義弘の前に現れた巨大な生首が「飛び首」という妖怪として紹介されている。（『日本の妖怪大図鑑』）これは画像のみを流用して別種の妖怪を創った例である。

玉蟲［たまむし］

岡本綺堂の戯曲『平家蟹』の登場人物。

平家滅亡後、残された官女たちは零落して長門国（山口県）壇ノ浦近辺をさまよっていた。旅僧・雨月に身をやつした平宗清は官女の玉蟲と再会し、彼女が今もなお源氏への怨念を絶やさず、呪詛《じゅそ》に精魂を傾けていることを知る。一方、玉蟲の妹・玉琴は春を売って日銭を稼ぐうちに、那須与一の弟・与五郎と深い仲になっていた。怒った玉蟲は玉琴と縁を切るが、与五郎は真摯に姉妹の仲を取り持ち、二人を関東に連れていこうとした。説得を受け翻意した玉蟲は祝言の媒酌を引き受けたが、本心では源氏への恨みは消えておらず、盃に注いだ酒は**平家蟹**の肉を浸した酒を悪鬼羅刹《らせつ》に献じた毒の神酒だった。玉蟲は平家蟹に姿を変えた諸将と意志を通じていたのである。酒を口にした与五郎は苦しみ悶《もだ》え、玉蟲に呪いを返すべく、玉琴を刺し殺したうえ、自身も胸を突いて果てた。顚末《てんまつ》を知った雨月は、玉蟲が生きながら魔道に堕《お》ち、もはや救えぬ身であると悟って立ち去った。玉蟲は呪詛を続けて源氏の根絶を誓うが、既に狂気の虜《とりこ》となっているのか、平家蟹の幻影に誘われるまま波間に姿を消すのだった。（『岡本綺堂全集　第一巻』）

　本作に基づく歌舞伎『平家蟹』は大正元年（一九一二）一〇月初演で、名高い女形の六代目尾上梅幸が玉蟲を演じた。（『帝劇の五十年』）

蝶の化物［ちょうのばけもの］

幕末・明治期の諷刺《ふうし》画に描かれる妖怪の一種。諸藩の名をもじった図柄や領主の家紋を絵の中に忍ばせ、情勢を皮肉る表現の一種。長州藩は「チョウ州」の音から蝶が符牒《ふちょう》となることが多く、岡山藩の池田家、鳥取藩の池田家も家紋が蝶であるため、やはり蝶を用いて表現されることがあった。

　河鍋暁斎「狂斎百狂　どふけ百万遍《ひゃくまんべん》」は異形のものたちが大蛸《おおだこ》を囲み百万遍念仏を唱える様子を描いた狂画で、幕末の情勢を揶《や》揄《ゆ》した図と解釈されている。蛸は骨のない幕府の象徴で、大数珠《じゅず》を巡らせる化物の一体、頭に蝶を乗せた男は長州藩を表したものとみられている。（『暁斎妖怪百景』）

　作者不詳の「夏の夜虫合戦」という錦絵には、擬人化され甲冑《かっちゅう》を着た種々の虫たちが合戦を繰り広げるさまが描かれている。これは戊辰戦争期の諸藩を虫に見立てた絵と考えられ、幕府軍を象徴する虫の陣営か

らは、萩《はぎ》の枝を振り回す蝶、釘抜《くぎぬき》紋の袴《はかま》を穿《は》いた鎧《よろい》蝶が先陣を切り攻めこんでいる。この二匹も長州藩と岡山藩の動向を虫になぞらえて描いたものとみられる。（『絵解き幕末諷刺画と天皇』）

土転び ［つちころび］

水木しげるの著書などで、中部または中国地方の妖怪として紹介されるもの。『妖怪画談』では、中国地方の山間部に現れた土転びは土色で、毛糸のマリのようであったと記されている。旅人が道を歩いていると道の真ん中がもくもくと動き出し、土色のマリのようなものが現れ、目も鼻も口もない首を出してきたという。

この話は山田野理夫『おばけ文庫二 ぬらりひょん』に収録されている話を参考にしたものと思われる。これは山田の創作または脚色した部分が多い妖怪談と推測される。鳥取県に伝わる**槌転び**とは発音こそ同じだが、その実態は異なるものである。

恙虫 ［つつがむし］

桃山人『絵本百物語』にあるもの。

第三七代・斉明天皇の時代。石見国八上《やがみ》（島根県）の奥につつがという虫がいて、夜に人家へ入って人の生血を吸っていた。この虫のため死ぬ者も多く、天皇は陰陽博士に申しつけて虫を封じさせた。こうして人民の愁いはなくなり、無事なことを「つつがなし」と言うようになったという。

竹原春泉による絵では、恙虫は鋭い牙や尾の針を具《そな》えた多足の虫として描かれている。（多田克己編『絵本百物語』）

室町時代の『下学集』言辞門には、和漢の人々がまだ穴居《けっきょ》していた時代、人を刺す害虫の恙虫を防ぐため、住居の穴を塞ぐようになったことが「穴賢《あなかしこ》」「恙無」の語源になったとある。（亀井孝校『下学集』）

『絵本百物語』は、このような俗説をもとにして石見国の妖怪談を仕立てたものと思われる。

天井なめ ［てんじょうなめ］

水木しげるが幼少期に出会ったとされる妖怪。妖怪図鑑、自伝、エッセイなど、各種の作品で幾度も言及されている。

『日本妖怪大全』には、武良茂《むらしげる》（水木）が少年の頃、近所にいた妖怪に詳しい婆さん（のんのんばあ）が武良家の天井のしみを指して「天井なめが夜出てしみをつけるんだ」と語ったとある。『コミック昭和史』『妖怪画談』や、小説『のんのんばあとオレ』などでも、台所の天井のしみを見たのんのんばあが同様のことを語るくだりがある。その話を聞いた水木は、しみの様子に神秘を感じたという。

水木画の「天井なめ」は、鳥山石燕《せきえん》『百器徒然袋』に描かれている「天井嘗《なめ》」を元にしたもの。天井嘗は『徒然草』第五十五段の「天井の高きは冬寒く燈暗し」という文言に着想を得て石燕が創作した画像主体の妖怪で、民間伝承由来の妖怪とは異なる

存在といえる。

　旧来的な見方では、小松和彦『妖怪学新考』にあるように、石燕が「庶民のあいだで語られていたものに基づき、想像力を駆使して姿かたちを与えた」あるいは「山陰地方にこの妖怪が棲みつくようになったのは、鳥山石燕の『画図（ママ）百鬼夜行』を通じてかもしれない」と捉えられるのが一般的だった。しかし石燕は「夢のうちにおもひぬ」と記して天井嘗が自作の妖怪であることを暗示しているし、石燕以前に天井嘗の口碑があったと示す資料も知られていない。のんのんばあ以外の人物が、水木の影響がない段階で天井なめの伝承や体験を語った一次資料も、現状未確認である。マイケル・ディラン・フォスターが「水木の視覚的想像力にのんのんばあが与えた影響については疑ってみたほうがよいだろう」「彼女が天井なめなど具体的なキャラクターの詳細を具体的に解説してくれたのは、どうも事実ではないようなのだ」と指摘しているとおり（廣田龍平訳『日本妖怪考』）、水木しげるの作品上にみられるのは、いわば妖怪漫画家・妖怪研究家としての自身のペルソナを演出・補強するための自伝的な語りであって、必ずしも真正の回顧ではないであろう点には注意が必要である。

　べとべとさんも参照。

天毒鬼［てんどくき］

　南谷《なんこく》先生『姫国山海録《きこくせんがいろく》』にある怪虫。隠岐国《おきのくに》（島根県隠岐地方）西森の岩場に生息しているもので、黄色い体に黒っぽい甲羅を背負っている。この甲に「天」の字に似た紋があるため天毒鬼と呼ばれているらしい。毒性が甚だしく、この虫が這《は》った所には黄色い跡が残される。塩水で濯《すす》ぐと水になってしまうという。（近藤瑞木編『百鬼繚乱』）
　宝暦一二年（一七六二）の序をもつ『姫国山海録』には、各地で発見されたという奇怪な虫の類が図入りで収録されている。今のところ類例に乏しく、どのような性質の資料かは詳《つまび》らかでない部分も多い。

鳶鬼［とびおに］

　化物尽くし絵巻にある妖怪の一種。現状では福岡県立美術館寄託の絵巻に描かれていることが確認されている。
　詞書《ことばがき》によれば、これは出雲国（島根県）の海浜に出たもので、小さな魚や鳥、鼠を食べたが、現れてからしばらくすると死んでしまったという。その絵姿は、他の絵巻では主に「髪切り」として描かれているものである。このことから、この絵巻が元は関連していなかった画像と説明を合体させた系統の作品であることがうかがえる。（『図説　妖怪画の系譜』）
　『諸国妖怪図巻』にも類似した妖怪が描かれており、詞書には「出雲国の海浜より出る、飛鬼と云者也、又髪切とも云」とある。（木場貴俊「国際日本文化研究センター所蔵『諸国妖怪図巻』をめぐって」『日本研究』第六〇集）

【な】

納曽利［なそり］

舞楽の曲目の一種。

二人で舞うものを「納曽利」または「双《そう》龍舞《りゅうまい》」といい、一人で舞うものを「落蹲《らくそん》」という。宮島（広島県廿日市市の厳島）の厳島神社では、元始祭《げんしさい》などの祭礼舞楽の機会に「蘭陵王《らんりょうおう》」の番舞《つがいまい》として演じられる。「双龍舞」は二匹の龍が楽しく舞い跳ねるさまを表現したもので、古くは相撲や競馬などの勝負事の際、勝利を祝って舞われたという。舞い手は長い牙が特徴的な暗緑青色の龍面をつけ、金襴の牟子《むし》をかぶり、赤色の袍《ほう》と萌黄《もえぎ》色の裲襠《りょうとう》をまとい、銀の桴《ばち》を持って闊達《かったつ》に舞う。（原田佳子『厳島の祭礼と芸能の研究』）

人気鳥［にんきとり］

長州藩（山口県）を鳥に見立てたもの。幕末明治期に流布した諷刺《ふうし》画の一種とみられ、山口県文書館蔵『於変雑抄』に描かれている例が知られる。

人気鳥はアヒルのような姿をしており、その目と嘴《くちばし》が毛利家の家紋「一に三星」で形作られている。図の横には「人気鳥　此鳥爪をかくす」と記されており、幕末頃の京都で人気を博した長州藩を示しているとわかる。同書には欧米列強のごとき「かすり鳥《とり》」、下級吏員の「月給鳥《げっきゅうとり》」、維新後に困窮した武士の「窮艱鳥《きゅうかんちょう》」、情勢不安による犯罪を表す「剝《は》ぎ鳥《とり》」などの姿もある。（山口県文書館『情報と記録』一五号）

人の性質や世情を鳥に見立てた戯画は『見立百化鳥』などで様々なパターンが開発されてきた。

鵺［ぬえ］

神楽の演目「頼政《よりまさ》」に登場する妖怪。

元は『平家物語』などにあるもので、京都の御所上空で奇怪な声を響かせて天皇を悩ませた怪鳥で、源頼政らに退治されたもの。その姿は頭が猿で胴は狸、手足は虎、尾は蛇の恐ろしい怪物だったとされる。（『日本怪異妖怪事典　近畿』）

島根県の石見神楽における鵺は、京都東三条の森から出る黒雲に潜んで帝《みかど》を悩ませる化性のもので、頭は猿、胴は牛、手足は虎、尾は蛇に似て異なるものとされる。退治に乗り出した源頼政と猪早太《いのはやた》の前にはまず手下の猿の群れが現れ、それが射殺されると鬼（鵺）が出てくるが、これも頼政に殺される。（『校訂石見神楽台本』）

「頼政」はきわめて娯楽性の高い演目で、猿が農民を困らせる場面などが面白おかしく演じられる。また鵺自体が猿真似の習性

をもつ存在とされることもあり、この場合は頼政が切腹の真似をするのを見て、自分は本当に腹を切って果ててしまうという展開になる。（『保存版　島根県の神楽』）

ぬらりひょん

情報の錯綜や誤解、もしくは意図的な組み合わせから発生した、民間伝承の記録内容から乖離《かいり》したぬらりひょん。児童書などでしばしばみられる【禿頭《はげあたま》の老人の姿をした「ぬらりひょん」の画像＋「岡山県に伝わる・出現する」という解説】といった形式での紹介がこれにあたる。

狩野派の化物尽くし絵巻や鳥山石燕《せきえん》『画図百鬼夜行』に描かれた「ぬらりひょん」は、おおむね禿頭の老人のような姿をしている。ただしこれは図像表現の上だけで発達した妖怪《キャラクター》としての面が強いもので、常に図と対応する民間伝承の存在が想定されていたわけではない。他方、昭和五九年（一九八四）に作家の平川林木は岡山県沖の備讃灘《なだ》に**ぬらりひょん**という妖怪が出るという文章を発表した。平川は絵画作品上のぬらりひょんについては言及しておらず、画像と伝承の同一性や先後関係は現状断定ができない。

ところが、いわゆる妖怪図鑑や事典において、名称単位で妖怪の紹介・解説をした場合、絵巻等のぬらりひょん（画像）と、備讃灘に現れるぬらりひょん（伝承）が同じ枠で紹介され、結果として両者の性質が混ざった新しいぬらりひょん像が生じる。『47都道府県!! 妖怪めぐり日本一周』を例に挙げると、ぬらりひょんは岡山県の妖怪とされてはいるが、人家の座敷に勝手に上がりこみくつろぐ老人の妖怪と説明されており、海の妖怪としての性質が完全に消え去っている。このような混同の例は他にも数多くみられる。（『図解大事典　日本の妖怪』、『アラマタヒロシの日本全国妖怪マップ』、『日本の妖怪と幽霊大全』など）進研ゼミ小学講座の教材『47都道府県　妖怪&伝説ＢＯＯＫ』も岡山県の妖怪としてぬらりひょんを取り上げている。これは解説が備讃灘のもので、イラストは波間から現れる老人型となっており、前述のものとは画像・伝承の折衷の構造が異なる。

インターネット上の解説記事の類では、時折「ぬらりひょん発祥の地は、岡山県や秋田県だという説がある」といった旨の記述がみられる。（「ぬらりひょんは実在する⁉（略）ドラマ「妖怪シェアハウス」を民俗学者が深掘り！」『ＴＯＣＡＮＡ』二〇二〇年八月二九日など）しかし、これも資料の年代や分類に関する観点を欠いた言説で、注意が必要である。なお、秋田県のぬらりひょんとは『雪の出羽路』に記されているもの。（『日本怪異妖怪事典　東北』）

ぬらりひょんという妖怪の性質（解説）は、他にも様々な要因を含みつつ、現在までに複雑怪奇な変化（進化?）を遂げている。岡山県吉備《きび》中央町の伝承扱いで紹介された**ぬうりひょん**も、そのような変化の果てに生まれた新妖怪といえるだろう。

【は】

化け鯨［ばけくじら］

水木しげるの著書などにある妖怪。

昔、島根県の隠岐《おき》島あたりでは、夜になると不思議な鳥と共に奇怪な魚群が海岸に現れることがあった。その中には巨大な骨だけの鯨もいて、潮が引くと他の怪魚と共に沖へと出ていく。ある漁師がその鯨に銛《もり》を投げつけたが、当たっても手応えが感じられなかったため、化け鯨だろうと噂された。（『日本妖怪大全』）

隠岐地方の主要な伝説集などからは、このような鯨に関する記述を見出すことができない。現在「化け鯨」とされている妖怪画の初出は昭和四四年（一九六九）の『少年マガジン』掲載「水木しげるの怪奇名画集　大妖奇境」で、この時点では「がいこつ巨鯨」という題で、舞台となる地名は出てこない。隠岐の化け鯨（骨鯨《ほねくじら》とも）は画報記事を書籍用に再構成した結果誕生した妖怪ではないかと思われる。なお、この絵の元になったのは『みづゑ』一九六四年四月号に掲載されたロドルフ・ブレダン『Fable et contes』の「鯨と小さな者達」とみられている。（御田鍬「水木しげる元絵まとめ」『うしみつのかね』）

化け鯨は水木の情報を参考に、他の作者による図鑑類にも掲載されている。例としては妖怪ドットコム『図説　妖怪事典』、善養寺ススム『絵でみる江戸の妖怪図巻』、荒俣宏『アラマタヒロシの日本全国妖怪マップ』（化け鯨は斎藤猛画）などがある。水木画の化け鯨は実際のクジラとはかけ離れた異様な骸骨なのに対し、これらの化け鯨はいずれも実際のクジラの骨格を模して描かれている点が興味深い。荒俣に至っては「骨だけのヒゲクジラ」と明言している。

初雪［はつゆき］

金春禅鳳《こんぱるぜんぽう》作の謡曲「初雪」に登場するもの。この能は金春流でのみ演じられる。

出雲大社（島根県）の神主の娘は、初雪と名付けた白く美しい鶏を寵愛《ちょうあい》していた。しかし初雪は死んでしまい、悲しみにくれる姫は上臈《じょうろう》らと共にその霊を供養した。すると死んだはずの初雪が空から飛び来て懐かしげに舞い、姫君の念仏の功力で極楽往生できた喜びを語って飛び去った。（『謡曲評釈　一輯』）

万古大王［ばんごだいおう］

「盤古《ばんこ》大王」とも。各地の神楽における**五郎王子**（五行祭、五龍王などとも）の演目に登場する天地創造の神。この演目は大陸伝来の五行説を基盤とするもので、歌や語

りを重視する。五行祭系の神楽は中国および北九州に分布するが、備後・備中（岡山県・広島県）では特に丁重に扱われ、内容も充実している。（三村泰臣『中国地方民間神楽祭祀の研究』）**竃神**《かまどがみ》も参照。

備中神楽「五行」での万古大王は、翁《おきな》の面に千早をまとった姿で演じられる。二万三千四百九十年にわたりこの世を保ってきた天地万物の主宰者で、またの名を伊弉諾《いざなぎ》という。大王は四人の王子を呼び寄せ、春夏秋冬および土用の月日の職務を分配する「幡《はた》分け」の儀を執行する。まず木性の神である太郎王子こと句句廼智《くくぬち》に春の支配を任せ、青色の幡を与える。次に火性の二郎王子に夏を任せ、赤い幡を授ける。金性の三郎王子は秋、水性の四郎王子は冬の守護を言い渡され、それぞれ白、黒の幡を贈られる。そして后神の胎内にあり、いまだ性別もわからない末子の神に対しては「男ならば弟《おと》五郎埴安《ごろうはにやす》の命《みこと》、女ならば埴安姫」と名付け、土の徳をもつ土用の神として黄色の幡を授けるようにと四人の王子に言いつける。一同は別れを惜しむが、大王は「恋しくばたずねても来い大空の高天の原で巡り会うぞや」と歌って姿を消す。以後、誕生した埴安の命と兄たちによる、掌務分配をめぐる激しい論争が起こり、堅牢神《けんろうじん》の仲裁が入ってようやく落ち着く。

「神代神楽」と呼ばれる演目が定着する以前は、万古大王の幡分けが備中神楽（荒神神楽）の主要部分だったといわれている。神々の論争場面は神職たちが己の知識を動員して五行説について語り合うもので、論戦が激しくなるほど**荒神**《こうじん》のお気に召すと考えられ、議論が数時間に及ぶこともあったという。（山根堅一『備中神楽』）

広島県神石《じんせき》郡油木町《ゆきちょう》（現・神石高原町）で伝承されていた五行祭神楽（王子神楽）では、宇宙の根源を象徴する盤古大王とその妻で陰の徳を象徴する摩耶《まや》婦人、そして五人の王子が登場する。大王は年老いて死期を悟り、后と王子たちに形見分けをする。（『油木町民話集』）

万古大王の名前と設定は、中国の神話に登場し、道教や陰陽道と結びついて語られてきた創世の神・盤古に起源をもつ。それらの影響を受けて、日本では盤古の王子たちが職掌をめぐって争うという話が能楽の伝書や土公神を祀る祭文にみられるようになった。神楽に登場する万古大王も、この系譜に連なるものといえる。

簸川の化鳥［ひかわのけちょう］

為永春水・松亭金水合作の読本《よみほん》『尼子九牛七国士伝』に登場する怪鳥。

同作は名前に「牛」の字をもつ勇士たちが尼子の家を再興する物語で、曲亭馬琴が『南総里見八犬伝』と共に構想していた作品の骨子を受け継いだものとされる。初《しょ》輯《しゅう》（第一巻）の口絵には「出雲国簸川上丑澤の八重垣太郎、化鳥を退治す」として、八重垣太郎なる武者が人よりも大きな怪鳥を組み敷く様子が描かれている。本作は二輯以降が刊行されず未完に終わったとみられており、化鳥の活躍も口絵の予告だけに

しか存在しないようだ。（『新日本古典籍総合データベース』、田中則雄「読本における尼子史伝」『山陰研究』第五号）
鳥取県の**九牛士**も参照。

彦羽根 ［ひこはね］

神楽「十羅《じゅうら》（日御碕《ひのみさき》）」に登場する異国の魔王（鬼）。この種の演目は『日御碕社造営勧進記』に基づく謡曲『御崎』と、**荒平《あらひら》**などの鬼神の舞が混合され成立したものと考えられている。広い範囲で演じられているもので、島根県の出雲や隠岐《おき》のみならず、広島県安芸《あき》地方にも同様の神楽舞がある。出雲地方では牟久利《むくり》とも呼ばれ、蒙古《もうこ》の襲来が重ねられていることもある。（『保存版島根県の神楽』）
謡曲『御崎』では、彦羽根は北天竺《てんじく》月支《がっし》国《こく》の天皇で、八〇〇〇〇艘《そう》の船を率いて出雲に攻め寄せる。波が逆巻き、狼煙《のろし》が霞《かすみ》のように広がり、黒雲が空を覆って一帯は闇に閉ざされたが、沖の小島に神火が飛来して闇を照らすと、素戔嗚尊《すさのおのみこと》の三女が白鳥に変じて現れ、大石を落として敵の軍船を破壊した。そして十《と》握《つか》の剣《つるぎ》を振るって鬼たちの首を刎《は》ね落とすと、姫神は本地の十羅刹《じゅうらせつ》女《にょ》となる。姫神は素戔嗚尊と龍の娘との子で、市杵島姫命《いちきしまひめのみこと》とも解される。なお、彦羽根の侵攻理由は、出雲の不老山が元は月支国の丑寅《うしとら》の国土が欠けて流れ着いたものであるためとされ、鬼の軍勢は朦胡《もうこ》とも呼ばれている。（『謡曲叢書　第三巻』）
島根県出雲市の日御碕神社の社伝には月支国の王・彦玻瓊《ひこはに》が登場する。昔、八《や》束水《つかみず》臣津野命《おみつののみこと》が国土拡張のため新羅の御崎から余った土地を引っぱってきたので、それを奪還しようと彦破瓊の軍勢が攻めてきたという。日御碕の神職を務める小野検校家の祖先・明速祇命《あけはやずみのみこと》が防戦に出たところ、その遠祖にあたる素戔嗚尊が天から大風を吹かせて助勢した。これにより敵の軍船はことごとく海の藻屑《もくず》と化したという。（石塚尊俊『出雲隠岐の伝説』）
出雲国飯石《いいし》郡南部に伝えられた奥飯石神職神楽の古台本にも、八万四千の鬼神の大将・彦破瓊が登場する。（浅沼政誌・中上明編『中国地方各地の神楽比較研究』）大原郡地方の大原神職神楽では、真赤に彩られた巨大な面を着け、両手に榊《さかき》を持った邪神・彦張《ひこはり》が登場する。（『島根の神楽　芸能と祭儀』）出雲市見々久町《みみくちょう》の見々久神楽でも天竺の第六天魔王・げしょう国の彦張として登場する。これもやはり八万四千の鬼の主だと自ら語り、神国日本を侵略して鬼界《きかい》が島に変えようとする。（島根県古代文化センター編『見々久神楽』）美濃郡匹見町の三《み》葛《かずら》神楽に登場する彦羽根の神（臣とも）は、日本は大風により欠け落ちた自分の国の一部だと主張し、これを取り戻して鬼界が島にしようとする。だが雲州鰐口《わにぐち》から来訪した十羅刹女にうち倒され、荒々しい心を和らげて帰国していく。このような展開は「道《ち》返《がえ》し」における**第六天の悪魔王**とも共通するものである。（島根県古代文化センター編『三葛神楽』）簸《ひ》川《かわ》郡佐田町（現・出雲市）の神楽では、もくりの国の鬼神・

彦春《ひこはる》が大軍で来襲し、日御碕大明神が防戦する筋で、最終演目として夜明け頃に演じられるため「夜明けの鬼人《おにびと》」「夜明けの福《ふく》春《はる》」とも呼ばれる。彦春の面は非常に大きく、共演する日御碕の女神の面の数倍はある。（『佐田町の民話と民謡』）

ひひじじい

里見勝也『日本の怪奇』にあるもの。

ヒヒジジイは山奥に棲む妖怪で、鹿や兎を殺して食べる。山に食べ物がなくなると人里に下りてきて人間の若い女ばかりを食うという。岩見重太郎が退治した**狒々**《ひひ》や、広島に出現して話題を呼んだ**ヒバゴン**とはこの妖怪のことだという。挿絵には老人の顔をした猿のような妖怪が描かれている。

一般的に、狒々爺《ひひじじい》といえば好色でいけ好かない老人を嘲《あざけ》る呼び方である。おそらくこの語から狒々と爺を合成した妖怪を考えつき、出版当時流行していたヒバゴンとも絡めて紹介したものだろう。

広島伝馬町の怪物
［ひろしまてんまちょうのかいぶつ］

『姫国山海録《きこくせんがいろく》』に描かれているもの。

芸州広島の伝馬町（現・広島市中区天満《てんま》町《ちょう》か）の馬方・幸松の妻が産んだ「怪物」で、身の丈は一尺八寸、手足は三、四寸ほどで、足は三本、総身は赤く馬のようで、陰嚢《いんのう》が大きい。

奇形児の記録の一種とみられるもの。近世の随筆や説話・風聞集、瓦版などの類には、しばしばこのような出産の話題がみられ、子供が怪物扱いされていたり、何らかの因果が語られたりしている場合がある。『姫国山海録』の翻刻を収録している近藤瑞木編『百鬼繚乱　江戸怪談・妖怪絵本集成』（二〇〇二）では、編者による「人権上の配慮」から、この図を含む二図が削除された。しかし、後の企画展図録等ではこの図も掲載されるようになり、二〇一六年の『大妖怪展』では『姫国山海録』の全図を利用した商品も販売された。

備後の怪物
［びんごのかいぶつ］

弘化三年（一八四六）に備後国に出現したという怪物。尼彦《あまびこ》やアマビエなど、豊作や疫病流行を予言したとされて流布した妖怪図の一種。筆者命名。

現在この妖怪図が確認されているのは、愛知県名古屋市の蓬左《ほうさ》文庫所蔵の『青窓紀聞』に写し取られた一例のみ。これによると、弘化三年二月一六日、備後の海に毎夜出ていた光物を役人が見に行くと、怪物が現れて大きな声で呼びかけてきた。そして「今年から六年の間は大豊年なり。しかし病が流行り天下の九割の人が突然死ぬ」と予言し「免れるには我が姿を見るべし」と告げた。また「早く知らせたかったが、なかなか告げるべき相手が来なかった」「我は人間ではなく魚でもない」とも話したという。（「謎の光線出す玉持ったアマビエの仲間を確認　江戸後期の史料に」『毎日新聞デジタル』二〇二〇年八月二一日）

怪物は三本足を有する人型で、頭に角、口元と顎に鬚《ひげ》を生やし、体は鱗《うろこ》のようなものに覆われて、両手には光る玉を持っているという怪しい姿で描かれている。

深江［ふかえ］

曲亭馬琴作、勝川春亭・歌川美丸画の合巻『十三鐘孝子勲績《じゅうさんがねこうしのいさおし》』の登場人物。

本作では、出雲国（島根県）の尼子氏に仕える山中鹿之介は、実は尼子晴宗の落胤《らくいん》だったという設定。彼の宿敵となる野中牛之介は、尼子の姦臣《かんしん》・梁川一角と結託した悪妾・あしまの計略により、晴宗の遺児として育てられた捨て子である。三好長慶の娘で晴宗の先妻である深江は、生来の強い嫉妬心から病床に臥《ふ》し死亡したが、その後に夫が妾を迎えたため、怨霊となって尼子の縁者につきまとった。やがて晴宗は祟《たた》りにより猛毒の笑茸《わらいだけ》を食べて悶死《もんし》した。怨霊は鹿之介にも祟ろうとしたが、勢い盛んな勇士である彼には歯が立たない。一方、牛之介は怨霊が見せる怪異に苦しめられ、鹿之介に敗れた後、あしまを道連れに自害した。仏の導きと鹿之介の孝心で恨みが晴れた深江は、彼の守護神になると約束し、姿を消すのだった。（『名家短篇傑作集』）

深江の怨霊が鹿之介に迫る場面では、異形の姿に変じる女中たち、轆轤首《ろくろくび》の頸部《けいぶ》を歩く豆人形の行列、屏風《びょうぶ》から顔を覗かせる鬼ども、火鉢の淵で百万遍念仏を唱える小さな法師たちなど、様々な妖怪変化が現れる。また、口絵に描かれた妖怪図の一部には『今昔百鬼拾遺』の朧車《おぼろぐるま》や『異魔話武可《いまわむか》誌《し》』のすじかぶろを模倣したものもある。

二口女［ふたくちおんな］

佐藤有文『日本妖怪図鑑』にあるもの。

昔、島根県の出雲地方にとても食いしん坊な娘がいて、夜中には他人の家に忍びこみ、時には遠くの村にまで出かけて食べ物を盗んでいた。しかし娘は美しく、誰もその本性が盗癖のある大食らいとは思わなかった。ある時、娘は仙人に出会い「そんなに食べて、お腹をこわさないのかね」と尋ねられた。「とんでもありません。おいしい物があれば、もう一つ口がほしいほどです」と答えたとたん、娘の後頭部にはもう一つの口が生じたという。

挿絵として使用されているのは『絵本百物語』の「二口女」の図。ただし、こちらは継子苛《ままこいじ》めの報いを描いたもので、出雲の娘の話とは全く内容が異なる。佐藤の著作によくみられる、既存の画像を使って別種の妖怪像が形成された一例といえる。

ぶるぶる

里見勝也『日本の怪奇』にあるもの。

中国地方の妖怪で、一つの首が二つ、三つと忍者のように増え、赤い舌をペロリッと出して人間をなめる。この妖怪に会った人はみな狂い死にしてしまい、その場からうまく逃げても追いかけられて逃げ切れないという。挿絵には牛のような怪物が首を

分裂させていく様子が描かれている。

このような妖怪に関する中国地方の伝承は、他の資料からは発見されていない。また、ぶるぶるの姿はユーゴスラビアの魔神フォービと酷似しており、明らかにこれを模倣したデザインである。フォービは中岡俊哉『世界の魔術・妖術』で紹介されたもので、その後水木しげるも描いているが、日本で創作された魔神とみられている。

平気蟹［へいきがに］

山東京伝作、葛飾北斎画の黄表紙《きびょうし》『化物和本草』に描かれているもの。

寿永の乱で西海の浪（山口県下関市の壇ノ浦）に没した平家一門のうち、男子の一念は**平家蟹**《へいけがに》に、女子の一念は平気蟹になったという。甲羅は女の顔のごとく、鋏《はさみ》は平《ひら》元結《もとゆい》、脚は鼈甲《べっこう》の簪《かんざし》の形をしている。山が崩れるような事があっても平気な顔をしているので平気蟹と呼ばれている。何かと人に逆らう蟹で、物事は横に進むばかり。疑心と嫉妬の心も深く、男蟹を尻に敷きたがるため漁師からも恐れられているという。

平家蟹を題材に、勝ち気で図太い女房を戯画化したもの。同じく京伝の作で、遊郭の事物をもじった本草書パロディの『新造図彙』にも平気蟹が描かれている。（『山東京傳全集』第四巻、第十八巻）

辟邪の目［へきじゃのめ］

中国地方で発見された銅鐸《どうたく》の文様に対する解釈上にみられるもの。

島根県八束《やつか》郡宍道町（現・松江市）の木幡家が所蔵し、花生けに使われていた伝出雲出土銅鐸は、側面上部に眉、目、鼻のような文様がある。その空虚《うつろ》に見開かれたような目には瞳が描かれていない（白目）。

異様な風貌から藤森栄一により邪視文《じゃしもん》銅鐸と呼ばれたが、春成秀爾はこれを訂正し、辟邪文銅鐸という呼び名を提案した。邪視は悪意を持った目で睨《にら》み、相手に災厄を及ぼすこと。対して辟邪は魔除けのことで、銅鐸の白目を悪を寄せつけないための威嚇《いかく》の目とみたもの。この他にも「神の顔」という呼び名もある。

島根県雲南市の加茂岩倉遺跡から出土した銅鐸も、紐《ちゅう》（吊り手）の部分に目のような円弧の模様が入っているが、やはり瞳の描写がない。他には広島県広島市東区の福田銅鐸、岡山県岡山市の伝上足守《かみあしもり》出土銅鐸などにも白目のような文様がみられる。（『出雲の銅鐸』、『銅鐸の絵を読み解く』、『神々のすがた』、『伝出雲出土銅鐸と宍道町の弥生時代』）

べとべとさん

鳥取県境港市出身の水木しげる（武良《むら》茂《しげる》）が幼少期に出会ったとされる妖怪。

水木が出会った妖怪の代表格といえる扱いを受けており『妖怪画談』では「出会った妖怪たち」の章で次のように語られている。小学生の頃の夏、茂少年が兄と共に下駄を履いて歩いていると、背後から同じよ

うに下駄の音がした。恐ろしくなって逃げ帰り、化物に詳しいお婆さん（のんのんばあ）に訊いたところ、それはべとべとさんだと教えられた。脇に寄り「べとべとさん先へおこし」と言えば、下駄の音は通り過ぎていくものだという。

水木の回顧においては、のんのんばあこと景山《かげやま》ふさは「拝み手」を称する男性と共に、武良家の近所の家に住んでいたとされる。民間信仰や妖怪に関する知識を豊富に持ち、幼い頃の水木は彼女の「教育」を通じて、目に見えないものや異界の存在に興味を強くしていったという。（『水木しげる記念館　公式ガイドブック』）エッセイ的小説『のんのんばあとオレ』はのんのんばあとの思い出をベースにして執筆され、同タイトルのNHKのテレビドラマおよび漫画へと発展した。小説では帰宅後にべとべとさんのことを教えられたとあるが、漫画ではのんのんばあと共に夜道を歩いている際にべとべとさんに遭遇したことになっている。この漫画や『コミック昭和史』では、べとべとさんの正体は自殺者か犬猫の魂であることが示唆されている。

民俗学の研究史からいえば、べとべとさんは奈良県での伝承が確認された妖怪である。柳田國男の「妖怪名彙」にも挙げられて比較的知られた妖怪といえるが、他の地域でも普遍性をもって語られていた証拠は希薄である。資料の有無を根拠に判断するなら、境港における茂少年の周辺で「べとべとさん」的な体験や伝承があったとしても、それが「べとべとさん」という名称で語られていたかは大いに疑問なのである。『決定版　日本妖怪大全』では、水木の体験を補強するかのように「似たようなものは全国的にいるように思われる」と推察する文言が加えられている。

のんのんばあが茂少年に教えたとされる妖怪は作品により違いがあるが、合計すると三〇種以上になる。それらには、べとべとさんのように境港地域以外の資料に記された伝承と同内容のもの、あかなめ、**おとろし**、**川赤子**、栄螺鬼《さざえおに》、白うねり、**天井なめ**、野寺坊《のでらぼう》など、鳥山石燕《せきえん》の妖怪絵本由来のもの（民間伝承や伝説を伴わない妖怪）が多く含まれる。これらの限定的な範囲で通用していた知識を総合して得やすくなるのは戦後のことである。戦前の市井の人であるのんのんばあが民俗報告中の妖怪と同じ知識や、石燕が描いた妖怪に性質を付加し、臨機応変に生活と関連させて語り聞かせるのは、不自然ですらあることなのである。すなわち「のんのんばあとの思い出」として語られてきた出来事の多くは、妖怪を主題とする創作者としての水木しげるが介在し、水木自身が諸資料から得た知識を添加して成立した「作品の一部」だと考えられる。（蛸島直「水木しげる作品にみる民間伝承の利用と潤色」『人間文化』第三三号、マイケル・ディラン・フォスター『日本妖怪考』）

べとべとさんが奈良に伝わる妖怪であることを足立倫行に指摘された際、水木はのんのんばあが関西で女中をしていた頃に仕入れた知識を話していたのだろう、必ずし

も山陰の伝承だけとは限らないと釈明している。水木の兄・武良宗平は、のんのんばあについて「ごく普通の田舎の婆さん。際立った能力があるとか、霊的なことに関して特別な知識を持っているとか、そんなことは全然なかった」と語っており、水木の回想と作品から受ける印象とは異なる人物像が垣間見える。(『妖怪と歩く』)

しかし、水木しげるにとってのんのんばあが大きな存在であることは間違いない。水木は作家活動の中で、彼女の人格に自身の妖怪観を投影し、妖怪とは何かを考え、過去の再構築という形で現在の自身のありようを語っていたのであろう。だからこそ妖怪探求の視点からは、現実と想像の継ぎ目を見極める意味と面白さがある。

水木の妻・武良布枝《ぬのえ》の半生をモデルとしたNHKのテレビドラマ『ゲゲゲの女房』でも、安来出身の主人公が幼少期にべとべとさんに出会うシーンがある。これも水木が語るエピソードに着想を得た創作の場面である。

鳳凰［ほうおう］

舞楽「万歳楽《まんざいらく》」は隋の煬帝《ようだい》の作とも唐の則天武后の作とも伝わる曲。賢王が世を治める時代には鳳凰が飛来して賢王万歳と讃えたといい、その鳳凰の姿を舞に、声を楽にしたのがこの曲といわれる。古来「太平楽」と共に天皇即位など慶賀の際に舞う曲として定着している。

広島県廿日市市の厳島神社では一月二日の二日祭、四月一五日の桃花祭、五月一八日の推古天皇遥拝式、旧暦六月五日の市立《いちたて》祭《さい》、一〇月一五日の菊花祭、一〇月二三日の三翁神社祭、天長祭(天皇誕生日)に万歳楽が舞われる。四人の舞人は鳥甲《とりかぶと》をかぶり、赤色の襲《かさね》装束で優雅に堂々と舞う。

厳島神社の舞楽は、平清盛の時代、平家一門の厳島参詣が度重なった頃に興隆したとみられ、現在に至るまで祭礼行事において重要な役割を果たしている。(原田佳子『厳島の祭礼と芸能の研究』)

【ま】

松尾明神［まつのおみょうじん］

岡山県の備中神楽などにおいて、**八岐《やまたの》大蛇《おろち》**退治の舞に登場する神。素戔鳴尊《すさのおのみこと》に出雲国楯縫《たてぬい》郡小境村(現・島根県出雲市)から呼び寄せられた酒の守護神で、手伝いの木名玉《きなたま》明神、室尾《むろのお》明神と共に大蛇を酔わせる神変奇特《しんぺんきどく》の毒酒八〇〇〇石を造る。

松尾明神は出雲の松尾神社(佐香《さか》神社)の神で、『古事記』『日本書紀』には登場しない。『出雲国風土記』には、佐香は神々が酒宴を開いた地と記され、神社では今も濁《どぶ》酒《ろく》祭《まつり》が行われる。室尾明神は松尾に並ぶ名

として創作された神とみられている。

神楽における松尾明神たちはいわゆる茶《ちゃ》利《り》の役で、現代語だらけ、方言丸出しの面白おかしい話芸を繰り広げ、観衆を笑わせる。（妹尾儀一『備中神楽言立集』）

三つ目達磨［みつめだるま］

ケイブンシャの大百科『恐怖スリラー大百科』（一九八四）「日本の怪奇ゾーン」の章には、鳥取県米子市に「三つ目達磨」なるものが伝わると記されている。

米子の観恵寺《かんけいじ》に江戸時代から伝わる秘仏・三つ目達磨は、一年ごとに新しく作り直され交換される。それは達磨が一年間この世に存在する「悪」を一身に受け止めて吸収し続け、ボロボロになってしまうためだという。三つ目達磨は達磨大師の命日の夜に交換されるが、その瞬間に生じる空白が「悪」に乗ぜられて災厄を招く危険があるため、儀式は限られた人数で執り行われる。五〇年前に一度だけ儀式が一般公開されたが、その時は目を入れようとした瞬間に達磨の口から火が吹き上がり、寺が焼き尽くされたばかりか街にも火の手が及び、三日三晩燃え続けたのだという。三つ目達磨の儀式はその後も続けられ、今もその身に「悪」を集めているとされる。

『恐怖スリラー大百科』では数々の心霊談や猟奇譚《たん》が紹介されているが、往時の子供向け怪奇本の例に漏れず、出典などは明らかにされていない。三つ目達磨の事件も実際に起きたことのように記されているが、その内容は都筑道夫《つづきみちお》の連作短編伝奇小説『雪崩連太郎《なだれれんたろう》幻視行』シリーズの「三目達磨」に酷似している。同作品の初出は『月刊小説』一九七七年一一月号。主人公の雪崩連太郎が米子市夜須江《やすえ》を訪れ、慶永寺《けいえいじ》に古くから伝わる三目達磨の儀式をめぐる怪奇な真相に肉薄するというストーリー。この作品における三目達磨は現世の邪悪を吸い取って朽ちてゆくため、五年周期で交換されるという設定。クライマックスでは儀式が妨害されて達磨から火が噴き出し、寺の本堂が炎上するという場面もある。（『雪崩連太郎全集』）

筆者が調べた限りでは、米子に三つ目達磨の儀式や伝承などは確認できなかった。共通の典拠となる文献や伝説がないのならば、観恵寺の三つ目達磨は小説の設定を模倣した怪談といえるだろう。

もろ首［もろくび］

昭和期の児童書などで紹介されている妖怪。頭部が二つに分裂する轆轤首《ろくろくび》のような妖怪として、斎藤守弘らが取り上げた。

佐藤有文『日本妖怪図鑑』では、広島県の妖怪とされている。真夜中に突然現れる轆轤首のような妖怪で、その首は二つに分かれてニタニタ笑う。もろ首に出会った人はしつこく追いかけられ、やがて気が狂って死ぬという。その顔は髭面《ひげづら》の坊主頭で額に小さな髑髏《どくろ》の飾りがついている。これは歌川国芳の『源頼光公館土蜘作妖怪図』にある妖怪のデザインを流用したもの。

八雲［やくも］

島根県出雲市の出雲大社および意《お》宇《う》六社《ろくしゃ》（熊野・神《かも》魂《す》・眞《ま》名《な》井《い》・八重垣・六所・揖《い》夜《や》）の本殿天井などに描かれている彩雲。五行相生と五色対応の思想に基づいた繧繝《うんげん》の図で、水・木・火・土・金を象徴する黒・青・赤・黄・白で彩られる。出雲大社では心《しん》の御柱《みはしら》（本殿中央の太柱）周辺の天井に五色の雲を七つ描く。八雲と称されながら七つしか描かれないが、詳細は天井画を手がける絵師代々の秘事とされる。なお、揖夜神社の天井にはぞれぞれ単色で塗られた雲が八つ、神魂神社では九つの雲が描かれている。（『出雲国を彩るかざり』）

寛文の造営遷宮（一六六七）の折、本殿天井に八雲を彫刻すべきか否かが検討されたが、大社神職の佐草自清《さくさよりきよ》が「八雲は絵師代々の秘事で、天井に八雲を七つ描かせるべき」と主張し、先例が踏襲された。（西岡和彦『近世出雲大社の基礎的研究』）

『媒家伝之神書』には、八雲図に心《しん》を入れる儀式の詳細が記されている。実施は午《うま》の刻、まず黒雲の中に北向きの剣先を描き、その上に「神璽・寶劒・内侍所」の七文字を書き、さらに鬼の字を書く。これらは墨で塗りつぶされて見えなくなるが、剣先の向いている方角は亡《ほろ》ぶと伝えられている。剣を描くのは、神代に**八岐大蛇**《やまたのおろち》（鬼）の上に常に八雲が立っていたからだともいう。（『神道大系　神社編三十七』）

素戔嗚尊《すさのおのみこと》が詠んだ「八雲立つ出雲八《や》重《え》垣《がき》妻ごみに八重垣作るその八重垣を」の歌は日本最初の和歌といわれ、「八雲」は出雲を象徴する言葉となっている。

山葵天狗［やまあおいてんぐ］

島根県益田市匹見町の山葵天狗社に奉納される神楽「山葵天狗」に登場する天狗。

これは昭和五八年（一九八三）に渡辺友千代が創作した舞。渡辺らは大神《だいじん》ヶ《が》岳《たき》に山葵天狗社を設営、三葛《みかずら》の特産物であるワサビの守護神を祀った。神楽は毎年六月の山葵天狗祭で演じられる。山葵天狗は大神ヶ岳に依《よ》り憑《つ》き深山を聖《きよ》め飛走する神で、大日如来・不動明王の威徳を受けている。

三葛で山葵《わさび》を作る加左三《かさみ》という男の前に二匹の黒妖霊《こくようれい》が現れ、畑と山葵を奪おうとする。そこに山葵天狗が現れて戦い、荼枳《だき》尼天《にてん》から賜った薬で黒妖霊を退治し、ワサビを手に喜びの神楽歌と舞を披露する。

山葵天狗の面は白い顔に金色の眼の烏《からす》天狗。黒妖霊はワサビの葉を食う害虫スリップスを悪霊に見立てたもので、緑色の雄とピンクの雌が登場する。（島根県古代文化センター編『三葛神楽』）

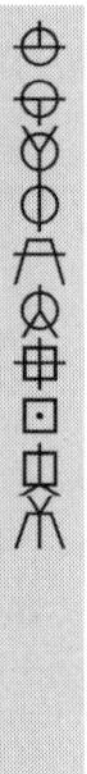

［やまたかしらのおろち］

『ホツマツタエ（秀真伝）』で言及される**八岐大蛇**《やまたのおろち》。ハヤコという女神の化身、あるいはハヤコらを筆頭とする出雲の反体制勢力の頭目を象徴していると解釈される。

　クラキネの娘モチコとハヤコの姉妹は天の神アマテルの妃となり、それぞれ子を生したが、いずれも継嗣に選ばれなかった。ハヤコはアマテルの弟ソサノヲに強い恋心を抱き、継嗣殺害を企《たくら》むモチコにも同調したが、謀反の企てが露見して姉妹ともども九州の宇佐での蟄居《ちっきょ》を命じられた。怒った姉妹は宇佐を出奔するとサホコ（出雲）のヒカワで一派の者と合流し、ヤマタカシラノオロチとしてソサノヲの婚約者を次々と殺した。そのためソサノヲはオロチを征伐した。ハヤコはその後ソサノヲによって祭祀され、ヤマスミの姫（**岩長姫**）に転生したという。また、モチコの怨念はコカシラノオロチ（九頭大蛇）に転生して蝦夷《えぞ》に潜んでいたが、陸奥《みちのく》で討たれた。オロチは大蛇を意味するが、姉妹をモチオロチ・ハヤオロチとする表現もみられ、妬みや恨みが凝った愚かなる力が語源とも考察される。（松本善之助監修『ホツマツタエ　秀眞政傳紀』、池田満『ホツマ辞典』）

　『ホツマツタエ』は、ヲシテという神代文字（漢字伝来以前の日本の文字とされるもの）で書かれた文献で『古事記』や『日本書紀』で漢字訳される以前の神話が記されていると主張されることもあるが、その根拠は乏しく、近世に創作された偽書（古史古伝）と扱われる。八岐大蛇を岩長姫と結びつける発想も、近松門左衛門の浄瑠璃『日本振袖始』の影響下にあるようだ。（吉田唯『神代文字の思想』、原田実『偽書が描いた日本の超古代史』）

山の神

［やまのかみ］

　島根県出雲地方の神楽「山の神（山神祭、香具山）」に登場する神。柴叟《しばそ》または柴佐《しばさ》という男が榊《さかき》を探していると、大白幣を持った山の神が現れ「我が山のものを勝手に取るのは何者か」と詰《なじ》って捕まえようとする。柴叟は巧みに逃げ回り、自分は天照大神《あまてらすおおみかみ》に仕える春日《かすが》大明神だと明かすと、岩戸の前で神楽を舞うため必要な真榊を採りに来たと告げた。恐れ入った山の神は取り上げた柴を返し、春日大明神から褒美の宝剣を賜る。山の神はその剣を持ち、東西南北中央の悪魔を祓《はら》う「悪切り」の舞を披露する。山の神は大山祇命《おおやまつみのみこと》ともいわれ、中世の**荒平**《あらひら》の舞を記紀神話劇に仕立てたのがこの演目とみられている。

　似た曲は石見神楽でも伝承されており「山の大王」と呼ばれる。こちらでは大王が五方向の神を拝んだ後、祝詞司《のっとじ》と問答を繰り広げる。大王は難しい言葉遣いで神酒《みき》や肴《さかな》を求め、祝詞司はこれを曲解してへまを繰り返すが、最後は大王も「うん、ようできた」ともてなしに満足して帰る。（石塚尊俊『里神楽の成立に関する研究』、『保存版島根県の神楽』）

やまらのおろち

春画に描かれる妖怪の一種。勝川春章の『百慕々語《ひゃくぼぼがたり》』や歌川国貞『百鬼夜行』の「白気夜行妖開之図」、肉筆の春画妖怪絵巻など複数の作例が確認されている。

名が示す通り**八岐大蛇**《やまたのおろち》と魔羅《まら》＝男根を合体させたもの。露骨に表現するなら巨大な八股の陰茎で、蛇の頭がすべて亀頭に替わっている。鎌首もとい雁首《かりくび》を上げて「いやだ姫」に迫り、女陰のごとき酒瓶に食らいつこうとする様子は、まさしく八岐大蛇が出雲簸《ひ》の川において稲田姫を求めて現れる場面のパロディである。（林美一編『江戸艶本集成　第三巻』、鈴木堅弘『とんでも春画』湯本豪一『かわいい妖怪画』）

「ねこまら（猫股）」「せっしょうへき（殺生石）」など、妖怪や動植物を男女の秘部でもじり変えた性的な戯画は様々な種類があり、**平家蟹**《へいけがに》を元にした「平気《へいき》がり」というものまでいる。（『凹凸笑艸』）

【ら】

龍［りゅう］

各地で発掘された弥生時代の土器には、細長い帯や、それに突起がついたような紋様が刻まれている例が多々ある。現在、これらの原始絵画は弥生人が「龍」を表現したものと推定されている。

中国地方では岡山県で龍型の文様が入った土器が複数見つかっている。代表例としては足守川加茂A遺跡の絵画土器片や、上東遺跡の鉢が挙げられる（**悪霊**、**人面蛇**を参照）。倉敷市矢部で採集された弥生時代後期の土製品は液体などを注ぐための容器と考えられているが、その造形は龍を模したものとみられている。岡山市の天瀬《あませ》遺跡から見つかった器台にも、複数の龍が身をくねらせ、絡ませるような線刻絵画がみられる。百間川《ひゃっけんがわ》今谷遺跡で発見された土器には弧帯文《こたいもん》と呼ばれる紋様が刻まれている。これは龍の記号文と似た特徴があり、その成立には龍が関連し、龍が儀礼的な意味を持ち、首長《しゅちょう》親族の象徴となっていった可能性がうかがえるという。（『倭人がみた龍』、『吉備と邪馬台国』）

龍神［りゅうじん］

謡曲「大社《おおやしろ》」に登場する神。

出雲国（島根県）では**神在月**《かみありづき》（一〇月）に全国の神々が集合する。このことを聞いたある朝臣は出雲大社に参詣し、社人に大社の謂《い》われを尋ねた。社人は末社の神々について語り「これは神の告げであるぞ」と言って社殿に入っていった。やがて時雨の空が晴れると天女（十羅刹女《じゅうらせつにょ》）が現れて舞

い、神々が来臨すると大社の杵築《きづき》大神が舞楽を奏した。夜更けには海から龍神が現れ、黄金の小箱から小龍（**龍蛇**《りゅうじゃ》）を出して神前に供えた。その後、神々は空中を舞い帰っていった。（『謡曲大観　第一巻』）

島根県松江市の佐陀《さだ》神能「大社」では、舞台が佐陀大社に置き換えられており、龍神は顕現した佐陀大神に五色の美蛇を捧げる。（『神々のすがた』）

両面大王宿儺［りょうめんだいおうすくな］

神楽に登場する妖賊。

芸北神楽では「宿儺（両面大王）」という演目に登場する。これは主として広島県山県郡千代田町壬生《みぶ》（現・北広島町）の神楽団で演じられた曲目だという。建内宿祢《たけうちのすくね》が武振熊命《たけふるくまのみこと》に命じて飛騨（岐阜県）の岩窟を根城にする両面大王宿儺という賊を征討する筋書きで、大王は一身二頭で四手四足、村里に出ては人民を脅かし、財宝を奪い取っていたとされる。武振熊が大王の姿を見て「蜘蛛《くも》にあらぬか人非人」と挑発しつつ降伏を迫ると、大王は「われを退治せんとは蟷螂《とうろう》が斧《おの》、風前の塵《ちり》」と応じ、やがて戦いとなるが、神々の守護を受けた武振熊に生け捕りにされてしまう。

二人の舞い手が鬼面を着け、身体を背中合わせに固く結んで異形の両面大王を演じる。（『芸北神楽と秋祭』）宿儺は『日本書紀』に記される飛騨の人物。歌舞伎狂言の作者が参照する『世界綱目』には、仁徳天皇の世界（作品構成の前提となる時代・人物の設定）における人物名として「両面大王宿儺」があり、地方の神楽もこのような作品の影響下にあることが推察される。（『日本怪異妖怪事典　中部』、『狂言作者資料集1』）

霊獣・神仙［れいじゅう・しんせん］

古墳時代の遺跡から発掘された三角縁神《さんかくぶちしん》獣鏡《じゅうきょう》など、青銅鏡の装飾にみられるもの。当時の大陸由来の宇宙観や神仙信仰が反映されたもので、黄帝《こうてい》や西王母《せいおうぼ》などの神や龍・虎のほか各種の架空の瑞獣《ずいじゅう》の姿や名前が鋳出されている。

中国地方からの出土例では、鳥取県の普段寺山一号墳などから出た二神二獣鏡には東王父《とうおうふ》と推定される神や、鉞《まさかり》や斧《おの》を咥《くわ》えた獣の姿がある。島根県の八日山一号墳の四神二獣鏡には、龍虎らしき霊獣が対置されている。岡山市の湯迫《ゆば》車塚古墳からも様々な型の鏡が発掘されており、神や霊獣の姿を確認できる。広島県の潮崎山古墳の五神四獣鏡には悪霊を祓《はら》う天禄《てんろく》や辟邪《へきじゃ》と思しき霊獣の姿がある。山口県の長光寺山古墳の獣帯三神三獣鏡には双魚や蛙《かえる》のような装飾もみられるが、これらの紋様は十二支や十二宮の表現が変化したものと推測される。（『三角縁神獣鏡綜鑑』）

大陸産青銅器の装飾図像は倭人《わじん》も重んじたが、意味の体系的理解は不充分で、国内で鏡が量産され始めると、神獣や神仙はパーツ的に並べられるだけになっていったという。（下垣仁志『鏡の古墳時代』）

【わ】

鰐鮫［わにざめ］

水木しげるの著書で紹介される妖怪。

鰐鮫は水かきのある四足を有する、恐ろしげな魚類のような姿で描かれている。解説文では、船員などから恐れられている、外国の船員の間では神秘的なものと考えられている、これが船に近づくと乗員が病に侵されるか海に落ちて餌食となる、などの事項が説明されている。また、この鰐鮫に最も似た妖怪が島根県の**影鰐**《かげわに》だという。（『日本妖怪大全』）実質的に鰐鮫そのものが登場する説話は示されていないが、妖怪を地域別に配列するタイプの書籍（『妖鬼化』など）では、類話として提示された影鰐の記述に引っぱられて中国地方の妖怪に分類されている。子供向けの『ゲゲゲの鬼太郎　妖怪大百科』などでは、鰐鮫の特徴として「影を呑む」など、本来は影鰐の性質だった事柄が記載されている。

「鰐鮫」または「**鰐**」は、サメの古称あるいは俗称・地方名。水木画の元になったのは『北斎漫画』にある鰐鮫の図で、それにサメに関する俗信・伝承の記述が付け加えられたことで、鰐鮫という生物（妖怪）がサメとは別個に存在しており、なおかつ中国地方に伝承があるかのようにも読める構成となってしまったようだ。

なお、葛飾北斎画の鰐鮫の造形は他の浮世絵師も模倣・再利用している。

例としては、歌川国芳の武者絵「本朝水滸伝　豪傑八百人　一個　宮本無三四」に描かれた越前・美濃・飛騨の境にある穴間《あなま》越《ごえ》に棲む山鮫魚《やまざめ》、落合芳幾画の錦絵新聞（東京日日新聞六九七号）にある渡会県（三重県）甲賀の浦の鰐が挙げられる（『国芳妖怪百景』、『文明開化の錦絵新聞』）

COLUMN

異世界怪異妖怪展望08

日本で受容されながら、今回のような国内の地域別に当てはめにくい怪異妖怪も山ほどいて、それらの探求も頗《すこぶ》る楽しい。

まずは仏教の経典や六道絵にあるものたち。牛《ご》頭《ず》・馬頭《めず》、鉄馬《てつめ》、火象《かぞう》、最猛勝《さいもうしょう》……一百三十六地獄には人を責め苛《さいな》む鬼や怪物が犇《ひし》めいているし、閻魔大王《えんまだいおう》や奪衣婆《だつえば》とて誰もが知る恐ろしい存在だ。一方、極楽では迦陵頻伽《かりょうびんが》などの霊鳥や天女といった異類が舞う。餓鬼道《がきどう》・修羅道《しゅらどう》の衆生も多様な特徴を持っているし、曼荼羅《まんだら》の中にいる異形の尊格や悪鬼、生死輪図《しょうじりんず》において不可避の死を象徴する無常大鬼《むじょうたいき》なども見逃せない。

一般的な人間界とは隔絶された異界に君臨する魔王や、架空の異国の住人・珍禽獣《ちんきんじゅう》の類も数知れず存在する。中国古代の『山海経《せんがいきょう》』に記述がある手長・足長、貫匈人《かんきょうじん》、狗国人《くこくじん》、刑天《けいてん》といった異形の人種は日本でも知られ、絵画などのモチーフにもなった。曲亭馬琴の『夢想兵衛胡蝶《むそうひょうえこちょう》物語』の主人公は奇妙な異国異郷を巡るが、そこには洟垂獅《はなったらしし》、悪女深南鮭《あくじょのふかなさけ》、恋の病犬《やまいぬ》といった変ないきものが満載。江戸時代に日本語で書き綴られたユニコーン《うにこうる》やキマイラ《ヘツレロホン》などの記述も、当時の認識がうかがえて興味深い。『百鬼夜講化物語』には、オランダの丑三時にはコワバカラチキという化物が出るとあるが、これは遊里語をもじった冗談。江戸の戯作では、吉原遊廓はよく異国扱いされている。

翻《ひるがえ》って、海外文献の中の「架空の日本」からも妖怪は探し出せる。一七世紀オランダのモンタヌスが著した『日本誌』には、日本の軍神トランガや猪頭の鬼神ヨーシーグサルが登場する。一八世紀イギリスで台湾人を自称した詐欺師・サルマナザールは、著書において台湾や日本にはヴァルチエロというカメレオンのような生物がいると騙《かた》っている。英語版ウィキペディアの荒らし発祥の日本妖怪・コタヒというのもいた。こんなものも集めておくと役に立つ日が来るだろう。

五十音順索引

この索引は、本書収録の全怪異・妖怪を五十音順に配列したものである。

あ

か

さ

た

な

は

五十音順
部類別
属性別

ら

わ

部類別索引

この索引は、本書収録の項目を部類別にまとめたものである。見出しは五十音順に配列してある。複数該当するものは重複して掲載してもいる。

貝

怪火・怪光・光物

杉

銭

先住民

仙人・術使い

像・彫刻・地蔵

幽霊

霊獣

轆轤首・離魂病

属性別索引

この索引は、本書収録の項目のうち属性別にできるものをまとめたものである。関連する人物・作品での横のまとまりも、主なものをこちらに挙げた。

おわりに

子供の頃から妖怪と怪獣が大好きです。なぜ妖怪が好きで、飽きることなくその尻尾を追いかけているのか考えるに、大きな理由としては、第一に数（種類）が多いこと、第二に自由であることが挙げられるのではないかと思います。

妖怪に強い興味を抱き始めた小学二年生頃は、熱心に妖怪のカードを作っていました。不要な厚紙を切り抜いて、妖怪の絵を描いて、名前と適当な数値を書き入れたら、完成。それが現在も続く「妖怪を描く」活動の原点です。多分一生やめられないと思います。

もし、かつての私のように、本から個々の妖怪を見つけ出し、それらを描くことに楽しみを見出し始めた方がいるのなら、今回の『日本怪異妖怪事典』シリーズを読むだけで、八〇〇〇を優に超える画題を得られるのです。羨《うらや》ましくもあり、恐ろしくもあります。

また、妖怪が自由だというのは、特定の学問領域における定義を行わない限り、かれらはどこにでも出るからです。怪談集や妖怪画集は言うに及ばず、俗信、神話、民話、伝説、地誌、歴史書、経典、説話、随筆、噂話、錦絵、戯作、艶本《えんぽん》、彫刻、演劇、音楽、玩具、小説、漫画、映画、アニメ、ゲーム、勘違い、嘘、妄想に至るまで……虚実を反復横跳びしながら、どこまでも関連する話題を集めていけるのではないでしょうか。

果たして、この本からそんな魅力の一端は伝わったでしょうか。

二〇二〇年、この企画に関わることが決まった後、たまたま機会を得て境港市へ行き、

水木しげるロードを歩いて、妖怪神社で祈り、義狐お種《たね》さんの祠《ほこら》にも手を合わせました。私は妖怪の「研究者」ではないうえ、特定の地域の伝説や民俗の専門家でもないのですが、東北地方と中国地方という、このジャンルにおいて注目が集まりやすい地域の執筆を引き受けてしまいました。決めた後に震えがきたのですが、もはや手遅れ。やるしかない。となると、もはや妖怪そのものに縋《すが》るしかなかったわけです（？）。

お蔭さまで（手前味噌ながら）面白く怪しい、脳が熱《アツ》くなる本になった気がします。

嗚呼《ああ》、それでもまだ到底語り尽くせず、どこまでも妖怪を陳列《なら》べ続けたいところではありますが、天から長い褌《ふんどし》が下がってくる頃合いですので、一旦仕舞いにしたいと思います。またどこかでお目にかかることもあるでしょう。刊行順でいう残り二巻も、何卒よろしくお願いいたします。

べらぼうな要望の数々を受け入れてくださった笠間書院ほか制作・編集関係の皆様方、さまざまなご助言をくださった氷厘亭氷泉さん、佐藤卓さんをはじめ他巻担当者の皆様、そして全ての資料の作者、編者、話者その他の関係者様方、改めて御礼申し上げます。

ありがとうございます。合掌。

竹藪の髑髏の眼窩から

寺西政洋

- 広島県立歴史民俗資料館（編・発行）『平成十六年度開館二十五周年記念特別企画展展示図録　稲生物怪録と妖怪の世界～みよしの妖怪絵巻～』、2004年
- 広島県立歴史民俗資料館（編・発行）『平成二十五年度夏の特別企画展　真夏の妖怪大行進！』、2013年
- 倉本四郎（著）『鬼の宇宙誌』、講談社、1991年
- 倉本四郎（著）『妖怪の肖像　稲生武太夫冒険絵巻』、平凡社、2000年
- 志村有弘（文）、加藤英夫（絵）『親子で楽しむ歴史と古典⑳　江戸のホラー　稲生物怪録』、勉誠社、1997年
- せなけいこ（著）『うさたろうのばけもの日記』、童心社、1995年
- 小沢正（文）、宇野亜喜良（絵）『ぼくはへいたろう「稲生物怪録」より』、ビリケン出版、2002年
- 寮美千子（文）、クロガネジンザ（絵）『へいきの平太郎　稲生物怪物語』、ロクリン社、2015年
- 『稲生物怪録トランプ　平太郎と物怪たち』、おたすけ印刷塾

【神楽】

- 三村泰臣（著）『中国地方民間神楽祭祀の研究』、岩田書院、2010年
- 三村泰臣（著）『中国・四国地方の神楽探訪』、南々社、2013年
- 岩田勝（編著）『伝承文学資料集成　第一六輯　中国地方神楽祭文集』、三弥井書店、1990年
- 石塚尊俊（著）『里神楽の成立に関する研究』、岩田書院、2005年
- 浅沼政誌・中上明（編）『中国地方各地の神楽比較研究』、島根県教育庁古代文化センター、2009年
- 篠原實（編・注訳）『校訂石見神楽台本』、日下義明商店、1982年
- 石塚尊俊（監修）『保存版　島根県の神楽』、郷土出版社、2003年
- 島根県立古代出雲歴史博物館（編）『島根県立古代出雲歴史博物館企画展　島根の神楽―芸能と祭儀―』、日本写真出版、2010年
- 日高均（監修）『ガイドブック　浜田の石見神楽』、浜田商工会議所、2012年
- 斎藤英喜・井上隆弘（編）『神楽と祭文の中世　変容する信仰のかたち』、思文閣出版、2016年
- 松浦敦男・片岡大・豊哲也（写真）『山陰の神楽写真集』、今井出版、2018年
- 島根県教育庁古代文化センター（編・発行）『島根県古代文化センター調査研究報告書9　見々久神楽―島根県出雲市見々久町―』、2001年
- 島根県古代文化センター（編・発行）『島根県古代文化センター調査研究報告書11　抜月神楽』、2002年
- 島根県教育庁古代文化センター（編・発行）『島根県古代文化センター調査研究報告書17　大土地神楽―島根県簸川郡大社町杵築―』、2003年
- 島根県古代文化センター（編・発行）『島根県古代文化センター調査研究報告書21　三葛神楽』、2004年
- 島根県古代文化センター（編・発行）『島根県古代文化センター調査研究報告書35　井野神楽』、2006年
- 神崎宣武（編）『備中神楽の研究――歌と語りから』、岡山県美星町教育委員会、1984年
- 山根堅一（著）『岡山文庫49　備中神楽』、日本文教出版、1975年
- 妹尾儀一（著）『備中神楽言立集』、小田郡備中神楽振興会、1977年
- 備中神楽保存会資料編纂委員会（編）『備中神楽研究』第3集、備中神楽保存会、1959年
- 川上由巳（著・発行）『出雲神話と備中神代神楽』、1979年
- 田中重雄（著）『備後神楽―甲奴郡・世羅郡を中心に―』、八幡神社、2000年
- 進藤久人（著）『広島県に於ける年中行事 第2巻　芸北神楽と秋祭』、年中行事刊行後援会、1959年
- 東城町文化財協会（編・発行）『重要無形民俗文化財　比婆荒神神楽』、1982年
- 広島県東城町教育委員会（編）『重要無形民俗文化財　比婆荒神神楽』、1998年
- 御薗生翁甫（著）『防長神楽の研究』、未来社、1972年
- 財前司一（著）『山口県の神楽』、財前由喜子、2002年
- 江草進「平川の神殿神楽」『備中神楽研究』第2集、備中神楽保存会、1957年
- 橋本春陵「備中神代神楽の教本」『民俗芸術』第4巻第3号、民俗芸術の会、1931年

- 冨田義弘（著）『やまぐち文庫3　平家の里　彦島の民話』、赤間関書房、1974年
- 宮本常一（著）『周防大島昔話集』、河出書房新社、2012年
- 光谷清（著）『秋吉台いろいろ話』、山口新聞社美祢支局、1974年
- 朝日新聞山口支局（編）『防長紀行　第三巻　民話の里』、マツノ書店、1976年
- 末岡祐雄（著・発行）『山口県の歴史と伝説民話』、1977年
- 新南陽市教育委員会（編・発行）『新南陽市の民話と伝説』、1973年
- 松本繁（著・発行）『ふるさとのつたえ話―宇部の昔がたり―』、1978年
- 下松市教育委員会（編・発行）『下松市の民話・伝説と民謡』、1980年
- 向谷喜久江（著）『とくやま昔話』、マツノ書店、1984年
- 平生町五月会（編）『ふるさと平生町の民話と伝説』、平生町役場・平生町教育委員会、1985年
- 市立柳井図書館（編・発行）『柳井図書館叢書第5集　柳井昔ばなし』、1990年
- 徳地町教育委員会（編・発行）『徳地の昔ばなし』、1991年
- 倉冨良枝（著）『鹿野の昔話』、鹿野町ふるさとづくり推進協議会、2000年
- 白井江鷗（著）『周防中の浦のななふしぎ』、文房夢類、2006年
- 山口県老人クラブ連合会（編・発行）『おとしよりの知恵伝承集　ふるさとの知恵』、1983年
- 阿東町郷土史研究会（編・発行）『史跡と民話の町（その一～その八）合本版』、1997年
- 下尾善太（著・発行）『列伝体防長女性史』、1914年
- 瀬川清子「相島日記（一）」『旅と伝説』通巻130号、三元社、1938年
- 宮本常一「山口県大島郡の子供行事　特に行事採集例として」『近畿民俗』第1巻第5号、近畿民俗学会、1936年
- 中村隆子「おなるばあさんは何者か」『広島民俗』第2号、広島民俗学会、1974年
- 「国指定重要無形文化財「岩国行波の神舞」を拝見する～7年に一度の全12座の舞～」『広島民俗』第80号、広島民俗学会、2013年
- 大島建彦「ミサキ資料断片」『西郊民俗』第38号、西郊民俗談話会、1966年
- 小川五郎「防長伝説民譚集　一」『ドルメン』第2巻第10号、岡書院、1933年
- 国学院大学民俗学研究会（編・発行）「山口県豊浦郡豊田町　旧豊田上村　愛知県西加茂郡小原村」『民俗採訪』昭和49年度号、1975年
- 山口県文書館（編・発行）『情報と記録　つたえる　つなぐ　文書館』＃15、2019年
- 池田啓（総監修）『週刊日本の天然記念物　動物編30　岩国のシロヘビ』、小学館、2003年
- 「防府天満宮にアマビエ奉納　林さん、チェーンソーアートで」『山口新聞デジタル』、2020年7月7日
- 周防大島町ウェブサイト　https://www.town.suo-oshima.lg.jp/
- 防府天満宮ウェブサイト　https://www.hofutenmangu.com/
- 神峰山用明院般若寺ウェブサイト　https://www.hannyaji36.net/
- 桜山南原寺ウェブサイト　https://www.nanbaraji.com/index.html
- 関の氏神　亀山八幡宮ホームページ　http://www.kameyamagu.com/index.htm
- 岩国シロヘビの館ウェブサイト　http://shirohebi.info/
- 萩・阿西商工会ウェブサイト　https://www.hagiasei.jp/

【稲生物怪録】

- 東雅夫（編）『稲生モノノケ大全　陰之巻』、毎日新聞社、2003年
- 荒俣宏（編著）『平田篤胤が解く稲生物怪録』、角川書店、2003年
- 谷川健一（編）『稲生物怪録絵巻―江戸妖怪図録』、小学館、1994年
- 杉本好伸（編）『稲生物怪録絵巻集成』、国書刊行会、2004年
- 錦城斎貞玉（述）『妖怪退治稲生平太郎』、三新堂、1898年
- 梅亭化作（編）『奇説異聞　備後土産稲生夜話』、旭昇堂、1884年
- 三次市教育委員会（編・発行）『改訂版　妖怪　いま甦る―《稲生物怪録》の研究―』、2013年

● 桂芳樹（著）『改訂　錦川志』、岩国徴古館、1973年
● 野村春畝（著）『防長風土記』、青雲社、1957年
● 宇部市史編纂委員会（編・発行）『宇部市史　自然環境・民俗方言篇』、1963年
● 波多放彩（著）『福栄村史』、福栄村史編集委員会、1966年
● 波多放彩（著）『阿東町誌』、山口県阿武郡阿東町、1970年
● 光市史編纂委員会（編）『光市史』、光市役所、1975年
● 平生町（編・発行）『平生町史』、1978年
● 宮本常一・岡本定（著）『東和町誌』、東和町、1982年
● 岩国徴古館（編・発行）『岩邑年代記（一）』、1984年
● 岩国徴古館（編・発行）『岩邑年代記（二）』、1985年
● 岩国徴古館（編・発行）『岩邑年代記（三）』、1990年
● 岩国徴古館（編・発行）『岩邑怪談録』、1976年
● 山口県教育委員会文化財保護課（編）『山口県の民俗芸能―山口県民俗芸能緊急調査報告書―』、山口県教育委員会、2000年
● 山口県ふるさとづくり県民会議（編・発行）『山口県のまつり』、1982年
● なむでん踊り調査編集委員会（編）『山口県指定無形文化財　久賀のなむでん踊り』、久賀町教育委員会、1986年
● 山口県教育委員会（編・発行）『阿武川の民俗　阿武川ダム水没地域民俗資料緊急調査報告書』、1970年
● 山口県教育委員会（編・発行）『生見川ダム水没地域民俗資料緊急調査報告書　生見川の民俗』、1972年
● 北九州大学民俗研究会（編・発行）『向津具半島の民俗　山口県大津郡油谷町向津具　北九州大学民俗研究会　昭和43年度調査報告』、1968年
● 新南陽市教育委員会（編・発行）『新南陽市の民俗』、1978年
● 宮本常一（著）『アチックミューゼアム彙報　第十一　周防大島を中心としたる海の生活誌』、アチックミューゼアム、1936年
● 成城大学民俗学研究室（編・発行）『傳承文化　第6号　山口県角島調査報告』、1968年
● 瀬川清子（著）『見島聞書』、民間伝承の会、1938年
● 防長史談会（編・発行）『趣味の山口』、1931年
● 松岡利夫（編著）『長門周防の伝説』、第一法規出版、1977年
● 松岡利夫・古川薫（著）『日本の伝説35　山口の伝説』、角川書店、1979年
● 山口県小学校教育研究会国語部（編）『山口の伝説』、日本標準、1978年
● 山口県教育委員会文化課（編）『山口県の絵馬』、山口県教育委員会、1986年
● 口羽順蔵（著）『伝説を主とした長門峡案内記』、長門峡保勝会篠生村事務所、1922年
● 吉岡一生（著・発行）『防長写伝　山口伝説散歩』、2001年
● 大岡昇（著）『岩国の民俗と俚諺』、岩国市立岩国図書館、1974年
● 大岡昇（著）『岩国の文化と教育資料　第一集』、岩国市立岩国図書館、1975年
● 大岡昇（著）『岩国の文化と教育資料　第二集』、岩国市立岩国図書館、1979年
● 観光資源保護財団（編・発行）『鷺舞神事』、1974年
● 迫中融（著・発行）『通津の伝承と伝説』、1982年
● 迫中融（著・発行）『周東地方の伝説と伝承』、1985年
● 光貞源一（著）『錦町散歩　史話と民話の里』、錦町立広瀬図書館、1971年
● 松岡利夫（編著）『ふるさと叢書Ⅱ　周防長門の伝説』、山口県教育会、1976年
● 松岡利夫（編著）『ふるさと叢書Ⅲ　周防長門の昔話』、山口県教育会、1976年
● 松岡利夫（編）『日本の民話29　周防・長門の伝説（第1集）』、未来社、1960年
● 松岡利夫（編）『日本の民話46　周防・長門の伝説（第2集）』、未来社、1969年
● 佐藤治（著）『やまぐち文庫1　ながとの民話』、赤間関書房、1972年

- 垣内稔（編）『日本の民話 22　安芸・備後の民話　第一集』、未来社、1959 年
- 垣内稔（編）『日本の民話 23　安芸・備後の民話　第二集』、未来社、1959 年
- 稲田浩二（監修）、稲田和子・高田雅之・新宅全美（編）『日本の昔話 18　備後の昔話』、日本放送出版協会、1977 年
- 稲田浩二（監修）、柴口成浩・仙田実・山内靖子（編）『日本の昔話 23　西瀬戸内の昔話』、日本放送出版協会、1978 年
- 尾道民話伝説研究会（編・発行）『尾道の民話・伝説』、2002 年
- 日岡巌（著）、豊平町史研究会（編）『豊平町の伝説と民話　第一集（付・歴史資料）』、豊平町史研究会、1970 年
- 角増渉（編著）『ふるさと江田島―江田島の民話―』、さつき出版、1977 年
- 野村純一・村岡浅夫（監修）、中国放送（編）『採訪記録　ひろしまの民話（昔話編）』、第一法規、1981 年
- 野村純一・村岡浅夫（監修）、中国放送（編）『採訪記録　ひろしまの民話（昔話編）第二集』、第一法規、1982 年
- 野村純一・村岡浅夫（監修）、中国放送（編）『採訪記録　ひろしまの民話（昔話編）第三集』、第一法規、1984 年
- 五日市民話民俗の会（編・発行）『いつかいちの民話とくらし』、1981 年
- 湯来町民話編集委員会（編）『湯来の民話』、湯来町教育委員会、1993 年
- 河野寛（編）『いんのしまの民話と伝説』、因島ジャーナル、1991 年
- 広島市馬木公民館（編・発行）『うまきの昔（4）―民俗編―』、1989 年
- 桑田仁乗（著）『郷土府中のはなし』、府中市民タイムス社、1981 年
- 油木町教育委員会（編・発行）『油木町民話集』、1981 年
- 池峠繁治（著）『ひろしま　備北の民話と伝説』、日本農業新聞中国四国支社、1989 年
- 広島女子大学国語国文学研究室（編著）『広島県上下町昔話集』、渓水社、1983 年
- 広島県学校図書館協議会（小学校担当）（編）『読みがたり　広島のむかし話』、日本標準、2005 年
- 戸山ものがたりをつくる会（編・発行）『戸山ものがたり』、2007 年
- おおあさ歴史民俗研究会（編）『おおあさの民話（里謡）と伝説　あぜみち放談　第三集』、大朝町教育委員会、1986 年
- おおあさ歴史民俗研究会（編）『おおあさの民話（里謡）と伝説　あぜみち放談　第四集』、大朝町教育委員会、1987 年
- 柴村敬次郎（編著）『ふるさと下蒲刈（その十九）下蒲刈町のお地蔵さん』、下蒲刈町、1992 年
- 筒賀村教育委員会事務局（編・発行）『筒賀のことわざ・言い伝え』、1987 年
- 広島県（編・発行）『神武天皇聖蹟誌』、1941 年
- 寺井広樹・村神徳子（著）『広島の怖い話』、TO ブックス、2016 年
- ヒバゴン 50 周年実行委員会（編・発行）『ヒバゴン出没 50 周年記念誌　HIBAGON BOOK　2020 改訂版』、2021 年
- 樫田静子「民話について」『広島民俗』創刊号、広島民俗学会、1974 年
- 滝谷章「切支丹灯籠について」『広島民俗』第 7 号、広島民俗学会、1977 年
- 神田三亀男「広島県下独自の俚諺採集メモ」『広島民俗』第 7 号、広島民俗学会、1977 年
- 下野岩太「峠の民俗―可部峠を中心にして―」『広島民俗』第 13 号、広島民俗学会、1980 年
- 黒田正ほか「資料だより（比婆・庄原地方）」『広島民俗』第 13 号、広島民俗学会、1980 年
- 栗原秀雄「宮島の伝説」『広島民俗』第 61 号、広島民俗学会、2004 年
- 「謎の光線出す玉持ったアマビエの仲間を確認　江戸後期の史料に　名古屋市蓬左文庫」『毎日新聞デジタル』二〇二〇年八月二一日
- 三次観光推進機構ウェブサイト　https://www.miyoshi-dmo.jp/
- 大竹市歴史研究会ウェブサイト　http://otake-history.halfmoon.jp/
- はしだ製餡所ホームページ　https://hashida-seianjyo.co.jp/company.html

【山口県】

- 山口県地方史学会（編・発行）『防長地下上申　第 1 巻』、1978 年

- 稲谷祐宣「川上郡成羽町中地区の雨乞い」『岡山民俗』第78号、岡山民俗学会、1968年
- 三浦秀宥「美作地方に於ける憑物の概要」『山陰民俗』通巻3号、山陰民俗学会、1954年
- 立石憲利「現代の民話集　サンマータイム」『民話と文学』第4号、民話と文学の会、1978年
- 櫛野展正「アウトサイドの隣人たち　最後のお化け人形師」『美術手帖』2018年5月25日　https://bijutsutecho.com/magazine/series/s6/15722/pictures/1
- 「吉備中央町の田舎暮らし」　https://okayama-yaso.jimdofree.com/

【広島県】

- 頼杏坪（編）『芸藩通志』全5巻、国書刊行会、1981年
- 広島県（編・発行）、宮本常一（監修）『広島県史　民俗編』、1978年
- 広島市（編・発行）『新修広島市史　第2巻　政治史編』、1958年
- 甲田町誌編集委員（編）『甲田町誌』、甲田町教育委員会、1967年
- 因島市史編集委員会（編・発行）『因島市史』、1968年
- 広島市（編・発行）『安佐町史』、1977年
- 五日市町誌編集委員会（編・発行）『五日市町誌（上巻）』、1974年
- 五日市町誌編集委員会（編・発行）『五日市町誌（下巻）』、1983年
- 大竹市（編・発行）『大竹市史　史料編　第2巻』、1960年
- 大崎町（編・発行）『大崎町史』、1981年
- 吉和村誌編纂委員会（編）『吉和村誌　第2集』、吉和村、1985年
- 広島県立美術館（編・発行）『厳島神社世界遺産登録記念展　平家納経と厳島の宝物』、1997年
- 原田佳子（著）『厳島の祭礼と芸能の研究』、芙蓉書房出版、2010年
- 新民報社（編・発行）『呉・郷土史料（大呉市民史大正篇附録）』、1949年
- 広島県教育委員会（編・発行）『広島県文化財調査報告　第5集　民俗資料緊急調査編』、広島県文化財協会、1965年
- 広島県教育委員会（編・発行）『広島県文化財調査報告　第6集（無形文化財編）』、1966年
- 広島県教育委員会（編・発行）『広島県文化財調査報告　第8集　広島県の民話と伝説』、1970年
- 広島県教育委員会（編・発行）『広島県文化財調査報告　第12集　無形民俗文化財編』、1978年
- 広島県教育委員会（編・発行）『椋梨水没地域民俗資料緊急調査概報』、1967年
- 広島県教育委員会（編・発行）『土師民俗資料緊急調査報告書』、1968年
- 広島県教育委員会（編・発行）『家船民俗資料緊急調査報告書』、1970年
- 広島県教育委員会（編・発行）『厳島民俗資料緊急調査報告書』、1972年
- 大谷女子大学民俗研究会（編・発行）『昭和四十四年度調査報告　作木の民俗―広島県双三郡作木村―』、1971年
- 大島忞（著）『おおのの民俗』、大野町役場、1983年
- 山田次三（著）、山田次三遺稿集編集委員会（編）『奥備後の民俗』、山田次三遺稿集刊行会、1979年
- 及川儀右衛門（著）『藝備今昔話』、一誠社、1934年
- 及川儀右衛門（著）『芸備の伝承』、国書刊行会、1973年
- 藤井昭（編著）『安芸の伝説』、第一法規、1976年
- 若杉慧・村岡浅夫（著）『日本の伝説21　広島の伝説』、角川書店、1977年
- 磯貝勇（著）『安芸国昔話集』、岡書院、1934年
- 後藤陽一（編）『瀬戸内御手洗港の歴史』、御手洗史編纂委員会、1962年
- 広島県商工部観光課（編・発行）『広島県の民話・伝説・民謡』、1967年
- 広島県商工部観光課（編・発行）『広島県の民話・伝説・民謡　第2集』、1967年
- 村岡浅夫（編）『広島県民俗資料　第1集　心意生活（1）民間暦と俗信』、ひろしま・みんぞくの会、1976年
- 村岡浅夫（編）『広島県民俗資料　第2集　口承文芸（1）昔話』、ひろしま・みんぞくの会、1968年
- 村岡浅夫（編）『広島県民俗資料　第6集　口承文芸（3）伝説』、ひろしま・みんぞくの会、1973年

- 立石憲利（編著）『風呂場ばなし―岡山県長船町の民話―』、吉備人出版、2001 年
- 富阪あさの（述）、立石憲利（編・発刊）『鳥呑み爺　富阪あさのの昔話（岡山県勝田郡勝田町梶並）』、1978 年
- 立石憲利（著）『久米南町の民話』、岡山県久米南町、2021 年
- 和気町文化財保護委員会（編）『ふるさと和気―民話編―』、和気町、2001 年
- 立石憲利（編著）『20 世紀最後の伝承記録　岡山県金光町の民話・資料編』、吉備人出版、2003 年
- 津山市史編さん委員会（編）『新修津山市史別巻　つやまの民話』、津山市、2018 年
- 立石憲利・吉備中央町図書館（編著）『岡山「へその町」の民話　岡山県吉備中央町の採訪記録』、吉備中央町教育委員会、2017 年
- 立石憲利・吉備中央町図書館（編著）『岡山「へその町」の民話　追補編　岡山県吉備中央町の採訪記録 2』、吉備中央町教育委員会、2019 年
- 立石憲利（編著）『総社市　旧山手村　くらし・民話・俗信』、岡山県口承文芸研究所、2020 年
- 木下浩（編著）『岡山文庫 290　岡山の妖怪事典―妖怪編―』、日本文教出版、2014 年
- 木下浩（編著）『岡山文庫 296　岡山の妖怪事典―鬼・天狗・河童編―』、日本文教出版、2015 年
- 立石憲利（著）『おかやま石仏紀行』、吉備人出版、2020 年
- 三浦秀宥（著）『荒神とミサキ―岡山県の民間信仰―』、名著出版、1989 年
- 湯浅照弘（著）『岡山県漁業民俗断片録』、海面書房、1977 年
- 中山薫（著）『岡山文庫 284　温羅伝説―史料を読み解く―』、日本文教出版、2013 年
- 立石憲利（監修）、民話さんぶたろう研究実行委員会（編著）『今も生きている巨人　伝説さんぶたろう』、奈義町教育委員会、2017 年
- 立石憲利（監修）、民話さんぶたろう研究実行委員会（編著）『今も生きている巨人　伝説さんぶたろう 第 2 集』、奈義町教育委員会、2019 年
- 岡山県古代吉備文化財センター（編）『岡山県埋蔵文化財発掘調査報告 94　足守川河川改修工事に伴う発掘調査』、岡山県教育委員会、1995 年
- 川崎製鉄株式会社水島製鉄所（編・発行）『わが町くらしき』、1981 年
- 柴田一（著）『吉備の歴史に輝く人々』、吉備人出版、2007 年
- 佐藤清明資料保存会（編）『岡山文庫 323　博物学者佐藤清明の世界』、日本文教出版、2021 年
- はやせやすひろ・寺井広樹（著）『岡山の怖い話―人形峠で我が子は嗤う―』、TO ブックス、2018 年
- 秋田めぐみ（著）『岡山若者新書 3　月刊タウン情報おかやま別冊　岡山に出現した UFO』、アス、1987 年
- 今村勝彦「備前の昔話」『旅と伝説』通巻第 56 号、三元社、1932 年
- 今村勝彦「岡山の昔話」『旅と伝説』通巻第 68 号、三元社、1933 年
- 佐久間昇「岡山阿哲郡の傳説」『民間伝承』第 13 巻第 11 号、日本民俗学会、1949 年
- 三浦秀宥「作北の稲作伝承」『岡山民俗』第 2 号、岡山民俗学会、1951 年
- 三浦秀宥「ナメラ筋系伝承魔道考」『岡山民俗』第 9 号、岡山民俗学会、1954 年
- 三浦秀宥「月の輪伝承の系列」『岡山民俗』第 11 号、岡山民俗学会、1954 年
- 土井卓治「川上郡の民俗（二）」『岡山民俗』第 15 号、岡山民俗学会、1955 年
- 「怪談お花観音の由来」『岡山民俗』第 16 号、岡山民俗学会、1955 年
- 土井卓治「ほぼら火の話」『岡山民俗』第 16 号、岡山民俗学会、1955 年
- 荒木祐臣・佐藤米司「おいつきさま」『岡山民俗』第 34 号、岡山民俗学会、1959 年
- 安井満代「奇怪な実話」『岡山民俗』第 35 号、岡山民俗学会、1959 年
- 佐藤米司「道通様補遺」『岡山民俗』第 38 号、岡山民俗学会、1960 年
- 松浦円明「ヤソージとヤセゴセ」『岡山民俗』第 39 号、岡山民俗学会、1960 年
- 佐上静夫「お万の尻ハグリ考」『岡山民俗』第 41 号、岡山民俗学会、1960 年
- 片山薫「柵原の伝説」『岡山民俗』第 51 号、岡山民俗学会、1962 年
- 森川勘市「早島鶴崎神社秋季大祭」『岡山民俗』第 72 号、岡山民俗学会、1967 年

—霊威の継承—』、2013 年

- 桂又三郎（著）『岡山県妊娠出産習俗』、奥山書房、1976 年
- 岡山県教育委員会（編・発行）『岡山県民俗資料調査報告書』、1968 年
- 新成羽川ダム岡山県民俗総合調査団（編）『新成羽川ダム水没地区の民俗』、岡山県教育委員会、1966 年
- 岡山県教育委員会（編・発行）『阿波・梶並の民俗　振興山村民俗資料緊急調査報告書（Ⅰ）』、1971 年
- 岡山県文化財保護協会（編・発行）『宇治・宇戸の民俗　振興山村民俗資料緊急調査報告書（Ⅱ）』、1972 年
- 岡山県文化財保護協会（編・発行）『笠岡諸島の民俗　振興離島民俗資料緊急調査報告書（Ⅰ）』、1974 年
- 岡山民俗学会（編・発行）『岡山県立落合高等学校歴史研究クラブ共同調査　那岐山麓の民俗』、1957 年
- 岡山民俗学会（編・発行）『加茂川町の民俗』、1990 年
- 有漢町文化財保護委員会（編）『有漢町の民俗』、有漢町教育委員会、1980 年
- 岡山県教育委員会（編・発行）『振興離島民俗資料緊急調査報告書 3　児島諸島及び石島の民俗』、1976 年
- 岡山県性信仰集成編集委員会（編）『岡山県性信仰集成』、岡山民俗学会、1964 年
- 東京学芸大学民俗学研究会（編・発行）『口承文芸調査報告書　通巻 9 号　岡山県真庭郡川上村、八束村、新庄村』、1987 年
- 太田忠久・水藤春夫（著）『日本の伝説 29　岡山の伝説』、角川書店、1978 年
- 花田一重（著）『新輯　岡山県伝説読本』、文正社書店、1934 年
- 立石憲利（著）『おかやま伝説紀行』、吉備人出版、2006 年
- 黒住清（著）『増補　大島伝説集』、笠岡市立図書館、1973 年
- 片田知弘（著）『風と伝説のなかの上斎原』、中央公論事業出版、1986 年
- 今村勝臣（著）『御津郡昔話集』、三省堂、1943 年
- にしあわくらの民話編纂委員会（編）『にしあわくらの民話』、西粟倉村、1989 年
- 英田町教育委員会（編）『英田町の民俗』、英田町、1998 年
- 岡山民話の会（編・発行）『岡山県昔話資料集　なんと昔があったげな』上下巻、1964 年
- 稲田浩二（編）『日本の民話 36　岡山の民話』、未来社、1964 年
- 稲田浩二（監修）、立石憲利・前田東雄（編）『日本の昔話 9　美作の昔話』、日本放送出版協会、1974 年
- 岡山民話の会（編）『岡山文庫 39　岡山の民話』、日本文教出版、1971 年
- 三浦秀宥（著）『岡山文庫 73　岡山の民間信仰』、日本文教出版、1977 年
- 佐藤米司（著）『岡山文庫 87　岡山の怪談』、日本文教出版、1979 年
- 立石憲利・片田知宏（著）『岡山文庫 261　民話の里 鏡野町伝説紀行』、日本文教出版、2009 年
- 森脇正之（編）『倉敷の民話・伝説』、倉敷文庫刊行会、1978 年
- 新見青年会議所（編・発行）『備北の伝説昔むかし　第一集』、1976 年
- 稲田浩二・立石憲利・鏡味明克（編著）『昔話研究資料叢書 8　奥備中の昔話』、三弥井書店、1973 年
- 稲田浩二・立石憲利（編）『中国山地の昔話—賀島飛左嫗伝承四百余話—』、三省堂、1974 年
- 刈屋栄昌（著）『民話集　牛窓夜話　前編』、牛窓郷土研究会、1958 年
- 刈屋栄昌（著）『民話集　牛窓夜話　後編』、牛窓郷土研究会、1967 年
- 蒜山文化財保護委員会（編）『蒜山の文化財　第三集　蒜山の民話・民謡』、蒜山教育事務組合教育委員会、1987 年
- 玉津幼稚園小学校父母と先生の会・玉津コミュニティ推進協議会（編）『玉津の古伝』、玉津幼稚園・小学校父母と先生の会、1976 年
- 立石憲利（編著）『砂鉄の村の民話　岡山県美甘村の採訪記録』、手帖舎、1985 年
- 立石憲利（編）、立石正志・立石長（述）『正志と長の民話』、手帖舎、1989 年
- 立石憲利・片山薫（編著）『やなはらの民話　岡山県柵原町の採訪記録』、柵原町教育委員会、1994 年
- 立石憲利（編著）『民話集　人形峠—岡山県上齋原村の採訪記録』、手帖舎、1995 年
- 立石憲利（編著）『しんごうの民話　岡山県神郷町の採訪記録 1』、手帖舎、1995 年
- 立石憲利（編著）『民話集三室峡　岡山県神郷町の採訪記録 2』、手帖舎、1996 年

- 島根県立隠岐島前高等学校郷土部（編・発行）『隠岐島前の民話　島前の伝承6』、1977年
- 島根県立隠岐島前高等学校郷土部（編・発行）『隠岐島の伝承・第8号　都万村の民話』、1978年
- 島根大学昔話研究会（編・発行）『隠岐・島後民話集』、1984年
- 島根民話研究会（編・発行）『隠岐島・布施村の民話と民謡』、1978年
- 田中瑩一（著）『伝承怪異譚――語りのなかの妖怪たち』、三弥井書店、2010年
- 島根県古代文化センター（編）『島根県古代文化センター研究論集第26集　日本書紀と出雲観』、ハーベスト出版、2021年
- 渡部孝幸（著）『鏝なみはいけん　石州左官が彩る鏝絵』、ワン・ライン、2008年
- 佐原真・春成秀爾（著）『NHKブックス802　出雲の銅鐸　発見から解読へ』、日本放送出版協会、1997年
- 丹羽野裕（著）『宍道町ふるさと文庫17　伝出雲出土銅鐸（木幡家銅鐸）と宍道町の弥生時代』、宍道町蒐古館、2003年
- 民話と文学の会（編・発行）『民話と文学　創刊号　特集　隠岐・島前の伝承』、1977年
- 清水兵三「出雲雑記」『郷土研究』第1巻第7号、郷土研究社、1913年
- 竹本健夫「石見より（一）」『民俗学』第1巻第4号、民俗学会、1929年
- 竹本健夫「石見より（二）」『民俗学』第1巻第5号、民俗学会、1929年
- 加藤孝市「八束郡昔話」『昔話研究』第2巻第1号、壬生書院、1936年
- 千代延尚壽「石見地方に於ける動物に関する伝説」『旅と伝説』通巻第99号、三元社、1936年
- 松本興「出雲からさで祀りとその伝説」『旅と伝説』通巻178号、三元社、1942年
- 森脇太一「タゴを擦る」『民間伝承』第5巻第11号、民間伝承の会、1940年
- 出雲民俗の会「出雲のお忌み」『民間伝承』第14巻第5号、民間伝承の会、1950年
- 大森郁之助「隠岐郡都万村聞書（承前）」『民間伝承』第25巻第2号、六人社、1961年
- 坂本茂男「とうぼうさくの話」『伝承』第3号、山陰民俗学会、1959年
- 国学院大学民俗学研究所（編・発行）『民俗採訪』平成二年度号、1991年
- 石塚尊俊「隠岐島の俗信」『伝承』第二号、山陰民俗学会、1959年
- 酒井董美・田中瑩一「隠岐・島前の昔話」『山陰文化研究紀要』第17号、島根大学、1977年
- 「水木魂　浮かべる妖怪展」『読売新聞オンライン』2022年3月28日　https://www.yomiuri.co.jp/local/shimane/news/20220327-OYTNT50039/
- 「美又に伝わる伝説」『かナビ！　金城町を楽しくナビゲーションするサイト』2019年7月18日　https://k-sangyou.wixsite.com/kanavi/post/%E7%BE%8E%E5%8F%88%E3%81%AB%E4%BC%9D%E3%82%8F%E3%82%8B%E4%BC%9D%E8%AA%AC

【岡山県】

- 山本頼輔・塚本吉彦（校訂）、小橋藻三衛（編・発行）『吉備叢書　第一巻』、1897年
- 長尾勝明（著）、矢吹金一郎（校訂）『新訂訳文　作陽誌』上下巻、日本文教出版、1963年
- 山陽新報社出版部（編）『吉備文庫　第二輯』、山陽新聞社、1980年
- 岡山県史編纂委員会（編）『岡山県史　第9巻（近世4）』、岡山県、1989年
- 岡山県史編纂委員会（編）『『岡山県史　第15巻（民俗Ⅰ）』、岡山県、1983年
- 総社市史編さん委員会（編）『総社市史　古代・中世史料編』、総社市、1988年
- 玉野市史編纂委員会（編）『玉野市史　続編』、玉野市、1972年
- 苫田郡教育会（編・発行）『苫田郡誌』、1972年
- 備中町史編集委員会（編）『備中町史　民俗編』、備中町史刊行委員会、1970年
- 北房町史編集委員会（編）『北房町史　民俗編』、北房町、1983年
- 八束村史編纂委員会（編）『八束村史』、八束村、1982年
- 岡山県教育庁文化財課（編）『「岡山県の会陽の習俗」総合調査報告書』、岡山県教育委員会、2007年
- 大阪府立弥生文化博物館（編・発行）『平成25年度大阪府立弥生文化博物館秋季特別展　吉備と邪馬台国

- 速水保孝（著）『出雲の迷信　「狐持ち」迷信の民俗と謎』、学生社、1976 年
- 石塚尊俊（著）『日本の民俗 32　島根』、第一法規、1973 年
- 矢富熊一郎（著）『石見高島の秘話』、益田市史談会、1960 年
- 石塚尊俊（編）『民衆宗教史叢書　第一五巻　出雲信仰』、雄山閣出版、1986 年
- 島根県教育会（編・発行）『紀元二五八七年版　島根県口碑伝説集』、1927 年
- 石塚尊俊（編著）『出雲隠岐の伝説』、第一法規、1977 年
- 酒井董美・萩坂昇（著）『日本の伝説 48　出雲・石見の伝説』、角川書店、1980 年
- 島根県神社庁（編・発行）『島根の神々』、1987 年
- 島根県小・中学校国語教育研究会（編）『島根の伝説』、日本標準、1978 年
- 荒木英信（編著）『新編松江八百八町町内物語』、ハーベスト出版、2012 年
- 稲田浩二（監修）、立石憲利・山根芙佐恵（編）『日本の昔話 14　出雲の昔話』、日本放送出版協会、1975 年
- 稲田浩二（監修）、酒井董美（編）『日本の昔話 27　石見の昔話』、日本放送出版協会、1979 年
- 清水兵三（編著）『出雲の民話民謡集』、黒田書店、1975 年
- 前田黙耕（著）『城下町之傳説』、伯太町郷土史研究会、1991 年
- 島根大学教育学部国語研究室昔話研究会（編・発行）『島根県邑智郡大和村昔話集稿　巻二　―都賀・都賀行地区―』、1975 年
- 島根大学昔話研究会（編）『島根県美濃郡匹見町昔話集』、島根大学国語教育研究室昔話研究会、1976 年
- 島根大学昔話研究会（編）『島根県三瓶山麓民話集』、島根大学国語教育研究室昔話研究会、1977 年
- 島根大学昔話研究会（編）『島根県簸川郡佐田町民話集』、島根大学国語教育研究室昔話研究会、1979 年
- 島根大学昔話研究会（編）『島根県益田市民話集』、島根大学国語教育研究室昔話研究会、1991 年
- 島根大学昔話研究会（編）『石見大田昔話集』、島根大学国語教育研究室昔話研究会、1974 年
- 島根大学昔話研究会（編）『島根県邑智郡石見町民話集（II）「妖怪譚」その他』、島根大学国語教育研究室昔話研究会、1986 年
- 島根大学昔話研究会（編）『島根県八束郡玉湯町民話集』、島根大学国語教育研究室昔話研究会、1987 年
- 島根大学昔話研究会（編）『島根県安来市民話集』、島根大学国語教育研究室昔話研究会、1990 年
- 島根大学昔話研究会（編）『島根県出雲市民話集』、島根大学国語教育研究室昔話研究会、1997 年
- 弥栄村住民課・弥栄村老人クラブ連合会（編）『続やさかの民話』、那賀郡弥栄村、1982 年
- 佐田町・佐田町教育委員会（編・発行）『佐田町の民話と民謡』、1986 年
- 桜江町・桜江町老人クラブ連合会・島根大学昔話研究会（編・発行）『さくらえの民話　島根県邑智郡桜江町民話集』1～2、1991～92 年
- 広瀬町社会福祉協議会（編・発行）『ふるさとの昔語り』、1991 年
- 大崎雪枝（著・発行）『それぽっちり物語――石見銀山昔話伝説集』、1976 年
- 田中瑩一（編）『湖陵の民話』、湖陵町教育委員会、1996 年
- 小野寺賀智（述）、近藤雅尚（編）『小野寺賀智嫗の昔話』、「小野寺賀智嫗の昔話」を刊行する会、1981 年
- 酒井董美（著）『【島根】ふるさとの民話』上下巻、ワン・ライン、1993 年
- 酒井董美（著）『ふるさとの民話』第一集 出雲編、第三集 隠岐編、ハーベスト出版、2011 年
- 酒井董美（著）『蛇むこものがたり　島根の昔話・伝説論』、島根民話研究会、1989 年
- NHK 松江放送局（編・発行）『ふるさと百話』、1970 年
- 石川寿保（著・発行）『ふるさとの歴史と伝説』、1978 年
- 山陰中央新報社（編・発行）『石神さんを訪ねて　出雲の巨石信仰』、2015 年
- 西岡和彦（著）『近世出雲大社の基礎的研究』、大明堂、2002 年
- 島根県教育委員会（編・発行）『隠岐島の民俗』、1973 年
- 野津龍（著）『隠岐島の伝説』、鳥取大学教育学部国文学第二研究室、1977 年
- 島根県立隠岐島前高等学校郷土部（編・発行）『隠岐知夫里島の民話　島前の伝承・第 5 号』、1976 年

- 岡義重「鳥取民俗管見」『伝承』第 6 号、山陰民俗学会、1961 年
- 田中新次郎「彼岸の中日の伝承」『因伯民俗』第 19 号、因伯民俗学会、1957 年
- 九鬼龍児「梅ぼし地蔵」『因伯民俗』第 29 号、因伯民俗学会、1964 年
- 川上廸彦「唐王御前信仰メモ」『山陰民俗』第 40 号、山陰民俗学会、1983 年
- 川上廸彦「唐王御前信仰メモ補足」『山陰民俗』第 41 号、山陰民俗学会、1983 年
- 宮岡洋子「円岡邦枝媼の語る昔話—鳥取・中山町の昔話（一）—」『伝承文学研究』第 22 号、三弥井書店、1979 年
- 福代宏「野間宗蔵の「怪談記」について」『鳥取県立博物館研究報告』第 40 号、鳥取県立博物館、2003 年
- 麻野嘉史「アズキトギトギ調査メモ」『怪魅型』第弐号、西日本化物・妖怪同好会、2020 年
- 「フジテレビ「映っちゃったGP」、鳥取城跡の心霊現象紹介 VTR の事実誤認を謝罪　鳥取県知事がコメント」『ねとらぼ』2017 年 6 月 23 日　https://nlab.itmedia.co.jp/nl/articles/1706/23/news090.html
- 川上廸彦「米子の民話散歩」米子市ウェブサイト　https://www.city.yonago.lg.jp/9512.htm
- 大山町ウェブサイト　https://www.daisen.jp/
- 白兎神社ウェブサイト　https://hakutojinja.jp/
- 樂樂福神社ウェブサイト　https://sasafuku.jimdo.com/

【島根県】

- 藤本充安（編）『島根縣史要』、川岡清助、1907 年
- 蘆田伊人（編）『大日本地誌大系　第 27 巻　雲陽誌』、雄山閣、1930 年
- 城市鉄堂（編・発行）『石見軍記』、1919 年
- 石見町誌編纂委員会（編）『島根県邑智郡石見町誌　下巻』、石見町、1972 年
- 江津市誌編纂委員会（編）『江津市誌　下巻』、江津市、1982 年
- 矢富熊一郎（著・発行）『安田村発展史　上』、1941 年
- 矢富熊一郎（著）『石見匹見町史』、島根郷土史会、1965 年
- 美都町史編さん委員会（編・発行）『美都町史』、1968 年
- 赤来町史編纂委員会（編）『赤来町史』、赤来町、1972 年
- 舟木賢寛（編）『口羽郷土誌』、羽須美村郷土史研究会、1972 年
- 大竹巽（編）『島根県名勝誌』、松陽新報社、1922 年
- 島根県立古代出雲歴史博物館（編・発行）『島根県立古代出雲歴史博物館特別展　平成の大遷宮　出雲大社展』、ハーベスト出版、2013 年
- 松江歴史館（編・発行）『企画展　出雲国を彩るかざり』、2020 年
- 島根県立古代出雲歴史博物館（編）『古事記一三〇〇年　平成二十二年度秋の企画展　神々のすがた　古代から水木しげるまで』、一畑電気鉄道株式会社プランニング事業部、2010 年
- 島根県教育委員会（編・発行）『島根の民俗芸能』、1989 年
- 島根県立古代出雲歴史博物館（編・発行）『企画展　隠岐の祭礼と芸能』、2018 年
- 矢富巌夫（著）『津和野ものがたり 9　鷺舞と津和野踊り』、津和野歴史シリーズ刊行会、1973 年
- 大庭良美・水師重吉・森脇太一（編）『島根民俗叢書第 1 輯　民俗とその資料』、島根民俗学会、1941 年
- 和歌森太郎（編）『西石見の民俗』、吉川弘文館、1962 年
- 島根県教育委員会（編・発行）『島根県下 30 地区の民俗—民俗資料緊急基本調査報告書—』、1962 年
- 島根県教育委員会（編・発行）『出雲中海沿岸地区の民俗　中海沿岸地区民俗資料緊急調査報告』、1971 年
- 畑伝之助（著）『能義奥の民俗』、島根県文化財愛護協会、1967 年
- 畑伝之助（著）『出雲比田の民俗』、山陰民俗学会、1975 年
- 成城大学民俗学研究会（編・発行）『成城大学民俗調査報告書第十集　島根縣出雲市大塚町民俗調査報告書』、1987 年
- 建設省中国地方建設局・島根県教育委員会（編・発行）『志津見ダム民俗文化財調査報告書　志津見の民俗（本文編・資料編）』、1990 年

教育委員会、1981年

- 四宮守正（著）『日本の民俗31　鳥取』、第一法規、1972年
- 野津龍（著）『生きている民俗探訪　鳥取』、第一法規、1982年
- 荻原直正（編著）『因伯伝説集（復刻）』、牧野出版社、1974年
- 野津龍（編著）『因幡伯耆の伝説』、第一法規出版、1975年
- 鷲見貞雄・片柳庸史（著）『日本の伝説47　鳥取の伝説』、角川書店、1980年
- 米子のふるさと散歩編纂委員会（著）『米子のふるさと散歩』、米子錦ライオンズクラブ、1993年
- 野津龍（著）『鳥取県伝説集（上）因幡編』、山陰放送、1989年
- 立花書院（編・発行）『日野川の伝説』、1994年
- 佐々木一雄（編）『鳥取県伝説昔話集1　湖山長者』、稲葉書房、1949年
- 稲田浩二・福田晃・室山敏昭（編著）『昔話研究資料叢書（4）　大山北麓の昔話』、三弥井書店、1970年
- 福田晃・三原幸久（編著）『昔話研究資料叢書（13）　因幡智頭の昔話』、三弥井書店、1979年
- 稲田浩二（監修）、福田晃・宮岡薫・宮岡洋子（編）『日本の昔話15　伯耆の昔話』、日本放送出版協会、1976年
- 鷲見貞雄（編）『因伯昔ばなし100選』、鳥取民話研究会、1975年
- 稲田和子（編）『日本の民話61　鳥取の民話』、未来社、1976年
- 山田てる子（著）『むかしがたり』、日本写真出版、1975年
- 渡辺光正（編・発行）『東伯耆内伝説民話集』、1977年
- 渡辺光正（編・発行）『改版　因幡伝説民話（第一集）』、1979年
- 渡辺光正（編）『因幡伝説民話』第二～三集、普賢堂書房、1979年
- 渡辺光正（編）『因幡伝説民話（第四集）』、普賢堂書房、1980年
- 渡辺光正（編）『因幡伝説民話（第五集）再版　旧鳥取編』、普賢堂書房、刊行年不明
- 渡辺光正（編）『因幡伝説民話（第六集）改版　岩美編』、普賢堂書房、刊行年不明
- 渡辺光正（編）『因幡伝説民話（第七集）改版　高草編』、普賢堂書房、刊行年不明
- 渡辺光正（編）『因幡伝説民話（第八集）　八頭郡編』、普賢堂書房、刊行年不明
- 渡辺光正（編）『因幡伝説民話』第九～十集、普賢堂書房、刊行年不明
- 立命館大学説話文学研究会（編）『鳥取・日野地方昔話集』、立命館大学文学部、1977年
- 稲田和子（著）『日本民話　大山をめぐる昔』、講談社、1977年
- 西尾繁・川上廸彦（著）『とんとん昔があったげな』、たたら書房、1978年
- 赤碕町むらおこし事業実行委員会民話伝説等冊子作成委員会（編・発行）『あかさきむかし話』、1988年
- 稲田浩二（監修）『佐治の民話と唄・遊び』、手帖舎、1989年
- 三上茂文（編著）『夢は今もめぐりて　日南町の昔ばなし　続「下の岩」』、三上国武、1991年
- 稲田浩二・鵜野祐介（編著）『鳥取関金町の民話と唄・遊び』、手帖舎、1996年
- 小林光一郎（著）『鳥取県史ブックレット13　鳥取県の妖怪―お化けの視点再考―』、鳥取県、2013年
- 酒井董美（著）『米子の妖怪　鳥取県伯耆国』、立花書院、2005年
- 酒井董美（著）『さんいんの民話シリーズ　ふるさとの民話　第十二集　鳥取県西部編Ⅱ』、ハーベスト出版、2015年
- 野坂寛治（著）『米子界隈』、「米子界隈」刊行会、1969年
- 坂田友宏（著）『―因幡・伯耆の民俗学研究―　神・鬼・墓』、米子今井書店、1995年
- 鬼住山ものがたり編集委員会（編）『鬼住山ものがたり』、溝口町役場、1994年
- 小笠原真琴（著）『瓊子内親王の御事蹟』、山陰史蹟協会、1936年
- 近藤喜博「鳥取県の俗信一束―覚書帖から―」『旅と伝説』通巻63号、三元社、1933年
- 近藤喜博「因幡南部の伝説―西郷村にて採集―」『旅と伝説』通巻第70号、三元社、1933年
- 田中新次郎「因幡と伯耆の亥の子の祭り」『伝承』創刊号、山陰民俗学会、1959年
- 牛尾三千夫「山陰紀行」『伝承』創刊号、山陰民俗学会、1959年

- 木場貴俊「国際日本文化研究センター所蔵『諸国妖怪図巻』をめぐって：いわゆる「化物尽くし絵巻」に関する一考察」『日本研究』第 60 号、国際日本文化研究センター、2020 年
- 談一恥「妖怪「クダン」の変化から見るクダンを語る人々を取り巻く環境やその変化」『怪魅型』第弐号、西日本化物・妖怪同好会、2020 年
- 寺西まさひろ「異類・リュウグウノツカイの怪異の諸相（異類の会第 109 回発表資料）」、2021 年
- 永島大輝「城郭と怪異譚　――謡曲禁忌を中心に」『群馬文化』第 345 号、群馬県地域文化研究協議会、2022 年

【ウェブサイト】

- 国際日本文化研究センター『怪異・妖怪伝承データベース』　https://www.nichibun.ac.jp/YoukaiDB/
- tera（寺西政洋）『【妖怪図鑑】新版 TYZ』　http://tyz-yokai.blog.jp/
- 妖怪仝友会『大佐用』第 113 号、2016 年 12 月 29 日　https://yokaidoyukai.ho-zuki.com/taisayo113.htm
- 妖怪仝友会『大佐用』第 116 号、2017 年 2 月 13 日　https://yokaidoyukai.ho-zuki.com/taisayo116.htm
- 妖怪仝友会『大佐用』第 246 号、2022 年 7 月 13 日　https://yokaidoyukai.ho-zuki.com/taisayo246.htm
- 御田鍬：「水木しげる元絵まとめ」『うしみつのかね』　http://raira314.web.fc2.com/
- 「金華七変化」早稲田大学図書館古典籍総合データベース　https://www.wul.waseda.ac.jp/kotenseki/html/he13/he13_03689/index.html
- 「怖い話投稿サイト　怖話」　https://kowabana.jp/
- 「心霊スポット【畏怖】」　https://haunted-place.info/
- がお「【2021 年】日本各地の「座敷わらし」が居る旅館や宿など 34 選」『暮らしのメモ』　https://kurashi-memo.net/zashikiwarashi/
- 日本遺産ポータルサイト　https://japan-heritage.bunka.go.jp/ja/index.html

【鳥取県】

- 景山粛（著）『因伯叢書　伯耆志　巻三』、因伯叢書発行所、1916 年
- 松岡布正（著）、荻原直正（校注）『伯耆民談記』、日本海新聞社、1960 年
- 米子市立山陰歴史館（編・発行）『山陰歴史館研究紀要　第 2 集　米府鬼話』、1994 年
- 稲葉文庫編集部（編）『稲葉文庫 52　大山寺縁起　群書類従本』、稲葉書房、1960 年
- 鳥取県（編・発行）『鳥取県史　近代　第 4 巻（社会篇・文化篇）』、1969 年
- 日野郡自治協会（編）『日野郡史　中篇 2』、名著出版、1972 年
- 岩美町教育委員会（著）、岩美町誌刊行委員会（編）『岩美町誌』、岩美町、1968 年
- 倉吉市史編集委員会（編）『倉吉市史』、倉吉市、1973 年
- 境港市（編・発行）『境港市史　下』、1986 年
- 船岡町誌編纂委員会（編）『船岡町誌』、船岡町教育委員会、1968 年
- 溝口町誌編さん委員会（編）『溝口町誌』、溝口町、1973 年
- 大栄町誌編さん委員会（編）『大栄町合併 20 周年記念出版　大栄町誌』、大栄町、1980 年
- 鳥取県教育委員会（編・発行）『鳥取県の民俗芸能―鳥取県民俗芸能緊急調査報告書―』、1993 年
- 鳥取県教育委員会（編・発行）『国選択記録作成等の措置を講ずべき無形の民俗文化財「因幡の麒麟獅子舞」調査報告書』、2018 年
- 鳥取県教育委員会（編・発行）『鳥取県文化財調査報告書第 6 集　鳥取県の民俗』、1966 年
- 坂田友宏（編）『大山北麓の民俗』、米子工業高等専門学校、1987 年
- 東京女子大学史学科民俗調査団（編）『因幡若桜の民俗　鳥取県八頭郡若桜町栃原・中原・加地』、1973 年
- 大山北麓民俗総合調査団・坂田友宏（編）『千代川流域の民俗』、千代川流域民俗総合調査団、1988 年
- 東京教育大学民俗学研究会（編・発行）『赤碕の民俗　鳥取県東伯郡赤碕町』、1961 年
- 中央大学民俗研究会（編・発行）『常民　第 30 号　鳥取県気高郡気高町調査報告書』、1994 年
- 関西外国語大学民俗学談話会（編・発行）『青谷町の伝承―鳥取県気高郡青谷町―』、2001 年
- 三朝町教育委員会・三朝町たたら調査委員会（編著）『三朝のたたら　三朝町たたら調査報告書』、三朝町

- G・H・M 研究所（編・発行）『中国・四国怨念地図　平成 17 年度』、2005 年
- 木原浩勝・中山市朗（著）『現代百物語　新耳袋　第一夜』、メディアファクトリー、1998 年
- 木原浩勝・中山市朗（著）『現代百物語　新耳袋　第七夜』、メディアファクトリー、2002 年
- 木原浩勝・中山市朗（著）『現代百物語　新耳袋　第九夜』、メディアファクトリー、2004 年
- 木原浩勝・中山市朗（著）『現代百物語　新耳袋　第十夜』、メディアファクトリー、2005 年
- ホラープレス（編）『〈恐怖体験〉タクシー・ドライバーは見た！　死霊が誘う呪いの十字路』、日本文芸社、1996 年
- 山岸和彦（編著）『幽霊を見た！　恐怖の実話レポート』、二見書房、2004 年
- 田中康弘（著）『山怪　弐　山人が語る不思議な話』、山と渓谷社、2017 年
- 岡利昌（著）『広島岡山の怖い話』、竹書房、2021 年
- 神原リカ・古川創一郎・本間亀二郎・西浦和也（著）『出雲怪談』、竹書房、2021 年
- 山内重昭（著）『世界怪奇スリラー全集 2　世界のモンスター』、秋田書店、1968 年
- 並木伸一郎（著）『47 都道府県　あなたの県の怖い話　下巻』、理論社、2014 年
- 伊藤憲臣・中道茂・冨島宏樹（文）、実業之日本社（編）『こわーい！　都市伝説＆怪談 DX』、実業之日本社、2007 年
- 有澤健・法印堂沙亜羅（文）、実業之日本社（編）『ビビる！　都市伝説＆怪談スペシャル』、実業之日本社、2017 年
- 都市伝説研究会（編）『これマジ？　ひみつ超百科 15　ネットで見つけた怖い話超百科』、ポプラ社、2018 年
- 宇留島進（著）『日本の怪獣・幻獣を探せ！　未確認生物遭遇事件の真相』、廣済堂出版、1993 年
- ASIOS（著）『UMA 事件クロニクル』、彩図社、2019 年
- 長江俊和（著）『検索禁止』、新潮社、2017 年
- 久保田八郎（著）『UFO・遭遇と真実［日本篇］』、中央アート出版社、1998 年
- 天宮清（著）『日本 UFO 研究史　UFO 問題の検証と究明、情報公開』、ナチュラルスピリット、2019 年
- 朴炳植（著）『スサノオの来た道　ソンダル博士の方言講座・出雲編』、毎日新聞社、1988 年
- 原田実（著）『偽書が描いた日本の超古代史』、河出書房新社、2018 年
- 原田実（著）『偽書が揺るがせた日本史』、山川出版社、2020 年
- 都筑道夫（著）『ふしぎ文学館　雪崩連太郎全集』、出版芸術社、1993 年
- 杉谷流翠「生き返った魚の話」『旅と伝説』通巻 51 号、三元社、1932 年
- 桜田勝徳「船幽霊など」『旅と伝説』通巻 56 号、三元社、1932 年
- 山口貞夫「十二月八日と二月八日（一）」『旅と伝説』通巻 108 号、三元社、1936 年
- 入江貫一「会員通信」『民間伝承』第 6 巻第 8 号、民間伝承の会、1941 年
- 石塚尊俊「鑪における禁忌と呪術」『民間伝承』第 11 巻 10・11 合併号、民間伝承の会、1947 年
- 大藤時彦「犬飼はずなど」『民間伝承』第 13 巻第 10 号、民間伝承の会、1949 年
- 堀井度「疾病の治療と伝承」『伝承』第 7 号、山陰民俗学会、1961 年
- 澤田四郎作「雑記帳」『五倍子雑筆』第 6 号、1938 年
- 常光徹「蜘蛛の俗信　朝グモ夜グモをめぐって」『民話と文学』第 7 号、民話と文学の会、1980 年
- 平川林木「山陽路の妖怪」『季刊　自然と文化』1984 秋号、日本ナショナルトラスト、1984 年
- 大島建彦「サ抬ハラ神社の現状」『西郊民俗』第 157 号、西郊民俗談話会、1997 年
- 渡邉一弘「サムハラ信仰についての研究」『国立歴史民俗博物館研究報告』第 174 集、2012 年
- 宮野直也「『纂異記』張生考証」『志学館大学人間関係学部研究紀要』第 28 巻第 1 号、志学館大学人間関係学部、2007 年
- 田中則雄「読本における尼子史伝」『山陰研究』第 5 号、島根大学法文学部山陰研究センター、2012 年
- 「著名人 38 人〈私と妖怪〉大アンケート」『怪』0053、角川書店、2018 年
- 蛸島直「水木しげる作品にみる民間伝承の利用と潤色」『人間文化』第 33 号、愛知学院大学人間文化研究所、2018 年

- 鶴藤鹿忠・藤原覚一・松岡利夫・島田成矩・四宮守正（著）『中国の民間信仰』、明玄書房、1973 年
- 鶴藤鹿忠・新藤久人・松岡利夫・酒井董美・坂田友宏（著）『中国の歳時習俗』、明玄書房、1975 年
- 坂田友宏・白石昭臣・伊藤彰・新藤久人・三浦秀宥（著）『中国の祝事　誕生・婚姻・年祝い』、明玄書房、1978 年
- 鶴藤鹿忠（著）『中国地方の民家』、明玄書房、1971 年
- 冨永航平（著）、中国観音霊場会（編）『中国三十三所観音巡礼　法話と札所案内［第 2 版］』、朱鷺書房、2003 年
- 山陰民俗学会（編・発行）『中国地方における民俗の地域性』、1999 年
- 宮本常一（著）『中国山地民俗採訪録』、未来社、1976 年
- 土井卓治（編著）『吉備の伝説』、第一法規出版、1976 年
- 立石憲利（編著）『桃太郎話―みんな違って面白い』、吉備人出版 、2006 年
- 石塚尊俊（編）『山陰の祭祀伝承』、山陰民俗学会、1997 年
- 酒井董美（著）『山陰の口承文芸論』、三弥井書店、1998 年
- 石田萩穂（著・発行）『山陰の俗信』、1971 年
- 石塚尊俊（著）『神話と祭りと芸能の山陰路』、ワン・ライン、2001 年
- 山陰民俗学会（編）『山陰民俗学会七十周年記念論集　山陰の暮らし・信仰・芸能』、ハーベスト出版、2019 年
- 中国新聞社（編・発行）『生きている伝説』、1977 年
- 日本伝説拾遺会（監修）『日本の伝説 12　中国』、山田書院、1973 年
- 福田清人・諸田森二（編著）『日本の伝説 50　離島の伝説』、角川書店、1980 年
- 立花書院（編・発行）『中海の民話　伯耆国・出雲国：中海の周辺で語りつがれた昔話』、2003 年
- 立花書院（編・発行）『中海の怪談　中海に残る民話と伝説』、2004 年
- 稲田浩二（監修）、柴口成浩・仙田実・山内靖子（編）『日本の昔話 12　東瀬戸内の昔話』、日本放送出版協会、1975 年
- 佐藤徳尭（著）『山陰の民話』上中下巻、世界聖典刊行協会、1979 年
- 毎日新聞社（編・発行）『日本の道シリーズ　瀬戸内　中国・四国の海路』、1971 年
- 国立歴史民俗博物館（編）、佐原真（構成）『歴博フォーラム　銅鐸の絵を読み解く』、小学館、1997 年
- 下垣仁志（著）『歴史文化ライブラリー 547　鏡の古墳時代』、吉川弘文館、2022 年
- 水木しげる（著）『水木しげる漫画大全集 093　のんのんばあとオレ』、講談社、2015 年
- 水木しげる（著）『水木しげる漫画大全集 101　神秘家水木しげる伝』、講談社、2014 年
- 水木しげる（著）『水木しげる漫画大全集 103　水木しげる人生絵巻／わたしの日々他』、講談社、2018 年
- 水木しげる（著）『ねぼけ人生』、筑摩書房、1982 年
- 水木しげる（著）『のんのんばあとオレ』、筑摩書房、1990 年
- 水木しげる（著）、「怪」編集部（編）『別冊怪　追悼水木しげる　世界妖怪協会全仕事』、角川書店、2016 年
- 武良布枝（著）『ゲゲゲの女房　人生は……終わりよければ、すべてよし!!』、実業之日本社、2008 年
- 朝日新聞社（編・発行）『水木しげるの「妖怪」人生絵巻』、2005 年
- 水木プロダクション（監修）『水木しげる記念館　公式ガイドブック　改訂五刷』、朝日新聞社、2020 年
- 足立倫行（著）『妖怪と歩く　ドキュメント・水木しげる』、新潮社、2010 年
- 京極夏彦・多田克己・村上健司（著）『妖怪馬鹿　化け物を語り尽せり京の夜』、新潮社、2001 年
- 京極夏彦・多田克己・村上健司（著）『ホラージャパネスク叢書　妖怪旅日記』、同朋舎、2001 年
- 伊藤慎吾（編）『妖怪・憑依・擬人化の文化史』、笠間書院、2016 年
- 伊藤慎吾・氷厘亭氷泉（編）『列伝体　妖怪学前史』、勉誠出版、2021 年
- 山室静・山田野理夫・駒田信二（執筆代表）『四次元の幻境にキミを誘う　妖怪魔神精霊の世界』、自由国民社、1974 年
- 新倉イワオ（著）『日本列島心霊怪奇スポット』、河出書房新社、1995 年
- 山岸和彦（編著）『最新　日本の心霊恐怖スポット 100』、二見書房、2003 年
- 三木孝祐（著）『誰でも恐怖体験が出来る！　幽霊がいる場所、教えます。』、竹書房、2007 年

- 菱川晶子（著）『狼の民俗学　人獣交渉史の研究』、東京大学出版会、2009 年
- 広瀬鎮（著）『猿と日本人―心に生きる猿たち―』、第一書房、1989 年
- 筒井功（著）『猿まわし　被差別の民俗学』、河出書房新社、2013 年
- 石田英一郎（著）『新版　河童駒引考　比較民族学的研究』、岩波書店、1994 年
- 野尻抱影（著）『日本の星　星の方言集』、中央公論社、1957 年
- 石塚尊俊（著）『鑪と刳舟』、慶友社、1996 年
- 谷川健一（編）『日本民俗文化資料集成　第十八巻　鯨・イルカの民俗』、三一書房、1997 年
- 小松茂美（著）『平家納経　平清盛とその成立』、中央公論美術出版、2005 年
- 小野尚志（著）『八幡愚童訓諸本研究　論考と資料』、三弥井書店、2001 年
- 福田晃・荒木博之（編著）『巫覡・盲僧の伝承世界　第一集』、三弥井書店、1999 年
- 福田晃・中前正志（編著）『唱導文学研究　第六集』、三弥井書店、2008 年
- 安部正哉（著）『金屋子縁起と炎の伝承　玉鋼の杜』、金屋子神社、1985 年
- 鉄の道文化圏推進協議会（編）『金屋子神信仰の基礎的研究』、岩田書院、2004 年
- 川村湊（著）『牛頭天王と蘇民将来伝説　消された異神たち』、作品社、2007 年
- ゲオルク・シュールハンマー（著）、安田一郎（訳）『イエズス会宣教師が見た日本の神々』、青土社、2007 年
- 西垣晴次（著）『ええじゃないか　民衆運動の系譜』、新人物往来社、1973 年
- 笹本正治（著）『鳴動する中世　怪音と地鳴りの日本史』、吉川弘文館、2020 年
- 設楽博己（編）『原始絵画の研究　論考編』、六一書房、2006 年
- 鈴木彰・樋口州男（編）『後鳥羽院のすべて』、新人物往来社、2009 年
- 加藤蕙（著）『楊貴妃の墓』、濤書房、1973 年
- 依田賢太郎（著）『いきものをとむらう歴史　供養・慰霊の動物塚を巡る』、社会評論社、2018 年
- 青柳健二（著）『全国の犬像をめぐる　忠犬物語 45 話』、青弓社、2017 年
- 小泉一雄（著）『父小泉八雲』、小山書店、1950 年
- 小泉凡（著）『怪談四代記　八雲のいたずら』、講談社、2014 年
- 吉田唯（著）『ブックレット〈書物をひらく〉13　神代文字の思想　ホツマ文献を読み解く』、平凡社、2018 年
- 岡田建文（著）『郷土研究社第二叢書　動物界霊異誌』、郷土研究社、1927 年
- 田中貢太郎（著）『日本怪談実話〈全〉』、河出書房新社、2017 年
- 阿部正路（著）『日本の妖怪たち』、東京書籍、1981 年
- 岩井宏實（著）『暮しの中の妖怪たち』、文化出版局、1986 年
- 多田克己（著）『Truth In Fantasy 9　幻想世界の住人たちⅣ〈日本編〉』、新紀元社、1990 年
- 学研（編・発行）『Books Esoterica 24　妖怪の本　異界の闇に蠢く百鬼夜行の伝説』、1999 年
- 湯本豪一（著）『江戸の妖怪絵巻』、光文社、2003 年
- 東雅夫（著）『妖怪伝説奇聞』、学研、2005 年
- 上島敏昭（著）『魔界と妖界の日本史』、現代書館、2009 年
- 小松和彦・常光徹（監修）、香川雅信・飯倉義之（編）『47 都道府県・妖怪伝承百科』、丸善出版、2017 年
- 晋遊舎（編・発行）『100% ムックシリーズ　日本の妖怪と幽霊大全』、2022 年
- 東アジア恠異学会（編）『怪異を媒介するもの』、勉誠出版、2015 年
- 斎藤英喜（著）『荒ぶるスサノヲ、七変化―〈中世神話〉の世界』、吉川弘文館、2012 年
- 伊藤篤（著）『日本の皿屋敷伝説』、海鳥社、2002 年
- 伊藤龍平（著）『ツチノコの民俗学　妖怪から未確認動物へ』、青弓社、2008 年
- マイケル・ディラン・フォスター（著）、廣田龍平（訳）『日本妖怪考　百鬼夜行から水木しげるまで』、森話社、2017 年
- 沖田瑞穂（著）『怖い女　怪談、ホラー、都市伝説の女の神話学』、原書房、2018 年
- 東雅夫（編著）『クダン狩り　予言獣の影を追いかけて』、白澤社、2021 年

- 朝里樹（著）『日本のおかしな現代妖怪図鑑』、幻冬舎、2018 年
- 木下正美（著）、しげおか秀満（絵）『すごいぜ!!　日本妖怪びっくり図鑑』、辰巳出版、2019 年
- 荒俣宏・應矢泰紀（著）『アラマタヒロシの日本全国妖怪マップ』、秀和システム、2021 年
- 朝里樹（著）、裏逆どら（イラスト）『21 世紀日本怪異ガイド 100』、星海社、2021 年
- やまかみごう（著）『日本妖怪絵図鑑 100』、マイウェイ出版、2022 年

【その他単行本・論文】

- 柳田國男（著）『妖怪談義』、講談社、1977 年
- 柳田國男（著）、関敬吾・大藤時彦（訳）『東洋文庫 137　増補・山島民譚集』、平凡社、1969 年
- 柳田國男（著）『歳時習俗語彙』、民間伝承の会、1939 年
- 今野圓輔（編著）『日本怪談集　妖怪篇』、社会思想社、1981 年
- 今野圓輔（著）『日本怪談集　幽霊篇』、社会思想社、1986 年
- 井上円了（著）『妖怪学講義　第四巻』、大鐙閣、1923 年
- 井上円了（著）『おばけの正体』、国書刊行会、1987 年
- 石塚尊俊（著）『日本の憑きもの　俗信は今も生きている』、未来社、1959 年
- 喜田貞吉（編）、山田野理夫（補編）『憑物』、宝文館出版、1988 年
- 谷川健一（編）『日本民俗文化資料集成　第七巻　憑きもの』、三一書房、1990 年
- 土橋寛（監修）、広川勝美（編）『民間伝承集成 15　憑きもの　タタリガミと呪い』、創世記、1982 年
- 小松和彦（編）『怪異の民俗学②　妖怪』、河出書房新社、2000 年
- 高木敏雄（編）『日本伝説集』、筑摩書房、2010 年
- 荒木博之（編）、立石憲利・村岡克彦・永井彰子・松岡利夫（編）『日本伝説大系　第十巻　山陽編』、みずうみ書房、1987 年
- 野村純一（編）、酒井董美・坂田友宏・戸塚ひろみ（著）『日本伝説大系　第十一巻　山陰編』、湖書房、1984 年
- 松谷みよ子（編）『現代民話考［9］木霊・蛇・木の精霊・戦争と木』、筑摩書房、2003 年
- 松谷みよ子（編）『現代民話考［10］狼・山犬・猫』、筑摩書房、2004 年
- 倉田一郎（著）『民俗民芸双書 39　農と民俗学』、岩崎美術社、1969 年
- 知切光歳（著）『天狗考　上巻』、濤書房、1973 年
- 知切光歳（著）『天狗の研究』、大陸書房、1975 年
- 藤澤衛彦（著）『図説日本民俗学全集 1　神話・伝説篇』、あかね書房、1959 年
- 日野巌（著）『動物妖怪譚』上下巻、中央公論新社、2006 年
- 日野巌（著）『植物怪異伝説新考』上下巻、中央公論新社、2006 年
- 小松和彦（著）『妖怪学新考 妖怪からみる日本人の心』、講談社、2015 年
- 湯本豪一（著）『妖怪あつめ』、角川書店、2002 年
- 宮本袈裟雄（著）『天狗と修験者　山岳信仰とその周辺』、人文書院、1989 年
- 佐々木喜善（著）『遠野のザシキワラシとオシラサマ』、中央公論新社、2007 年
- 稲田浩二（編著）『昔話の年輪 80 選』、筑摩書房、1989 年
- 長谷川正雄・辻本裕成・ペトロ クネヒト・美濃部重克（著）『「腹の虫」の研究　日本の心身観をさぐる』、名古屋大学出版会、2012 年
- 小嶋独観（著）『奉納百景　神様にどうしても伝えたい願い』、駒草出版、2018 年
- 本田不二雄（著）『異界神社　ニッポンの奥宮』、駒草出版、2021 年
- 柳田國男（編）『海村生活の研究』、日本民俗学会、1949 年
- 今野圓輔（著）『日本迷信集』、河出書房新書、1965 年
- 松谷みよ子（編）『日本の世間話 5　狐をめぐる世間話』、青弓社、1993 年
- 山中耕作（編）『天神伝説のすべてとその信仰』、太宰府顕彰会、1992 年
- 新人物往来社（編・発行）『歴史読本特別増刊　事典シリーズ 23　日本「鬼」総覧』、1995 年

- 奈倉哲三（編著）『絵解き幕末諷刺画と天皇』、柏書房、2007 年
- 兵庫県立歴史博物館・京都国際マンガミュージアム（編）『図説　妖怪画の系譜』、河出書房新社、2009 年
- 香川雅信（著）『図説　日本妖怪史』、河出書房新社、2022 年
- 山口直樹（著）『日本妖怪ミイラ大全』、学研、2014 年
- 兵庫県立歴史博物館（編）、国立民族学博物館（監修）『驚異と怪異―モンスターたちは告げる―　ガイドブック』、兵庫県立歴史博物館、2020 年
- 中右瑛（監修）『浮世絵でみる！　英雄豪傑図鑑』、パイインターナショナル、2019 年
- 森田健司（著）『奇妙な瓦版の世界　江戸のスクープ大集合』、青幻舎、2020 年
- 中村浩訳（著）『疫病退散！　入手先・由来・ご利益のすべてがわかる 全国厄除け郷土玩具』、誠文堂新光社、2020 年
- 藤澤衛彦（編）『妖怪畫談全集　日本篇　上』、中央美術社、1929 年
- 兵庫県立歴史博物館（編）『立体妖怪図鑑　モノノケハイ』、角川書店、2016 年
- 『Tokyo Walker 特別編集　大妖怪展 Walker』、KADOKAWA、2016 年
- NHK プロモーション・冨岡幸雄・宮本周造（編）『水木しげるの妖怪 百鬼夜行展～お化けたちはこうして生まれた～』、2022 年
- 箭内博行（写真・文）『ニッポン離島の祭り』、グラフィック社、2018 年
- 岡山県立美術館（編・発行）『描かれた「桃太郎」』、2007 年
- 岡山県立博物館（編・発行）『平成 13 年度岡山県立博物館特別展図録　命を与ふ―医療の歴史―』、2001 年
- 中野三敏・小林忠（監修）、林美一（著）『江戸艶本集成　第三巻　勝川春章』、河出書房新社、2012 年
- 愛貝老漁（編）『凹凸笑艸　第一輯』、太平書屋、1980 年
- 鈴木堅弘（著）『とんでも春画　妖怪・幽霊・けものたち』、新潮社、2017 年
- 荒俣宏（著）『普及版　世界大博物図鑑②［魚類］』、平凡社、2021 年
- 荒俣宏（著）『普及版　世界大博物図鑑③［両生・爬虫類］』、平凡社、2021 年
- 大阪府立弥生文化博物館（編・発行）『倭人がみた龍　龍の絵とかたち　平成 20 年度冬季特別展』、2009 年
- 樋口隆康（著）『三角縁神獣鏡綜鑑』、新潮社、1992 年

【図鑑】

- 佐藤有文（著）『いちばんくわしい　日本妖怪図鑑』、立風書房、1972 年
- 水木しげる（著）『岩波新書 238　カラー版　妖怪画談』、岩波書店、1992 年
- 水木しげる（著）『KC デラックス 210　日本妖怪大全』、講談社、1991 年
- 水木しげる（著）『決定版 日本妖怪大全 妖怪・あの世・神様』、講談社、2014 年
- 水木しげる（著）『講談社まんが百科 41　妖怪大図鑑Ⅱ』、講談社、1996 年
- 水木しげる（著）『水木しげるの日本妖怪めぐり』、JTB、2001 年
- 水木しげる（著）『妖鬼化 4　中国・四国編』、ソフトガレージ、2004 年
- 里見勝也（著）『タイガーミステリーブック 5　日本の怪奇』、若木書房、1974 年
- 中岡俊哉（著）『フタミのなんでも大博士 3　日本の妖怪大図鑑』、二見書房、1978 年
- 聖咲奇（監修）『小学館のコロタン文庫 62　世界の妖怪全百科』、小学館、1981 年
- スタジオあで（構成・文）『ケイブンシャの大百科 132　恐怖スリラー大百科』、勁文社、1984 年
- リリパット（編・発行）『日本妖怪図鑑』、刊行年不明
- さこやん（絵・文）『図鑑・日本の妖怪』、偕成社、1997 年
- 水木しげる（著）『ゲゲゲの鬼太郎　妖怪大百科』、主婦と生活社、1999 年
- 『妖怪大戦争』全日本妖怪推進委員会（編）『写真で見る　日本妖怪大図鑑』、角川書店、2005 年
- 妖怪ドットコム（著）『図説　妖怪辞典』、幻冬舎コミックス、2008 年
- Benesse 進研ゼミ小学講座（編）『47 都道府県　妖怪＆伝説 BOOK』、ベネッセコーポレーション、2013 年
- 山崎敬子（文）、スズキテツコ（絵）『都道府県別　にっぽんオニ図鑑』、じゃこめてい出版、2019 年

- 石川鴻斎（著）、小倉斉・高柴慎治（訳注）『夜窓鬼談』、春風社、2003 年
- 浅井了意全集刊行会（編）『浅井了意全集　仮名草子編 5』、岩田書院、2015 年
- 高田衛（編・校注）『江戸怪談集』上・中・下、岩波書店、1989 年
- 幸堂得知（編・校訂）『続帝国文庫　第 48 編　名家短篇傑作集』、博文館、1903 年
- 上田秋成（著）、青木正次（訳注）『雨月物語全訳注』上・下、講談社、1981 年
- 宮負定雄（著）、佐藤正英・武田由紀子（校注）『奇談雑史』、筑摩書房、2010 年
- 進藤寿伯（稿）、金指正三（編・校注）『近世風聞・耳の垢』、青蛙房、1972 年
- 山東京傳全集編集委員会（編）『山東京傳全集　第四巻　黄表紙 4』、ぺりかん社、2004 年
- 山東京傳全集編集委員会（編）『山東京傳全集　第十七巻　読本 3』、ぺりかん社、2003 年
- 山東京傳全集編集委員会（編）『山東京傳全集　第十八巻　洒落本』、ぺりかん社、2012 年
- 国立劇場芸能調査室（編）『狂言作者資料集 1　歌舞伎の文献・6』、国立劇場調査養成部・芸能調査室、1974 年
- 湯本豪一（編）『明治期怪異妖怪記事資料集成』、国書刊行会、2009 年
- 湯本豪一（編）『明治妖怪新聞』、柏書房、1999 年
- 湯本豪一（編）『地方発明治妖怪ニュース』、柏書房、2001 年
- 東雅夫（編）『明治の怪談実話　ヴィンテージ・コレクション』、メディアファクトリー、2014 年
- 小泉八雲（著）、池田雅之（編訳）『妖怪・妖精譚　小泉八雲コレクション』、筑摩書房、2004 年
- 松本善之助（監修）『ホツマツタヱ　秀眞政傳紀』、日本翻訳センター、2016 年
- 式内社研究會（編）『式内社調査報告　第十九巻　山陰道 2』、皇學館大學出版部、1984 年
- 式内社研究會（編）『式内社調査報告　第二十巻　山陰道 3』、皇學館大學出版部、1983 年
- 式内社研究會（編）『式内社調査報告　第二十一巻　山陰道 4』、皇學館大學出版部、1983 年
- 式内社研究會（編）『式内社調査報告　第二十二巻　山陽道』、皇學館大學出版部、1980 年
- 鷲尾順敬（編集解説）『類聚伝記大日本史　第七巻　僧侶篇　上』、雄山閣、1935 年
- 西尾光一（校注）『撰集抄』、岩波書店、1970 年
- 大和田建樹（著）『謡曲評釋　壹輯』、博文館、1907 年
- 芳賀矢一・佐々木信綱（編・校註）『校註謡曲叢書　第三巻』、博文館、1915 年
- 佐成謙太郎（著）『謡曲大観　第一巻』、明治書院、1953 年
- 田中允（編）『古典文庫第三一五冊　未刊謡曲集　二十一』、古典文庫、1973 年
- 渥美清太郎（編・校訂）『日本戯曲全集　第四十三巻　京坂二の替狂言集』、春陽堂、1931 年
- 小泉八雲（著）、落合貞三郎・大谷正信・田部隆次（訳）『小泉八雲全集』第三巻、第七巻、第一書房、1926 年
- リチャード・ゴードン・スミス（著）、吉澤貞（訳）『日本の昔話と伝説』、南雲堂、1993 年
- 荒俣宏（編訳）『ゴードン・スミスの日本怪談集』、角川書店、2001 年
- 岡本綺堂（著）『岡本綺堂全集　第 1 巻』、岡本綺堂全集刊行会、1937 年

【画集・図録】

- 高田衛（監修）、稲田篤信・田中直日（編）『鳥山石燕　画図百鬼夜行』、国書刊行会、1993 年
- 悳俊彦（編）、須永朝彦（文）『国芳妖怪百景』、国書刊行会、1999 年
- 京極夏彦（文）、多田克己（編）『竹原春泉　絵本百物語　桃山人夜話』、国書刊行会、1997 年
- 京極夏彦（文）、多田克己（編）『妖怪図巻』、国書刊行会、2000 年
- 近藤瑞木（編）『百鬼繚乱　江戸怪談・妖怪絵本集成』、国書刊行会、2002 年
- 粕三平（編著）『お化け図絵』、芳賀書店、1973 年
- 湯本豪一（著）『日本の幻獣図譜　大江戸不思議生物出現録』、東京美術、2016 年
- 湯本豪一（著）『湯本豪一コレクション　今昔妖怪大鑑』、パイインターナショナル、2013 年
- 湯本豪一（著）『湯本豪一コレクション　古今妖怪纍纍』、パイインターナショナル、2017 年
- 湯本豪一（著）『かわいい妖怪画　Demons, Goblins, Tricksters—KAWAII!』、東京美術、2015 年
- 千葉美術館（編）『文明開化の錦絵新聞——東京日々新聞・郵便報知新聞全作品』、国書刊行会、2008 年

【翻刻・資料集】

- 次田真幸（訳）『古事記　全訳注』上中下巻、講談社、1977-1984 年
- 宇治谷孟（訳）『日本書紀　全現代語訳』上下巻、講談社、1988 年
- 吉野裕（訳）『風土記』、平凡社、2000 年
- 中田祝夫（著）『日本霊異記　全訳注』上中下巻、講談社、1978 年
- 経済雑誌社（編・発行）『国史大系　続　日本紀　第二巻』、1897 年
- 経済雑誌社（編・発行）『国史大系　第四巻』、1897 年
- 三上参次・佐伯有義（編）『六国史』巻六・七、朝日新聞社、1930 年
- 国民文庫刊行会（編・発行）『雑史集』、1912 年
- 国民図書（編・発行）『日本文学大系：校註. 第 16 巻 源平盛衰記下巻』、1929 年
- 鈴木弘恭（校訂）『校正十訓抄』上下巻、青山堂、1894 年
- 橘成季（編著）、永積安明・島田勇雄（校訂）『日本古典文学大系 84 古今著聞集』、岩波書店、1966 年
- 小峯和明（校注）『新日本古典文学大系 36　今昔物語集』第 3 巻・第 4 巻、岩波書店、1994 年
- 源顕兼（編）、伊東玉美（校訂・訳）『古事談』上下巻、筑摩書房、2021 年
- 博文館編輯局（編）、大橋乙羽（校訂）『校訂紀行文集』、博文館、1909 年
- 呉秀三（編・発行）『医聖堂叢書』、1923 年
- 佐藤謙三（校注）『平家物語』上下巻、角川書店、1959 年
- 南宗庵一竜（著）、大橋新太郎（編）『続帝国文庫　第 15 篇　校訂後太平記』、博文館、1899 年
- 米原正義（校注）『第二期戦国史料叢書 7　中国史料集』、人物往来社、1966 年
- 香川正矩（著）『陰徳太平記　合本』1～4、犬山仙之助、1911 年
- 横山重・松本隆信（編）『室町時代物語大成　二』、角川書店、1974 年
- 田山花袋・柳田国男（編・校訂）『近世奇談全集』、博文館、1903 年
- 日本随筆大成編輯部（編）『日本随筆大成〈第一期〉 第 1 巻』、吉川弘文館、1975 年
- 日本随筆大成編輯部（編）『日本随筆大成〈第一期〉 第 22 巻』、吉川弘文館、1976 年
- 日本随筆大成編輯部（編）『日本随筆大成〈第二期〉4』、吉川弘文館　1974 年
- 日本随筆大成編輯部（編）『日本随筆大成〈第三期〉3』、吉川弘文館　1976 年
- 森銑三・北川博邦（編）『続日本随筆大成』8、9、吉川弘文館、1980 年
- 寺嶋良安（著）『倭漢三才圖會』、吉川弘文館、1906 年
- 貝原益軒（著）『益軒全集　巻之六』、隆文館益軒全集刊行部、1911 年
- 神道大系編纂会（編・発行）『神道大系　神社編三十七　出雲大社』、1991 年
- 日置謙（校訂）『咄随筆』、石川県図書館協会、1972 年
- 滝精一（校訂）『大日本文庫　芸道篇　画道集』、大日本文庫刊行会、1938 年
- 柴田宵曲（編）『随筆辞典　奇談異聞編』、東京堂出版、1979 年
- 国書刊行会（編・発行）『徳川文芸類聚第四　怪談小説』、1914 年
- 高田衛・原道生（責任編集）、太刀川清（校訂）『叢書江戸文庫 2　百物語怪談集成』、国書刊行会、1987 年
- 高田衛・原道生（責任編集）、太刀川清（校訂）『叢書江戸文庫 27　続百物語怪談集成』、国書刊行会、1993 年
- 高田衛・原道生（責任編集）、西田耕三（校訂）『叢書江戸文庫 16　仏教説話集成［一］』、国書刊行会、1990 年
- 高田衛・原道生（責任編集）、西田耕三（校訂）『叢書江戸文庫 17　仏教説話集成［二］』、国書刊行会、1998 年
- 高田衛（監修）、堤邦彦・杉本好伸（編）『江戸怪異綺想文芸大系 5　近世民間異聞怪談集成』、国書刊行会、2003 年
- 木越治（責任編集・校訂代表）『江戸怪談文芸名作選　第一巻　新編浮世草子怪談集』国書刊行会、2016 年
- 木越治（責任編集）、勝又基・木越俊介（校訂代表）『江戸怪談文芸名作選　第五巻　諸国奇談集』、国書刊行会、2019 年
- 伊藤龍平（訳・解説）『怪談おくのほそ道　現代語訳「芭蕉翁行脚怪談袋」』、国書刊行会、2016 年
- 石川鴻斎（著）『夜窓鬼談』上下巻、東陽堂、1893-1894 年

参考資料

※まず総合的な内容が含まれる資料を挙げ、次に特定地域の話題のみに関する資料をまとめた

【事典・辞典】

- 村上健司（著）『妖怪事典』、毎日新聞社、2000 年
- 小松和彦（監修）、常光徹・山田奨治・飯倉義之（編）『日本怪異妖怪大事典』、東京堂出版、2013 年
- 佐藤清明（著）『方言叢書第七篇　現行全国妖怪辞典』、中国民俗学会、1935 年
- 千葉幹夫（著）『小学館ライブラリー 74　全国妖怪事典』、小学館、1995 年
- 朝里樹（著）『日本現代怪異事典』、笠間書院、2018 年
- 朝里樹（著）『日本現代怪異事典　副読本』、笠間書院、2019 年
- 朝里樹（著）『日本怪異妖怪事典　北海道』、笠間書院、2021 年
- 朝里樹（監修）、氷厘亭氷泉（著）『日本怪異妖怪事典　関東』、笠間書院、2021 年
- 朝里樹（監修）、寺西政洋・佐々木剛一・佐藤卓・戦狐（著）『日本怪異妖怪事典　東北』、笠間書院、2022 年
- 朝里樹（監修）、御田鍬・木下昌美（著）『日本怪異妖怪事典　近畿』、笠間書院、2022 年
- 朝里樹（監修）、高橋郁丸・毛利恵太・怪作戦テラ（著）『日本怪異妖怪事典　中部』、笠間書院、2022 年
- 朝里樹（著）『歴史人物怪異談事典』、幻冬舎、2019 年
- 朝里樹（監修）、えいとえふ（著）『日本怪異伝説事典』、笠間書院、2020 年
- 朝里樹（著）『山の怪異大事典』、宝島社、2021 年
- 民俗学研究所（編）『綜合日本民俗語彙』全 5 巻、平凡社、1955 年
- 柳田國男（監修）、民俗学研究所（編）『民俗学辞典』、東京堂出版、1951 年
- 東條操（編）『全国方言辞典』、東京堂出版、1951 年
- 友定賢治（編）『全国幼児語辞典』、東京堂出版、1997 年
- 柳田國男（監修）、日本放送協会（編）『日本昔話名彙』、日本放送出版協会、1948 年
- 稲田浩二（編）『日本昔話事典』、弘文堂、1977 年
- 鈴木棠三（著）『日本俗信辞典　動・植物編』、角川書店、1982 年
- 乾克己・志村有弘・鳥越文蔵・小池正胤・高橋貢（著）『日本伝奇伝説大事典』、角川書店、1986 年
- 明治神社誌料編纂所（編・発行）『大日本神名辞書』、1912 年
- 川口謙二（編著）『日本の神様読み解き事典』、柏書房、1999 年
- 和田寛（編）『河童伝承大事典』、岩田書院、2005 年
- 稲雄次（著）『ナマハゲを知る事典』、柊風舎、2019 年
- 平辰彦（著）『来訪神事典』、新紀元社、2020 年
- 志村有弘・奥山芳広（編）『社寺縁起伝説辞典』、戎光祥出版、2009 年
- 大久間喜一郎・乾克己（編）『拡大版　上代説話事典』、雄山閣、2020 年
- 徳田和夫（編）『お伽草子事典』、東京堂出版、2002 年
- 北尾浩一（著）『日本の星名事典』、原書房、2018 年
- 袁珂（著）、鈴木博（訳）『中国神話・伝説大事典』、大修館書店、1999 年
- 河竹登志夫（監修）、古井戸秀夫（編）『普及版　歌舞伎登場人物事典』、白水社、2010 年
- 教育社歴史言語研究室（編）『架空人名辞典　日本編』、教育社、1989 年
- 西野春雄・羽田昶（編）『新版　能・狂言事典』、平凡社、2011 年
- 斎藤良輔（編）『郷土玩具辞典』、東京堂出版、1971 年
- 米田雄介（編）『令和新修　歴代天皇・年号事典』、吉川弘文館、2019 年
- 池田満（著）『ホツマ辞典―漢字以前の世界へ―』、展望社、1999 年
- 並木伸一郎（著）『増補版　未確認動物 UMA 大全』、学研、2012 年
- 笹間良彦（著）『図説　日本未確認生物事典』、柏書房、1994 年
- Jan Knappert, *Pacific Mythology: An Encyclopedia of Myth and Legend*,（DIAMOND BOOKS, 1992）

【監修】

朝里 樹（あさざと・いつき）

怪異妖怪愛好家・作家。1990年、北海道に生まれる。2014年、法政大学文学部卒業。日本文学専攻。現在公務員として働く傍ら、在野で怪異・妖怪の収集・研究を行う。著書に『日本現代怪異事典』（笠間書院）、『日本のおかしな現代妖怪図鑑』（幻冬舎）、『日本現代怪異事典 副読本』（笠間書院）、『歴史人物怪異談事典』（幻冬舎）、『世界現代怪異事典』（笠間書院）、『つい、見たくなる怪異な世界』（三笠書房）、『山の怪異大事典』（宝島社）、『日本怪異妖怪事典 北海道』（笠間書院）、『21世紀日本怪異ガイド100』（星海社）、『玉藻前アンソロジー　殺之巻』（文学通信）、「放課後ゆ〜れい部の事件ファイル」シリーズ（集英社）ほか。

【著者】

寺西政洋（てらにし・まさひろ）

イラストレーター。1992年生まれ。主要な関心分野は妖怪と怪獣、カレーパン、サングラス、異類としてのリュウグウノツカイ。別名義にtera、寺西まさひろ、筍道人など。広島大学法学部卒業。小学生時代は岡山県に居住。ブログ『【妖怪図鑑】新版TYZ』にて妖怪の絵と解説を公開中。各種イベントや映像制作の際に妖怪画・デザインの提供も行う。2007年、角川書店「『怪』大賞」優秀賞受賞。共著に『日本怪異妖怪事典　東北』（笠間書院）。『日本現代怪異事典　副読本』（笠間書院）にイラストを寄稿。

日本怪異妖怪事典 中国

令和5年（2023）3月5日　初版第1刷発行

監修 ―――――― 朝里 樹
著者 ―――――― 寺西政洋

カバー・扉イラスト― 寺西政洋

発行者 ――――― 池田圭子

発行所 ――――― 笠間書院

〒101-0064　東京都千代田区神田猿楽町2-2-3
電話:03-3295-1331　FAX:03-3294-0996
https://kasamashoin.jp/
mail:info@kasamashoin.co.jp

ISBN 978-4-305-70979-0　C0539

アートディレクション ―― 細山田光宣
装幀・デザイン ――――― 鎌内 文（細山田デザイン事務所）
本文組版 ――――――― キャップス
印刷／製本 ―――――― モリモト印刷

本書収録の事項には、現在の社会通念から見て不適切と思われる表現が含まれておりますが、史料的な価値を考慮し、当時のものをそのまま採用しております。ご了承ください。

好評既刊

日本怪異妖怪事典 北海道
朝里樹 (著)
税込定価2200円
ISBN978-4-305-70941-7

日本怪異妖怪事典 東北
寺西政洋、佐々木剛一、
佐藤卓、戦狐 (著)
税込定価2860円
ISBN978-4-305-70959-2

日本怪異妖怪事典 関東
氷厘亭氷泉(著)
税込定価2530円
ISBN978-4-305-70947-9

日本怪異妖怪事典 近畿
御田鍬、木下昌美(著)
税込定価2640円
ISBN978-4-305-70961-5

日本怪異妖怪事典 中部
高橋郁丸、毛利恵太、
怪作戦テラ(著)
税込定価2750円
ISBN978-4-305-70968-4

日本怪異妖怪事典シリーズ

朝里 樹　監修

古代から現代まで、日本各地で伝承・記録された怪異や妖怪を地方ごとに多数収集し、県別に紹介。各地域で語られた物語を通して、歴史や文化、地域の特徴など、様々な学びや発見があり、中高生から怪異好きの社会人まで楽しめるシリーズ。全8巻刊行予定。